鳴謝澳門基金會、澳門文化局贊助部分出版經費

繁簡並用　相映成輝

FAN JIAN BING YONG　XIANG YING CHENG HUI

——两岸汉字使用情况学术研讨会论文集萃

LIANG'AN HANZI SHIYONG QINGKUANG XUESHU YANTAOHUI LUNWEN JICUI

黄　翊　主编

中华书局

图书在版编目(CIP)数据

繁简并用 相映成辉:两岸汉字使用情况学术研讨会论文集萃/
黄翊主编. —北京:中华书局,2014.9
ISBN 978 - 7 - 101 - 10332 - 8

Ⅰ.繁… Ⅱ.黄… Ⅲ.海峡两岸 - 汉字 - 应用 - 学术会议 -
文集 Ⅳ.H12 - 53

中国版本图书馆 CIP 数据核字(2014)第 176004 号

书 名	繁简并用 相映成辉
	——两岸汉字使用情况学术研讨会论文集萃
主 编	黄 翊
封面题字	程祥徽
责任编辑	刘 楠
出版发行	中华书局
	(北京市丰台区太平桥西里 38 号 100073)
	http://www.zhbc.com.cn
	E-mail:zhbc@ zhbc.com.cn
印 刷	北京瑞古冠中印刷厂
版 次	2014 年 9 月北京第 1 版
	2014 年 9 月北京第 1 次印刷
规 格	开本/787 × 1092 毫米 1/16
	印张 34½ 插页 4 字数 500 千字
印 数	1 - 2000 册
国际书号	ISBN 978 - 7 - 101 - 10332 - 8
定 价	118.00 元

兩岸漢字使用情況學術研討會
两岸汉字使用情况学术研讨会
Symposium on the Use of Chinese Characters Across the Taiwan Straits

主辦：澳門語言學會　贊助：　　　　　　　支持機構：　　　　　　　　　鳴謝：

与会者合影

有关会议的媒体报道和资料

《澳门日报》等媒体对研讨会进行了连续报道。

大会分发的参会者论文集、会议手册以及会议题名录等。

《澳门报告》《两岸关系》《文化杂志》《当代修辞学》等杂志也对会议作了详尽报道。

目　　录

研讨会总结发言

附录

附录一：媒体相关报道

简繁并存　共同繁荣

后记

序

王 宁

不论我们是否愿意承认，在 21 世纪，简化字与它对应的繁体字在使用层面上共存，已经是一个不争的事实。

两岸交流的频度和深度与日俱增——亲友们通过电邮书来信往，旅游团的手续一天比一天简便，人们已经没有了老一辈人隔岸相望不能相见的惆怅与悲伤，"共看明月应垂泪，一夜乡心五处同"的遗憾也已经成为过去。学术同行出现在同一个研讨会上，大家相互购置和阅读彼此出版的书籍，书法作品和文物在两岸轮回展出，影视节目在两岸相互收看，诸如此类，不一而足。汉字使用，也就在这样的环境下彼此影响。

文字创造与使用属于民族文化问题，简化字和繁体字同样都是中华民族文化的瑰宝，用于两岸而生于同根。汉字属于表意文字，归纳性本来就差；又有着六千多年延续不断的发展历史，多种演变字体楷化后积淀在同一共时平面上；从雕版印刷开始，印刷字就与手写字并行；仅就书法艺术而言，不但书法家们各有所宗又各具风格，即使同一名家在同一幅字里，刻意求别、以异形求错综的做法自古就已如此。在楷体字层面，同字异形的现象早已比比皆是。翻开一部《碑别字》，一个字几十个、上百个字样绝非稀罕。今天的两岸用字，为了适应信息时代的需要，各自都经过很大程度地标准规范，自身的驳杂已经大大减少，相互之间差异的数量也只是少数，有些偏旁类推还带有规律性，用文字学的学术语言来描述那些差别，两岸不过是在少部分汉字的同一字种中选用了不同的字样而已。这种差异有多严重？从现实生活里就可以看出："北京机场"有两个字简繁有别，"麦当劳"三个字简繁不同，"东风广场"四个字简繁都不一样……港台多少人到大陆观光和办事，没看见哪位同胞带本字典逛大街，也从来没见哪位走错了门儿。大陆同胞到台北的人数也越来越多，出了飞机场，进了台北市区，都忙着打开手机寻亲访友，又有几人遥望满街端庄汉字书写的牌匾、路标而不认识繁体字的？

即使是那少数不一样的简繁字，这些年两岸四地的民间也在互相混用。看一看澳门发起、四地共同做的用字调查，已经可以知道，在正式文本之外的个人书写层面，简繁字的壁垒已经渐渐打开。两岸手写字的驳接能够自然而然地实现，正是因为比起中国人面对英文、法文、德文甚至掺杂着许多不同形汉字的日文等等来说，简繁字之间的隔阂恐怕无需那么夸张吧？

我们说简繁字都是同一种汉字，都是中华民族传统文化的瑰宝，不等于说简繁字之间没有差别，这种差别是历史造成的，也是在不同的理念和目标下形成的。这些差异在交流上确实带来了一定的困难。在数字化的环境里，"码"成为汉字一个重要的属性。"马、鸟、鸡"和"馬、鳥、雞"音、义全同，用法无别，在国际编码中却有不同的码位。字用的差异更为突出。简繁系统之间存在着一对多的情况。简化系统的"干"用于"干犯""干净""枝干""主干"多个义项，而在繁体系统里，这些义项分别写作"干犯""乾淨""枝幹""主幹"，所以，简化字的"干"与繁体字的"干"，同形而不同用，不但不能够在意义上划等号，音也产生了差别——简化字"干"既读阴平，又读去声。这样一来，汉字除了形、音、义、码之外，还多了"用"这个属性。如果把历史演变的字际关系纳入简繁字的差别中，情况更为复杂。例如：在历史传承的过程中，"係"是"系"的分化字，"系"的上古音为"匣纽支韵"，"係"为"见纽支韵"，从语音可见其同源分化的轨迹，但这两个字分化后又通用，到了中古、近代以后，语音都向"胡计切"靠拢，普通话里都读 xì，二者的用法又很难分清了。"繫"的本义是"打结"，古读入声"锡"韵，经过中古、近代演变，有了"古诣""胡计"两个读音。意义由"打结"的本义引申有"维系"的意思，语音也分化了，"打结"义读 jì，"维系"义读 xì，后者与"系"音同，也可以通用。简化系统将"係"和"繫"都归入"系"，合并了三个字的字用，也使"系"有了两个读音，而繁体系统三字仍然分用。有人提出问题：哪一个系统更优越？拿"干"来说，简化字合并的用字太多，难以区别；但"枝干"与"主干"的"干"本来是引申关系，也用不着分为"幹""幹"两形，综合一下，也就优化了。拿"系""係""繫"来说，字用合并后"系"多出一个 jì 音，与历史不合；但文字是在使用中发展的，就现代应用来说，"系""係""繫"本来已经通用，很难绝然分清，强生分别，给使用者带来很大的负担，其实也是没有必要的，综合一下，把"繫"读 xì 的义项合进去，读 jì 的义项拿出来，也就优化了。汉字的应用带有社会约定性，习惯成自然，这些微观的差异问题，既无需争个你优我劣，也不必急于全然一致，既可静观其发展趋势，也可商量着做一些导引。学者对社会奉献的是科学知识，站在广大民众的立场上，心存振兴民族之大业，介绍汉字发展的历史，让人们明白字与字的关系，通过对社会语言生活的观察，推动汉字在实用中向优化的趋势发展，这是两岸学者共同的任务。

但是有一点是更为重要的。在信息时代，汉字的标准化直接影响信息传播的速度和信度，这是一个不容忽视的问题。社会用字已经不是个人问题，而是社会进步和文化发展的要素之一，而且已经引起了国际的关注。尽管两岸有着不同的规范标准，选取了不同的正字，但在国际编码分别给了简繁字不同码位的情况下，简繁字在数字化的环境下自动转换的准确率不断提高，交流也更为方便，差异也就不是什么大问题了。一方面相互尊重，互不勉强，一方面加强了解，求同存异，一起去维护中华民族灿烂的文化，是两岸民众之所愿。

这次澳门召开的"两岸汉字使用情况学术研讨会"，是两岸四地民间学者的一次友好交流，与会学者有些是相识多年的老朋友，为了弘扬中华文化的共同目标切磋琢磨盖有年矣，有过激烈争吵，取得共识后友情弥深；曾经亲密合作，获得成果后相交日笃。也有些虽然此次刚刚相识，却能坦诚相见，不乏一见如故的感觉。澳门被称为简繁字的展览厅，90年代"简繁由之"的主张影响已经很大；如今，许多开明的教育家极力提倡，在这里创建了用字宽松的环境，中小学生只要不写错别字，仍然准许繁简并用。在澳门这样的环境里各抒己见，自由交谈，力求立论客观，言之成理，纵然意见缤纷，但心情却是舒畅的。

论文集的主编黄翊教授命我作序，但我的想法实在不能也不敢代表与会的旧雨新朋，只能算作个人的一得之见，放在论文集的前面抛砖引玉而已！

繁简并用　相映成辉　**开幕词**

讓中華民族的傳統文化發揚光大

何超明

澳門特別行政區檢察院檢察長

尊敬的各位嘉賓、各位專家教授，

女士們、先生們：

我非常榮幸能夠參與今天的盛會，能親自見證來自各地的漢學家們以真誠和智慧推動中華民族文明和進步的盛舉。大會用繁體和簡體兩種文字書寫的"兩岸漢字使用情況"的標題，直白地揭示了兩岸在漢字使用以及相互交流中所遇到的問題，並就有關的問題進行學術界最高級別的討論，這是一項非常有意義的工作。作爲中華民族的一份子，作爲漢字的使用者和受益者，我對你們的遠見卓識和文字造詣表示欽佩，對你們的辛苦努力和貢獻表示崇高的敬意。

每一種語言文字都是該類文化的基礎要素和鮮明標志，漢字是中華民族的文化財富，是中華文明的重要組成部分。同時，語言文字又是人類最重要的交際工具和資訊載體，是促進歷史發展和社會進步的重要力量。現在，從國家層面也已經將提高國民語言能力與增強綜合國力聯繫起來。隨著中華文化在國際上地位的提升，漢語不僅作爲中華文明傳承和發展的主要工具和載體，更是中華文化與世界對話的橋樑和紐帶。而對於兩岸四地以及遍佈世界各地的華人來說，漢語更承擔起對於中華民族歷史文化認同和傳承的作用。在世界各地掀起中文熱的形勢下，漢字使用情況的總結和研究就具有更重要的意義。

澳門基本法規定中文是澳門的官方語言，中文語言文字的規範性使用包括簡繁體的規範性使用，一直是政府各部門非常注意的事項，甚至公務員的職務中設有文案這一職稱，專責該部門文字使用的規範性。如今政府辦公輔助以高科技的電腦軟件，簡體繁體的轉換均不成爲問題，與内地開展文書交換的時候一般也不會遇到障礙。但是我們始終沒有從文化的層面去思考這一問題。特別是讓我們沒有想到的是，簡繁體的使用問題的討論，居然也可以火花四濺。不得不承認，其中很多意見甚至對我們有一種警示的作用，很受啓發。

今年，檢察院承蒙澳門語言學會的支援舉辦了兩期中文培訓班，共有司法輔助人員和行政工作人員近百人參加，學員的中文水平及文化素養均有了整體的提升。因此，如果有人問我說中文和司法機關有什麼關係，我會告訴他，我們眼中不僅要看到一個大寫的"法"字，還要想到一個抹不掉的"根"字。學習法律的人無不知道著名的《十二銅表法》，這是西元前452年古羅馬第一部成文法典，因爲刻在十二塊銅牌上而得名，並成爲後世羅馬以及歐洲法學的淵源。春秋時的鄭國執政子產，於西元前536年毅然把《刑書》鑄在鼎上公佈，史稱"子產鑄刑鼎"，標志著中國古代成文法的正式公佈。文字和法律的結合，無論古今中外，已經不僅僅是工具，還代表了文化的傳承。

今天，我想借研討會開幕的場合，呼籲社會共同關注中華語言文化的教育研究和發展，特別是在這個高科技的時代，不僅要關注文字的工具作用，更要關心文字所反映出來的文化内涵，讓中華民族的傳統文化發揚光大。

最後，我祝願研討會取得圓滿成功，祝大家在澳門生活愉快。

謝謝大家!

两岸汉字使用情况学术研讨会开幕式致辞

李维一

中央人民政府驻澳门联络办公室台湾事务部部长

尊敬的澳门特别行政区检察院何超明检察长，尊敬的澳门语言学会程祥徽会长，尊敬的中国社会科学院学部委员、哲学文学部江蓝生主任，尊敬的"中华文化总会"杨渡秘书长，以及两岸四地的各位嘉宾、各位专家学者，大家上午好！

首先，我谨代表澳门中联办台湾事务部，对"两岸汉字使用情况学术研讨会"的召开，表示祝贺，对各位嘉宾、专家学者莅临澳门，表示欢迎。

澳门语言学会在澳门特区政府有关部门、有关团体的支持帮助下，筹备召开本次学术研讨会，两岸四地语文专家学者相聚一堂，就汉字使用情况进行学术研讨，这对于促进两岸四地语文学术交流合作、巩固深化两岸关系和平发展的积极意义是不言而喻的。

记得两岸打破隔绝、开启人员往来之初，两岸语文学者就开始了直接的接触和交流。1991年8月，近20位台湾学者组团到北京参加"海峡两岸汉字学术交流会"，在座的周志文教授就是其中的一员。两岸汉字学术交流当时之所以在两岸社会科学交流领域里走在前边，我想一个重要的原因，是在于两岸人民是同文同种的同胞，同胞间"同文"的交流自然是较少政治障碍，却渗透着更多的骨肉亲情。当然，说较少政治障碍，不等于没有障碍。由于两岸长期隔绝与政治对立造成的隔阂，当时交流研讨涉及繁简体汉字问题时，双方学者还会或多或少地表现出一些学术范畴之外的抵触情绪。

还是上世纪九十年代的一件事情。在北京召开的一次学术研讨会上，一位台湾学者提交了一份论文。这份论文我至今保存，因不在身边，我这里虽不是原文引用，但因印象很深，所以引述的大意是不会错的。这位台湾教授在论文里讲到，他过去一直以为，大陆推行的简体字，是大陆政府在五十年代创制的。后来看到历史资料，才知道三十年代国民政府就颁布过简体字，而大陆推行的简体字里就有不少是当年国民政府颁布的简体字。但是对这一历史事实，大陆方面不曾讲过，台湾方面也不曾讲过，一些后进学人在政治屏蔽下，就只能看到现今两岸语文政策分歧的流，而不了解两岸历史传承共同的源。他表达了对简体汉字的再认识，同时更呼吁两岸在求同存异的基础上积极展开交流合作。囿于当时两岸关系的情况，他的呼吁难有实质的回应。2000 年后，"台独"分裂势力活动猖狂，两岸关系高度紧张，两岸语文学术交流更经历了复杂的曲折与纷扰。

令人庆幸的是，在两岸同胞的共同努力下，2008 年以来，两岸关系在坚持"九二共识"、反对"台独"的共同基础上，进入到和平发展新阶段，两岸呈现大交流、大合作、大发展的可喜局面，两岸关系面貌总体改观。2009 年夏天，在湖南长沙召开的第五届两岸经贸文化论坛达成了 29 项共识，其中第 6、第 7 两项是有关两岸语文交流合作的内容。第 6 项共识是："两岸使用的汉字属于同一系统。客观认识汉字在两岸使用的历史和现状，求同存异，逐步缩小差异，达成更多共识，使两岸民众在学习和使用方面更为便利。鼓励两岸民间合作编纂中华语文工具书。"根据这项共识，在两岸相关部门的支持推动下，两岸语言学专家组成编纂小组，展开合作编纂中华语文工具书的工作。作为阶段性合作成果，2012 年在两岸分别出版了《两岸常用词典》，两岸同步开通了"中华语文知识库"互联网站。今天在座的大陆李行健教授、台湾杨渡秘书长、蔡信发教授都亲身参与主持了两岸合作的这个项目。这个合作项目的完成，对于两岸共同传承中华文化，由求同存异到聚同化异，进一步促进两岸关系发展，具有重要的意义。同时，这种通过两岸各界代表人士经过在两岸论坛平台交流研讨达成共识，由两岸主管部门支持推动，两岸学术界具体实施的合作方式，也彰显了在两岸关系和平发展新形势下，两岸语文交流合作走向纵深的新发展。当然，这还是阶段性合作成果，摆在两岸语文学者面前的合作课题还有许多。仅第五届两岸经贸文化论坛达成的共识就还有术语和专有名词规范化、异读词审音、电脑字库和词库、地名审音定字以及汉字方面的繁、简字体转换软件研发合作等，需要两岸的学者专家们继续加强交流，进行深入合作。

晚清以降，国势颓败，列强入侵，民族危亡。我们民族的先贤们在历史危难时期，为了救亡图存，振兴中华，伴随思想解放的新文化运动，勉力推进中国语文现代化事业。今天，国家繁荣，民族兴旺，两岸关系和平发展，我们应当站在新的历史高度，本着两岸一家亲的理念，求同存异，聚同化异，科学理性地把两岸语文研究合作不断引向深入，共同传承和弘扬优秀中华文化，促进实现中华民族的复兴。

在此，我谨再次代表澳门中联办台湾事务部，向在座的长期以来积极投身两岸语文学术交流、促进两岸关系发展的两岸四地的专家学者们表示由衷的敬意！

祝会议圆满成功，祝大家在澳门惬意安康！

谢谢！

我們是同一個偉大文明的主人
——兩岸漢字使用情況學術研討會開幕式致辭

程祥徽

澳門語言學會會長

　　一位匈牙利記者説："來自不同地方的中國人見面談話，如果聽不懂對方的話，就用手指在空中比劃，或者寫在手掌上，劃在沙土上。如果没有方塊字作橋樑，他們只能是四川人、河南人、廣東人；有了方塊字，他們才都是中國人，不僅是同一個國家的公民，而且是同一個偉大文明的主人。"

　　今天，"同一個偉大文明的主人"匯聚澳門，懷著民族的感情，以精深的學問，交流漢字使用的情況，嘗試著爲漢字鋪設一道橋樑。今天到會的舊雨新知有：《通用規範漢字表》的領銜制訂人王寧，社科院原副院長江藍生，兩岸語言文字工作協調小組組長李宇明，社科院研究員張振興，北大教授陸儉明，辭典編纂家李行健；臺灣"中華文化總會"秘書長楊渡，蔡信發、周志文、竺家寧、李添富、王初慶、朱歧祥、李西潭等教授以及朱婉清總裁；香港田小琳、馮勝利、黄坤堯等教授和姚德懷主席。朋友們來自四面八方，有的來自華東的上海、山東、安徽，有的來自西邊"那遥遠的地方"青海，有的來自華北的京津，有的來自華南的穗瓊，還有更遥遠的馬來西亞。内地和香港的出版機構專業人士也前來赴會，商議出版研討會論文和著作的問題。由於時間所限，這裏不能一一細數。本澳嘉賓有何超明檢察長，中聯辦臺灣事務部李維一部長，文化局姚京明副局長，中華文化交流協會李沛霖副理事長，澳門科學技術發展基金唐志堅主席，澳門科技大學校董會周禮杲主席和陳曦副校長、國際學院孫建榮院長，澳門大學校長代表楊秀玲主任，澳門理工學院殷磊副院長，教青局局長代表胡潔主任，還有高教辦等部門代表。檢察院派出九位官員前來聽會，並計劃將研討會的成果用於公務人員的培訓課程。理工學院、澳門大學、科技大學、保安部隊高等學校師生們也都聞訊趕來赴會。此情此景，令我們備受鼓舞，我謹代表澳門語言學會熱烈歡迎所有這些尊貴的朋友！

出席這次盛會的學者在學術界享有崇高聲譽。他們還未啓程，就被澳門的一些學術團體邀請來澳後主持學術活動。昨天剛下飛機，他們就趕往理工學院主持以"兩岸中文的現狀與前景"爲題的"語言大師 對話理工"活動；明天還將主持中華文化交流協會主辦的"名人公開講座"。學者們給澳門帶來了文化的新鮮空氣和豐富的精神盛宴。

請看我們的論文集，封面標題是用繁簡兩體書寫的，論文排版也尊重來稿用的字體，這可以說"繁簡兩體，悉聽尊便"吧。爲什麼這樣處理？請看扉頁上的"繁簡兩體 相映成輝"八個字。"相映成輝"是在座的海南語言學會柴春華會長的題詞。目前情況是，大陸立法使用簡化字，聯合國相關組織認簡化字爲規範，新加坡、馬來西亞等國也在使用簡化字。臺灣使用繁體字，香港、澳門不成文的法定漢字也是繁體字，但逐漸有鬆動的跡象。半個多世紀以來，繁簡漢字在不同地區通行，大體上相安無事，在民眾交往越來越頻密的情況下，繁簡字在兩岸之間出現"你中有我、我中有你"的情景。近年來大陸有人呼喚繁體字歸來，臺灣則出現簡體字商標或招貼。我們澳門最有趣，"威尼斯人"娛樂城所有固定名稱都用規範的簡化字書寫，例如"娱乐场""展览厅"；臨時舉辦的會展或其他活動節目卻主要用繁體字說明。來往兩岸的遊客不經意地傳遞著簡體或繁體。澳門簡直成了繁簡字並存的展廳。澳門語言學會爲檢察院開設的漢語文培訓課程亦將漢字問題列爲重要內容，深受就讀者歡迎。在兩岸關係比較艱難的年代，澳門曾經扮演過緩和兩岸關係的中介角色，創造了著名的"澳門模式"；今天在漢字問題上同樣需要一個中介，把繁簡之爭引導到正確的軌道上來。現在，澳門語言學會非常榮幸地扮演這樣的角色，承擔這次研討會的籌辦和舉行。我們今天回到"文化原點"上討論漢字問題，已經引來"同一個偉大文明的主人"的重視或興趣。

因此，前來赴會的專家學者十分踴躍。研討會原計劃邀集三十位專家學者座談，沒想到因研討的主題與各地華人的文化生命緊密相關，主動要求參與的人數猛增至六十多。特別令人欣喜的是，大家帶來了立意新穎、內容豐富的學術論文。澳門的朋友也表現了很高的熱情，冼爲鏗、徐大明、周荐、譚世寶、老志鈞、彭海鈴、尹得剛、梁崇烈等多位名家提交的論文都十分精彩。還必須提到，爲了這次研討會，四地語文工作者進行了民間用字的調查，收集到四千餘份問卷答案。他們將會報告調查的結果，彙報通行於各地的手寫體漢字的情況供與會專家討論。

各位的論文已經印製成冊派發給大家了。籌備組建議集中討論以下幾方面的問題：

一、當前漢字使用情況的評析。

二、"繁簡並存"的現狀與未來。

三、審視一批普遍流通的手寫體漢字，並請與會學者加以確認。

四、這樣的學術聚會是否有必要繼續進行下去？如何進行下去？

這是一次別開生面的學術聚會。我預祝研討會取得成功，同時借此機會感謝澳門基金會、教青局、文化局提供的贊助，感謝澳門特區社會文化司、檢察院、中聯辦臺灣事務部的支持，感謝澳門理工學院、銀河娛樂集團借出會場，贊助精美禮品，感謝澳門傳媒界朋友的支持。我們還要特別感謝"不捨晝夜"爲會務盡心盡力的工作組的同學們和老師們。

最後，希望各位在没有冬天的澳門生活愉快，身體健康！

两岸汉字使用情况学术研讨会开幕辞

陆俭明

北京大学中文系教授

尊敬的各位嘉宾，

尊敬的澳门语言学会会长程祥徽教授，

尊敬的两岸四地与会的同仁们，

女士们、先生们：

今天我们能聚集一堂互通两岸汉字使用情况，研讨汉字未来发展的走向，交流对汉字的繁简等一系列问题的不同看法，这都得感谢澳门语言学会的同仁，特别要感谢澳门语言学会会长程祥徽先生，是他们为我们提供了这个交流平台。

大家都知道，汉语有两个很重要的特点：第一个特点，汉语属于"非形态语言"，没有形态标记和形态变化；另一个特点，从宏观上来看，汉语语音的每个音节都能表示意义。上述两个特点决定，汉语显然不适合用音素文字来记录，而采用形、音、义融于一体的单音节的汉字来记录以单音节为主的汉语语素，再合适不过了。汉字和汉语的关系极为和谐。这也是汉字能成为世界上古老文字中唯一流传至今而且一直充满青春活力的一种文字的根本原因。汉字可以不受语音变化的影响，它可以超历史，贯通古今；可以超方言，为"十里不同音"的汉民族的书面交际提供方便。由于汉字是一种超历史、超方言的文字，因此它对维护汉语的一致性，使汉语没有能分化为不同的语言，对增强中华民族的凝聚力，维护中国的统一，立下了丰功伟绩。我们两岸四地同胞，乃至全球华人华裔都是炎黄子孙，而维系全体华人的主要纽带就是汉字。

汉字自产生以来，从我们可见到的成系统的距今三千三百多年的甲骨文，发展到金文，到篆书，到隶书，直至今天的楷书，形体、结构都在不断变化，简化为主，也有繁化——为了书写方便而简化，为求美观或别义而繁化。可是汉字数量大，笔画多，而且还存在"有多个汉字形体而音义一样"的情况，有些汉字则有多个读音而并不别义，加之汉字部首归并不一，人们难以检索，这都不利于国内孩童、国外汉语学习者的汉字学习，不利于文化的普及，因此多个朝代，包括国民政府时期，都曾进行过或试图进行过汉字规范工作和汉字简化工作。

由于众所周知的历史原因，从上个世纪中叶至今，整个中国分成了两岸四地。各地对汉字都各自采取了不尽相同的政策和具体的实施办法，特别是大陆与台湾，在相当长的时期里政治上一直处于敌对状态，有些汉字问题，特别像汉字的繁简问题，本来是个学术问题，可以切磋商讨，但都给政治化了，甚至在一段时间内成了互不兼容的政治问题。上个世纪 80 年代后，特别是进入 21 世纪后，两岸互访与交流日益频繁，紧张关系逐步缓和，而近期更是发出了交流不能"只经不政"，应加速"由经入政"的呼声（《参考消息》2013 年 10 月 20 日第 8 版）。这是极为令人鼓舞的事，也为两岸文化交流提供了更好的氛围。我们作为汉语言文字工作者应审时度势，抓住这有利机遇，共同商讨有关汉字的方方面面的问题，以求得更多的一致意见，更好的合作与交流，我们应担起这个责任。

事实上也确实有许多有关汉字的问题需要两岸四地的有关专家学者坐在一起进行深入切磋商讨。

首先，对有关汉字的一些名词术语，如"简体字""简化字""繁体字""异体字""正体字""俗字"等，如何在理解上不受政治干扰，取得一致意见？

其次，汉字形体问题，也是个大问题。目前且不说海外，两岸四地所用汉字的字形就不完全统一。该不该有统一的规范？我想回答应该是肯定的，那么该采取什么样的步骤和举措以使汉字字形取得统一的规范？

再次，到底如何正确评价大陆的汉字简化工作？是否需要像海峡两岸某些人所说的那样，得全部恢复使用繁体字？大陆的简化字中，有些简化字是否可以适当修整？

再其次，有学者提出，大陆应"用简识繁"，台湾则应"用繁识简"，有学者提出可"繁简由之"。这到底该怎么认识为是？

还有，最近大陆公布了《通用规范汉字表》，这是一件大事，这对贯彻《中华人民共和国国家通用语言文字法》，提升国家通用语言文字的规范化、标准化水准，满足信息时代语言生活多方面的需求，对维护汉字系统的基本稳定，都有重要意义。但是，也听到了一些不同的意见——语文界有学者对《字表》外的字，在类推简化上提出遵循"表外字不再类推"的"有限类推"原则持有不同意见，认为"这不是国家的政策",而且有限类推会影响汉字的规范和统一;信息学界也有学者认为,《字表》的"三级字表"中有 100 多个字,GB18030(收字 70244 字)里没有,无法在信息处理中应用。这些意见我们到底该怎么看待?怎么处理?

此外,最近由中央电视台和国家语委联合主办的电视节目"中国汉字听写大会"收视率很高,在全球华人中也产生了很好的影响。由于信息化时代的特点,以后人们可能认的字会多一些,但写的字可能会越来越少。这个情况究竟应如何应对?

最后,我们知道,语言文字不仅具有工具性,并具有资源性、情感性。如何开发利用汉字并逐步形成产业?如何考虑不同的汉字使用群体的情感问题?这也是值得大家研讨的。

诸如此类的问题还有许多。事实将会表明,将汉字问题讨论好,对两岸四地的文化、经济、政治的发展都有好处。现在澳门同仁为我们提供这样一个很好的交流平台,希望各位与会者畅所欲言,各抒己见。当然,我们不能期求通过这次仅仅两天的会上会下的研讨交流,就能将有关汉字的不同观点与看法形成一致的意见,但应该说这无疑为今后进一步研讨和协作交流开了一个好头。

再次谢谢澳门语言学会,预祝研讨会圆满成功!

繁简并用　相映成辉　**调查报告**

两岸四地汉字认知及使用状况分析

高海洋　毛凌霄　郭　珇

海南琼州学院国际文化交流学院

1　缘起

2013 年澳门语言学会发起"两岸四地汉字认知及使用状况调查",调查问卷由澳门理工学院黄翙教授总体设计,在大陆、香港、澳门、台湾同时使用同一问卷进行调查。大陆调查由盛玉麒教授、高海洋教授分别在山东、海南两地进行。各地数据均整理成文,数据信息详尽,为了更加清晰了解各地对繁简体字相关问题的看法及态度,本文将五次调查结果综合比较。

2　调查对象资料

本次调查在澳门地区发放了 1200 份问卷,收回 1104 份,其中男性 45.74%,女性 54.26%;香港地区发放并收回 350 份问卷,其中男性 51.14%,女性 48.86%;台湾地区发放 1000 份问卷,收回 627 份,男性 39%,女性 61%;在大陆山东地区进行的调查发放并收回问卷 1558 份,男性 44%,女性 56%;在海南地区发放 600 份问卷,收回 505 份,其中男性占调查人数 41%,女性占调查人数 59%。

受访者性别较为均衡,年龄主要集中在 18—30 岁之间,职业以学生为主,教育程度多是大学生。

3　受访者在日常生活中使用汉字的情况

3.1　港澳台受访者日常生活中主要使用繁体字

澳门 81.97% 的受访者主要使用繁体字，18.03% 的受访者主要使用简体字；香港受访者中 98.86% 的人日常生活中主要使用繁体字，1.14% 的人主要使用简体字；台湾受访者中 98.08% 的人主要使用繁体字，1.91% 的人主要使用简体字。可以看出，在港澳台地区简体字使用以澳门为最多，台湾、香港使用很少。

3.2　港澳台地区认识简体字的情况

澳门地区完全不认识简体字的受访者仅有 2.65%，认识一点简体字的受访者为 15.58%，81.77% 的受访者表示认识或者大致认识简体字。

香港地区完全不认识简体字的人数占所有受访者的 0.29%，认识一点简体字的为 31.50%，认识或者大致认识的受访者比例为 68.21%。

台湾地区，完全不认识简体字的占受访者的 1%，认识一点简体字的为 17%，认识或者大致认识的占 83%。总体而言受访者"据繁识简"的能力非常高。如下图所示：

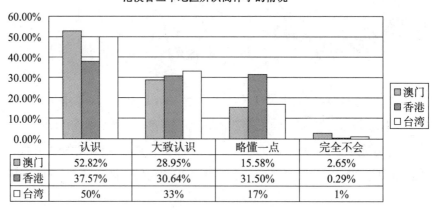

港澳台三个地区辨识简体字的情况

	认识	大致认识	略懂一点	完全不会
澳门	52.82%	28.95%	15.58%	2.65%
香港	37.57%	30.64%	31.50%	0.29%
台湾	50%	33%	17%	1%

3.3　港澳台地区书写简体字的人群比例

澳门地区受访者中 36.35% 的人认为自己会写简体字，27.07% 的人大致会写，略懂一点简体字书写的为 29.83%，只有 6.74% 的人认为自己完全不会写简体字。

香港地区受访者中 23.41% 的人认为自己会写简体字，19.65% 的人认为自己大致会写简体字，认为略懂一点简体字书写的人数有 49.71%，只有 6.36% 的人认为自己完全不会写简体字。

台湾地区受访者中 15% 的人认为自己会写简体字，22% 的受访者认为自己大致会写简体字，55% 的受访者认为自己略懂一点简体字书写，只有 8% 的人认为自己完全不会书写简体字。如下图所示：

港澳台三个地区书写简体字的情况

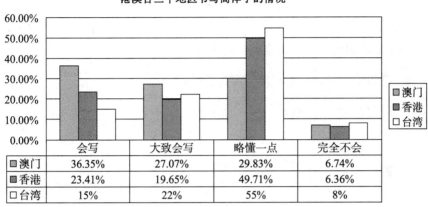

	会写	大致会写	略懂一点	完全不会
澳门	36.35%	27.07%	29.83%	6.74%
香港	23.41%	19.65%	49.71%	6.36%
台湾	15%	22%	55%	8%

3.4 港澳台地区接触简体字的主要途径

调查问卷中接触简体字的途径选项有书籍、网络、学校、电视、报刊、广告、手机短信、字典等。香港、澳门、台湾三个地区的受访者接触简体字的途径数据如下图：

港澳台地区接触简体字的主要途径

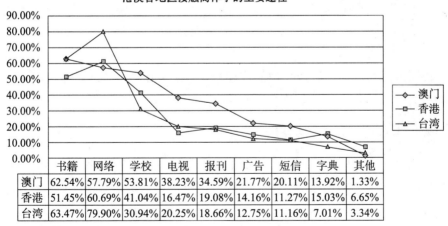

	书籍	网络	学校	电视	报刊	广告	短信	字典	其他
澳门	62.54%	57.79%	53.81%	38.23%	34.59%	21.77%	20.11%	13.92%	1.33%
香港	51.45%	60.69%	41.04%	16.47%	19.08%	14.16%	11.27%	15.03%	6.65%
台湾	63.47%	79.90%	30.94%	20.25%	18.66%	12.75%	11.16%	7.01%	3.34%

3.5 大陆地区认识繁体字的情况及接触繁体字的渠道

大陆地区 37.37% 的受访者表示认识或者大致认识繁体字，58.32% 的受访者表示略懂繁体字，完全不认识繁体字的人数只有 4.31%。大陆地区受访者接触繁体字的渠道（多项选择）最多的是书籍（55.5%）和网络（51.30%），其次是 KTV(40%)，字典（37.2%）和电视（33.2%）。

4　港澳台地区教育对简体字的使用状况及态度的影响

学校是学习汉字的最重要场所，了解学校环境中简体字的使用状况有助于我们进一步了解港澳台地区简体字的使用情况。

4.1　学校使用简体字教材的状况是否普遍

通过学校使用简体字教材的实际情况来看简体字在各地的使用状况，具体数据如下图表：

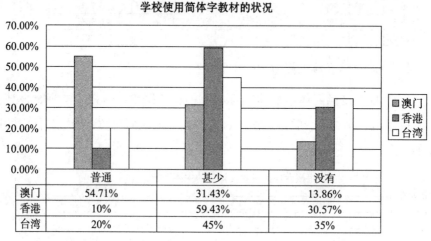

	普通	甚少	没有
澳门	54.71%	31.43%	13.86%
香港	10%	59.43%	30.57%
台湾	20%	45%	35%

由图可见澳门地区普遍使用简体字教材，所占比例是 54.71%，远远高于香港和台湾。

4.2　学校是否允许学生使用简体字

该问题旨在了解港澳台教育行政部门及学校对使用简体字的态度，选项分别是完全允许、某种程度上不允许、完全不允许。其中某种程度上不允许有多种情况，如考试不允许、作业不允许、考试不允许但作业允许等。具体数据如下图：

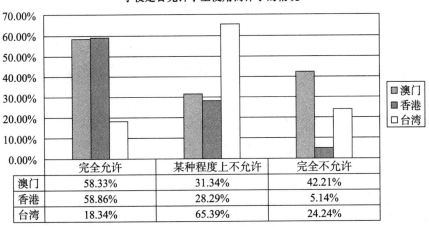

学校是否允许学生使用简体字的情况

	完全允许	某种程度上不允许	完全不允许
澳门	58.33%	31.34%	42.21%
香港	58.86%	28.29%	5.14%
台湾	18.34%	65.39%	24.24%

根据以上数据可以得出，香港和澳门地区完全允许所占的比例均超过半数，而台湾地区该选项所占比例只有 18.34%；台湾地区在某种程度上不允许的选项中所占比例最高，达到 65.39%；完全不允许学生使用简体字的情况澳门地区所占比例最高，达到 42.21%，远远超过香港和台湾，可以推测澳门地区不同学校对于能否使用简体字差异很大。

4.3 教育界是否需要改变现状为简体字教学

该题设置了三个选项，分别是不需要、需要、其他（包括没意见），港澳台三个地区的具体数据如下图表显示。根据图表很明显看出，港澳台地区九成的受访者认为不需要改为简体字教学。

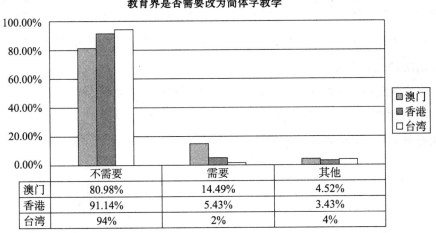

教育界是否需要改为简体字教学

	不需要	需要	其他
澳门	80.98%	14.49%	4.52%
香港	91.14%	5.43%	3.43%
台湾	94%	2%	4%

5　公众地方使用简体字 / 繁体字的状况

在港澳台地区的问卷中该题设置了九个选项，分别是酒店、旅游景点、赌场、公共场所、食肆、学校、交通工具、政府机构和其他（没有见过）。大陆（海南）地区问卷中该题设置了六个选项，分别是酒店、旅游景点、食堂、学校、交通工具和其他。因为大陆山东地区的问卷未设置相关问题，所以不列入对比。具体数据如下图表：

港澳台地区公众地方见过简体字的情况

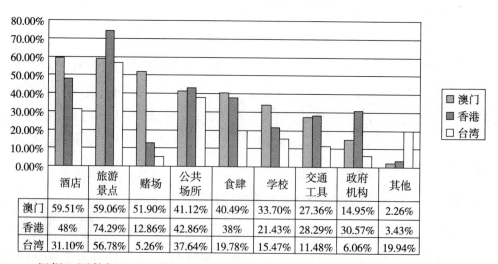

	酒店	旅游景点	赌场	公共场所	食肆	学校	交通工具	政府机构	其他
澳门	59.51%	59.06%	51.90%	41.12%	40.49%	33.70%	27.36%	14.95%	2.26%
香港	48%	74.29%	12.86%	42.86%	38%	21.43%	28.29%	30.57%	3.43%
台湾	31.10%	56.78%	5.26%	37.64%	19.78%	15.47%	11.48%	6.06%	19.94%

根据上图数据显示：澳门地区在酒店见过简体字所占比例最多，其次是旅游景点、赌场等；在香港和台湾地区均是在旅游景点见过简体字的人数最多，所占比例为 74.29% 和 56.78%，香港地区人数所占比例略次于旅游景点的是酒店和公共场所，台湾地区人数所占比例略次于旅游景点的是公共场所和酒店。从数据来看，港澳台三个地区关于该问题的情况上大体一致。

在大陆海南地区的调查问卷显示接触繁体字的途径多种多样，其中在旅游景点看到繁体字的人数最多，所占比例为 52.28%，其次是学校、餐馆、酒店、其他和交通工具。具体数据如下图表：

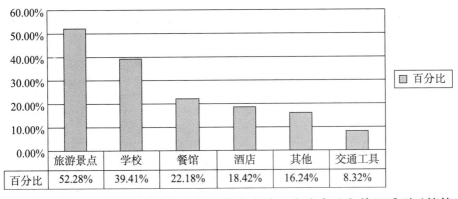

大陆（海南）公众地方使用繁体字的状况

	旅游景点	学校	餐馆	酒店	其他	交通工具
百分比	52.28%	39.41%	22.18%	18.42%	16.24%	8.32%

综合来看，无论是在港澳台地区还是在大陆，在公众地方曾经看到过简体字或繁体字的情况均较多，这与旅游业本身的特点有关，因为旅游景点有来自世界各地的人，景区里的路标、引导牌要用多个国家及地区的文字标示出来。

6 对繁体字和简体字的认识

6.1 对繁体字与简体字之间写法差异的认识

当受访者被问到汉字繁体和简体相同的字数多还是不同的字数多的时候，受访者回答如下表：

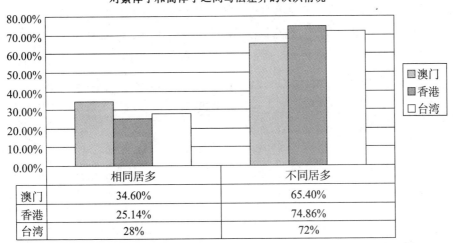

对繁体字和简体字之间写法差异的认识情况

	相同居多	不同居多
澳门	34.60%	65.40%
香港	25.14%	74.86%
台湾	28%	72%

数据显示，大多数香港、澳门和台湾受访者认为繁简体字之间写法不同的居多。

23

6.2　繁体字与简体字哪种更优越

该题的设置能够清晰明了地得知人们对于繁简体字的态度，共给出三个备选项，分别是繁体字较优、简体字较优和没有意见。具体数据如下图表：

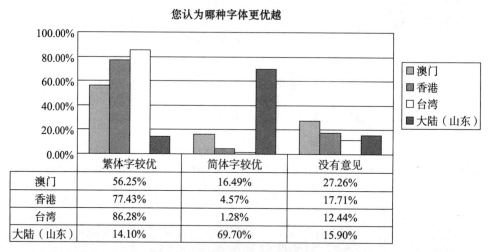

您认为哪种字体更优越

	繁体字较优	简体字较优	没有意见
澳门	56.25%	16.49%	27.26%
香港	77.43%	4.57%	17.71%
台湾	86.28%	1.28%	12.44%
大陆（山东）	14.10%	69.70%	15.90%

由图表数据可见，澳门、香港和台湾三个地区认为繁体字较优的人数最多，所占比例均过半数。在大陆山东地区则是认为简体字较优的人数最多，所占比例为69.70%。

6.3　繁体字的优点

为了进一步了解繁体字的优越之处，该题设置了如下几个备选选项：繁体字符合汉字的造字规则，表意功能明确，便于理解意思；繁体字有利于传承悠久的中华文化；繁体字能展现书法艺术之美；繁体字的系统及字理有助于学习；繁体字可以免除同音假借、一字多义所引起的混淆现象；其他原因。大陆海南地区的问卷中是项问题做了修改，所以另做分析。各地具体数据如下图表（多选）：

繁体字的优点				
	澳门	香港	台湾	山东
符合汉字造字规则	74.72%	73.06%	88.68%	14.90%
利于传承中华文化	73.59%	71.96%	83.57%	18.40%
展现书法艺术美	72.30%	78.97%	79.11%	17.10%
其系统原理有助学习	61.51%	54.98%	83.09%	9.50%
避免引起混淆	60.71%	61.62%	80.38%	9.90%
其他	1.29%	3.32%	3.83%	0.00%

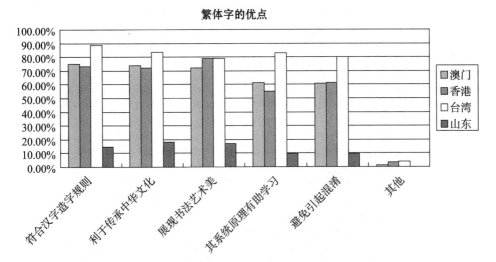

根据以上数据可以得出，在澳门地区选择繁体字符合汉字造字规则的人数最多，占调查人数 74.72%；选择人数第二多的是利于传承中华文化，占调查人数 73.59%；选择人数第三多的是能展现书法艺术之美，占调查人数 72.30%；其次是有助于学习和避免引起混淆。

在香港地区，选择繁体字能展现书法艺术之美的人数最多，占调查人数 78.97%；选择人数第二多的是符合汉字造字规则，占调查人数 73.06%；选择人数第三多的是有利于传承中华文化，占调查人数 71.96%；其次是避免引起混淆、有助于学习和其他。

在台湾地区，选择符合汉字造字规则的人数最多，占调查人数 88.68%；选择人数第二多的是有利于传承中华文化，占调查人数 83.57%；选择人数第三多的是有助于学习，占调查人数 83.09%；其次是避免引起混淆、能展现书法艺术之美和其他。

大陆山东地区调查发现普遍认为繁体字的优点较少，选择答案的人数不多，相对于港澳台地区选择回答该题的人数会略显较少。在大陆山东地区，选择繁体字有利于传承中华文化的人数最多，占调查人数 18.4%；选择人数第二多的是能展现书法艺术之美，占调查人数 17.1%；选择符合汉字造字规则和选择避免引起混淆的，占调查人数的 14.9% 和 9.9%；最后是选择有助于学习的人数，占调查人数 9.5%。

虽然大陆海南地区的调查问卷中未设置此题，但在问卷中设置了一道与此题相类似的开放性题目："您希望或者不希望学习繁体字的理由是什么？"根据受访者的回答，将希望学习繁体字的理由大致归为四个，分别是有利于文化传承方便阅读古籍、自身喜欢、方便沟通和字形美观。具体数据如下图表：

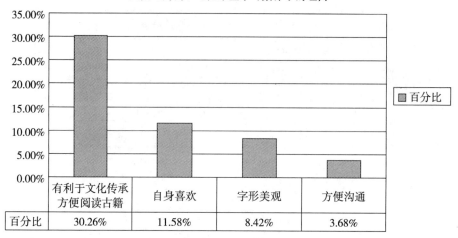

大陆（海南）地区希望学习繁体字的理由

	有利于文化传承方便阅读古籍	自身喜欢	字形美观	方便沟通
百分比	30.26%	11.58%	8.42%	3.68%

根据以上数据可以得知，海南地区选择繁体字有利于文化传承方便阅读古籍的人数最多，占调查人数 30.26%，这一点与山东地区一致，说明大陆更为认同繁体字在文化传承方面的优点；选择自身喜欢的人数第二多，占调查人数 11.58%；其次是繁体字字形美观，占调查人数 8.42%；最后是繁体字方便沟通，占调查人数 3.68%。

6.4　简体字的优点

为了进一步了解简体的优越之处，该题设置了如下几个选项进行选择：笔画较少，结构简单，书写简便；能减轻学习负担；简体字符合快速的社会发展，利于促进国际交流；简体字有利于推广并促进汉字学习；能减少文盲，增加识字率和其他。具体数据如下图表：

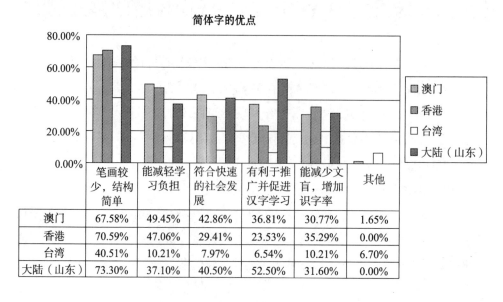

简体字的优点

	笔画较少，结构简单	能减轻学习负担	符合快速的社会发展	有利于推广并促进汉字学习	能减少文盲，增加识字率	其他
澳门	67.58%	49.45%	42.86%	36.81%	30.77%	1.65%
香港	70.59%	47.06%	29.41%	23.53%	35.29%	0.00%
台湾	40.51%	10.21%	7.97%	6.54%	10.21%	6.70%
大陆（山东）	73.30%	37.10%	40.50%	52.50%	31.60%	0.00%

根据数据，在澳门地区选择笔画较少，结构简单，书写简便的人数最多，占调查人数 67.58%；选择第二多的是能减轻学习负担，占调查人数 49.45%；选择人数第三多的是简体字符合快速的社会发展，利于促进国际交流，占调查人数 42.86%；然后依次是有利于推广并促进汉字学习，能减少文盲，增加识字率和其他。

在香港地区也是选择笔画较少，结构简单，书写简便的人数最多，占调查人数 70.59%；选择人数第二多的是能减轻学习负担，占调查人数 47.06%；选择人数第三多的是能减少文盲，增加识字率，占调查人数 35.29%；然后依次是符合快速的社会发展，利于促进国际交流和有利于推广并促进汉字学习。

在台湾地区同样是选择笔画较少，结构简单，书写简便的人数最多，占调查人数 40.51%；选择人数第二多的有两项，分别是能减轻学习负担和能减少文盲，增加识字率，占调查人数 10.21%；然后依次是符合快速的社会发展，利于促进国际交流、其他和有利于推广并促进汉字学习。

在大陆山东地区，选择笔画较少，结构简单，书写简便的人数最多，占调查人数 73.3%；选择人数第二多的是有利于推广并促进汉字学习，占调查人数 52.5%；选择人数第三多的是符合快速的社会发展，利于促进国际交流，占调查人数 40.5%；然后依次是能减轻学习负担和能减少文盲。

在大陆的海南地区的问卷中有一道相关问题，是关于"推广简体字会降低文盲率，推广繁体字会提高文盲率"的看法问题，选择很赞成和赞成的人，占调查人数 22.31%。从各地数据来看，对于该观点的认同率偏低。还有相关一题是"繁体字和简体字哪个更能代表中国文化"，选择简体字的原因有两个，分别是简体字使用人数多和简体字较简单，方便学习，有利于推广汉字。其中选择第二个选项的人数较多，占调查人数 64.5%，同时也说明这是简体字的优点所在。

调查发现港澳台地区受访者选择答案的人数不比上一题的多，说明受访者普遍认为简体字的优点较少。大陆地区则呈相反的趋势，选择简体字优点的人数更多。但是两岸四地选择人数最多的选项都是笔画较少，结构简单，书写简便，说明人们普遍认同简体字的这个优点。港澳台地区选择人数第二多的也都是能减轻学习负担，说明对该优点也很认同。

6.5 繁体字的缺点

为了更深一步地了解人们对于繁体字的态度，设置的该题给出了以下选项：

书写繁琐，书写速度慢；笔画太多，容易写错字；字形复杂，不易辨别；增加文盲，降低识字率；不利汉字推广和学习；使用范围窄，只有港、澳、台使用，难与其他地区沟通和其他。大陆海南地区的问卷中未设置此题，但有相关方面的题目，所以另做分析。具体数据如下图表：

繁体字的缺点			
	澳门	香港	台湾	大陆（山东）
书写繁琐，书写速度慢	68.12%	65.40%	60.29%	84.10%
笔画太多，容易写错字	47.46%	44.87%	26.48%	63%
使用范围窄	23.01%	22.58%	33.33%	24.60%
字形复杂，不易辨别	19.93%	16.13%	11%	50.30%
不利汉字推广和学习	12.50%	6.16%	7.81%	42.40%
增加文盲，降低识字率	9.87%	10.26%	3.99%	27.20%
其他	5.52%	5.28%	12.28%	0.00%

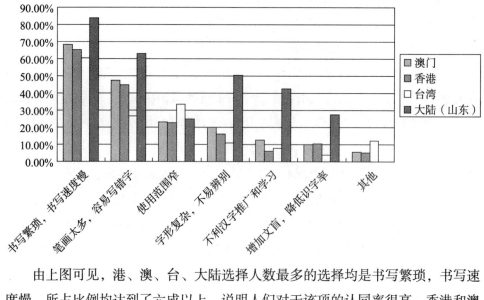

由上图可见，港、澳、台、大陆选择人数最多的选择均是书写繁琐，书写速度慢，所占比例均达到了六成以上，说明人们对于该项的认同率很高。香港和澳门选择人数第二多的都是笔画太多，容易写错字；选择人数第三多的均为使用范围窄，说明澳门和香港两地的观点较为接近。台湾地区选择人数第二多的选项是使用范围窄，占调查人数 33.33%；选择人数第三多的选项是笔画太多，容易写

错字，占调查人数 26.48%。大陆山东地区选择人数第二多的选项是笔画太多，容易写错字，占调查人数 63%；选择人数第三多的选项是字形复杂，不易辨别，占调查人数 50.30%。总体来看，大陆地区选择答案的人数比例要大于香港、澳门、台湾选择该题人数的比例，说明大陆地区受访者普遍认为繁体字的缺点较多。

虽然大陆海南地区的调查问卷中未设置此题，但在问卷中设置了一道与此题相类似的开放性题目："您希望或者不希望学习繁体字的理由是什么？"根据受访者的回答，将不希望学习繁体字的理由大致归为四个，分别是书写麻烦笔画多、没时间、没有实用价值和自身不喜欢。具体数据如下图表：

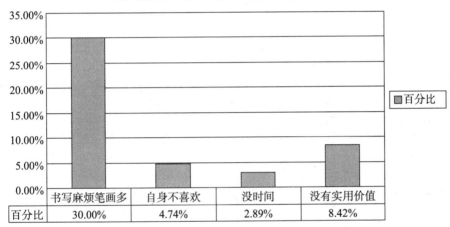

大陆（海南）地区不希望学习繁体字的理由

	书写麻烦笔画多	自身不喜欢	没时间	没有实用价值
百分比	30.00%	4.74%	2.89%	8.42%

如图可见，选择书写麻烦笔画多的人数所占百分比最多，占调查人数 30%，其他三个选项所占比例都很少，均不超过 10%。结合上述数据分析得出，两岸四地普遍认为繁体字书写繁琐，笔画多，书写速度慢。

6.6 简体字的缺点

为了更深一步地了解人们对于简体字的态度，设置的该题给出了以下选项：破坏了传统汉字的美感；笔画太相近，容易混淆；不利于文化传承；太粗糙，有违汉字造字原则、艺术性和科学性；同音假借、一字多义，容易造成混淆；有些字失去了原来造字的意思和其他。具体数据如下图表：

简体字的缺点				
	澳门	香港	台湾	大陆（山东）
破坏美感	62.32%	66.00%	84.37%	52.40%
失去原造字之义	57.52%	59.71%	88.51%	59.50%

续前

简体字的缺点				
	澳门	香港	台湾	大陆（山东）
同音假借字多	48.82%	57.14%	77.51%	35.50%
笔画太相近容易混淆	45.02%	55.14%	74.48%	20.60%
不利文化传承	44.02%	46.29%	70.49%	37.90%
太粗糙有违造字规则、艺术性和科学性	43.75%	52.29%	80.06%	31.60%
其他	2.26%	1.43%	2.50%	0.00%

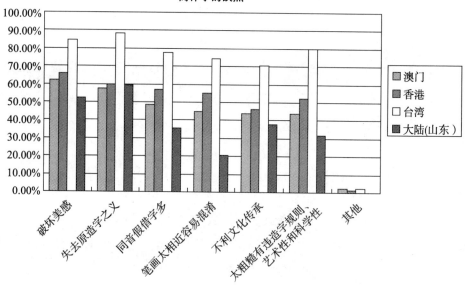

简体字的缺点

　　根据数据可以得知，香港和澳门两地关于简体字的态度接近，选择人数最多的三个选项均相同，分别是破坏了传统汉字的美感、有些字失去了原来造字的意思和同音假借、一字多义，容易造成混淆。这三个选项占调查人数的比例平均达到五成。而台湾和山东地区选择人数最多的两项相同，分别为有些字失去了原来造字的意思和破坏了传统汉字的美感，且所占调查人数的比例均超过五成。台湾地区选择人数第三多的选项是太粗糙，有违汉字造字原则、艺术性和科学性，占调查人数 80.06%。山东地区选择人数第三多的是不利于文化传承，占调查人数37.9%。从数据和图表信息中还可以看出，台湾地区对该题的每个选项选择的（除其他）所占比例均超过七成，说明受访者普遍认为简体字的缺点比较多。

7 对繁体字和简体字的态度

7.1 学习另一种字体的打算

本题主要了解人们学习另一种字体的意愿，因为在港澳台地区和大陆地区的选项设置稍有不同，所以分别来进行比较。港澳台三个地区选项分别是：有打算、没打算和其他（包括已会或没意见）。具体数据如下图表：

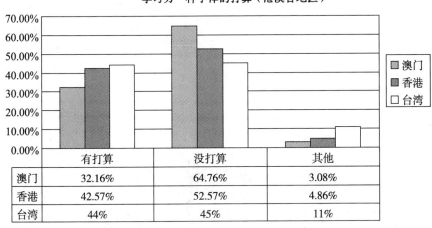

学习另一种字体的打算（港澳台地区）

	有打算	没打算	其他
澳门	32.16%	64.76%	3.08%
香港	42.57%	52.57%	4.86%
台湾	44%	45%	11%

根据数据可知，港澳台三个地区没有打算学习另一种字体的比例均高于有打算学习的比例。其中澳门地区选择没打算的比例最高是 64.76%，其次是香港 52.57%，两个地区都超过了半数。台湾地区选择有打算和没打算的比例相差很小，几近相等。

在大陆地区该题设置的选项有：非常愿意、比较愿意、不太愿意、不愿意和未填。具体数据图下图表：

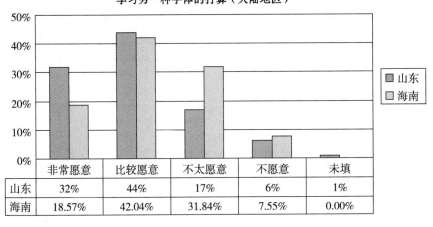

学习另一种字体的打算（大陆地区）

	非常愿意	比较愿意	不太愿意	不愿意	未填
山东	32%	44%	17%	6%	1%
海南	18.57%	42.04%	31.84%	7.55%	0.00%

如图可见，在大陆的山东和海南两个地区选择比较愿意的人数最多，所占比例最大。山东地区选择非常愿意的人数比例要大于海南地区，而海南地区选择不太愿意的人数比例要大于山东地区。两地选择不愿意的较少。总体来看大陆地区比较愿意学习另一种字体。

7.2　学习另一种字体是否困难

为了进一步了解学习另一种字体的意愿，设置"学习另一种字体是否觉得困难"一题，该题设置的选项有：困难、不困难和其他（包括没意见和已会）。由于大陆海南地区的问卷中没有设置该题，但有相关的题目，所以另做分析。具体数据如下图表：

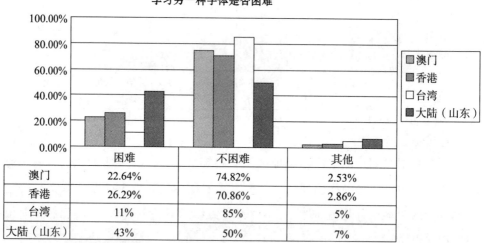

学习另一种字体是否困难

	困难	不困难	其他
澳门	22.64%	74.82%	2.53%
香港	26.29%	70.86%	2.86%
台湾	11%	85%	5%
大陆（山东）	43%	50%	7%

根据调查数据可知，香港、澳门、台湾和大陆等地区选择人数最多的选项是不困难，而且都达到半数或半数以上，台湾地区最高达到了85%，说明两岸四地的受访者普遍认为学习另一种字体不困难。

海南地区的问卷中有一道态度题是关于"对于学龄儿童，繁体汉字比简体汉字更难学"的看法，五个选项分别为很不赞成、不赞成、一般、赞成和很赞成。具体数据如下图表：

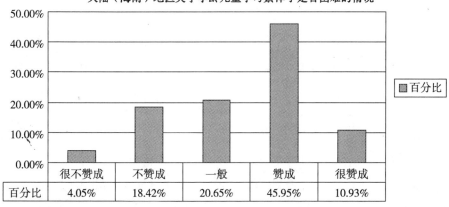

大陆（海南）地区关于学龄儿童学习繁体字是否困难的情况

	很不赞成	不赞成	一般	赞成	很赞成
百分比	4.05%	18.42%	20.65%	45.95%	10.93%

　　根据数据得出，很赞成和赞成的人数所占比例很大，占调查人数 56.88%；选择很不赞成和不赞成的人数所占比例较小，占调查人数 22.47%；选择一般的占调查人数 20.65%。说明受访者普遍认为对于学龄儿童，学习繁体字要比简体字更困难。

7.3　通过什么途径学习与自己日常使用文字相反的字体

　　如果学习另一种字体，会选择通过什么样的途径来进行学习，也是我们很关注的一件事。在问卷中为该题设置了九个涵盖面较广的选项：书籍、网络、学校、报刊、电视、字典、手机讯息、街头广告和其他。由于大陆海南地区未设置该题，所以不列入对比。各地数据如下图表：

学习另一种字体的途径				
	澳门	香港	台湾	大陆（山东）
书籍	50.99%	39.71%	45.93%	30.90%
网络	50.42%	39.14%	44.81%	25%
学校	49.86%	38.86%	17.06%	41.10%
报刊	37.18%	18.29%	13.23%	12.20%
电视	36.90%	21.71%	11.64%	14.20%
字典	29.58%	18.29%	8.13%	22.40%
手机讯息	18.31%	10.29%	3.98%	8.90%
街头广告	14.65%	7.14%	5.26%	2.90%
其他	1.41%	6.86%	8.45%	0.00%

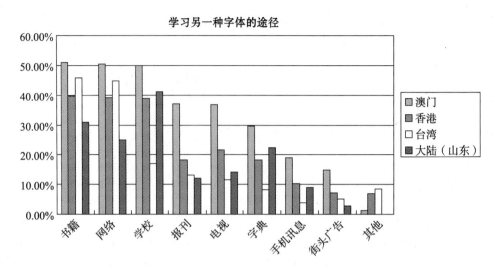

根据数据显示，港澳台三个地区选择人数最多的三个选项都相同，选择人数最多的是书籍，其次是网络，再次是学校。说明受访者比较希望通过书籍或网络自学，通过学校学习的人数较前两者要少。而在大陆地区选择人数最多的选项则是学校，其次才是书籍和网络，说明大陆地区较倾向于在学校接受专门的学习。

8　两岸四地关于统一文字的意见

汉字是否需要统一的问题，一直都是人们很关注的一个问题。大陆推行简体字近六十年，而澳门、香港和台湾三个地区一直以来推行的是繁体字政策。随着中国国力的不断增强，简体字渐渐地对世界各地产生了影响，繁简之争也愈加激烈。是次调查也设置了关于繁简之争的几个主要问题，具体问题如下分析。

8.1　两岸四地是否需要统一文字

为了调查民众对统一文字的看法，设置了此题，选项有需要、不需要和没意见。由于大陆海南地区未设置该题，所以不列入对比。具体数据如下图表：

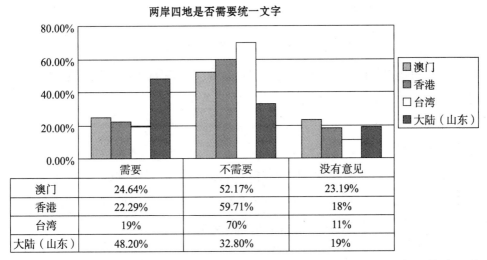

两岸四地是否需要统一文字

	需要	不需要	没有意见
澳门	24.64%	52.17%	23.19%
香港	22.29%	59.71%	18%
台湾	19%	70%	11%
大陆（山东）	48.20%	32.80%	19%

由图可知香港、澳门和台湾三地的受访者认为不需要统一文字的较多，均超过了五成。大陆（山东）地区认为需要统一文字的比例较大，占调查人数48.20%。关于统一文字的问题存在着不同的意见，不需要统一文字的呼声较之需要统一文字的呼声要大些。

8.2 文字的统一是否会有助于文化融合

文字统一是否会有助于文化的融合及发展，也是众多关注的问题之一，问卷给出会、不会和没意见三个选项。由于大陆海南地区未设置该题，所以不列入对比。具体数据如下图表：

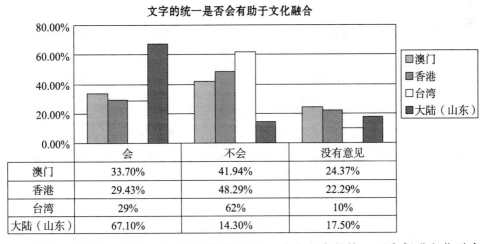

文字的统一是否会有助于文化融合

	会	不会	没有意见
澳门	33.70%	41.94%	24.37%
香港	29.43%	48.29%	22.29%
台湾	29%	62%	10%
大陆（山东）	67.10%	14.30%	17.50%

香港、澳门和台湾三个地区的数据显示，认为文字的统一不会促进文化融合的人数比例居多。而大陆地区的意见与之相左，选择文字统一会促进文化融合的

人数比例最多，达六成以上。

8.3　如果将来两岸四地统一文字，应该使用哪一种文字

关于该问题的争论也一直受到人们的关注，是繁简之争的核心问题之一。澳门、香港、台湾和山东地区的问卷设置的选项大致相同，分别是简体字、繁体字、综其精华和没意见，其中山东地区的问卷将综其精华分为两个小类：简体为主适当吸收繁体字和繁体为主适当吸收简体字。在海南地区的问卷中有一道类似的看法题：关于在中国大陆地区将繁体字确定为官方通用文字的看法，也可以从中得知统一文字的态度。具体数据如下图表：

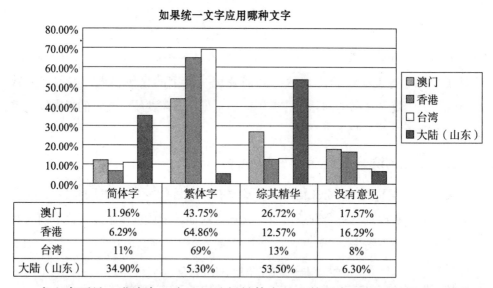

如果统一文字应用哪种文字

	简体字	繁体字	综其精华	没有意见
澳门	11.96%	43.75%	26.72%	17.57%
香港	6.29%	64.86%	12.57%	16.29%
台湾	11%	69%	13%	8%
大陆（山东）	34.90%	5.30%	53.50%	6.30%

由上表可见，港澳台三个地区选择繁体字的人数所占比例远远要大于其他选项，大多数受访者认为如果统一文字应用繁体字，且在香港和澳门两个地区选择简体字的人数所占比例还要小于没有意见这一选项。在大陆地区选择综其精华的人数最多，占调查人数53.5%，其中选择简体为主适当吸收繁体字的占调查人数45.4%，选择以繁体为主适当吸收简体字的占调查人数仅为8.1%；选择简体字的人数比例也有三成以上；选择繁体字的人数最少，仅占调查人数5.3%。通过数据可以看出，澳门、香港、台湾三个地区与大陆地区关于该题的意见反差很大，说明如果将来想实行文字的统一会面临很大的难题。

海南地区的数据如下图：

关于在中国大陆地区，将繁体汉字确定为官方通用文字的看法

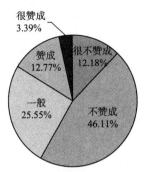

通过调查可知，选择不赞成和很不赞成的占调查人数 58.29%，远远大于选择赞成和很赞成的占调查人数的 16.16%。说明海南地区的受访者大多数不赞成在大陆地区将繁体字确定为官方文字。

9　关于繁简体字一些问题的看法

9.1　关于以下建议的看法：为了方便全球汉字文化圈的交流沟通，同时为了传承汉字文化，在汉字文化圈推广"认识繁体字，使用简体字"的政策，即"识繁用简"。具体数据如下图表：

台湾和大陆关于"识繁用简"的态度

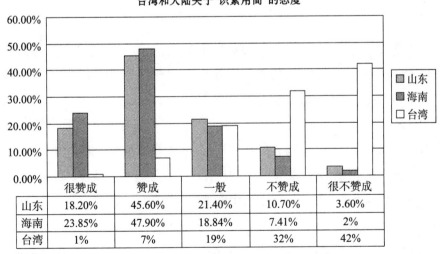

	很赞成	赞成	一般	不赞成	很不赞成
山东	18.20%	45.60%	21.40%	10.70%	3.60%
海南	23.85%	47.90%	18.84%	7.41%	2%
台湾	1%	7%	19%	32%	42%

由图可见，大陆地区选择赞成和很赞成的人数比例要远远大于台湾地区选择这两项的人数比例；三个地区选择一般的人数比例相差甚微；而台湾地区选择不赞成和很不赞成的人数要远远高于大陆地区。两地关于该提议的态度截然相反。

9.2　关于在中国大陆地区的大学教育中增加繁体汉字辨识类教育或课程，但并不将其定为官方通用文字的看法，该题在大陆的两个调查地分别展开，具体数据如下图表：

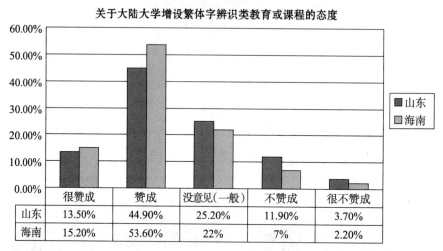

关于大陆大学增设繁体字辨识类教育或课程的态度

	很赞成	赞成	没意见(一般)	不赞成	很不赞成
山东	13.50%	44.90%	25.20%	11.90%	3.70%
海南	15.20%	53.60%	22%	7%	2.20%

如图所示，两地意见相一致。赞成和很赞成该提议的所占比例较大，不赞成和很不赞成的所占比例较小，说明大陆地区较为愿意在大学接受辨识繁体字的教育。

10　余论

从各地的数据看，港澳台地区的受访者"据繁识简"的能力较强，而大陆地区受访者"据简识繁"的能力较弱，从两方面来分析有两种可能的原因，一是因为简体字由繁体字简化而来，有些部首偏旁或字形有据可依，据繁识简较易；二是因为大陆实行简体字政策已有半个世纪之久，简化程度较大，不易辨识相对应的繁体字。但各地大部分都认为学习另一种字体并不困难，而且学习意愿也较强。对于统一文字的问题，各地反对的声音较大，但是关于推行识辨繁体字或简体字的政策比较支持。如统一文字使用哪种文字的问题，港澳台三个地区偏重繁体字，大陆地区较偏重简体字或综合两种字体的精华。且文字的统一是否有利于文化的融合的问题各地看法也不同，港澳台三个地区认为不会有利于文化的融合，大陆地区则认为有利于文化的融合，这些问题还有待深入研究。

2013臺灣民眾漢字使用現況調查報告

劉雅芬

臺灣輔仁大學中文系

壹 前 言

一、"識正書簡"在臺灣

馬英九先生於 2009 年提出了"識正書簡"的概念，對於漢字文化圈（Sinosphere）的文字標準化議題，[①] 主張"閱讀及書寫時使用繁體中文的同時，書寫上不排斥使用簡體中文"。[②] 此一論述，引發多方高度關注。臺灣民進黨即表示反對馬英九先生的"識正書簡"路線，並針對此一議題進行民意調查，調查結果顯示有 76% 受訪者反對"識正書簡"之理念。民進黨明確表示該黨對此議題的反對立場，並表示除了政治立場外，也有文化傳承及藝術上的堅持；但接受少量手

---

① "漢字文化圈"這個名詞是由語言學家馬提索夫提出的。它的意思是指深受漢字文化和儒家文化影響，並且在歷史上與中國關係密切的區域。漢字文化圈狹義上來說包括中國、中國臺灣、南北韓、日本和越南。廣義的文化圈則納入了新加坡、馬來西亞、印尼、汶萊以及泰國等華人眾多的東南亞國家。James A. Matisof, 2004 : Language variation : papers on variation and change in the Sinosphere and in the Indosphere in honour of James A. Matisoff , Canberra : Pacific Linguistics

② 2009-06-09 "中央社"新聞。馬英九先生於 2009 年 6 月 9 日接見"駐美中華總會館暨北加州中華會館負責人回國訪問團"時表示主張"閱讀及書寫時使用繁體中文的同時，書寫上不排斥使用簡體中文"。http://chinesedigger.blogspot.tw/2009/06/char-sets.html。在其他華人亦有類似概念，中國大陸將此概念稱之為"識繁寫簡"，本文以下行文統一行用臺灣用語"識正書簡"。

寫簡體字，反對全面使用簡化字。[①]

　　面對民意的質疑，馬英九先生進而闡釋其理念爲："提出'識正書簡'的用意是他對大陸的建議，希望中國大陸 13 億人有機會親近中華文化，如此一來就可以古典書籍接軌。"[②] 然而，隨後因應 2012 年選舉之需要，其態度亦隨之調整，除下令將政府網站的簡體字移除，並且呼籲臺灣民間不需要爲陸客特別提供簡體字的菜單或説明。[③] 此後，"識正書簡"之議題討論熱度，在臺灣便漸行冷卻。

　　二、臺灣學界的觀照

　　1994 年 9 月 28 日—29 日 "第二屆漢字文化圈内生活漢字問題國際討論會"於韓國漢城召開。[④] 時任臺灣"中國文字學會"理事長的師範大學國文系教授陳伯元（新雄）先生，應"韓國國際漢字振興協會"之邀請，以臺灣代表主題發言人的身份，發表論文。此次會議之主要議題，針對中文電腦軟體流通，希望在現行文字基礎上，研究出一種穩定字形式樣，訂定共文字形式，然後進行標準化與統一化，以便彼此之間互相溝通與資訊之交流。會議中並決議設立"國際漢字振興協會"，總部設在漢城，其餘參與國家，則在其國内設立分會，以便將來共同商訂漢字標準化與統一化。

　　陳伯元先生返臺後，於"中國文字學會"之下，設立"漢字振興小組"持續推動國字標準化工作。更進而呈文"教育部"國語推行委員會，經李爽秋

---

①這份民調是在 2009 年 6 月 10 日晚間針對 20 歲以上臺灣公民進行訪查，共獲得 708 份有效樣本，抽樣誤差爲 3.76%。民調顯示，有 76% 受訪者不贊成推動"識正書簡"的説法，其中非常不贊成者佔 51%、贊成者佔 17%；即使是泛藍支持者，也有 67% 受訪者持反對看法。民進黨民調中心主任俊俊麟表示："識正書簡"政策的想法，雖然他（馬英九）想要促進兩岸文化交流，不過實際上高達七成六以上民衆反對……推動這個想法，對於民衆來講，感受是非常、非常不好的。資料來源：民主進步黨新聞中心網址 http://www.dpp.org.tw/news_content.php?sn=3810 資料來源："中央廣播電臺"新聞網址：http://news.rti.org.tw/index_newsContent.aspx?nid=201432

②程啟峰《馬英九：正體字與歷史接軌　不應棄而不用》

③據 BBC 報導，馬英九先生日前下令將政府網站的簡體字移除，並且呼籲臺灣民間不需要爲陸客特別提供簡體字的菜單或説明。臺灣相關發言人轉述馬英九先生説，爲了維護中華文化領航者的角色，所有的官方文件以及網站都應該以正體字版本爲主，讓全世界都可以認識到漢字之美，而若有觀光業務需要，則提供正體與簡體的對照表即可。（彭顯鈞、蘇永耀《馬捍衛正體字　觀光局撤簡體網頁》，《自由時報》2011-06-16　http://www.libertytimes.com.tw/2011/new/jun/16/today-fo2-2.htm）

④自 1991 年於韓國漢城由臺灣地區、韓、日共同發起的"國際漢字研討會"，主旨在討論漢字的標準化與規範化問題，迄今仍持續舉辦。

（鎏）先生與全體委員會議決定，毅然決定編撰《異體字字典》，以延續"教育部"推行標準字體政策之成功，及強化日後參與國際研訂漢字標準型式能量。[1]歷經六年，《異體字字典》啟用，迄今仍爲華文世界最重要且詳盡的異體字資料庫。[2]

此外，如由臺北市政府文化局主辦的"第二屆漢字文化節學術研討會"於2006年5月26日—27日邀請兩岸專家學者共同與會就"正體字與簡化字"進行全方位對話，以科學精神探討正體字及簡化字各自面臨現代化時因應挑戰的方式及相關議題。藉著學術辯論及交流，從深刻的對話中瞭解漢字形式與内涵及其未來發展的趨勢。會議由李爽秋（鎏）進行專題演講《簡化字面面觀》，兩岸學者分別就正、簡字的教學方法與教學思維進行意見交流，並就漢字資訊化的困境及因應，談如何建立漢字知識庫，並進而探尋漢字文化圈當前漢字的教學、應用現況，以及各自教學政策的差異及後續影響；文化傳承議題，則是從典籍重印到文字本身所承載之歷史内涵，以至於整體文化氛圍的感受，探討其時代價值以及文化傳承上的正簡優勢。[3]

---

① 上述資料引述自陳伯元（新雄）先生《異體字字典編撰之緣起》，第三屆兩岸四地中文數位化合作論壇講辭。2005 年 12 月 28 日第三屆兩岸四地中文數位化合作論壇講辭，又見《異體字字典》網路版《陳副主委（伯元）序》http://dict.variants.moe.edu.tw/bian/shiu.htm。

② 《異體字字典》修訂及改版紀錄：網路版公布時間：2000 年 6 月臺灣學術網路一版（試用一版），8 月臺灣學術網路二版（試用二版），10 月臺灣學術網路三版（試用三版），12 月臺灣學術網路四版（試用四版），2001 年 3 月臺灣學術網路五版（試用五版），5 月臺灣學術網路六版（試用六版）。2001 年 6 月臺灣學術網路七版（正式一版）：收字 105,982 字；8 月臺灣學術網路八版（正式二版）：收字 106,074 字；11 月臺灣學術網路九版（正式三版）：收字 106,094 字；2002 年 5 月臺灣學術網路十版（正式四版）：收字 106,152 字；2004 年 1 月臺灣學術網路十一版（正式五版）：收字 106,230 字。2012 年 8 月臺灣學術網路十二版（正式六版試用版）http://dict2.variants.moe.edu.tw/variants/

③ 參見李爽秋（鎏）先生《第二屆漢字文化節學術研討會——正體字與簡化字的全方位對話論文集》，臺北：臺北市文化局，2006 年。議程爲李鎏《專題演講——簡化字面面觀》；"教學議題 1"江惜美《正體漢字的教學策略》，舒懷《漢字教學芻議》；"教學議題 2"許學仁《漢字思維與漢字教學》，朱小健《漢字教學的功能與手段》；"資訊化議題 1"莊德明《漢字資訊化的困境及因應：談如何建立漢字知識庫》，張軸材、楊秀霞《讓漢字在手機上展現異彩》；"資訊化議題 2"魏林梅《應用資訊科技推動漢字文化》，竹山相哲《專題演講 II——漢字與東亞的文化傳承：以日韓爲例》；"文化傳承議題 1"龔鵬程《簡雜》，王寧《數字化〈説文〉學與小篆的國際編碼》；"文化傳承議題 2"許錟輝《一二三四學問大——從文化傳承看漢字的形貌與内涵》，楊寶忠《疑難字考釋的現實意義》。

三、臺灣民間的關注

臺灣民間針對"書簡"議題較大規模討論乃在 2006 年民進黨執政時期。時任"教育部"部長的杜正勝 4 月 10 日於"立法院"教育文化委員會答詢時公開表示"社會上約定俗成的簡體字可以並存"，並於後續接受記者訪問時補充表示："教育部"要求學校教材與教師教學時，只能用正體字，但俗體字不等於簡體字，文字經過演變，難免有些約定俗成的俗體字，像是"台"灣的"台"、"体"育的"体"，這些被一般人看作是簡體字的俗體字，在臺灣廣泛通行，他不會要求要改過來。[1]

此番質詢記錄正反映臺灣民眾書寫簡體字的頻率已高，引發相關關注與討論。最直接引爆點即爲大型升學考試測驗對書寫簡化字的評分標準。在分分必較的升學考試競爭中，書寫簡化字是否扣分，成爲考生與家長的關心重點。然而，面對社會大眾的疑問，臺灣教育單位方面也因認知不同而出現不一的態度。

時任"教育部"中教司長主管高中升學考試基測作文業務的陳益興先生說："所謂約定俗成的字到底有哪些，學者至少要兩三個月到半年才能訂出來。""考試要求公平，簡體字也是別字的一種。""只要不是教科書上的正體字，就算是錯別字。"[2]

但主管當年度大學學測國文非選擇題閱卷召集人、逢甲大學中文系主任謝海平則表示："只要是大家習慣使用的字，而且字形變化不大，閱卷老師通常不會扣分。"但標準卻不一致。"像是臺北的'台'、變化的'变'、體育的'体'等，一般都不會扣分；但如果是字形變化較大的大陸簡體字，像是學生很常用的中華的'华'、廣州的'广'，就會斟酌扣分，但不會嚴格到一個字扣一分。"

曾經多次擔任國文非選擇題閱卷召集人的臺灣大學中文系何寄澎亦主張：作文評分項目中有一項是"錯別字"，但沒有明確規定簡體字要不要扣分。何寄澎說，考生如果寫錯別字，會酌予扣分，但如果是社會上使用很普遍、約定俗成的簡體字或簡化字，像是學校的"学"，"閱卷老師會用比較開放的心胸看待，只要不離譜，不會刻意扣分"。但如果是不常用、變化太大的大陸官方簡體字，像是

---

[1]陳智華《寫簡字扣分"俗體字"參考表年底會訂出》，《聯合報》2006-04-12　http://mag.udn.com/mag/life/storypage.jsp?f_ART_ID=31256#ixzz2fVaH4yJw

[2]謝蕙蓮《閱卷老師：台、体多不扣分 杰、华斟酌扣分》，《聯合晚報》2006-04-11　http://mag.udn.com/mag/life/storypage.jsp?f_ART_ID=31236&kdid=AR10&r=8

傑出的傑寫成"杰"、塵土的塵寫成"尘",就會被當成別字扣分。[①]

面對一個"教育部"兩種評分制度的狀況,時任"教育部"常務次長吳財順則表示:"學生最安全、最有利的作法,就是使用'教育部'公布的國字標準字,也就是教科書上使用的字,至於社會上約定俗成的簡體字,'教育部''尊重評卷委員的意見'。"[②]然而,何謂約定俗成的簡體?有沒有標準可循?時任中教司長陳益興說:"所謂約定俗成的字到底有哪些,學者至少要兩三個月到半年才能訂出來。"而後杜政勝先生進而指示"教育部"該年年底前訂出俗體字參考表。[③]

綜上所述,臺灣人民對正、簡字的問題,其實思考已久,但目前可見論述多爲學者專家的討論,至於民間正、簡字的實際狀況並未見可參考的資料。極少數可見的民調數字,又因問卷本身之設計摻雜過多政治、意識等變因,未能反映明確參照數字。[④]鑑此,澳門語言學會發起"兩岸四地漢字認知及使用狀況調查研究",本文有幸參與此次會議計畫,共同進行兩岸四地民眾對正、簡體字的識讀狀況與相關觀念及態度的調研,希冀能就 2013 年臺灣民眾漢字使用現況提供一個客觀的調查報告。

---

① 謝蕙蓮《閱卷老師:台、体多不扣分 杰、华斟酌扣分》,《聯合晚報》2006-04-11　http://mag.udn.com/mag/life/storypage.jsp?f_ART_ID=31236&kdid=AR10&r=8

② "中華民國立法院"《第 6 屆第 3 會期教育及文化委員會會務報告》http://lis.ly.gov.tw/lgcgi/report/ttsbooki? N073123: a001 http://mag.udn.com/mag/life/storypage.jsp?f_ART_ID=31225

謝蕙蓮《閱卷老師:台、体多不扣分 杰、华斟酌扣分》,《聯合晚報》2006-04-11　http://mag.udn.com/mag/life/storypage.jsp?f_ART_ID=31236&kdid=AR10&r=8

"各項升學考試閱卷前,閱卷老師都會先開會討論扣分標準,'教育部'尊重閱卷委員的中文專業,但對於約定俗成的簡體字會不會扣分,'教育部'上午不願意明確表示意見,只說由閱卷委員決定。""'教育部'的官方立場,中小學老師所教、學生所學,就只有教科書上使用的標準字。所以不論是國中生升高中、高職,或是高中生升大學,升學考試寫國文作文時,最好能使用教科書上使用的字。目前教科書提到臺灣都是使用'臺',但從'外交部'等到'教育部'官方網站,地址都是寫'台北市'。爲此,'教育部'官員上午特別翻查'教育部'公布的國字標準字,表示'台'也是官方審定的標準字,不是簡體字。"

③ "中華民國立法院"《第 6 屆第 3 會期教育及文化委員會會務報告》http://lis.ly.gov.tw/lgcgi/report/ttsbooki? N073123:a001 http://mag.udn.com/mag/life/storypage. jsp? f_ART_ID=31225

④ 民進黨民調中心 http://www.dpp.org.tw/news_content.php?sn=3810,問卷見附件二。

貳　問卷調查基本資料

一、調查時間與對象

此次問卷調查時間爲 2013.07—08.15，調查的對象爲年滿 16 歲以上的臺灣民眾，共發出 1000 份問卷，共回收有效問卷 627 份。將受訪者資料圖示如下：

＊受訪者性別

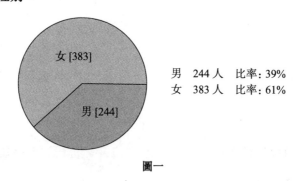

男　244 人　比率：39%
女　383 人　比率：61%

圖一

根據圖一，受訪者當中女性共計 383 位，佔總數的 61.08%，有 244 位男性，佔總數的 38.91%。女性受訪者約佔三分之二，比例高出男性受訪者。

＊受訪者年齡

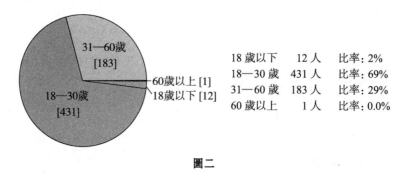

18 歲以下　　12 人　　比率：2%
18—30 歲　431 人　　比率：69%
31—60 歲　183 人　　比率：29%
60 歲以上　　1 人　　比率：0.0%

圖二

據圖二，受訪者當中 18 歲以下的一共有 12 人，佔總數的 1.91% ；18—30 歲的有 431 人，佔總數的 68.74% ；31—60 歲的有 183 人，佔總數的 29.18% ；而 60 歲以上的只有 1 人。18—30 歲近七成，加上 31—60 歲 29% 比率，已近百分百。是以，本次受訪者年齡結構主要爲臺灣的青壯年階層。

＊受訪者學歷

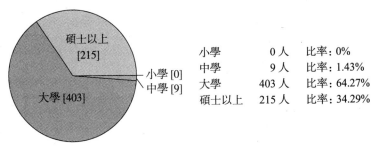

小學	0 人	比率：0%
中學	9 人	比率：1.43%
大學	403 人	比率：64.27%
碩士以上	215 人	比率：34.29%

圖三

在這份問卷中，根據圖三，受訪者當中小學程度是 0 人；中學程度一共有 9 人，是總人數的 1.43%；大學程度的共有 403 人，是總人數的 64.27%；碩士以上程度的有 215 人，是總人數的 34.29%。

＊受訪者職業

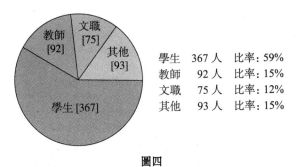

學生	367 人	比率：59%
教師	92 人	比率：15%
文職	75 人	比率：12%
其他	93 人	比率：15%

圖四

在這份問卷中，根據圖四，我們調查對象當中有 367 人是學生，佔總數的 58.53%；有 92 人是教師，佔總人數的 14.67%；有 75 人的職業是文職，佔總人數的 11.96%；其他職業的一共有 93 人，佔總人數的 14.83%。

二、調查方法

本論文以網絡爲問卷平臺，受訪者於問卷網頁填答以進行此次問卷調查，據此蒐集臺灣人民對正、簡字體的各種意見和看法，進而分析相關的數據，綜合調查結果，試以見出正、簡字體於臺灣的使用、認讀狀況與未來文字使用趨勢。問卷網頁平臺，截圖圖示如下：

兩岸四地漢字認知及使用狀況調查問卷（臺灣）

您好！我們是澳門理工學院語言暨翻譯學校一年級的學生，目前正在研究漢字的使用和認知狀況，以便瞭解漢字未來的發展方向。問卷調查所得的數據只作為研究之用，希望您能拔冗為我們填寫這份問卷，您的意見對我們非常重要，衷心期盼您自己的實際感受填答。

　　感謝您的熱情支持與協助，謝謝！

* Required

性別 *
　◎ 男
　◎ 女

年齡 *
　◎ 18歲以下
　◎ 18-30歲
　◎ 31-60歲
　◎ 60歲以上

學歷 *
　◎ 小學
　◎ 中學
　◎ 大學
　◎ 碩士以上

職業 *
　◎ 學生
　◎ 教師
　◎ 文職
　◎ Other: _____

01. 請問您在日常生活中主要使用哪種漢字形式？ *
　◎ 繁體字（回答第02至04題）
　◎ 簡體字（回答第05至07題）

02. 您認識繁體字嗎？
　◎ 認識
　◎ 大致認識
　◎ 不認識

https://docs.google.com/forms/d/11DaooxU1m34eUWsDuRPAjVjhqIelkRlUJFZ9NGoRBNo/viewform

叁　問卷調查内容與分析

本問卷調查的内容概分三大部分：

——問卷設計爲複（多）選題，其目的爲了解受訪者於日常生活接觸簡體字的主要途徑與管道，以及受訪者生活中接觸簡體字之頻率。因此，此部分的問題設計已先行預設管道來源與表示頻率程度的選項，同時希冀經由此部分問題，得以分析受訪者對簡體字的認知起點與程度。

——問卷的第二部分，採用複選和填空結合的調查形式，除了提供了選項以供受訪者選擇，平行另一方面設置"其他"一項，以供受訪者明確表達意見和看法，力求使受訪者對正、簡字體的觀點明確具體化。通過此設計，可進一步瞭解受訪者對正、簡字體的態度與評論（包括這兩種字體的優缺點等），以及受訪者對學習簡體字的態度。

——由於之前未有全面檢測此命題之相關問卷調查，在最後一部分，本問卷先抽取了日常生活中常用的一百個簡體字作爲施測內容，而未用其他工具輔助挑選，以求確切地了解受訪者對簡體字這種字體的認知度，從而評估臺灣民眾對簡體字的認知程度。

一、問卷內容與結果分析

01. 請問您在日常生活中主要使用哪種漢字形式?

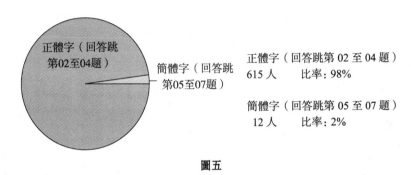

正體字（回答跳第 02 至 04 題）
615 人　　比率: 98%

簡體字（回答跳第 05 至 07 題）
12 人　　比率: 2%

圖五

在受訪者當中，根據圖五，在日常生活中使用正體字的有 615 人，佔總數的 98.08%，另外有 12 人是在日常生活中使用簡體字的，佔總人數的 1.91%。換言之，在臺灣地區絕大多數的人在日常生活中以使用正體字爲主。

02. 您認識簡體字嗎?

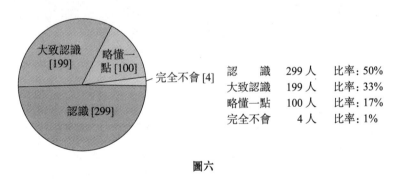

認　　識　　299 人　　比率: 50%
大致認識　　199 人　　比率: 33%
略懂一點　　100 人　　比率: 17%
完全不會　　　4 人　　比率: 1%

圖六

在受訪者當中，根據圖六，大致認識簡體字的人有 199 人，佔總人數的 31.73%；認識簡體字的人有 299 人，佔總人數的 47.68%；略懂一點簡體字的人有 100 人，佔總人數的 15.94%；而完全不會簡體字的人只有 4 個人。總體而言，受訪者識讀簡體字的能力相當普遍。

03. 您會寫簡體字嗎?

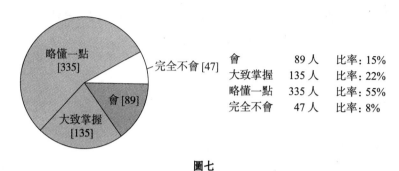

會	89 人	比率: 15%
大致掌握	135 人	比率: 22%
略懂一點	335 人	比率: 55%
完全不會	47 人	比率: 8%

圖七

在受訪者當中，根據圖七，會寫簡體字的有 89 人，佔總人數的 14.19%；大致掌握寫簡體字的人有 135 人，佔總人數的 21.53%；略懂一點寫簡體字的人有 335 人，佔總人數的 53.42%；完全不會寫簡體字的有 47 人，佔總人數的 7.49%。與上題相較，近五成受訪者表示略懂一些，書寫簡體字的能力比讀識力低，符合文字讀寫常態。

04. 您一般通過什麼途徑接觸簡體字?

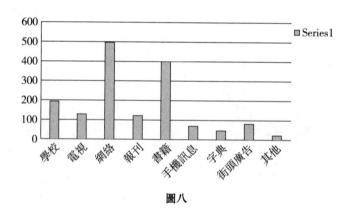

圖八

學　　校	194 人	比率: 30.94%
電　　視	127 人	比率: 20.25%
網　　絡	501 人	比率: 79.90%
報　　刊	117 人	比率: 18.66%
書　　籍	398 人	比率: 63.47%
手機訊息	70 人	比率: 11.16%
字　　典	44 人	比率: 7.01%
街頭廣告	80 人	比率: 12.75%
其　　他	21 人	比率: 3.34%

在受訪者當中，根據圖八，通過學校接觸簡體字的有 194 人，佔總人數的

30.94%；通過電視接觸簡體字的有 127 人，佔總人數的 20.25%；通過網絡接觸簡體字的有 501 人，佔總人數的 79.90%；通過報刊接觸簡體字的有 117 人，佔總人數的 18.66%；通過書籍接觸簡體字的有 398 人，佔總人數的 63.47%；通過手機訊息接觸簡體字的有 70 人，佔總人數的 11.16%；通過字典接觸簡體字的有 44 人，佔總人數的 7.01%；通過街頭廣告接觸簡體字的有 80 人，佔總人數的 12.75%；通過其他管道接觸簡體字的有 21 人，佔總人數的 3.34%。網路與書籍是受訪者接觸與閱讀簡體字的主要途徑。

05. 您認識正體字嗎?

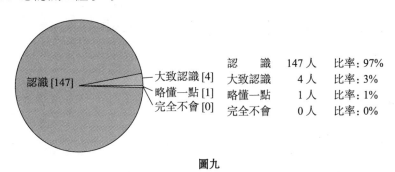

認　　識　　147 人　　比率：97%
大致認識　　　4 人　　比率：3%
略懂一點　　　1 人　　比率：1%
完全不會　　　0 人　　比率：0%

圖九

在受訪者當中，根據圖九，認識正體字的有 147 人，佔總人數的 96.71%；大致認識的有 4 人，佔總人數的 2.63%；略懂一點的只有 1 人，佔總人數的 0.66%；完全不會的為 0 人，佔總人數的 0%。從此題中，可以得知受訪者對正體字的認識率十分普及。

06. 您會寫正體字嗎?

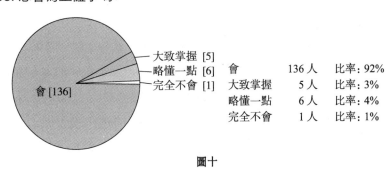

會　　　　136 人　　比率：92%
大致掌握　　5 人　　比率：3%
略懂一點　　6 人　　比率：4%
完全不會　　1 人　　比率：1%

圖十

在受訪者當中，根據圖十，會寫正體字的有 136 人，佔總人數的 91.89%；大致掌握正體字的有 5 人，佔總人數的 3.38%；略懂一點正體字的有 6 人，佔總人數的 4.05%；完全不會寫正體字的只有 1 人，佔總人數的 0.68%。從此題中，能掌握與大致掌握的人數比例高達 95%，對比前題，可以推知受訪者閱讀與書寫正體字的能力均較高。

07. 您一般通過什麼途徑接觸正體字?（可選多項）

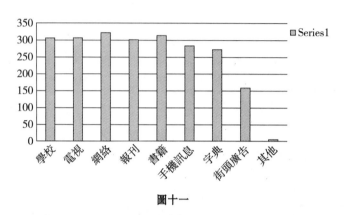

圖十一

學　　校	305 人	比率：48.64%
電　　視	306 人	比率：48.80%
報　　刊	302 人	比率：48.17%
字　　典	273 人	比率：43.54%
網　　絡	323 人	比率：51.52%
手機訊息	285 人	比率：45.45%
書　　籍	313 人	比率：49.92%
街頭廣告	158 人	比率：25.20%
其　　他	6 人	比率：0.96%

根據圖十一，在受訪者當中，通過學校接觸正體字的有 305 人，佔總人數的 48.64%；通過電視接觸正體字的有 306 人，佔總人數的 48.80%；通過報刊接觸正體字的有 302 人，佔總人數的 48.17%；通過字典接觸正體字的有 273 人，佔總人數的 43.54%；通過網絡接觸正體字的有 323 人，佔總人數的 51.52%；通過手機訊息接觸正體字的有 285 人，佔總人數的 45.45%；通過書籍接觸正體字的有 313 人，佔總人數的 49.92%；通過街頭廣告接觸正體字的有 158 人，佔總人數的 25.20%；通過其他管道接觸正體字的有 6 人。數字顯示受訪者日常生活中閱讀文字的管道平均而多元，且主要均以正體字爲主。

08. 您曾就讀的學校使用簡體字教材的情況普遍嗎?

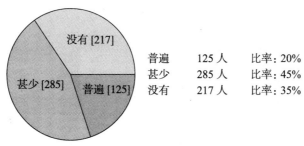

普遍	125 人	比率: 20%
甚少	285 人	比率: 45%
沒有	217 人	比率: 35%

圖十二

　　圖十二顯示，在受訪者當中，曾就讀學校使用簡體字教材的情況爲普遍的有 125 人，佔總人數的 19.94%；甚少的有 285 人，佔總人數的 45.45%；未使用簡體字教材的情況有 217 人，佔總人數的 34.61%。近八成的受訪者於學校學習歷程中，校方並未使用簡體字教材，但值得關注的是，已有近二成的學校，開始開放簡體字教材的使用。

09. 您曾就讀的學校允許使用簡體字嗎?

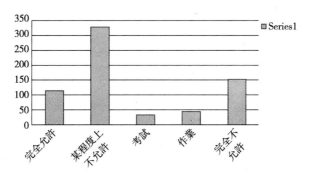

圖十三

完 全 允 許	115 人	比率: 18.34%
某程度上不允許 (可多選)	328 人	比率: 52.31%
考 試	35 人	比率: 5.58%
作 業	47 人	比率: 7.50%
完 全 不 允 許	152 人	比率: 24.24%

　　據圖十三分析，在受訪者當中曾就讀的學校完全允許使用簡體字的有 115 人，佔總人數的 18.34%；某程度上不允許 (例如只可讀不可寫) 使用簡體字的有 328 人，佔總人數的 52.31%；只有考試允許使用簡體字的有 35 人，佔總人數的 5.58%；於作業上允許使用簡體字的有 47 人，佔總人數的 7.50%；曾就讀的學校完全不允許使用簡體字的有 152 人，佔總人數的 24.24%。臺灣學校中，雖多未使

用簡體字教材，但面對學生使用簡體字的態度多採開放性態度，總比例已近七成。

10. 您認爲臺灣教育界有需要改爲以簡體字教學嗎?

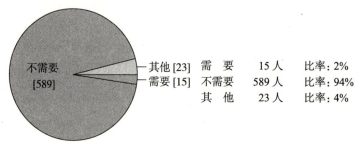

需　要	15 人	比率：2%
不需要	589 人	比率：94%
其　他	23 人	比率：4%

圖十四

在受訪者當中，認爲臺灣教育界需要改爲以簡體字教學的有 15 人，佔總人數的 2.39%；認爲臺灣教育界不需要改爲以簡體字教學的有 589 人，佔總人數的 93.94%；其他的有 23 人，佔總人數的 3.67%。九成三的受訪者不贊同於學校進行簡體字教學。

11. 您在臺灣哪些公眾地方曾經看過簡體字? （可多選）

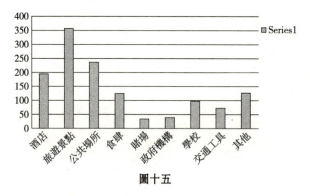

圖十五

酒　店（旅館）	195 人	比率：31.10%
旅遊景點	356 人	比率：56.78%
公共場所	236 人	比率：37.64%
食　肆	124 人	比率：19.78%
賭　場	33 人	比率：5.26%
政府機構	38 人	比率：6.06%
學　校	97 人	比率：15.47%
交通工具	72 人	比率：11.48%
其　他	125 人	比率：19.94%

在受訪者當中，根據圖十五，在臺灣酒店曾經看過簡體字的有 195 人，佔總人數的 31.10%；在臺灣旅遊景點曾經看過簡體字的有 356 人，佔總人數的 56.78%；在臺灣公共場所曾經看過簡體字的有 236 人，佔總人數的 37.64%；在

臺灣食肆曾經看過簡體字的有 124 人，佔總人數的 19.78%；在臺灣賭場曾經看過簡體字的有 33 人，佔總人數的 5.26%；在臺灣政府機構曾經看過簡體字的有 38 人，佔總人數的 6.06%；在臺灣學校曾經看過簡體字的有 97 人，佔總人數的 15.47%；在臺灣交通工具中曾經看過簡體字的有 72 人，佔總人數的 11.48%；其他的有 125 人，佔總人數的 19.94%。自 2008 年 7 月 18 日臺灣正式開放大陸人民赴臺觀光後，依相關配套需求，一般觀光旅遊到訪之處便成臺灣地區主要可見到簡體字的公眾場合。其中旅遊景點成爲過半的受訪者的選項，而酒店（旅館）則爲次要場合。

12. 據您所知，正體字與簡體字寫法相同的字多還是不同的字多？

寫法不同的字多 [451]

寫法相同的字多 [176]

寫法相同的字多　176 人　比率：28%
寫法不同的字多　451 人　比率：72%

圖十六

在受訪者當中，認爲正體字與簡體字寫法相同的字多的 176 人，佔總人數的 28.07%；認爲正體字與簡體字寫法不同的字多的 451 人，佔總人數的 71.93%。逾七成的受訪者認爲正體字與簡體字有相當程度的差區性。

13. 您認爲正體字和簡體字誰更優越？

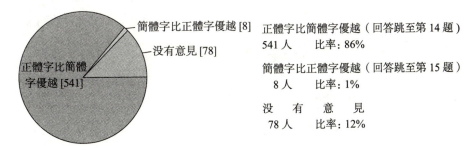

簡體字比正體字優越 [8]

沒有意見 [78]

正體字比簡體字優越 [541]

正體字比簡體字優越（回答跳至第 14 題）
541 人　比率：86%

簡體字比正體字優越（回答跳至第 15 題）
8 人　比率：1%

沒　有　意　見
78 人　比率：12%

圖十七

根據圖十七，在受訪者當中，認爲正體字比簡體字優越的有 541 人，佔總人數的 86.28%；認爲簡體字比正體字優越有 8 人，佔總人數的 1.28%；沒有意見的有 78 人，佔總人數的 12.44%。近九成的受訪者主張正體字的文字讀用性能較爲優越。

14. 您爲什麼認爲正體字比簡體字優越？（可選多項）

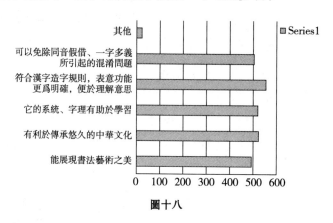

圖十八

能展現書法藝術之美	496 人	比率：79.11%
有利於傳承悠久的中華文化	524 人	比率：83.57%
它的系統、字理有助於學習	521 人	比率：83.09%
符合漢字造字規則，表意功能更爲明確，便於理解意思	556 人	比率：88.68%
可以免除同音假借、一字多義所引起的混淆問題	504 人	比率：80.38%
其　他	24 人	比率：3.83%

在受訪者當中，認爲正體字比簡體字優越是因爲能展現書法藝術之美的有 496 人，佔總人數的 79.11%；認爲正體字比簡體字優越是因爲有利於傳承悠久的中華文化的有 524 人，佔總人數的 83.57%；認爲正體字比簡體字優越是因爲它的系統、字理有助於學習的有 521 人，佔總人數的 83.09%；認爲正體字比簡體字優越是因爲符合漢字造字規則，表意功能更爲明確，便於理解意思的有 556 人，佔總人數的 88.68%；認爲正體字比簡體字優越是因爲可以免除同音假借、一字多義所引起的混淆問題的有 504 人，佔總人數的 80.38%；其他的有 24 人，佔總人數的 3.83%。

15. 您爲什麼認爲簡體字比正體字優越？（可選多項）

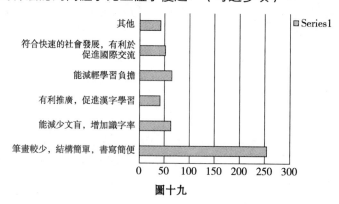

圖十九

筆畫較少，結構簡單，書寫簡便	254 人	比率：40.51%
能減少文盲，增加識字率	64 人	比率：10.21%
有利推廣，促進漢字學習	41 人	比率：6.54%
能減輕學習負擔	64 人	比率：10.21%
符合快速的社會發展，有利於促進國際交流	50 人	比率：7.97%
其　他	42 人	比率：6.70%

根據圖十九，在受訪者當中，認爲簡體字比正體字優越是因爲簡體字筆畫較少，結構簡單，書寫簡便的有 254 人，佔總人數的 40.51%；認爲簡體字能減少文盲，增加識字率的有 64 人，佔總人數的 10.21%；認爲簡體字有利推廣，促進漢字學習的人有 41 人，佔總人數的 6.54%；認爲簡體字能減輕學習負擔的有 64 人，佔總人數的 10.21%；選擇符合快速的社會發展，有利於促進國際交流的有 50 人，佔總人數的 7.97%；另外有 42 人選擇了其他，佔總人數的 6.70%。

16. 您認爲正體字有何缺點？（可選多項）

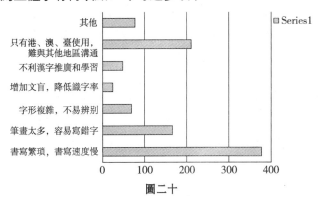

圖二十

書寫繁瑣，書寫速度慢	378 人	比率：60.29%
筆畫太多，容易寫錯字	166 人	比率：26.48%
字形複雜，不易辨別	69 人	比率：11%
增加文盲，降低識字率	25 人	比率：3.99%
不利漢字推廣和學習	49 人	比率：7.81%
只有港、澳、臺使用，難與其他地區溝通	209 人	比率：33.33%
其　他	77 人	比率：12.28%

根據圖二十，在受訪者當中，認爲正體字書寫繁瑣，書寫速度慢的有 378 人，佔總人數的 60.29%；認爲正體字筆畫太多，容易寫錯字的有 166 人，佔總人數的 26.48%；認爲正體字字形複雜，不易辨別的 69 人，佔總人數的 11%；認爲正體字會增加文盲，降低識字率的有 25 人，佔總人數的 3.99%；認爲正體字不利漢字推廣和學習有 49 人，佔總人數的 7.81%。認爲正體字只有港、澳、臺使用，難與其他地區溝通有 209 人，佔總人數的 33.33%；選其他的共有 77 人，佔總人數的 12.28%。

17. 您認爲簡體字有何缺點？（可選多項）

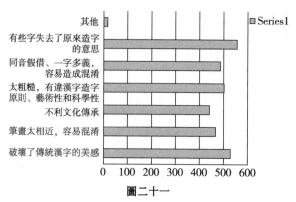

圖二十一

破壞了傳統漢字的美感	529 人	比率：84.37%
筆畫太相近，容易混淆	467 人	比率：74.48%
不利文化傳承	442 人	比率：70.49%
太粗糙，有違漢字造字原則、藝術性和科學性	502 人	比率：80.06%
同音假借、一字多義，容易造成混淆	486 人	比率：77.51%
有些字失去了原來造字的意思	555 人	比率：88.51%
其　他	16 人	比率：2.5%

　　根據圖二十一，在受訪者當中，認爲簡體字破壞了傳統漢字的美感的共有529 人，佔總人數的 84.37%；認爲簡體字筆畫太相近，容易混淆有 467 人，佔總人數的 74.48%；認爲簡體字不利文化傳承的有 442 人，佔總人數的 70.49%；認爲簡體字太粗糙，有違漢字造字原則、藝術性和科學性有 502 人，佔總人數的80.06%；認爲簡體字同音假借、一字多義，容易造成混淆的有 486 人，佔總人數的 77.51%；認爲簡體字有些字失去了原來造字的意思的有 555 人，佔總人數的88.51%；其他原因的有 16 人，佔總人數的 2.5%。

18. 您是否有學習簡體字或正體字的打算？

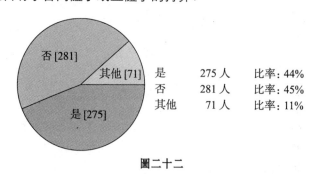

是	275 人	比率：44%
否	281 人	比率：45%
其他	71 人	比率：11%

圖二十二

　　根據圖二十二，在受訪者當中，有學習簡體字或正體字打算的有 275 人，佔總人數的 43.86%；沒有學習簡體字或正體字打算的有 281 人，佔總人數的

44.82%；其他的有 71 人，佔總人數的 11.32%。

19. 您覺得學習簡體字或正體字困難嗎?

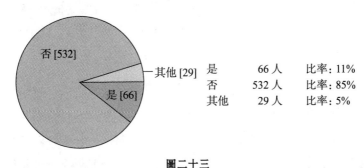

是	66 人	比率：11%
否	532 人	比率：85%
其他	29 人	比率：5%

圖二十三

根據圖二十三，在受訪者當中，認爲學習簡體字或正體字困難的有 66 人，佔總人數的 10.53%；不認爲學習簡體字或正體字困難的有 532 人，佔總人數的 84.84%；其他的有 29 人，佔總人數的 4.63%。

20. 您打算通過什麽途徑學習簡體字或正體字?

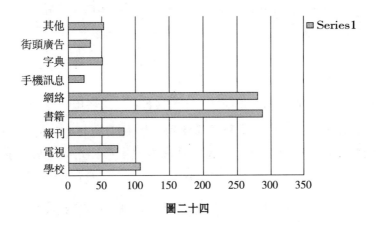

圖二十四

學　校	107 人	比率：17.06%
電　視	73 人	比率：11.64%
報　刊	83 人	比率：13.23%
書　籍	288 人	比率：45.93%
網　絡	281 人	比率：44.81%
手機訊息	25 人	比率：3.98%
字　典	51 人	比率：8.13%
街頭廣告	33 人	比率：5.26%
其　他	53 人	比率：8.45%

在受訪者當中，通過學校學習簡體字或正體字的有 107 人，佔總人數的 17.06%；通過電視學習簡體字或正體字的有 73 人，佔總人數的 11.64%；通過報

刊學習簡體字或正體字的有 83 人，佔總人數的 13.23%；通過書籍學習簡體字或
正體字的有 288 人，佔總人數的 45.93%；通過網絡學習簡體字或正體字的有 281
人，佔總人數的 44.81%；通過手機訊息學習簡體字或正體字的有 25 人，佔總人
數的 3.98%；通過字典學習簡體字或正體字的有 51 人，佔總人數的 8.13%；通
過街頭廣告學習簡體字或正體字的有 33 人，佔總人數的 5.26%；通過其他途徑
學習簡體字或正體字的有 53 人，佔總人數的 8.45%。數據顯示受訪者學習簡體
字或正體字的主要途徑爲書籍與網路，各佔近五成的比例。

21. 關於以下建議，請選擇你的看法：爲了方便全球漢字文化圈的交流溝
通，同時爲了傳承漢字文化，在漢字文化圈推廣 "認識正體字，使用簡體字" 的
政策，即 "識繁用簡"。

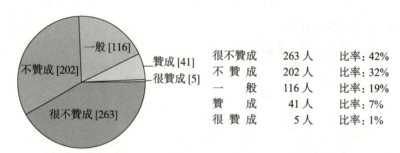

圖二十五

根據圖二十五，在受訪者當中，很不贊成推行 "識繁用簡" 政策的有 263 人，
佔總人數的 41.94%；不贊成推行 "識繁用簡" 政策的有 202 人，佔總人數的
32.21%；認爲推行 "識繁用簡" 政策一般的有 116 人，佔總人數的 18.50%；贊
成推行 "識繁用簡" 政策的有 41 人，佔總人數的 6.53%；很贊成推行 "識繁用簡"
政策的只有 5 人。逾七成的受訪者不贊成推行 "識繁用簡" 政策。

22. 您認爲兩岸四地有沒有統一文字的必要？

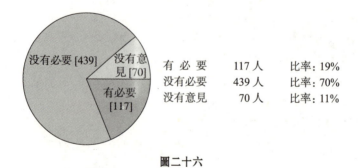

圖二十六

根據圖二十六，在受訪者當中，認爲有統一文字的必要的人有 117 人，佔總人數的 18.7%；認爲沒有統一文字的必要的人有 439 人，佔總人數的 70.13%；對統一文字沒有意見的人有 70 人，佔總人數的 11.18%。

23. 您認爲文字的統一會有助兩岸四地的文化融合嗎?

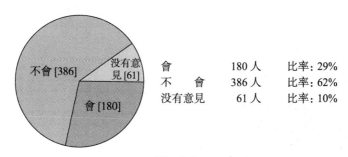

會	180 人	比率：29%
不　會	386 人	比率：62%
沒有意見	61 人	比率：10%

圖二十七

根據圖二十七，在受訪者當中，認爲文字的統一會有助兩岸四地的文化融合的有 180 人，佔總人數的 28.71%；認爲文字的統一不會有助兩岸四地的文化融合的有 386 人，佔總人數的 61.56%；對文字的統一會否有助兩岸四地的文化融合沒有意見的有 61 人，佔總人數的 9.73%。

24. 如果將來漢字統一，您認爲會統一爲哪種文字?

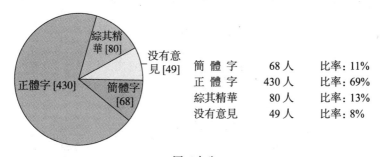

簡 體 字	68 人	比率：11%
正 體 字	430 人	比率：69%
綜其精華	80 人	比率：13%
沒有意見	49 人	比率：8%

圖二十八

根據圖二十八，在受訪者當中，選擇簡體字的有 68 人，佔總人數的 10.85%；選擇正體字的有 430 人，佔總人數的 68.58%；選擇綜合兩種字體的精華的有 80 人，佔總人數的 12.76%；對此沒有意見的有 49 人，佔總人數的 7.81%。

25. 關於正體字與簡體字是否可綜其精華

所謂 "綜其精華"，其實是在正體字的框架內吸收一些兩岸可以同時認可的簡體字，形成用字的共識。如果認爲正體字與簡體字可綜其精華，請儘量舉出一些例字，如體（体）：

体、机、来、还、条、弯、与、举、国、荣、声、远、数、写、虫、寻、
发、边、点、楽、觉、参、晋、气、说、触、万、龟、会、图、経、复、台、
蛮、戦、渊、萧、实、観、関、湾、乗、参、讓、应、点、诊、长、号、否、
听、炅、习、罚、门、么、区、无、动、压、对、时、云、书、県、园、欢、
关、礼、从、网、尘、縄、电、济、号、过、说、龙、凤、变、边、义、聪、
垒、风、为、气、恋、应、树、弃、后、乐、历、个、学、厂、广、爱、亲、
开、画、两、这、丽、于、兴、奋、势、琼、叶、简、艺、举、实、处、权、
饥、呵、几、种、众、华、医、双、乱、略

此題因爲開放式設計，回答率偏低，多數填答之簡體字亦多爲下題所列
100常見簡體字。填答中多數反映個人意見，表示不願使用簡體字，附錄於後。

26. 請從下列100個簡體字中勾出你認識或常用的字：

字序	簡體字	選擇人數	佔比	字序	簡體字	選擇人數	佔比
1	学	541	86.28%	17	与	441	70.33%
2	区	522	83.25%	18	湾	441	70.33%
3	机	518	82.62%	19	万	440	70.18%
4	台	503	80.22%	20	压	439	70.02%
5	过	490	78.15%	21	处	433	69.06%
6	体	480	76.56%	22	说	430	68.58%
7	动	475	75.76%	23	种	430	68.58%
8	还	468	74.64%	24	来	426	67.94%
9	电	466	74.32%	25	应	424	67.62%
10	对	462	73.68%	26	历	421	67.15%
11	个	461	73.52%	27	无	420	66.99%
12	声	458	73.05%	28	风	420	66.99%
13	点	451	71.93%	29	图	419	66.83%
14	门	450	71.77%	30	长	414	66.03%
15	会	450	71.77%	31	弯	409	65.23%
16	权	449	71.61%	32	矣	407	64.91%

續前

字序	簡體字	選擇人數	佔比	字序	簡體字	選擇人數	佔比
33	数	405	64.59%	60	难	366	58.37%
34	昕	404	64.43%	61	阳	363	57.89%
35	罚	402	64.11%	62	样	362	57.74%
36	觉	402	64.11%	63	势	360	57.42%
37	虫	401	63.96%	64	条	359	57.26%
38	习	400	63.80%	65	奖	357	56.94%
39	云	399	63.64%	66	参	356	56.78%
40	从	399	63.64%	67	么	356	56.78%
41	几	397	63.32%	68	松	355	56.62%
42	头	396	63.16%	69	丰	355	56.62%
43	时	396	63.16%	70	寻	355	56.62%
44	诊	394	62.84%	71	龙	354	56.46%
45	开	392	62.52%	72	量	352	56.14%
46	只	389	62.04%	73	养	352	56.14%
47	后	384	61.24%	74	广	349	55.66%
48	气	384	61.24%	75	杀	349	55.66%
49	远	383	61.08%	76	戏	346	55.18%
50	发	382	60.77%	77	随	346	55.18%
51	写	377	60.13%	78	触	344	54.86%
52	县	375	59.81%	79	萧	340	54.22%
53	网	372	59.33%	80	笔	338	53.9%
54	里	371	59.17%	81	妇	337	53.74%
55	儿	369	58.85%	82	荣	336	53.58%
56	惯	369	58.85%	83	众	336	53.38%
57	让	369	58.85%	84	扫	331	53.74%
58	于	368	58.69%	85	术	331	53.74%
59	齿	367	58.53%	86	耻	330	52.63%

續前

字序	簡體字	選擇人數	佔比	字序	簡體字	選擇人數	佔比
87	签	330	52.63%	94	夸	306	48.80%
88	态	330	52.63%	95	蜡	301	48.00%
89	晋	328	52.31%	96	粮	299	47.68%
90	龟	327	52.15%	97	洁	299	47.68%
91	忧	326	51.99%	98	尘	293	46.73%
92	旧	324	51.67%	99	币	268	38.69%
93	咀	307	48.96%	100	厂	231	36.84%

識用率超過八成的簡體字有4字(学、区、机、台)，識用率超過七成的簡體字有"过、体、动、还、电、对、个、声、点、门、会、权、与、湾、万、压"等16字，識用率超過六成的簡體字有31字，識用率超過五成的簡體字則達48字。這100個常用簡體字中，於受訪者中識讀率低於五成的僅有"咀、夸、蜡、粮、洁、尘、币、厂"等8字。

二、結果綜合分析

通過是次的問卷調查，綜合分析如下：

1. 在臺灣地區，過半的民眾認識簡體字，而大部分民眾只略懂得寫簡體字。

2. 臺灣地區中，大部分民眾都是通過網絡和書籍這兩個途徑接觸簡體字。

3. 在臺灣地區的多數學校很少使用簡體字教學，所以臺灣學生較少機會從學校接觸簡體字，因此也較少機會從小接觸簡體字。

4. 在臺灣地區，有94%的人民認爲臺灣的學校無需改以簡體字教學，反映了大部分臺灣民眾並不認爲簡體字可能成爲臺灣的主流字體，也不希望孩子從小學習簡體字。

5. 在臺灣地區，人們多能在旅遊景點和其他的公共場所看到簡體字。

6. 大部分在臺灣地區生活的人認爲，簡體字和正體字寫法不同的字較多，兩種字體在寫法上差別較大。

7. 在臺灣地區，近九成（86%）的人認爲正體字比簡體字優越，主要的原因是：有利於傳承悠久的中華文化；它的系統、字理有助於學習；符合漢字造字規則，表意功能更爲明確，便於理解意思；可以免除同音假借、一字多義所引起的混淆問題。而他們認爲簡體字則有破壞了傳統漢字的美感，太粗糙，有違漢字造字原則、藝術性和科學性，有些字失去了原來造字的意思這幾個主要的缺點。可見在臺灣地區，大部分人比較推崇正體字。

8. 在學習兩種字體的意向上，有學習意願和沒有學習意願的人各佔一半，可見雖然大部分臺灣民眾並不認同簡體字，但他們仍然認爲有學習簡體字的需要與動機，值得注意的是，絕大多數的臺灣人民不認爲學習簡體字是困難的。

9. 在臺灣地區，大部分人認爲兩岸四地沒有統一文字的必要，統一文字也不會促進兩岸四地人民在文化上的交流和融合。假使統一文字的話，大部分人都會選擇正體字。

肆　結　論

縱觀漢字發展史，簡化與繁化本爲漢字演化之主要道路。如只從異體字的角度觀察，便易陷入簡化爲漢字演化的趨勢。然其實即使在印象中認爲簡化最嚴重的戰國時代，其實漢字亦一方面簡化，一方面也繁化。[①] 許錟輝先生即云：

> 文字的出現，旨在替代文語言的表意功能，單音節的詞語，在同音異義的時候，會構成表義上的混亂，因而演化爲多音節詞語。同樣情形，同形異詞的，也會構成表義上的混亂，因而增繁其筆畫結構，提升其表義功能，非僅不是缺點應是文字演化上的進步。[②]

漢字繁化的目的，多是爲了提升原有字形表義、辨異的功能。以單音節詞爲主的漢語，因其語音符號的同音比例相對高，需透過視覺符號的文字分化來輔助

---

① 季旭昇先生曾就《楚文字編》第一卷的192字加以統計，發現有繁化現象的32字，佔15%，有簡化現象的18字，佔9%。並言："需要過精緻的生活，字就不斷增加，不斷繁化。時代不斷進步，生活也愈來愈豐富，漢字所要肩負的任務也愈來愈重，除非我們要過非常簡陋的生活，文字怎麼可能一味簡化？" 季旭昇 "簡化、演化、還是政治化"，（臺灣）《中央日報》2006.04.22—04.23

② 許錟輝《一二三四學問大——從文化傳承看漢字的形貌與內涵》，《第二屆漢字文化節學術研討會——正體字與簡化字的全方位對話》，臺北：臺北市政府文化局，頁143。

強化其表義與辨異功能。英國倫敦大學亞非學院漢學家蘇立群先生亦云：

> 如果拋開歷史，不談文明的持續性，單就理論上來說，繁體與簡化各具優勢：繁體筆畫多，組合複雜，但正於此，資訊也多，而且具有相當的邏輯性，字體平衡，優美；簡化字筆畫相對少，組合簡化，書寫速度會增快。但是缺點也明顯，由於資訊少，往往造成混亂，尤其是在使用電腦的時候，這類的混淆就更爲顯著，如，凸發，突發；代表，戴表；軍齡，軍令；舞會，午會等。從美學的緯度而論——這方面中國的書法家與熱愛書法的人都有同感，即簡化字的字形缺少美感。[1]

大陸目前通行的簡化字，簡化的時候，因注重筆畫的減少，正如許嘉璐先生所云忽略了兩個問題："一個問題，字和字的筆畫結構的不同，它本身是一種區別性的特徵，筆畫減少後，區別的特徵減少，容易鬧混……第二個，忽略了漢字的書寫是一種藝術，有的字一改了之後，無論怎麼寫都不好看……這些都違背了漢字的規律。"[2]

陳伯元先生於 1995 年任"異體字字典編撰委員"時，[3] 即主張：

> 中國大陸的簡化漢字，有些可視爲異體字，例如：乱、体、尽、杰等字可視爲亂、體、盡、傑之異體字，讲、进、无、从等字可視爲講、進、無、從之異體字。但是同音替代的余、云、丑、里、斗、谷、干等字，我們不可認爲是餘、雲、醜、裡、鬥、穀、幹或乾的異體字。因爲它們還有分工，並不完全相同。[4]

陳先生以爲，面對正體字與簡化字問題，仍宜正視其文字功能分化的性質，如無分化功能的，則可將簡化字視爲當代的異體字。此次問卷調查中的常用 100 簡體字於《異體字字典》亦已完全收錄，此結果正呼應了伯元先生當初的思考。如前文所述，漢字文化圈中對於漢字標準化的議題，逾二十年的討論，已逐步形

---

[1] 蘇立群《爲漢字（繁體）申報世界文化遺產的呼籲書》，英國倫敦大學亞非學院，2005 年 1 月 25 日引自 http://guancha.gmw.cn/show.aspx?id=1400

[2] 許嘉璐《未愜集：許嘉璐論文化》，2005，貴州人民出版社，頁 112。

[3] 李鍌先生擔任主任委員，陳伯元先生與李殿魁先生任副主任委員，曾榮汾先生出任總編輯。

[4] 陳伯元（新雄）先生《異體字字典編撰之緣起》，第三屆兩岸四地中文數位化合作論壇講辭 2005.12.28，又見《異體字字典》網路版《陳副主委（伯元）序》http://dict.variants.moe.edu.tw/bian/shiu.htm

成共識。[①] "識正書簡" 之一議題，在臺灣民眾的意識形態上雖不贊同，然由於兩岸交流日漸頻繁，隨著文化交流，其識簡、書簡的能力已自然而然形成了。

伍 附　　錄

（一）問卷第 25 題填答記錄

*如果想要大陸人 "識繁用簡"，那根本沒必要再搞綜合精華。

*應該就是一些由字形本身演變與書法等所產生的字！

*數量很多！

*免談。

*看用途。

*正式場合，還是寫繁體，做筆記求快，可以繁簡夾雜。

*有些字，簡體的筆畫雖然少，但對於習慣寫繁體的我，還是不比較快。

*無論客觀或主觀皆認爲正體字才是綜其精華的根本。

*看得懂的正體字不需要被刪除，簡化不了的正體字更沒有必要。

*就是以正體爲框架，簡化以不造成文字混淆，不會造成單字無法辨識（如：云＝云？雲？），電腦繁簡無法轉換爲主！

*仍建議以正體字爲官方用字，其實有些字如 "邊簡藝學舉實會動處權應對聽" 等等，臺灣手寫時常用簡體字。

---

① 如前文所述，自 1991 年學界發起 "國際漢字研討會"，歷經逾二十年。並於 2007 年第八屆 "國際漢字研討會" 於中國北京傳媒大學召開，會議由中國教育部語言文字應用研究所和國家漢語國際推廣領導小組辦公室主辦。會議計畫將越南、馬來西亞、新加坡、香港、澳門等國家和地區吸收爲新會員，擴大漢字使用國家或地區的參與範圍。其目的在於，預防東亞國家或地區因爲使用中國臺灣的繁體字、中國大陸的簡體字、日本的略字等不同形狀的漢字產生混亂，確定常用漢字的字數，推進字形標准化（統一）。本次會議提議，5000 多個常用標準字將以 "繁體字" 爲主進行統一，如果個別漢字有簡體字，就繼續保留。出席此次會議的中國代表有王鐵琨（教育部語言文字信息管理司副司長、中國文字學會副會長兼祕書長）、黃德寬（安徽大學校長、中國文字學會會長）、蘇培成（北京大學教授）、李大遂（北京大學教授）；韓國代表有李大淳（國際漢字振興協會會長）、李應百（首爾大學名譽教授）、董信沆（成均館大學名譽教授）、陳泰夏（仁濟大學首席教授）、金彥鍾（高麗大學教授）；日本代表有佐藤貢悦（築波大學教授）、清原淳平（親善部會長）；中國臺灣地區代表有許學仁（ "中國文字協會" 理事長）。資料來源：中國新聞網《漢字之爭：中日韓與臺灣學界欲就 "統一漢字" 達成協議》http://www.zwbk.org/zh-tw/Lemma_Show/167731.aspx

＊簡體字形由中國書法而來，我認爲同時認可的字，不一定代表著是綜其精華，例如體這個字也是。

＊正體字已是精華，不必再從精華中找出簡化過的文字。

＊識得簡體字後，方知正體字之重要與不可更改。

＊各地文化背景風俗民情大不相同，何要強人所難強調"統一"，不妨尊重各方文化，投其所好兼容地選擇性、多元化學習。

＊此題無法回答，但想補充 22—24 題：

（24 題）字若要統一，依人性言，必趨於簡，實爲可惜。

（23 題）英美語文同，文化卻異，則文字之統，未必與文化呈正相關。

（22 題）兩岸四地文化發展殊異且久，已各自衍生出符合、特出於當地文化之字，故不應強求統一，否則亦爲可惜。

（二）臺灣民進黨"識正書簡"民意調查問卷內容

"識正書簡"及"馬英九兼任黨主席"相關議題民調

民主進步黨民調中心今 (11) 日針對"識正書簡"及馬英九兼任黨主席等議題，公布最新民調結果。這份在 6 月 10 日晚間進行的民調，完成數爲 708 份，在 95% 的信心水準下，抽樣誤差約爲 ±3.76%。

民調中心主任陳俊麟表示，最近馬英九一連串動作，嚴重逆反民意，包括兼任黨主席、推動識正書簡及政治酬庸的人事安排，使得最近民眾對他的施政表現，產生至少五個百分點的變化，不滿意度達到五成四。

日　　期：2009 年 06 月 10 日

完 成 數：708

抽樣誤差：在 95% 的信心水準下，抽樣誤差約爲 ±3.76%

訪問對象：20 歲以上具有投票權公民

抽樣方式：電話尾數二碼隨機

加權方式：年齡、性別、戶籍

＊性別、年齡、分區加權數是依"內政部"公布之 2009 年 1 月份人口統計資料。

1. 對於馬英九提出，爲了加速兩岸文化交流，打算推動"識正書簡"，有 75.6% 的民眾表示反對，贊成的有 17.1%。即便是泛藍支持者也有六成七的比例反對書寫使用簡體字。

2. 有 51.2% 的民眾認爲推動 "識正書簡" 是馬英九想要爲兩岸統一做準備, 有 32.1% 的民眾不這麼認爲。其中, 泛綠支持者認爲書寫使用簡體字是爲兩岸統一做準備的比例有 76%; 泛藍支持者認爲不是爲統一做準備的比例居多 (50%>37%); 中間選民則認爲是爲兩岸統一做準備的比例較高 (48%>30%)。

3. 有 64.9% 的民眾認爲馬英九會帶領臺灣走向統一, 僅 6.3% 的民眾認爲是走向獨立, 無意見的比例有 28.8%。即便是泛藍支持者與中間選民也各有五成七的比例認爲馬英九會帶領臺灣走向統一。

4. 有 59.1% 的民眾反對馬英九兼任國民黨黨主席, 贊成的比例有 25.0%。其中, 中間選民反對的比例有 55%, 贊成的比例僅 19%; 即便是泛藍支持者也以反對馬英九兼任國民黨黨主席的比例較多 (49%>44%)。

5. 有 53.7% 的民眾不滿意馬英九的施政表現, 39.4% 滿意。其中, 有 88% 的泛綠支持者及 56% 的中間選民不滿意其表現, 泛藍支持者則有 70% 滿意, 28% 不滿意。

兩岸四地漢字認知及使用狀況
調查問卷分析（香港）

田小琳　黃　翊　馬毛朋　李　斐　秦嘉麗

香港嶺南大學中國語文教學與測試中心

澳門理工學院語言暨翻譯學校

香港浸會大學

1　調查背景

香港作爲一個中西交流的國際大都會，有其特殊的歷史背景，這使香港人在日常生活中使用的語言文字充滿了地方特色。眾所周知，香港實行"兩文三語"的語文教育政策。"兩文三語"政策的推行，自 1997 年公佈至今不到 20 年的時間，已經深入人心。特區政府關於"兩文三語"的説法，始見於董建華特首的施政報告。作爲特區行政長官，董建華在施政報告中的説法具有權威性。在 1997 年、1998 年、1999 年連續三年的施政報告和政府公佈的《工作進度報告》中，特區政府都極其明確地提出"兩文三語"的語文教育政策及貫徹這一政策的具體措施。1997 年 10 月，董建華特首在回歸後的第一份施政報告中指出："我們的理想，是所有中學畢業生都能書寫流暢的中文、英文，並有信心用廣東話、英語和普通話與人溝通。"(見《施政報告》第 84 節) 1999 年 10 月的第三份《施政報告》的第 69 至 72 節，均爲"改進兩文三語能力"的内容，在第 69 節中，強調"特區政府的一貫宗旨，是培養兩文三語都能運用自如的人才。"

從此，"兩文三語"就演變擴大爲在香港大家耳熟能詳的語言政策，而且在許多文件中反復加以引用。例如，語文教育及研究常務委員會(以下簡稱語常會)

在 2003 年 6 月所做的語文教育檢討總結報告《提升香港語文水平行動方案》的前言中，開宗明義先説兩文三語：“香港特別行政區政府的語文教育政策，是培育香港人（特別是學生及就業人士）兩文（中、英文）三語（粵語、普通話及英語）的能力。”第一章的標題也是：“爲何我們要具備兩文三語的能力？”報告整體是圍繞兩文三語來説的，可見語文教育涉及的外延已擴大到香港人，而不僅是學生。因而，兩文三語是香港社會整體的語言政策。香港語常會是就一般語文教育事宜向政府提出建議的權威機構，職責範圍很廣，包括就語文教育（含教學語言）的整體政策向政府提供意見。

香港關於語言教育政策的討論，我們習慣上只集中在三語方面，也就是普通話、粵語和英語的教學。至於兩文方面，近年開始引起不少學者和市民的關注，在中文書寫上，香港市民習慣用繁體字。政府發佈的公文、在街上看到的文字、報刊雜誌、甚至學生在學校使用的教材，絕大部分都是繁體字。簡體字在香港一直處在一個灰色的地帶。隨著内地與香港兩地交流的日趨頻繁，越來越多的香港人能辨認簡體字，部分學生在考試時也會使用簡體字。香港考試評核局對於漢字的書寫字體，也持開放的態度，容許考生以正確的簡體字作答。然而，縱然聯合國自 2008 年已承認簡體字爲漢字的統一書寫方法，香港人對於繁體字還是有一種難以釋懷的情意結，大部分香港人雖然能看得懂簡體字，但在日常生活中還是喜歡和習慣使用繁體字書寫。是次研究主要集中於研究香港青少年對繁體字和簡體字的態度及認識情況。

2　調查資料

本次研究共 350 人接受訪問，對象主要集中於香港青少年，主要爲大學生和中學生，其中男 179 人，佔調查人數 51.14%，女 171 人，佔調查人數 48.86%，研究對象中男女比例平均。

2.1　受訪者年齡分佈

在年齡分佈方面，18 歲以下的有 11 人，佔調查人數 3.14%；18—30 歲的有327 人，佔調查人數 93.43%；31—60 歲的有 12 人，佔調查人數 3.43%。詳細分析見下表：

受訪者年齡分佈

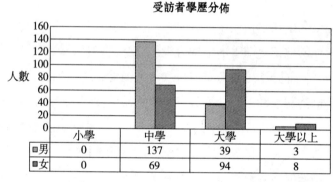

	18以下	18—30	31—60	60以上
男	6	170	3	0
女	5	157	9	0

2.2　受訪者學歷分佈

在受訪者的學歷分佈方面，只中學教育程度的有 206 人，佔調查人數 58.86%；大學教育程度的有 133 人，佔調查人數 38%；大學以上教育程度的有 11 人，佔調查人數 3.14%。詳細分析見下表：

受訪者學歷分佈

	小學	中學	大學	大學以上
男	0	137	39	3
女	0	69	94	8

2.3　受訪者職業分佈

在職業分佈方面，學生 332 人，佔調查人數 94.86%；職業屬教師的有 11 人，佔調查人數 3.14%；職業屬文職的有 5 人，佔調查人數 1.43%，其他職業有 2 人，佔調查人數 0.57%。詳細分析見下表：

受訪者職業分佈

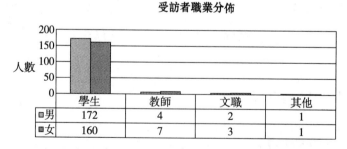

	學生	教師	文職	其他
男	172	4	2	1
女	160	7	3	1

2.4　受訪者出生地分佈

在出生地方面，20 人來自大陸，佔調查人數 5.71%；328 人來自香港，佔調查人數 93.71%；2 人來自海外，佔調查人數 0.57%。詳細分析見下表：

受訪者出生地分佈

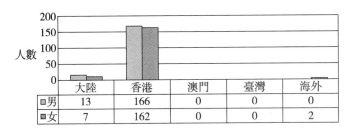

人數	大陸	香港	澳門	臺灣	海外
男	13	166	0	0	0
女	7	162	0	0	2

3 調查結果

3.1 受訪者日常生活中使用的漢字形式

以下以問卷的問題來看受訪者日常生活中使用漢字形式的情況：

3.1.1 您認識簡體字嗎？

問卷的第一部分主要調查受訪者日常生活中使用哪種漢字形式。調查指出 350 名受訪者中有 346 人在日常生活中使用繁體字，佔 98.86%。以繁體字爲日常中使用文字的 346 位受訪者中，認爲自己認識簡體字的有 130 人，佔總人數 37.57%；認爲自己大致認識簡體字的有 106 人，佔總人數 30.64%；認爲自己略懂一點簡體字的有 109 人，佔總人數 31.5%；至於認爲自己完全不會簡體字的有 1 人，佔總人數 0.29%。詳細分析見下表：

您認識簡體字嗎？

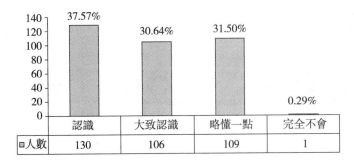

	認識	大致認識	略懂一點	完全不會
人數	130	106	109	1

3.1.2 您會寫簡體字嗎？

以繁體字爲日常中使用文字的 346 位受訪者中，認爲自己會寫簡體字的有 81 人，佔總人數 23.41%；認爲自己大致掌握怎樣寫簡體字的有 68 人，佔總人數

19.65%；認爲自己略懂一點怎樣寫簡體字的有 172 人，佔總人數 49.71%；至於認爲自己完全不會寫簡體字的有 22 人，佔總人數 6.36%；沒有作答的則有 3 人。詳細分析見下表：

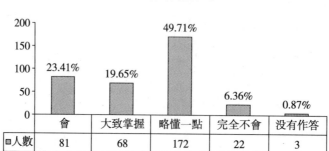

您會寫簡體字嗎?

	會	大致掌握	略懂一點	完全不會	沒有作答
人數	81	68	172	22	3

3.1.3　您一般通過什麼途徑接觸簡體字?

在選擇使用什麼途徑接觸簡體字方面，由於此題受訪者可選多項，只選擇 1 項的受訪者有 115 人，佔 33.24%；選擇 2 項的有 116 人，佔 33.53%；選擇 3 項的有 54 人，佔 15.61%。調查發現受訪者最常接觸簡體字的途徑爲網絡，其次爲書籍及學校。詳細分析見下表：

選擇項數	0	1	2	3	4	5	6	7	8	9
人數	1	115	116	54	30	13	5	5	6	1
百分比	0.29%	33.24%	33.53%	15.61%	8.67%	3.76%	1.45%	1.45%	1.73%	0.29%

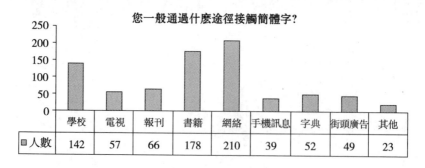

您一般通過什麼途徑接觸簡體字?

	學校	電視	報刊	書籍	網絡	手機訊息	字典	街頭廣告	其他
人數	142	57	66	178	210	39	52	49	23

3.1.4　您認識且會寫繁體字嗎?

調查發現 350 名受訪者中只有 4 人在日常生活中使用簡體字，佔 1.14%。其中 4 位受訪者完全認識繁體字；認爲自己會寫繁體字的有 3 人，認爲自己大致掌握怎樣寫繁體字的有 1 人。詳細分析見下表：

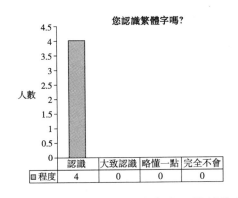

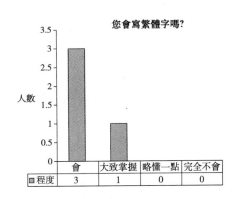

3.1.5 您一般通過什麼途徑接觸繁體字？

在選擇使用什麼途徑接觸繁體字方面，由於此題受訪者可選多項，選擇 1 項、4 項、6 項及 7 項的各佔 1 人。調查發現受訪者最常接觸繁體字的途徑爲學校，其次爲網絡。詳細分析見下表：

選擇項數	0	1	2	3	4	5	6	7	8	9
人數	0	1	0	0	1	0	1	1	0	0
百分比	0	25%	0	0	25%	0	25%	25%	0	0

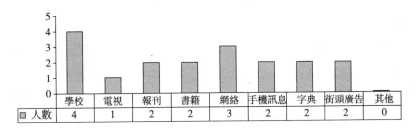

您一般通過什麼途徑接觸繁體字？

3.1.6 您曾就讀的學校使用簡體字教材的情況普遍嗎？

此部分主要分析學校使用簡體字的情況。調查發現 208 位受訪者就讀的學校甚少使用簡體字教材，佔 59.43%，也就是說接近六成的受訪者就讀的學校曾使用簡體字的教材；沒有使用簡體字教材的有 107 人，佔 30.57%；只有 35 人指出就讀學生普遍使用簡體字教材，佔 10%。詳細分析見下圖：

您曾就讀的學校使用簡體字教材的情況普遍嗎?

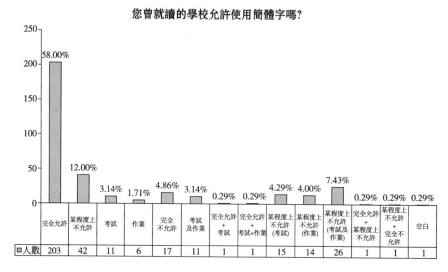

3.1.7　您曾就讀的學校允許使用簡體字嗎?

在使用簡體字方面，由於此項受訪者可選多項，206 位受訪者指出其就讀學校完全允許他們使用簡體字，佔 58.86%；完全不允許他們使用簡體字的有 18 人，佔 5.14%；認爲學校只允許他們在考試時使用簡體字的有 11 人，佔 3.14%；認爲學校允許他們在作業中使用簡體字的有 6 人，佔 1.71%；認爲學校只允許他們在考試及作業中使用簡體字的有 11 人，佔 3.14%。

值得注意的是，認爲學校某程度上不允許他們使用簡體字的有 99 人，佔 28.29%；其中只勾選了“某程度上不允許”的有 42 人，同時勾選了“某程度上不允許”及“考試”這兩個選項的受訪者有 15 人，也就是説有 15 位受訪者認爲學校不允許他們在考試中使用簡體字；同時勾選了“某程度上不允許”及“作業”這兩個選項的受訪者有 14 人，也就是説這 14 位受訪者認爲學校不允許他們在作業中使用簡體字；同時勾選了“某程度上不允許”“考試”及“作業”這三個選項的受訪者有 26 人，也就是説有 26 位受訪者認爲學校不允許他們在考試及作業中使用簡體字。詳細分析見下表：

您曾就讀的學校允許使用簡體字嗎?

	完全允許	某程度上不允許	考試	作業	完全不允許	考試及作業	完全允許+考試	完全允許+考試+作業	某程度上不允許(考試)	某程度上不允許(作業)	某程度上不允許(考試及作業)	完全允許+某程度上不允許	某程度上不允許+完全不允許	空白
人數	203	42	11	6	17	11	1	1	15	14	26	1	1	1

3.1.8 您認爲香港教育界需要改變以簡體字教學嗎？

在是不是需要改變以簡體字教學方面，319 位受訪者認爲不需要改變，佔 91.14%；認爲需要改變的有 19 人，佔 5.43%，其他的則有 12 人，佔 3.43%，其中有 3 位受訪者認爲可由學生自行選擇，2 位受訪者認爲可由學校自行決定，1 位認爲可視國家背景需要而定。我們可以看到，受訪者的態度偏向認爲教育界不需要改以簡體字教學。具體分析詳見下圖：

您認爲香港教育界有需要改變以簡體字教學嗎？

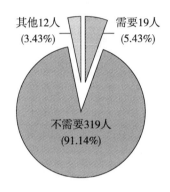

3.1.9 您在香港哪些公眾地方曾經看見過簡體字？

在哪些公眾地方曾看過簡體字方面，由於此題受訪者可選多項，只選擇 1 項的受訪者有 92 人，佔 26.29%；選擇 2 項的有 85 人，佔 24.29%；選擇 3 項的有 54 人，佔 15.43%。調查發現有 260 位受訪者認爲曾在旅遊景點看過簡體字，其次爲酒店及公共場所，分別有 168 人及 150 人。詳細分析見下表：

選擇項數	0	1	2	3	4	5	6	7	8	9
人數	3	92	85	54	43	33	17	11	13	0
百分比	0.86%	26.29%	24.29%	15.43%	12.29%	9.43%	4.86%	3.14%	3.71%	0.00%

您在香港哪些公眾地方曾經看過簡體字?

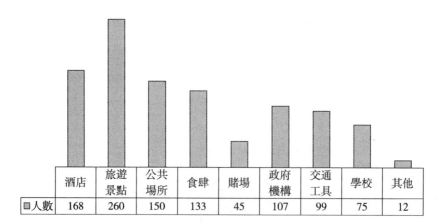

	酒店	旅遊景點	公共場所	食肆	賭場	政府機構	交通工具	學校	其他
■人數	168	260	150	133	45	107	99	75	12

3.2　對繁體字和簡體字的認識和態度

此部分主要調查受訪者對繁體字和簡體字的認識和態度。

3.2.1　繁體字和簡體字寫法相同的字多還是寫法不同的字多?

受訪者對繁體字和簡體字的認識方面,262 人認爲繁體字和簡體字寫法不同的字多,佔 74.86%,認爲二者寫法相同的字多則有 88 人,佔 25.14%。

3.2.2　您爲什麼認爲繁體字比簡體字優越?

在問及受訪者繁體字和簡體字誰更優越方面,271 人認爲繁體字比簡體字更優越,佔 77.43%,認爲簡體字較優越的只有 16 人,佔 4.57%,沒有意見的有 62 人,佔 17.71%。

認爲繁體字較優越的 271 位受訪者中,有 214 位認爲繁體字能展現書法藝術之美;198 位受訪者認爲繁體字符合漢字造字規則,表意功能更爲明確,便於理解意思;195 位受訪者認爲繁體字有利於傳承悠久的中華文化;167 位受訪者認爲繁體字可以免除同音假借、一字多義所引起的混淆問題;149 位受訪者認爲繁體字它的系統、字理有助於學習。由於此題受訪者可選多項,選擇 5 項的受訪者有 79 人,所佔比例最高,有 29.15%;其次爲選擇 3 項及 2 項,分別佔 26.20% 和 17.71%。調查發現受訪者普遍認爲繁體字有不少的優點,詳細分析見下表:

選擇項數	0	1	2	3	4	5	6
人數	0	24	48	71	45	79	4
百分比	0.00%	8.86%	17.71%	26.20%	16.61%	29.15%	1.48%

您爲什麼認爲繁體字比簡體字優越?

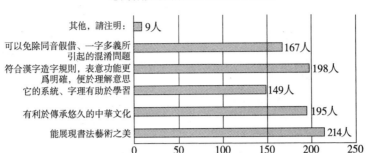

3.2.3 您爲什麼認爲簡體字比繁體字優越?

認爲簡體字較優越的只有 17 位受訪者，其中 12 位認爲簡體字筆畫較少，結構簡單，書寫簡便；8 位受訪者認爲簡體字能減輕學習負擔；6 位受訪者認爲簡體字能減少文盲，增加識字率；5 位受訪者認爲簡體字符合快速化的社會發展，有利於促進國際交流；4 位受訪者認爲簡體字有利推廣，促進漢字學習。由於此題受訪者可選多項，選擇 3 項的受訪者有 7 人；選擇 1 項的受訪者有 6 人。調查發現受訪者普遍認爲簡體字的優點較少，17 位受訪者中沒有選擇多於 4 項優點的，詳細分析見下表：

選擇項數	0	1	2	3	4	5	6
人數	0	6	4	7	0	0	0
百分比	0.00%	35.29%	23.53%	41.18%	0.00%	0.00%	0.00%

您爲什麼認爲簡體字比繁體字優越?

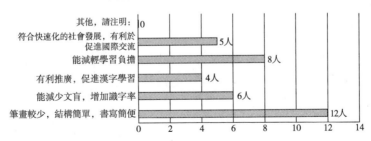

3.2.4 您認爲繁體字有何缺點?

至於繁體字的缺點方面，223 位受訪者認爲繁體字書寫繁瑣，不方便快捷書寫；153 位受訪者認爲繁體字筆畫太多，容易寫錯字；77 位受訪者認爲繁體字只有港、澳、臺使用，難與其他地區溝通；55 位受訪者認爲繁體字字形複雜，不易辨別。值得注意的是選擇其他的有 28 人，其中 17 人認爲繁體字沒有缺點。

　　由於此題受訪者可選多項，選擇 1 項的受訪者最多，有 172 人，佔 49.14%；其次爲選擇 2 項及 3 項，分別佔 32% 和 11.43%。認爲繁體字的缺點超過 4 項的只有 17 人，詳細分析見下表：

選擇項數	0	1	2	3	4	5	6	7
人數	9	172	112	40	11	3	3	0
百分比	2.57%	49.14%	32.00%	11.43%	3.14%	0.86%	0.86%	0.00%

您認爲繁體字有何缺點?

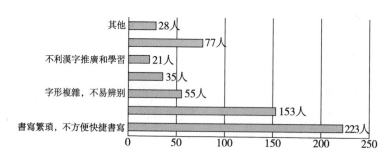

3.2.5　您認爲簡體字有何缺點？

　　至於簡體字的缺點方面，231 位受訪者認爲簡體字破壞了傳統漢字的美感；209 位受訪者認爲簡體字使有些字失去了原來造字的意思；200 位受訪者認爲簡體字產生的同音假借、一字多義，容易造成混淆；193 位受訪者認爲簡體字筆畫太相近，容易混淆；183 位受訪者認爲簡體字的字形太粗糙，有違漢字造字原則、藝術性和科學性。

　　由於此題受訪者可選多項，受訪者的選項數目較平均，選擇 2 項和 6 項的受訪者最多，各有 68 人，佔 19.43%；其次爲選擇 1 項及 3 項，分別佔 18.29% 和 16.86%。值得注意的是，認爲簡體字的缺點超過 4 項的有 156 人，詳細分析見下表：

選擇項數	0	1	2	3	4	5	6	7
人數	3	64	68	59	52	34	68	2
百分比	0.86%	18.29%	19.43%	16.86%	14.86%	9.71%	19.43%	0.57%

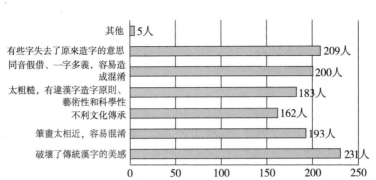

您認爲簡體字有何缺點?

3.3 受訪者有關繁體字或簡體字的學習計劃

對於繁體字或簡體字的學習計劃，184 位受訪者指出自己沒有學習繁體字或簡體字的打算，佔 52.57%；149 位受訪者指出有學習繁體字或簡體字的打算，佔 42.57%；選擇其他項的有 17 人，佔 4.86%，其中有 13 人指出自己已掌握繁體字或簡體字。

至於繁體字或簡體字學習是否困難方面，248 位受訪者認爲學習繁體字或簡體字不困難，佔 70.86%；92 位受訪者認爲學習繁體字或簡體字困難，佔 26.29%；選擇其他項的有 10 人，佔 2.86%，他們對學習繁體字或簡體字的困難程度，持中立的態度，認爲只有部分漢字比較困難。

在問及受訪者打算通過什麼途徑學習簡體字或繁體字方面，由於此題受訪者可選多項，只選擇 1 項的受訪者最多有 175 人，佔 50.58%；其次爲選擇 2 項和 3 項的，分別有 75 人和 48 人，佔 21.68% 和 13.87%。而調查發現受訪者學習繁體字或簡體字最常使用的途徑爲書籍，其次爲網絡及學校。詳細分析見下表：

選擇項數	0	1	2	3	4	5	6	7	8	9
人數	10	175	75	48	16	9	6	1	10	0
百分比	2.89%	50.58%	21.68%	13.87%	4.62%	2.60%	1.73%	0.29%	2.89%	0.00%

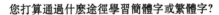

您打算通過什麼途徑學習簡體字或繁體字?

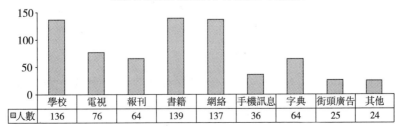

	學校	電視	報刊	書籍	網絡	手機訊息	字典	街頭廣告	其他
人數	136	76	64	139	137	36	64	25	24

3.4　對兩岸四地文字統一的意見

在兩岸四地文字的統一方面，209 位受訪者認爲沒有統一的必要，佔 59.71%；78 位受訪者認爲有統一的必要，佔 22.29%，63 位受訪者表示沒有意見，佔 18%。

關於文字的統一會否有助兩岸四地的文化融合方面，169 位受訪者認爲文字的統一不會有助兩岸四地的文化融合，佔 48.29%；103 位受訪者認爲文字的統一會有助兩岸四地的文化融合，佔 29.43%；78 位受訪者表示沒有意見，佔 22.29%。

在統一文字方面，227 位受訪者選擇把漢字統一爲繁體字，佔 64.86%；22 位受訪者選擇把漢字統一爲簡體字，佔 6.29%；44 位受訪者選擇綜合繁體字和簡體字的精華，佔 12.57%；57 位受訪者表示沒有意見，佔 16.29%。詳細分析見下圖：

如果將來漢字統一，您認爲會統一爲哪種文字？

簡體字22人（6.29%）
沒有意見57人（16.29%）
綜其精華44人（12.57%）
繁體字227人（64.86%）

3.5　100 個簡體字認識及使用頻率分析

是次調查中最後一部分，要求受訪者勾選出自己認識或常用的簡體字，調查發現，只有 12 位受訪者對 100 個簡體字沒有一個認識，佔 3.43%。可見大部分受訪者對簡體字有一定程度的認識。

3.5.1　100 個簡體字按認識率的分析

調查發現在這 100 個簡體字中，認識率最高的簡體字是"學"字，有 96%，其次爲"机""个"，分別有 94% 和 93%。認識率最低的簡體字是"厂"，有 61%，其次爲"蜡""尘"，有 65%。值得注意的是此部分的統計包括了受訪者勾選"認識"及"常用"兩類選項，現把認識率最高及最低的 10 個簡體字表列如下，詳細分析見〔附錄一〕：

認識率最高的 10 個簡體字									
簡體字	学	机	个	过	门	说	长	对	还	体
人數	335	328	325	321	319	318	317	316	316	314
百分比	96%	94%	93%	92%	91%	91%	91%	90%	90%	90%

認識率最低的 10 個簡體字									
簡體字	厂	蜡	尘	币	粮	夸	关	耻	态	洁
人數	215	227	228	230	231	233	234	241	241	244
百分比	61%	65%	65%	66%	66%	67%	67%	69%	69%	70%

3.5.2 100 個簡體字按只勾選"認識"項的數據分析

調查發現在這 100 個簡體字中，不少簡體字受訪者只認識但不常用，只勾選 "認識"項的認識率最高的簡體字是"罚"，有 79%，其次爲"惯""签"，有 74%；只認識但不常用率最低的簡體字是"学"字，有 36%，其次爲"会""体"，有 39%。現把只認識不常用率最高及最低的 10 個簡體字表列如下，詳細分析見〔附錄二〕：

只認識但不常用率最高的 10 個簡體字									
簡體字	罚	惯	签	条	势	奖	诊	长	来	荣
人數	276	260	258	257	257	257	256	252	252	252
百分比	79%	74%	74%	73%	73%	73%	73%	72%	72%	72%

只認識但不常用率最低的 10 個簡體字									
簡體字	学	会	体	开	点	对	电	声	个	机
人數	126	135	138	139	139	143	156	158	160	160
百分比	36%	39%	39%	40%	40%	41%	45%	45%	46%	46%

3.5.3 100 個簡體字按"認識及常用率"的分析

調查發現在這 100 個簡體字中，不少簡體字爲受訪者認識，並日常生活中經常使用的，常用率最高的簡體字是"学"字，有 60%，其次爲"体""对"，分別有 50% 和 49%。認識及常用率最低的簡體字是"粮""蜡"，只有 6%，其次爲 "齿""萧""晋"，有 7%。現把認識及常用率最高及最低的 10 個簡體字表列如下，詳細分析見［附錄三］：

常用率最高的 10 個簡體字										
簡體字	学	体	对	点	开	机	会	个	电	过
人數	209	176	173	172	168	168	166	165	156	153
百分比	60%	50%	49%	49%	48%	48%	47%	47%	45%	44%

常用率最低的 10 個簡體字										
簡體字	粮	蜡	齿	萧	晋	奖	县	尘	耻	势
人數	20	22	23	23	23	26	27	27	28	29
百分比	6%	6%	7%	7%	7%	7%	8%	8%	8%	8%

4　對 100 個簡體字識寫比例的分析説明

上文説過，在這次調查中，其最後一部分是要求受訪者勾選出自己認識或常用的簡體字，本文的第四部分將對這次調查的結果進行分析和解釋。

4.1　"100 個簡體字認識人次及百分比數據表"實例分析

在調查表中的 100 個簡體字，其"認識"一欄勾選率從 61%—96%。其中"認識率"達到 90% 及以上的漢字有 11 個，這 11 個字分別是：学、机、个、过、门、说、长、对、还、体、习。而"認識率"爲 70% 及以下的有 12 個，分別是：厂、蜡、尘、币、粮、夸、关、耻、态、洁、晋、县。

不難看出，認識率較高的 11 個漢字，大部分在繁簡形體上較爲接近，容易識讀。例如，"學—学""門—门""説—说""長—长"在結構上一致，在漢字形體上也比較接近。"機—机"同爲左右結構，其形旁不變，而聲旁"幾"筆畫複雜，在生活中人們常寫作簡化的"几"，故而認識簡體字"机"的比率較大。繁體的"還""對""體""習""過""個"都是常用字，其對應的簡體字也在香港可以常常見到，例如網絡媒體等，這就在一定程度上促進了人們對這些字的認識。

而認識率低的 12 個漢字，其主要原因是因爲簡體字和繁體字形體的差別較大。繁體的"廠"形旁廣字頭，聲旁爲"敞"，而簡體的"厂"失去了繁體字的形旁和聲旁特徵，並且和繁體字中原有表示"庵"的"厂"重疊了，所以造成了人們的識別困難。"幣—币""關—关"這兩組也適用於上文的分析。"蠟"字雖筆畫繁多，但從蟲巤聲，符合形聲字的原則，尤其是其聲旁"巤（laap6）"在粵方言中讀音和"蠟（laap6）"一致，而簡體字"蜡"的聲旁"昔"在粵方言中的讀音爲 sik1，和"蠟"的讀音相去甚遠。同樣，還有"潔"在粵方言中讀音爲git3，其簡體的聲旁"吉"讀音爲 gat1，二者韻母不同，故人們無法將二字對應起來。另外，還有一些字字體結構上的改變比較大，例如"態—态"是由會意字改成了形聲字，《説文解字》釋"態"爲"從心從能"，而簡體字的"态"則爲上聲下形的形聲字；"恥—耻"這組改變了構件的位置，《説文解字》釋"恥"爲"從心耳聲"，是左聲右形，而簡體字的"耻"已看不出形旁，右邊的"止"比"耳"更符合聲旁的特徵；"縣"只保留了形聲字聲旁的一部分，變爲"县"。有的是將原有不同的兩個繁體字合併，造成了人們認讀的難度，如"誇"本爲"誇大、誇口"義，"夸"在繁體字中多見於古漢語或古人名，如"以夸諸侯"或"夸父追日"這樣特定的語境中，在現代粵語中使用率極低。"誇"和"夸"二者本爲不同的漢字，故而香港的受訪者會有一定的迷惑。"塵"和"尘"雖都爲會意字，但簡體字的"尘"出現年代較晚，而且和繁體字的差別也非常大，故而認讀率低。另外兩組中，"糧—粮"是因爲改變了聲旁，所以可能會造成認讀的障礙，而"晉—晋"認讀率低的理由則較難解釋。

4.2 "100 個簡體字只認識不常用人次及百分比數據表"實例分析

附錄二是對 350 個受訪者的數據進行分析得到的結論，其結論是所調查的100 個簡體字中，只認識但不常用的比例。依照比例排序，比例最高的前 10 個簡化漢字是：罚、惯、签、条、势、奖、诊、长、来、荣，這 10 個簡體字在受訪者都可以認識，但他們在寫字時不會使用簡體形式。而比例最低的 10 個簡體字是：学、会、体、开、点、对、电、声、个、机，這 10 個簡體字對於受訪者來説，不僅認識，而且他們自己還常常使用簡體形式。

下文再舉例説明這些字不常用或常用的理由。先説"認識但不常用的"，這10 個字有一個共同的特點，就是簡化幅度相對來説不算大，多是簡化偏旁或減少筆畫。舉例來説，"罚""诊"的繁體形式"罰""診"在結構上沒有變化，只是偏旁有所簡化。而"长""来"相對於繁體形式的"長""來"而言，筆畫減少不算多。所以在這種區別不是太大的情況下，香港的受訪者一般寫繁體而不寫簡體字。

而"認識但不常用的"比例較低的與附錄三有所重合，在下節文字中一併分析。

4.3 "100 個簡體字常用人次及百分比數據表"實例分析

附錄三對 350 個受訪者常用簡體字進行統計，其中最常用的 10 個簡體字是：學、體、對、點、開、機、會、個、電、過，其比例從 60% — 44%，而最不常用的 10 個簡體字是：糧、蠟、齒、蕭、晉、獎、縣、塵、恥、勢，比例從 6% — 8%。

最常用的前 10 個簡體字，均與附錄一及附錄二重合，代表這些字比較多人認識，而且使用者也多。最不常用的 10 個簡體字中，有 4 個和表一重合，有 2 個和表二重合，詳見下文圖表分析。附錄三中只有 3 個不與其他重合，這 3 個字是"齒""蕭""勢"。這三個字有一個共同的特點，就是簡體字形多在繁體字形的基礎上減少部分筆畫，這種簡化方式在港澳地區一般讀者不太能夠注意並掌握，可以說是較難掌握並模仿的簡體字，所以受訪者對這幾個字的使用率較低。

4.4 對比分析

從這三個附錄的最高比例及最低比例，可以看出漢字繁體和簡體字在香港讀者視域中識讀及使用比例。本節對這三個表格進行橫向比較。

4.4.1 在三個表中，認識及使用率最高的簡體字如下。

表一：

認識率最高的 10 個簡體字									
簡體字	學	机	个	过	门	说	长	对	还	体
人數	335	328	325	321	319	318	317	316	316	314
百分比	96%	94%	93%	92%	91%	91%	91%	90%	90%	90%

表二：

只認識但不常用率最低的 10 個簡體字									
簡體字	學	会	体	开	点	对	电	声	个	机
人數	126	135	138	139	139	143	156	158	160	160
百分比	36%	39%	39%	40%	40%	41%	45%	45%	46%	46%

表三：

常用率最高的 10 個簡體字									
簡體字	學	体	对	点	开	机	会	个	电	过
人數	209	176	173	172	168	168	166	165	156	153
百分比	60%	50%	49%	49%	48%	48%	47%	47%	45%	44%

這三個表中共有重合的字如圖 1：

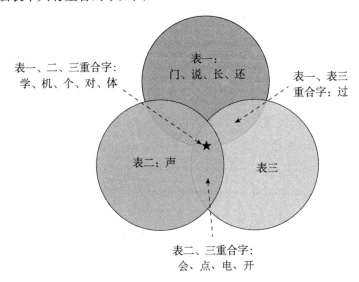

從圖 1 中可以看出，表一、表二、表三這三個表中重合的字有："學、机、個、对、体"五個字；表一、表二無重合字；表一和表三重合的字有一個"过"字；表二和表三重合的字有四個："会、点、电、开"。這反映出三個表中重合的五個字"學、机、個、对、体"，受訪者不僅可以認識而且還常用。如果從"繁簡由之"的角度去理解，這五個字恰好反映出了在港澳地區人們選擇繁簡的態度。

4.4.2 在三個表中，認識及使用率最低的 10 個簡體字，分別如下。

表一：

認識率最低的 10 個簡體字									
簡體字	厂	蜡	尘	币	粮	夸	关	耻	态	洁
人數	215	227	228	230	231	233	234	241	241	244
百分比	61%	65%	65%	66%	66%	67%	67%	69%	69%	70%

表二：

只認識但不常用率最高的 10 個簡體字									
簡體字	罚	惯	签	条	势	奖	诊	长	来	荣
人數	276	260	258	257	257	257	256	252	252	252
百分比	79%	74%	74%	73%	73%	73%	73%	72%	72%	72%

表三：

常用率最低的 10 個簡體字									
簡體字	粮	蜡	齿	萧	晋	奖	县	尘	耻	势
人數	20	22	23	23	23	26	27	27	28	29
百分比	6%	6%	7%	7%	7%	7%	8%	8%	8%	8%

這三個表重合的字如圖 2：

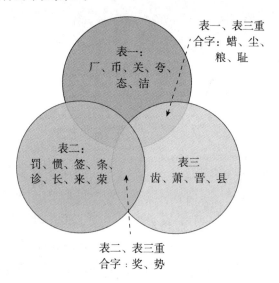

從圖 2 可以看出，三個表並無完全重合的字，也就是说没有人們完全不認識及不常用的簡體字。表一和表二没有重合的字，表一和表三重合的字有 4 個"蜡、尘、粮、耻"，表二和表三重合的字只有"奖"和"势" 2 個字。這 8 個字對香港受訪者來说存在一定的認讀困難，使用率不高。

4.5　香港社會識寫適量簡體字的理據

由上文分析得出，香港受訪者對 100 個常用簡體字的認識比率從 61%—96%，也就是说，大部分人都能認識這 100 個常用漢字。雖然使用率數據參差較大，但有十多個簡體字已爲過半香港受訪者經常使用。綜合這些數據，可以觀察出香港受訪者識寫適量簡體字的理據。

第一，能識寫與繁體字筆畫數差別較多的簡體字。

某些繁體字筆畫繁多，人們在某些特定場合，使用這些繁體字時阻滯了書寫的速度，尤其是某些人在一些非正式場合，已經在某種程度上用簡體字取代了其對應的繁體字。例如"體"的繁體字有23畫，而簡體的"体"只有7畫，不到繁體字的三分之一，所以簡體的"体"成爲了香港受訪者最常用的簡體字之一。反之，簡體和繁體差別不大的，人們一般不會使用簡體形式。例如"糧"和"粮"都是左右結構，並且同爲左形右聲，其形旁表示米糧類屬，聲旁沒有差別，所以這類字人們一般不會特意改用簡體形式。

第二，常用字多可簡化，非常用字一般不用簡化形式。

常用字，意味著人們使用頻率高，在此次的調查中發現越是高頻字，其簡體形式越爲更多人所認識並使用，而越是非常用字，受訪者對其簡化形式則認識及使用的頻率就越低。《現代漢語頻率詞典》中的《漢字頻率表》將4574個漢字按照使用頻率依次列成表格，我們分別選取了上文調查中認識率和使用率最高的及最低的5個漢字，看其使用頻率。

例字	《漢字頻率表》數據	例字	《漢字頻率表》數據
学	46	粮	883
机	125	蜡	1759
个	14	晋	3319
对	60	齿	1583
体	191	萧	2904

可以看出，認識率及使用率最高的5個漢字，在4574個漢字中其數據從14—191不等；而認識及使用率最低的5個漢字，其數據在883—3319之間。所以説，越是常用字，其簡體形式越有被識寫的可能；而低頻字則不易被港澳人士所使用。

5 學生作文中手寫的簡體字分析

爲了瞭解香港大學生使用簡體字的情況，我們抽查了某大學學生的作文，學生筆下出現的簡體字很能説明他們使用簡體字的習慣。我們共抽查了 99 份作文，約共 71170 個漢字。其中 32 份試卷没有使用簡體字，佔總試卷的 32.3%；67 份試卷使用了簡體字，佔總試卷的 67.7%。67 份試卷共使用的簡體字種 167 個，簡體字數（重複計算在内）共 2289 個。

5.1　167 個簡體字種出現的頻率

調查發現在這 167 個簡體字種中，認識率最高的簡體字是"学"字，出現頻率次數爲 352 次，佔總簡體字數 15.38%，其次爲"会"字及"为"字，頻率次數分别爲 313 次及 175 次，佔總簡體字數 13.67% 及 7.65%。簡體字種使用頻率及百分比詳見下表：

簡體字	出現頻率	百分比	簡體字	出現頻率	百分比	簡體字	出現頻率	百分比
学	352	15.38%	当	19	0.83%	断	11	0.48%
会	313	13.67%	构	19	0.83%	乐	11	0.48%
为	175	7.65%	务	18	0.79%	资	11	0.48%
国	81	3.54%	独	18	0.79%	开	10	0.44%
们	79	3.45%	园	16	0.70%	经	10	0.44%
业	75	3.28%	种	15	0.66%	观	10	0.44%
机	60	2.62%	识	15	0.66%	历	9	0.39%
动	58	2.53%	环	14	0.61%	处	9	0.39%
与	47	2.05%	点	14	0.61%	济	9	0.39%
发	47	2.05%	让	14	0.61%	现	9	0.39%
对	46	2.01%	难	13	0.57%	义	8	0.35%
个	44	1.92%	习	13	0.57%	术	8	0.35%
实	34	1.49%	觉	13	0.57%	欢	8	0.35%
过	31	1.35%	兴	12	0.52%	医	8	0.35%
时	29	1.27%	数	12	0.52%	适	8	0.35%
这	24	1.05%	举	12	0.52%	传	8	0.35%
关	22	0.96%	后	11	0.48%	场	8	0.35%
体	20	0.87%	间	11	0.48%	权	8	0.35%
么	19	0.83%	样	11	0.48%	问	8	0.35%

續前

簡體字	出現頻率	百分比	簡體字	出現頻率	百分比	簡體字	出現頻率	百分比
艺	7	0.31%	统	4	0.17%	里	2	0.09%
该	7	0.31%	导	4	0.17%	宝	2	0.09%
广	6	0.26%	层	4	0.17%	迟	2	0.09%
众	6	0.26%	扩	4	0.17%	际	2	0.09%
听	6	0.26%	风	3	0.13%	响	2	0.09%
达	6	0.26%	长	3	0.13%	书	2	0.09%
参	6	0.26%	优	3	0.13%	养	2	0.09%
总	6	0.26%	划	3	0.13%	标	2	0.09%
视	6	0.26%	团	3	0.13%	热	2	0.09%
话	6	0.26%	尽	3	0.13%	绘	2	0.09%
价	5	0.22%	礼	3	0.13%	给	2	0.09%
压	5	0.22%	边	3	0.13%	绝	2	0.09%
声	5	0.22%	来	3	0.13%	节	2	0.09%
还	5	0.22%	织	3	0.13%	认	2	0.09%
选	5	0.22%	战	3	0.13%	训	2	0.09%
结	5	0.22%	虽	3	0.13%	论	2	0.09%
计	5	0.22%	联	3	0.13%	财	2	0.09%
说	5	0.22%	严	3	0.13%	闻	2	0.09%
几	4	0.17%	则	3	0.13%	车	1	0.04%
双	4	0.17%	组	3	0.13%	东	1	0.04%
无	4	0.17%	维	3	0.13%	号	1	0.04%
仪	4	0.17%	验	3	0.13%	龙	1	0.04%
师	4	0.17%	万	2	0.09%	吓	1	0.04%
报	4	0.17%	气	2	0.09%	虫	1	0.04%
变	4	0.17%	华	2	0.09%	树	1	0.04%
极	4	0.17%	怀	2	0.09%	虑	1	0.04%
远	4	0.17%	沟	2	0.09%	楼	1	0.04%

續前

簡體字	出現頻率	百分比	簡體字	出現頻率	百分比	簡體字	出現頻率	百分比
聪	1	0.04%	绍	1	0.04%	贪	1	0.04%
伤	1	0.04%	络	1	0.04%	贫	1	0.04%
剂	1	0.04%	绩	1	0.04%	转	1	0.04%
卫	1	0.04%	订	1	0.04%	轻	1	0.04%
图	1	0.04%	讯	1	0.04%	连	1	0.04%
忆	1	0.04%	诸	1	0.04%	钱	1	0.04%
挥	1	0.04%	调	1	0.04%	须	1	0.04%
纠	1	0.04%	谈	1	0.04%	顾	1	0.04%
纯	1	0.04%	谓	1	0.04%	馆	1	0.04%
纸	1	0.04%	质	1	0.04%			

　　按學生的使用頻率，我們可以把這 167 個簡體字種分爲七個等次，第一個等次爲簡體字使用頻率在 31 次以上，第二個等次爲簡體字使用頻率在 11 次至 30 次以內，第三個等次爲簡體字使用頻率在 5 次至 10 次以內，第四個等次爲簡體字使用頻率爲 4 次，第五個等次爲簡體字使用頻率爲 3 次，第六個等次爲簡體字使用頻率爲 2 次，第七個等次爲簡體字使用頻率爲 1 次。

　　使用頻率爲 31 次以上的簡體字種一共有 14 個，分別爲 "学""会""为""国""们""业""机""动""与""发""对""个""实""过"，出現頻率見下表：

簡體字	出現頻率	百分比	簡體字	出現頻率	百分比	簡體字	出現頻率	百分比
学	352	15.38%	业	75	3.28%	对	46	2.01%
会	313	13.67%	机	60	2.62%	个	44	1.92%
为	175	7.65%	动	58	2.53%	实	34	1.49%
国	81	3.54%	与	47	2.05%	过	31	1.35%
们	79	3.45%	发	47	2.05%			

　　使用頻率爲 11 次至 30 次以內的簡體字種一共有 27 個，分別爲 "时""这""关""体""么""当""构""务""独""园""种""识""环""点""让""难""习""觉""兴""数""举""后""间""样""断""乐""资"，出現頻率見下表：

簡體字	出現頻率	百分比	簡體字	出現頻率	百分比	簡體字	出現頻率	百分比
时	29	1.27%	园	16	0.70%	兴	12	0.52%
这	24	1.05%	种	15	0.66%	数	12	0.52%
关	22	0.96%	识	15	0.66%	举	12	0.52%
体	20	0.87%	环	14	0.61%	后	11	0.48%
么	19	0.83%	点	14	0.61%	间	11	0.48%
当	19	0.83%	让	14	0.61%	样	11	0.48%
构	19	0.83%	难	13	0.57%	断	11	0.48%
务	18	0.79%	习	13	0.57%	乐	11	0.48%
独	18	0.79%	觉	13	0.57%	资	11	0.48%

使用頻率爲 5 次至 10 次以內的簡體字種一共有 34 個，分別爲"开""经""观""历""处""济""现""义""术""欢""医""适""传""场""权""问""艺""该""广""众""听""达""参""总""视""话""价""压""声""还""选""结""计""说"，出現頻率見下表：

簡體字	出現頻率	百分比	簡體字	出現頻率	百分比	簡體字	出現頻率	百分比
开	10	0.44%	传	8	0.35%	总	6	0.26%
经	10	0.44%	场	8	0.35%	视	6	0.26%
观	10	0.44%	权	8	0.35%	话	6	0.26%
历	9	0.39%	问	8	0.35%	价	5	0.22%
处	9	0.39%	艺	7	0.31%	压	5	0.22%
济	9	0.39%	该	7	0.31%	声	5	0.22%
现	9	0.39%	广	6	0.26%	还	5	0.22%
义	8	0.35%	众	6	0.26%	选	5	0.22%
术	8	0.35%	听	6	0.26%	结	5	0.22%
欢	8	0.35%	达	6	0.26%	计	5	0.22%
医	8	0.35%	参	6	0.26%	说	5	0.22%
适	8	0.35%						

使用頻率爲 4 次的簡體字種一共有 13 個，分別爲"几""双""无""仪""师""报""变""极""远""统""导""层""扩"，詳見下表：

使用頻率爲 4 次簡體字種						
几	双	无	仪	师	报	变
极	远	统	导	层	扩	

使用頻率爲 3 次的簡體字種一共有 18 個，分別爲"风""长""优""划""团""尽""礼""边""来""织""战""虽""联""严""则""组""维""验"，詳見下表：

使用頻率爲 3 次簡體字種								
风	长	优	划	团	尽	礼	边	来
织	战	虽	联	严	则	组	维	验

使用頻率爲 2 次的簡體字種一共有 23 個，分別爲"万""气""华""怀""沟""里""宝""迟""际""响""书""养""标""热""绘""给""绝""节""认""训""论""财""闻"，詳見下表：

使用頻率爲 2 次簡體字種							
万	气	华	怀	沟	里	宝	迟
际	响	书	养	标	热	绘	给
绝	节	认	训	论	财	闻	

使用頻率只有 1 次的簡體字種一共有 38 個，分別爲"车""东""号""龙""吁""虫""树""虑""楼""聪""伤""剂""卫""图""忆""挥""纼""纯""纸""绍""络""绩""订""讯""诸""调""谈""谓""质""贪""贫""转""轻""连""钱""须""顾""馆"，詳見下表：

使用頻率爲 1 次簡體字種									
车	东	号	龙	吁	虫	树	虑	楼	聪
伤	剂	卫	图	忆	挥	纼	纯	纸	绍
络	绩	订	讯	诸	调	谈	谓	质	贪
贫	转	轻	连	钱	须	顾	馆		

值得注意的是，在 167 個簡體字當中，出現頻率在 10 次或以上的簡體字共 44 個，出現頻率分佈如下：

簡體字	出現頻率	百分比	簡體字	出現頻率	百分比	簡體字	出現頻率	百分比
学	352	15.38%	这	24	1.05%	习	13	0.57%
会	313	13.67%	关	22	0.96%	觉	13	0.57%
为	175	7.65%	体	20	0.87%	兴	12	0.52%
国	81	3.54%	么	19	0.83%	数	12	0.52%
们	79	3.45%	当	19	0.83%	举	12	0.52%
业	75	3.28%	构	19	0.83%	后	11	0.48%
机	60	2.62%	务	18	0.79%	间	11	0.48%
动	58	2.53%	独	18	0.79%	样	11	0.48%
与	47	2.05%	园	16	0.70%	断	11	0.48%
发	47	2.05%	种	15	0.66%	乐	11	0.48%
对	46	2.01%	识	15	0.66%	资	11	0.48%
个	44	1.92%	环	14	0.61%	开	10	0.44%
实	34	1.49%	点	14	0.61%	经	10	0.44%
过	31	1.35%	让	14	0.61%	观	10	0.44%
时	29	1.27%	难	13	0.57%			

5.2　167 個簡體字種與問卷常用字使用情況對比

我們嘗試把學生於作文中使用的 167 個簡體字種與在問卷中列出的 100 個簡體字作對比，我們按學生作文中簡體字種出現的頻率爲排序，發現兩者交集的簡體字共計有 48 個。現將交集出現的簡體字表列如下：

作文中出現的 167 個簡體字種與問卷調查中的 100 個簡體字交集字表							
学	体	对	点	开	机	会	个
过	声	还	动	权	与	几	万
风	时	样	后	气	听	广	种
习	虫	难	觉	图	发	说	无
远	里	处	数	历	让	压	术
关	龙	么	长	来	众	养	参

另外，調查發現作文中使用頻率最高的簡體字 "学" 字，在問卷調查中的排名也是最高，現把兩者交集的詳細數據表列如下：

問卷調查排名	簡體字	作文中出現頻率排名	作文中出現頻率	問卷調查排名	簡體字	作文中出現頻率排名	作文中出現頻率
1	学	1	352	34	习	31	13
2	体	18	20	35	虫	135	1
3	对	11	46	36	难	30	13
4	点	28	14	37	图	143	1
5	开	42	10	39	觉	32	13
6	机	7	60	40	发	10	47
7	会	2	313	41	无	78	4
8	个	12	44	42	远	84	4
10	过	14	31	43	说	75	5
11	声	70	5	44	处	46	9
12	还	71	5	45	数	34	12
13	动	8	58	46	里	112	2
14	权	56	8	47	历	45	9
15	与	9	47	48	让	29	14
17	几	76	4	50	压	69	5
19	万	107	2	51	术	50	8
21	风	89	3	53	关	17	22
23	时	15	29	54	龙	133	1
25	样	38	11	56	么	19	19
28	后	36	11	57	长	90	3
29	气	108	2	63	来	97	3
30	听	62	6	67	众	61	6
31	广	60	6	69	养	118	2
33	种	25	15	85	参	64	6

　　研究發現，在問卷調查排名前50的簡體字，在學生的作文中出現了39個，按問卷調查常用人次的排序([附錄三])，分別是"学""体""对""点""开""机""会""个""过""声""还""动""权""与""几""万""风""时""样""后""气""听""广""种""习""虫""难""觉""图""发""说""无""远""里""处""数"

"历""让""压"。當中於問卷中排序在前 10 位的簡體字，除了"电"一字没有出現外，其餘 9 個簡體字均在學生的作文中出現。

6 小結：幾點想法

6.1 研究方法

香港此次研究採用兩個方法做調查。一是問卷調查，用同一問卷在香港、澳門、臺灣三地同時調查，容易比較三地使用簡體字的異同，結論會有廣泛性。

二是從近年學生自己手寫的作文中，統計學生會使用哪些簡體字種。學生作文在先，我們要做這一統計在後，因而這些作文是可靠的真實的自然語料。

作文中學生所寫簡體字種爲 167 個，和問卷 100 個簡體字交集的字有 48 個。問卷調查排名前 50 個的簡體字，學生作文中出現 39 個。由這兩個數字看出，問卷所選的 100 個簡體字有一定的代表性。問卷所做的調查結果，則是有意義的。

6.2 認識誤區

對於繁簡字的認識，看來受訪者存在一個誤區，在 350 位受訪者中，多達 262 人認爲繁體字和簡體字不同的字佔多數，即認爲大部分漢字都簡化了。差不多佔七成五的人是這樣看的。這是認識問題。

其實，我們看 1986 年重新公佈的《簡化字總表》，共列有三個表：第一表，不作簡化偏旁用的簡化字，共收簡化字 350 個，這些簡化字都不得作簡化偏旁使用。第二表，可作簡化偏旁用的簡化字和簡化偏旁，共收簡化字 132 個和簡化偏旁 14 個。第三表，應用第二表所列可作簡化偏旁用簡化字和簡化偏旁得出來的簡化字，共收簡化字 1753 個。三個表共收簡化字 2235 個：350+132+1753 ＝ 2235。

同時期，1988 年國家語委制定公佈的《現代漢語通用字表》，共收字 7000 個。簡化字總字數佔全部通用字的 31%，即約佔三成。所以，並非大部分漢字都簡化了。認爲大部分漢字都簡化了，這是一個誤區。

這個誤區可能導致對學習簡化字形成心理障礙，覺得好像要學很多字，才能會簡化字。其實，學習簡化字是很容易的事。只要先學習第一表和第二表，統共

482 個字和 14 個簡化偏旁，就打好了基礎，因爲第三表的字雖然多，它們都是由第二表類推出來的。譬如，言字旁的言簡化了，涉及 150 多個言字旁的字都跟著簡化；貝字旁的貝簡化了，涉及 140 多個含貝字旁的字都跟著簡化。

香港嶺南大學的《實用中文》下冊教材便列有簡化字表的第一表和第二表，專門教簡化字。課上前十分鐘做做繁簡字互相轉換的練習，學生學習起來很快就掌握了。因爲我們認爲，學生會簡化字是一種本領，和學會普通話一樣，有益於他們將來和海内外交流。

6.3　繁簡由之

繁簡由之的説法，最早由程祥徽教授提出。這個説法科學地總結反映了使用繁體字的香港、澳門、臺灣的客觀現實。受訪者在回答有無將繁簡字統一起來的必要時，有 209 人認爲没有必要，佔六成左右。那就是説，超過一半以上的人，承認簡體字存在的現實。

《中華人民共和國國家通用語言文字法》已於 2000 年 10 月 31 日公佈，自 2001 年 1 月 1 日起施行。該法總則第二條説：本法所稱的國家通用語言文字是普通話和規範漢字。2013 年 6 月 5 日，國務院正式公佈《通用規範漢字表》，這是繼 1986 年國務院批准重新發佈《簡化字總表》後的又一重大漢字規範，是最新、最權威的規範漢字依據。

通過這次問卷調查，從受訪者對簡體字的掌握情況看，多數能夠識簡寫繁。對於繁體字的優點肯定很多的受訪者，同樣也指出繁體字的問題，態度客觀。當然，由於歷史地域的原因，受訪者表現出對繁體字的喜愛，也反映他們對中華文化的尊重，這是完全可以理解的，是無可厚非的。

繁簡由之，可以逐漸演變爲繁簡均可用之，那是運用漢字比較高的境界。對於兩岸四地學習文史哲的人，以文史哲爲職業的人，這是應該可以做到的。

6.4　香港政策

文章開始介紹了香港的兩文三語的政策。香港政府重視普通話的推廣，回歸十六年來，從學生基礎教育階段，就將普通話列爲核心課程，商貿界人士率先積極學習普通話，再加上自由行帶來普通話的語境等等多方面原因，香港在 2011 年的人口調查中，已顯示有 47.8% 的市民會説普通話。這真是很大的飛躍，表現出香港人與時共進的精神。

至於規範漢字的學習和推廣，則没有列入議事日程。政府的各類正式文件文本、香港出版的書籍報紙刊物、大中小學的中文教材，均使用繁體字。不過，上世紀八九十年代教育行政部門就請大學的專家製作了繁簡字學習的軟件，發放到中學，這可以看作是鼓勵學校教師使用這些軟件來教中學生簡體字，這當然是自願的，沒有強行的規定。香港考試評核局的考試中，如果考生書寫規範的簡體字，是作爲正確答案來看待的。這些都表現了對簡體字的包容。

隨著信息時代快速發展，電腦上繁簡字轉換的功能越來越先進，香港人看簡體字的機會越來越多。報載，現時無綫電視臺的新聞節目都提供繁簡字幕讓觀眾選擇，預設繁體字幕爲首選，次選爲簡體字幕，這是一個好的方法。至於看見電視臺新聞出現簡體字幕就“嚇一跳”，“以爲自己身在大陸”，甚至會去投訴的（見《蘋果日報》2013 年 6 月 16 日 A9 版 “無綫新聞驚現簡體字幕”）相信是少數人。語言文字是大眾用來交流的工具，我們可以討論如何做更好，但是不必用來作政治秀。

隨著國家的語言文字法規越來越完善，普通話和規範漢字成爲國家統一的重要標誌。香港政府在有關政策上，已經邁出新步伐。例如，香港政府機構的網站，已經全有了英文、繁體中文、規範體中文（簡體中文）三種版本（見香港政府一站通網站 http://www.gov.hk/ ）。一些政府文件的中文印刷本，也開始出了繁體和簡體兩個版本。比如董建華先生的幾份施政報告只有繁體中文版本（見 http://www.policyaddress.gov.hk/pa97/chinese/cpaindex.htm ），曾蔭權先生和梁振英先生的施政報告就已經有了繁體和簡體兩個版本（曾蔭權報告見 http://www.policyaddress.gov.hk/09-10/chi/index.html，梁振英報告見 http://www.policyaddress.gov.hk/2013/index.html ）。這種做法，可以看成是政府既保留繁體字，同時又提倡規範漢字。因爲不但在中國內地，就是全世界其他地區，都是用普通話教學中文，用規範漢字教學中文，這是無法否認的。世界上保守估計有 4000 萬人在學習漢語漢字，現代漢語已經成爲有實用價值的語言。香港作爲國際大都會，長遠看來，在語言文字的應用上應考慮與國家接軌，與世界接軌，而不是因循守舊。兩千多年前的秦始皇就有書同文的壯舉，我們也要隨著歷史的車輪前進吧！

[**附錄一**]

100 個簡體字認識人次及百分比數據表

統計人數：350 人

学	335	96%	万	306	87%	签	290	83%	参	269	77%
机	328	94%	与	305	87%	咀	290	83%	萧	268	77%
个	325	93%	风	304	87%	远	289	83%	随	268	77%
过	321	92%	处	302	86%	从	289	83%	丰	267	76%
门	319	91%	只	302	86%	样	288	82%	扫	266	76%
说	318	91%	诊	301	86%	历	287	82%	术	265	76%
长	317	91%	会	301	86%	里	287	82%	旧	264	75%
对	316	90%	数	299	85%	阳	287	82%	忧	261	75%
还	316	90%	应	298	85%	网	287	82%	妇	261	75%
体	314	90%	几	298	85%	弯	286	82%	广	261	75%
习	314	90%	听	298	85%	势	286	82%	松	259	74%
发	313	89%	时	298	85%	笔	285	81%	众	256	73%
头	313	89%	台	297	85%	养	284	81%	么	256	73%
动	313	89%	惯	297	85%	写	284	81%	县	245	70%
儿	312	89%	湾	296	85%	觉	284	81%	晋	245	70%
电	312	89%	后	296	85%	奖	283	81%	洁	244	70%
来	311	89%	难	295	84%	戏	283	81%	态	241	69%
点	311	89%	种	295	84%	于	283	81%	耻	241	69%
区	309	88%	龙	295	84%	荣	282	81%	关	234	67%
权	308	88%	杀	294	84%	触	281	80%	夸	233	67%
无	308	88%	气	294	84%	寻	279	80%	粮	231	66%
云	308	88%	条	293	84%	齿	275	79%	币	230	66%
罚	307	88%	图	292	83%	虫	272	78%	尘	228	65%
开	307	88%	压	291	83%	丑	271	77%	蜡	227	65%
声	306	87%	让	291	83%	龟	270	77%	厂	215	61%

[附錄二]

100個簡體字**只認識不常用**人次及百分比數據表

統計人數：350 人

罚	276	79%	丑	229	65%	难	205	59%	时	181	52%
惯	260	74%	龙	228	65%	图	205	59%	虫	180	51%
签	258	74%	发	227	65%	众	205	59%	样	178	51%
条	257	73%	处	226	65%	蜡	205	59%	台	177	51%
势	257	73%	妇	226	65%	区	204	58%	动	175	50%
奖	257	73%	无	225	64%	松	204	58%	云	175	50%
诊	256	73%	戏	224	64%	夸	203	58%	还	174	50%
长	252	72%	数	223	64%	从	202	58%	权	173	49%
来	252	72%	阳	223	64%	尘	201	57%	应	173	49%
荣	252	72%	习	222	63%	听	200	57%	与	171	49%
齿	252	72%	晋	222	63%	洁	200	57%	几	170	49%
触	247	71%	写	219	63%	种	199	57%	过	168	48%
寻	246	70%	于	219	63%	门	197	56%	关	165	47%
萧	245	70%	压	218	62%	后	197	56%	厂	165	47%
网	244	70%	县	218	62%	觉	197	56%	广	164	47%
笔	242	69%	儿	216	62%	丰	197	56%	机	160	46%
随	239	68%	让	216	62%	旧	197	56%	个	160	46%
养	238	68%	咀	216	62%	气	195	56%	声	158	45%
参	237	68%	忧	215	61%	态	195	56%	电	156	45%
说	236	67%	耻	213	61%	术	194	55%	对	143	41%
杀	234	67%	头	211	60%	币	194	55%	点	139	40%
扫	234	67%	里	211	60%	么	189	54%	开	139	40%
龟	233	67%	历	211	60%	只	188	54%	体	138	39%
湾	232	66%	粮	211	60%	风	184	53%	会	135	39%
弯	231	66%	远	206	59%	万	183	52%	学	126	36%

[附錄三]

100個簡體字常用人次及百分比數據表

統計人數：350人

学	209	60%	区	105	30%	术	71	20%	丑	42	12%
体	176	50%	头	102	29%	丰	70	20%	惯	37	11%
对	173	49%	后	99	28%	关	69	20%	龟	37	11%
点	172	49%	气	99	28%	龙	67	19%	条	36	10%
开	168	48%	听	98	28%	旧	67	19%	币	36	10%
机	168	48%	广	97	28%	么	67	19%	妇	35	10%
会	166	47%	儿	96	27%	长	65	19%	触	34	10%
个	165	47%	种	96	27%	写	65	19%	寻	33	9%
电	156	45%	习	92	26%	湾	64	18%	签	32	9%
过	153	44%	虫	92	26%	阳	64	18%	参	32	9%
声	148	42%	难	90	26%	于	64	18%	扫	32	9%
还	142	41%	图	87	25%	杀	60	17%	罚	31	9%
动	138	39%	从	87	25%	来	59	17%	荣	30	9%
权	135	39%	觉	87	25%	戏	59	17%	夸	30	9%
与	134	38%	发	86	25%	弯	55	16%	随	29	8%
云	133	38%	无	83	24%	松	55	16%	势	29	8%
几	128	37%	远	83	24%	众	51	15%	耻	28	8%
应	125	36%	说	82	23%	厂	50	14%	尘	27	8%
万	123	35%	处	76	22%	养	46	13%	县	27	8%
门	122	35%	数	76	22%	忧	46	13%	奖	26	7%
风	120	34%	里	76	22%	态	46	13%	晋	23	7%
台	120	34%	历	76	22%	诊	45	13%	萧	23	7%
时	117	33%	让	75	21%	洁	44	13%	齿	23	7%
只	114	33%	咀	74	21%	网	43	12%	蜡	22	6%
样	110	31%	压	73	21%	笔	43	12%	粮	20	6%

參考文獻

1. 程祥徽:《繁簡由之》,香港:三聯書店,1984

2. 程祥徽、田小琳:《現代漢語》(修訂版),香港:三聯書店,2013

3. 傅永和:《漢字簡化五十年回顧》,《中國語文》,2005(6)

4. 黃錫凌:《粵音韻匯》,香港:中華書局,1979

5. 田小琳:《再論香港地區的語言文字規範問題》,《語文建設》,1996(3)

6. 王寧:《漢字構形理據與現代漢字部件拆分》,《語文建設》,1997(3)

7. 王寧主編:《通用規範漢字字典》,北京:商務印書館,2013

8.《現代漢語頻率詞典》,北京:北京語言學院出版社,1986

9.《現代漢語字頻統計表》,北京:語文出版社,1992

10.《香港小學學習字詞表》,香港:香港教育局,2007

11.《香港初中學生中文詞匯研究》,香港:香港教育署,1986

12.《〈中華人民共和國國家通用語言文字法〉學習讀本》,北京:語文出版社,2001

兩岸四地漢字認知及使用狀況報告 (澳門)*

黃　翊

澳門理工學院語言暨翻譯學校

爲研究及瞭解漢字在澳門的使用狀況與認知狀況，以便得知漢字未來的發展方向，澳門理工學院語言暨翻譯高等學校 2012—2013 中葡翻譯一年級學生進行了一次兩岸四地的社會調查。

此次調查以澳門爲調查範圍，調查重點包括：澳門社會繁簡體字的使用現狀、被調查人使用漢字的態度以及對漢字現狀所持態度等三個方面。

一、調查背景

漢字是澳門社會須臾不可或缺的交際工具。澳門現時不成文的法定用字是繁體字，但並不十分排斥簡體。近年來兩岸關係從政治的和解延伸到文化，漢字繁簡問題也有了對話的內容，特別是大陸遊客湧入臺灣，臺灣市面出現許多用簡

*本論文爲理工學院資助的研究項目成果，項目編號爲 RP/ESLT-01/2013。

問卷調查過程得到社會眾多朋友支持，特別是原商訓夜中學劉羨冰校長、東南學校陳新春主任，澳門理工學院公共行政學校李莉娜教授，理工學院語言暨翻譯學校崔明芬教授、湯翠蘭副教授、馬雲駸老師，澳門大豐銀行何婉莊總監，澳門國際銀行葉啓明總經理，中葡翻譯 2012—2013 二年級晚班馬希娜、迪加、阿多等全班學生，保安高等學校第十二屆陳增強班長和全體同學以及澳門治安警察局公共關係處馮長泉副警司。在此一併致謝。

感謝參加問卷設計、調查、統計的澳門理工學院語言及翻譯高等學校 2012—2013 中葡翻譯一年級的兩個班全體學員，以及藝術高等學校 2012—2013 音樂學士課程部分學生。特別要感謝李嘉鳴、老潔瑤以及她們的師兄吳俊成同學。

感謝北京師範大學王寧教授，青島煙臺大學丁金國教授，澳門大學徐大明教授、尹德剛教授。還要感謝香港嶺南大學田小琳教授和她的團隊、海南瓊州學院高海洋教授、山東大學盛玉麒教授和他們的研究生以及臺灣輔仁大學劉雅芬教授分別從香港、中國大陸和中國臺灣協助調查工作，按時完成調查報告。

化字寫的招貼，例如"欢迎使用人民币"等等。目前，民間和學術界紛紛自發地研討兩岸漢字使用的情況，把漢字的討論轉移到文化範疇內來。本著這些新的變化，希望能從我們調查所得結論中看到今後漢字發展的方向，促進兩岸關係的進一步發展。

二、調查對象

1. 直接到多所大學、中學，請老師帶同學生當場填寫問卷。

2. 發送問卷給政府機構的公務員、警員，以及私人企業（如銀行）搜集意見。

3. 對澳門街頭的市民（含來自香港、臺灣及海外的遊客）進行隨機調查。

4. 向澳門土生葡人發放問卷，搜集資料。土生葡人主要是葡中混血人及其後代，典型的葡漢雙語人。

5. 在網上進行調查，但所得數量不多。

三、調查數據

是次調查在澳門地區共訪問了 1200 名受訪者，成功收回 1,104 份調查問卷。

其中 505 名男性，佔調查人數 45.74%；599 名女性，佔調查人數 54.26%。見圖 1。

在年齡分佈方面，18—30 歲之間，有 738 人，佔調查人數 66.85%；其次是 31—60 歲，有 224 人，佔調查人數 20.29%；18 歲以下有 124 人，佔調查人數 11.23%；60 歲以上 18 人，佔調查人數 1.63%。調查結果顯示，年齡越大對漢字本質的認識和感受越深刻。見圖 2。

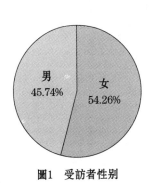

圖1　受訪者性別　　　　圖2　受訪者年齡

　　學歷方面，受訪者具有大學教育程度者最多，有 618 人，佔調查人數 55.98%；其次是中學教育程度有 368 人，佔調查人數 33.33%；碩士以上 72 人，佔調查人數 6.52%；小學程度最少，有 46 人，佔調查人數 4.17%。見圖 3。

　　在職業分佈方面，學生最多，有 632 人，佔調查人數 57.25%；其次是公務員（包括土生葡人）、銀行系統文員、警員（文職）等，有 311 人，佔調查人數 28.17%；還有 77 位教師，佔調查人數 6.97%；其他 84 人，佔調查人數 7.61%。見圖 4。

　　所屬地區方面，調查對象主要爲澳門本地居民，有 876 人，佔調查人數 79.35%；其次爲大陸，有 170 人，佔調查人數 15.40%；香港 42 人，佔調查人數 3.8%；臺灣 12 人，佔調查人數 1.09%；海外 4 人，佔調查人數 0.36%。近些年澳門社會發展很快，吸引不少來自內地的人士到澳門就讀或工作，還有來自臺灣、香港或世界各地的遊客，這些都在調查數據中顯示出來。見圖 5。

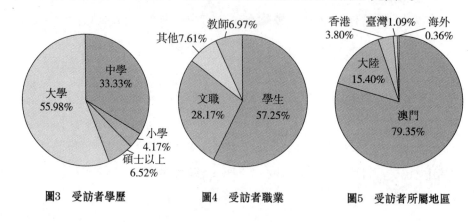

圖3　受訪者學歷　　　　圖4　受訪者職業　　　　圖5　受訪者所屬地區

四、調查內容

　　調查內容主要分爲兩部分，重點考察漢字使用現狀及被調查者對簡體字的認知狀況。調查分兩部分進行。

　　第一部分填空，包括以下幾點：

　　1. 日常生活中主要使用的漢字形式

　　2. 對簡體字的認識比例、書寫能力

　　3. 認識簡體字的途徑

　　4. 澳門教育界使用簡體字的狀況

5. 簡體字出現在公眾地方的狀況

6. 繁體字與簡體字的優點和缺點

7. 在澳門通過什麼途徑學會簡體字

8. 對學習簡體字的態度

9. 對兩岸四地文字發展的看法

第二部分，挑選 100 個常用簡體漢字，分爲 "認識""不認識" 及 "是否常用" 三方面供被訪者填充，藉以獲悉被調查者對簡體字的認知狀況。

五、調查結果與分析

1. 受訪者日常生活中主要使用的漢字形式，對簡體字的認識比例、書寫能力，以及在澳門認識簡體字的途徑。

問卷首先調查受訪者日常生活中主要使用的漢字形式。

在 1,104 名受訪者中，大部分在日常生活中主要使用的是繁體字，達 905 人，佔調查人數 81.97%；其餘 199 人主要使用簡體字，佔調查人數 18.03%。見圖 6。

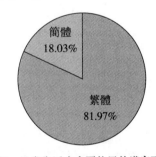

圖6　日常生活中主要使用的漢字形式

其次調查受訪者對簡體字的認識、書寫能力。

在 905 位主要使用繁體字的受訪者中，有 478 人表示認識簡體字，佔調查人數 52.82%；大致認識的有 262 人，佔調查人數 28.95%；略懂一點的有 141 人，佔調查人數 15.58%；完全不懂的只有 24 人，僅佔調查人數 2.65%。

是否會書寫簡體字，905 名主要使用繁體字的受訪者中有 329 人認爲自己會寫簡體字，佔調查人數 36.35%；245 人認爲自己大致能掌握簡體字的寫法，佔調查人數 27.07%；270 人認爲略懂一些而不是系統掌握簡體字，佔調查人數 29.83%；認爲自己完全不會寫簡體字的只有 61 人，佔調查人數 6.74%。（筆者以爲，所謂 "完全不會" 可能並不可靠。按一般常識，已識漢字的人不可能不識一些來自手寫體的簡化字，例如 "说话、负责、晚间" 等等。）説明主要使用繁體字者 "據繁識簡" 的能力相當高。見圖 7。

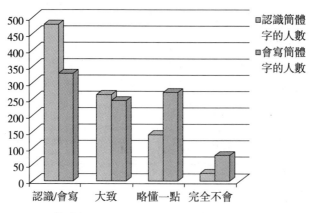

圖7　繁體字使用者認識與書寫簡體字的能力

　　在澳門通過什麼途徑可以接觸簡體字，受訪者表示學習簡體字的主要途徑是書籍、網絡、學校、電視、報刊、手機訊息、街頭廣告、字典及其他。詳細數據見圖8。

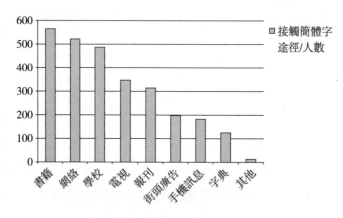

圖8　接觸簡體字的主要途徑

　　數據顯示通過書籍接觸簡體字的最多，有566人，佔調查人數62.54%；網絡其次，有523人，佔調查人數57.79%；學校有487人，佔調查人數53.81%；電視有346人，佔調查人數38.23%；報刊與電視人數相差不大，有313人，佔調查人數34.59%；街頭廣告較少，有197人，佔調查人數21.77%；手機訊息與街頭廣告相差不大，有182人，佔調查人數20.11%；通過字典接觸簡體字的最少，只有126人，佔調查人數13.92%。還有12人表示通過其他途徑接觸簡體字(例如在就職的公司、內地的媒體或與國外接觸)，佔調查人數1.33%。由於此題可以多項選擇，答案有2752條，平均每位受訪者作答超過3條，說明在澳門接觸簡體字的機會很多。

　　另一方面，日常生活中主要使用簡體字的199位受訪者中有121人認識繁體字，佔調查人數 60.8%；43 人大致認識繁體字，佔調查人數 21.61%；26 人略懂，佔調查人數 13.07%；9 人完全不認識繁體字，佔調查人數 4.52%。數據顯示主要使用簡體字者"據簡識繁"的能力低於"據繁識簡"者。（筆者以爲，與上述"完全不識簡體字"的情況相仿，只要是識漢字者不可能一個繁體都不識；會寫漢字的人也不可能一個繁體不會寫。）

在是否會書寫繁體字方面，日常生活中主要使用簡體字的 199 位受訪者中只有 47 人認爲自己會寫繁體字，佔調查人數 23.62%；58 人認爲自己大致能掌握繁體字的寫法，佔調查人數 29.15%；79 人認爲自己略懂書寫繁體字，佔調查人數 39.7%；認爲自己完全不會寫繁體字的有 15 人，佔調查人數 7.54%。見圖 9。

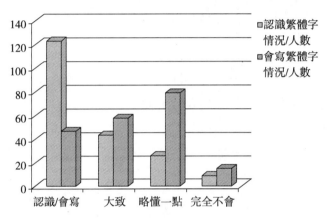

圖9　簡體字使用者認識與書寫繁體字的能力

圖 7 與圖 9 數據顯示，日常生活中主要使用繁體字的人認識簡體字（據繁識簡）的比例要比日常生活中主要使用簡體字的人認識繁體字（據簡識繁）的高。

在選擇通過什麼途徑接觸繁體字方面，199 位受訪者的情況是：通過學校接觸繁體字的最多，有 128 人，佔調查人數 64.32%。通過書籍、電視、報刊途徑的人數差不多：108 人通過電視，佔調查人數 54.27%；107 人通過書籍，佔調查人數 53.77%；105 人通過報刊，佔調查人數 52.76%。102 人通過網絡，佔調查人數 51.26%；通過手機訊息與街頭廣告均爲 68 人，分別佔調查人數 34.17%；通過字典接觸繁體字的最少，只有 49 人，佔調查人數 24.62%；還有 4 人表示通過其他途徑接觸繁體字（例如通過書法或信件），佔調查人數 2.01%。具體數據見圖 10。

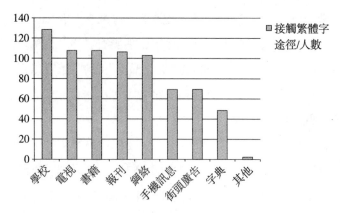

圖10　接觸繁體字的主要途徑

2. 澳門各類學校使用簡體字教學的狀況

　　學校有沒有使用簡體字教材，有 604 位受訪者就讀的學校曾使用簡體字教材，佔調查人數 54.71%；347 人説學校甚少使用簡體字教材，佔調查人數 31.43%；也有 153 人回答學校從不使用簡體字教材，佔調查人數 13.86%。見圖 11。

　　學校是否允許學生使用簡體字？受訪者中有 644 人表示自己就讀的學校完全允許他們使用簡體字，佔調查人數 58.33%；346 人表示某種程度上不允許（比如作業允許，但考試不允許），佔調查人數 31.34%；其餘 466 人表示自己就讀的學校完全不允許使用簡體字，佔調查人數 42.21%。數據顯示澳門教育界對使用簡體字的態度。

　　由於此項目有多個答案可供選擇，有些受訪者在求學期間曾有轉校經歷，而不同學校標準不同，所以出現 "完全允許" 及 "完全不允許" 同時選中的情況，答案共有 1456 條。見圖 12。

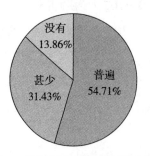

圖11　學校使用簡體字教材的狀況

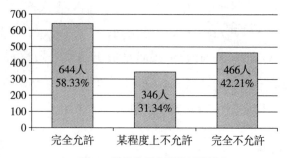

圖12　學校是否允許使用簡體字

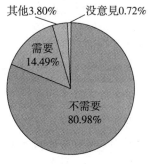

圖13　澳門教育界是否需要改爲簡體字教學

澳門教育界是否需要改變目前繁體字教學現狀，認爲保持現狀、沒有必要改以簡體字教學佔絶大多數，有 894 人，佔調查人數 80.98%；認爲需要改變的只有 160 人，佔調查人數 14.49%；其他的則有 42 人，例如有的認爲兩種字體皆應掌握，有的認爲應以繁體爲主簡體爲輔的形式教學，有的認爲應讓學生自行選擇或讓校方自行決定，也有的認爲可在教授部分科目（例如普通話課）時採用簡體字，佔調查人數 3.8%；有 8 人表示沒意見。見圖 13。

3. 公眾地方使用簡體字的狀況

在澳門哪些公眾地方能看到簡體字？調查顯示排列順序爲：酒店、旅遊景點、賭場、公共場所、食肆、學校、交通工具以及政府機構。見圖 14。

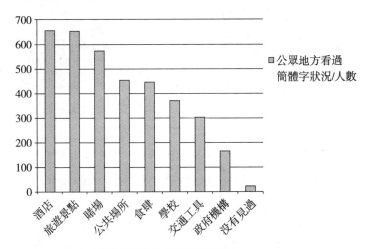

圖14　澳門公眾地方使用簡體字狀況

具體數據爲：

在澳門經常能夠見到簡體字的地方是酒店和旅遊景點：酒店有 657 人，佔調查人數 59.51%；旅遊景點有 652 人，佔調查人數 59.06%。賭場有 573 人，佔調查人數 51.9%；公共場所及食肆有 454 人及 447 人，分別佔調查人數 41.12% 及 40.49%；其餘在學校 372 人，佔調查人數 33.7%；交通工具有 302 人，佔調查人數 27.36%；政府機構最少，只有 165 人，佔調查人數 14.95%。還有 25 名受訪者表示，沒有在公眾地方見過簡體字出現。

此題答案可作多項選擇。數據顯示澳門的公眾地方使用簡體字的狀況不少，因此受訪者也作多項選擇，共有 3647 條。

4. 對繁體和簡體的認識和態度

超過 60% 的人認爲繁簡兩種字體之間，有很多字的寫法是不同的，有 722 人，佔 65.40%；認爲繁體字與簡體字之間寫法多數相同的佔少數，只有 382 人，佔調查人數 34.60%。不少受訪者對簡體字的認識存在誤解，這與上面的數據所顯示的澳門教育界對簡體字的政策有直接關聯。見圖 15。

繁體字和簡體字哪種字體更優越？認爲繁體字比簡體字更優越的佔大多數，有 621 人，佔調查人數 56.25%；持相反意見的佔少數，只有 182 人，佔調查人數 16.49%。其餘 301 人表示沒有意見，佔統計人數 27.26%。見圖 16。

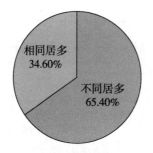

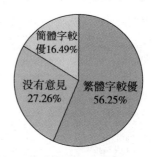

圖15　對繁體字與簡體字同异的認知　　　圖16　繁體和簡體哪種字體更優越

這個數據與受訪者的年齡、學歷有關。學歷越高對繁體字越鍾情，這可能是因爲知識越豐富，越感到需要從繁體字所記載的傳統文化中吸取養分；職業方面，與受訪者所從事的職業（如文職）和從事的工作（如教育）有關。

繁體字的優點

這項調查的受訪者共 621 人，其中 464 人認爲繁體字比簡體字更優越，理由是繁體字符合漢字的造字規則，表意功能明確，便於理解字的含義，人數比例爲 74.72%；認爲繁體字有利於傳承悠久的中華文化的有 457 人，佔調查人數 73.59%；認爲繁體字能展現書法藝術之美的有 449 人，佔調查人數 72.30%，三者相差無幾。有 382 人認爲繁體字的系統及字理有助於學習，佔調查人數 61.51%；有 377 人認爲繁體字可以免除同音假借、一字多義所引起的混淆現象，佔調查人數 60.71%。另有 8 人認爲繁體字比簡體字更優越還有其他原因，佔調查人數 1.29%，4 人表示沒有意見。由於此題受訪者可選多項，調查發現受訪者普遍認爲繁體字有不少的優點，選擇多項的佔多數，共有 2141 條。具體數據見圖 17。

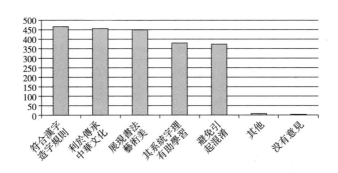

圖17　繁體字的優點

簡體字的優點

　　182 位受訪者認爲簡體字較繁體字更優越，其中 123 人認爲優越之處主要是筆畫較少，結構簡單，書寫簡便，佔調查人數 67.58%；其次認爲能減輕學習負擔，有 90 人，佔調查人數 49.45%；還有 78 人認爲簡體字符合快速的社會發展，利於促進國際交流，佔調查人數 42.86%；有 67 人認爲簡體字有利推廣並促進漢字學習，佔調查人數 36.81%；有 56 人認爲能減少文盲，佔調查人數 30.77%；有 3 人選擇其他理由，佔調查人數 1.65%。此題答案可作多項選擇，調查發現受訪者普遍認爲簡體字的優點較少，選擇答案的人數不多，總共只有 417 條。具體數據見圖 18。

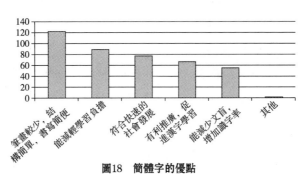

圖18　簡體字的優點

繁體字的缺點

　　有 752 位受訪者認爲繁體字結構繁瑣，不方便快捷書寫，佔調查人數的 68.12%；524 人認爲繁體字筆畫太多，容易寫錯字，佔調查人數 47.46%；254 人認爲繁體字使用範圍窄，只有港、澳、臺使用，難與其他地區溝通，佔調查人數 23.01%；220 人認爲繁體字字形複雜，不易辨別，佔調查人數 19.93%；138 人認爲繁體字不利推廣和學習，佔調查人數 12.50%；109 人認爲繁體字不利於掃盲，降低識字率，佔調查人數 9.87%。另有 41 人意見相反，認爲繁體字沒有缺點，佔調查人數 3.71%；20 人認爲沒有意見，佔調查人數 1.81%。此題答案設多個選項，但選擇多項缺點的人數不少，有 2058 條。具體數據見圖 19。

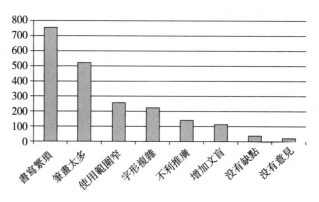

圖19　繁體字的缺點

簡體字的缺點

有 688 位受訪者認爲簡體字破壞了傳統漢字的美感，佔調查人數 62.32%；635 人認爲有些簡體字失去了原來造字的意思，佔調查人數 57.52%；539 人認爲同音假借、一字多義的簡體字容易造成混淆，佔調查人數 48.82%；497 人認爲筆畫太相近，容易混淆，佔調查人數 45.02%；486 人認爲簡體字不利文化傳承，佔調查人數 44.02%；483 人認爲簡體字太粗糙，有違漢字造字的原則、藝術性及科學性，佔調查人數 43.75%；有 13 人沒有意見，佔調查人數 1.18%；有 7 人認爲簡體字沒有缺點，佔調查人數 0.63%；有 5 人選擇其他理由，佔調查人數 0.45%。值得注意的是，由於此題答案可作多項選擇，但選擇多項缺點的人數很多，共有 3353 條。具體數據見圖 20。

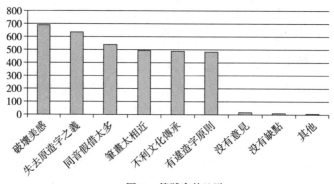

圖20　簡體字的缺點

5. 對學習另一種字體的態度

對於是否有學習與自己日常使用文字相反的另一種字體的打算，715 位受訪者表示沒有，佔調查人數 64.76%；355 位受訪者表示有學習的打算，佔調查人數 32.16%；選擇其他項的有 34 人，佔調查人數 3.08%。數據顯示大部分受訪者都願意保持一字兩體（繁簡並存）現狀。見圖 21。

在回答學習與自己日常使用文字相反的另一種字體是否困難的問題上，826 位受訪者認爲並不困難，佔調查人數 74.82%；250 位受訪者認爲有困難，佔調查人數 22.64%；20 人選擇其他，佔調查人數 1.81%，有 8 人表示已經會寫另一種字體，佔調查人數 0.72%。見圖 22。

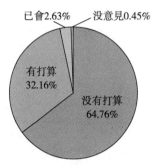 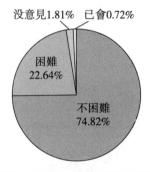

圖21　是否有學習另一種字體的打算　　圖22　學習另一種字體是否困難

受訪者打算通過什麼途徑學習與自己日常使用文字相反的簡體字或繁體字，調查結果排列順序爲：有 181 人認爲可以通過書籍學習，佔調查人數 50.99%；179 人認爲可以通過網絡學習，佔調查人數 50.42%；177 人認爲可以通過學校學習，佔調查人數 49.86%；132 人認爲可以通過報刊學習，佔調查人數 37.18%；131 人認爲可以通過電視學習，佔調查人數 36.90%；65 人認爲可以通過手機訊息學習，佔調查人數 18.31%；52 人認爲可以通過街頭廣告學習，佔調查人數 14.65%；有 5 人選擇其他，佔調查人數 1.41%。詳細數據見圖 23。

6. 對兩岸四地文字統一的意見

就兩岸四地有沒有必要統一文字進行問卷調查，超過一半人表示沒有必要，有 576 人，佔調查人數 52.17%；272 人表示有必要，佔調查人數 24.64%；其餘 256 人表示沒有意見，佔調查人數 23.19%。數據顯示大部分人滿足"一字兩體""繁簡並存"的現狀。見圖 24。

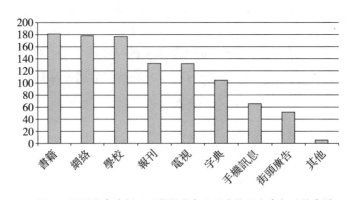

圖23　通過什麼途徑可以學習與自己日常使用文字相反的字體

文字統一是否有助兩岸四地文化交融，持否定意見的佔多數，有 463 人表示不會有幫助，佔調查人數41.94%；372人認爲文字統一有助兩岸四地的文化交融，佔調查人數 33.7%；有 269 位受訪者對此表示沒有意見，佔調查人數 24.37%。具體數據見圖 25。

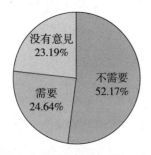

圖24　兩岸四地是否需要統一文字

圖25　文字統一是否有助兩岸四地文化交融

如果將來統一兩岸四地使用的漢字，應該採取哪一種字體？認爲應該選用繁體字者居多，有 483 人，佔調查人數 43.75%；認爲應該選用簡體字的佔少數，只有 132 人，佔調查人數 11.96%。有 295 人認爲應該綜合繁簡兩體的精華，形成新的體系，佔調查人數 26.72%。其餘有 194 人表示沒有意見，佔調查人數 17.57%。見圖 26。

26.72% 受訪者還列舉了 62 個他們認爲綜合了兩種文字精華的例字，見表 1。

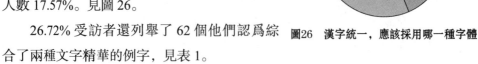

圖26　漢字統一，應該採用哪一種字體

表 1 受訪者認爲綜合了繁簡精華的 62 個漢字

62 個綜其精華的字				
艷(艳)	龍(龙)	據(据)	發(发)	萬(万)
聽(听)	甚麼(什么)	權(权)	樓(楼)	聲(声)
學(学)	麗(丽)	變(变)	書(书)	亂(乱)
維(维)	個(个)	關(关)	畫(画)	滅(灭)
穩(稳)	塵(尘)	實(实)	晝(昼)	處(处)
尋(寻)	醫(医)	與(与)	樂(乐)	奮(奋)
衛(卫)	雲(云)	體(体)	嘴(咀)	鄉(乡)
離(离)	運(运)	筆(笔)	陽(阳)	奪(夺)
電(电)	淚(泪)	學(学)	懇(恳)	婦(妇)
車(车)	無(无)	獨(独)	點(点)	龜(龟)
國(国)	壽(寿)	會(会)	鍾(钟)	際(际)
龜(龟)	質(质)	爱(愛)	動(动)	號(号)
開(开)	礙(碍)			

7. 100 個簡體字認識及使用頻率分析

調查的最後一部分，我們隨機抽取了 100 個社會用字，要求受訪者逐個勾選出自己認識或常用的簡體字。目的是希望確切地瞭解澳門人對簡體字的認知度和使用狀況，從而得出簡體字在澳門的使用狀況。見表 2。

表 2 請從下列 100 個簡體字中勾出你認識或常用的字

漢字	認識	常用	漢字	認識	常用	漢字	認識	常用	漢字	認識	常用
学			与			湾			样		
习			丑			厂			签		
机			夸			对			丰		
扫			币			从			虫		
处			广			齿			气		
罚			台			点			种		
权			忧			觉			触		

續前

漢字	認識	常用	漢字	認識	常用	漢字	認識	常用	漢字	認識	常用
来			养			耻			尘		
说			萧			电			众		
门			云			关			么		
诊			只			妇			咀		
过			惯			参			万		
长			荣			晋			里		
发			势			旧			开		
还			声			蜡			风		
头			奖			后			笔		
条			戏			几			阳		
无			粮			洁			龟		
动			让			杀			态		
压			远			术			会		
弯			数			听			龙		
个			体			松			网		
儿			应			随			寻		
区			写			难			时		
县			历			于			图		

　　統計結果顯示，有 73 個簡體字超過 50% 以上受訪者認識，佔三分之二，排列順序見表 3。

表 3　73 個超過 50% 以上受訪者認識的簡體字

順序	字	順序	字	順序	字	順序	字	順序	字
1	弯	5	诊	9	让	13	龟	17	参
2	扫	6	晋	10	粮	14	戏	18	随
3	湾	7	触	11	齿	15	罚	19	尘
4	寻	8	笔	12	洁	16	条	20	处

續前

順序	字	順序	字	順序	字	順序	字	順序	字
21	众	32	龙	43	咀	54	习	65	发
22	写	33	县	44	说	55	耻	66	听
23	杀	34	态	45	夸	56	历	67	松
24	网	35	养	46	厂	57	后	68	旧
25	荣	36	萧	47	丑	58	觉	69	远
26	奖	37	术	48	儿	59	还	70	区
27	势	38	忧	49	声	60	头	71	数
28	来	39	妇	50	长	61	无	72	与
29	币	40	蜡	51	阳	62	应	73	万
30	签	41	难	52	图	63	从		
31	丰	42	惯	53	权	64	于		

其餘 27 個簡體字認識比例最低也超過 40%。據此，可以得悉澳門人對簡體字有相當高的認同度。

另一方面，統計結果還顯示簡體字的常用率低於認識率，但使用率也不低，超過 40% 常用的簡體字有 33 個，排列順序見表 4。

表 4　33 個超過 40% 以上受訪者會使用的簡體字

順序	字	順序	字	順序	字
1	学	12	种	23	风
2	机	13	广	24	云
3	开	14	过	25	数
4	台	15	习	26	样
5	个	16	压	27	关
6	时	17	万	28	只
7	点	18	里	29	发
8	会	19	气	30	头
9	门	20	对	31	区
10	电	21	几	32	虫
11	动	22	体	33	么

其餘 67 個簡體字的使用率大多在 30% 以上，最低也有 27.9%。足見受訪者對簡體字的認識與使用並不陌生。

"認識"代表了受訪者能看懂該簡體字，而"使用"則表示受訪者在日常生活中會用來書寫。前 5 個認識比例最高的簡體字的使用率對比：

表 5　前 5 個認識比例最高的簡體字的使用率對比

順序	字	認識率	使用率
1	弯	61.78%	27.99%
2	扫	60.05%	28.62%
3	湾	59.42%	31.70%
4	寻	59.42%	29.71%
5	诊	59.33%	32.88%

調查數據顯示，沒有一個受訪者表示完全不認識其中任何一個簡體字。不認識的人數比例最高的是"厂"字。

這個調查表格也許有不合理的地方。比如我們在統計數據表時發現"認識"數據表和"使用"數據表在百分比上有出入，翻查問卷後發現部分受訪者在填寫問卷時只勾取了"常用"那一欄，而"認識"那一欄卻沒有選上。在邏輯上看，受訪者"常用"的，必定是他"認識"的。

不合理的地方最主要是指選擇這 100 個漢字進行問卷調查的合理性。雖然這 100 個字完全是澳門學生們選的，但還是代表了漢字文化圈的一個視角，其價值就在於確定其條件和範圍。也許有些更常用的字學生們沒有選擇，不常用的字反而成爲調查對象。但是我們認爲任何結論都需要以群眾的認同做基礎，再加上專家們的意見才扎實。再說我們用同一問卷在香港、澳門、臺灣三地同時進行調查，容易比較三地使用簡體字的異同，結論仍然具有廣泛性。

任何調查結果都有其合理性，也有其應用性。不合理的部分是今後繼續研究的課題和方向。

六、調查結果的啓示

本次澳門地區繁簡漢字使用情況的問卷調查給予我們如下啓示：

1. 使用繁體字者"據繁識簡",使用簡體字者"據簡識繁"。前者比較容易,後者比較困難。成年人較多鍾情於繁體字,其原因在於隨著年齡的增長,對漢字本質的認識和感受更深刻;學歷越高,人生經歷越豐富,對繁體字越留戀,越緊迫地感到需要從傳統文化中吸取營養。

2. 在兩岸四地對待漢字的繁簡問題上,澳門持中立立場,聽不到出於政治觀點不同而咒駡簡體字的聲音。澳門的酒店、旅遊場所等公眾場合對簡體字持開放態度,社會成了學習簡體字的大課堂。澳門的經濟命脈賭場的用字可説是繁簡交匯的展廳:"威尼斯人"娛樂場內所有招牌和招貼都使用簡化字,字字規範,無一錯誤;臨時性的會展等活動反而出現繁體。澳門可以説進入了"繁簡由之"的境界。

3. 認爲繁體字較簡體字優越的佔多數。受訪者的職業和文化程度與調查得來的數據直接相關。澳門教育界對學生使用簡體字的態度較爲保守,受訪者對簡體字與繁體字同與異缺乏正確認識。

4. 大部分受訪者認爲學習簡體字並不困難,受歡迎的簡化字多數是筆畫簡單而有理可據,但還是希望保持繁簡並存的現狀,不願意學習與自己日常生活所用的另一種形式的文字,也不認爲學校需要改爲簡體字教學。漢字使用者並非只看筆畫是否簡單這一個方面,在人們的心目中,漢字並非文字學意義上的單純"記錄語言的符號",而是承載著深厚的歷史文化內涵的。

5. 大部分受訪者不願意學習與自己日常生活所用的另一種形式的字體,也不認爲學校需要改變現狀而以簡體字教學,對待簡化漢字"完全不允許"和"某種程度上不允許"的比例超過"完全允許"。希望保持一字兩體、繁簡並存的現狀。

6. 漢字今後的發展趨勢,將會在很長一段時間內穩定下來,不再繼續"簡"下去了,也許還會有一天漢字回到固有的理據規則的道路上來。

此次繁簡漢字的社會問卷調查,促使我們反思以下兩個問題:

1. 對簡化漢字工作的反思。上個世紀五十年代公佈出來的一簡號稱2235個,給用字人造成很大的心理壓力,其實簡化字數並不太多,只有350個,而且幾乎字字都有來歷,其餘主要是偏旁類推出來的,比如"貝"字簡化了,以"貝"作部件的72個常用字也都算在簡化字總數中。這種統計法在群眾中形成一種恐懼心理,好像簡化字蜂擁而來,難於抵擋!事實是,會繁體字的人誰不認識幾個簡體(例如体、台、号、学等等)?因此今後的漢字教學首先要解析諸如"簡化字有多少"之類的啓蒙問題。

　　2. 當年漢字簡化是與中文拼音化連在一起的，都是爲了"破除文化壟斷，爲工農兵在文化上翻身"，因此簡化得越多越革命，一次就簡了 2000 多！在"文化大革命"中又拋出"二簡"。直到現在，"二簡"出現這麼大的失誤，從來沒有人出來作任何説明。現在公佈《通用規範漢字表》（2013.6.5），恢復 51 個異體字，啟用 6 個繁體字，其實是對漢字簡化工作的反思。

參考文獻

1. 程祥徽：《繁簡由之》，香港：三聯書店，1984

2. 程祥徽、田小琳：《現代漢語》（修訂版），香港：三聯書店，2013

3. 程祥徽：《中文變遷在澳門》，香港，三聯書店，2005

4. 傅永和：《漢字簡化五十年回顧》，《中國語文》，2005（6）

5. 黄錫凌：《粤音韻匯》，香港：中華書局，1979

6. 田小琳：《再論香港地區的語言文字規範問題》，《語文建設》，1996（3）

7. 王寧：《漢字構形理據與現代漢字部件拆分》，《語文建設》，1997（3）

8. 王寧主編：《通用規範漢字字典》，北京：商務印書館，2013

9.《現代漢語頻率詞典》，北京：北京語言學院出版社，1986

10.《現代漢語字頻統計表》，北京：語文出版社，1992

11.《香港小學學習字詞表》，香港：香港教育局，2007

12.《香港初中學生中文詞匯研究》，香港：香港教育署，1986

13.《〈中華人民共和國國家通用語言文字法〉學習讀本》，北京：語文出版社，2001

大陆简繁汉字认知和使用情况抽样调查报告*

山东大学"大陆简繁汉字认知与使用情况调查"课题组

盛玉麒 执笔

山东大学中文信息研究所

1 概 况

1.1 缘起

随着两岸四地经济社会文化交流和发展不断深入，简繁汉字的互动引起了社会各层次的普遍关注。"认繁写简"的主张通过媒体的宣传和网络的讨论不断升温。随着经贸和旅游的持续发展，两岸民众对简繁汉字的认知和使用也悄然发生着改变。网上消息称，岛内民众对简化字抱持开放和包容的态度，提款机、景点招牌等都增加简化字标识以欢迎大陆游客，许多在校学生为提升自己的竞争力而努力学习简化字。大陆民众对繁体字的认知和使用情况自然值得深入调查。

澳门语言学会、澳门理工学院黄翊教授率先在澳门开展问卷调查，初步成果发现有相当比例的被试对简化字抱持开放和包容的态度，这令学界同仁倍感振奋。于是应邀加盟该活动，组织山东大学的本科生、研究生开展大陆简繁汉字认知和使用情况的抽样调查。

1.2 问卷设计

此次调查是在澳门语言学会总体设计方案基础上进行的。问卷设计虽然重提有关简繁优劣之争的旧话，但是更多的是关注汉字的未来。参照澳门提供的问卷样本，为保证总体调查结果的可比性，除了对问题的语句方式根据内地汉语的习惯做了调整、把被试对简化字的态度改为对繁体字的态度、把所附 100 个简体字转换为繁体字之外，其他内容基本保持澳门问卷的结构体制。

---

*本课题得到山东大学本科生部大学生社会实践创新项目的立项支持。

1.3　有效问卷

采用走访座谈和网络调查相结合的方式，共收回有效问卷 1558 份。

1）被试的年龄分布

被试中 18 岁以下 14 人，18—30 岁 1511 人，31—60 岁 21 人，60 以上 1 人，未填写 11 人。被试主体年龄为"80 后"（18—30 岁），占比达 97%。他们都是改革开放以后出生，接触网络文化，感受国际化信息，具有开放的认知模式，代表未来的观念和价值取向的新生代。

2）被试的学历分布

大学以上学位的被试占比为 98.6%，属于受到高等教育的新生代群体，他们应该是社会精英阶层的后备力量，对国家发展和政策制定等都具有举足轻重的话语权和影响力。

3）被试的地域分布

除去 163 位未填写籍贯外，山东与外省区总数大致均衡，各占 44% 左右。

2　对简繁汉字的使用和认知

2.1　日常生活中主要使用哪种汉字形式

1534 位被试主要使用简体字，占比高达 98.5%。18 位被试回答主要使用繁体字，占比为 1.2%。另有 6 位未填写。

2.2　是否认识繁体字

本题提供 4 个选项：□认识、□大致认识、□略懂一点和□完全不认识。

调查结果如表 1：

表 1　大陆被试是否认识繁体字情况统计表

序　号	选　项	人　数	占比 %
1	认识繁体字	312	20.0
2	大致认识	606	38.9
3	略懂一点	591	37.9
4	完全不认识	19	1.2
5	未作答	30	1.9
6	合计	1558	100.0

表中可见"认识"和"大致认识"合计人数 918 人，占比高达 58.9%。表明，日常生活中以简体字为主的大陆被试，将近 60% 的人"认识"或"大致认识"繁体字。只有 1.2% 的被试完全不认识繁体字。这个比例对于六十年未进行繁体字教育的大陆来说，的确是一个很值得深入研究的问题。

2.3 是否会写繁体字

问卷提供的 4 个选项是：□会、□大致掌握、□略懂一点、□完全不会。结果如表 2：

表 2 大陆被试是否会写繁体字情况统计表

序　号	选　项	人　数	占比 %
1	略懂一点	980	62.9
2	完全不会	340	21.8
3	大致掌握	125	8.0
4	会写繁体字	80	5.1
5	未作答	33	2.1
6	合计	1558	100.0

表内数据表明认为自己"会写繁体字"的人数只占 5.1%，"大致掌握繁体字"的占 8.0%，两项合计占 13.1%。认为自己略懂一点繁体字的是多数，占比高达 62.9%。以上都是被试自我判断的结果。因为大陆日常工作和生活基本不用繁体字，这个结果基本反映客观实际。

另外，结果也反映"认字"和"写字"不同："略懂一点"和"大致掌握"合计高达 70.9%，而认为自己会写繁体字的只有 5.1%。说明"认识"繁体字远比"会写"繁体字容易得多。

2.4 接触繁体字的途径

问卷提供了 8 个选项，被试者可以自由多选。问卷调查结果降频排列如表 3：

表3　大陆被试接触繁体字途径统计表

序　号	接触繁体字途径	人　数	占比 %
1	书籍	864	55.5
2	网络	800	51.3
3	字典	580	37.2
4	电视	518	33.2
5	学校	354	22.7
6	报刊	333	21.4
7	街头广告	223	14.3
8	手机信息	171	11.0

从上表可知，大陆被试接触繁体字的主要途径是"书籍"和"网络"，其次是"字典"和"电视"。这从一个侧面反映了大陆繁体字的使用情况。值得注意的是"网络"的普及无形中增加了接触繁体字的途径。

3　对简繁汉字优缺点的评价

3.1　总体评价

问卷只提供"简体字比繁体字优越"和"繁体字比简体字优越"2个选项，请被试自由选择。

结果显示：认为简体字比繁体字优越的有1086人，占69.7%；认为繁体字较优的219人，占比14.1%。另有247人未作答，占15.9%。占比情况详见表4：

表4　大陆被试对简繁汉字的总体评价表

对简繁字的评价	人数	占比 %
认为简体字比繁体字优越的	1086	69.7
未作答	247	15.9
认为繁体字比简体字优越的	219	14.1
合计	1552	99.70

结果表明将近 70% 的被试认为简体字比繁体字优越，只有 14.1% 的人认为繁体字比简体字优越。这与大陆半个多世纪以来大力推行和使用简体字有关，也与使用者对简繁汉字的比较和认知了解的程度有关。

3.2　对简体字的评价

3.2.1　简体字的优点

调查问卷题面提供了 5 个可选项，分别是：

① 笔画较少，结构简单，书写简便

② 有利推广、促进汉字学习

③ 符合社会发展、利于国际交流

④ 能减轻学习负担

⑤ 能减少文盲，增加识字率

对上述选项，被试可以自由多选。

对不同理由按降频排列如下表：

表5　简体字的优点调查结果统计表

序　号	理　由	同意数	占比 %
1	笔画较少，结构简单，书写简便	1142	73.3
2	有利推广、促进汉字学习	818	52.5
3	符合社会发展、利于国际交流	631	40.5
4	能减轻学习负担	578	37.1
5	能减少文盲，增加识字率	493	31.6

可见，认为简体字较优的最主要原因是简体字笔画较少，结构简单，书写方便，有利于推广、促进汉字学习，其次是符合社会发展、利于国际交流。而在"减轻学习负担"和"减少文盲，增加识字率"方面，持否定意见的人数略高于同意者人数。

3.2.2　简体字的缺点

问卷提供的 6 个选项分别是：

① 破坏了传统汉字的美感

② 笔画太相近，容易混淆

③不利文化传承

④太粗糙，有违汉字造字原则、艺术性和科学性

⑤同音假借、一字多义，易造成混淆

⑥有些简体字失去了原来造字的意思

下表是根据反馈问卷的实际调查结果，按人数多少降序排列。

表6　简体字的缺点调查结果统计表

序　号	理　由	同意数	占比 %
1	有些简体字失去了原来造字的意思	927	59.5
2	破坏了传统汉字的美感	816	52.4
3	不利文化传承	591	37.9
4	同音假借、一字多义，易造成混淆	553	35.5
5	太粗糙，有违造字原则、艺术性和科学性	492	31.6
6	笔画太相近，容易混淆	321	20.6

半数以上的被试认为"有些简体字失去了原来造字的意思"和"破坏了传统汉字的美感"，还有三分之一的被试认为简体字"不利文化传承""同音假借、一字多义，易造成混淆"和"太粗糙，有违造字原则"。

3.3　对繁体字的评价

3.3.1　繁体字的优点

问卷提供的可选项数目与简体字相同，也是5种，即

①有利于传承中华文化

②能展现书法艺术之美

③符合造字规则便于理解意思

④可以免除一字多义的混淆

⑤字理有助于学习

问卷统计结果如下：

表7　繁体字的优点调查结果统计表

序　号	理　由	同意数	占比 %
1	有利于传承中华文化	286	18.4
2	能展现书法艺术之美	267	17.1

续前

序　号	理　由	同意数	占比 %
3	符合造字规则便于理解意思	232	14.9
4	可以免除一字多义的混淆	155	9.9
5	字理有助于学习	148	9.5

　　同意繁体字"有利于传承中华文化"的人数最多，共286份，占比为18.4%，其次是能展现书法艺术之美。还有的人认为繁体字符合造字规则便于理解意思，字理有助于学习，同时可以免除一字多义的混淆情况。但同时，也有相当一部人不同意此观点，认为繁体字的字理无助于学习，也不能免除一字多义的情况。

　　综上，繁体字较优的理由，最有说服力的是前两点，一是有利于传承中华文化，二是能展现书法艺术之美，二者得到较普遍认可。

3.3.2　繁体字的缺点

问卷提供的6个可选项分别是：

① 书写繁琐，不方便快捷。

② 笔画太多，容易写错字。

③ 字形复杂，不易辨别。

④ 不利汉字的推广和学习。

⑤ 会增加文盲，降低识字率。

⑥ 只有港澳台使用，难与其他地区沟通。

　　调查结果发现，超过半数的被试普遍认为繁体字缺点顺序依次是：书写繁琐、笔画太多、字形复杂，这三条实际上是老问题。

　　认为繁体字"不利汉字的推广和学习"的被试占42.4%，认为繁体字"会增加文盲、降低识字率"的被试占27.2%。不同意的数量超过半数，这实际上是存在互补的"一体两面"。这次问卷调查的结果也从一定程度上如实反映了这种状况。按降频排列如表8：

表8　繁体字的缺点调查结果统计表

序　号	理　由	同意数	占比 %
1	书写繁琐，不方便快捷	1311	84.1

续前

序　号	理　由	同意数	占比 %
2	笔画太多，容易写错字	981	63.0
3	字形复杂，不易辨别	783	50.3
4	不利汉字的推广和学习	660	42.4
5	会增加文盲，降低识字率	423	27.2
6	只有港澳台使用，难与其他地区沟通	384	24.6

3.4　关于繁体字学习

3.4.1　学习繁体字的意愿

对于"如果条件许可，您愿意学习繁体字吗"一问，有 491 人表示非常愿意学习，691 人比较愿意，259 人不太愿意，91 人明确表示不愿意学习繁体字，有 26 人未作答。

总体上看，将"非常愿意"和"比较愿意"学习繁体字的数目加起来为 1182 人，占比约达 76%，表明大陆被试愿意学习繁体字的占比很高。明确表示不愿意学习繁体字的约有 6%。

表 9　学习繁体字的意愿问卷调查统计结果

是否愿意学习繁体字	人数	占比 %
非常愿意	491	31.52
比较愿意	691	44.33
不太愿意	259	16.63
不愿意	91	5.85
未作答	26	1.67
合计	1558	100

3.4.2　对学习繁体字难度的认识

对于"您觉得学习繁体字困难吗？"的问题，有超过半数的人认为学习繁体字并不困难，占比为 50.2%，认为"有困难"的占 43.4%。

表 10   对学习繁体字难度认识问卷调查统计结果

学习繁体字是否困难	人数	占比 %
没有困难	782	50.2
有困难	676	43.4
未作答	100	6.4
合计	1558	100.0

4   对汉字政策意见和建议的看法

4.1   对"识繁用简"的看法

问卷建议1：为了方便全球汉字文化圈的交流沟通，在汉字文化圈推广"认识繁体字，使用简体字"的政策，即"识繁用简"。

问卷对本建议提供了5个选项，分别是：□很不赞成、□不赞成、□没意见、□赞成、□很赞成。

调查结果如下表：

表 11   对"识繁用简"建议的看法

"识繁用简"	人数	占比 %
赞成	710	45.6
没意见	334	21.4
很赞成	284	18.2
不赞成	166	10.7
很不赞成	56	3.6
未填写	8	0.5
合计	1558	100.0

63.8% 的被试同意（赞成和很赞成）在汉字文化圈推行"认识繁体字，使用简体字"，14.3% 的被试持反对意见（不赞成和很不赞成）。对于一直使用简体字的大陆被试来说，主要是"识繁"的问题。调查结果显示，大陆多数人并不排斥

认识繁体字。

4.2　繁体字教育

问卷建议 2：在中国大陆地区的大学教育中，增加繁体字辨识类的教育或课程，但并不将其确定为官方通用文字。

问卷对本建议同样提供了 5 个可选项：□很不赞成、□不赞成、□没意见、□赞成、□很赞成。

调查结果如下表：

表 12　对"在大学增加繁体字教育"建议的看法

增加繁体字教育	人数	占比 %
赞成	699	44.9
没意见	392	25.2
很赞成	210	13.5
不赞成	186	11.9
很不赞成	58	3.7
未填写	13	0.8
合计	1558	100.0

超过半数的被试同意在大陆地区的大学教育中增加繁体字辨识类的教育或课程，占比达 58.4%。其中"很赞成"的占 13.5%，"赞成"的占 44.9%。持反对意见的（不赞成和很不赞成）占比为 15.6%。

4.3　汉字统一的必要性

问卷建议 3：您认为两岸四地有统一汉字的必要吗？

问卷提供的 3 个可选项分别是：□有、□没有、□没意见。

将近半数的被试认为两岸四地统一汉字"有必要"，将近三分之一的被试则认为没有必要。另有将近五分之一的被试"没意见"。详见下表：

表 13　对"汉字统一必要性"的看法

两岸四地统一汉字	人数	占比 %
有必要	751	48.2
没必要	511	32.8

续前

两岸四地统一汉字	人数	占比 %
没意见	282	18.1
未填写	14	0.9
合计	1558	100.0

4.4 汉字统一的意义

问卷建议 4：您认为汉字的统一有助两岸四地的文化融合吗？

问卷提供了 3 个可选项：□有、□没有、□没意见。

调查结果显示，1045 人同意"汉字的统一有助两岸四地的文化融合"的意见，占比高达 67.1%。不同意者仅占 14.3%。见下表：

表 14　对"汉字统一有助文化融合"观点的看法

汉字统一有助两岸四地文化融合	人数	占比 %
同意	1045	67.1
没意见	273	17.5
不同意	223	14.3
未填写	17	1.1
合计	1558	100.0

4.5 汉字统一的方式和结果

问卷建议 5：如果将来汉字统一，您认为会统一为哪种？

本问题提供 5 个可选项，分别是：□简体字、□繁体字、□繁体为主适当吸收简体字、□简体为主适当吸收繁体字、□没有意见。

调查发现，45.4% 的被试认为会以"简体为主适当吸收繁体字"的方式统一汉字。34.9% 的被试认为会统一为"简体字"。两项合计高达 80.3%，

认为统一为"繁体字"或以"繁体为主适当吸收简体字"的被试总共占比为 13.4%。

表 15　对"汉字统一方式和结果"的看法

汉字统一的方式和结果	人数	占比 %
简体为主适当吸收繁体字	707	45.4
简体字	544	34.9
繁体为主适当吸收简体字	126	8.1
没有意见	87	5.6
繁体字	83	5.3
未填写	11	0.7
合计	1558	100.0

5　对 100 个繁体字的认知调查

5.1　繁体字样本

为了便于比较，将繁体字地区调查表所用的 100 个简体字样本转换为对应的繁体字，作为大陆被试认知繁体字情况的调查字表。这些字分别是：

學、習、機、掃、處、罰、權、來、説、門、診、過、長、發、
還、頭、條、無、動、壓、彎、個、兒、區、縣、與、醜、誇、幣、
廣、臺、憂、養、蕭、雲、只、慣、榮、勢、聲、獎、戲、糧、讓、
遠、數、體、應、寫、曆、灣、廠、對、從、齒、點、覺、恥、電、
關、婦、參、晉、舊、蠟、後、幾、潔、殺、術、聽、鬆、隨、難、
於、樣、簽、丰、蟲、氣、種、觸、塵、眾、麼、咀、萬、裹、開、
風、筆、陽、龜、態、會、龍、網、尋、時、圖

5.2　100 个繁体字认知情况调查结果

因为大陆不进行繁体字教学，所以，对繁体字的认知纯属个人行为。调查发现，对繁体字的认识也表现出很大的个性差异。

1558 份有效问卷中，对 100 个繁体字分"认识"和"不认识"两个选项。被试选了其中任何一项，即为有效答卷，并不进一步核对是否真的达到正确认读的规范要求。

结果显示，对样本中 100 个繁体字都认识的有 109 人，认识其中 99 个的 63

人。认识 81 个以上的合计 706 人，占比为 45.32%。

按认识 60 个繁体字作为"及格"成绩的话，达到及格线的被试人数为 1083 人，占 1558 总人数的 69.51%。

以下按认识繁体字数量多少降频排列，按认识数量等级前 20 位的结果列表如下：

表 16　认识繁体字最多的人数降频表

序号	识字量	人数	占比 %
1	100	109	7.00
2	99	63	4.04
3	98	45	2.89
4	97	41	2.63
5	96	45	2.89
6	95	37	2.37
7	94	36	2.31
8	93	26	1.67
9	92	31	1.99
10	91	26	1.67
11	90	21	1.35
12	89	22	1.41
13	88	31	1.99
14	87	30	1.93
15	86	22	1.41
16	85	31	1.99
17	84	21	1.35
18	83	23	1.48
19	82	19	1.22
20	81	27	1.73
合计		706	45.32

100 个繁体字认识情况的测试结果发现，认识人数最多的 20 个繁体字是：

學、長、門、説、診、過、兒、來、發、無

只、還、時、個、會、習、頭、動、電、對

这些字的简繁体之间差异很大，直觉推测对它们的认识应该有相当难度。

仔细分析发现，这些字之所以能够被绝大多数被试所认识，与这些字所对应的简体字的使用频率有关。也就是说，对于经常使用的简体字熟知程度高，从而对这些字对应的繁体字也就容易认识。详见下表：

表 17　认识人数最多的 20 个繁体字降频表

序号	繁体字	简体字	认识人数	占比 %	不认识人数	占比 %
1	學	学	1513	97.1	44	2.8
2	長	长	1507	96.7	50	3.2
3	門	门	1499	96.2	58	3.7
4	説	说	1491	95.7	66	4.2
5	診	诊	1478	94.9	79	5.1
6	過	过	1470	94.4	87	5.6
7	兒	儿	1463	93.9	94	6.0
8	來	来	1461	93.8	96	6.2
9	發	发	1451	93.1	106	6.8
10	無	无	1451	93.1	106	6.8
11	只	只	1450	93.1	107	6.9
12	還	还	1434	92.0	123	7.9
13	時	时	1428	91.7	129	8.3
14	個	个	1425	91.5	132	8.5
15	會	会	1406	90.2	151	9.7
16	習	习	1397	89.7	160	10.3
17	頭	头	1393	89.4	164	10.5
18	動	动	1389	89.2	168	10.8
19	電	电	1387	89.0	170	10.9
20	對	对	1386	89.0	171	11.0

6　余言与鸣谢

本次抽样调查的被试群体和数量都很有限，仅在一定程度上反映被试对简繁汉字的认知和使用情况，难以代表大陆的总体。如有条件今后将扩大调查范围和被试数量，以期更具代表性。因此，如有引用，敬请说明局限性，防止以偏概全。

本报告是山东大学项目团队集体成果的总结。参加调查的成员有文学与新闻传播学院语言学及应用语言学硕士生刘娜、郭晓丹、钱韬；本科生杨彩娟、吕振欣、杨广禄、徐笑、卢远雁、陈冯、潘文风、张源、卢月婷、万文婷、安莉莉。本次调查得到山东大学本科生部大学生社会实践创新项目的立项支持，特此致谢。

感谢澳门语言学会程祥徽会长和澳门理工学院黄翊教授的指导，并提供澳门调查问卷做参考，让参加调查的师生都受到了很好的锻炼，增加了实践经验。

感谢澳门"两岸汉字使用情况学术研讨会"主席和组委会邀请，给我们提供最好的交流平台和难得的学习机会，向国内外本领域高端专家学者报告调查结果。

谨以此文祝贺"两岸汉字使用情况学术研讨会"在澳门胜利召开。不当之处，敬请专家学者批评指正。

海南大学生简繁体汉字的
学习使用情况及态度调查

高海洋　吴　昊　毛凌霄

海南琼州学院国际文化交流学院

1　缘　起

近年来，随着两岸四地经济、社会、文化交流日益频繁，汉字作为最重要的沟通工具，其繁体、简体的使用和选择也日益成为社会关注的热点。大陆两会上屡有关于恢复繁体字的提案，台湾也有"识正书简"的提议。此外，汉字繁体和简体两种变异形式也给日益增加的海外汉语学习者带来不少困惑。为了解两岸四地汉字使用现状及使用态度，2013 年由澳门著名语言学家程祥徽、黄翙二位先生发起，两岸四地数十位学者共同参与，对四地汉字使用状况及使用态度进行了大规模调查，本文为在大陆海南省所做调查之报告。

2　调查对象资料

2.1　本次调查对象为海南大学之在校本科学生。2013 年 3 月 15 日在海南大学校园随机发放问卷 600 份，收回有效问卷 505 份。其中男生 208 名，占调查人数 41%，女生 297 名，占调查人数 59%。见图 1。

2.2　在学科门类方面，将专业所属门类划分为 13个方向，接受调查的大学生中专业为文学的所占比例最大，有 192 人，占调查人数的 38.71%；其次是工学，有52 人，占调查人数的 10.48%；艺术，有 51 人，占调查人

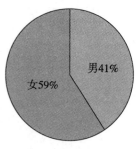

图1　受访者性别

数的 10.28%；管理学，有 50 人，占调查人数的 10.08%；经济学，有 34 人，占调查人数的 6.85%；教育学，有 30 人，占调查人数的 6.05%；理学，有 26 人，占调查人数的 5.24%；法学，有 24 人，占调查人数的 4.84%；农学，有 23 人，占调查人数的 4.64%；历史学，有 5 人，占调查人数的 1.01%；医学、军事学，分别有 4 人，占调查人数的 0.81%；哲学，有 1 人，占调查人数的 0.20%。见图 2。

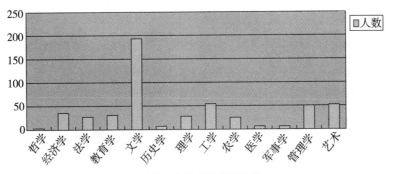

图2　受访者专业所属学科门类

2.3　受访者出生地的分布

调查表中要求受访者填写出生地，我们将受访者的出生地按两个标准来划分，一种是按照南方（长江以南）、江河之间（长江以北，黄河以南）、北方（黄河以北）划分为三个区域。受访者出生于江河之间的数量最多，占调查人数 43.84%；其次是南方，占调查人数 38.62%；北方所占人数最少，仅占调查人数 17.54%。如图 3-1。

随后我们把受访者按照国家统计局标准，把受访者出生地分成东部、中部、西部三个地区统计，数据显示中部人口所占比例最大，占调查人数 39.25%；其次是东部，占调查人数 35.07%；西部人数最少，占调查人数 25.68%。如图 3-2。

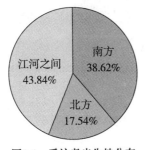

图3-1　受访者出生地分布

图3-2　受访者出生地分布

2.4　受访者长期居住地的分布

受访者的长期居住地的分布也按照两个标准来统计。因为调查地点为海南地区，所以将其中一种标准设定为海南地区和非海南地区。数据显示分布在海南地区的人数占了大部分比例，占调查人数 74.12%；非海南地区的人数占调查人数 25.88%。如图 4-1。

另一种也是按照地理概念上的东、中、西部来划分。数据显示，东部人口占的比例最大，占调查人数 82.82%；中部占调查人数 10.56%；西部占调查人数 6.63%。如图 4-2。

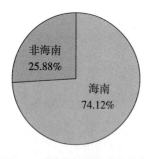

图4-1　受访者长期居住地分布

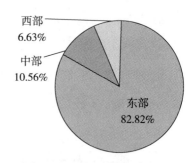

图4-2　受访者长期居住地分布

3　调查结果与分析

3.1　关于受访者在日常生活中接触繁体字的媒介、接触繁体字的地点、主要使用的汉字形式及书写认读繁体字的能力。

通过以下问卷的问题来看受访者日常生活中汉字的使用情况：

3.1.1　您是否浏览过用繁体字书写的书籍、网页？

在 505 名接受问卷调查的大学生中，偶尔浏览繁体字的书籍、网页的人数所占比例大，达 227 人，占调查人数 45.49%；有过 1—2 次浏览，达 127 人，占调查人数 25.45%；没有浏览过，有 93 人，占调查人数 18.64%；经常浏览的，有 52 人，占调查人数 10.40%。见图 5。

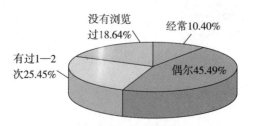

图5　受访者是否浏览过用繁体字书写的书籍、网页

3.1.2　如果您阅读过繁体字文本，您是通过下列哪一种或哪几种媒介阅读过？（可多选）

在494位阅读过繁体字文本的大学生中，有347人通过KTV或者电影、电视中繁体的歌曲字幕阅读过繁体字文本，占40.68%，所占比例最多；有208人通过他人以繁体字在网站发表的日志/微博阅读过繁体字文本，占24.38%；有111人通过繁体字编辑的网页阅读过繁体字文本，占13.01%。见图6。

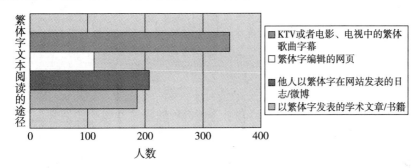

图6　通过几种媒介阅读繁体字情况

3.1.3　您在哪些地点曾经看过繁体字？（可多选）

问卷中490位大学生作出了有效的回答，在旅游景点看过，有264人，占33.33%，所占比例最多；其次在学校看过，有199人，占25.13%；在餐馆看过，有112人，占14.14%；在酒店看过，有93人，占11.74%；在其他地方看过的，例如产品介绍、书店、广告、医院等，有82人，占10.35%；在交通工具上看过，有42人，占5.30%。可以看出在大陆有很多地方可以看见繁体字，而且繁体字的出现多是在有引导、说明、指向的场合。见图7。

3.1.4　您是否书写过繁体字（包括电脑/手机等输入）

所有受访者中没有书写过繁体字的只有98人，占调查人数19.52%；有过1—2次书写经历的有170人，占调查人数33.86%；偶尔写过的有191人，占调查人数38.05%；经常书写繁体字的有43人，占调查人数的8.57%。从数据中可以看出书写过繁体字的人数很多。见图8。

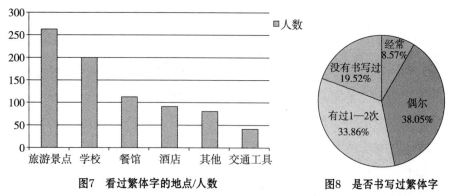

图7　看过繁体字的地点/人数　　　　图8　是否书写过繁体字

3.1.5　如果您使用过繁体字，请问您是通过什么媒介使用的？（可以多选）

备选媒介有网络（QQ、人人、微博）、书面写作、手机短信三个封闭选项，以及"其他（请注明）"一个开放选项，受访者关于"其他"的回答较多集中于书法、小说、课堂、字帖、搜狗输入法等五种答案。受访者中通过网络使用繁体字的人数最多，有308人，占调查人数的53.10%；其次是通过书面写作，有130人，占调查人数22.41%；通过手机短信，有117人，占调查人数的20.17%；通过其他方式，有25人，占调查人数4.31%。见图9。

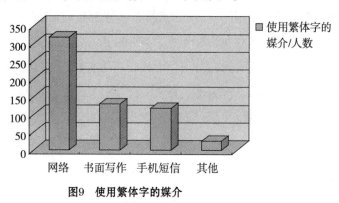

图9　使用繁体字的媒介

3.1.6　在您读小学、中学时期，您接受的汉字教育是？

调查大学生在读小学、中学时期接受的汉字教育问题，在487份作答的问卷中，有470人接受的是简体汉字教育，占调查人数96.51%；接受繁体汉字教育的只有17人，占调查人数3.49%。比例差距非常悬殊，这与大陆推行简体汉字教育有着直接的关系。见图10。

3.1.7　您是否能认读繁体汉字？

在能否认读繁体汉字方面，选择"是"与选择"不能"的受访者人数相当，在此项作答的 487 份问卷中，能认读繁体汉字的有 20 人，占调查人数 4.11%；不能认读繁体汉字的有 21 人，占调查人数的 4.31%；能认读大部分繁体汉字的有 162 人，占调查人数 33.26%；能认读少部分繁体汉字的有 284 人，占调查人数 58.32%。见图 11。

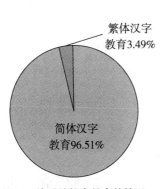

图10　接受简繁字教育的情况

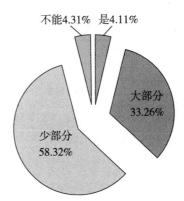

图11　是否能认读繁体汉字

3.1.8　识记繁体字的情况。

该问题给出了 10 个繁体字，分别是爾（尔）、灑（洒）、蟈（蚶）、鬱（郁）、籲（吁）、繭（茧）、顯（显）、薦（荐）、塵（尘）、豐（丰），统计出受访者写出多少个字、写对几个字，此调查题目主要调查大学生的繁体字认识能力。统计出的数据显示写上的字比写对的字要多，写上的字占 61.44%，写对的字占 38.56%。说明有些繁体字受访者自身认为认识，但实际上不认识。如图 12。

3.1.9　您认为在繁体字中，词语"头发"和"发财"中的"发"是否为同一个字？您认为在繁体字中，词语"皇后"和"后来"的"后"是否为同一个字？

汉字简化过程中，把一些读音相同的字简化成一个字，在计算机繁简转换时经常造成困扰。该测试题旨在了解受访者对于"一对多"简繁体字的了解。

问题一的有效问卷有 491 份，回答"是"的有 71 人，占调查人数 14.46%；回答"不是"的有 271 人，占调查人数 55.19%；回答"不知道"的有 149 人，占调查人数的 30.35%。该题的正确答案是"不是"，"头发"的繁体字是"頭髮"；"发财"的繁体字是"發財"，两个"发"是不一样的。回答正确的占大部分。见图 13。

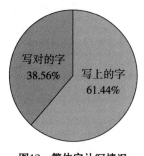

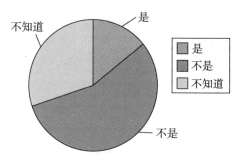

图12　繁体字认写情况　　　　图13　"发"的繁体是否相同

问题二的有效问卷有 485 份，回答"是"的有 92 人，占调查人数 18.97%；回答"不是"的有 232 人，占调查人数 47.84%；回答"不知道"的有 161 人，占调查人数 33.20%。问题二的正确答案是"不是"，"皇后"的繁体字不变，还是"皇后"；"后来"的繁体字是"後來"，两个"后"是不同的。回答正确的所占比例大。见图 14。

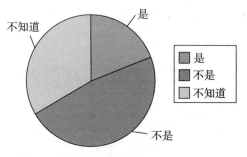

图14　"后"的繁体是否相同

根据这两个数据可以看出，受访者中将近一半的人对繁简体"一对多"的现象有所了解。

3.2　受访者学习繁体字的态度、意愿，以及对相关问题的看法

3.2.1　如果条件许可，您愿意学习繁体字吗?

该问题的有效问卷有 490 份，其中选择"非常愿意"的有 91 人，占调查人数 18.57%；选择"比较愿意"的有 206 人，占调查人数 42.04%；选择"不太愿意"的有 156 人，占调查人数 31.84%；选择"不愿意"的有 37 人，占调查人数 7.55%。见图 15。从数据中我们可以看出有意愿学习繁体字的，占调查人数 60.61%，而没有意愿或意愿不强烈的，占 39.39%。

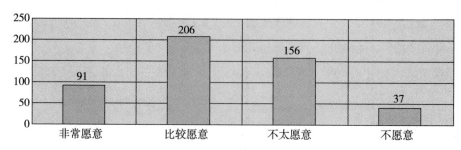

图15　繁体字学习意愿

3.2.2 您希望或者不希望学习繁体字的理由是什么？（有效问卷 492 份）

该题目设置为开放性回答，根据受访者的答案，我们将根据希望学习繁体字和不希望学习繁体字两个方面，各分别划分为 4 个小类，"希望"包括有利于文化传承方便阅读古籍、自身喜欢、方便沟通、字形美观；"不希望"包括书写麻烦笔画多、自身不喜欢、没时间、没有实用价值。

根据数据显示，希望学习繁体字的人数较多，占调查人数 53.95%；不希望学习繁体字的人数相对较少，占调查人数 46.05%。如图 16-1。说明繁体字还是受大部分人喜爱的。

按照划分出来的小类，如图 16-2，可以看出有利于文化传承方便阅读古籍和书写麻烦笔画多两项所占比例大，且相差无几。

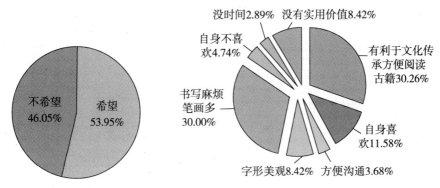

图16-1　学习繁体字的意愿情况　　图16-2　希望或不希望学习繁体字的理由概况

3.2.3 您认为繁体字和简体字哪个更能代表中国文化？可多选（有效问卷 492 份）

该题共分三个方面进行统计。

（1）选择繁体字的人数 (A)、选择简体字的人数 (B)、两项都选的人数 (AB)。如图 17-1。

可以看出选择繁体的人数较多，占调查人数 46.75%；选择简体字的人数占调查人数 32.32%；选择两项的人数占调查人数 20.93%。说明受访者中认为繁体字更能代表中国文化的人数更多。

（2）选择繁体字：理由 1-1 繁体字更能继承传统文化；理由 1-2 繁体字比简化字更美更艺术。如图 17-2。可以看出选择繁体字比简化字更美更艺术的占大部分，所以更能代表中国文化，占调查人数 70.18%；选择繁体字更能继承传统文化的占少数，占调查人数 29.82%。

（3）选择简体字：理由 2-1 简体字使用人数多；理由 2-2 简体字比较简单，方便学习，有利于推广汉字。如图 17-3。数据显示大多数人认为简体字比较简单，方便学习，有利于推广汉字，所以更能代表中国文化，占调查人数 64.50%；选择简体字使用人数多的占调查人数 35.50%，说明简繁体字使用人数的多少并不是代表中国文化的关键。

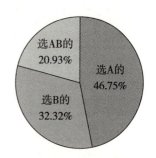

图17-1　繁简体字哪个更能代表中国文化

图17-2　繁简体字哪个更能代表中国文化

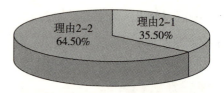

图17-3　繁简体字哪个更能代表中国文化

3.2.4　关于汉字作为交流沟通工具应该简单易学的看法。（有效问卷 490 份）

回答"很不赞成"的有 11 人，占调查人数 2.24%；回答"不赞成"的有 47 人，占调查人数 9.59%；回答"一般"的有 129 人，占调查人数 26.33%；回答"赞成"的有 233 人，占调查人数 47.55%；回答"很赞成"的有 70 人，占调查人数 14.29%。数据显示赞成的人数最多，占调查人数 61.84%；而不赞成的人数则占调查人数的 11.83%，说明大多数人认为汉字作为交流沟通工具应该简单易学。见图 18。

3.2.5　对于学龄儿童，繁体汉字比简体汉字更难学的看法。（有效问卷 494 份）

回答"很不赞成"的有 20 人，占调查人数 4.05%；回答"不赞成"的有 91 人，占调查人数 18.42%；回答"一般"的有 102 人，占调查人数 20.65%；回答"赞成"的有 227 人，占 45.95%；回答"很赞成"的有 54 人，占 10.93%。数据显示赞成的人数多，占调查人数 56.88%；不赞成的占调查人数 22.47%。说明大部分人认为对于学龄儿童，繁体汉字比简体汉字更难学。见图 19。

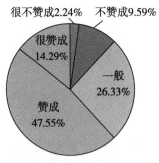

图18 关于汉字作为交流沟通
工具应该简单易学的看法

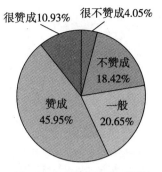

图19 对于学龄儿童，繁体
汉字比简体汉字更难学的看法

3.2.6 关于繁体字比简体字更具备文化传承的内涵，应该加以学习辨识的看法。（有效问卷 495 份）

回答"很不赞成"的有 10 人，占调查人数 2.02%；回答"不赞成"的有 36 人，占调查人数 7.27%；回答"一般"的有 163 人，占调查人数 32.93%；回答"赞成"的有 219 人，占调查人数 44.24%；回答"很赞成"的有 67 人，占调查人数 13.54%。数据显示赞成的人数最多，占调查人数 57.78%；不赞成的人数很少，占调查人数 9.29%。说明绝大部分人认为繁体字比简体字更具备文化传承的内涵，应该加以学习辨识。见图 20。

3.2.7 关于推广简体字会降低文盲率，推广繁体字会提高文盲率的看法。（有效问卷 502 份）

回答"很不赞成"的有 33 人，占调查人数 6.57%；回答"不赞成"的有 207 人，占调查人数 41.24%；回答"一般"的有 150 人，占调查人数 29.88%；回答"赞成"的有 92 人，占调查人数 18.33%；回答"很赞成"的有 20 人，占调查人数 3.98%。数据显示不赞成的人数居多，占调查人数 47.81%；赞成的人数少，占调查人数 22.31%。说明大多数人不认为推广简体字会降低文盲率，推广繁体字会提高文盲率。见图 21。

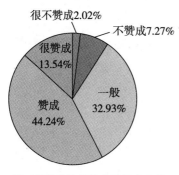

图20　关于繁体字比简体字更具备文化
传承的内涵，应该加以学习辨识的看法

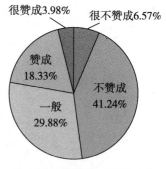

图21　关于推广简体字会降低文盲率，
推广繁体字会提高文盲率的看法

3.2.8　关于为了方便全球汉字文化圈的交流沟通，同时为了传承汉字文化，在汉字文化圈推广"认识繁体字，使用简体字"的政策，即"识繁用简"的看法。（有效问卷499份）

回答"很不赞成"的有10人，占调查人数2.00%；回答"不赞成"的有37人，占调查人数7.41%；回答"一般"的有94人，占调查人数18.84%；回答"赞成"的有239人，占调查人数47.90%；回答"很赞成"的有119人，占调查人数23.85%。数据显示赞成的人数占绝大部分，占调查人数71.75%；不赞成的人数很少，占调查人数9.41%。说明大多数人认为"识繁用简"政策可以方便全球汉字文化圈的交流沟通，同时能更好地传承汉字文化。见图22。

3.2.9　关于在中国大陆地区，将繁体汉字确定为官方通用文字的看法。（有效问卷501份）

回答"很不赞成"的有61人，占调查人数12.18%；回答"不赞成"的有231人，占调查人数46.11%；回答"一般"的有128人，占调查人数25.55%；回答"赞成"的有64人，占调查人数12.77%；回答"很赞成"的有17人，占调查人数3.39%。数据显示不赞成的人数居多，占调查人数58.29%；赞成人数少，占调查人数16.16%。说明大多数人不赞成将繁体汉字确定为官方通用文字。见图23。

3.2.10　关于在中国大陆地区的大学教育中，增加繁体汉字辨识类的教育或课程，但并不将其确定为官方通用文字的看法。（有效问卷500份）

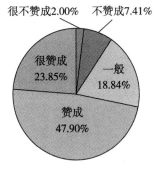

图22　关于在汉字文化圈推广"认识繁体字，使用简体字"的政策，即"识繁用简"的看法

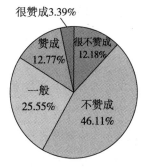

图23　关于在中国大陆地区，将繁体汉字确定为官方通用文字的看法

回答"很不赞成"的有 11 人，占调查人数 2.20%；回答"不赞成"的有 35 人，占调查人数 7.00%；回答"一般"的有 110 人，占调查人数 22.00%；回答"赞成"的有 268 人，占调查人数 53.60%；回答"很赞成"的有 76 人，占调查人数 15.20%。数据显示大部分人赞成该观点，占调查人数 68.80%；不赞成的人很少，占调查人数 9.20%。说明大部分人赞同在中国大陆地区

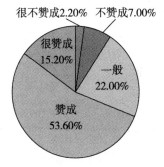

图24　关于在中国大陆地区的大学教育中，增加繁体汉字辨识类的教育或课程，但并不将其确定为官方通用文字的看法

的大学教育中，增加繁体汉字辨识类的教育或课程，但并不将其确定为官方通用文字这种观点。见图 24。

通过对以上几个问题调查可以发现大多数学生认为，简体字更适合于交流和学习，而繁体字更具有中国文化的传承性，可以简单认识或辨识繁体字，但是将繁体字作为官方通用文字或进行深入学习的时候阻力较大。

4　调查结果启示

通过对海南大学生繁简汉字使用情况和使用态度的问卷调查，我们有以下发现：

（1）海南大学生大多都接触、书写过繁体字。互联网的发展增加了大学生接触繁体字的几率，一半以上的学生浏览过繁体的网页；电影、电视、KTV 等娱乐

项目也是大学生接触繁体字的主要渠道。一半以上的大学生书写（包括电脑/手机输入）过繁体字。

（2）有九成以上的大学生表示能认读繁体字，1/3的大学生表示能认识大部分繁体字，六成的学生表示能认识少部分繁体字。

（3）受访的大学生在回答问卷时普遍高估了自己识读繁体字的能力，在给出的为10个繁体字写出对应的简体字时，正确率不足四成。这种对自己识读繁体字能力的高估，似乎可以看出受访者普遍认为繁体字是汉字的高变体（Hi-variety）。

（4）受访大学生60%以上愿意在条件许可下学习繁体字，说明大学生对于繁体字具有较强的认同感。将近一半的受访者认为繁体字更能代表中国文化，一半以上的大学生认为繁体字更具有文化内涵，应该学习辨识。同时受访大学生对于简体字的认同度也非常高，六成以上的受访者认为汉字作为交流的工具应该简单易学，近六成的受访者不赞成把繁体字作为官方通用文字。近七成的受访者赞同在大学教育中增加繁体字辨识类的教育或课程。

通过以上调查结果，我们看出受访大学生没有将繁体与简体对立，而是倾向于作为两种不同的"变体"对待。这里需要说明"变体（variety）"的概念，社会语言学认为，某语言中的任何一种地域方言、社会方言，乃至标准语，都是该语言的"变体"，并没有"正体"与"变体"相对应。"变体"的概念比起"标准语""方言"，没有任何歧视性（徐大明等，1997）。上述调查发现受访的大学生在日常交际中倾向于使用简体字，谈及文化传承方面则赞同使用繁体字，我们似乎可以把简体字视为汉字的"交际变体"，把繁体字视为汉字的"文化变体"。

繁体字和简体字作为汉语的载体，都是中华民族的瑰宝，都应该珍爱（李宇明，2010），在大陆的中学或者大学教学中有必要增加繁体字识读的相关内容，譬如在中学、大学语文教材中的文言文部分使用繁体字，以增加学生接触繁体字的机会。汉字的简化有利也有弊（陈章太，1992），部分简化不合适的字需要适时调整。

1984年程祥徽教授提出"繁简由之"的观点（程祥徽，2005），获得学界广泛认可和支持。目前看来，这仍然是最科学可取的汉字繁简观。

参考文献

1. 陈章太 1992《语言规划研究》, 商务印书馆

2. 程祥徽 2005《中文变迁在澳门》, 香港三联书店

3. 李宇明 2010《中国语言规划续论》, 商务印书馆

4. 徐大明、陶红印、谢天蔚 1997《当代中国社会语言学》, 中国社会科学出版社

繁简并用　相映成辉　**论　文**

大陆《通用规范汉字表》对简繁字的处理

王 宁

北京师范大学汉字与中文信息处理研究所

2013 年 6 月 5 日，国务院正式发布了《通用规范汉字表》。发布的通知说："《通用规范汉字表》是贯彻《中华人民共和国国家通用语言文字法》(下简称《国家通用语言文字法》)，适应新形势下社会各领域汉字应用需要的重要汉字规范。制定和实施《通用规范汉字表》，对提升国家通用语言文字的规范化、标准化、信息化水平，促进国家经济社会和文化教育事业发展具有重要意义。《通用规范汉字表》公布后，社会一般应用领域的汉字使用应以《通用规范汉字表》为准，原有相关字表停止使用。"这就说明，《通用规范汉字表》的发布，是大陆汉字规范的又一个里程碑。

《通用规范汉字表》是在新时代、新形势下发布的。

这个时代的第一个重要特点是信息化。20—21 世纪之交，信息革命席卷全球，信息时代悄然而至。就在这一系列的巨大变革中，汉字成功地进入计算机，成为在网络上直接传播汉语信息的重要载体。一个世纪以来的汉字行废之争圆满地画了一个句号，汉字——一种六千余年不间断地发展至今的最典型的表意文字，今后还会在高科技的支持下长存，不但要为今日之中国走向世界发挥巨大的作用，而且要为弘扬中华民族悠久的历史文化遗产写出新的篇章。信息时代发展政治、经济、文化的重要条件，是及时和准确地传播和获得必要的信息。信息在网络上传播，达到了前所未有的高速度、远距离和高度的社会化。在这种情况下，汉字规范化的必要性更为凸显——只有汉字这种传播载体的标准化，才能保证信息传播的速度和信度。

这个时代第二个重要的特点是海峡两岸交流的日渐频繁，相互的沟通和文化的认同日渐密切。所以，《通用规范汉字表》研制的六点原则之一，明确提出了"考虑海峡两岸和港澳地区以及海外华人汉字使用的实际情况，兼顾汉字使用的国际需求，尽量避免扩大不同地区、不同国家之间汉字使用的差异"。

面对这两个新时代的特点，《通用规范汉字表》从以下三个方面考虑，来处理简繁字问题：

（一）坚持汉字简化的方针，不恢复繁体字。

有一段时间，大陆恢复繁体字的呼声曾经很高。这种呼声主要来自文化水平较高的人群。不论在哪个时代，汉字都有一个专业应用领域，这个领域中有属于大量运用汉字、以运用汉字为主要职业手段的阶层，他们面对各种文本的起草，操作印刷过程，进行汉字教育，从事古籍整理和古文字解读、考据，编写汉字辞书，管理信息系统，建设计算机字库词库，设计汉字的国际编码……这些人为数仅仅是一般汉字使用者的千万分之一，他们面对海量的汉字，对汉字的科学规律有着极大的敏锐和要求。但是我们绝对不能忘记，在一个文化强盛的大国，90%以上使用汉字的人处在普及层面。汉字是在这个人文社会中被全民使用着也改变着的符号，这种符号系统是否好用，对于这个领域，"习惯成自然"是最现实的原则。对于一般的使用者来说，掌握2500—3500字就可以得到一般生活领域几乎全部的社会信息，也完全可以传达现代人复杂的思想感情。简化汉字推行了半个世纪，它方便了几亿人的认字和写字，加快了我国教育普及和成人扫盲的步伐，已经成为传播现代信息和国际交流的载体，在传统文化现代化方面，也起到了十分积极的作用。简化汉字已经成为国内外大多数汉字使用者的习惯，根据文字使用社会性的原则，坚持简化的方向是必要的。

（二）收录简化字既要遵循科学性，又要考虑社会习用的情况。

1956年1月，国务院公布《汉字简化方案》；1964年3月，中国文字改革委员会、文化部、教育部联合发布《关于简化字的联合通知》，公布了《简化字总表》。1986年10月，国家语委经国务院批准重新发布了《简化字总表》，并作了个别调整。调整后的《简化字总表》，实收简化字2235个。《通用规范汉字表》根据科学的原则，删除了《简化字总表》中的31字。这31个字属于生僻的方言字、科技旧称用字、已经有规范字的异体字等。同时，考虑到汉字应用的现实，也收录了少数已经被社会所习用，并符合《简化字总表》规定的类推简化字。本表新收录的226个类推简化字中，166个曾被《现代汉语词典》和《新华字典》收录，51个见于其他多种辞书，9个出自频度较高的姓氏人名及现代科技用字。

（三）保持稳定，表外字不再类推。

也有一些人主张还要继续简化，甚至提出要恢复已经被取消的"二简字"。

《通用规范汉字表解读》明确提出"今后表外字不再类推"，也就是说，为了保持稳定，在旧有的简化字已经收录的前提下，不再造新的简化字。"教育部等十二部门关于贯彻实施《通用规范汉字表》的通知"又对辞书编纂使用表外字有专门的表述："相关语文辞书可以在修订时以自然更新的方式贯彻字表，根据其服务领域和使用对象不同，可以部分或全部收录《通用规范汉字表》中的字，也可以适当多收一些备查的字，收入表外字一般应采用历史通行的字形，不要再造历史上未曾使用过的新的简化字。"表外字不再类推是有充分理由的：首先，从国家文化发展的大局说，中国正在走向世界，教育正在适应新的形势加速发展，不论从国内还是国际，汉字都需要保持稳定，严格实行表外字不再类推，才能不引发民间和传媒任意写不规范的简化字，使母语的基础教育与汉语的国际传播用字有据可依。第二，《字表》8105 字对现代汉语语料的覆盖率已经是 99.98%，绝大部分简化了的字都已经收入，再造新的简化字，必然是覆盖率很低的生僻字，保持历史原形尚有偶然使用的价值，类推简化更加难以识别，毫无使用价值。特别是辞书中的汉字，处于汉字的贮存状态，既是贮存，必须是历史上曾经用过的字，辞书没有必要也不允许自造或自改汉字。《通用规范汉字表》发布以前，有些大型辞书实行无限类推，已经产生了很多问题，关于这些问题有大量的文章进行讨论，在《字表》发布前，这些辞书已经将多余的类推字恢复了历史的原形，这样做，大大增强了这些辞书传播文化、辅助阅读的功能。《字表》发布后，一些现代汉语辞书，也正在将已经类推的表外字恢复原形，这样做也极大地增强了推进国家规范、稳定社会用字的作用，在社会上产生了非常好的影响。第三，两岸的文化交流日渐密切，不要再扩大两岸用字的差距是大家共同的愿望，也是此次制定新规范的一项重要的原则，严格控制类推是对这项原则的体现。

大陆在坚持简化原则的同时，也认识到，简繁长期并存，对应用来说，是两种文化的诉求，是历史形成的必然，也是当前我们必须面对的现实。《国家通用语言文字法》对繁体字和异体字的应用，给了一个宽松的尺度：按照《国家通用语言文字法》第十七条，有下列情形的，可以保留或使用繁体字、异体字：（一）文物古迹；（二）姓氏中的异体字；（三）书法、篆刻等艺术作品；（四）题词和招牌的手书字；（五）出版、教学、研究中需要使用的；（六）经国务院有关部门批准的特殊情况。现在，大陆高等院校古代汉语、古代文献、古代文学和古代历史专业的教科书，很多已经用历史传承字和繁体字印刷。即使是在普及层面，港台用繁体字书写的影视、歌曲字幕，用繁体字印刷的多种书籍，用繁体字传播的互联网信息，在大陆传播基本上没有障碍。大陆书法爱好者临摹的名家书法碑帖，与港台也是没有区别的。在香港、台湾，我们不断看到有些简化字出现在广告、标牌、说明书和手写文本里。大陆用简化字出版的读物，只要内容适合，在港台流行并无困难。特别是在澳门，简繁并用已经深入到基础教育领域，学校允许学生简繁并用，只是规定书写要规范，不能写错别字。面对简繁长期并存的事实，相互尊重，促进交流和理解的历史使命首先落在两岸学者的肩上。让我们肩负起这个使命，为中华民族文化传统在两岸的传扬，做出我们应有的贡献。

《異體字字典》與簡化字的收錄問題

李添富

臺灣輔仁大學

一、《異體字字典》編纂緣起

"教育部"自1970年代初，即開始有關標準字體的整理工作，前後公布常用字、次常用字、罕用字等三個正字表，同時也初步整理了《異體字表》。三個正字表所收錄的字，都是具有獨立音義的字形，《異體字表》所收錄的字，則是對應這些正字的不同寫法。而這四個字表所收的字，也正是現行中文標準交換碼（CNS11643）納編的依據。

1995年本師陳伯元先生赴韓國參加亞洲漢字協會年會，針對目前亞洲各國及地區所用的漢字字形參差問題，提議應予統整，並獲大會議決通過。先生返臺後，即向"教育部"國語運動推行委員會(簡稱國語會)提出建議。國語會主委李老師爽秋先生在邀集相關學者專家討論後，基於：

（一）爲維護傳統正字的地位，有必要將亞洲漢字以正字爲綱領作一統整。

（二）爲日後擴編中文電腦內碼，有必要作大規模整理，以爲擴編之基礎。

（三）爲修訂原異體字整理的初步成果，有必要正訛與增訂。[①]

等三項理由，決定推動《異體字字典》編輯專案。並據此明定《異體字字典》之編輯目標爲：

甲、作爲語文教育及研究的參考。

乙、提供國際漢字標準化、統一化工作的參考。

丙、作爲修訂原《異體字表》的依據。

---

① 詳見《異體字字典·編輯説明·編輯委員會主委序》(2004年1月)。

丁、作爲日後擴編中文電腦内碼的基礎。

隨即著手籌措經費，邀集人員，開始進行字典編纂工作。

耗時六年，動員 120 餘位同仁，蒐尋、研議 1300 餘種典籍文獻後，《異體字字典》終告完成，依法公告試用。本典引據文獻分爲基本文獻與參考文獻兩類。基本文獻爲字形來源，又分：説文、古文字、簡牘、隸書、碑刻、書帖、字書、韻書、字樣書、俗字譜、佛經文字、現代字書等 12 類，凡 62 種。列舉字形實際用例的參考文獻則涵蓋經、史、子、集，共 1242 種。全書 106230 字，其中正字 29282 字，異體 76338 字。總編輯曾榮汾先生以爲本典的主要特色有四：

1. 一個全世界最大的中文文字資料庫。

2. 一部字字交代文獻出處的字形字典。

3. 一個結合古今文獻用字的字形彙典。

4. 一部集合文字專家智慧的字庫。①

資深執行編輯陳逸玫女史則更進一步的指出本典的具體效用在於：

1. 記錄文字歷史。

2. 樹立當代字樣。

3. 推進中文資訊。

4. 提供學理依據。②

由於具備上述學術理論以及實際運用效能，雖然《異體字字典》在編纂過程中，偶有些許因纂輯初期體例建構尚待磨合、委員意見不同取得共識之論辯時程較長等問題，影響或延誤編務工作情形，最後還是順利纂輯完成，而且公告後也一如預期的引起廣泛注意並普徧運用，對語文教育與文字學術研究的推展、運用，都有相當重大的意義與貢獻。

二、新版《異體字字典》修訂目的與意義

《異體字字典》自公告試用以來，不僅深受國内外漢學界、國語文教師或語文工作者的喜愛與稱揚，更是 ISO/IEC JTC1/SC2/WG2/IRG(簡稱 "國際標準組織表意文字工作小組") 編輯組工作會議主要參考網站之一。然而在檢索、管理、

① 詳見曾榮汾《近二十年來國語會語文整理成果析介》(《辭典學新論 2006》辭典學研究室,2007 年 6 月)。
② 詳見陳逸玫《"教育部"〈異體字字典〉研究》(輔仁大學中文研究所博士論文研究計畫，2013 年 4 月)。

轉換或數位化上，就當前資訊科技一日千里的長足進步而言，確屬明顯落後。爲更廣泛、迅捷、正確、精準的提供線上服務，《異體字字典》也做了因應時勢需求的修訂與整理。

換句話說，爲方便使用者藉由更便利的檢索介面快速查詢，新修網路版《異體字字典》除保留原有的字形索引功能以及內容瀏覽方式外，大量擴增檢索功能，並爲配合聯合國所訂的國際標準，營造國際生活環境，推廣對外華語文教學需求，增加了漢語拼音檢索；更將原來的附錄部分納入檢索，精進管理系統，企求能夠達到網站立即更新、內容快速查詢的目標。同時還將部分珍貴文獻資料重新數位化，以便建置更爲清晰的資料檔案供讀者參考使用。另外，爲顧及偏遠地區使用者的需求，規劃並建置單機版轉製功能，以便未來出版硬碟光碟版。具體而言，新修網路版《異體字字典》在系統上改良精進的主要項目有：

（一）擴增前端檢索功能。

（二）建置後端管理系統。

（三）製作單機版檢索系統之轉換工具。

（四）形體資料表文獻數位化及屬性資料建置。

換言之，新修網路版《異體字字典》的系統特色，大抵有二：

（一）查詢介面的擴充

1. 正文收字的查詢

提供九種查詢方式。除現行版本既有的"部首查詢""筆畫查詢"外，另增設"單字""注音""漢語拼音""倉頡碼""四角號碼"等五種查詢方式，以及綜合上述七種方式後另加入筆順、形構條件的"複合查詢"。

2. 附錄收字的查詢

提供部分附錄收字綜合查詢功能，包含《待考正字表》《單位詞參考表》《符號詞參考表》《日本特用漢字表》《韓國特用漢字表》《臺灣閩南語用字參考表》《臺灣客家語用字參考表》《漢語方言用字參考表》等八種。

（二）收字呈現的改良

1. 系統字採用 Unicode 字集，字形以微軟標楷體爲主；Linux 系統使用者則建議安裝全字庫正楷體字形。統整字形，提升分析研究效能。

2. 非系統字則提供"教育部宋體字圖"及"原版手寫字圖"兩種模式選擇，

並定前者爲系統預設模式,裨利分析研究。

　　不過,由於新修網路版《異體字字典》仍屬修訂階段,除正字釋義部分尚未修定完成、部分附錄資料有待研議之外,另有一些尚待克服、完成的問題,譬如:

　　1.查詢結果之收字排序未依形體近似次第排列,尚須調整。

　　2.行文中所用字圖格式、位置未盡統一,尚須替換或調整。

　　3.部分形體資料表文獻影像模糊不清,尚待重新掃描更替。

　　4.部分異體字"教育部"標準宋體、標準楷體字形尚未製作完成。

　　5.僅適用於個人或筆記型電腦,平板電腦、手機等硬體可能無法操作。

　　其中尤以"教育部"標宋體與"教育部"標楷體形模尚未建構完成,影響最爲重大:一來字形未盡精確,易生淆亂;再者引用時版面、格式凌亂,閱讀不易,更可能因而造成誤訛。不過,這些問題,除平板、手機版黑體問題有待資訊科技業協助克服,非語文工作專業的我們所能掌控之外,其餘問題都將在自2013年起爲期三年的《異體字字典》修訂工作中,獲得全面的修正與改善。

　　至於文中所提到重新掃描數位化建置的形體資料表文獻則爲:[1]

書　序	書　名
01	説文解字(大徐本)　説文解字(大徐本)新附
02	説文解字(段注本)
10	漢隷字源
11	隷辨
12	金石文字辨異
15	玉篇零卷
18	干祿字書
19	五經文字
20	新加九經字樣
21	龍龕手鏡(高麗本)
22	龍龕手鑑

---

[1]此類書證屬傳統傳世文獻或"教育部"本版圖書,不牽涉智慧財產或版權問題。

續前

書　序	書　名
23	佩觿
24	玉篇 (元刊本)
25	廣韻
26	集韻
27	集韻考正
28	類篇
29	精嚴新集大藏音
30	四聲篇海 (明刊本)
31	字鑑
32	六書正譌
34	俗書刊誤
35	字學三正
36	字彙
37	正字通
38	字彙補
39	康熙字典 (同文書局原版)
41	經典文字辨證書
42	增廣字學舉隅
43	古今正俗字詁
45	彙音寶鑑
59	古文四聲韻
62	重訂直音篇
63	異體字表 (兩種版本)
64	一切經音義
65	常用國字標準字體表 (三種版本)– 國民常用字表初稿
66	次常用國字標準字體表 (三種版本)– 次常用國字標準字體表稿 (乙表)– 附異體字表稿 (丙表)

續前

書　序	書　名
67	罕用國字表（兩種版本）– 罕用字體表（正中版）
68	總字表

上項徵引文獻重新掃描數位化之後，將可呈現更爲清晰之字形圖檔，供讀者參考使用，不僅有利於個人研究成果的提升，對異體字之整理研訂工作，更是具有重大的意義與效用。

三、《異體字字典》裡的簡化字

依照《異體字字典·編輯總報告書·體例篇·編輯凡例·編輯體例·異體字編輯體例》的敘述，本典對於簡體字與簡化字的收錄原則爲：

（一）簡體字收錄原則：

本部曾於 1935 年頒布 324 個簡體字，本典皆收錄爲異體。例如："遟""賣""漲"分別收爲"遲""賣""漲"之異體字。

（二）簡化字收錄原則：

大陸地區使用之簡化字，本字典僅收錄其公布之第一批簡化字字形。例如："迟""护""疗"分別收爲"遲""護""療"之異體字。

按本典編纂初期參考的大陸地區簡化字參考文獻大抵爲：

1. 簡化字總表　中國文字改革委員會　1986 年

2. 漢語大字典　湖北四川辭書出版社　1990 年

其中《簡化字總表》共收 2235 個簡化字（不含附錄），全表可分四個部分：

1. 第一表：不可用作簡化偏旁的簡化字，共 350 個。

2. 第二表：可作簡化偏旁用的簡化字，共 132 個。另含簡化偏旁 14 個。

3. 第三表：以第二表簡化字和簡化偏旁作部首的類推簡化字，共 1753 個。

　　　　　類推簡化字基本上以《新華字典》（1962，收錄約 8000 字左右）爲範圍。

4. 附　錄：收錄摘自《第一批異體字整理表》中習慣被看作簡化字的異體字共 39 個，另含部分地名用字。

《簡化字總表》於 2013 年 6 月 5 日公告停用，其所肩負的任務由同日頒布施行的《通用規範漢字表》接替。《通用規範漢字表》對《簡化字總表》所做的主要變革爲：

1. 依據《簡化字總表》原則，新類推簡化 265 字。

2. 重新收錄 6 個被《簡化字總表》淘汰的繁體字以及 45 個以前認爲的異體字 (主要爲科學領域及姓名用字)。

3. 微調 44 個字形。

4.《簡化字總表》中的 49 個簡化字未收入。

整體而言，《通用規範漢字表》基本上還是延續《簡化字總表》的精神，而沒有太大變動的。

至於《異體字字典》是否應該全面收錄簡化字，其實不算是個問題。站在文字發展與運用的立場以及本典已經收錄第一批簡化字並增列漢語拼音檢索功能的前提下，全面收錄簡化字以爲異體的做法，應該是勢在必行的事。因此，對於《異體字字典》收錄簡化字的議題，我們有以下三個看法：

1.《通用規範漢字表》既然已經成爲大陸地區用字規範，就《異體字字典》的纂輯與文字整理工作的精神而言，都應據以整理並建立對應關係，建構更爲完善周延的異體字網絡。

2. 基於《異體字字典》"收錄正體字不同書寫形式，藉以觀察正字與異體字孳乳與字形變易的脈絡" 的編輯目的，《簡化字總表》中一些後來被淘汰未收的簡化字，仍應收錄，以保持完整的異體字收錄及其變革史實。

3.《通用規範漢字表》中承續《簡化字總表》諸字形之呈現方式，可依仿本典歷代字書處理模式，加列關鍵文獻。

總而言之，將簡化字當作異體字處理，不僅合乎《異體字字典》編纂的基本精神，更不必爲了刻意避開簡化字而造成不合學術規範的奇特現象。

四、臺灣地區簡化字的使用情形

隨著兩岸之間政經、學術的頻仍交流，以及政府開放大陸探親、旅遊政策，臺灣地區的民眾對於簡化字，早已是見怪不怪了；近年來，更由於開放大陸同胞來臺觀光旅遊，再加上爲數可觀而且長期居住在臺的大陸留學生，本地民眾不僅已經習慣了原本聽起來“怪怪”的大陸腔，對於簡化字也是習以爲常的接受，一如當年爲了觀光旅遊業的發展需求，大陸民眾積極投入學習閩南語、學習正體字的情形。

部分陸客喜歡去的旅遊地區招牌，出現了簡化字；餐廳、飯店的菜單以及設備使用説明，或者正簡並列，或者乾脆在必要時提供全簡體的版本，甚至還會聽到計程車司機自稱是出租車師傅的情形。因此，偶爾一不小心的跟在陸客團之後到了觀光區，恍惚之間，還可能會有身在大陸的錯覺呢。

不過，儘管大多數的本地民眾聽得懂“中國話”，也看得懂“中國字”，但是當我們要他自主的寫一段“中國字”時，問題就出現了。換句話説，臺灣地區的民眾在一定的場合或者依據既有的經驗，判讀簡化字的問題不大，即使完全不認識或是沒有接觸過的字，也都可以根據情境或上下文，精準無誤的“猜對”它們；在缺乏情境或者沒有上下文可以作爲推測線索時，對於簡化字的辨識，難度大大的提升；至於要憑空寫一段簡化字，往往就顯得一籌莫展了。

一般情況下，臺灣地區的民眾在寫作時，雖然也會出現以“鉄”作“鐵”、以“欢”作“歡”、以“挡”爲“擋”、以“灶”爲“竈”、[1] 以“袜”爲“襪”、[2] 以“窃”爲“竊”、[3] 以“献”爲“獻”、[4] 以“丽”爲“麗”等簡省筆畫的情形，[5] 但多屬因正字筆畫較多而省畫的情形，而且這些字大多屬於文獻可考的。但是，像簡化字“衛”作“卫”、“籲”作“吁”、“塵”作“尘”、“侖”作“仑”、“讓”作“让”、“業”作“业”、“雜”作“杂”、“擊”作“击”等不易找到簡化規則或者變化較大，而且未曾見於典籍的字，則罕有使用的情形。然則可知，真正的簡化字在臺灣地區的使用情形，嚴格説來，不僅不普徧，甚至還可以説是相當罕見而特殊的。

文化總會主導，由海峽兩岸語文學者合作纂輯而成的“中華語文知識庫”叢書如《兩岸常用詞典》《兩岸每日一詞》等書，以兩岸文字正簡並陳的方式呈現，就臺灣地區民眾認識或學習簡化字而言，原本應該是個相當不錯的平臺，只是在

---

① 參見《宋元以來俗字譜》。

② 參見《集韻》。

③ 參見《字學三正》。

④ 參見《字彙》。

⑤ 參見《集韻》。

正簡並陳的情況下，除非特別有心，民眾們所看到的，似乎僅止於正體而已，或許這與本地民眾習慣於使用正體的緣故有關。

五、個人的想法

雖然文字的演化與定型，應該是自然而然、約定俗成的結果，強要以人爲或政治的力量去規範他，未必能夠達到預期的目的；但是長時間的接觸或是有計畫的介入與推展，應該也能獲得不錯的回饋。就以簡化字在臺灣地區的運用情形而言，儘管筆畫的簡省欠缺明顯義理，甚至毫無學理依據的簡化字，只要文獻典籍中曾經出現過，就比較容易取得共識，運用也較爲普徧，譬如在《宋元以來俗字譜》裡，"權"或作"权"，"難"或作"难"，二字偏旁原本不同，簡化之後則無別，固然難於說之以理，民眾卻對"权""难"二字習以爲常，運用也很普徧；至於像"塵"作"尘"、"孫"作"孙"一類很容易用會意構造方式即可說解的簡化字，卻反而罕用而不識。因此，應該如何面對臺灣地區簡化字的認識與使用問題，就要看從我們所秉持的態度究竟如何來決定了。

就文字本身的社會交際功能而言，既然已經有了使用上的事實與需求，針對簡化字進行分析整理，甚至於推廣教學，不但不爲過，甚至還是件必須積極進行的事情。因此，兩岸學者同臺進行文字統合研議、半官方色彩的合編辭典，甚至於"寫簡識正"的倡議，無非都是站在完全明白簡化字確實屬於眾多人口廣泛使用，但卻與正字形體不同，可能造成溝通障礙，必須正視並解決此一問題的立場。

有關兩岸文字統合會議以及"中華語文知識庫"努力的目標與方向，由周志文教授與蔡信發老師兩位來說明，會更清楚。因此個人只能站在受命延續師長們的理念，重新檢視並增訂《異體字字典》工作的立場，對於簡化字的相關問題，提出一些簡單的看法。

前面曾經提過，就文字使用的過程與事實而言，《通用規範漢字表》所收錄的簡化字既然是大陸地區用字的規範，同時也是眾多外國人士學習、使用的漢字形體之一，就形體並未簡化的傳統正字來說，簡化字當然屬於"異體字"的一種；就《異體字字典》的纂輯精神與立場而言，當然應該加以整理並建立對應關係，以便建構更爲完善周延的異體字網絡；另外，基於《異體字字典》"收錄正體字不同書寫形式，藉以觀察正字與異體字孳乳和字形變易脈絡"的編輯目的，原本收錄於《簡化字總表》中，但後來卻被淘汰而未收錄於《通用規範漢字表》的簡化字，《異體字字典》仍然應該收錄，以保持完整的異體字收錄及其變革史實。

　　至於簡化字的運用推廣與教學問題，就讓他隨著實際運用上的需求，自然而然的發展。如果真有一天，大家都覺得"簡化字"在使用的頻率上已經凌駕原有的"正體字"，兩個形體的地位應該顛倒過來，那麼，就讓他們像現在有以後起的俗字爲正字、以原有的正字爲異體一樣，將簡化字定爲正字，讓原來的正體字變成異體，又有何妨。不過，站在《異體字字典》的纂輯精神與必須兼顧文字演化發展過程的學術理論基礎而言，由於簡化字是原來的正字簡省形體而成的，今天卻要從簡化字的立場，回過頭來稱那由於形體並未簡省而較爲繁複的正字爲"繁體字"，恐怕是件不容易達成共識的事。我們都很清楚，確實有人堅持非稱"正體字"爲"繁體字"不可，我們也很清楚這樣的講法或許牽涉到很難解答的國家認同問題。不過，如果我們做一番這樣的思考：由於原有的漢字形體筆畫較爲繁複，於是有人倡議進行文字形體簡化。經過簡化之後的漢字，形體筆畫較原來簡省，因此稱他爲"簡體字"。而後再以"簡體字"的形構爲本位，檢視原來未經簡省的形體，相形之下，發現原來的形體較爲繁複，於是稱他爲"繁體字"。那麼，"簡化"應該是過程、是手段，而非名稱。因此，簡化之後的文字應該叫作"簡體字"而不該稱爲"簡化字"，以形體簡化之後的"簡體字"爲比較基礎，稱形體較爲繁複的"正體字"爲"繁體字"尚可説解。若稱簡化之後的文字爲"簡化字"，並以之爲比較基礎，稱形體較爲繁複的"正體字"爲"繁體字"，則因層次淆亂而不可説理了。

　　當然，我們也都了解今天我們所要面對的不是名稱問題，也不是國家認同問題，而是實際運用的問題，因此，或許最好的辦法就是：在名稱上，各自將自己的理念闡述清楚，讓讀者或使用者自行依照他們的學習歷程或心目中的正異關係去辨識；在使用上，各自依照自己正異關係，編列對應字表，讓一般民眾可以輕而易舉的依照對應關係，找到正字，並據以精確判讀文書，解決使用上的疑難。至於是否仿效"中華語文知識庫"《兩岸常用詞典》模式，編纂一部可供正、簡雙方共同使用，兼收參酌對照效用的字典，應該也是我們可以共同思考與努力的方向。

主要參考書目

1.《異體字字典》光碟版 "中華民國教育部國語運動推行委員會" 2004 年 1 月

2.《異體字字典》網路版 "中華民國教育部國家教育研究院" 2013 年 11 月

3.《辭典學新論 2006》 曾榮汾 等 辭典學研究室 2007 年 6 月

111對社會用字設想*

黄　翊
澳門理工學院語言暨翻譯學校

一、繁簡兩體自古有之

自古以來，漢字在同一時期都會出現不同的形體，例如"尘"字最早是三個"鹿"（"麤"）下面加一個"土"，後來省去兩個，剩下一個"鹿"成"塵"，還可以代之以"尘"字。"星"字原來是"生"上頭三個"口"或三個"日"，《説文解字》説"從晶生聲一曰象形從口……古文星"。"尘"和"星"可説是經歷了"簡化"的過程。再如"詠"，《説文解字》就已指出"或從口"，即是"咏"。至於簡化字"爱"字，被一些人諷刺爲"無心哪有愛"，

清 刘墉

---

* 本論文爲理工學院資助的研究項目成果，項目編號爲 RP/ESLT-01/2013。

問卷調查過程得到社會眾多朋友支持，特別是原商訓夜中學劉羨冰校長，東南學校陳新春主任，澳門理工學院公共行政學校李莉娜教授，理工學院語言暨翻譯學校崔明芬教授、湯翠蘭副教授、馬雲騄老師，澳門大豐銀行何婉莊總監，澳門國際銀行葉啓明總經理，中葡翻譯 2012—2013 二年級晚班馬希娜、迪加、阿多等全班學生，保安高等學校第十二屆陳增強班長和全體同學以及澳門治安警察局公共關係處馮長泉副警司。在此一併致謝。

感謝參加問卷設計、調查、統計的澳門理工學院語言及翻譯高等學校 2012—2013 中葡翻譯一年級的兩個班全體學員，以及藝術高等學校 2012—2013 音樂學士課程部分學生。特別要感謝李嘉明、老潔瑤以及她們的師兄吳俊成同學。

感謝北京師範大學王寧教授，青島煙臺大學丁金國教授，澳門大學徐大明教授、尹德剛教授。還要感謝香港嶺南大學田小琳教授和她的團隊、海南瓊州學院高海洋教授、山東大學盛玉麒教授和他們的研究生以及臺灣輔仁大學劉雅芬教授分別從香港、中國大陸和中國臺灣協助調查工作，按時完成調查報告。

其實它來源於行書，書法早就有以一橫代"愛"字裏面的"心"，劉墉筆下也是以一橫代"心"。

"云"是象形字，最早只有"雲彩"一個意思，後來"云"字用來兼表"説"的意思，就在原來的"云"字上頭多加一個"雨"成爲"雲"，以便與表"説"的"云"字相區別。這可以算是"繁化"吧。歷史經驗證明，漢字的不同形體會在運用中進行篩選：有的保留下來了，有的減少了筆畫，有的增加了筆畫，有的還改變了寫法，例如"鱻"變成了"鮮"、"淚"變成了"泪"。總之，漢字永遠處於變化之中。

歷史經驗還證明：一個有作爲的朝代，統治者會承擔起統一字體的歷史責任，以體現自己的歷史承擔。秦始皇在位僅僅十餘年，但卻做了一件"書同文"的大事！中國 1949 年建立了新政府，之後不斷進行規範漢字和統一漢字的工作，反復多次之後，於 1986 年 10 月 10 日由國家語言文字工作委員會重新發表《簡化字總表》，實收 2235 字。這批簡化字憑藉大陸的國力和政治影響力，除了在國內通行無阻、迅速取得"規範漢字"的地位，在國際上也勢不可擋，被一些國家和國際組織認可，聯合國甚至把它列爲被認可的文字（相當於普通話被列爲聯合國的工作語言）。所謂"規範"，所謂"被認可"，是說簡化漢字取得了合法資格，具有法定地位。

二、繁簡對立事出有因

簡化漢字被國際認可幾乎是不爭的事實，但是在漢字使用頻率很高的臺港澳地區，卻長期不被認同，甚至採取對抗的立場。這一狀況隨著港澳的回歸和兩岸政治的和解目前有所改善。當前，兩岸在漢字繁簡問題上出現了相互願意對話的勢頭。澳門語文工作者出於促進兩岸統一的願望，在漢字繁簡問題上願盡綿力，爲兩岸漢字的使用展現新面貌做一點力所能及的工作。

前些年兩岸爲什麼會在簡化漢字問題上出現針鋒相對、勢不兩立的局面呢？我想大概出於兩大原因：政治原因和技術原因。

政治原因是，1949 年後，臺灣與大陸完全隔絕，意識形態上你説是，我説非；你説我這邊民不聊生，我説你那邊水深火熱。一切都"對著幹"。大陸把推行漢字簡化説成是破除資產階級的文化壟斷，爲的是工農兵文化翻身，誰反對漢字簡化誰就是階級敵人，有著名文字學家因反對簡化漢字而被打成右派分子；臺灣則罵大陸政權破壞傳統文化，誓言反攻大陸成功首先恢復繁體字。

技術原因是，文字演變如同語言變化一樣，是採取漸變或潛入的方式的。有人形象地説是"陰一個陽一個"地在那裏起變化。文字的新形態總是不知不覺之中潛入文字系統的，不是採取公然出現或突變方式轉變的。例如"吻"字，一會兒出來個"脗"，一會兒又有個"脗"，究竟該用哪一個？聽從社會選擇就是了，大家用"吻"就用"吻"。字都是這樣"潤物細無聲"地潛入人間的，即所謂漸變式的、潛入式的、不知不覺來到人群中的。因此一下子冒出 2000 多簡化字而要群衆接受，那是違反"漸變""潛入"規律的。上個世紀 50 年代，大陸一下子冒出了多少？ 2000 多個！怎麼會一下子出現這麼多簡化字？其中一個重要原因是，本來只簡化了一個偏旁，連帶而來的凡偏旁相同的字都算簡化字，例如"貝"簡作"贝"，那麼幾十個含有"貝"的字都算在簡化字裏，於是"貞則負責喷貢財員敗貨貸販貪貧貶貫慣貼貴貿費賀遺贈賊賈賄賂賃資賒賦賭賞賜賡賠賴贅賻賺賽頤贋贊贈贍贏贛"換作"贞则负责喷贡财员败货贷贩贪贫贬贯惯贴贵贸费贺遗赠贼贾贿赂赁资赊赋赌赏赐赓赔赖赘赙赚赛颐赝赞赠赡赢赣"，在簡化字總數中一下子就增加了幾十個。再如"車"字簡化成"车"字，"鄆陣軋軌軒轉軟軻輕軾載輊輥輔輛輦輝渾連蓮輸輾轍"換作"郓阵轧轨轩转软轲轻轼载轾辊辅辆辇辉浑连莲输辗辙"，也都算在簡化字總數中。簡化字總數一下子就飆升上去了。"貝""車"做構件的字如此，含有"見""金""食""言""齒""馬""門"等等構件的字也都如此計算，於是簡化字總數成倍成倍往上升。

一下子簡化那麼多漢字對好大喜功的人來説是"成績顯著""功勳卓著"，對用字人來説是"嚇了一大跳"，以至產生"畏懼情緒"甚至"對抗情緒"。其實，當時歸納出的簡化字大約 400 來個，400 來個簡化字中不少是早已慣用的手頭字，例如"个""头""体""礼""龙""台""对""刘""万""号""宝""报""尔""尽""点""从""泪""尘""庄""过"等等。這批簡化字在民間流傳已久，可以依照民意把它們確定下來；至於"偏旁類推"的字則大可不必列入簡化字總數中，他們只不過是書寫形式的問題，如同英文的書寫形式那樣，每一個英文字母都有印刷體大寫、小寫，手寫體大寫、小寫等四種寫法，但並不稱之爲四個不同的字母。如果説大寫的 A 是一個詞，小寫的 a 也算一個詞，甚至把同一個詞按大寫、小寫、印刷體或手寫體的不同寫法算作不同的詞，那英語詞彙量不知會增加多少倍！漢字事實上也有印刷體、手寫體的區別，如果把不同寫法算作不同的字，那也不得了，不知會莫名其妙地增加多少！現在簡化字的數量就是這樣統計出來的，多得讓群眾感到簡化字"鋪天蓋地",沟湧而來。我們在兩岸四地問卷調查中發覺,群眾的畏懼心理至今還很濃厚,甚至在"認識不認識簡化字"一欄填上"一個都不認識"的字樣!其實凡識漢字的人有誰一個簡化字都不認識的?

三、繁簡對立如何融通

上述兩種有礙簡化字推行的原因,其中政治原因正在削減,而技術原因必須引起我們的重視。爲了兩岸在漢字問題上取得和解,我們在兩岸四地做了近5000份調查問卷。從這些問卷的答案中我們得出以下印象:

首先是兩岸對罵的局面趨向結束。簡化字在大陸運行了60年,孕育了三代四代中國人,同時得到國際組織和一些國家的認同;繁體字在臺港澳地區同樣發揮傳遞資訊與傳揚中華文化的作用,在傳承傳統文化上作用尤其顯著。對繁簡兩體的社會作用、歷史功績,調查問卷的答案幾乎相同。兩岸四地社會用字可概括爲"繁中有簡""簡中有繁",沒有一地是"純粹"的繁或"純粹"的簡。最有趣的是,臺灣地區的"臺灣啤酒"商標用字是簡體字"台湾啤酒",大陸"青岛啤酒"的商標用字卻是繁體字"青島啤酒"。

在臺灣出售的"台湾啤酒"

在臺灣出售的"台湾啤酒"

在青島的"青島啤酒"

在青島的"青島啤酒"

　　澳門位於使用繁體的臺灣與使用簡體的大陸之間，繁簡字的取捨也出現"左右逢源"的景象。澳門的 1104 份調查問卷顯示，有 905 人主要使用繁體，有 199 人主要使用簡體；問 905 位主要使用繁體的受訪者通過何種途徑得到簡化字的認知，566 人稱通過"書籍"，523 人稱通過"網路"，487 人稱"學校"，346 人稱"電視"，313 人稱"報刊"，197 人稱"街頭廣告"，182 人稱"手機訊息"，126 人稱"字典"，通過其他途徑認知簡化字者 12 人。由於此題可以作多項選擇，答案有 2752 條，平均每位作答者超過 3 條，可見簡體字在澳門並不陌生。

　　位於澳門路氹城填海區金光大道地段的澳門"威尼斯人"度假村酒店，是集大型博彩娛樂、會展、酒店及表演、購物於一體的建築物。酒店內固定部門都是用簡體字書寫名稱。

酒店內指示標誌

而臨時來這裏舉辦展覽或其他活動的各種名目，多用繁體標明。商店招牌也都用繁體標示。

酒店内商店招牌

酒店内指示招牌

由此引出另一個話題是：因爲缺乏必要的規範和正確的引導，繁簡之間錯用的情況很多。這種錯誤取代的情形主要發生在"同音字"取代。在我們的調查中就有 539 人認爲同音假借、一字多義的簡體字容易造成混淆，佔調查人數 48.82%。例如"里"字代替"里"和"裏"，於是内地城市出現"萬裏江山"的紅地兒金字的春聯；"范"代替"范"和"範"，於是"范冰冰"在珠海的一幅大型廣告上改了姓，改作"範冰冰"。

網上新聞稱一位書畫研究院名譽院長贈給歸亞蕾的"墨寶"竟然是"影後"二字，真是丟人現眼！

更恐怖的是一條介紹香港歌星黃家駒的網上資料："黃傢駒客死東京，令香港與日本兩地樂壇濛上一片愁雲慘霧，事髮於六月廿四日淩晨一時三十分，東京。黃傢駒血灑富士電視檯。"

　　面對當前局勢，漢字工作的歷史使命是如何減少各地漢字在字形上的分歧，推進漢字形體的統一。我想到的是：首先儘量消除人們對簡化字的"恐懼感"，消除簡體字給人"鋪天蓋地"而來的印象，實事求是地給"簡體字"一個科學的解讀。如前所述，現行簡化字把一些只是書寫時的體式不同的字認爲是不同的簡化字，例如"亞"字有三種寫法：亚亜亞，簡化方案規定其中一個（亚）是簡化字，算在簡化字總數中。須知許多漢字在書寫中都有不同的體式，如果把不同體式的字都算作簡化字，那麼簡化字數量自必多得不可勝數！建議在統計現行簡體字的數量時排除一些只是不同書寫形式的字體。

四、通用漢字溝通繁簡

　　目前可行的途徑是：維持現狀，在不同地區以不同字體爲規範。具體而言，大陸和已經用開簡體字的國際機構或地區（聯合國組織、新加坡等國）還是以簡化字爲規範，原來運用繁體字的地區（臺港澳）依舊使用繁體字。但可以厘定一些均可接受的簡化字作爲"通用字"在這兩類地區試用。通用字數量可以由少漸多。通用字的意義在於，即使只有10個、20個或30個漢字被不同地區同時採用，不同地區之間的漢字的交流即已打開了大門。因此通用字的確定具有重大的開創意義和歷史意義。

　　就目前各地漢字使用的狀況看，通用字可從現行的簡化字中選擇，暫時不必在簡化字之外去找通用字。根據什麼標準選擇通用字呢？首先要排除一批引起混亂的"同音替代"的簡化字，例如上舉"里""范""后"等等，同時暫緩推行一些形態缺乏美感的簡化字，但根本一點是要獲得各地民眾對通用字的認可。根據這些設想，兩岸四地語文學者通過問卷調查的方式從民間搜集到一些通行各地的用字，希望取得各地的共識，成爲新時期漢字世界共同認可的"通用漢字"。通用漢字的範圍可以不斷擴大，數量可以不斷增加，逐步成爲全球華人共同的文字工具。

　　此次兩岸四地漢字認知及使用狀況調查問卷最後一部分隨機挑選了100個常用簡體字，讓受訪者選擇填寫"認識與否""是否常用"兩大項目。用同一問卷在香港、澳門、臺灣三地同時調查，容易比較三地使用簡體字的異同。結果相當接近，香港對簡體字的認識率最高，其次是臺灣，澳門排列第三。

没有三地超過 70% 以上共同認識的簡體字，只有港、臺兩地共同的，有以下 20 個：

学	区	机	台	过	体	动	还	电	对
个	声	点	门	会	权	与	湾	万	压

三地各超過 60% 以上共同認識的簡體字有"弯"和"扫"兩個字。

三地各超過 50% 以上共同認識的簡體字共有 72 個，排列順序爲：

序號	字	序號	字	序號	字	序號	字	序號	字
1.	区	16.	无	31.	后	46.	触	61.	术
2.	还	17.	万	32.	难	47.	寻	62.	县
3.	湾	18.	与	33.	条	48.	齿	63.	忧
4.	体	19.	诊	34.	从	49.	签	64.	妇
5.	说	20.	头	35.	网	50.	阳	65.	松
6.	来	21.	应	36.	写	51.	于	66.	众
7.	权	22.	图	37.	觉	52.	荣	67.	晋
8.	声	23.	风	38.	只	53.	参	68.	币
9.	处	24.	发	39.	龙	54.	虫	69.	么
10.	对	25.	儿	40.	杀	55.	随	70.	旧
11.	动	26.	数	41.	远	56.	丰	71.	态
12.	长	27.	听	42.	势	57.	扫	72.	耻
13.	罚	28.	让	43.	笔	58.	丑		
14.	弯	29.	历	44.	奖	59.	龟		
15.	习	30.	惯	45.	戏	60.	萧		

結果很有意義，说明很多簡化字在三地流行。

從這些字中，我們得出的印象是：

1. 古已有之而筆畫簡單的字被認可的程度最高。例如：礼，《说文解字》開篇第十二字就说"禮，古文礼"；廟，古文是"广"字裏面一個"苗"，後世寫作"庙"；還有"从""泪""尘""龙"等等。這類"簡化字"在當今漢語世界通行無阻。

2. 千百年來流通的俗字早已進入兩岸四地的日常生活，肯定會進入今天通用漢字的行列，例如"万""与""台""对""刘""会"等等。

3. 漢字本來就是極富美感的文字，一些筆畫過於簡單的字不是很受歡迎，例如"厂""广""产""习"等。

4. 行書、草書寫出來的字不必計算在簡化字總數中。如前所述，文字分印刷體和手寫體不是漢字所獨有的，印刷體的"車"與手寫體的"车"、印刷體的"見"與手寫體的"见"不要分列兩個字。偏旁類推形成的字不要列入簡化字總數。

餘下的簡體字是有限的。萬事起頭難，筆者根據澳門 1104 份問卷答案、香港 350 份問卷答案和臺灣 627 份問卷答案的資料，再徵求專家們的意見，列舉了 111 對繁簡體待選字，不妨稱之爲"111 對社會常見漢字"。

111 對社會常見漢字				
幾（几）	麼（什么）	個（个）	門（门）	萬（万）
鄉（乡）	雲（云）	豐（丰）	貝（贝）	見（见）
開（开）	無（无）	車（车）	滅（灭）	從（从）
書（书）	與（与）	雙（双）	樂（乐）	爾（尔）
龍（龙）	電（电）	號（号）	禮（礼）	頭（头）
臺（台）	處（处）	對（对）	劉（刘）	發（发）
動（动）	執（执）	奪（夺）	權（权）	籲（吁）
莊（庄）	蟲（虫）	歲（岁）	當（当）	塵（尘）
關（关）	網（网）	會（会）	尋（寻）	盡（尽）
塊（块）	燈（灯）	運（运）	壽（寿）	壞（坏）
聲（声）	報（报）	醫（医）	聽（听）	亂（乱）
體（体）	還（还）	際（际）	竈（灶）	學（学）
龜（龟）	麗（丽）	奮（奋）	畫（画）	實（实）
質（质）	牀（床）	靈（灵）	寶（宝）	擔（担）
廟（庙）	齒（齿）	國（国）	圖（图）	蕭（肃）
變（变）	淚（泪）	膚（肤）	雖（虽）	響（响）
憲（宪）	晝（昼）	彎（弯）	眾（众）	濁（浊）

續前

111 對社會常見漢字				
獨（独）	點（点）	竊（窃）	鍾（钟）	鑰（钥）
賓（宾）	薦（荐）	蠶（蚕）	筆（笔）	黨（党）
艷（艳）	離（离）	愛（爱）	據（据）	驚（惊）
懇（恳）	鑿（凿）	礙（碍）	樓（楼）	癡（痴）
穩（稳）				

下面說說這"111對常見漢字"的選字原則與選字方法。

1.有一定的通行度。通行度是群眾基礎的反映，完全沒有人用的字即使列出也很難在民眾中使用。因此，這次選擇常見漢字，優先在此次調查的結果中選擇。特別是民國以來各批簡體字中都有的字，民眾和專家都已習慣使用。例如：

頭—头 會—会 點—点 與—与 畫—画 個—个

2.這次選擇常見漢字，優先選擇保持理據較好的字形。例如：

塵—尘 據—据 滅—灭 雙—双 筆—笔 驚—惊

3.有傳統歷史的依據。中華民族幾千年的文化歷史繼承，是兩岸民眾和學者共同的願望。因此，這次選擇常見漢字，優先選擇在歷史上曾經通用過的字。由於此次調查大都在一般民眾和青年學生中進行，缺乏高端人士的資訊，所以我們特別用通訊採訪的形式在兩岸四地訪問了50位書法家和文科教授，將他們的意見補充進字表。例如：

傳統互爲異體字的：禮—礼（《説文》重文） 淚—泪

歷史上的正俗字：體—体（正俗體） 薦—荐（正俗體） 擔—担（正俗體）

傳統作爲分化字並有通用歷史的：雲—云 電—电（後者爲古本字）

從—从（同源通用字）

4.縮小"一形兼代"的範圍。

可考慮兼代的：出—出齣 表—表錶 征—征徵

不宜兼代的首先是姓氏用字如：于—於于 肖—肖蕭

不宜兼代的還有容易混淆詞義的字如：干—干乾幹

採用此法特別需要提升用字人理解詞源字義的能力和電腦繁簡漢字轉換的技術水平，當前特別需要克制"棄簡趨繁"的風氣，如把"影后"轉換爲"影後"，

"范仲淹"轉換爲"範仲淹","下面"轉換爲"下麵","東干族"轉換爲"東幹族"，更有把簡化的"信息"轉換成繁體的"資訊"、簡化字"文件"變成繁體字"檔"的現象。這些不是簡化字本身的問題，而是用字人有待提升文化知識水平。

5. 通用字選擇的方法。

漢字由部件組成。這裏出現一個"部件類推"的問題。漢字的簡化有很多字是部件的簡化，例如"彎"簡化成"弯"，被簡的是字的上半截，於是"灣樂鸞戀孿戀蠻……"跟著簡化成"湾栾鸾峦孪恋蛮……"；"賓"簡化成"宾"，"濱殯檳繽鬢"也跟著簡化成"滨殡槟缤鬓"；更有"車"簡化成"车"，所有以"車"構成的字都簡作"车"，例如"輩军浑辉晖挥连莲链辚辗轨较辅辖毂……"

製作常見字表，只收一個使用頻率較高的漢字作代表，其餘簡化字採取類推的辦法推衍出來，例如收"车"進入字表，不收"輩军浑辉晖挥连莲链辚辗轨较辅辖毂"；"婁"簡化爲"娄"，有"婁"部件的字都得到簡化，如"楼搂喽篓镂髅蝼……"；"執"簡作"执"，"熱勢蟄"就可以推演爲"热势蛰"。選擇哪個字作這個簡化部件的代表字？當然是選最常見、最常用的字，例如用"楼"而不用"娄"。有些簡化部件不能涵蓋所有具備這個部件的漢字，則把不能涵蓋的簡化字另列，如"門"簡化爲"门"，有"门"部件的字如"闩闪闭闷问闰闵闽间闹闸闺阁阀闻阅阎阒阙简们焖扪悯润……"不必列入字表中，但"開關"的簡化字沒有"門"作部件，那就以單獨的簡化字形態標示出來，即"开关"。"獨濁"簡化爲"独浊"，並不表示有"蜀"作部件的字都要用"虫"字取代，"躅镯"依舊保留部件"蜀"。

谈大陆《古籍印刷通用字表》的研制

王 宁　王立军

北京师范大学文学院

一、项目的缘起及进展情况

2012 年，国家语委在"十二五"科研规划中设立了"汉字古籍印刷通用字字形标准研制"项目，委托北京师范大学王宁教授主持。该项目是继《通用规范汉字表》之后的又一重大汉字规范课题，对规范繁体字应用、指导古籍印刷、推进中国文化传播具有重要的理论与实践价值。

该项目立项后，首先对古籍印刷用字现状进行了调查，全面了解了古籍印刷用字在《中华大典》《四库全书》及《四部丛刊》《基本古籍库》等印刷成品和电子书中的情况，并调查了相关辞书的古籍用字。由于古籍用字的数量非常庞大，内部关系十分复杂，很难一次性解决所有问题。因此，课题组经过反复论证，决定分两期进行，第一期优先整理通用度高、分布领域广的古籍用字，形成《古籍印刷通用字字表（第一批）》，以解决当前古籍印刷用字的燃眉之急。

为了保证收字的质量，课题组制定了汉字搜集和整理的工作方案，具体的工作程序是：

（1）以《辞源》收字为工作的基础；（2）在《辞源》字头基础上，对行文和书证中未进入字头的字进行补收；（3）整理归纳所收字的部首系统；（4）制定第一批收字的属性表；（5）在广泛征求意见的基础上，制定《古籍印刷用字字形规范原则与标准》，并在此基础上产生《古籍印刷通用字字表（第一批）》，同时生成《古籍印刷通用字标准字形库》，提交语委审定。

目前，上述步骤的前四个步骤已经完成，其具体成果已经被使用在《辞源》

修订的过程中。做到了边研制、边使用，发现问题及时解决，逐步完善。

二、古籍印刷通用字部首的整理原则

部首是汉字的重要属性之一。"以部首统帅汉字字集"是汉字整理和检索的传统方法，这种方法适合汉字的实际，而且经过实践，证明它对历史传承字形的统帅是行之有效的方法，部首的整理是汉字形体整理的首要前提。

由于大陆一直通行简化汉字系统，传承字的部首年久失修，没有经过科学的整理，表现出以下问题：

（1）旧214部首的主形与大量的所收字不一致，有些部首实为小篆形体的隶定，与楷书相差甚远，起不到依形检字的作用，如"辵"。

（2）由于古籍整理中不同时代的字形混用，传承字的字形被随意改动，违背历史存真的原则，如从"壬"的字多改为从"壬"，失去了原有的字形信息。

（3）新部首按201个简化后，很多传承字归部困难，降低了部首统领所属字的作用。201部更多地是照顾了现代汉语通用字的字形，对于印刷古籍通用字是无法适用的。

因此，按照尊重汉字形体的实际结构，采用源流并重的原则调整部首，已是当务之急。因此，此次我们整理古籍印刷用字，将部首整理作为首要的基础性工作。

《说文解字》540部首，是汉字完全按照小篆的结构规律也就是字理进行分析归纳而产生的，被称为"结构部首"。至《康熙字典》，中国的楷书字典编纂已经成熟，由于楷书字体的演变比之小篆已经有了很大的变化，《康熙字典》的部首归纳为214部（以下简称"康熙部首"）。康熙部首尽管已经不是完全的"结构部首"，但在分部和归部方面，仍然保持了传统，尽量照顾了楷书的字理。康熙部首是今天保留下来的比较完善和优化的部首系统，尽管其中也有不少地方已不适应现代古籍印刷字形的实际，但它仍可以作为研制古籍印刷通用字部首的工作基础。因此，我们这次的部首整理是在康熙部首的基础上进行调整。

关于部首的整理，我们制定了三项总体原则：（1）分部、归部相互照应；（2）纵向（古今）、横向（两岸）互相沟通；（3）识别、查检尽量兼顾。

部首调整的具体情况举例如下：

（1）《康熙字典》部首中的主形与副形，根据汉字的现代发展进行调整，适当改换其相互的位置，以与多数所收字实际的形体保持一致。调整后笔画数发生变化的，相应调整其排列的顺序。如：

"両"主形调整为"丙"。

"艸"主形调整为"艹"（由6画调整为4画，调整后"艸"括注为变体）。

"辵"主形调整为"辶"（调整后"辵"括注为变体）。

"邑"主形调整为"阝"（由3画调整为2画，调整后"邑"括注为变体）。

"阜"主形调整为"阝"（由3画调整为2画，调整后"阜"括注为变体）。

（2）《康熙字典》部首字的形体比较陈旧，与现代通行的形体有差异的，按现代常用字形改换形体。调整后笔画发生变化的，相应调整其排列的顺序。如：

"瓦"主形调整为"瓦"，由5画调整为4画。

"鼎"主形调整为"鼎"，由13画调整为12画。

（3）康熙部首副形与所收字形体不同的，改换形体；未收部首副形，予以增补；本有副形未在部首表主形后放置的，也予以增补。如：

"彐"的副形"彑"，改换为"彐"。

"毋"部收"母、每"等字，但副形没有"母"，应增加副形"母"。

"人"增副形"亻"。

"刀"部增副形"刂"。

"卩"部增副形"㔾"。

"彐"部增副形"彐""彑"。

"心"部增副形"忄""⺗"。

"手"部增副形"扌"。

（4）《康熙字典》归部有问题，或不符合现今古籍印刷通用字形者，予以调整。如：

"敧"根据字形应归"攴"部，但《康熙字典》归"文"部，调整为"攴"部。

"之"按现今古籍印刷通行写法，上部为点，不随《康熙字典》归"丿"部，改为"丶"部。

"亟"按现今古籍印刷通行写法，起笔为折，不随《康熙字典》归"二"部，改为"乙"部。

"及"《康熙字典》归"又"部，与现今古籍印刷通行写法不合，改为

"丿"部。

"巨"《康熙字典》归入"工"部，与现今古籍印刷通行写法不合，改为"匚"部。

以上增补、改换、调整的最终结果，形成《新214部首表》，为明确新调整的部首表与康熙部首的差异，编写《新214部首与康熙部首对照表》，以备查询。

三、《古籍印刷通用字字表（第一批）》的收字原则

古籍印刷用字，指历代古籍中确曾使用过也就是在语境中出现过的汉字。古籍印刷通用字指其中有一定使用频度的字。根据《中华人民共和国国家通用语言文字法》的精神，古籍印刷用字包括繁体字与传承字，容纳异体字，不包括未在古籍印刷中用过的非传承简化字。

对古籍印刷通用字的整理，应当既符合古代典籍的实际情况，又要照顾现实应用，尽量做到纵向沟通（即古今沟通）和横向沟通（即两岸沟通）兼顾，充分照顾现代古籍阅读者识别与理解的实际，力求梳理出一个既科学规范、又清晰适用的古籍印刷通用字集。

为反映古籍印刷用字的实际情况，确保古籍用字的通用性，课题组确立了三条收字的总体原则：

（1）必须在中国古代典籍中实际使用过（也就是有实际语境和可靠的用例，没有文献用例的一律不收）。

（2）形音义俱全，且有典籍可考证三者之间的关系。

（3）具有一定的通行度。

在具体操作上，本次收集古籍印刷通用字首先从《辞源》字头入手。《辞源》收录书面词语的典籍截止年限为1848年，凡《辞源》收录的词条，都有书证作基础，必然符合"在古籍中确曾使用过"这一条件。所以，以《辞源》作为收字的起点是十分可靠的。第二版《辞源》所收字头共12922字，二版《辞源》没有实现"完全封闭"的原则，经过计算机地毯式搜集，有2627个字头未出现的字浮现。在符合上述三条收字总体原则的前提下，又从字际关系方面进行清理，确定以下四种情况可以增收：

（1）增补与原字头不属于严格异体字关系的字：例如："祏"虽然在"开拓"的义项上后来可写作"拓"，但前两个义项仍不能写作"拓"，故"祏"有必要增补。

（2）增补与原字头为异写关系，但字形差异明显者。如：

601	汙	水		**601**	污	水	
04825		3	1	C10457		3	1

621	亯	亠		**621**	亯	亠	
00091		6	2	C10893		7	2

（3）增补与原字头为异构关系者。如：

474	琴	玉		**474**	琹	玉	
06036		8	1	C08157		8	1

445	憑	心		**445**	凴	几	
03073		12	4	C07715		12	4

446	缾	缶		**446**	瓶	瓦	
07842		6	4	C07703		6	4

（4）增补与某字头有通用关系者。如：《辞源》字头收"栗"而未收"溧"，现增收"溧"。

以上四项共增补 1776 字。

以下五种情况不再增收：

（1）不属于楷书传承字的简化字不再增收。如："习""专、传、转"等。

（2）布局图式不同但不影响构意的字不再增收。如：已收"峰"，不再收"峯"；已收"群"，不再收"羣"等。

（3）与原字头为异写关系，只存在笔画形态、长短上的不同，不导致笔画数差异者；或仅因个别笔形的置向、连断不同而造成形体差异者；或为避讳缺笔字，不再增收。例如：

09206	蛻	虫		C10049	蛻	虫		（形态不同）
		7	4			7	3	

03469	插	手		C00849	揷	手		（长短不同）
		9	3			9	3	

01019	喦	口		NC777	喦	口		（置向不同）
		5	2			6	2	

（4）凡《康熙字典》未收的字，原则上不增收。

（5）错讹字不再增收。如"迡"字，读 chí 时是《说文》"遲"的或体"遟"的讹字；读 nì 时只见于辞书，没有文献用例，不符合总体原则的第三条，故不增收。

经过上述整理，《古籍印刷通用字字表（第一批）》共收字 14698 个。该表所收字是严格按本课题收字原则收录的，是一个反映古籍印刷用字实际情况、确保古籍用字通用性的字表。

四、《古籍印刷通用字字表（第一批）》的字形择定原则

收字原则解决的是字种的问题，但在同一字种的不同字形当中，到底应该选择哪一个作为主形，则取决于主形的择定原则。课题组确定的基本原则是：

（1）主形的选择原则上依据使用频度的高低作为选择主形的依据，但由于缺乏大规模的古籍"字料库"，使用频度的高低可以参考在权威字书和 CJK 字符集中的分布情况。

（2）要尽可能保持繁体字内部的系统性，相同位置的同一部件尽可能保持形体一致。

（3）既充分尊重古籍用字的实际，又尽可能缩小与 1965 年公布的《印刷通用字形表》在笔形方面的差异。

（4）充分考虑两岸交流的需求，尽量缩小两岸传承字字形的差异。

在具体操作上，选择主形时应综合考虑《康熙字典》字形（代号为 K）、CJK 大陆列字形（代号为 G）、CJK 台湾列字形（代号为 T）、《中华大字典》字形（代号为 Z）。其中以前三者为主，前三者各代表一个方面，K 代表历史字形，G 代表基本符合《印刷通用字形表》规则的字形，T 代表台湾的现行字形。根据总则的要求，我们依据以下操作方法进行主形的择定：

（1）如果某字形 K、G、T、Z 四者一致，说明该字形的通用度高，应该选定为主形。这是遵从通用性和一致性原则。例如：

GTKZ 均作宫，只有 GT 另收宫，以宫为主形；

GTKZ 均作鉼，只有 KZ 另收鉼，以鉼为主形；

GTKZ 均作吆，未有收吆者，以吆为主形；

GTKZ 均作斳，未有收者斳斳，以斳为主形。

（2）如果某字有两个或以上形体 K、G、T、Z 四者都一致，则参考具有相同部件的字选定主形。这是遵从系统性原则。例如：

将将 GTKZ 均收，根据"漿蒋槳"等字，确定将为主形；

（3）如果某字有两个或以上形体 K、G、T、Z 四者都一致，且类似字太少，无法从系统性角度作出判断者，则参考该字的形源选定主形。例如：

捏捏 GTKZ 均收，根据《说文》，"捏"为"日"声，非从"臼"，故应以"捏"为主形。"陧"应改为"陧"。

（4）凡 K、G、T、Z 之间只存在笔画形态、长短上的不同，不导致笔画数差异者，或仅因个别笔形的置向、连断不同而造成形体差异者，从 G（此条为优先原则）。这样可以避免出现 K 中过于老旧的笔形（鉴于"新旧字形"概念的模糊性，本规则不采用这一概念）。例如下列例字中均以前者为主形：

03184 户 尸/0	A0282 戶 尸/0	（形态不同）
00242 俞 人/7/1	00547 俞 入/7/1	（形态不同）
09206 蜕 虫/7/4	C10049 蜕 虫/7/3	（形态不同）
09211 蜂 虫/7/2	C08184 蜂 虫/7/2	（长短不同）
01019 咼 口/5/2	NC777 咼 口/6/2	（置向不同）
12274 鬼 鬼/0	NB840 鬼 鬼/0	（连断不同）

（5）凡符合第（4）条所述情况，而 G 列有两种或以上字形并存者，参考《印刷通用字形表》选定主形。例如下列例字中均以前者为主形：

00996 告 口/4/3	C02944 告 口/4/3
02129 尔 小/2/3	C02362 尔 小/2/3

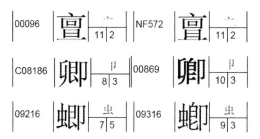

（6）G、T 相同，但与 K 不同者，取 G、T。例如下例中前者为 G、T 相同字形，后者为 K 字形，取前者。

（7）两种字形 G、T 都有，取其中与 K 相同者。例如下例中两个字形 G、T 都有，其中前者与 K 相同，取前者。

（8）G、T 之间不同，则取其中与 K 相同者。例如下例前为 T、K，后为 G，取前者。

（9）G、T、K 之间都不同者，则需综合考虑各方面情况予以确定。

　　总之，印刷古籍字形整理和规范的工作既十分艰巨，又极为重要。汉字是一种人文性很强的书写符号系统，它的表意特征决定了它与社会文化之间的密切关系，也决定了它的字符的数量会数千倍于拼音文字。而且，作为全民使用的交际工具，它的书写者多，流通面广。这些都必然导致汉字不能完全自发地发展，否则，其分歧程度将会无法控制。汉字的发展过程，同时也是汉字不断规范的过程。可以说，汉字的整理与规范工作是汉字与生俱来的必然要求。特别是目前有些辞书与字库贪多求全、重收录轻整理的不良现象，对古籍印刷领域产生了较大的干扰，因此，对印刷古籍字形进行整理和规范，从而为古籍印刷字形提供统一的用字标准是十分必要的。

港澳學人的繁簡觀

——二十九年前的 "繁簡由之" 座談會

程祥徽

澳門語言學會

1979 年，我從青海來到香港定居。爲謀生計，找到一份在香港大學語文研習所（俗稱語言中心）教普通話的差事。學生中有丹麥嘉士伯 (CARLSBERG) 公司準備派往内地開展業務的年輕人，公司給他們的任務是：三個月内學會普通話，檢驗標準是一到北京機場就能用普通話跟接機的人交談。學員中還有韓國駐外使舘高級職員、銀行高層。本港學員也有很多是企業高層人士，例如美國 AIA 保險公司經理、美國陶氏化學公司經理、保險公司的年輕職員，還有一些是香港大學的學生。當時内地市場剛剛開放，進入内地首先要會普通話、識一些簡化字。恰在這時，三聯書店總經理蕭滋先生約我寫一本介紹簡化字的書。我問蕭經理寫作目的是什麽，他説，三聯出售的書 90% 是用簡化字寫的。我明白了，寫書的目的是爲了給三聯推銷内地出版的書。當時我在港大教普通話，我的學生們也希望能看懂用簡化字寫的讀物，港大教師們其實都在買簡化字的書，參考用簡化字寫的專業書籍。港大一位教授對我説：簡化字有什麽難的？只要看完一本簡化字寫的書，簡化字都會認了。

我是一個學繁體字長大的人，1953 年還有幸受教於文字學大師商承祚教授，後來梁東漢先生也爲我們班專門開設一門漢字學的科目。五十年代中期，制訂 "漢字簡化方案" 的工作搞得熱火朝天，我以一個大學生的身份曾發表過一些意見，收集在幾本 "討論文集" 裏面。七十年代末我來到香港，好像是從簡化字世界回到繁體字世界，可以説是 "繁簡逢源"。三聯要我寫推介簡化字的書，我想應該發揮我的優勢，把繁簡兩體寫到一塊，於是命名爲 "繁簡由之"。

《繁簡由之》是一本小書，可是驚動了許多大人物：王力教授賜序，饒宗頤教授題寫書名；小書出版後三聯邀集學者舉行座談會，出席者俱是名家。各位專家在會上的發言精彩紛呈。那些觀點和意見雖然是三十年前提出的，但卻有非凡的現實意義。那就乾脆一字不漏地轉述於下吧。

"繁簡由之"座談會
（紀錄摘要）

時　　間：1984 年 11 月 2 日

地　　點：香港嘉誼俱樂部

主持者：杜　漸（三聯書店《讀者良友》主編）

出席者：程祥徽（澳門東亞大學文學院副教授，東亞大學公開學院中國文史系主任）

　　　　羅忼烈（香港中文教育學院客座教授。程按，同時是東亞大學中文系教授、東亞大學公開學院中國文史系教務委員會主席）

　　　　司徒華（香港教協會長。程按，後爲香港立法委員、支聯會主席）

　　　　毛鈞年（香港中華文化促進中心理事。程按，後爲香港新華社文化部副部長、香港新華社副社長）

　　　　何沛雄（香港大學中文系高級講師。程按，當時亦任教東亞大學公開學院中國文史系）

　　　　何景安（香港教聯副秘書長兼教研部主任）

　　　　姚德懷（香港中國語文學會主席）

　　　　陳耀南（香港大學中文系高級講師。程按，當時亦任教東亞大學公開學院中國文史系，曾任臺灣"立法院"海外華僑委員）

（按發言次序排名）

主持者：今天很高興能請到各位專家參加這個"繁簡由之"的座談會，香港作爲中西文化交流的匯點，使用的漢字有繁體也有簡體，三聯書店的這本程祥徽先生編寫的小冊子《繁簡由之》，目的就是想促進港人對簡體字的認識。事實上內地推行簡化漢字已近三十多年，十億人都在使用，這已是不可逆轉的改變不了的事實，問題是我們香港人如果不懂簡化字，會不會影響到我們社會的發展呢？這次座談的題目是：學點簡化漢字對我們香港人有沒有好處，簡化漢字的使用對我們香港人的工作與生活會有什麼影響。各位都是這方面的專家，因爲要探討這個與大家有切身關係的問題，希望各抒己見，百家爭鳴。

程祥徽：《繁簡由之》是我編的小書，是爲三聯書店編寫的。我在東亞大學教現代漢語和古代散文時，選教材非常困難。現代漢語是内地的土產，別的地方没有，只好選内地的，這些教材全部都是簡化漢字的。古代散文我儘量選一些繁體字的書，臺灣的教材是繁體字排的，但没有註解，對學生幫助不大，同學自學有困難，最後選了劉盼遂和郭預衡的《中國歷代散文選》，那是高等院校統一使用的教材，可以保證水準，但它又是簡體字的。經常有學生問，爲什麽你們選這樣的教材，前天有一個學生打電話給我，問我爲什麽選這種簡體字的教材，我們看不懂。我給他解釋，現代漢語只有選内地的，只有他們把現代漢語的語音、詞彙、語法、修辭弄在一起，別的地方是没有的，古代散文的註解做得很好。選這些教材，爲的是幫助你們學好這兩門功課。簡體字的書唸起來有困難，剛巧我有這麽一本小書，我送你一本。結果他挺高興。我找三聯書店要了一千本，給每個學生送一本。簡化漢字在内地通行了二三十年了，十億人都在使用這種字，恐怕三十歲的人都不大懂繁體字，這樣一種現實是不能改變的。我們不能要他們把書改成繁體，這是辦不到的。倒是我們不妨多掌握一種工具，實際上是半種工具，唸簡體字的書就容易多了。懂繁體的人唸簡體很容易，花幾個鐘頭就掌握了。三聯的蕭經理跟我談到，三聯推銷的書90%都是簡體的，如果能介紹一點簡體字的常識，相信會更好地爲讀者服務，有利於文化交流。這和我的目標是一致的，所以我就接受了三聯的要求，寫了這本小書。

羅忼烈：文字用途越多，越要求書寫快捷簡便，所以筆畫由繁變簡，是文字演進的趨勢。早在兩千二百年前，秦代的小篆就已經簡化了周代的大篆；稍後，秦篆又簡化了小篆；漢隸和楷書又簡化了秦隸。到了宋、元，許多俗字（簡體字從前也叫俗字）又簡化了正體的楷書。如苏（蘇）、欢（歡）、变（變）、弯（彎）、灯（燈）、烛（燭）、国（國）、宝（寶）、实（實）、书（書）等等，無慮數百，不少是我們久已習用的。簡字自然不合“六書”的原則，但從漢代以來，見於字書（《康熙字典》之類）的字體不合於“六書”的太多了，我們何必只是歧視簡字呢！所以今天内地通行的簡字並非不合理。不過其中確實有些令人難以苟同的，例如“叶”代葉，“肖”代蕭，“云”代雲（雖然二者本來是同一個字）等等，諸如此類，很容易引起誤解。又如《文物》《考古》等刊物，在甲骨文、鐘鼎文的譯文裏夾雜簡字，也叫人有非驢非馬之感。

現行的簡字，除了一部分是宋元以來習用已久的以外，如“圣（聖）”“证（證）”“亏（虧）”“号（號）”等，本來就是正字，不過彼此之間意義各異。又如“达

（達）"，據《玉篇》説是二者相同的。又如"态（態）"，基本上是從"忲"變出來的，不過把心字移在下面罷了。再説，文字是約定俗成的，姑不論是否有當，通用了我們就得認識。我在香港大學中文系教過多年，學生作業常用簡字，無疑是省了很多書寫時間，他們不曾專門去學，看得多自然懂了，不會有多少困難的。不接受是心理問題。記得大約十年前吧，教育司署曾經編過一套小學字彙，當時有關人士徵詢我的意見，我建議有些筆畫太繁複的字不妨用簡體，我建議淺水灣的"灣"字，小學生就要寫，怎麼行，不如用"湾"……字彙表接納了一些，但註明"繁簡由之"。教科書卻通通不用，恐怕校長、老師和家長反對，可見各方面的阻力相當大。

現在香港不少人是簡體字的文盲，正如内地不少人是繁體字的文盲。内地某著名大學一位名教授曾經對我説過一個笑話：有一天他叫助教到圖書館借《後漢書》，助教找了半天找不到，原來這位助教只認識"后汉书"，卻不識"後漢書"三字，當然找不到了。相反，許多香港人恐怕也找不出"《后汉书》"呢。因此，"繁簡由之"還不行，最好是"繁簡俱通"。香港的知識分子要會"簡"，内地的知識分子要能"繁"。

記不得是多少年前了，國民黨時期的教育部也曾頒佈過一批沿用已久的簡體字，現在通用的簡體字也包括了那些。文字不過是語言的符號，没有政治因素，甚至没有國界，新加坡的"華文"不是全部接納了新中國通行的簡體字嗎？

司徒華：内地是有一些對漢字簡化不同的意見，不過不久前開過一次全國文字改革會議還是肯定了漢字改革，我對第三批簡化字也有點反感，幸好後來收起來了，我覺得漢字簡化不能一直簡下去，變成全部簡的，到一定的時間就要穩定下來，目前已到了一個穩定的時期。對於已經推行了這麼多年的，要不要走回頭呢？這是不可能的，這些字已在通行。現在提倡與"一九九七"也有一點關係的，我們不能避開這個問題。"一九九七"提出來，現在香港和内地有經濟上的接觸，將來還不只是這樣的接觸，雖然香港是特區，但主權是屬於中國的，母體是中國，和内地的關係越來越密切，在文化上的溝通越來越多，内地講普通話，寫簡體字，而你完全不懂，那就麻煩了。至於將來如何實行，那由特區政府決定。我想講一個故事：我有個學生留學英國，在那兒讀書，同房一個同學是學中國文學的外國學生，也許是由於他是中國人，所以要他同房。有一次拿了《離騷》來問一個字，該怎樣讀，作什麼解，這位同學不識，香港的番書仔是不大懂這些古典文學的東西的，他説："這些太古太舊的東西我不懂。"隔了幾天，那外國同學拿了一張《人民日報》，是用簡體字印的，其中一些字他看不懂，又來問，他回答："這些字太新了，我不懂。"那外國同學就説："你究竟是不是中國人？舊的不懂，新的又不識，你識得些什麼？"經過了這事，他相當慚愧。在香港提倡簡化字是非常必要的，我們香港人同內地溝通，看內地的書，都方便一些。比如現在已在小學推行圖書館制度，在中學的圖書館也會推行的，由於很多先生對簡化字抗拒，或怕學生不懂，就不買大量的書籍，參考書方面就少了很多。就上次的上海書展看，不少給小學生看的書印得很好，但因爲是簡體字，教師不敢買不敢介紹給學生看。所以不懂簡化字幾乎是閉上了一隻眼睛，看少了很多東西，提倡簡化字可以在文字上溝通，擴大我們的視野。另一方面不肯定規範的簡體字，人們亂寫，創出很多古靈精怪的字，特別不少社工，寫報告時亂作簡字，又不懂正體的簡體字，自己亂作，搞得一團糟。如果不推廣簡體字，就會有很多麻煩的。其實簡體字接觸得多，自然就學會了，在座各位都是看簡體字的，都沒有專門學過，現在有些人在情緒上的抗拒實際比學不學得會問題還要大些，其實留心上下文推測一下，也能學會那個字的，爲什麼情緒上有抗拒？這是因爲一路以來香港簡體字好像是不合法的，這點我們曾多次同考試局商量，要求他們公開宣佈在考試卷上用簡體字不算錯，他們不肯公開宣佈，但他們告訴老師，學生寫簡體字時不要當是錯，我覺得他們這樣做也有點理由，也不是沒道理的，他們的道理是："我們不想由考試局來宣佈用簡體字是事實，你們不是經常批評香港是考試帶動教育嗎？如果我們宣佈，不是又是以考試帶動了嗎？"他們説："最好你們叫教育署那邊討論了這個問題，建議我們宣佈。"這不知是不是搓皮球？這是有一定道理的，教育局本是應作決定，通知考試局，才可免得人説考試帶動香港的教育。最近我們已經同教育署談過，他們説可以考慮。小學生方面我認爲暫時還不適宜推廣，他們負擔較重，但中學生方面可以讓他們認識一下，不一定要他們全部用上。但他們不能當是錯，建議三聯搞一個掛圖，貼在圖書館，讓他們見慣了，自然學會了，不必專門開課來教幾堂的。

毛鈞年：兩三年前，香港中國語文學會曾向教育署提過一個建議，有過一個簡體字表，事實上已做了司徒會長所講的那種工作，如果有需要，語文學會可以再送上一份給教育署。那份東西是參考了中國內地、新加坡，甚至臺灣地區的一些行書，將那些共同的字列成一個表，這是相當科學化的。目前來講推廣簡體字是一個時機，實際上雖然還未推廣，在中學生當中應用的程度是相當大的，例如我改中試的卷子，有不少學生是寫簡體字的，有些字是學生自己造出來的。如果不宣佈一套簡化字，就會很混亂。羅教授擔心的語文程度低落的問題就會更加嚴重。現在社會上對簡化字的阻力正在逐步減少，識簡體字，是一個面對現實的問題，識並不等於否定繁體字，不論大陸還是臺灣，在某種程度也都要繁簡由之的。大陸也要這樣，如甲骨文的古書，應用繁體，要用原來的字體，政治上可以一國兩制，文字也可以一國兩體，這是尊重事實的問題。另外，要區別印刷體和手寫體，印刷體在香港可以用繁體字，否則印刷工廠要全部搞過設備，但手寫體應容許有簡體字，但必須規範化，有個標準，對學生要求他們識看印刷體的簡體字，而不要求他們寫，可以容許他們寫，要求不要太高，這樣各方面的阻力可能會少些，我認爲主要用的是"一簡"，"一簡"是比較合理的，"三簡"連內地也要收起來，這事應做得慎重一點。"一九九七"這問題不需要顧慮，隨著內地和香港經濟文化交流的日益發展，年輕一輩不識簡體字，對香港的發展也是不利的。現在核心的問題，不是識不識簡體字的問題，而是讀不讀簡體字的書，或者是根本讀不讀書，讀不讀課外書。這是一個需要的問題，假如這社會的經濟文化發展需要他們去閱讀，他們就會識看簡體字的書的。我覺得現在社會需要逐步提高了，這主要是依靠經濟的動力，香港政府也要負責在這方面推動，社會各界人士也一起推動，這是一個非殖民地化的過程，要改變重英輕中的政策。由社會上客觀的需要，加上政府的一定的措施，這問題是容易解決的，政府要成立專門的機構，未必只是教育署，要研究處理這些有關的問題，包括整個語文政策的問題，要支持已有的努力，對已有提出的方案要加以研究，同時要了解有關機構及學校的情況。要聯合各界人士，因爲商界是很緊要的，香港和內地經濟關係密切的話，很多合約都會用簡體字，商界會相當關心這件事，應爭取商界、新聞界及各方面的關心和支持。

何沛雄：學識簡體字有沒有好處？答案是肯定的，因爲學多一種語言或一種技能，一定有好處。目前中國內地、新加坡以至聯合國的刊物都用簡體字。統計一下，全球用中文印的書報刊物，70%以上都是用簡體字的，由此可見簡體字流行很廣泛。在香港有很多有利的條件，可以識繁體字也可以識簡體字。香港與內地歷來關係密切，我相信藉著"一九九七"問題，目前是介紹和讓大家認識簡體字的一個好機會。9月26日中英草簽了香港前途方案，大家知道香港和內地的關係更加密切，將來香港政治、經濟、文化一定會受到內地的影響，所以我們要直接了解內地的政治、經濟、文化的動向，一定要識簡體字。假使我們要到內地旅遊，識簡體字也會有很多方便，所以無論從哪方面看，學識簡體字都是有利的。識簡體字並不是要完全抛棄繁體字，而且繁體字也有保留的價值。我們中國文化遺產是這麼豐富，不可能將這些文化遺產譯成簡體字的，《鄧小平文選》要推廣，也印繁體字，所以在香港推廣文化或思想，在某一方面也還要借助繁體字，書同文是很有價值的，比如我們現在能認識幾千年前寫的《論語》《孟子》《楚辭》，韓愈的文章、杜甫的詩歌，爲什麼我們能讀得到呢？因爲幾千年來這些字沒有多大改變，這種中國傳統文化能流傳下來，是書同文的價值，如果完全改成簡體字，將來對固有文化會有很大的隔閡。中國文化過去書面語和口語有一定距離，寫的文字可以不變，幾千年可以流傳下來，如果一下子改變，後一輩的人對流傳下來的中國文化及文化遺產會有隔閡，甚至不識，無法繼承下來。我們看看世界文明古國當中如埃及、巴比倫、印度，他們的古文字現在已沒有人識，放進博物館了，只有中國由於文字沒有改變，才流傳至今。簡化漢字一定要統一，不要搞各種花樣，一定要頒佈，一定要執行，否則將來文字上的溝通會有困難。如果在香港完全用簡體字，我相信對我們的生活會發生一定的影響。識繁體字的人學簡體字完全沒有問題，很快就能學會，但工商界可能會有影響，他們的契約文件得由頭弄過。這方面如果從經濟眼光看，可能費用和推行都很費力。從繁而簡要有一個過渡時期，要漸進式才行。這樣無論工商界以至每個人的生活，似乎易於適應些。目前我們的目標是什麼？在目前香港的環境下，我們一方面要識繁體字一方面要識簡體字，所以"繁簡由之"。

何景安：過去推行簡體字阻力大，學生在考試時寫了簡體就算錯，所以語文老師過去一律禁止學生寫簡體字。理科老師稍微好些，文科就一律不准，到考試時會扣分，所以老師自己也不敢寫，寫了怕學生學，所以阻力較大，學生不敢寫簡體字。實際上社會上應用簡體字也很廣泛，許多人寫信也用簡體。過去有些人對簡體字不太了解，總以爲簡體字是1949年之後由中共搞出來的，正如羅教授說的，五十多年前國民黨時代已公佈過150個簡化漢字，就是不少人都不知道的事實。其實宋元時就有簡體字，他們也是不知道。過去對內地不太了解，或對內地感情上有些衝突，總是心理上有些抗拒簡體字，一寫簡體字就認爲是"大陸字"，不是中國字，同大陸分得很清楚，楚河漢界一樣。今天情形已有很大變化了，1997年香港前途問題基本解決，近這一年多學普通話的人也多了。最近很多人提到法律要翻譯成中文，提到要加強中文。教育統籌委員會可能又提出在初中提倡母語教育問題，這不可避免地要和中文接觸較多。同內地關係密切得多了，接觸內地書刊也不可避免。今天的條件比過去好多了。以前《文匯報》曾用簡體字，幾年後又用回繁體字，推不下去。今天情況不同了，當然在報紙、課本上全用簡體字也不一定需要，可以基本不變。我覺得需要提倡多寫簡體字，在會考內寫不當錯，相當多人就會用簡體字寫。現在學生會考的時間非常緊張，一個半鐘頭要答那麼多題勉強夠鐘。很少考生可以在規定交卷時間前交卷，基本上也沒人願離開考場。主考老師説大家停筆時，大家還依依不捨。如果用簡體字，少寫些筆畫，多答些題，這對他們是很有實際利益的。這如能通過，是十分之好的，這需要努力。如果內地"一簡""二簡"能用得著，已很好了。當然不一定全部用。比如有的字實在變得不太大，在香港不一定要用，如"叶"和"葉"字形相差太大，不習慣，但"學生"的"学"，"臺灣"的"台"大家已在寫了。我們可以以香港各階層多數市民接受爲主。現在條件好多了，香港又是一個世界各國和中國文化交匯的中心點，我們可將世界的東西翻譯成中譯本，介紹到內地；將內地中文書刊翻譯成外文，交流將更加頻繁，簡體字就需要推廣了。如能在會考中可以寫，不當錯，許多學生就很快學懂寫簡體字。推廣，新聞界、傳播界影響是很大的，比如在電臺電視的"每日一字"節目稍微帶著講一講，看來都有好處。一般市民接觸簡體字多了，也會逐漸熟悉，我看這不必怎樣去學的，我們懂得簡體字，主要靠看得多。

姚德懷：現在正式通用的是一簡，二簡根本未正式用，二簡僅是方案，還未正式通過，徵求意見後還沒下文，如果二簡通過，恐怕只增加多幾十個簡體字。三簡我看不會有了，很多人不贊成。香港中國語文學會幾年前提出的是中國內地簡化字與新加坡簡化字、臺灣地區行書標準字體共同的部分，叫"通用字"，不是一個方案，只是三方面能接受的，已印出來，推薦給考試局。這是從學生需求考慮，不是自己造些字出來。剛才大家提到用簡體字一定要規範，不可自己造出來。香港是自由社會，不論什麼都順其自然爲主，推動爲輔，如推動過頭，欲速不達，效果會相反。《文匯報》最近曾出現一篇文章，主張法定用簡體字，我覺得那樣不好。（程按：1984 年 9 月 2 日《文匯報》吳康民"推行簡體字"文稱："香港實施漢字簡化，只要通過一條立法，採取現有的中國大陸已採用的簡體字即可，然後限期要求報刊推行。"）在香港可以推動，但不宜過分，大家都很敏感。過分了人家會説你在搞什麼鬼？另一方面，工商界、廣告界、石油公司等機構有的特別選用簡體字。也有人需要從繁體查簡體，因與內地做生意。這是趨勢，適當時機我們可以推動一下。簡體字是歷史產物，方便交往。五十年代臺灣也曾經有關於簡體字辯論。不必太擔心再有新的大家不識的簡體字公佈了。文字是溝通工具，應多識些簡體字，但在古籍方面繁體字應保留。在香港學生中讓他們知道簡體字也是有規範的，這有好處。

　　陳耀南：我想不到也要用口，而不只用耳。不過，今天的會很有意義。第一，好好地坐下來談；第二，不強求結論。這都很難得，如果在以前三五十年代，都是不可想象的，如果以前就有人虛心討論漢字簡化的話，情況會不會改變？因爲有些是爲簡而簡的，大家舉了很多例。前個禮拜我和教授何丙郁先生開玩笑："將來的人可能稱你何丙鬱"，國語中"郁"和"鬱"一樣，但廣東話完全不同。有幾次，某晚報的標題都寫成"憂郁症"或"抑郁症"，其實是把鬱字簡成郁字了。在《人民畫報》見到"鄧小平付主席"，副字筆畫又不多，又常見，何必用付？這問題很大，將個"主席"就"付"給別人了。湖南人民出版社出《歷代寓言》:《斗牛圖》，我還以爲"徘徊於斗牛之間"，原來是《鬥牛圖》。我覺得應用"鬥"，鬥字兩拳相對，很形象的，後來不知怎的加了一大堆零件，就變複雜了，後來把那些零件簡化成斗字，再後來把外殼去掉，剩下一個斗字。我反對"斗"，其實"鬥"字已很簡單，不應簡爲斗字。當初簡化是爲拉丁化做準備，而今日拉丁化看來並非必須，當初那種樂觀堅決的語氣改變了。現在簡化漢字成了遺留問題，內地十億多人看繁體正字有困難。我覺得可喜的是：近日常常有人提"炎黃子孫"這四個字，這四個字很可愛，起碼承認我們的文化傳統有可肯定的成分，如果一國兩字的話，實在有沒有必要呢？我們看看那些没推行簡化字的中國人地區，文化普及的程度是否不及簡化字的地區呢？我們要問心——我們中國人是講良心的，爲何會如此呢？如果我們的語文簡潔一些，不寫纏腳布那樣又長又臭的文章，是否比用簡化字寫得囉囉嗦嗦的文章更好呢？《大公報》唐瓊寫的小趣談，他帶孫女兒到中山陵，孫女兒問什麼是"公鷄下天"，原來把"天下爲公"看成了"公鷄下天"了，這多可笑，我當時看了這段文章笑不出來。有些事是不能太魯莽武斷的，我很欣賞大家剛才的共同看法：順其自然，基本不變，做到視而可識，寫而不錯，就夠了。如果再變，發覺不好，改回來是很難的。香港人學簡化字不難，香港人是很靈活的，是商業的民族，總之只要現實有需要，你不教他們也實識的，何嘗有人要他讀英文？大問題倒是內地對繁體字的認識，連排字也有困難，無論講文化承傳，抑或講國家統一，而論到解決辦法，是否唯有將錯就錯？是否一定以寡就眾？答案似乎並不簡單。這是個百年隱憂，是百年大患。對簡化漢字的抗拒，這不單是被視爲不合法的問題，而且是一個價值體系認同的問題，有很多歷史的積因。似乎搞文字學的都不大寫簡體字，他們都懂，就是不寫，這很有趣，內地的專家也是，搞聲韻學的十分熱心推行簡化字以及拉丁化，搞文字學的就很保守了，這背後有個原因，聲韻學家覺得音標的作用大，而文字學家很愛惜字的字形的傳意作用。漢字幾百年是穩定了的，改變字形會弄得面目模糊，如塵字簡化成"尘"，這很好。眾字還原成"众"我也贊成，但鬱字簡化成"郁"，後字簡化成"后"，本來是兩個字，不能混同，這就不好了。日本也有人熱心搞拉丁化，結果行不通，還是保留漢字，這不是沒有原因的。漢字佔的空間小，而經濟效用大，太簡化就面目模糊，現在簡化實在已穩定，不再簡下去。我覺得順其自然是好的，我擔心的是不懂繁體字的人怎樣識繁體字。當初一定有些反對簡化的聲音，但爲什麼這些聲音聽不見？爲什麼不聽？可能幾十年前有過一個流行的觀念是向下看齊。重視普及是無可厚非的，但不重視提高，普及得太厲害就會變成文化均貧主義，事實上我們需要的是提高，至少是與普及相配合，否則我們同列國競爭時，我們的文化無法精純，無法追上時代，無法有所表率，那就很難辦了。其實一種文化、一種文字易不易學，不在於文字的難不難，是在它背後的文化内涵。過去的一種錯誤概念，認爲漢字太難，一生一世也學不到，其實不是那樣的。可能開始時難，但後面就容易了。而且我們的閱讀能力是很快的，受過教育的人看中文是相當快的，這本身就是一個經濟效果在裏面了。

司徒華：漢字難學並不在於筆畫多少的問題。漢字是象形文字不是拼音，以爲難學，漢字是從一個樣子而產生出形象，而他們是從聲音產生形象，這是個習慣的問題，以前有些人想問題太極端化，可能當時的文字學家不贊成，但不敢出聲，當時是一陣風那麼來的，很難頂得住的。

陳耀南：我記得唐蘭先生文革之後來香港講過一句話，他説他有一句話過去不敢講的，現在要講了："漢字是不應該簡化的。"

司徒華：不應簡化這我不贊成，但不能無休止地簡化下去，如果所有漢字都簡化到十畫以下，越簡單越似，越似就越模糊，結果就不成漢字了。故此簡化漢字，不要爲簡而簡。

陳耀南：我講句不合時宜的話，我認爲中華的"華"字，實在不必簡化。第一不是筆畫多，第二四平八正，"中華"兩個字寫在玻璃門上看，内外都是一樣，是均衡對稱，多美啊，"華"字改成化字下面一個"十"字，不倫不類。沒有了莊嚴，沒有了美感，這也是一個國民精神教育，不可忽視的。

羅忼烈：走向拉丁拼音那條路，到我曾孫那一輩怕也行不通。這要大家的普通話講得很標準，很一律，還要懂得拼音那套，方言問題又如何解決得了？

何沛雄：口語因時因地而異，猶如漢音與唐音不同，古語和現代語有別，而各地也有獨特的方言。但書面語統一不變，大家"書同文"，就可以互相溝通，而文化也可以歷久保存下來。

司徒華：最近看了一篇文章，很有意思，是回憶范文瀾，范文瀾在1959年做一次報告説：一樣新的東西取代舊的東西，一定要繼承了它所有的優點，在條件成熟時，自然而然才能取代的，硬要取代是不行的。

陳耀南：過去幾十年有一種觀念，就是凡是舊的東西都是不好的，凡是西人的東西都是好的，西人是拼音的，所以拼音就是好的，另外他們查字典，打字機，什麼都快，我們慢所以我們落後，現在電腦輸入有多一點兒突破，就可能不用拼音也同樣快的。電腦是拼音民族發明出來的，自然適合他們那套，中國語言本來是單音節孤立的，這些性質和屈折語、黏著語不同，所以他們用拼音可能是如魚得水，我們可能就會水溝油，對不上號。似乎我們要努力的，是選擇地吸收別人的長處，尋出自己的方向。縱的繼承，比橫的移植來得自然，因此也更爲有效。漢字不只是象形，是形聲，靈活而且很快，一看就明白，一個字代表一整組概念，這些優點是不容抹煞的。

二十九年前的"座談會"給我留下這樣的印象：

1. 出席座談者雖政治觀念各異，但在討論文字問題是均不牽涉政治，漢字繁簡問題主要是文化問題。

2. 充分肯定繁體漢字的歷史功績、世界地位。一致認爲漢字永遠不會消失。

3. 共同認爲簡化早有傳統，但現行簡化字需要調整，在數量上應有節制。

4. 同意繁簡由之，主張一國兩字。

《繁簡由之》的出版，除了上述學人的反應外，另外還有一些意見：

1. "問世之後，頗受歡迎，初版本印行多次仍供不應求。"（《繁簡由之》修訂本封底詞）

2. 使用簡化字，"只是暫時性"的。（一份香港報紙社論《中文字》）

3. 同意港人認識繁簡兩體，但"繁簡由之"不是香港的口號。（1991年1月號《明報月刊》）

4. 吳康民在1984年9月2日《文匯報》發表《推行簡化字》的文章，主張由香港政府立法推行簡化字。

兩岸語言文字政策之回顧與前瞻

王初慶

臺灣輔仁大學中國文學系

一、前　言

雖說文字之基本目的在於紀錄語言，但語言文字的應用隨著文化的發展與時代的變遷與時俱進，既有一脈相傳——遵古的一面，也有約定而俗成——從俗的一面。於是積傳之下，不僅形成書面語與口語、文言與白話的落差，又因時空及語言環境，乃至於政治目標的差異，即使本根相同，臺、港、澳與大陸，以及中國与新加坡也有差異在焉。是以語言文字固然有其本身自然演化的軌跡，但歷時以及共時的語言文字政策，無論放眼於"大一統"或"重現實"，在政策面背後，當今卻各有意識形態操作的痕跡，也在所不爭。在漢、唐以來強勢文化的影響之下，韓國、越南、日本諸國，即使語言不同，日漸形成漢字文化圈的勢態。一直到現在，縱然各國已有各自本於本國語言所制定的新文字政策，仍然無法全然擺脫漢字與漢字文化。所以說，兩岸制定語言文字政策之際，其影響不僅止於海內外華人聚集的區域，連帶整個漢字文化圈都會受到波及。近年來，韓國學者所發起的"漢字振興協議會"，就是針對大陸的文字簡化政策，結合漢字文化圈內各地的文字學界尋求對策的組織。至今已在日、韓、中國臺灣和大陸地區舉辦過九次研討會，除大陸與會學者有官方背景外，其餘皆係書生論政，其結果不言而喻。

就文字本身的脈動而言，在文字的系統定型以後，簡化與繁化本是並存互補的。是以"灋"今文省作"法"，"先"俗作"簪"，明鑑於《說文》。當形構太過繁複則簡之，當形義易混時則或增補筆畫（如"大"與"太"）、或加形符偏旁（如"句""鉤""笱"）、或加聲符偏旁（如"禹""鴈"）以明辨之，二者並行而不悖。

二、兩岸語言文字政策之回顧

（一）臺灣

1. "教育部" 於民國七十一年九月交正中書局印行之《常用國字標準字體表》，亦稱爲 "甲表"，或以英文字母 A 表示之，共收常用字 4,808 字。

2. "教育部" 於民國七十一年十月印行之《次常用國字標準字體表》，亦稱爲 "乙表"，或以英文字母 B 表示之，共收次常用字 6,334 字，並含 9 個單位詞，共計 6,343 字。

3. 民國七十二年十月印行《罕用國字標準字體表》，亦稱爲 "丙表"，或以英文字母 C 表示之，共收罕用字 18,388 字。

4. 民國七十三年三月印行《異體國字字表》，亦稱 "丁表"，共收異體 18,588 字，補遺 22 字。民國九十三年的《異體字表修訂版》收 70,833 字。[①]

5. 民國八十八年公告《國語一字多音審訂表》，此後，爲維持字音規範之穩定，十數年來未有更動。惟語言爲眾人日常所用的溝通工具，難免受到使用語境、文化交流等影響而產生變化，故因應語言流變，並針對當前教學及一般使用需求，再次進行多音字審訂，於民國一百零一年十二月十二日公告審訂成果初稿，徵求各界意見。

（二）大陸

1. 1955 年 12 月 22 日文化部與中國文字改革委員會公布之《第一批異體字整理表》，表內所列異體字共 810 組，每組最少 2 字，最多 6 字，合計共 1,863 字。[②] 後經陸續調整，至 1997 年的《語言文字規範手冊》"由原來的 810 組減少爲 794 組，應淘汰的非規範異體字字形由原來的 1,055 個減少爲 1,024 個，選定的規範的異體字字形（選用字）由原來的 810 個減少爲 794 個"。[③]

2. 1958 年 2 月 11 日，中國文字改革委員會漢語拼音方案委員會制定《漢語拼音方案》，採用國際通用的羅馬（拉丁）字母作爲拼音符號。

[①]《異體字表修訂版》係根據民國九十三年一月刊行的《異體字字典》正式五版所收異體字編錄，民國九十一年五月推出臺灣學術網路初版，九十三年一月編成臺灣學術網路二版。由於《異體字字典》並非字表，故未列入。

[②] 參見王寧《關於異體字整理的幾個問題》http://www.cdf.ctl.cityu.edu.hk/doc_download/5thForum/01.pdf

[③] 參見邵文利《〈第一批異體字整理表〉存在的主要問題及其原因》（語言文字網：2005-10-18）

3．1964 年 5 月，中國文字改革委員會、文化部、教育部聯合發表《簡化字總表》之三表及附錄，至 1986 修訂版，共收 2,235 個簡化字，2013 年 6 月 5 日，新公告的《通用規範漢字表》又新類推 226 字，總計 2,461 字。①

4．1988 年 3 月 25 日國家語言文字工作委員會與新聞出版總署發布《現代漢語通用字表》，內收通用字共 7,000 個（含《現代漢語常用字表》中的 3,500 字）。

5．2000 年 10 月 31 日公布《中華人民共和國國家通用語言文字法》，確立普通話、規範漢字及《漢語拼音方案》的法定地位。

6．2001 年 12 月 19 日，教育部、國家語言文字工作委員會發布《第一批異形詞整理表》，規範 338 組異形詞，次年 3 月 31 日試行，作爲普通話書面語中異形詞推薦使用詞形的規範。②

7．2013 年 6 月 5 日，公布《通用規範漢字表》，共收字 8,105 個。分爲三級：一級字表爲常用字集，收字 3,500 個，以滿足基礎教育和文化普及基本用字的需要，也可以作爲義務教育階段的識字標準。二級字表收字 3,000 個，常用度僅次於一級字。一、二級字表合計 6,500 字。三級字表收字 1,605 個，是姓氏人名、地名、科學技術術語和中小學語文教材文言文用字中未進入一、二級字表的較通用的字，以期滿足信息化時代中與大眾生活密切相關的專門領域裏的用字需要。③

對照兩岸的語文政策，可以察知臺灣方面從民國七十三年以後，對於漢字整理的工作，除卻異體字表到民國九十三年還有大幅度的修訂增補以外，三級字表的制定已告一段落。此外，欠缺法規作爲使用語文的規範。大陸則持續的調整修訂字表與規範字，有了"語言文字法"以後，又調整擴充《通用規範漢字表》。兩岸規範語文政策之主管單位，臺灣方面一直由"教育部"主導，大陸方面則由

---

① 第一表 350 個，第二表可作簡化偏旁用的字 132 個、簡化偏旁 14 個，第三表 1,753 個，附錄從《第一批異體字整理表》摘錄出來的 39 個，共計 2,235 字。2013 年 6 月 5 日，新公告的《通用規範漢字表》又新類推 226 字。

② 2003 年 8 月 15 日，中國版協校對研究委員會、中國語文報刊協會、國家語委異形詞研究課題組、《咬文嚼字》編委會四單位訂成《264 組異形詞整理表（草案）》，作爲行業規範，2004 年 1 月起，在各自系統試用，供研制《第二批異形詞整理表》之參考。

③ 參見《通用規範漢字表·說明》。

中國文字改革委員會推動，[①] 文化部、教育部之力推，最終由國家制定政策，訂定語言文字遵行之規範。

三、兩岸語言文字政策之缺失

就既有的成果做觀照，兩岸皆注意到文字之分化，如金文、篆文字形本作"沈"，隸變之後，或作沈、或作沉，楷書因之，於是有"沈""沉"之異體，在早期的字書裏，皆視"沉"爲"沈"的俗字。由於"沈"兼有"彳ㄣˊ（chén）""ㄕㄣˇ（shěn）"二音，基於辨異的原因，《國字標準字體表》將兩字分化："沈A2141"讀作"ㄕㄣˇ（shěn）"，"沉A2142"讀作"彳ㄣˊ（chén）"，各自表述與所分割來的音讀的相關義項。《通用規範漢字表》亦將"沈0870""沉0871"分別收入"一級字表"，但在《第一批異形詞整理表》後的"註釋②"中明辨："現在'沈'唯讀 shěn，用於姓氏。地名沈阳的'沈'是'瀋'的簡化字。表示'沉沒'及其引申義，現在一般寫作'沉'，讀 chén。"又"秤"爲"稱"的後起字，其後以"秤"表示稱度重量的器具，以"稱"表示衡量輕重，二字分用，《國字標準字體表》與《通用規範漢字表》皆將二字分化，分別收入"常用字"及"一級字表"，惟大陸字將"稱"簡化作"称"耳。從兩岸歷次公布各項字表時所附之前言觀之，整理時皆注意到文字的別異功能，固無庸置疑。但所側重者，此間重在遵古，彼岸意在從俗，以致漸行漸遠。[②] 其間雖難免互有得失，然而各就學理，觀照現實需求，以求整理出一套標準化的文字系統，原本似乎並無是非可言。論者或有以政治立場以究其得失者，但自秦篆乃至於唐楷的正字，"車同軌，書同文"，無不是基於一統的概念之下所從事的文字整合的工作，如果缺乏政策之支持與指導，文字標準化的目標是難以畢其功的。但是由秦《三蒼》至清《康熙字典》，歷代作爲標準依據的字書，在"大一統"的前提之外尚未有意識形態的影響。然而兩岸文字標準化策略上的差異，可以從清季列強之蠶食神州説起。眼見國家積弱式微，如何尋求振衰起敝之良策，成爲當時有識之士的課題。於是

---

① 1985 年 12 月 16 日，改名爲"國家語言文字工作委員會"。

② 所指之"遵古"與"從俗"，乃從總的走向作觀照。正體字亦有從俗者，如雖用"晒"不用"曬"，仍用"灑"不用"洒"，以免與洗滌之"洒"相混淆；簡化字也有遵古者，如用"无""从"不用"無""從"等，不一而足。

或有以積弊肇因於文化之陳腐，文化之陳腐又源於文字之落後，乃有主張改革漢字以師夷者。民國二十四年，教育部曾公布《第一批簡體字表》324字，開官方改革文字之先聲，旋即廢止。相對的，引致衛道者的反彈，認爲復古才是相應之道。前者之餘波，成爲大陸漢字改革的先驅，後者則係臺灣漢字標準化的指導原則——以維護傳統文化爲職志。是以兩岸的文字政策，在這兩種意識形態之下，各有堅持：或爲求簡而簡，罔顧文字之學理，[①] 或泥於古而失乎今。[②] 容或有見樹不見林的盲點在焉。

平心而論，從漢晉六朝的俗字觀之，在不受外力的干擾下，漢字本身的脈動是活潑而多元的，無論如何改革漢字，其以形音義並具的形構是無可取代的。由傳統文化的内涵論之，能歷久而彌新之道，在於包容擴充，是以孔、孟、荀乃至於宋明理學，各有其承傳擴充，故能發揚光大。同理可證，漢字衍化的歷程有繁化，有簡化；漢字的復古，同時也必兼容歷代別造的新字形，方能與時俱進。[③]

自大陸推行文字改革的政策以後，就激盪起兩岸之間的論爭，至於今而未已，其中不乏意識形態之爭。本文不擬捲入此等是非，謹就筆者就文字系統本身的觀照，提出淺見。

（一）大陸語文政策之缺失

1. 在"簡化"的大纛之下，稱正體字爲繁體字，諱言傳承字即正體字。[④]

在大陸實施文字改革的政策以前，兩岸所使用的文字，依據大陸的術語來説，都是"傳承字"。自陸續公布《第一批異體字整理表》及《簡化字總表》後，所涉及的傳承字才成爲變革的對象；到發布《現代漢語通用字表》之後，部分未被歸併及簡化的字形，在寫法上與傳統文字又出現少許落差，儼然另成體系。於是指稱納入體系内未被刻意歸併或簡化的字爲傳承字，不合此一體系的字形爲"繁體字"，遂致以訛傳訛，參生許多負面的聯想。其實臺灣的正體字的系統，基本以整理傳承字爲主，並非新創，更非化簡爲繁。據今年8月27日人民網轉述，

①如以"後"歸併於"后"、以"只"歸併於"隻"，二者實不同字。

②如"準""准"本一字（"准"爲"準"的俗字），皆收爲常用字。

③如"説""悦"、"弟""悌"的分化，不見於《説文》，而兩岸皆收之：《國字標準字體表》四字皆爲常用字，《通用規範漢字表》以"说""悦""弟"爲一級字，"悌"爲二級字。

④雖然在《通用規範漢字表·附件1》"規範字與繁體字、異體字對照表"的"説明·三"下有繁體字（或傳承字）的註記，但事實上二者並不等同。

新公布的《通用規範漢字表》"没有恢復一個繁體字"，但是表中將《第一批異體字整理表》中原列的 45 個異體字調整爲規範字：如"乾""干""徵""征"等，本來就不是完全等同的異體字，所恢復的固然是傳承字，不亦繁體字乎！"三級字表"新收的 1,605 字，類推的簡化字的數量也不大。原先傳承字就是一個大的字庫，兩岸的文字系統皆可在其中予取予求，豈得以意識形態的差別，另創"繁體字"一詞？如今反而進退失據。

2. 在眾多異體字中選用規範字時，或僅就個別的字處理，未能就整組字作觀照。

分別文與累增字，乃文字繁化的肇因，將歷時與共時陸續產生的累增字加以整併，以免文字在數量上過於膨脹，本來就是正字的基本工作。但是《第一批異體字整理表》中整併的不夠嚴謹，已有相關的論述。而後來的《通用規範漢字表》，又於同一字根用爲偏旁時，所從不一者。如"于""亏"本爲異體字，而《字表》以"于"爲正字，以"亏"爲"虧"之簡化字，"虧"的形構從亏虘聲。而"汙""污"爲從水亏聲的異體字，"吁""吇"爲從口從亏，亏亦聲的異體字，[①]《字表》各以"污""吁"爲正字，[②] 未盡妥適。

3. 爲求簡化或忽略文字形構的區隔。

自《説文》創以部首據形繫聯的系統之後，部首成爲文字組合的基本構件。在大陸推行文字改革以後，雖不得不以"部件"的概念取代部首作爲文字的基本構件，但是部首的異同仍然是文字辨識系統的重要依據。如"欠"與"水"異部，作爲偏旁分別作"冫""氵"，即使在簡化字的系統裏也有區隔。然而《字表》以"凉"取代"涼"，以"净"取代"淨"：據《玉篇》《廣韻》，"凉"爲"涼"的俗字，而"淨"爲潔淨，"凈"爲冷，二者形異義別，正體字分列於常用字與罕用字，省"氵"作"冫"，未必合宜。

（二）臺灣語文政策之缺失

漢字歷經數千年的衍化，字數不斷增加，到清代的《康熙字典》已有七萬多字，民國九十三年一月修訂的《異體字字典》正式版第五版，內容含正字與異體字，更高達 106,230 字。但是吾人日常使用的字量雖然不少，字數卻很有限。根

---

① 於"吁"之形構，《説文》一字兩收，口部云"从口亏聲"，亏部謂"从口从亏，亏亦聲"，謹從王筠《説文釋例》之説，以"吁"爲"于"的累增字，故析爲從口從亏，亏亦聲。

② 簡化字除以"吁"爲"籲"的簡化字外，亦表示"氣吁吁"之"吁"，音ㄒㄩ。

據王力《古漢語通論》的統計，整部《四書》雖有 58,941 字，不過用了 4,466 個不同的字。兩岸的常用字，分別是 4,808 字及 3,500 字。① 這些字的來源，除少數的新造字外，絕大多數皆不出傳承字之淵藪。如前文所述，大陸的文字改革是先歸併異體字後再作進一步的改革；臺灣方面所著眼者，大體僅係整理而非改革。先根據當代各項語文調查的結果，整理出常用字、次常用字、罕用字三級後，再整理異體字。是以三級字表中所收正字略嫌浮濫，往往包括重複收錄的異體字，因而在字量上高達近三萬字。如以"于"爲"亏"之異體字，歸併爲一，固無可非議，然收"汙"爲常用字，又收"污"爲次常用字。原本《異體字字典》"汙"下列ㄨ、ㄨˋ、ㄩ、②ㄩˊ、③ㄨㄚ④ 五個不同的音讀，"污"下列有ㄨ、ㄨˋ、兩個音讀，皆指明爲"汙"之異體，容或尚有辨異的作用。但《國語一字多音審訂表》兩字皆僅作ㄨ音，則逕收"污"爲"汙"之異體字可也，沒有必要另增爲次常用字。又"漏"爲"屚"的後起衍生字，正體字收"漏"爲常用字，除將"屚"收爲"漏"的異體字外，另收"屚"爲罕用字，亦爲蛇足。

（三）兩岸語言文字轉換之困境

由於環境、社會習慣的差異以及方言的影響，兩岸的官方語言——國語與普通話的語彙漸行漸遠，造成彼此常用的辭彙上的落差。此等落差，透過對應，在轉換上困難不大。就文字方面來說，傳承字兩岸多有字形存在微差別者，但不致產生辨識上之困擾者：如"害"與"害"，"淹"與"淹"，"深"與"深"，"爭"與"争"，"淨"與"净"（包括以之爲偏旁者，如"靜""竫"等），"滑"與"滑"等。但是大陸已歸併的異體字，臺灣多有因本義有別，各自收爲正字者。這些用字的不同，在兩岸各行其是的環境下，尚不易察覺，但是當兩岸合作編寫《兩岸常用詞典》之際，就發生對應上的落差。有關兩岸辭彙上的落差，筆者在《兩岸辭彙異同溯源》一文中已有陳述，有興趣者可以參閱。⑤ 愚見以爲，異體字之認定與歸併，應爲兩岸語言文字轉換最大的困境。

---

① 1988 年公告的《現代漢語常用字表》中，含常用字 2,500 字，次常用字 1,000 字；2013 公告的《通用規範漢字表》，已將一級字擴充爲 3,500 字。

② 義爲彎曲不正的。通"紆"。

③ "汙水"的水名讀作ㄩˊ。

④ 在用作"汙尊""汙膺"時，讀爲ㄨㄚ。

⑤ 見《第十一屆中國訓詁學國際學術研討會論文集》頁 199—218，2013 年 5 月 18 日出刊。

　　如《第一批異體字整理表》將"炮（砲、礮）"整併爲一字，由於本義有別，正體字將"炮""砲"分別收爲常用字及次常用字，[①]"礮"收爲"砲"之異體字，在文字的學理上，不可謂無據，但"砲""炮"本義雖不同，就武器之義項言，可爲異體字。大陸既已歸併，於臺方訂定用字規範時，除收"砲"字以明字形，註明也作"炮"外，詞目中大體用"炮"不用"砲"，將次常用字歸併於常用字，此乃不得已而歸併者。

　　又《第一批異體字整理表》將"岩（巖巖嵒）"整併爲一字，正體字分別收"岩""巖"爲常用字，"嵒"爲次常用字。徵之於文獻，多用"巖"，而當今之書寫習慣，則使用"岩"，無論遵古與從俗，總以擇其一，而將"嵒"歸併於下爲妥。[②]爲順應陸方用詞，臺版乃以"岩"爲主條，另收"巖"作副條，以收互見之效。此乃爲配合簡化字之使用者，不得不捨繁就簡者。

　　此外，在簡化字的系統裏，或有省略有辨異作用的形符，僅保留聲符偏旁者，如"舍（捨）""曲（麯）""面（麵）"；或有以一字兼代多字者，如"后（後）""谷（穀）"。又出現一字多義，對應數個形義分明的正體字的情況，在以正體字對應之際，易產生混淆，也造成兩岸語言文字轉換的困境。

四、適度調整補救缺失之建議

　　由於大陸所從事的文字改革對於傳統文字有相當程度的變革，[③]其影響面是明顯而立即的。臺灣既重在整理傳統文字，在沒有其他的母語介入以前，其影響不易察覺。

　　大陸的文字改革，以歸併與簡化爲主的策略，到《第二次漢字簡化方案（草案）》已經窒礙難行，不得不於 1986 年宣告廢止，並在小幅度修正《簡化字總表》時說明："漢字的形體在一個時期內應當保持穩定，以利應用……我們要求社會用字以《簡化字總表》爲標準：凡是在《簡化字總表》中已經被簡化了的繁體字，應該用簡化字而不用繁體字；凡是不符合《簡化字總表》規定的簡化字，包括《第二次漢字簡化方案（草案）》的簡化字和社會上流行的各種簡體字，都

[①]"炮"的本義是"毛炙肉"，古代亦指用機械發射石頭或用火藥發射鐵彈丸的武器。

[②]"嵒"與"喦"異字，"喦"音ㄋㄧㄝˋ，義爲多言，正體字列爲次常用字。

[③]早期，極端者甚至主張以"漢字拉丁化"爲文字改革的終極目標。

是不規範的簡化字，應當停止使用。"2002 年施行的《第一批異形詞整理表》導正盲目使用簡化字之失，如規範"保姆""侈靡"以正俗作"保母""侈糜"之非等，強調偏旁的辨義作用。甚至在 2009 年公告《通用規範漢字表 (徵求意見稿)》時，除訂定依簡化偏旁類推的規範新類推簡化 265 字外，並計畫"本字表以外的字，不再類推簡化。個別領域確需類推簡化的，需報國家語言文字工作主管部門批准"，[①]"字表以外的字，必要時仍可使用，但宜採用歷史通用字形"，[②] 好像有適度抑制簡化字的傾向。但是在今年 6 月正式公告的版本裏，新類推簡化的雖減爲 226 字，而該兩項被修改爲"本表可根據語言生活的發展變化和實際需要適時進行必要補充和調整"，[③] 似乎在意識形態上，仍以簡化作爲文字衍化的唯一走向，此一思維，未盡符合文字本身發展擴充的律動。加之文字的沿革有因襲，有創新，如"藠""癋"，各見於《四聲篇海》及《玉篇》，分別爲植物名及病變的後世新造字，其形繁複，兩岸分別收爲罕用字、次常用字及二級字，又"燸"則僅見於《通用規範漢字表》，此等新造字既可收納，何苛責於"宁 (寧)""奋(奮)""卫 (衛)""产 (産)"？當去除去繁求簡的定見之後，所規範的字，既不失學理，又注意到實用，才能承擔起承先啟後的重任。其次，在歸併一端，此次雖恢復部分被歸併的異體字，如"於"收錄爲三級字，與"于"併列，但幅度太小，如能將以一字兼代多字而義各有別者，如"舍(捨)""曲 (麯)""面 (麵)""后(後)""谷 (穀)"等，使各有專字，以維持漢字以形音辨義的特色，即使是簡化字的系統，在對應正體字時仍然有跡可循。

臺灣方面，雖自詡爲傳統文化的維護者，但在文字一端，政策面及執行面皆不足以達成此一理想。就政策技術面的工作言之，主要由"教育部"所屬的國語推行委員會負責，在編定各級字表及幾本《國語辭典》《異體字字典》《成語典》上卓有績效。但當政治風尚丕變之後，國語推行委員會改稱國語會，又配合《臺灣閩南語羅馬字拼音方案》政策，編訂《閩南語字彙》(一) (二)，提出"國家語文資料庫建構計畫"，將客家語及原住民語言皆納入計畫之內，語文工作的範圍增加，位階既不足以影響政策，在執行面又分由"教育部"所屬各單位處理，除於國民小學的階段可以有效的施行外，國民中學以上，每下愈況。在重功利的

---

① "説明"六 3

② "説明"十一

③ "説明"十

社會氛圍習染之下，高等教育更是重科技而輕人文，於是語文能力普遍下降，而施政者既無力也無意改弦易轍。最近屬行政府改造，更將國語會一分爲二：執行面納入新成立的終身教育司，字詞典編輯的技術面歸併"國家教育研究院"，更是完全淡出語文政策的決策圈。要突破這些現狀，都必須先從政策面上思考，在重視多元化的母語的策略之下，應否先訂定主從，設定官方的法定語言文字，以爲多元化的語文之間的橋樑？此其一。在社會應用以及教育上如何正確的使用法定及其他多元的母語，則必須有"語言文字法"加以規範。此其二。爲編訂《異體字字典》，以察覺原先的三級字表有將異體字重複收錄的現象，雖然在其後的《異體字表修訂版》中，已將與《字表》重複者加上另兼正字字號的註腳，如"与"除列爲"與"的異體字外，加註B00005，以示亦收爲次常用字。如是則"与""與"擇其一爲正字可也，即或簡化字用"与"，正體字用"與"，二者正可以互見，不必皆列爲正字。是以盡快將三級字表作修訂，乃當務之急。此其三。又《重編國語辭典修訂本》所列之多音字，經《國語一字多音審訂表(初稿)》修訂後，往往歸併爲單音字。然多音字本爲語言變遷之軌跡，如歸併爲一，如前文所提及的"汙""污"二字即無法分辨；據《審訂表》審音作業進行中的原始資料，尚保存原有的多音"罕用不列"與"歸併"的訊息，在未正式公告以前，如能註明歸併之原因，當可作爲更精準修訂的方向。此其四。

　　從近期作觀察，上述對兩岸語文政策調整補救缺失的建議，恐怕皆會落空。蓋前者昧於簡化爲唯一的改革方向，後者則有意規避此一難題，以免引發不必要的聯想，致生後患。

五、結　語

　　從歷史上觀照，漢字的形構因政權的一統而齊一，又因政權的分裂而呈顯活潑多元的面貌，至今已幾度滄海桑田矣。兩岸分裂六十多年，在歷史的長河之中，也只是彈指之間而已。縱然在現實的場域裏，吾人各抒其見，即使理據充分，亦不足以撼動兩岸的語文政策，應在預料當中。殊不知，"爾曹身與名俱滅，不廢江河萬古流"，從來漢字皆能在政治的夾縫中找到生機。但是如果我們能盡其在我，對漢字承傳的軌跡多作學理上的分析，除卻意識形態的羈絆，以尋求共識，彙整成漢字研究者的主流思想，仍然是知識分子不可規避的責任。

漫谈简繁汉字之争

江蓝生

中国社会科学院

一、跟繁简汉字有关的误解

（一）一般认为：大陆使用简化字，台港澳使用正体字／繁体字。这种说法在学术上不够严谨。

简体字（包括简化字）对繁体字而言。

简体字是指流行于群众之中、未经整理和改进的形体较为简易的俗字，不具法定性。简化字是指在简体字基础上，经专家整理改进，并由政府主管部门公布的法定简体字。

正体字对异体字而言。

异体字：跟规定的正体字同音同义而写法不同的字，如"攷"是"考"的异体字，"迻"是"移"的异体字。

正体字：规范的汉字字形。相对于"攷、迻"，"考、移"是正体字。台湾正体字指不包括简体字在内的汉字系统。大陆正体字指包括 2,200 多个简化字在内的汉字系统（与 2,200 多个简化字相对应的繁体字不是正体字）。

1986 新版《简化字总表》2,235 个，其中独体简化字 482 个（车、马、异、体），偏旁类推得出 1,753 个，也就是说在大陆通行的简化字一共有 2,235 个。除此之外的汉字（一般称传承字，也就是台湾所说的正体字）是两岸四地共用的。未经简化的传承字在汉字体系中占大多数，如"日月山川、冰雪雨水、上下左右、春夏秋冬、文化、研究、北京、上海、香港"等。

以国务院今年 8 月正式发布的《通用规范汉字表》收字 8,105 来说，2,200 多个简化字占比为 27%，480 多个独体简化字占比仅 5.9%。《康熙字典》收 47,000 个字，2,200 多个简化字占比为 5%，480 多个独体简化字占比仅 1%。此外，

《中华人民共和国国家通用语言文字法》规定繁体字、异体字在下列情形下，可保留或使用：文物古迹、姓氏异体、书法篆刻、题词招牌的手书字、出版教学研究中需要使用的、经国务院有关部门批准的特殊情况。因此说大陆禁止使用正体字是不符合事实的。

（二）有人认为简化字是一些激进的知识分子所为，是共产党政府强行推行的，这也有违历史事实。

汉字是我们的祖先创造的，在我国几千年的文化史上，功劳卓著。汉字克服了国家和民族由于政治、地理和方言等等因素所造成的阻隔，维系了中华民族的统一；对汉字的认同心理仍然是维系海内外炎黄子孙的文化纽带，中华文明绵延了几千年都没有中断，汉字功不可没。但是汉字数量大，笔画多（龜 17、龍 16），读音乱（龟 guī、龟裂 jūn、龟兹 qiū），检索难，不利于文化的普及。这是不争的事实。

近代以来，一些先进的知识分子痛感，汉字如果不改革，将会严重影响国民教育。国民教育上不去，国民素质提高不了，国家就不可能图强，所以近代以来，汉字改革运动与白话文运动、切音字运动、国语统一运动一直在蓬勃开展。汉字简化运动始于清末（陆费逵为首倡者），五四运动提倡"汉字革命"，钱玄同、黎锦熙、杨树达、胡适等是积极推动者。1922 年，钱玄同、黎锦熙等向当时的民国政府提出了《减省汉字笔画案》，其后蔡元培、邵力子、陶行知等 200 名文化教育界知名人士发起手头字运动，公布了《手头字第一期字汇》收字 300 个。1935 年 8 月，国民政府教育部正式颁布了《第一批简体字表》（324 字），因保守势力的强烈反对，仅推行半年后就被废止了。

解放后，推广普通话、汉字简化、制定和推行汉语拼音方案三大语文改革是前一历史时期语言文字改革运动的继续和发展，最终在政府的领导下，在人民群众的支持下获得成功。简化字提高了书写效率，2,200 多个简化字平均笔画为 10.3 笔，比相应的繁体字平均减少 5.8 笔。如：畢業典禮 48 笔 / 毕业典礼 24 笔，臺灣 39 笔 / 台湾 17 笔，圖書館 40 笔 / 图书馆 23 笔，國慶獻禮 60 笔 / 国庆献礼 32 笔。周有光先生说："一种文化工具，只要易学便用，适合时代需要，它本身就会自动传播。"简化字受到人民群众的广泛拥护，掀起扫盲、学文化的热潮。1964 年进行第二次人口普查时，也对国民的文化素质进行了调查，结果显示，13 岁以上人口的文盲率已由解放初期的 80% 下降到 32%。

汉字发展的历史表明，汉字自古以来主要是沿着简化的轨迹演变的，这体现在：(1) 汉字从甲骨文历金、篆、隶到楷书的历史演变过程中；(2) 通用字特别是其中的常用字趋简的趋势。汉字简化工作顺应了汉字发展的这个总趋势，简化字绝大多数有约定俗成的历史基础，顺应了群众学习和使用的需要。

(三) 简化字破坏了汉字的结构，繁体字更能传承文化，为此大陆应逐步恢复繁体字。

不可否认，繁体字从整体上更能反映汉字固有结构和汉民族的文化心理，但是简化字同样是我国历代人民创造的，也主要利用了形声、假借、会意等六书造字方法。没有人认为隶书楷书替代了甲骨文金文和大小篆就破坏了传统文化，同样不加区别一概地说简化字破坏了传统文化也未免过于武断。今天国人不穿对襟、大襟衣服改穿西服不能说破坏传统文化，怎么使用了一些简化汉字就是破坏中华文化呢？这些简化汉字大多数源自我国历朝历代，有约定俗成的历史基础，是中华文化土生土长的东西，不应该被排斥在中华汉字体系之外，犹如民间文学艺术不应该被排斥于中国文学艺术之外一样。

现行简化字绝大多数来源于古代的简体字，有一些来自草书和行书，还有一些是"古本字"，新中国吸收群众意见创制的仅占少数。有专家统计简化字源自先秦两汉的有 159 个，如从、达、弃、丛、踊、聪、泪、众、庄等，源自魏晋南北朝的有 32 个，如笔、爱、床、专、肤、乱等，源自隋唐时期的有 29 个，如尘、籴、还、坚、礼、制等，源自明清太平天国的有 53 个，如国、罢、怀、欢、义、亲等，源自民国的有 61 个，如沪、兰、叹、压、叶等，1949 年以后新造的有 104 个，如拥、产、业、胶、辽、运、筑、宁、庆、厂、开等。

汉字简化的方法沿用了传统六书的主要构字方式：

(1) 草书楷化：书（書）、为（為）、东（東）、乐（樂）、农（農）、专（專）；

(2) 同音替代：出（齣）、丑（醜）、里（裏）、几（幾）；

(3) 减省笔画：丽（麗）、巩（鞏）、号（號）、广（廣）、奋（奮）、医（醫）、疟（瘧）、肃（肅）、伞（傘）；

(4) 采用古体：丰（豐）、从（從）、电（電）；

(5) 符号代替：观（觀）、汉（漢）、戏（戲）、鸡（雞）、邓（鄧）、仅（僅）、凤（鳳）、对（對）、轰（轟）；

(6) 会意法：泪、众、尘、灭、穷；

(7) 形声简化法：惊（驚）、态（態）、邮（郵）、护（護）；

由上可见，简化字绝大多数有约定俗成的历史基础，有限度地使用它们同样也能传承中华文化。简化字在大陆已经使用了 50 多年，有深厚的群众基础，在实践上是成功的。联合国把简化字作为中文的规范字体，成为国际标准，新加坡、马来西亚、泰国政府规定华人社会使用简化汉字。简化字计算机造字方便，形体清晰，也受到学习汉语汉字的世界人民的欢迎，有广阔的应用前景，后退既无道理也无必要。文字的使用由繁到简易，由简到繁难，我们不能因为少数简化字不太理想就否定整个简化字系统，如果征询全社会的意见，我相信恢复繁体字的倡议不会通过。

二、对汉字简化工作的反思与《简化字总表》修订的设想

如上所说，汉字简化的成绩是巨大的，但是也存在一些缺点。主要是在指导思想上有片面强调减少单字笔画和通用字的字数的倾向，造成一个简化字对应多个繁体字，给使用和繁简转换带来不便，也降低了港澳台同胞对简化字的认可度。

特别是文革中整理出"第二次简化字"，1977 年 12 月公布第一表 248 个简化字，遭到全国各方人士的批评。国务院 1986 年 6 月 24 日命令废止"二简"，指出今后汉字简化应持极其谨慎的态度，使文字在一个时期内相对稳定，以利社会应用。两次汉字简化方案的成败使我们深刻地认识到，语言文字不可能一成不变，不可能脱离社会的发展；但经常变动，也会在社会上造成混乱。简化不是没有限度的，语言文字工作必须遵循语言文字的演变规律，顺乎自然，因势利导，不能急于求成。

不理想的简化字是少数，我认为充其量也就是三四十个，如果可以重来，我有如下设想和建议。

（一）吸收民国时期国民政府教育部颁布的《简体字表》中的合理简化字（5 个）

（1）麽：广＋么

（2）覆：西下伏

（3）檯：枱（使"台〈臺〉"与"枱〈檯〉"区分开来）

（4）儘：侭（使"尽"〈盡〉jìn 与"侭"〈儘〉jǐn 区别开来）

（5）劃："画 ＋ 刂"huà

（二）贯彻科学稳妥的选字四原则

1. 首选偏旁类推简化字形（与原字形近、结构同，不改变音义，易学易转换）

（6）面（麵）："麺"改用"麵"（台湾同胞对"刀削面、冷面"感恐怖）

（7）团（團、糰）："糰"改用"米+团"

（8）曲（糰、麴）：改用"糰"

（9）刮（颳）："颳"改用"风+舌"

（10）台（颱）："颱"改"风+台"

（11）坛（壇、罎）："罎"改用"缶+云"

（12）表（錶）："錶"改用"钅+表"

（13）夸（誇）："誇"改用"讠+夸"，区别于"夸父"的"夸"

（14）致（緻）："緻"改用"纟+致"

（15）辟（闢）："闢"改用"门+辟"

2. 不增加多音字

（16）纤（縴、纖）："縴"改用"纟+牵"qiàn，纤（纖）xiān

（17）脏（臟、髒）： 脏（臟）zàng，"髒"改"骲"zāng

　　　　肮脏（骯髒）改"骯骲"，"骯"gāng：颈项；咽喉

（18）只（隻、祇）： 隻 zhǐ，只（祇）zhǐ

（19）干（乾、幹）： 干（乾）gān，幹 gàn

（20）广（廣）guǎng： 广，古：yǎn、ān二读

日文："广+厶"（廣），建议采用。"广+么"（麼）、么（幺）

3. 系统内字形一致

（21）斗（鬥）dòu："门+斗"

　　　　于古有征，避免"斗"增加去声，表内有例可循：闹（鬧）、阅（閱）

（22）开（開）：门+开　铜

（23）关（關）：门+关　联（聯）

（24）拟声词统一为"口"旁：冬（鼕）改"咚"，当（噹）改"口+当"

4. 罕用字、笔画少的字不必简化

（25）别（别 bié 、彆 biè ）

（26）蒙（矇、濛、懞）

（27）系（係、繫）"係"不简化

（28）占（佔）

（29）布（佈）

（30）困（睏）

213

（31）亩（畝）

（三）其他

（32）宁（寧）、咛（嚀）、拧（擰）、狞（獰）、泞（濘）
　　　贮（貯）、伫（佇）、苎（苧）

建议："寧"改用"寧"，可偏旁类推；取消"貯、伫、苎"字形，恢复原字（"貯"偏旁类推）。

（33）姓氏一般不简化（"坐不更姓，行不改名"，有的可偏旁类推）

　于（於）、赵（趙）、叶（葉）、邓（鄧）

三、用简识繁，相向而行

为了加强两岸四地语言文字的交流，最终实现书同文的远景，目前大陆应逐步做到用简识繁，在一定范围内简繁由之；台湾则用繁识简，在一定范围内繁简由之。台湾 1979 年公布了《标准行书模板》，收字 4,010 个，其中有 793 个手写简体字，与大陆简化字形同形近者 694 个。大陆《简化字总表》简化汉字 2,235 个，三成多的简化字是台湾当局认同、台湾同胞惯用的。这两个标准可以作为两岸汉字形体统一的基础。目前应在求同存异的基础上先规范两岸用字有异的对应关系（简繁、正异），再在使用中取长补短整合"小异"，扩大"大同"，最终使双方渐行渐近。

为了使大陆逐步实现"识繁"，建议教育部在一部分中学初中一年级语文课先行试点增加讲解繁体字与简化字关系的课程，使学生能认识繁体字并掌握繁简对应关系，取得经验后在全国推开。这做起来并不困难，一学期足矣。现在的教育不惜为外语课安排大量学时，为什么不能抽出很少的时间学习与简化字对应的繁体字知识呢？

其次，国家语委可组织专家对现行简化汉字半个世纪的实践进行总结梳理，对其中明显不合理、不理想的可做适当调整。当然，文字的变动必然会在一段时期内对使用造成不便，但从长计议，权衡利弊，我以为长痛不如短痛，越早动手越主动，半个世纪对于中华民族的千秋万代来说，只是弹指一挥间。为了两岸乃至在世界范围内最终实现"书同文"的目标，我们需要有长远的眼光、宽阔的胸怀以及当断则断的勇气。

了解　包容　优化

——关于简繁汉字的点滴思考

李宇明

北京语言大学

　　2013 年 11 月初，在澳门召开"两岸汉字使用情况学术研讨会"。两岸四地学者济济一堂，坦诚述怀，和气空前，多有共识。会前会后，促使笔者对简繁汉字的历史、使用现状、未来发展等做些思考，有点滴体会，植字成文，以就教方家。

一

　　汉字已有三千多年的历史，经甲骨文、钟鼎文、大小篆、隶书等发展嬗变，孕育出方正隽雅的楷书。楷书成于汉末，兴于六朝，沿用至今。楷书在历史长河中，字体或简化，或异化，甚或繁化。历史上多个朝代都曾对汉字进行收集整理，至《康熙字典》集其大成。

　　1935 年，民国政府公布《第一批简体字表》，于是便有了简繁汉字的正式区别。虽然这个简体字表后来"暂缓执行"，但因简体字来自大众，出乎砚端，故而仍活跃在民间，流动于笔头。

　　1949 年，时局大变，海峡两岸分治。有趣的是，大陆顺着《第一批简体字表》的方向继续前行，整理异体字，遴选简体字，推行以简化字为特征的"规范字"，而台湾则逆回《康熙字典》的历史节点上整理汉字，推行以繁体字为特征的"正体字"。香港、澳门以及海外华人社区或沿用繁体字，或改用简化字，从而形成了一个民族两种文字变式的使用格局。

　　由于特殊的历史原因，近 50 年来，不，应该说近 80 年来，简繁汉字承受了过多的语言文字之外的甚至是意识形态领域的负担。近 80 年来，最常听到的批评是：

1. 繁体字难读、难写、难认，妨碍了教育普及。但是，使用繁体字的台湾、香港，今天看来并没有影响到教育普及。

2. 简化字割断传统文化。但是回顾历史便会明白，儒家要典"十三经"原本也不是用楷书承载，后代将其更写为楷书，有些甚至还经过了"更小篆、变隶书"的过程，但经典并未泯逝。那变动比起繁简之变，岂止百步与五十？

尽管这些批评仍然不绝于耳，但是这些批评显然带有情绪、囿于时代，应当从学理和现实等角度对这些批评进行"再批评"。

二

古今语言生活中，汉字大约都是正俗、简繁兼用的。唐代颜元孙《干禄字书》将字分为"正、通、俗"，便是古代正俗兼用的证明，只不过具体使用要分场合罢了。海峡两岸当今的语言生活亦是"简繁兼用"：大陆在通用领域使用简化字，但古籍印刷、古文教学、书法篆刻等特殊领域，可用甚至必用繁体字，手头书写或简或繁，悉听尊便。台湾使用繁体字，但街头上、观光地也能见到简体字，至于"臺灣"更是常写作"台灣"。官方编有俗字（包括简体字）手册，手头书写也夹用简体字，时而也阅读简体字书籍。其他华人社区，情况与之相似，而澳门，两种文字变式常常同场使用，几乎就是繁简汉字的"博览会"。

大陆与台湾通用的汉字差异有多大？统而观之，差异主要表现在三大方面：

1. 简繁不同。如大陆用"办、号、问"，台湾用"辦、號、問"。

2. 异体字的处理不同。如大陆以"况、秆、挂"为规范字，以"況、稈、掛"为异体字，而"況、稈、掛"在台湾为正体字。

3. 印刷字形标准不同。如大陆的"户、吕、黄"，在台湾为"戶、呂、黃"。

将这三个方面的差异都算上，两岸差不多有半数汉字存在差异。但这些差异多数并不影响识认，如"户（戶）"的字形差异，以"车（車）、马（馬）、鸟（鳥）、鱼（魚）、饣（食）、钅（金）、讠（言）"等偏旁简化类推出来的字等。识认方面的难点是整体简化的字，使用方面的难点是"一对多"现象，这两类字约五百左右。

三

简繁汉字并没有分化为两个不同的文字体系，而是一个文字体系的两种变式。若将简繁汉字的争论请下意识形态的祭坛，简繁之沟壑并非如楚河汉界。

简繁汉字同根而生，皆为华夏智慧孕育，都在协力为世界各华人社区服务。应平心论简繁，客观看差异，包容已有的历史与现在，消弭歧见，消减误会。在语言政策上不再人为阔沟增壑，并根据各地实情逐渐放宽简繁兼用尺度，让简繁汉字在使用中逐渐优化，为再次"书同文"提供可能。

在简繁汉字领域争吵多，研究少，静下心来发现还有不少课题需要研究。微观的如：台湾与港澳繁体字的异同，台港澳字形与《康熙字典》的异同，大陆繁体字形与台港澳的差异；中观的如：两岸四地社会用字情况调查，手写字情况调查，相互学习文字的重点难点和心理状态；宏观的如：信息领域中简繁汉字应用及国际编码的协调，简繁文本机器自动转换系统的完善，海外华文教育、汉语国际教育中的汉字教学协同，新世纪"书同文"的可能性与对策研究，等等。

在相互包容的心态下，在真正的学术研究中，各华人社区在文字上相互了解，在使用中自然趋同，最终实现民族文字的整合优化。如是而为，相信是合乎民族大义、顺应历史潮流的。

研究两岸文字差异，促进用字统一

——两岸用字面面观

李行健

《两岸常用词典》大陆主编

两岸自 1949 年分离隔绝后，于今已半个多世纪。由于两岸语文观的差异和决策的不同取向，以及思想意识形态的干扰，形成现在两岸文字使用的歧异。差异是客观存在的事实，但对差异的认识以及解决的办法却众说纷纭，莫衷一是。

本人长期从事语文工作，近些年又参与两岸合编《中华语文词典》的工作（2012 年已出版简编本《两岸常用词典》），对两岸用字差异的情况深有感受，有些肤浅的认识提出来请教大家。

一、转换视角、重新认识两岸用字差异

1. 海峡两岸使用的汉字是两种不完全相同的字形，传统上分别称为"繁体字"和"简化字"。在特定社会历史和政治背景下形成的这种差异，我们不妨叫作"一文两体"，即作为记录汉语的同一汉字，在台湾和大陆形成了两种不完全相同的形体（简体和繁体）系统，可概括为"简繁"之分，实质上是各自做了不同的用字选择。

两岸汉字使用的现实，目前"客观上已形成了繁简二元并存的格局"（黄德宽，2007）。"繁简二元"即我们说的"两体"，不仅是大陆与港澳台之间的用字现象，在其他使用汉字的语言社区内部也是如此，只是内容和比例随地域或用字环境而异。二元并存是一个不争的事实。

"一文两体"的"两体"都是正宗汉字中的成员，是汉字在不同社区背景下发展、选择的结果。它们分别为台湾和大陆两个不同社区的使用者服务，也都为汉字的发展和功能的发挥做出了各自的贡献，丰富了研究汉字形体和发展历史的

内容。

2. "二元并存"是我们应该面对的现实，虽然这绝非我们的最终目标。我们努力的方向是要变"二元并存"为"一元统一"，最终实现两岸社会的"书同文"。但这一目标不可能人为地在短时间内达到，不论"识繁用简"或"识简用繁"，都只能在较长一个时期内"繁简由之"。

不容讳言，两岸四地不少学者传统思想大多"以己为是，以人为非"，总是想如何将对方不同形体的字统一到跟自己一样。台湾称自己为"正体字"，大陆称自己为"规范字"，自然存在"不正之字""不规范之字"。但无数的事实证明，在今天大的视野里这种思维是有失偏颇的。如果转换角度，在"一文两体"的认识下，我们既要看到双方用字不同的事实，还要给它们应有的地位和评价，肯定它们对汉字发展的作用，以及它们在不同社区发挥的特殊功能。

为了满足两岸和不同用字的社会交际交流的需求，要建立、维护程祥徽先生早年提出的"繁简由之"的社会用字环境。在这方面，大陆的学者和有关职能部门可以研究"用简识繁"的前景。大陆编写的字词典大都有繁简对照，即简化字的字头后附有相应的繁体字。《现代汉语词典》和我们编写的《现代汉语规范词典》等系列辞书和其他词典就是这样。在法律层面上，《中华人民共和国国家通用语言文字法》规定，在以下几种情形中可使用或保留繁体字：文物古迹；书法、篆刻等艺术作品；题词和招牌的手书字；出版、教学、研究中需要使用的；经国务院有关部门批准的特殊情况等。新形势下文字的功能规划从而有了可靠的依据。

在台湾社区，大陆的简化字在经贸和文化交流浪潮的推动下，由点到面地进入到台湾语文生活中。台湾的华文教学和某些大学中文系的课程以及旅游景点介绍、某些餐馆菜单中，也都增加了大陆简化字的内容。"两体"的社会教育改变着两岸民众的观念和用字习惯，必将促进着两岸文字系统从和谐共存到化异为同的过渡。

3. 在"一文两体"的认识下，我们的语文规划、语文政策应有相应的新思维、新举措。从当今语言生活的需求来看，应重视繁体字的语言规划，这样的主张已不是个别学者的声音。我们也看到大陆关于语言文字功能规划的诸多新探索，都给繁体字的使用预留了适当的空间，充分照顾到了新形势下社会用字多元化的需求和作为文化载体的资源性质。自然，这不是要求大家马上都去认识繁体字，要根据需要和形势的发展逐步开展。这项工作刚刚开始，既要面对现实，又要着眼未来，我们会面对很多新的挑战。

总之，在新视角、新认识下的"一文两体"，需要包容的心态，长远一点的眼光，多尊重一些客观发展的事实，多促进交流往来。至于最终的目标，待到水到渠成时，一定可以获得一个理想的结果，实现中华汉字统一的愿景。

二、"简化字"和"繁体字"要透过名称看实质

1. "简化字"和"繁体字"似乎是两岸文字差异的主要内容，但以此称大陆和台湾现行用字并不准确。繁体字是对简体字说的，简体则与繁体相对而言的。大陆在上世纪五十年代简化汉字，将结果分为三种情况，即（1）不作偏旁用的简化字352个；（2）可作偏旁用的简化字132个以及14个简化偏旁；（3）应用可作偏旁的简化字和简化偏旁类推出来的简化字1,753个，共计2,200多个。真正意义上的简化字不足500个。这些字经主管部门正式公布成为有法定地位的简化字，其他都是沿用下来的传承字。显然，大陆现在所用字，不能笼统称为简化字或简体字。以我们编写的《现代汉语规范词典》收字12,000多个计算，简化字不足五分之一，按国务院新近发布的《通用规范汉字表》8,105字算，也仅四分之一多点。反之，台湾的用字也不宜笼统称为繁体字，除了与大陆简化字相对的一部分未简化字外，大部分是与大陆用字可形成交集的传承字。两岸文字对比时，也不宜称一方为正体字，因为"正体"只能与自己系统内的"俗体"或"讹体"相对，若用来指称不同社区的用字，容易引起误解。

为了方便大陆和台湾的沟通和交流，2010年两岸合编《中华语文词典》。当时双方商定，台湾版用字叫"标准字"，大陆版用字叫"规范字"。这既合乎两岸语文规划的实际，也采用了两岸语文主管部门所用的官方定名。两岸都整理过自己所用的汉字。台湾整理后由主管部门出版了《常用国字标准字体表》和《次常用国字标准字体表》共收15,548个字；大陆整理汉字后把异体字、已简化了的繁体字等排除后，对现行通用的字叫"规范字"，也出版过规范字形的样本，如《现代汉语通用字表》，收通用字7,000个。本文为了讨论方便，有时仍暂用"繁体字"和"简体字"的习惯称名。

2. 从历史和学理上审视"繁简"字的关系，重新整理某些可能被忽视的内涵意义，克服某些偏见的干扰。首先，简体字大部分并非是"向壁虚构"之作，其中大多渊源有自。如"从、达、尔、丰、礼、丽、气、个"等出自先秦；"办、备、出、国、还、会、台、为"等出自汉代；"辞、乱、猫、声、学、双"等出自魏

晋和隋唐。宋元以至明清的就举不胜举了。被批为"有爱无心"的"爱"字，宋代就有了。有的简体字如"从、达、气、洒"比它们相应的"正体"时代还要早。值得注意的是台湾学者对此也多认同。《联合报》2006 年的一篇文章说："中国汉字在漫长的演变过程中经过了四次重大的变革，大陆的文字改革不过是汉字在四次重大改革中的一次，也不过是自汉唐以降首次以官方的胸怀接纳了原本已大量存在的简体字而已。"

从汉字发展历史看，从简到繁或从繁到简基本是在读和写两个维度上保持汉字效率的平衡运动。正如李荣先生说的，文字为了便于书写，要求形体省略，有简化的趋势；文字为了便于理解，要求音义明确，有繁化的趋势。所以从综合效率上来认识汉字形体的调节变化就不会失之偏激。新的社会阶段有新的效率需求，顺应潮流，合理"干预"，才是语文规划上的"科学发展观"。

由于语言和文字的关系以及文字自身发展的规律，今日两岸政治上虽然未统一，但在两岸和平发展、经济相互补充、人员自由来往的特定历史情况下，文字和语言自然会在沟通交流中向趋同发展。这是人心所向，社会所需，也是可以预见的大趋势。

3. 标准字和规范字有差异，有时甚至差异很大，但事实告诉我们，两种差异是在可认知的范围内，夸张一点说"壁垒"的打破几乎在弹指之间。1980 年台湾出版了《标准行书范本》，为手写体包括大量手写简体字制订了一个规范。这个范本所收 4,000 字当中，与大陆简化字相同的，其比例高达 30.5%(见骆毅《台湾〈标准行书范本〉出版十周年》)。对台湾民众来说，"用繁识简"已经有了很好的认知基础。台湾民众的阅读经验也可以说明，即使没有简体字的学习基础，由繁到简也没有多大的障碍。2005 年《联合报》的一篇社论提到一个事实：愈来愈多的台湾读者买简体版的书籍，不只是因价廉，最主要的亦是因对于内容的肯定，至于字体差异所形成的阅读障碍，只消几个小时就能克服。一位任职台湾考试委员的"深绿"学者也同此见解，他说看惯繁体字者乍看简体字时有稍觉不适之感，但不必一个礼拜吧，就两者可互通了。

4. "繁体字""简化字"功能上有无差异，有多大差异，应该由事实说话。有人认为简化汉字破坏了文化传承，造成历史的断层，如果不是出于政治偏见，至少是昧于事理。争议最多的是古籍的出版和阅读。且不说推行简化字 60 年来的语文教育，大陆简体字的古籍出版也并不是某些人想象的那样困难重重。2000 年北大出版了《十三经注疏》的简体横排本。具体校点工作由十多位学有专长的专家担任，同时由 8 位国内知名学者审订把关，无论整理水平还是出版质量都得到了学界和社会的好评。简体本的《资治通鉴》和其他古籍的整理出版都是嘉惠社会和学林的大好事。台湾 2009 年出版《古籍今注今译》是一项大工程，大陆也与之合作出版了简体版。

至于古书的阅读，与识繁识简根本没有那么大的关系。同一个汉字意义可能古今不一样。如"江、河"两字形，无繁简的问题，但古代汉语中的"江"专指长江，"河"专指黄河，后来词义的发展才泛指河流。可见认识了这两个字并不能懂得它古代的意思。《孟子·公孙丑下》里有一句话是"孟子去齐"，有人觉得这很容易，不就是孟子去到齐国吗？其实是讲错了，正确的意思是孟子离开了齐国。"去"这个字古今的意义不同。可见现代人读古书遇到的困难，不在于用简化字还是繁体字，难在古书用的是古代汉语。要能读懂古书不但要认识汉字，更重要的是要懂古代汉语，而古代汉语绝非三五日就能学会的。我在汉字简化前上的大学，学的是繁体字，但不学"古代汉语"照样也读不懂古书。今日台港澳的人认识繁体字，但也不是就能读懂古籍。因此，当时北京大学中文系有一门很重要的课就是"古代汉语"，王力先生编写的"古代汉语"教材就有厚厚的几册。反过来说，今天用简化字印的古籍，只要学懂了古代汉语，他们也照样可以读懂古书，研究、传承和弘扬中华文化。事实证明，认为推行简体字割断中华文明的传统、简化字无力承担古典传播的观念，从哪方面来说都是经不起推敲的。

5. 有人批评简化字是"残体字"，"爱无心、亲不见、云无雨、涌无力"，认为简体字构造不合理据，违背六书。有人问"惊惧"一词，何以"惧"从心，而"惊"从"马"呢？用简化字的人是否也可说"惊"从心更合理呢？"桥"为什么还要用"木"，"碗"还要石头制成吗？在中国吃石头碗是骂人的话，因为现在只有农村喂养牲畜或鸡狗才用石头制的食具。这样说来，岂不繁体字也有不少地方很不合理了！那我们的汉字还能用吗？因此，评说当代的汉字不要处处用"六书"作标准。

这种争论显然是受原始构字理据和"六书"的影响。"六书"最初是根据小篆归纳出的六种造字和用字原则，汉字隶变以后一经发展为成熟的文字它必然脱离初始的阶段，作为一套书写符号在体系内实现最大程度的抽象概括化。它原本蕴含的理据性也随着几千年社会的发展变化，同原始造字时的理据产生了距离，加之它自身的形体也在人们的使用中逐渐简化、规范化，才演进成为今天的汉字。它既包括繁体字（传承字），也包括简化字，连日本、韩国今天使用的汉字，它们既不完全同于台港澳的汉字，也不完全同于大陆的汉字，但它们仍然是不折不扣的汉字。汉字怎样演变，使用它的某个社会促使它发生什么变化，这完全是历史发展和不同的使用者的社会所决定的。繁简之间并无优劣高下之分。时至今日，更不能把汉字的结构同造字时的理念一一坐实对照。这种认识没有与时俱进，缺乏历史主义的眼光。

三、"一文两体"：一体为主，二元并存，各得其宜

1. 面对二元并存的用字局面，我们会听到各种声音。我们认为应树立汉字规范的整体观，尽量保持现有规范的稳定。为了沟通和学习的需要，两岸合编的《中华语文词典》字头和词条采用繁简双呈对照的办法，即台湾版繁体在前，斜线后即大陆的简化字，大陆版正好反过来。这为繁简沟通搭建了一座桥梁，很受两岸同胞欢迎，马英九先生也认为这是一件很好的事情。在功能规划上，理解"一体为主"就是要分清语言文字应用的"公域"或"私域"，按照语言文字相关法律的精神划定繁体字和简化字的应用领域，在手写和识字方面可以逐步对"二元"兼容并包。

2. 对于现代汉字来说，我们最高的目标自然是希望凡使用汉字的地方都能规范统一达到书同文，这对学习和交流，对提高效率是很有必要的。但两岸要达到这个目标必然有一个过程，在这个过渡阶段我们需要探索使"一文两体"靠拢沟通的各种途径。两岸不少专家学者和有识之士提出"识简用繁"或"识繁用简"等主张。

九十年代初台湾在繁简之争中持折中态度的人提出"识繁写简"。1993年6月25日台湾《中央日报》(海外版)刊登《汉字繁简二体由比较见长短》一文，文章认为："繁简字既各有所胜，便不可偏废，简字利于书写，可用为'手写体'之字，繁体利于认读，可用于'正式文件'。"1993年台湾召开"中国文字统一之路"学术研讨会。研讨会由太平洋文化基金会、台湾师大文学院和中国文字学会共同主办，主要探讨"繁简汉字统合问题"。台湾大学心理系郑昭明教授在会上提出一个关于汉字"书体"与"写体"分开的可行性的研究报告。他建议"两岸中文印刷用正楷，避免字形语意混淆；书写时，使用简体改善书写的困难，化解繁简之争"。

在台湾社会"识繁写简"的呼吁发出之前，推行"识繁写简"的实践活动已

经开始。1980 年台湾编写出版的《标准行书范本》，就体现了"写简"的实践。《标准行书范本》的编写，历时四年，集中专家讨论 40 多次，完成后由"教育部"颁布并"协助推行"。这个范本所收 4,000 字当中，与大陆简化字相同的比例高达 30.5%。如果台湾以后实行汉字简化，很可能会以这个范本作为简化方案的基础，也有可能与大陆的简化字表一起构成制定未来两岸的通用汉字的基础。

大陆方面，较早有著名民主人士袁晓园女士提出"识繁用简"，也得到台湾的呼应，后来马英九先生又再次加以论证。我们认为大陆方面的"识繁用简"可以给予外延更宽的界定。对一般人来说"识繁"是个人的学识修养，是工作或交际的需要，而"用简"既有要求于个体的内容也有其社会内容。在政府公务活动、教育、公共媒体等公域内坚持"用简"，严守当前国家的汉字规范标准；个人书写不必强求规范，可以"繁简由之"，尤如书法作品繁简悉听尊便一样。

3. 这次澳门研讨会调查研究两岸用字情况，探讨繁简字各自使用的覆盖面及群众的认可度，再进一步探索两岸文字沟通走向一统的大问题。2011 年 1 月，两岸在桂林召开"中华传统文化的传承和弘扬学术讨论会"，台湾周凤五教授同我讨论繁简字问题。他希望两岸学者能在调查研究的基础上，共同提出一个新的统一用字方案供两岸当局参考。他坦诚地说，台湾多数人并不反感大陆简化字，并且手下也使用简化字。台湾学者只认为"一对多"的简化字，如"干、发、后、面"等十来个字不便使用，一些大陆学者也认为简化得不理想，可否将这些字作适当调整。临走时，他引用南宋末年高峰禅师"插秧偈"相赠："手执青秧插满田，低头便见水中天，六根清净方为道，退步原来是向前。"其中深意就在末句"退步原来是向前"。他认为即使调整了十来个大家都认为使用不便的简化字，不是还有两千多简化字为大家所接受吗？他的意见颇有道理。2011 年我到澳门参加"两岸语言问题学术讨论会"，向澳门语言学会会长程祥徽教授报告此事。他很早就是"繁简由之"的倡导者，自然全力支持周凤五教授和我们商量的想法，并很快得到澳门有关方面支持，决定在澳门召开这次会议。我相信，这次会议必然会获得重要的成果。现在台湾和大陆以及港澳在手写方面，已不同程度地出现了"繁简由之"的局面。这次会议虽然比在大陆或台湾单独召开过的繁简字统一的学术会议晚了近 20 年，但毕竟这次会议体现了两岸四地炎黄子孙希望用字统一的宿愿，共同出席了这次盛会。

关于"一对多"的几组简化字，不仅台湾同胞觉得不便，大陆同胞在使用中也会有同感。因为这几组字容易出现歧义以及繁简对应的失误。电脑上实现繁简转换是早提出来的解决繁简沟通的办法，经过多年研发，至今仍然无法实现繁简完全转换。不少研究者宣称其成果正确转化率已达到98%，但长期突破不了的障碍正在"一对多"的极少量的简化字上。这无疑说明，这些字即使在信息化时代，电脑也无法轻易将它们实现正确的转换（如下大力气研究是可以实现转换的）。但我们可以预期，只要两岸顺应当前的大好形势发展，繁简字相互碰撞的机会更加频繁，电脑未实现的任务，在阅读人的大脑中可能先达到一个"繁简由之"的境地，犹如人之双语转换一样，建立起繁简转换的机制。经过这样一个阶段，相信中国人的智慧，会找出一个切实可行的两岸汉字统一的方案。

四、附言：介绍两本有关简化字的书

最后介绍两本了解简化字的书。为了大家熟悉简化字的由来和相关情况，我这里向大家推荐两本书。一本书叫《简化字溯源》（语文出版社2012年重版），该书系统地介绍了大陆每个简化字的来龙去脉，除个别字是大陆简化汉字时新出现的外，99%以上都是所来有自，在中华民族历史文化中都先后出现过，实属我们祖先的创造，也是珍贵的文化遗产。

另一本，书名叫《简化字一夕谈》（语文出版社1995年出版），是50页的小册子。作者是长期从事文字研究工作的老一辈语言学家叶籁士先生。此书在《人民日报海外版》曾连载。这本书告诉人们简化字容易学，只要按简化的规律去归类分批学习，经过一次系统的讲解和介绍，就可不太费力地认识（不是书写）简化字。该书以问答对谈的形式写成，简明浅近，可读性很高，是我们了解简化字的首选读物。

本文既然是"两岸用字面面观"，难免拉杂不成体系，但某些认识似可供大家讨论！

簡化漢字不應廢，可微調

冼爲鏗

澳門資深文字學家

2009 年兩會期間有政協委員建議：全國用十年時間分批廢除簡化漢字，恢復使用繁體字。一石激起千層浪，一時間該建議引起廣泛爭論。無論網絡、報刊上都發表了很多意見，有贊成的，有反對的，而以反對者略佔上風。

2009 年 11 月，澳門出版協會假座塔石體育館舉辦"書香文化節"，適逢拙作《談文字 說古今》第五集出版。主辦方邀請本人作"簡化字"的講座。當本人講完之後，有一位佛教大師當場提問。他認爲簡化字割斷中華文化傳統，在書法上破壞文字的美感，缺乏漢字的美妙動人的表現力。他主張恢復繁體字。

我不同意廢除簡化字而恢復使用繁體字。

漢字已有三千多年的歷史，從甲骨文、金文、大篆、小篆、隸書、楷書一直演變過來。在發展變化過程中，漢字既有繁化也有簡化，而以簡化爲主流。

我不認爲漢字簡化破壞了中華文化的傳統。現在內地出版有關中華文化、中國歷史、諸子百家的書籍種類繁多，非常豐富。它們不僅沒有割斷中華文化的傳統，而且在普及中華文化、深入研究中華文化、提高中華文化的認識上做了大量的有益的工作，對承傳和發揚優秀的中華文化發揮了極其良好的作用。而這些出版物，絕大部分都是以簡化字印刷的。

我舉一個簡單的例子就可以說明，簡化字並沒有破壞中華文化傳統。眾所周知，西周的毛公鼎，鼎內有銘文 497 字，是已知商周青銅器中銘文最長的銅鼎。經過多名金文學者的認真考釋，銘文基本能夠通識，這些銘文，內地學者都是以簡化字作釋文，說明銘文是記周王錫命毛公，文與《尚書·文信之命》近似。可見簡化字正是承傳中華文化的良好工具。

至於簡化字破壞了書法的美感，對此應從大處考慮它的得失。簡化字有它的重大貢獻：

第一，簡化字有利於人們的學習和應用。

第二，簡化字對掃除文盲發揮了重大作用。

第三，簡化字對普及教育有良好作用。

第四，簡化字對現代科學技術的發展也有幫助。簡化字對電腦用字的規範化、標準化以及漢字編碼輸入輸出、漢字自動識別都有重要的意義。①

當然在書法家心目中，簡化字在表現漢字的魅力和美感上確有不足。不過對於這一點也不應無限誇大。因爲繁體字中也有不少是筆畫簡單的，例如：

厂——山邊可以居人之厓巖，曰厂，即俗稱的巖洞。

厶——古私字。

广——1. 音儼

　　2. 阿堪切　同庵

广就是庵字，可見書法家寫繁體字也不能完全避免筆畫少的漢字。

其實漢字的簡化並非新中國成立時開始的。就以甲骨文來説，也是不斷簡化的，我們以“漁”字爲例，甲骨文漁字異形甚多，或從魚從水，魚的數目有四條的、有一條的，或從魚、從網、從手，像捕魚狀，或從手像垂釣得魚狀。主張繁化的人，當然會喜歡這個“漁”字，因爲這是一幅生動活潑、見圖識字的文字畫，富有藝術性和田園風味，但它爲什麼不能保持至今而被楷書的“漁”字所取代呢？就是因爲不便書寫。

再舉一個“集”字爲例。小篆的“集”字是木上三隻隹，《説文解字》：“雧，群鳥在木上。從雥，從木，或省作集。”隹，就是鳥，三隹在木上當然是會意群鳥聚集在樹上。爲什麼後人都寫“集”而不寫“雧”，要説科學性當然是後者，但它抵敵不住漢字簡化的潮流。

官方主張簡化漢字也非自現代始。“遠在八百多年前的宋代，鄧肅在其奏摺中就説過：‘外國之巧，在文書簡，簡故速；中國之患，在文書繁，繁故遲。’漢字的字繁難認，據説陝西‘盩厔’（‘周至’）縣，曾難倒過一個翰林，因爲該翰林初次入選，皇帝讓他點名，他念不出這兩個字，結果到手的翰林又被取消了。”②

宋元以來的文學作品大量出現民間流行的俗字即簡化字。“一九三〇年，劉

①陳章太《論漢字簡化》

②鄭慧生《中國文字的發展》

復、李家瑞撰《宋元以來俗字譜》，他們從十三種小説、雜劇中，歸納出了俗體（簡化）字大約 1600 個。這其中的許多字，已被我們今天的簡化漢字所採用。如："个、条、传、伤、仆（僕）、仪、啰、园、劲、后（後）、劝、励、独、单、寿、应、庐、对、夺、时、书、会、弃、枣、朴（樸）、权、栾、爱、恼、怜、怀、扫、担、泪、欢、无、点、异、窃、礼……"①

按一般常理，對於優秀中華文化的熱愛之深切、對於中華文化研究之認真深入、促進中華文化的普及提高的，莫過於大學者、大專家，他們對於簡化漢字又採取怎樣的態度呢？他們有意識地主張寫簡體字。"例如明末清初的學者黃宗羲（梨洲）（1610—1695），'喜用俗字抄書，云可省工夫一半'，清代文字學者江永（1681—1762）、孔廣森（1752—1786）等也都喜歡寫簡體字。"②

近代以來提倡簡化漢字的大有其人。最早倡議的是陸費逵。1909 年（宣統元年），他在《教育雜誌》創刊號上發表《普通教育採用俗體字》，大力鼓吹除公牘考試外，應廣泛採用筆畫簡單、易習易記的俗體字。

1921 年，陸費逵又發表《整理漢字的意見》。1922 年，錢玄同在國語統一籌備委員會提出"減省現行漢字的筆畫案"，由陸基、黎錦熙、楊樹達連署。③

"該文明確提出簡體字的八種構成方法：

一、將多筆畫的字就它的全體刪減，粗具匡廓，略帶形似者，如：寿、龟。

二、採用固有的草書者：为、东。

三、將多筆畫的字僅寫它的一部分者，如：声、宝。

四、將全字中多筆畫的一部分用很簡單的幾筆代替者，如：观、办。

五、採用古體者，如：礼、云。

六、將音符改用少筆畫的字者，如：灯、迁。

七、別造一個簡體者，如：灶、响。

八、假借他字者，如：几、干。"④

1935 年 8 月國民政府教育部曾從錢玄同編寫的《簡體字譜》中選定 324 個公佈爲《第一批簡體字表》。據説考試院長戴季陶雙膝跪在蔣介石前，堅決反對

---

① 鄭慧生《中國文字的發展》

② 周有光《漢字改革概論》

③ 周有光《漢字改革概論》

④ 鄭慧生《中國文字的發展》

推行簡體字。1936年2月，蔣介石就下令此一簡體字表不必推行。[①]

新中國成立以後的漢字簡化工作，有成功的經驗，也有失敗的教訓。1977年12月，經國務院批准，中國文字改革委員會發表的《第二次漢字簡化方案（草案）》，就顯得比較草率，比較倉促，未夠成熟，引來不少批評。終於在1986年6月，國務院批准廢止"二簡"草案，這個問題才得以解決。

《第一批簡體字表》堅持"約定俗成、穩步推進"的方針，它吸收了前人簡化漢字的成果，有所改進，因此成績較爲顯著。例如吸取了1922年錢玄同、陸基、黎錦熙、楊樹達等人提出的"減省現行漢字的筆畫案"中建議簡體字的八種構成方法，又增加了下列的方法——

1. 改複雜偏旁爲簡單的象徵符號。如："僅"作"仅"，"漢"作"汉"，"勸"作"劝"，"鷄"作"鸡"，"戲"作"戏"，"鄧"作"邓"，"學"作"学"，"興"作"兴"等。

2. 新造會意字。如"尘"代"塵"，"宝"代"寶"，"灭"代"滅"，"丛"代"叢"，"体"代"體"，"灶"代"竈"等。

3. 符號代替。如"义"代"義"，"头"代"頭"，"万"代"萬"，"币"代"幣"，"办"代"辦"，"枣"代"棗"。[②]

漢字的《簡化字總表》收繁體字2261個，筆畫總數是26236筆，平均每字16筆；收簡化字2235個，筆畫總數是23025筆，平均每字10.3筆。兩相對照，平均每字減少6筆，佔38%。筆畫減少了，節省了書寫的時間，便於認讀和書寫，便於信息處理，受到了廣大群眾的歡迎。如果説要走回頭路，恢復使用繁體字，相信廣大群眾是不會答應的。而且這樣來回折騰，不知要浪費多少人力、物力和財力，據説損失數以千億計。

不但此也，簡化漢字在新加坡、馬來西亞和泰國也產生了巨大的影響。新加坡教育部先後於1969年、1974年和1976年公佈簡體漢字表，最後一次《簡體字總表》修訂本，内容和内地的《簡化字總表》一致。馬來西亞在1981年2月28日出版《簡化字總表》也與内地《簡化字總表》一致。泰國在1983年12月18日容許所有華文學校使用簡化字教學。中國的簡化漢字是聯合國規定的六種工作文字之一。如果我們反而取消簡化字，恢復繁體字，你説我國在國際上的威

---

① 周有光《漢字改革概論》

② 陳章太《論漢字簡化》

望是否受到不利影響？復繁派的人應否冷靜面對這樣嚴肅的政治問題？比起臺灣要將"正體字"申請非物質文化遺產，哪一個問題對我們的影響更大、更嚴重？相信有理性的中國人一定會有正確的答案。

　　我認爲既然漢字的簡化已經實行了五十多年，簡化字亦在全國人民心中扎下了根，並取得很大成績，現在提出廢簡復繁既不可行也無必要。至於個別簡化字在使用過程中出現的問題，是否可以深入研究、反覆論證，廣泛徵求專家、學者和廣大群衆的意見，在取得基本共識之後，再審慎地、個別地恢復極少數的簡化字的本來面目，以消除可能產生的歧義，应將有利漢字的正確使用。

　　簡體字中例如"后"字，它既是皇后的后，也是前後的後。因爲一身二用，就容易產生歧義。"后父"究竟是皇后的父親還是繼父？這就使人猜不透。又如"須"代替須、鬚二字，"須生活下去"，是"鬚生活下去"還是"必須生活下去"。又如干，代替干、幹、乾三字，"干了"究竟是幹了，還是乾了？"有些字字形上跟未簡化的字相同，而音義有別，容易造成混亂，如'樹叶（葉）'的'叶'和'叶韻'的'叶'，姓'肖（蕭）'的'肖'和'肖像'的'肖'，'剩余（餘）'的'余'和'余（我）'等。"[1]

　　"現行漢字中還有一些使用頻率高筆畫繁的字沒有簡化，這不符合社會和科學的需要。如中國國家標準《信息交換使用漢字編碼字符集·基本集》收入的6763個通用漢字中，就有138個字因結構、筆畫繁雜而不能在 15×16 的點陣字形中使用，如'量、膏、酬、蟲'等，信息處理學界對這些字不得不強行壓縮筆畫。這些壓縮筆畫的字屬於不規範字，總要妥善處理。"[2]

　　總之簡化漢字不應廢，可微調。

---

[1]陳章太《論漢字簡化》

[2]陳章太《論漢字簡化》

见证汉字使用发展六十年的回顾

柴春华

海南语言学会、海南师范大学

一九五二年建国之初，我步入河南大学汉语文学专业学习。两年后，也就是一九五四年成立了全国文字改革委员会（简称文改会），一九八五年改为国家语言文字工作委员会，规定三项中心任务：简化和整理汉字，推广普通话，制订和推广汉语拼音方案。

一九五六年我在北京师范大学拜黎锦熙先生（他是文改会的重要成员）为师，攻读当时的副博士研究生，并参与或间接参与了一些方面的工作（比如参加讨论《汉语拼音方案》的制订，参加《现代汉语词典》初稿的修订以及北京东城区师范、中学老师的教育培训，乃至随恩师陆宗达先生赴京郊永丰屯举办农民识字班等等），至今仍坚持汉语教学与研究，见证了汉字使用发展六十年的全过程。

应该说汉字规范化和汉语规范化属于两项同等重要的工作。无论是一九五五年的《第一批异体字整理表》，一九五八年的《汉语拼音方案》，一九六四年的《简化字总表》，一九六五年的《印刷通用汉字字形表》，还是一九八五年的《普通话异读词审音表》和一九八八年的《现代汉语通用字表》，都是广大文字工作和研究者对汉字文字库的规范化所做出的巨大奉献！都是像吴玉章、黎锦熙等老一代以及几代人一样呕心沥血、不懈努力所做出的巨大奉献！

回顾建国后汉字使用发展六十年的历史，令我想起一件非常有意思的往事。一九六〇年春，身为文改会副主任的叶籁士先生来郑州召开了一次会议。他在报告中讲了这样一个故事：某年，周恩来总理率团参加国际会议，文秘和通讯人员可辛苦了，所带的打字机除常用字盘外，还有备用字盘一大堆。上飞机很困难。会议期间，东欧社会主义兄弟国家的代表同志发现：半夜了，中国代表团所住的房间里还是明灯大亮，人家以为"中国同志的革命热情真高"！殊不知我们的同志还在忙着打印当天的会议记录，然后翻译成电报密码发往国内，报告当天的会议情况……

没想到这种局面，由于汉字输入电脑的研究取得突飞猛进的发展，得到了彻底的转变。于是"汉字不能进入电脑""汉字将拖住中国前进的后腿"等，好像一夜之间不翼而飞，迎刃而解。所有文字工作者无不扬眉吐气、欢欣鼓舞。

回顾之一：大陆文改成绩斐然。

这一点，特别应当把它放到建国之初百废待兴、人口众多、人民群众文化基础很低这一特殊环境中来认识。除了著名的陕北大秧歌《夫妻识字》外，全国掀起的包括我们这代人大都参与过的识字班、工农班、夜大学，现实情况的确需要用简体汉字对占80%甚至更多的文盲或半文盲进行启蒙教育。试想：如若面对世世代代不识字的农民采用繁体字来进行识字教育，将十几画甚至几十画繁体字摆在他们面前，那真是"当头棒""拦路虎"。任何一个有识之士都必须考虑并切实解决这个既现实可行又势在必行的重大课题。而文改会和以后的国家语言文字工作委员会所制订并推行的三项中心任务，正好顺应了历史潮流，很好地完成了民族振兴、文化复兴的伟大任务，受到了民众的欢迎，鼓舞了工农兵的士气，取得了巨大成就。至于"拼音方向"和"第二批简化汉字"的摈弃，那也是在汉字数码研究获得突破，以及他们非常成功地将汉字输入电脑之后所采取的必然选择。

回顾之二：港澳台保留繁体，与大陆简体相映成辉。

目前，港澳回归，实行"一国两制"；台湾与大陆经济密切，势必走向政治接触。有这三块宝地使用繁体汉字，在我这个全程见证汉字改革的人看来，觉得既体现了中华民族五千年文明、文化、文字的传承，又与大陆相映成辉，简直是天作之好！假若把大陆作为我们中华民族大家庭的主体，有十三亿民众使用简体汉字，再把港澳台三个宝地视为闪耀的明珠——辅在大陆的东南沿海，约三千万人使用繁体汉字，势必呈现出汉字使用发展的整体面貌，应该维持现状，其而始终不渝。这不恰好传承了文化、沿革了汉字、沟通了交流吗？两岸使用汉字上下衔接，相映成辉，展望中华一统，应该视为万民之桥，炎黄之福！

回顾之三：互尊互谅，互通互补，及时解决使用中能解决的实际问题。

汉字的繁简，古已有之。至于使用简体，或者使用繁体，那是社会的决定、民众的习惯和需要。既然两岸分别决定使用了简体字和繁体字，那就受到法律的保护和民众习惯需要的制约。所谓"开弓没有回头箭"，"用字哪走回头路？"因此，两岸必须携手同心，相向而行，做到互尊、互谅、互通、互补，彼此不做有悖于此的事情。绝不能做像清代大学问家吴大澂先生在《说文古籀补序》中说到的"变乱古法，各自立异使后人不能尽识也"之事。

最近，见到台湾廖教授一篇文章，提到简体字的缺陷时，列举了下面几个字：

"郎"不回乡 "爱"无人心 "选"不共定

"亲"不相见 "导"已无道 "义"不关我

廖教授如果没有附加意义的话，用意并不错。其实，它们不是什么"缺陷"，而是简体字删繁就简的基本精神所在，或者可用形声、会意等新的认识来加以理解，那就不会出现反感，甚至指责什么"缺陷"了。你我处在两岸，不是照样回"乡"探"亲"吗？双方遇有灾难，不都"选"择了"义"举，献出了"爱"心吗！平心而论，彼此交流起来是不会产生误解的。更没有"缺陷"不"缺陷"之说。因为大陆有十亿甚至更多的民众，他们压根儿接触的就是简体汉字，脑子里没有繁体字的概念。

我倒觉得，两岸民众特别是文字教育和研究工作者，应当在现实基础上，加强互通互补，多做协调工作。除了通过基础教育和传媒交流分别识繁辨简、识简辨繁之外，对一些因繁简字体和新旧字形产生的细微差别，采取一些变通手段，让它们逐渐趋于一致，便于交流与沟通，也是一件有意义的事，不妨一试。比如：

李敖的"敖"字左下方是否不用"方"字；

澳门的"澳"字右上方里边是否不要"采"字；

黄翊教授的"黄"字上边非要"廿"不可？"翊"字右边的"羽"里一定是两"撇"，而不用"点提"？

瓦字下面一定用"竖提"？

丑字中间一横一定要出头？

俞字下右的"刂"一定要用"巛"？

……

诸如此类不影响大局的一些细节，渴望两岸专家同仁携手通力，正如此次承蒙澳门语言学会的大力倡导，将"两岸汉字使用情况学术研讨会"发扬下去，共同创造一个汉字使用更加光辉的明天！

令人非常欣慰的是：前不久，北京举办了首届规模巨大的汉字听写大赛。众多青年学生表现非常出色，冠亚军均被杭州外国语学校拿走。那位冠军女生，还有那位亚军男孩儿，过关斩将，力挺万军，写出了十个，二十个，甚至更多的疑难汉字，走上了最高领奖台，真是可歌可喜！我们后继有人！民族大有希望！

　　如果再举行第二届、第三届……希望看到两岸共同参与的盛况，或者干脆易地到港澳台举办，那样，必将大大促进汉字使用的跨界交流和沟通，必将赢得彼此互通互补的崭新局面！

論繁體字和簡化字的縱綫關係

朱歧祥

臺灣東海大學中文系

一、前　言

　　漢字形體的傳承，迄今有超過四千年的歷史。由上古的陶文、甲骨、金文、竹簡、帛書，一直到現在通行的楷書，没有一天中斷過。在不同的文字階段中，因爲書寫部件的增省、形譌、區别，加上書寫工具和載體的改變，再配合書手個人風格和特定時空的主觀書寫習慣，導致字形結構不斷地調整，以迎合不同時期對語言記録的主、客觀需求。文字演變至隸楷，更因大量形變和誤書，讓許多文字難以追溯其本來面貌。如"出"字本從止，代表人離開坎穴形，卻附會成狀似"山外有山"的説解；"走"字本象人擺動雙手自然行走貌，卻有理解爲"土下從止循走"的説法；"保"字本象人背著小兒形，卻分析爲難以因文識意的"从人从呆"；"育"字本象母親產子形，卻變成奇怪的"从云从肉"。"在""有"二字，一從才聲，一從手形，但在楷書中卻混爲同一偏旁；"有""前"二字，一從肉，一從舟，但在楷書中卻同書作月字。由此可見，文字是不斷在形變求存。要掌握文字存在的規律，我認爲需要注意兩點：一是了解文字的原形。由原形認識字在最早發生時的原始狀態。另一是明白文字的流變。由流變可歸納字的前後關係，並比較不同時期的偏旁分合變化。前者是點的了解，後者則是綫的檢討。迄今臺灣保存的繁體字，對應大陸通行的簡化字，二者的異同本屬文字縱綫的關聯。我們無論是要分析繁體抑或是要了解簡體，都應該站在字形的點、綫規律上來考量，才能認識字形的時代意義。

　　文字隨著本身的實用意義而自然發生、調整和死亡，復有因應後天的人爲、政治影響，產生許多筆畫的分合要求。前者即是指文字正常的縱綫傳承，它的發展是長期、緩慢漸進和群體的；後者則是橫切面外力的干與，是非常態的一種由少數人短暫而快速操控的文字突變記錄，如秦始皇的一統文字、唐武曌的新增字形、宋王安石對字形的主觀分析，以至今日大陸推行的簡化字改革方案。這種外在人爲的干與，和文字本身的自然衍生相磨合，個別文字會遭受人爲主導力量和政治約束的強弱而因承、折衷或消失。這也是目前楷體由繁而簡所面臨的交錯困境。

談論文字應用和取捨的問題，本屬自然的正常淘汰結果。但可惜近人面對繁簡字的優劣，總難免混雜情緒性的語言，受到各自政治立場的認同影響，一刀切的用二分角度來看問題，到最後不容易反映事實的真相。況且，文字僅是表達語言的工具，只要能如實恰當的表情達意，就是好的文字。今日十多億人已長期習慣書寫簡化字，縱使繁體字再好，要求大陸一紙文書回復到統統繁體字形的書寫，也是不可能達到的事實。但一味要求彊硬的簡化政策，而不考慮文字刪簡後的傳承、理論和學習上的困難度問題，也顯然並不是一個可取的態度。作爲研究文字的工作者，我們不應單純化的看待繁簡相對峙的問題。目前我們能做的是，站在學理的角度分析文字流變，就字論字，逐一評估繁簡字形的對比實況，其間的真與美、合理與充分爲何，從而，讓海峽兩岸人民共同而正確的擁有這一份珍貴無比的文化遺產。站在漢字本身而言，無論繁簡，都是漢字，都是漢字史上不可切割的環節。無論我們認同與否，簡化字是由繁體字蛻變調整而來的。它們之間緊密承接的關係是無庸置疑的。因此，我們要耗時去爭辯非繁即簡的優劣，倒不如先好好論證繁、簡字體在漢字史中的存在意義和價值，以至彼此在文字傳承的綫上所呈現的關聯特性。

二、論繁體與簡化字的特色

今日兩岸繁簡字體的存在各有其歷史和人爲背景，站在字形的藝術和實用性考量，亦各有長短，不能截然二分的看待繁簡字體的優劣。以下，嘗試先由正面的態度分述繁簡字體的特色。

1. 繁體字之美

a. 繁體字保存傳統漢字造字要求方正穩重的結構之美。如：
匯—汇　　產—产　　嚴—严　　廠—厂　　開—开　　鄉—乡　　業—业

比較以上繁、簡字例，繁體字的組合都呈現四平八穩、緊密而方正的特色，成就典型的方塊結構，而簡化字由於個別部件的刪減，整個字體顯得結構對稱失衡或有字形單調的感覺。

b. 繁體字能適合傳統六書的理論。早在漢代，古人以歸納的方式發明了六書這種分析篆文的造字通則，亦成爲日後分析古今文字的一個基準。今日的繁體字同樣能透過六書的形音分析，讓每一部件組合都可以具備理論基礎，特別是針對會意字的意符、形聲字的形符和聲符的分析。相對於繁體字，若干簡化字卻已喪失六書的拆字標準，部件刪減的過程較不考慮整體結構原本的組合意義或表音功能。

如：

廣—广　　時—时　　藝—艺

以上字例的繁體屬形聲結構，至簡化字時已喪失原聲符的組合。

聲—声　　寧—宁　　學—学

以上字例的繁體屬形聲結構，至簡化字時已喪失原意符的組合。

c. 繁體字持續漢字縱綫的傳承。繁體字的結構，上承篆隸，較緊密的繫聯於漢字史的縱綫演變之中，亦能上溯古文字形體，從而了解文字發生的真相。相對的，簡化字由於過分的刪減和使用替代符號，明顯對文字的正常流變是一種破壞。如：

歲—岁　　鳳—凤

歲字的繁體字形可以上溯至殷商甲骨文，與其後的金文、篆隸差別不大，但簡化字則全失其形符和聲符的關聯。鳳字的繁體字形亦可上推至篆文，與隸書寫法無異，但簡化字則全失其形符和聲符的關聯。

d. 繁體字部件偏旁的功能，除了表達形符或聲符的作用外，亦能兼具區別的特性，它能適當的區隔大量的同音字，避免文字之間的混淆。如：

乾—干　　隻—只　　餘—余　　嚮—向

以上繁簡字例本在繁體字形中各有不同的表意功能，於繁體中呈現不同的部件偏旁，彼此沒有混淆的問題，但一旦轉化爲簡化字時，同音的後一字形取代了前者，在應用和理解上產生許多不必要的混同。

以上，介紹了繁體字所保持的獨特風格和功能。

2. 簡化字之美

a.書寫方便。簡化字吸取草書連筆的書寫經驗，大量簡化筆畫，如：單—单、喪—丧、緊—紧。簡化字的簡省過程，一是省，一是改。省是省略部件，如：奪—夺、厭—厌、壓—压、術—术、嶺—岭；改是改易較簡單的形旁成聲旁，如：種—种、運—运、億—亿、鑰—钥、藝—艺，是更換較簡易書寫的同音聲符，孫—孙、鹼—碱，是更換較簡單筆畫的近意形符。簡化的功能，是企圖讓學習和書寫更方便、更快捷，讓廣大的文盲可在最短的時間讀寫漢字，取得實用的效果。

b.個別保存漢字傳承的意義。大陸的簡化字形若干仍保留繼承古字的特色，這些文字能接受歷史自然淘汰的考驗，是簡化字今後可以延綿下去的一個理論基礎。如：寶—宝、從—从、棄—弃、電—电、嶽—岳、隊—队，其中的簡化字可上溯至甲骨、金文的形體。禮—礼、無—无、麗—丽、廟—庙，其中的簡化字見於《説文》。隱—隐、來—来，其中的簡化字與簡帛文字相同。聰—聪、準—准、獻—献，其中的簡化字形已先見於漢代碑石。會—会、書—书、興—兴、繼—继、實—实，其中的簡化字亦早出自晉唐書帖。萬—万、黨—党、燈—灯、辦—办、膚—肤、聲—声，其中的簡化字也是由歷代字書中來。

以上，點出了簡化字的優勢和特殊意義。

三、檢討繁體與簡化字的形變規律

大陸的漢字改革方案，主張由繁而簡的立論，是在於書寫方便、學習容易。近年電子科研發達，電腦的功能已普遍影響一般人的生活，並逐步取代紙面上文書書寫的習慣。而對於電腦中漢字繁簡形體的切換，目前在技術上已不是困難的問題。因此，單純由筆畫簡單與否作爲漢字需捨繁就簡的訴求，也不再是一強而有力的原因。況且，如果文字的簡化理論並不全然合理，簡化部件的辨識並不徹底周延，更會增添學習和閱讀上的困難和負荷。細審繁簡字體都是漢字史中的部分，如何合理的扣連在漢字永恆縱綫上，是繁簡字形在學理上能保存抑或遭受淘汰的一個客觀準則。這些，都應是今後漢字改革主事者需要慎思的地方。

對比今日楷書中的繁簡字體結構的改變，有如下幾點值得注意：

1.由繁體至簡化字，若干文字喪失原有聲符的功能。如：

盤—盘　　蘭—兰　　時—时　　觸、獨、濁—触、独、浊面對這些簡化字，需要放棄原來形聲結構辨字的常態模式，需用強記來認識某些獨特的字形組合。

2. 由繁體至簡化字，若干文字喪失原有形符的功能。如：

親—亲　　術—术　　類—类

面對這些簡化字，需要放棄對原有文字形符的理解，需強記某些特別的字形結構。

3. 由繁體至簡化字，若干文字因改易聲符而稍失原有全記音的功能或調值。如：

種—种　　鑰—钥　　憐—怜　　億—亿　　據—据　　潔—洁

廳—厅　　聽—听　　優、擾—优、扰

面對這些簡化字，不能完全依賴聲旁讀字的習慣，而需另外強記個別字例的不同讀音或不同聲調。

4. 由繁體至簡化字，若干文字因改易形旁而稍失原有意義或使其表意功能流於空泛。如：

筆—笔　　聽—听　　體—体

面對這些簡化字，需另外學習它們表意或表音的組合方式。

5. 由繁體至簡化字，若干字形的結構離開環環相扣的文字流變縱綫，其中表意或表音的部件亦相對的消失。如：

屮—𢧚—歲　　……岁（簡化字不見斧戉形旁和步聲）

㤅—愛　　……爱（簡化字不見心旁）

𡥈—學　　……学（簡化字不見爻旁）

𠂤—師　　……师（簡化字不見𠂤旁）

面對這些簡化字，需要強記或重新認識它們的組合結構。

6. 由繁體至簡化字，用硬性規定的符號來取代原有的聲符，遂失卻原聲符和表達語言的功能。如：

嘆—叹　　僅—仅　　鄧—邓　　勸—劝　　鷄—鸡　　趙—赵　　層—层

面對這些簡化字，無法據聲以別意，故需要由其他途徑如上下文或強記，來區別和辨識其部件偏旁。

7. 由繁體至簡化字，用硬性規定的符號取代原有的意符，遂失卻原意符的表意功能。如：

鳳—凤　　進—进

面對這些簡化字，無法由形旁以知意，需要由其他途徑如上下文或強記，來辨識該字所屬。

8.由繁體至簡化字，用硬性規定的符號取代原有部件，但這種取代對象並不全然一致。如：

a.刂。例：帥—帅、歸—归

b.云。例：層—层、會—会、運—运、償—偿、壇—坛、動—动、嘗—尝、醞—酝

c.大。例：慶—庆、駄—驮、達—达

d.井。例：進—进、講—讲

e.又。例：艱、難、漢、嘆—艰、难、汉、叹

　　鷄—鸡、僅—仅、戲—戏、聖—圣、鳳—凤、鄧—邓、對—对

f.乂。例：區、驅—区、驱

　　風—风、岡—冈

g.不。例：還—还、懷—怀

h.一。例：叢—丛、滅—灭（本組後一字例可介定爲減省，而並非取代，存以備參）

i.人。例：認—认、隊—队、齒—齿

j.ⅴⅴ。例：興—兴、舉—举、學—学

k.力。例：邊—边、窮—穷

l.尔。例：爾—尔、稱—称

m.彐。例：當—当、檔—档、歸—归、芻—刍、穩—稳

n.二。例：蘭—兰、欄—栏

o.ⅠⅠ。例：戀—恋、變—变、顯—显

p.办。例：辦—办、協—协、蘇—苏

q.玉。例：國—国、寶—宝

面對上述大量來源並不一致的簡化過程，需要強記或加強認識同一符號所表達的不同形意概念。

9.由繁體至簡化字，若干文字用掏空的方式刪除原有部件，但刪除並不一致和全面，且復失卻原有表意或表音的關聯作用。如：

廠—厂　　廣—广　　嚴—严　　業—业　　飛—飞

面對這些簡化字，需要強記它們特定的字意結構和音讀。

240

10. 由繁體至簡化字，若干字的部件偏旁混同，但又不全然如此。如：豕、豸、犬。例：

豬—猪　貓—猫　獵—猎　獸—兽

面對這些簡化字，需要強記該混同偏旁以外的特例字形。

11. 由繁體至簡化字，若干字在應用時字形有簡有不簡，並不一致。如：

瞭解—了解　瞭望—瞭望　乾—干　乾坤—乾坤

面對這些簡化字，需要強記個別不簡省的特例用法。

12. 由繁體至簡化字，若干字在簡化後會與另一常態的同音字相混淆。如：

韆—千　夥—伙　蔔—卜　摺—折　藉—借　葉—叶　穀—谷　幾—几

面對這些簡化字，需要經由上下文判別同音字所表達的字意。

13. 由繁體至簡化字，若干字形的結構喪失原有表意的部件組合。如：

開—开。簡化字失卻原開門的字意組合。

關—关。簡化字失卻原關門的字意組合。

雲—云。簡化字失卻原雲雨的氣象關係。

電—电。簡化字失卻原電雨的氣象關係。

藝—艺。簡化字失卻原種植的形意。

鳳—凤。簡化字失卻原神鳥類別的形意。

鬥—斗。簡化字失卻二人格鬥的形意。

術—术。簡化字失卻原強調道術從行（方法）的意思。

聲—声。簡化字失卻原用耳聽和敲擊的意思。

芻—刍。簡化字失卻原有的草形。

禮—礼。簡化字失卻原宗廟行禮之器的形狀。

競—竞。簡化字失卻原二人並排相競走之形。

掃—扫。簡化字失卻原箕帚形。

面對這些簡化字，失卻原造字的關鍵部件，故需要另行強記它們的原意和不省字形，才能了解它們在簡省後的字意和字形發生背景。

以上十三點，無論是由體用上言、由學習或區別上言、由文字達意表情的優美角度言、由文字的傳承字形上言，繁體字都有其可取和不可取代的主客觀條件。相對的，簡化字除了書寫筆畫的簡便外，卻突顯或徒增許多學與用、理論與實際的困難與負荷。

四、結　語

今日楷書中的繁簡字體，本同屬一脈相承的漢字，二者均有不可磨滅的歷史功能和貢獻。本文由學理分析繁體和簡化字的優點，並評估二者在文字傳承之間的十三種形變規律。由於文字簡化過程存有若干不合理和不周延的地方，反而構成了對漢字學和寫的困難，這方面值得今後改革漢字工作的朋友多加注意。

香港汉字、两岸汉字、对外汉字 以及汉字的学术码*

姚德怀

香港中国语文学会

1 香港汉字字形

我本来的题目是"香港汉字使用情况及其他"。现在看到有学者也会谈到"香港汉字",因此这方面只举幾个例子来说明。

我常说,香港实行"一国两制",香港内部却是"一港多制"。汉字使用方面也是如此。大家知道,香港一般用繁体字,但大家如到香港,稍微留意,便会发觉街道上、商店招牌、各类交通公具、电视电影中文字幕、各种书刊传媒信件上都会出现形形色色、字形字体不一的汉字。以下试举幾个例子:

例一:《香港小学学习字词表》(2007 年)

2007 年,香港特区政府教育局出版了《香港小学学习字词表》(以下简称《字词表》)。不少境外学者认为,这便是香港用字标准的依据了。实际情况不是这样,该《字词表》似乎只在小学(也许再加上中学)裡受到重视,社会上一般还不知道有这本《字词表》存在。香港教育局所发的中文信件,所用汉字字形也不完全遵照该《字词表》的规定。下图是教育局最近(2013 年 10 月 15 日)所发的信件样页。大家可以看到,即使在一页之内,就有"糸"旁、"育"、"草花头"、"将"、"次"等部首 / 字的异形!

---

*本篇用"和谐体"打印,"和谐字"计有:範、復、後、劃、幾、裡、歷、萬、遊、製、準。

为什么会这样？可有以下理由：

1."教育局"管不了社会，甚至管不了教育局内部各部门。无人管，也无法管。

2.《字词表》中各"标準字"用的是楷体。《字词表》外的说明部分等用的是宋体或黑体，教育局可能还没有开发"标準字"宋体或黑体的软件！

3. 社会上在使用的汉字软件花样更多了。除非有免费的标准字形软件，很少人愿意花钱添换新软件。何况，也有人可能认为：教育局的"标准字"不是最好，可能不正宗！例如教育局标准"者"字，仍有人认为应该加上一点，"者"才是正宗！

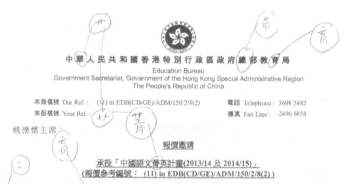

例二：《辞海》（合订本），中华书局 1947 年

那么，香港的常用的、较大型的中文辞书，相对地来说，哪一本较有权威性呢？恐怕是"旧上海"中华书局1947年版的《辞海》（合订本）了。

香港本地没有较大型的中文辞书。香港"本土"的知识界、教育界，一般不用、不看内地的《辞海》(1979年以及后来的版本），也不用、不看台湾1949年后修订的版本。为什么？内地《辞海》用简化字，台湾《辞海》较贵，也不容易买到。于是1947年版的《辞海》便一枝独秀，香港中华书局也不断重印。

香港中华书局的《辞海》的版权页写上，"辞海合订本早在一九四七年出版，因尚有参考价值，故予重印发行"。许多香港知识界、教育界用的是"1979年3月重印本"。大概不断重印。到了2011年，版权页写上了"2011年12月再版"(没有再版说明），封底印有"纪念中华书局成立一百周年"字样。

重印本或再版本有些改动，改动不大。例如1979年的重印本已加上了1949年成立的"中华人民共和国"。但2011年的再版本"爱因斯坦"条，仍只注出生年份"(1879—)"，大家可认为爱因斯坦至今是132岁了！实际上爱氏已于1955年逝世。还有，"来比锡"条说"印刷业之盛冠全球"，这也是一百年前蔡元培、林语堂游学来比锡时的情况！因此"再版本"并不能算是真正的"再版本"。

但不论是重印本还是再版本，都不是重排本，用的字体仍是旧的老宋体，大概就是内地辞书上说的"旧字形"："者"字多一点，"者"；"迪"字多一点，"迪"；"糸"字边仍用"糸"，例如用"紅"，不用"红"等等。这些都与香港、大陆、台湾所规定的不合，因此引起教师、学生、家长之间的纷争。

有的电脑软件可能是新旧各体混用，因此出现了香港教育局的各字形兼收并蓄的"样版"。

例三：香港特有的字

香港还有许多特有的字，例如粤语字。有些是固有的粤语字，如"冇"（这个会意字很好，简直可以替代规範字"无"，"无"易与"天"混淆），有些是新造字，如"軠"（即电梯，据说可能还是香港潮州人创造的，从英语"lift"得音），有些是地名字，如"埗""礐"。

也有日语字，如"の"：香港有零食店名"优の良品"，香港人读如"优之良品"。也有私人屋苑名为"都会駅"，其中"駅"是"驿"的日本简化字，据说该处居民读如"都会尺"。也有一些小说、电影名为"XX物语"，"物语"出自日语的"物语 monogatari"。

小结：百花齐放、一枝独残

总之，香港形形色色各类字都有，真的是百花齐放。唯一的，有些所谓"本地派"不能容忍的，是"大陆简体字"，他们称之为"残体字"。有些店家招牌用上了简化字，他们就在店家门口抗议，并在报章上写文章漫骂抗议（香港式"大字报"），这些店家害怕，怕受打压，只好乖乖地马上换上繁体字！当然，香港各行业用的简化字其实也不少，"本地派"也只能选择性地、随机地加以打压！

这也是香港的许多深层矛盾之一。

2 繁简字、和谐体、两岸字形

繁简字与和谐体

香港中国语文学会刊物《语文建设通讯》自 1980 年创刊，[①] 至今已出至 104 期，在香港是少有的长寿刊物。本刊多年来提倡"和谐字"。什么是"和谐字"？"和谐字"就是从内地规範字表中，恢復若干繁体字。这样，"和谐字"与"繁体字"便能一一对应。

自 1956 年北京公布"简化字"后，关于繁简字的讨论从未停止。N 人讲了 n 次，N 代人讲了 n 代次！我们认为繁简字的主要矛盾在于繁简未能一一对应。"规範字"换成"和谐规範字"后，这个主要矛盾便能逐步解决。

《通用规範汉字表》(2013 年)"调整"(恢復？)了 6 个异体字为规範字，并在"特定用法上调整"(恢復？)了 39 个异体字为规範字。然而急需调整的未见调整，例如"干/干、幹、乾"未见调整。因"干"字的一简多繁不断出现了许多笑话。以下是最近的例子：

例四：学术刊物出现"東幹語"

大家知道，现在中亚哈萨克斯坦、吉尔吉斯斯坦、乌兹别克斯坦居住着 11 萬"东干人"。他们是 19 世纪後期由陕甘等地被迫出走到俄罗斯的回族後裔。近数十年来，对东干人、东干族的研究逐渐成为一门显学。2013 年第 1 期的《澳

---

① 关于《语文建设通讯》，可上"华语桥"，网址为：http://huayuqiao.org

门语言学刊》刊出了侯精一教授的关于东干语的文章。可是整篇文章，把"东干"都印成"東幹"。文章大字标题"回民話、漢民話、東幹語比較研究芻議"裡的"東幹"特别显眼。不知侯精一教授看了作何感想？

两岸字形

2012 年，两岸在求同存异的原则下，各自出版了《两岸常用词典》。关于字形方面，台湾版做得可能比较周到，各字头：台湾"正字"用正字原型楷体，大陆"規範字"用规范字原型宋体。大陆版则把台湾正字的楷体原型都宋体化了，显得不太正宗。例如台湾版草花头"艹"分左右两边，左边是一横"剔"，大陆版则改成一短横。

台湾正字的宋体服从于楷体，宋楷一致。反过来，大陆的楷体不一定服从于规範宋体，两者并不一致。例如大陆的"小"字，宋体为"小"，楷体为"小"(左旁为一点)。因此我常说"'小'问题便是大问题"。关于大陆楷宋不同，李行健先生在香港中华版某一版次的《中华新字典》的附录中有一页的说明。目前香港商务和中华版的繁体字字典，各字头仍用楷体，与香港教育局规定的楷体不尽一致。

3 汉字如何对外

汉字转拼音

常听人说，中国人用汉字用了幾千年，自给自足，不假外求。如果在国内生活，确是如此。但一出国境，便不同了。你要在境外订机票旅馆，首先要提供姓名的罗马拼音，不一定是汉语拼音，总之是你的证件上的固有拼音，例如董建华是 Tung Chee Wah，田小琳是 Tin Siu Lam。前幾年有清华教授唔识 Chiang Kai-shek。不妨做统计(民调)，问问国人、华人是否认识下列人士：

Jao Tsung-i，Ching Cheung Fai，Dschi Hian-lin，Tschen Jin-koh ……

外文转汉字

上面讲汉字转各种拼音，下面讲外文转汉字的各种问题。

例五：同一篇文章裡的一名两译、一职两称

中华书局(香港)2013 年 9 月出版了一本《香港传统文化》，其中有一篇(第104—111 页)谈"许地山和香港大学中文学院"。其中先有一段说："1935 年 1

月…… 当时香港大学校长贺耐 (Sir William Woodward Hornell) …… 说 ……" 後来又有一段说："许地山 …… 将 ……计劃书，交港大副校长韩尼路察核……"

看到这两句话，大家一定认为当时校长是"贺耐"，副校长叫"韩尼路"了。非也！"贺耐"便是"韩尼路"，"副校长"便是"校长"。前者易明，一名两译，后者难解。原来英制大学校长叫做 Vice-chancellor，照字面译便是"副校长"了，因此副校长 = 校长！

4　国人的负担：如何整理汉字？汉字应有"学术码"

国人常以有悠久歷史的汉字为傲。但如何整理，似少人理会和重视。即使重视，似不得其法。

过去数十年，国人从实用出发，争相为汉字编码，所谓"萬码奔腾"，目的是为了方便输入电脑。我们现在需要的是为汉字创製"学术码"。

大家知道，地球上的植物品种数以十萬、百萬计。现在科学的植物分类法，使各植物品种各有其位，各有各的"学名"（拉丁学名），井然有序。这种分类法基本上源自瑞典的林奈 (Carolus Linnaeus, 1707—1778)。现存的中外古今图书，何止百千萬，然而也有一些公认的图书编目法。

至于汉字，数量繁多。歷来正字俗字争相排斥，数十年来，繁体简体，也是争相排斥。从世俗眼光看，这种"推斥"，似无可避免，但从学术观点来看，存在便是真理，理应兼收并蓄。

香港中国语文学会《语文建设通讯》多年来便持这种观点，提"汉字字位"说，尝试为每个汉字提供一个有系统的"学术码"，各汉字的异体字（包括域外汉字）也有相应的"学术码"。这样各汉字便有一个"一条龙"的"龙形系统"，甚至是一颗树的"树形系统"。各系统有码，系统中各字也有码。

可以说，上述的《两岸常用词典》也是朝这个方向跨出了一步。例如正体字"懷"和 规範简化字"怀"并列，颇有亲和力。"怀"字是有数百年歷史的"俗字"，旧词典也都收。再加上日本的"懷"的简体字"懐"（源自中国南北朝时的书法字），已经形成了一条三字短"龙"。

其实，异体字集已有不少人做过，但是好像缺乏固定的学术编码。如何定下有权威性的学术编码，似乎是最高学术机构层次的工作。可以说，我们还缺少一个"汉字的林奈"。

正視簡化字姓氏用字之混淆

蔡信發

臺灣中央大學榮譽教授

壹 前 言

報載粵省雷州市蕭文孟父子三人，從該市公安局户籍科領取全新身份證，由原來的"肖"姓成功變更爲"蕭"。又該市蕭氏宗親聯誼會籌備會祕書長蕭湛表示，約有七萬蕭姓族人被錯寫成"肖"，正透過正規途徑改回姓"蕭"。復載1909 年福建泉州已有 170 多人更正"肖"姓爲"蕭"。[①] 以上新聞再次引發筆者對此問題的關切。[②]

貳　姓是文化表徵

姓氏是表明個人所生家族的標幟。姓起自女系，氏始於男系。其後社會以男子爲主體，姓也改從男子，氏則有時反表女子家族。從戰國時代起，隨著宗法制度的崩潰，姓和氏已没區别。鄭樵(1104—1162)說："三代之後，姓氏合而爲一。"[③]又顧炎武（1613—1682）說："姓氏之稱，自太史公始混而爲一。"[④] 因此，現在說

---

① 見《中國時報》A13"兩岸新聞"，2013 年 5 月 29 日，轉引《南方都市報》。

② 參見拙作《從大陸回歸姓氏"異體字"或"繁體字"可見正體字恢復的訊息》，發表於臺灣師範大學國文系所編印《紀念瑞安林尹教授百歲誕辰學術研討會論文集》，P177—202。2009 年 12 月 19 日—20 日。

③ 見《通志略・氏族略第一・氏族序》，頁 108—109。臺北：臺灣商務印書館。1968 年 3 月臺一版。

④ 見《日知錄・氏族》，卷二十三，頁 3。臺北：臺灣商務印書館。1965 年 8 月臺一版。

的"姓"已和原始的姓不是同一概念，而是包含姓和氏兩方面的内容，[1] 所以姓氏合稱，仍爲姓之義。姓本是中華文化表徵之一，含有認祖歸宗的意涵，是精神寄託的憑藉，源遠流長，根深柢固，向爲國人所尊崇。茲簡表於後，略知其梗概。

中華姓氏簡表

類　別	姓　氏
以國名爲氏者	周、鄭、陳、衛、秦、曹、葛、魯、唐、武、巴、暴、翟、莘、賴、從、邲、蒲、宿、薊、郜、黎、詹、逄、譚、彭、聶、寒
以采邑爲氏者	褚、沈、楊、潘、范、苗、柳、平、汪、管、郁、解、魏、欒、奚、甯、穰、泉、知
以封號爲氏者	鄂
以謚號爲氏者	嚴、康、穆、戴、閔、胡、丁、宣、厲、文、簡、惠、肅
以官名爲氏者	張、史、卞、卜、和、凌、麴、巫、弓、戎、符、農、充、寇、師、倉、士、籍、車、司、烏、庫、委、侯
以封地爲氏者	蘇、鄅、費、薛、狄、郗、葉、懷、蒲、從、藺、璩、尚、瞿、諸、房、陰、党、汲
以技藝爲氏者	俞、牧、韶
以職業爲氏者	隆、琴、鈕、左
以祖上之字爲氏者	施、孔、昌、袁、廉、樂、皮、童、吉、印、貢、桑、莊、井、印、干、牛、豐
以祖上之名爲氏者	車、仰、咸、卓、鬱、胥、蒼、扶、壽、慕、連、古、包、白、扶、艾、容、夔、羿、佟、咸、尚、祖、仲、望、牙、能、堪、倚
以受寵爲氏者	幸、寵、賞
以出生地爲氏者	伊
以居地爲氏者	勞、郏、愛、海、涂、屠

上表據《通志•氏族略》《百家姓考略》《新譯百家姓》《百家姓全集》製成

姓氏來源雖不一，要以追懷先祖，不忘根本，以期血脈相傳，生生不息，則無二致。如韓王安爲秦所滅，子孫爲避難而轉音"何"氏。[2] 又黃帝時，共工治

---

① 見季乃札《蔡》之張豈之"序"。陝西人民出版社。2002 年 4 月第 1 版。2002 年 10 月第 2 次印刷。

② 馬自毅、顧宏義《新譯百家姓》，頁 36。臺北市：三民書局股份有限公司。2011 年初版三刷。

水有成，被尊爲“水神”，後避仇，爲不讓子孫忘卻自己有水神之譽，就在姓旁增“水”而成“洪”姓，[1] 即愷在不忘其本，姓不可廢。至於東漢莊姓爲避明帝之諱，改莊爲“嚴”，凡《漢書》嚴青翟、嚴助、嚴遵、嚴光都生時姓嚴，而後世史官猶改回祖姓之“莊”。[2] 由此可見，凡百姓氏，留傳迄今，殊爲不易，爲子民珍惜葆愛，自屬至理，實不宜因文字之簡化，亂其涇渭，傷及感情！

叁　簡化字造成姓氏之混淆

自對岸 1956 年公布“漢字改革方案”，全面推行簡化字，其中有以一字省併他字的措施，不覺造成姓氏之混淆。析分其亂象，列舉如下：

一、二字原本各表姓氏，由於其一被省併，以致二姓相混不別，且一姓無端消失。

1. 云：邳之爲云（《通志》卷三十，頁 22）。案前漢有云敞。

   雲：以官爲氏（《通志》卷二十五）。案隋代有雲定興。

2. 發：《史記•孝武本紀》：“巫醫無所不致，至不愈。游水發根……”《集解》服虔曰：游水，縣名；發根，人名姓。

   髪：漢有髪福，東海人，治《詩》（《通志》卷二十九，頁 32）。

3. 后：邱之爲后（《通志》卷三十，頁 21）。

   後：五代有後贊，爲飛龍使。今開封府有此姓，望出東海（《通志》卷二十九，頁 27）。

4. 党：党，去聲，今人呼爲上聲。本出西羌，姚秦有將軍党耐虎，自云夏后氏之後，世爲羌豪。又有吳平男党娥，子孫居同州。宋党進，節度使。党祺，淳化登第。慶歷登科，有党師經，延州人（《通志》卷二十八，頁 25）。

   黨：公族。見釋例周世族譜（《通志》卷二十八，頁 24）。

5. 范：陶唐之裔……越有范蠡……魏有范座。項羽有范增，居巢人（《通志》卷二十七，頁 6）。

   範：宋登科範昱，饒州人（《通志》卷二十九，頁 27）。

---

① 陳才俊主編、安睿注譯《百家姓全集》，頁 159。北京市：海潮出版社。2013 年 3 月第 1 版第 1 次印刷。

② 清•王相箋注《百家姓考略》，頁 7。北京市：中國書店。1994 年 5 月第 2 次印刷。

6. 岳:《續通志》《清通志•氏族略》俱收錄。《姓氏考略》注:當是"四岳之後"。

嶽:本朝希姓,不知所自起(《萬姓統譜》卷七,頁 27)。

7. 谷:有聞於漢,宋登科,谷大向、大方並曹州人;谷大忠,興仁人;谷椿,衢州人(《通志》卷二十九,頁 31)。

穀:嬴姓,伯爵。春秋穀伯綏之裔也。今襄陽穀城縣西北五里,故穀城是也。子孫以國爲氏。漢有穀思,爲魯相(《通志》卷二十六,頁 27)。

8. 台:亦作怡。本墨台氏,避事改焉。後魏遼西郡守寬元孫峯,後周樂陵公;峯子昂,長沙公;昂弟光,安平侯(《通志》卷二十八,頁 20)。

臺:臺駘之後。漢有侍中臺崇,後漢高士臺佟,晉有術氏臺彥。前趙錄,特進臺彥高。五代有臺濛(《通志》卷二十八,頁 5)。

9. 种:本仲氏。或言仲山甫之後,因避難改爲种。宋种放自處士召拜司諫,長安人,望出河南(《通志》卷二十八,頁 21)。案後漢有种暠。

種:《史記》齊威王臣種首(《姓氏急就篇》卷上,頁 58)。

10. 郁:望出魯國。《國語》云:魯相郁貢子孫因居之,今吳中有此姓。又望出黎陽。宋郁藻、郁澄,登科,皆浙人(《通志》卷二十九,頁 31)。

鬱:見《姓苑》(《通志》卷二十九,頁 32)。

11. 肖:《太平圖話姓氏綜》有載。爲罕見之姓。元有肖乃台,明有肖靖。

蕭:子姓。杜預曰:古之蕭國也。其地即徐州蕭縣是也。後爲宋所并,微子之支孫大心,平南宮長萬,有功,封於蕭,以爲附庸。宣十二年,楚滅之,子孫因以爲氏,世居豐沛之間。裔孫不疑,爲楚相春申君客。漢有丞相酇文終侯何,六代孫望之,御史大夫。又齊武帝以巴東王子響叛,改姓爲蛸氏(《通志》卷二十六,頁 25)。

12. 余:《風俗通》云:由余之後,世居歙州,爲新安大族,望出下邳吳興(《通志》卷二十八,頁 17)。

餘:晉餘顏著複姓錄自云:本出傅氏。前燕錄有餘元、餘和、餘嚴崇。舊云:鮮卑種類,然既出傅氏,無因出鮮卑(《通志》卷二十八,頁 24)。

13. 曲:姬姓。晉穆侯封少子成師于曲沃,支孫氏焉。今絳州曲沃,即其地。漢有代郡太守曲謙。《貨殖傳》有曲叔。後漢太常卿曲仲尼。唐貞元中陳許節度使曲環,陝州人,望出陝郡鴈門。宋朝登科曲全昌,和州人(《通志》卷二十七,頁 6)。

麴：即鞠氏也。漢尚書令鞠譚生閟，避難湟中，因居西平，改姓麴氏。宋開寶登科有麴拱。今歷陽多此姓，望出吳興（《通志》卷二十八，頁7）。

14. 寧：泰寧公之後也。漢有都尉寧昱。又濟南都尉寧城（《通志》卷二十八，頁41）。

甯：姬姓。衛武公生季亹，食采於甯，因以爲氏。杜云：汲郡修武縣。按修武，今屬懷州武陟，然獲嘉有甯城，周有甯越，晉有甯嬴（《通志》卷二十七，頁8）。

15. 泉：一曰：居官廩祿也。漢有天祿閣。又姓或作泉，又作㵀，三字俱姓（《萬姓統譜•氏族博攷》卷八，頁20）。

祿：子姓。《風俗通》云：紂子武庚字祿父，其後以字爲氏。涇陽有此祿姓，亦出扶風。又吐蕃酋長，有祿東贊（《通志》卷二十七，頁34）。

16. 丑：《續通志•氏族略》收載。周代有丑父，南齊有丑千，元代有丑閭。

醜：《後漢書•袁紹傳》有醜長（《通志》卷二十九，頁27）。

17. 干：宋大夫干犨之後。陳有干徵師，漢有蜀郡尉干獻，吳有軍師干吉，晉有將軍干瓚，望出榮陽潁川（《通志》卷二十八，頁18）。

幹：《續通志•氏族略》收載。爲罕見之姓。宋有幹沖、幹昂成，元有幹欒。

18. 征：見《姓苑》，今淮南有此姓。《漢書•司馬相如傳》下："廝征伯僑而役羨門兮。"顏師古注："征伯僑者，仙人。姓征，名伯僑。"（王先謙《漢書集解》卷五十七下，頁1207）

徵：見《萬姓統譜》理徵之後。後漢有徵側，三國有徵崇。

19. 系：系謹，揚子人。仕至補闕，善占夢（《萬姓統譜》卷九十六，頁20）。

係：見《姓苑》，萬歷間，湖廣鄖縣係綬。河南穀城縣有係氏（《萬姓統譜》卷九十六，頁20）。

原本各有其字，分表其姓，區別分明，不生異見，然簡化字兼併二字爲一，致雲、髮、後、黨、範、嶽、穀、臺、種、鬱、蕭、餘、麴、甯、祿、醜、幹、徵、係等姓混入他姓，難分異同，顯悖理致，能不導正！

二、一字爲姓，一字非姓，緣於一字被省併，使表姓之字消失，而非姓之字陡然爲姓。

1. 葉：葉陽氏，秦葉陽君之後。《戰國策》齊有葉陽子（《姓氏急就篇》卷下，頁39）。

叶：以叶爲姓，文獻無徵。

2. 僕：《周禮》僕人之後。漢時匈奴降者僕朋，封煇渠侯，生電雷屬國都尉。又《河南官氏志》，僕蘭氏改爲僕氏。今吳興有此姓，望出河南（《通志》卷二十八，頁 31）。《鄭通志》《續通志·氏族略》均有載。爲罕見之姓。宋有僕斗南，明有僕雅。

仆：以仆爲姓，史無所據。

3. 據：據成，玉田人。宣德中，漏刻博士（《萬姓統譜》卷九十四，頁 29）。

据：以据爲姓，典無所見。

4. 豐：《左傳》鄭穆公子豐之後，以王父字爲氏，望出松陽。宋豐稷登進士第，元豐登第，有豐安常，明州人（《通志》卷二十八，頁 11）。

丰：以丰爲姓，籍無所載。

5. 薦：見《姓苑》（《通志》卷二十九，頁 30）。

荐：以荐爲姓，文獻無憑。

6. 鞏：今鞏縣也。周卿士，鞏簡公甸内侯也。晉有鞏朔，漢有侍中鞏攸，宋朝鞏申爲光禄卿，望出山陽（《通志》卷二十七，頁 2）。

巩：以巩爲姓，史乘不見。

7. 築：本朝希姓，不知所自起（《萬姓統譜》卷七，頁 27）。

筑：以筑爲姓，典無載錄。

8. 隸：古有隸首，善算（《通志》卷二十九，頁 29）。

隶：以隶爲姓，籍無甄錄。

9. 蠱：徐廣曰，曲城侯，姓蠱名捷。其父名逢，高祖功臣（《史記·淮南衡山列傳·集解》，頁 1256）。

虫：以虫爲姓，史無所見。

表姓之字，各有其源，然簡化字以非姓之字取代既姓之字，致葉、僕、據、豐、薦、鞏、築、隸、蠱等姓無端泯滅；反之，叶、仆、据、丰、荐、巩、筑、隶、虫等字驟然爲姓，豈非有無相混，真假難辨！

三、以俗字取代正字，使原姓之字既混淆又湮没。

鍾：晉伯宗之後。伯宗，晉之賢者也。爲郤氏所譖被殺。子伯州犂，奔楚邑于鍾離，今濠州也。子孫以邑爲氏。或言鍾，或言鍾離，楚有鍾儀、鍾建，鍾子期與伯牙爲友。項羽將鍾離昧，昧有二子：長曰發，居九江，

仍故姓；次曰接，居潁川長社，爲鍾氏。南唐有鍾傳（《通志》卷二十七，
頁12）。又鍾離之爲鍾（《通志》卷三十，頁22）。

鐘：鐘見《姓苑》，與鍾同（《萬姓統譜》卷二，頁27）。

钟：以俗字兼併鍾、鐘二姓。

時推世移，正俗字轉移無定，固爲文字應用衍變之則，然牽涉姓氏之字，必須恪遵正字，不可造次。因其爲氏族之標幟，當予尊重。

肆　結　論

以上諸例，都是實施簡化字後造成的亂象。揆之肖姓回歸祖姓之"蕭"，可知時屆21世紀，兩岸文化交流日繁，全球華人尋根不絕，在國人普遍的自覺下，認宗歸祖，勢將接續風起，探源溯本，諒必相繼燎原，然則遍地響應，如何阻遏？因此，主其事者應正視此一現象，化被動爲主動，轉消極爲積極，儘速解除姓氏錯亂的矛盾，釐清文字正確的標示，使諸姓各歸其位，分示其系，切莫掉以輕心，等閒視之，使單純的文化問題變成政治抗爭的風潮，則屆時付出的代價絕非此刻所可想象與比擬。總之，"禁微則易，救末則難"，防患未然，能不及時！

洋商眼中的漢字繁簡問題一窺

——以澳門"威尼斯人"爲例

崔明芬

澳門理工學院語言暨翻譯學校

一

漢字簡化問題進入中國歷史，成爲全世界華人社會的一個學術問題、文化問題乃至政治問題，已有一百多年。

上個世紀初興起於中國主流知識界的"科學萬能論"，很快演化出了漢字有害論。最極端也最主流的一派觀點，竟是主張取消漢語的，理由是中文於表述科學之不如洋文有用，而既然世間的一切真理都在科學之中，那就應當換一種科學的語言。此一派幾乎包括了當時所有的思想界領袖人物，魯迅、胡適、錢玄同等。如瞿秋白説："這種漢字真正是世界上最齷齪最惡劣最混蛋的中世紀的毛坑！"魯迅説："漢字也是中國勞苦大眾身上的一個結核，病菌都潛伏在裏面。""漢字不滅，中國必亡。"吳稚暉説："漢字之奇狀詭態，千變萬殊，辨認之困難，無論改易何狀，總不能免。此乃關於根本上之拙劣。所以我輩亦認爲遲早必廢也。"傅斯年甚至講："中國文字的起源是極野蠻，形狀是極奇異，認識是極不便，應用是極不經濟，真是又笨又粗、牛鬼蛇神的文字，真是天下第一不方便的器具。"較此派稍温和的一派，則主張中文拼音化，即中國人説的還是中國話，但寫出來的是洋碼子了，就像今天的越南話、菲律賓的塔嘎嘮噶一樣。最保守的一派，主張只是簡化一下漢字，使中國字寫起來容易簡單一點，速度快一點。最終，歷史選擇了這最保守之一派。

然而，即使這最保守一派，行起來也是舉步維艱。1935 年始，中國國民政府教育部選定了在民間流傳最廣的 324 個俗體字，公佈了《第一批簡體字表》，並準備從次年 7 月編入小學課本。不料引起軒然大波，考試院院長戴季陶尤爲反對，在一些人士的反對下，1936 年 2 月被收回，嘗試夭折。

新中國成立後，1956 年國務院第二十三次全體會議通過了《漢字簡化方案》及關於公佈《漢字簡化方案》的決議。此方案分三部分：第一部分即漢字簡化第一表所列簡化漢字共 230 個，從 1956 年 2 月 1 日起在全國印刷的和書寫的文件上一律通用，第二部分即漢字簡化表第二表所列簡化漢字 285 個，第三部分即漢字偏旁簡化表所列簡化偏旁 54 個。中國文字改革委員會根據上述決議，將《漢字簡化方案》中的簡化字分四批加以推行。1964 年，國家文字改革委員會、文化部、教育部發出了《關於簡化字的聯合通知》，公佈了由文字改革委員會編制的《簡化字總表》。《總表》包括三個字表：第一表是不作簡化偏旁用的簡化字，第二表是可作簡化偏旁用的簡化字和簡化偏旁，第三表是應用第二表所列簡化字和簡化偏旁得出來的簡化字，三個表共收簡化字 2236 個。1986 年，爲糾正用字的混亂，經國務院批准，重新發表《簡化字總表》。在重新發表時，對個別簡化字做了調整，調整後的《簡化字總表》共有簡化字 2235 個。這就是作爲標準使用的社會用字。

其實，這漢字簡化的歷史，表面上是一個政府推動的運動，實際上卻是個民眾自發的過程。從那時代過來的人都明白此事。所有後來得到政府認定的簡化字，都是先發端於民眾的筆下，約定俗成的。記得筆者小時候讀書，在國務院通知把"曆"字簡化爲"历"以前，同學們早就按"历"字寫作業了，老師也並不會將之判爲錯別字。國務院新條例，實在只是對既成文化事實的背書而已。

然而，沒想到這一政府對群眾自發運動的妥協，一個自然的民間文化現象，卻有了政治性理解。對大陸政府權威的不承認，進而演化成了對簡化字的不承認。於是，幾十年下來，大中華圈子的政治不統一、法理不統一，進而演化出了文字體式不統一，最終，使得"一國兩制"的法理概念中，也包含了"一字兩體"的內容。繁簡漢字歷經近六十年的使用、爭執、討論，總體趨勢是使用者的心態越來越平、越來越定，大家基本上默認，課堂上、教材、出版物等，兩岸四地各行其道，大陸用簡化字，臺港澳用繁體字，而在一些公共場合，則是爲方便廣大使用者，繁簡由之，力求繁簡識之，繁簡用之，這的確體現了一種"有容乃大"的心態。我們説，文字是工具，工具的使用也只有這樣，順其自然，才能確實發揮漢字的作用，逐步走向"書同文"。

二

政客們乃至一些憤青喜歡在語言文字問題上持"政治掛帥"的方法論，商人們卻没有這樣的偏見。隨著"一國兩制"的戰略構想爲洋商打開進入中國的大門，使用哪種文字，簡體還是繁體，竟也成了商人們需要面對的一個問題。而他們的選擇邏輯很簡單：誰是我的米飯班主，我就用誰的文字；哪種字體最能招攬客人促銷商品，就選哪種文字，本來文字就是一種工具嘛。

澳門這些年發展很快，一幢幢金碧輝煌的娛樂場、酒店拔地而起，人説其規模和豪華程度美國的達斯維加斯不及，尤其是矗立在離島氹仔的"威尼斯人"。"威尼斯人"幾乎成了澳門的新地標和名品牌，集酒店、娛樂場、購物、觀光等爲一體，不少韓國、新加坡、印度等國家以及中國臺灣地区的"高檔"旅行團直接稱"澳門威尼斯人遊"，來了澳門直奔"威尼斯人"，他們基本上不到澳門其他地方遊（若有的遊客想看澳門的名勝古跡，"威尼斯人"酒店或娛樂場也會直接派車安排）。自由行的散客和内地的一些旅行團，也大多是來澳門必至"威尼斯人"，不到"威尼斯人"似乎不算來過澳門。面對如潮而至的世界各地遊客，"威尼斯人"的管理層對整幢建築内外指示標牌、賭具標識等等的語言文字運用，肯定得認真考慮周全。請看他們的使用：

（一）洋商使用的漢字體式

1. 牌坊標誌（"威尼斯人"固體建築上的漢字皆簡化漢字）

2. 發財車及指引（最常使用的招攬賭客的交通工具上也都是簡化漢字）

在"威尼斯人"大堂外，隨處可見簡化字：

巴士

威尼斯人度假村酒店—澳门机场

澳门威尼斯人　特别专车

候车標牌

澳门银河

澳门百利宫

3. 大堂内外的爲客人服務的標示牌、地圖（簡體）

新年的一些廣告標識（簡體）

隨處可見簡化漢字：

廣告牌

会议室指南　　　　澳门教育

指示牌

酒店西翼大堂　　　金光综艺馆　　　剧院　　　卫生间

"威尼斯人"池畔花園標識牌

威尼斯人池畔花园　　　　　　　　酒店北翼套房

请往前 300 米　　　　　　　　　酒店南翼套房

开放时间：早上七时至晚上七时　　威尼斯人剧场

V 水疗中心请往前 200 米　　　　会议室　宴会厅

开放时间：早上十时至晚上十一时　金光展览中心

　　　　　　　　　　　　　　　　四季名店

（二）政府設於公共場所的標誌，有繁體字，也有繁簡兩體漢字

禁止吸煙

提示牌繁簡並用

上右圖文字爲:

禁止未滿二十一歲人士進入娛樂場,違法者將被處澳門幣一千元至一萬元罰款

嚴禁攜帶拍攝器材、拍攝或錄影

嚴禁攜帶槍械或武器

（三）娛樂場內的賭具（主要是簡化字,夾雜繁體字）

1. 免佣百家乐

免佣百家乐　　庄　　闲

庄六点赢赔一半 （簡化字）

C 枱中的"枱"（桌子）,又是繁體字。

2. 押大押小:

提示語"出現1个赔1倍,出現2个赔2倍,出現三个赔3倍"是簡化字;指示鍵"請投注""重複""雙倍""開始""積分"是繁體字。一架機器上出現繁簡兩體漢字,我想,這絕對不會是製造商信手拈來獨出心裁,製造商肯定是按照商家提出的要求製作的。商家在這個最通常普遍的賭具上使用的繁簡漢字,應該也是商家戰略之一,出發點是最能招攬賭客,最有益於賭客下注。"威尼斯人"的洋商們的這種選擇也肯定是在充分的調研、考察之後做出的選擇,他們大量選用簡化漢字,也不單單是爲

內地賭客方便,以及照顧內地賭客的數量,恐怕是有全世界的考慮。當今,全世界漢語作爲"第二語言"的教科書,幾乎全部都是簡化漢字,新加坡等國簡化字是標準漢字。

澳門"威尼斯人"繁簡字的使用説明,作爲公共場合（不是正式國家文書等）交際工具使用的漢字,一字兩體,繁簡由之,繁簡識之,繁簡書之,在目前肯定利大於弊。今後若何,既不必擔心,更無需有意爲之,順勢發展,歷史自然會做出選擇。

多樣的兩岸文字交流方法與效果
——以外國人"簡"轉"繁"學習爲視角

朱婉清

臺灣中華語文研習所

一、前　言

　　漢字是世界上古老的四大象形文字之一，也是唯一沿用至今的象形文字。華夏文明，包括整個人類文明發展演變至今，都有一個文字演化的過程，漢字從甲骨文、大篆、金文、籀文、小篆，至隸書、草書、楷書，一直到現今的繁體字與簡體字，在演進的過程中，難免會失去一些歷史上的深層意義。兩岸歷經一甲子六十年的分割，因政治、經濟、文化和地理環境的不同，雙方在部分用語及語意上產生分歧，而在文字使用上也有所差別，主要表現在漢字的簡體和繁體的不同。繁體字普遍使用在臺灣、香港及澳門地區，而簡體字用在大陸地區。根據2013年人民網報導，新加坡在1969年就公布了與中國大陸相同的502個簡體字；馬來西亞從七十年代至今已經使用和中國大陸完全一致的簡體字教學；泰國原本嚴禁華文學校教授簡體字，但在中國恢復聯合國合法地位後，禁令也取消，現今華文學校也使用簡體字教學。而根據2009年世界周刊報導，在美國的中文教學，早已採行"繁簡並進"多年，美國從2006年起有2,000多所高中開設AP課程，該課程將繁體字和簡體字並行教學，也將繁體字教學視爲菁英學生養成訓練。SAT中文考試繁簡並用，學生可以自由選擇書寫系統，許多美國的中文教師，鼓勵學生書寫或最少辨識兩種字體，以開拓視野，在中文世界左右逢源，提高競爭力。另外，韓國公務員漢字檢定計畫也有相同的繁體字和簡體字並行教學計畫。在中國大陸，隨著經濟改革，人們逐漸瞭解繁體字的珍貴價值，因此重新重視繁體字的呼聲逐漸浮現。

不管是繁體或是簡體，近年來學漢語的外國學生明顯增多，漢語成爲熱門外語。在漢語教學聽、說、讀、寫四大領域中，漢字教學往往是最容易被忽視的，對外國學生，漢字是學習漢語最困難的一環，尤其對非漢字文化圈的外國學生來說，漢字的記憶和認讀最難克服。學生的學習動機與學習成效是息息相關的，展現在語言學習成果上最爲明顯，也是學生進入學習瓶頸時，是否仍願意持續學習的關鍵。若能從學習者對漢字認知的角度著手，觀察及找出學習策略，必能提升漢字習得能力。

二、TLI 漢語教學及漢字教材

TLI(Taipei Language Institute) 中華語文研習所，是臺灣第一所由民間所設立的華語學校。近一甲子，靠著專業師資與獨特教學法，培育出來自全球五大洲的漢語人才，累積學生人數超過二十萬以上。多年來也致力於漢語研究及兩岸語文交流工作。TLI 漢字學習教材，爲了更好地服務於遊走兩岸的外國學生，設計了繁體與簡體兩種版本，針對要求加強"讀寫"的外籍生，設計了《新華文讀本》與《新漢語讀本》等共三套書，每一套書皆附上練習本讓學生課後練習，學生學完這三套書，共可認讀及書寫 1000 個漢字。課本中的漢字是按兩岸常用詞表做出，能與實際生活結合，達到即學即用效果，增強學習興趣及信心。課本也針對漢字學習策略特點，設計著重"點、線、面"教學，"點"即字形、字義、字音、筆順，"線"即生字造詞造句，"面"即短篇文章，不斷地反覆及重現，讓學生從字、詞到句循序漸進地學習。老師在課堂中實際書寫，灌輸學生正確筆畫筆順，培養"正字法"觀念，並要求學生在紙上或白板上仿寫，下課後留回家作業，讓學生記憶漢字字形，第二天到校，教師會運用字卡訓練學生快速準確地識別漢字，也會利用聽寫來鞏固教學。課本中特別設計富有挑戰性的閱讀練習及有意思的故事，增加學習樂趣。

對於初中高三級綜合漢語課程, TLI 編輯了《新實用華語》《新實用漢語》《新中級華語》及《新中級漢語》系列教材，強調"先語後文、先讀後寫"的教學模式，體現了近年不少學者提出的"認寫分流"的觀念，也就是對初級階段學生，不在漢字書寫方面要求太高，先增進學生口語能力，提高學習信心及積極性，後認讀及書寫，有助於分散難點，減輕學習負擔。在綜合課程中，漢字教學主要採用"隨文識字，語文一體"，《新實用華語》系列第一冊先學習漢語拼音，口語訓練集中在前五課進行，在學生取得基本常用詞彙及句型數量後，第六課開始在每一課適當放入八至十個前五課已學過的常用漢字，要求學生會認讀及書寫。第一冊要求學生認讀 150 個，會書寫 50 個，認字量和寫字量的比例是 3：1，採取教學認讀和書寫分步驟完成，一直到中級程度使用的《圖畫故事》《兩岸遊》及《商務漢語》，運用漢語教學策略，讓聽說讀寫四項技能逐步實現。

三、研究對象背景

2013 年 5 月份，中華語文研習所 (Taipei Language Institute) 在臺北接到一批來自夏威夷州的美籍學生申請就學，來臺學習前通過 HSK 四級，具有書寫五百左右簡體字能力。這批學生背景特殊，是由簡體字轉繁體字學習，其實在歐美國家中，簡體字的影響力不斷增強，形成了簡體字和繁體字平分天下的局面，給外國人在學習漢字上帶來了很大的困擾。但隨著改革開放中國大陸經濟實力的增強及海外移民數量逐漸增多，加上孔子學院的增設，簡體字的傳播領域越來越廣，影響力越來越大，很多國家的漢語教學機構甚至放棄繁體字教學。聯合國也在 2008 年宣布所有中文資料採用簡化漢字書寫，而不再使用繁體漢字。但這群學生提出了簡體字雖筆畫簡單，却並不一定比繁體字好學的觀點。學生在訪談中表示，會從簡體字轉換到繁體字學習的主要原因，與繁體字的字形更能傳達出中國文化的本意及精髓有關，他們注意到了繁體字獨特的内涵。

因這群學生非初級的漢字學習者，故在學習方法及策略運用上勢必與初級漢字學習者不同，之前學習簡體字的方法，除了筆畫學習外，圖像學習也是教師在教漢字時會運用到的方法，試想，如果繁體字比簡體字更能從形體上傳達意義，學習起來是否更爲有趣？當然從筆畫及部件少的簡體字轉換到繁體字學習，一定有其困難度，老師如何運用教學策略，就顯得更爲重要也是學習成功的關鍵了。

本文不以繁簡之爭進行討論，而著重於如何協助學生以文化層面進行對繁體字的認讀，進而記憶繁體字。對於先行學習簡體字後再學習繁體字之學生應如何教學，筆者綜合一些具有實際漢教教師的思考模式，可提出進行討論，分享幾個實際教學案例，期能拋磚引玉，讓漢字文化圈之教師們對漢字文化層面有更深入的思考，且對教學有實際助益。

四、漢字的起源與特點

黃帝的史官倉頡根據日月形體及鳥獸足印創造了文字，使"天雨粟，鬼夜哭"（《淮南子》）。又從歷史的角度來看，漢字系統如此複雜，並不可能由一個人發明，倉頡應該算是在漢字的蒐集、整理及統一上做出了貢獻，所以《荀子·解蔽》中記載了"故好書者眾矣，而倉頡獨傳者，壹也"。事實上在兩千多年之前，古籍《周禮》已提及所謂"六書"，也就是造字的六個原則。根據漢朝鄭玄注《周禮》，"六書"爲：象形、指事、會意、形聲、轉注、假借。《説文解字附檢字》（許慎撰，徐鉉校定，2004 年，北京中華書局）謂：象形者，畫成其物，隨體詰詘，例如"日""月"，是根據物體的形狀模仿畫出；第二指事，指事者，視而可視，察而見意，例如"上""下"，利用位置及方位概念或記號表達；第三會意，會意者，比類合誼，以見指撝，"武""信"是也，兩字的字形結合後，得到一個新的字義；第四形聲，形聲者，以事爲名，取譬相成，例如"江""河"，一個意符與一個聲符結合；第五轉注，轉注者，建類一首，同意相受，"考""老"是也，主要有兩種，音轉及意轉，兩字的字義可互訓或同韻、同聲字；第六假借，假借者，本無其字，依聲托事，"令""長"是也，語言中有音無字的詞，借用同音字字形來記錄，例如來往的"來"。

漢字的特點爲字根組字，也就是有意義的 869 個聲母及 265 個形母的象形跟指事字，這些是最基本的字根部件，通常是獨體字，例如"日"跟"月"，也可以組成各種複合部件，例如"明"，還可以再堆疊組合出"盟、萌、朙"。漢字也具有表意特性，字根本身就帶有意義，多個字根會組合成一個新的意思，而且空間配置也會對字義產生影響。漢字同時也具有相容並蓄、書同文及獨特文化性的特點，例如對聯及書法藝術等，因爲漢字屬於表意文字，所以可任意組合，由上而下、由右而左、由左而右排列，不像其他表音文字只能從固定的一個方向讀出。

五、簡轉繁學習因素探究

筆者考察了現今學生學習繁簡體情況，並與授課教師進行訪談，分析簡轉繁學習者的類型大致分六種：

（一）爲了在使用繁體字的地區生活及工作

很多學生是因之前曾學過簡體字，但之後被派駐在使用繁體字的地區工作、生意往來，必須看懂繁體字，包括路標、菜單及招牌，進而轉學繁體字。其中一位外籍學生表示，學習漢語兩年多，認識了將近五百多個簡體字，但卻不能滿足在臺灣的工作及生活，另外，也提出了學習簡體字到一定數量後，由於漢字過於簡化無法經由部件的重組急速擴展認字的數量，而且在閱讀時，有些簡體字例如"外、处""广、产""人、认"等容易產生混淆。

（二）中醫領域學習者

有幾位學生是爲了深入研究中醫名詞轉而學習繁體字。資料顯示，在2007年10月，世界衛生組織首次頒布了《傳統醫學名詞術語國際標準》，中醫名詞以繁體字爲準，英譯也進行了國際統一。世界衛生組織官員介紹，各國對中醫術語有不同名稱、不同的翻譯，制定統一標準的目的是規範中醫術語。

（三）研讀佛經的外國學生

在大學主修佛教的外籍學生，除研究中文佛經外，也必須修習中國古文，藉以了解佛教在中原的發展史，故而要求學習繁體字。學生表示，是爲了避免混淆佛經上之典故及來源。

（四）同屬於漢字圈的亞洲學習者

許多歐美學生一切從零開始，他們學漢字之前，基本沒有漢字的音、形、義的知識，往往把漢字當作圖畫，分析歸納的能力比較差，而日、韓國家同屬於漢字圈，長期的接觸使他們比較容易歸納漢字特點，許多日韓學生覺得繁體漢字比較接近自己國家的漢字，對繁體字形較熟悉。

（五）歷史學家、藝術工作者及深度文學研究者

一些專門研究文物古蹟及書法、篆刻以及對中國近代史與出版品有興趣的外國學生，也堅持學習繁體字，中國碑刻文字、字帖、檔案原件文書及考古資料是以繁體字記錄爲多，這些學生除了能做更深入的考據研究，更因繁體字形體優美並帶有文化含意，深深吸引著他們。

（六）已達中高階中文水平之學習者

參與中高階中文課程及中高階中文能力水平測驗者大多被要求至少需能有閱

讀繁體中文的能力，初級階段的外國學生大多學習筆畫較少的簡體字，中高級階段開始接觸繁體字，特別是有中國文、史、哲研究及國際關係研究背景者最多。另外的例子是一位美籍學生自高中開始學習漢語，開始時先接觸簡體字，之後堅持學習繁體字，雖然目前在大陸使用簡體字的地區工作，卻仍執著於繁體字的學習。學生表示繁體字字形優美，圖像追求平衡，而且就學習的角度而言，可由字形了解字義及字音。另外，也有只認讀而不書寫的外國學生認爲繁體漢字有較強的表意功能，可以從漢字的形體猜出字意。

六、簡轉繁學習策略運用

第二語言漢字學習策略的研究一直是學術研究的熱門課題，從理論的角度看，漢語閱讀學習研究的一部分就是研究漢字識別技能，從教學實踐的角度來看，漢字學習的研究成果有助於設計更好的教學，可以幫助學生更有效的學習漢字，發展漢字識別技能和漢語閱讀技能（江新，2008）。外國學生簡轉繁漢字學習策略歸納出以下六種：

（一）字源解說，了解漢字造字原則與特色

漢字結構特徵之一爲"由形見意"，以"六書"説爲基礎，掌握"字説"與"字形"，以線條建構字形進而説明。繁體字雖繁複，但透過漢字的形體來説明字本義，透過領略漢字字形之美與文化涵意，可增加對繁體字的字形與結構的認知，強化學習，進而提昇寫字與認字的能力。例如："又"本來是右手的側面，有"又"部件的字都可以先與手進行聯想進而理解字義。例如："友"是兩隻右手，表示兩個人互相幫助；"隻"，右手捉住了一隻鳥，是"一隻"的"隻"，當右手捉住了兩隻是"一雙"的"雙"。"鳥"是長尾巴會飛的動物，"鳴"是鳥的叫聲。"休"是人靠著樹木；"餓"是我餓了，需要食物；"家"上面是房屋，下面是牲畜，表示生活很富足。在教識字時，加強漢字的表意性，學生可展現豐富的想象力，解意識字，聯想並記憶，教師宜用簡單而準確的語言，向外國學生介紹並傳遞豐富的訊息内容，這種方法生動有趣，特別是對簡轉繁學習的學生，更能引起學習興趣。

（二）講解漢字簡化基本規律，類推並還原

簡單講解漢字簡化過程中所依據的基本規律，從對外國學生較容易理解的偏旁簡化類推法舉例，例如：

　　讠/言；饣/食；钅/金；纟/糸；贝/貝；只/戠；尧/堯；鸟/鳥；马/馬；鱼/魚；罗/羅；万/萬。

　　再進行省去部分形體及局部刪除的類推法，如：

　　飞/飛；习/習；业/業；务/務；虽/雖；寻/尋；扫/掃；竞/競；爱/愛。

　　第三部分可進行從新造字裡的會意及形聲類推説明，例如：

　　會意：笔/筆；众/眾；尘/塵

　　形聲：护/護；惊/驚；据/據；惧/懼

　　最後再與學生分析及討論不規則的漢字簡化，如：

　　买/買、卖/賣、头/頭、实/實；价/價；阶/階；汉/漢、邓/鄧、对/對、欢/歡、戏/戲、鸡/雞（鷄）。採用古文者：无/無；云/雲；气/氣等。

　　教師先有系統的分析簡化原則並進行歸類，等學生漸漸掌握一些字後，再將字成批歸類地讓學生練習識字。如：马/馬、媽、嗎、罵；门/門、問、間、聞；言/言、説、講、談、記；长/長、張、漲、帳。這樣就可以類推簡化一系列繁體字，讓學生不斷反覆認讀、書寫記憶，並經由繁簡對照學習策略，培養學生自行掌握漢字規則的能力。

（三）加強主要部首、部件及字根結構教學

　　"簡" 轉 "繁" 學習的學生基本上已具有識簡體字的基礎，此階段應加強培養 "部首" 及 "部件" 意識，理解 "部首" 在合體字中的作用，強化合體字的組成方式，不是筆畫隨意堆砌起來，培養學生能把不熟悉的合體字拆解成 "部首" 及核心 "部件"。同時，爲了幫助學生多寫字，及早熟悉繁體字，可先教帶字能力強的 "部首" 及 "部件"，並強化 "部首""部件" 之間的關係。對於表意的部首，能運用意符知識理解漢字，例如："耳部" 帶出了 "聽、聲、聆、聞、聊、聰、聯、職"，簡體字的 "听" 及 "声" 如推回繁體字書寫，還保留了 "耳朵" 的功能。"貝部" 帶出了 "買、賣、費、販、貨、貪、財、資、賞"，簡體字的 "買" 及 "賣" 推回繁體字書寫，還保留了 "貨幣" 的意義。接著，利用核心 "部件" 歸納教學，帶出一連串的繁體字根，例如："僉（qiān）" 帶出 "臉、撿、檢、驗、險、儉、瞼、簽"，"冓（gòu）" 帶出 "溝、購、構、搆、遘、媾、講"，"柬（jiǎn）" 帶出 "揀、練、鍊、煉"，"艮（gěn）" 帶出 "很、跟、根、恨、痕、狠、銀"。這樣較能有系統的學習。

學生經過一段時間學習後，"意符"的意識就漸漸顯現出來，學生開始自覺的運用意義符號來分析漢字。接著，可再讓學生了解形聲字的聲符表音的概念，可以利用聲符線索去學習及推測不熟悉的形聲字的讀音，雖然不能完全讀對，但這也比完全沒有任何讀音線索要好。部件"息"，帶出"息、瘜、熄、媳、愳"的讀音；部件"巴"，帶出"芭、疤、粑、吧、鈀"的讀音。當然，老師要讓學生了解聲符表音的局限性，學習與記憶讀音時應該利用聲符但不是完全依賴聲符。

（四）透過正確筆畫及筆順，加強及鞏固字形

教師除了向學生說明字源、漢字結構及強調部首、部件的認知概念外，示範字形的正確書寫方式也是記憶繁體字的有效方式之一。教師要先讓學生了解漢字有獨體字與合體字，而合體字又有左右、上下及內外結構概念，這樣可強化對繁體字的認識。教師舉例說明，例如：獨體字像"日、月、血、木、山"，合體字的左右結構漢字有"明、林、取、相、信"，上下結構的漢字有"您、岩、音、房、屋、表"，內外結構漢字有"內、同、回、國"。教師在白板上一筆一畫寫出要教的字，讓學生說出漢字特徵，並在紙上、黑板上或空中仿寫，書寫的同時念出筆畫，強化先上後下、先左後右、先橫後豎、先撇後捺、先外後內、先中間後兩邊及先進後封口之正確筆順概念。學生在課堂上跟著教師書寫，更能鞏固及提高對繁體字的記憶。

（五）選擇簡繁對照漢語教材、辭典及利用多媒體輔助軟體

目前有許多漢語學習教材是繁體與簡體並列的，而且題材具多樣性，例如：中華語文出版社編輯的《新華文讀本》《新漢語讀本》一至三冊、文化類《兩岸遊》、新聞類《兩岸新聞選讀》、商務類的《商用漢語會話》及訓練演說的《外國人三分鐘漢語演講》；臺灣陽明山外交學院編輯的"新聞選讀甲、乙、丙"系列、《公務漢語》(共六冊)及《日常生活會話》(共二冊)是外交背景學生常選用的；另外香港中文大學出版的《漢語與文化讀本》也都列有繁簡對照課文及生詞，教師可選用這類有簡繁對照功能的教材來幫助學生學習，並鼓勵學生利用簡繁對照辭典來查找字詞，例如中華語文出版社出版的《兩岸現代漢語常用辭典》，這樣就能加速"簡"轉"繁"的學習效果。現今，電腦或手機幾乎人人都有，如果能用這些行動載具練習漢字，更能提高便利性，教師可鼓勵學生在電子終端設備中安裝漢字書寫軟體，進行互動學習，而教師在課堂中也可利用多媒體輔助軟體教

漢字書寫，利用多媒體技術、漢字手寫體識別技術和設計互動較強的多媒體漢字學習軟體，規範漢字的動態書寫過程，包括漢字筆畫筆順的識別功能，可增強學生正字法意識。

（六）通過聽寫並實踐課堂教學外之實際應用

教師要求學生上課時一定要認讀繁體課文及課後短文，隨文識字，將已學過的字融入文章及句子中，讓學生不斷反覆練習，在課堂中增加聽寫測驗，並鼓勵學生用學過的繁體字記課堂筆記及記下寫在白板上的例句等，進而能夠在漢字書寫和形、音、義識別方面達到自動化。這種自動化必須從大量運用及反覆練習中培養，鼓勵學生到街上看路牌、宣傳單，到餐廳點菜時看繁體菜單，利用街道的招牌、捷運及地鐵站名、廣告宣傳單，應用實際生活面的策略，激勵學生的學習動機和信心。

七、結　語

國際知名漢語教學家顧百里教授 (Cornelius C. Kubler) 曾表示，外籍學生學習漢語應該繁簡兼顧，也就是學習簡體字的外籍人士也應同時具備識繁體字的能力。德籍華人學者彭小明也曾撰文指出，現代的認知心理學和信息學發現，人腦是通過並行過程處理文字的整體圖像，而非一筆一筆地記錄，漢字作爲一個整體，簡化字並不一定比繁體字好記。教學者應就學生從繁到簡的認知特點著手，找出事半功倍的學習方法，使教學者與學生站在同一線上，提升漢字習得能力並幫助學生選擇適合他們的學習策略。而教材編寫和實際教學的內容也應該加強學生這方面的意識，鼓勵學生經常使用、制定學習計畫，設置目標，調節學習時程與進度，管理好自己的漢字學習活動，以成功掌握漢字認讀及書寫的最佳能力。

參考文獻

1. 心理學報 2002《筆畫複雜性和重複性對筆畫和漢字認知的影響》

2. 何景賢總校訂 2006《兩岸現代漢語常用詞典》中華語文出版社

3. 江新 2008《對外漢語字詞與閱讀學習研究》北京語言大學出版社

4. 李珠、姜麗萍 2008《怎樣教外國人漢語》北京語言大學出版社

5. 何景賢 2009《中華文化的傳承與創新——從語言文字的觀點談起》長沙經貿文化論壇

6. 沈禾玲 2011《漢字字詞教學》北京大學出版社

7. 教育部 2006《漢字簡化方案》發布 50 周年記者會 中國政府門户網站 www.gov.cn

8. Chinese Etymology（漢字字源）http://www.internationalscientific.org/

9. 小學中文科常用字研究 http://alphads10-2.hkbu.edu.hk/~lcprichi/

10. 國家人文歷史　人民網 http://history.people.com.cn/BIG5/n/2013/0830/ c348600-22748753. html

11. 2013 年 8 月 28 日王立軍《談漢字簡化的優化原則》http://xiaoxue.eol.cn/zxrd 9631/20130828/t201308281008247.shtml

12. 中華語文出版社《新華文讀本》《新漢語讀本》系列教材

海峽兩岸漢字整理與規範工作之異同

崔 彥

馬來亞大學中文系

一、引 言

漢字通行範圍廣，流傳時間久遠，自古就有整理與規範工作，即正字工作。每個時代的正字內容不盡相同，但其目的都是爲了書同文，便於交際與傳播。目前海峽兩岸的漢字整理與規範工作各自獨立進行，並且都已取得顯著的成果。這些工作內容主要包括確立規範漢字、整理異體字、統一印刷體字形等。本文將對比二者工作內容之異同，希望能夠促進兩岸的學術交流。

二、確立規範漢字

漢字自產生以來，就在不斷地變化，有簡化也有繁化，爲了書寫方便而簡化，爲了求美觀或區別而繁化。現代漢字的簡化始於民國時期。1935 年 8 月 21 日，南京國民政府教育部公布《第一批簡體字表》，收簡體字 324 個。文件公布之後不久，受到很多人的反對，1936 年 2 月 5 日，教育部奉行政院命令，訓令"簡體字應暫緩推行"。但這些簡體字在民間被廣泛使用，有一定的群眾基礎。自此之後簡化漢字的命運在海峽兩岸截然不同：在大陸簡化字是規範字，在臺灣簡化字是異體字，繁體字是規範字。在確立規範漢字的工作中，大陸追求的是簡化，臺灣則推行標準化。

1. 大陸的漢字簡化工作

1949 年之後，中國大陸有計劃地進行了漢字簡化，先後進行了兩次大規模的漢字簡化運動，第一次是在 1956 年，這一次簡化成績顯著，問題突出；第二次簡化工作是在 1978 年，這次簡化徹底失敗，被迫廢止。漢字簡化大大減少了漢字筆畫，原有的繁體字平均每字 16 畫，簡化之後，平均每筆降至 10.3 畫，減少了 35% 的筆畫。其次，簡化漢字後，減少用字，便於識字，提高了書寫速度。

　　大陸漢字簡化的原則是 "約定俗成、穩步前進"。"約定俗成" 的具體做法是儘量採用社會上已經流行的簡體字，只做必要的修改和補充。1956 年 1 月 31 日公布的《漢字簡化方案》包括 515 個簡體字和 54 個簡化偏旁，與國民政府公布的《第一批簡體字表》相比，全部相同的有 225 字，大同小異的有 80 字，不同的只有 19 字。"穩步前進" 的做法是對需要簡化的字分批推出，而不是一次解決。即採用漸進式簡化，以配合普羅大眾的適應。所以在《漢字簡化方案》推出八年後，於 1964 年 5 月才發布《簡化字總表》。後經過調整，1986 年重新出版《簡化字總表》。《簡化字總表》（1986）分爲三個字表，第一表是 350 個不作簡化偏旁使用的簡化字，第二表是 132 個可作簡化偏旁的簡化字和 14 個簡化偏旁，第三表是應用第二表所列的簡化字和簡化偏旁類推得出來的 1753 個簡化字。三表合計 2235 字。此表爲第一次漢字簡化的工作總結，被確定爲通用漢字的正字標準，並規定繁體字不作爲現行的規範字形，禁止在一般社會書面交際中使用，但不是廢除繁體字，只是限制繁體字的使用範圍。

　　簡化字的來源主要有以下四個方面：古字、民眾流傳的簡體字、草書楷化字以及新字。李樂毅對《簡化字總表》中的 521 個字頭的始見時代作了統計，發現 80% 以上的漢字都是上世紀 50 年代以前就已經流行或存在的。[①] 具體統計分析的情形請見下表。從數據中可以看出現行簡化字有著深遠的歷史基礎和深厚的民眾基礎。

始見時代	字數	比例
先　秦	68 字	13.05%
秦　漢	96 字	18.43%
三國兩晉南北朝	32 字	6.41%
隋唐五代	29 字	5.57%

①李樂毅統計的 521 個字包括：1986 年《簡化字總表》第一表中不作簡化偏旁的簡化字 320 字，第二表可作簡化偏旁的簡化字 132 字，原附錄中視同簡化字的選用異體字 39 字。

續前

始見時代	字數	比例
宋遼金元	82 字	15.74%
明清太平天國	53 字	10.17%
民　國	60 字	11.52%
解放區和建國後	101 字	19.38%
合　計	521 字	100%

關於漢字簡化的方式各家總結大同小異。沈克成具體分析了《簡化字總表》中表一、表二的 482 個漢字的簡化方式，其統計分析情況請見下表。

1. 部分刪除法	刪除整個聲旁，保留形旁	廣畝虧隸	69 字	15%
	刪除整個形旁，保留聲旁	備殼親術		
	減省部分聲旁	邊觸纍類		
	保留輪廓，省略中間	奪齒奮尋		
	截取特徵，簡省其餘	點蟲飛競		
2. 聲符變換法		襯斃懺償	126 字	23%
3. 另擬形聲法		護勝黴響	15 字	3%
4. 另擬會意法		寶筆國滅	15 字	3%
5. 草書楷化法		愛報貝婦	112 字	23%
6. 符號代替法		觀漢歡雞	40 字	8%
7. 同音代替法	同音假借	壜闊幾離	82 字	17%
	同音合併	黨豐藉簾		
	近音代替	骯櫃嚇籲		
8. 古音假借	採用古本字	處從電麗	23 字	5%
	利用古俗字	辭爾個關		
合　計			482 字	100%

從上述歸納的簡化方式中可以看到：前四種沒有破壞六書結構，不會造成意義混淆，而後四種則不盡如人意。草書楷化和記號字無音義可遵循，同音代替可以說是現代通假字，造成了意義混淆，這是簡化字不能排印古代文獻的主要原

因。古音假借使得繁簡字和古今字有了交叉，因爲古今字是適應文字精確記錄語言需要意義重新分配而產生的。簡化借用古字，有的是時代不同所形成的異體字，如電、從等字是可以簡化的。但有些古今字，廢止今字使古字重新兼義過多，違背了漢字發展的規律，在排印典籍時就不得不啟用繁體字。這說明簡化字存在著不可避免的缺點。

1986 年，國務院廢止《第二次漢字簡化方案（草案）》，指出：今後，對漢字和簡化應持謹慎態度，使漢字的形體在一個時期内保持相對穩定，以利於社會應用。2013 年 6 月 5 日，國務院公布《通用規範漢字表》，此表收字 8105 個，分爲三級：一級字表爲常用字集，收字 3500 個，主要滿足基礎教育和文化普及的基本用字需要。二級字表收字 3000 個，使用度僅次於一級字。一、二級字表合計 6500 字，主要滿足出版印刷、辭書編纂和信息處理等方面的一般用字需要。三級字表收字 1605 個，是姓氏人名、地名、科學技術術語和中小學語文教材文言文用字中未進入一、二級字表的較通用的字，主要滿足信息化時代與大眾生活密切相關的專門領域的用字需要。另外，該表對社會上出現的在《簡化字總表》和《現代漢語通用字表》之外的類推簡化字進行了嚴格甄別，僅收錄了符合該表收字原則且已在社會語言生活中廣泛使用的"閆"等 226 個簡化字。此表全面體現了漢字簡化與整理的成果，是大陸目前最新的規範漢字表。

2. 臺灣的漢字簡化討論與漢字標準化工作

關於簡體字，臺灣自 20 世紀 50 年代起展開了一場旷日持久的討論。1951 年 6 月馬有岳提議頒制常用漢字，限制使用奧僻文字，以利民眾辨認。提議得到通過。1953 年 3 月，臺灣教育主管部門禁止各校學生寫簡體字，禁令出了以後引起社會各界極大反響。臺灣教育主管部門於同年 4 月邀請文字學家舉行簡化文字座談會。座談會後，聘請專家 15 人組成了"簡體字研究委員會"。但是 50 年代的討論並沒有結果，直到 60 年代末，漢字簡化的問題再次提出。1970 年 12 月，"教育部"邀請專家學者參與研商，最後訂出三點原則：1. 政府應研究公布常用字，不宜提倡簡筆字；2. 積極研制標準字模，以劃一印刷體；3. 致力研究中文打字機之改良，以求結構簡化，運用輕便。至此，臺灣關於簡化字的討論轉爲研究常用字，制定漢字標準。其工作結果產生了兩套用字標準：一套是印刷用楷書標準，包括《常用國字標準字體表》《次常用國字標準字體表》，採用繁體字；一套是手寫的行書標準，即《標準行書範本》，大量用簡體字，可是二者的實施卻迥然不同。

　　1973 年 1 月 "教育部" 委託臺灣師範大學國文研究所成立專案研究小組，負責研訂國民常用字和標準字體。1978 年《常用國字標準字體表》完成，次年公布試用三年，至 1982 年 9 月試用期滿，修正後正式公告使用，此表又稱甲表，收常用字 4808 字；同年 10 月，印行《次常用國字標準字體表》，又稱乙表，收次常用字 6332 字；1983 年，印行《罕用國字標準字體表》，又稱丙表，收罕用字 18388 字。標準字體的選取原則主要有五條，見於 1982 年公布的《常用國字標準字體表》説明部分。如：

　　一、字形有數體而音義無別者，取一字爲正體，餘體若通行，則附注於下。例如："才" 爲正體，"纔" 字附見，並於説明欄附注説明："方才之才或作纔。"其正體之選取原則如下：

　　（一）取其最通行者，例如：取慷不取忼，取鞋不取鞵。

　　（二）取其合於初形本義者，例如：脚腳今用無別，取腳不取脚。耽躭今用無別，取耽不取躭。

　　（三）數體皆合於初形本義者，選取之原則有二：

　　1. 取其筆畫之最簡者。例如：取靴不取鞾，取舉不取擧。

　　2. 取其使用最廣者。例如：取炮不取砲、礮，取疏不取疎。

　　（四）其有不合前述體例者，則於説明欄説明之。例如：麪麵皆通行，取麵不取麪，並於説明欄注明："本作麪。爲免丐誤作丏，故作此。"

　　二、字有多體，其義古通而今異者，予以並收。例如：間與閒、景與影。古別而今同者，亦予以並收，例如：証與證。

　　三、字之寫法，無關筆畫之繁省者，則力求符合造字之原理。例如：吞不作吞，闊不作濶。

　　四、凡字之偏旁，古異今混者，則予以區別。例如日月之月作月，肉作月，艸木之艸作艹。

　　五、凡字之偏旁，因筆畫近似而易混者，則亦予以區別，並加説明。例如：舌（甜憩舔）與舌（活括話），王（任姓茌）與王（呈廷聖）。

　　從上述所説的 "確定標準字體之原則" 可以看出，第一、二條是關於異體字的確定原則，第三、四、五條是關於字形的確定原則。臺灣標準字體的選擇是就現有的字形加以挑選，而非另創新形；標準字體的研訂無論是從古還是從俗，都以符合六書原理爲基本原則；通行字體仍具原有字構者，將優先考慮。至於所選字體形構標準另有《通則》40 條作爲依據。

《標準行書範本》是由臺灣"中華文化復興運動推行委員會標準行書研究委員會"主編，在"編排索引"中説"共收常用字 4010 個"，可是實際的字數是 3998 字。《標準行書範本》的行書字形大量採用簡體字，大約有 1580 個，實際上是臺灣 20 世紀 50 年代展開的討論簡化字、要求整理簡體字的整理成果。1979 年 5 月 4 日，臺灣"教育部"公布了《標準行書範本》，説明"試用三年，期滿後正式訂正啟用"。但是這個《標準行書範本》並沒有成爲政策規定，這 1580 多個簡體字一直在民間流行。

《標準行書範本》與《簡化字總表》的字形相對比，兩者完全相同或基本相同的有 563 字，兩者近似的有 131 字，採取不同簡化形式的有 36 字，《標準行書範本》簡化的而《簡化字總表》未簡化的有 63 字，《簡化字總表》簡化的而《標準行書範本》未簡化的字數多，這是由於大陸的簡化字許多是類推簡化而來的。其中海峽兩岸兩者相同或相似的簡化字共計 694 字，占《簡化字總表》的 30.5%，這是兩岸簡化字同出一源的證明。

三、整理異體字

異體字是指結構不同，音義相同，記詞功能也相同的一組字。漢字自古就存在著異體。異體字的存在造成一字多形，增加學習和使用的負擔，也影響漢字的功能，因此有必要整理異體字，以免造成書面的分歧。目前海峽兩岸都對異體字進行了規範和整理工作，不同點則表現在整理原則及規範結果方面。

1. 整理異體字的原則

大陸方面：整理異體字的原則是"從俗從簡"。"從俗"是指選用社會上和出版印刷上比較流行使用的較爲普遍的字，如選針去鍼，選仙去僊，選脚去腳，選蝶去蜨。"從簡"是指選用筆畫相對少的字形，如選采去採，選志去誌。如果從俗從簡不能兼顧，繁簡相差無幾，則依據從俗的原則，如選考去攷，選船去舩。有些左右和上下結構的異體字，一般選用左右結構的字爲規範字，如選峰去峯，選群去羣。但上下結構的字中爲一般常用的，則仍然選爲規範字，如選蟹去蠏，選蹴去蹵。總之整理異體字的原則是折衷從俗從簡兩個原則。採取從俗從簡的原則整理異體字，其整理結果容易被民眾接受，易於推行。

臺灣方面：整理異體字的原則主要是根據初形本義。如脚腳今用無別，取腳不取脚，再如笋和筍，根據《説文解字》選筍去笋；猪和豬，《説文解字》是豬，猪是後起字，所以選豬去猪。如果幾個本字都符合初形本義，可以選取筆畫最簡少的字作爲規範字，如取靴去鞾，或者是選取使用最廣泛的字作爲規範字，如取炮去砲，取疏去疎。採取初形本義的原則是對歷史的尊重，對於漢字教學有方便之處，對於漢字的古今傳承有一定的引導作用。

2. 異體字的制訂、推行與調整

大陸方面：1953 年，異體字的整理與《漢字簡化方案草案》同步進行。1955年 12 月 22 日由中華人民共和國教育部和中國文字改革委員會聯合公布《第一批異體字整理表》，自 1956 年 2 月 1 日起在全國實施。《第一批異體字整理表》收異體字 810 組，每組最少有 2 字，最多有 6 字，其中 2 字組 609 個，3 字組 167 個，4 字組 24 個，5 字組 8 個，6 字組 2 個，共計 1865 字。此後，異體字有過多次調整，至 1988 年，《第一批異體字整理表》實際上有異體字 795 組，其中 2 字組 606 個，3 字組 156 個，4 字組 24 個，5 字組 7 個，6 字組 2 個，淘汰了異體字 1028 字。[①]

2013 年 6 月 5 日，中國國務院發布了《通用規範漢字表》。此表對《第一批異體字整理表》進行了調整："皙瞋嗻溧蹚勠" 6 字不再作爲異體字，而是規範字。對 43 個字在義項和用法上可作規範字使用的異體字加注説明其使用範圍，如 "咤吒"，咤爲規範字，吒爲異體字，吒字可用於姓氏人名，讀 zhā，如哪吒，讀 zhà 時用咤。爲方便閱讀古籍，促進与臺灣及港澳地區交流，另附《規範字與繁體字、異體字對照表》，共收錄 794 組 1023 個異體字，較之《第一批異體字整理表》更加嚴謹。

臺灣方面：臺灣 "教育部" 在研訂標準字體時，曾分別把常用字、次常用字、罕用字的異體標列出來，並於 1984 年印行《異體字表》，此表也叫丁表，共計 18,588 字，補遺 22 字，這些字都被排除在標準字體外。由於這個字表没有説明字形來源，而且手寫筆形不確之處較多，臺灣 "教育部" 於 1995 年委託臺灣師大國文研究所對《異體字表》加以整理和擴編，逐字注明文獻根據，於 2000 年6 月編成《異體字字典》，并推出網絡試用版。先後試用六版，2001 年 6 月推出網絡正式版第一版並發行光碟版本，後又幾經增補修訂，目前所見的最新版本是

---

① 各家統計數據不一，大致在 1024 至 1025 之間。此數據係本人統計所得。

2004 年 1 月發布的網絡版第五版，總收字 106,230 字，其中正字 29,892 字，異體字 76,338 字（含待考之附錄字）。這部字典以電子版本收錄文獻字形，基本文獻有 62 部，參考文獻達 1442 種。雖然名爲《異體字字典》，實際上是全漢字庫，比大陸收字最多的《中華字海》（收字 85,568）多 20,662 字，它是臺灣“教育部”近二十年來重要的文字整理成果，目前這部字典仍在增補修訂之中。

3. 整理異體字所面臨的問題

異體字被整理出來，表示它已經不爲當代所通用。不過這些字存在於歷史文獻，屬於靜態用字，閱讀或重新排印這些文獻時，還用得上。儘管海峽兩岸都對異體字做了整理工作，但是由於整理異體字的原則不同，在中國大陸廢棄的一些異體字，在臺灣仍然是規範漢字：如“杯盃”，大陸取杯去盃，在臺灣這兩字均爲規範字，盛水之器用杯，“水杯、杯具”，也可以作量詞使用，如“一杯水”，獎賞之器用盃，如“世界盃、獎盃”。再如“游遊”二字，大陸取游去遊，在臺灣，水中運動用游，“游泳”，陸地運動用遊，“遊行”。而在臺灣方面，大陸的簡化字全部屬於異體字，如国字，臺灣《異體字字典》中將國列爲正字，国是異體字之一種，並且注明來自大陸《簡化字總表》第二表。

大陸方面，《第一批異體字整理表》由於缺乏對異體字的嚴格定義，所以對異體字的整理工作缺乏一定的標準。如選渺去淼，淼意爲水勢浩大，渺爲渺小，二者意義相反，這兩個字都應該爲規範字，它們記詞的功能不同。在 2013 年《通用規範漢字表》中，這兩字都已調整爲規範字。另外還有一些規範字的選取也不恰當。如《第一批異體字整理表》中有這樣幾組字：湊凑、减減、净淨、決决、况況、凉涼、泯泯、凄淒，每組的第一字爲規範字，可是取捨的標準不同，根據《説文解字》從冫的字與水有關，從冫的字與冰有關，如果強調從俗從簡，必然會導致這兩個部首意義的混淆。

臺灣方面，儘管給異體字下了定義，但是其中涉及到其他文字之間的關係並沒有很好地解決。如修脩二字，大陸《第一批異體字整理表》中取修去脩，《通用規範漢字表》改爲二字都是規範字，脩意爲乾肉，在其他意義上是修的異體字。臺灣的《異體字字典》也認爲修是正字，脩一方面是脩的異體字，一方面本身也是正字。在古書中，這二字的確通用很廣，表示“修養”“修飾”“修理”的意義上二者通用，但是二者的本義不同，修的本義是修飾，脩的本義是條狀乾肉，二者的本義不同，它們屬於通假字，而不是異體字的關係。

異體字的整理比較複雜，涉及漢字形音義三方面，這就需要對異體字做明確的定義，確立整理的原則，從古與從俗兼顧，還要考慮選字的簡易性、穩定性和普及性等，更要注意漢字形音義之間的複雜關係。

四、整理印刷體字形

漢字的形體有印刷體和手寫體。各種形體的漢字都可以預制出來，成爲印刷體。漢字的形體除了存在繁簡體之外，還存在字形内的差異。爲此臺灣與大陸対出版物的使用漢字都做了一定的整理與規範。

大陸方面：印刷體的標準字形是宋體，1956 年開始研究統一印刷鉛字的形體，1964 年 5 月編成《印刷通用漢字字形表》，此表收印刷通用宋體 6196 字，按照從簡從俗、便於學習和使用的原則，給每個通用漢字規定了標准字形，包括筆畫數目、結構和書寫筆順。經過這次整理，消除了印刷通用漢字字形上的分歧，提高了印刷汉字字形规范化的程度。《印刷通用漢字字形表》既是印刷字體的标准，也是手寫體的規範。《通用規範漢字表》是目前最新的規範漢字，應該在此基礎上確定每個字的形體，包括筆畫數目，每筆的筆形、筆順和整個字的結構方式及部首排檢法等，然後再推行這個標準。

臺灣方面：在研訂標準字體時就決定要符合書寫習慣，並且要兼顧印刷上的美觀與方便，成爲折衷印刷體和書寫體而成的體式，並以此製成標準字模，以消除宋體、楷體的對立。《常用國字標準字體表》《次常用國字標準字體表》《罕用國字標準字體》及《異體字表》完成後，先用毛筆書寫楷體，再製成楷體、宋體、黑體、隸書四種字體的電腦母稿。1993 年 6 月公布了《國字標準字體楷書母稿》和《國字標準字體宋體母稿》，同步解決了標準字體與印刷字體的問題，有很高的精確度。

五、其他正字工作

海峽兩岸還對計量單位、部首等作了規範與整理工作，各有所長。

1. 大陸方面：

從 1955 年 3 月到 1964 年 8 月，國務院批准更改 35 個縣級地名中的生僻字爲常用字，並於 1987 年發布《關於地名用字的若干規定》通知，要求地名的漢字字形以 1956 年發布的《印刷通用漢字字形表》爲准。2013 年 6 月 5 日發布的《通用規範漢字表》，其中三級字表收字 1605 字，包含了姓氏人名用字、地名用字等，已作了明確的規範。

1977 年頒布《關於部分計量單位名稱統一用字的通知》，規定所有的書面語及廣播，均應採用《通知》所附的《部分計量單位名稱統一用字表》，廢除一字雙音的複音字，哩、呎、吋分別改爲英里、英尺和英寸。

1983 年頒布了《漢字統一部首表（草案）》，依據字形定部，貫徹"以大包小""口徑一致"的原則，參照《康熙字典》《新華字典》《辭海》（1979 年）三部辭書的部首，設立 201 部。《漢字統一部首表（草案）》内沒有各部的部内字表，至今也沒有一部按照 201 部來編排的字典或詞典。中國大陸在 1949 年之後部首法有了許多改進，可是不同的辭書在立部和歸部上不統一，爲讀者帶來不便。《漢字統一部首表（草案）》的制訂是爲了解決這個問題，但是並不成功。這是由於漢字中的記號字和半記號字增多，理據性減弱，簡化漢字使古今漢字失去了聯繫。部首的設立可以是據形，也可以據義。部首標準化是大陸實行簡化字之後面臨的一項重要挑戰。

2. 臺灣方面：

1973 年臺灣"行政院"公布了法律統一用字表，規定用字的統一標準。這些統一用字，不僅用於法律文件，也用於一般的公文。公布、分布、頒布，用布不用佈；徵兵、徵税、稽徵，用徵不用征；部分、身分用分不用份；使館、圖書館作館不用舘；雇主、雇員、雇工等名詞用雇，僱用、聘僱等動詞用僱；計畫、筆畫等名詞用畫，策劃、規劃等動詞用劃。

爲了配合漢字標準化，1993 年訂有《部首手冊》，詳細規定部首的寫法，這也是制訂標準字體的成果之一。《部首手冊》沿用《康熙字典》的 214 部，以列表的方式編排，每個部首都列八欄，包括部首、篆體、音讀、筆畫、説明、異形及筆畫、舉例，便於民眾了解部首的形音義。《標準行書範本》的部首則爲 182 部。

1995 年編訂《常用量詞手冊》，共收 471 條，按音序排列。其中一字兩音的，如瓩、呎等改寫爲千瓦、英尺，以符合漢字一字一音的習慣。

六、結　語

從上述海峽兩岸的漢字整理與規範工作中可以看到，二者的工作内容有同有異。相同之處表現爲：1. 選取標準字或規範字，挑出異體字，減少用字量。2. 整理印刷體字形，統一書寫體和印刷體的分歧。3. 整理計量單位名稱用字。不同之處則表現爲：1. 在標準字體或規範字的選用方面，臺灣從現有的字形中加以挑選，推行標準化，《常用國字標準用字》《次常用國字標準用字》爲規範字標準；大陸則加創新形簡化字，推行字體的簡化，《通用規範漢字表》爲規範字標準。2. 在從俗、從簡的原則下，大陸追求的是書寫方便，臺灣追求的是漢字六書原理。

漢字的整理與規範是語文政策的重要内容。如今海峽兩岸各自進行了具體的工作，並取得了一定的成績。明辨二者的異同，可以減少學習和使用的障礙，促進兩岸的學術交流，共同探討兩岸漢字面臨的問題，整合與優化兩岸的漢字系統，爲漢字圈的文化交流奠定良好的基礎。

參考文獻

1. 沈克成、沈迦：《漢字簡化説略》，北京：人民日報出版社，2001.

2. 李樂毅：《簡化字源》，北京：華語教學出版社，1996.

3. 蘇培成：《現代漢字學綱要》（增訂本），北京：北京大學出版社，2001.

4. 張書岩、王鐵昆等：《簡化字溯源》，北京：語文出版社，1997.

5. 劉志成：《漢字學》，四川：四川出版集團天地出版社，2001.

6. 許長安：《臺灣語文政策概述》，北京：商務印書館，2011.

基于两岸当前对繁简字认识的思考和建议

陈 燕

天津师范大学文学院

一、汉字简化曾是中华民族的共同追求

汉字的繁简现象自古就有，每个历史时期都有简体字在民间流行，简体字大多自然发生和形成。

但是，二十世纪发生的简体字运动完全是主动发生和进行的，其目的是为了普及民众的教育。1909 年，中国近代著名教育家、出版家，中华书局创始人陆费逵在《教育杂志》创刊号上发表了《普及教育应当采用俗体》的论文，是简体字运动的重要开端。俗体字是简体字的重要来源。1919 年的五四运动推动简体字运动勃然兴起。1920 年国学大师钱玄同在《新青年》第七卷第三号上发表了题为《减省汉字笔画的提议》的文章，又于 1922 年与路基、黎锦熙和杨树达联合提出《减少现行汉字的笔画案》，并提出简化汉字的具体方法，影响极大。到了三十年代简体字运动如火如荼，蔡元培、邵力子、郭沫若等人共同发起手头字运动。在这种形势下，1935 年南京国民政府颁布了《第一批简体字表》。但是第二年，因为达官名流的跪求反对而废止。

三十年代的抗日根据地和后来的解放区也是积极提倡和创造了简化字，这些简化字被称作"解放字"，流传全国各地。中华人民共和国建立后，就成立了"文字改革协会"，积极推动汉字的简化。1955 年经过整理和反复论证，提出了"汉字简化方案草案"。1956 年正式公布《汉字简化方案》，并得以顺利实施。在两表 515 个简化字中，有 209 个字与 1935 年的《第一批简体字表》相同，约占41%，如罢、发、阀、杀、压、价、亲、灵、台等。

蒋介石败退台湾之后，台湾一些有识之士依然主张推行简体字以消灭文盲。蒋介石于 1952 年重提此事，早年赞成简化字的著名学者罗家伦担当重任。1953年台湾"教育部"成立"简体字研究委员会"，罗家伦受聘为简体字研究委员。他于 1954 年 3 月撰写了《简体字之提倡甚为必要》，在台湾《中央日报》《中华日报》《新生报》同时刊载，提倡汉字字体简化，且势在必行，得到赵元任、胡适等著名学者的支持。但是当大陆公布和全面推广《汉字简化方案》以后，台湾就不再提简体字方案，否则就成为"通匪"的罪证。从此台湾没有人敢提简体字，并且对简体字误解了几十年。

我们重提这段历史想要证明，二十世纪的中华民族为了富国强民而共同追求和研究过简化汉字，即使两岸相隔也没有中断。大陆首先实现了汉字的简化。但是简化字一旦与政治发生关系，问题就变得格外复杂。海峡两岸的阻隔，造成用字不统一：大陆使用简化字系统，而台湾仍然用原有的繁体字系统。

二、当前两岸呈现出繁简融合的势头

大陆一直是繁简字并存和并用。虽然教育、新闻出版和政府公文用简化字，但是书法、古籍出版和古汉语教学等仍用繁体字，对繁体字并不限制。基本是老一辈因为受教育阶段学习的是繁体字，所以写繁识简；新一代受教育阶段学习简化字，因此写和读都是简化字，有的也认识繁体字。学习和使用简化字，丝毫不影响认识繁体字、阅读繁体字书籍。

台湾的繁体字对大陆的影响主要通过文学影视作品。例如上世纪八十年代琼瑶的小说风靡大陆，有的改编成为影视，如"《烟雨濛濛》""《情深深，雨濛濛》"。因此现在大陆很多学生都认为写"雨濛濛"理所应当，或以"濛"为名，如"张濛"等。但是"濛"在《简化字总表》第一表是"蒙"的繁体，规范字写作"雨蒙蒙"，而非"雨濛濛"。

简化字对台湾产生的影响，远远超过繁体字对大陆的影响。台湾称简化字为简体字。自从大陆公布《汉字简化方案》之后，台湾就严格禁止谈论简化字，不能读简化字书籍。改革开放后，在大陆的上百万台商，为了融入当地生活，学会了简化字。跨入二十一世纪，台湾当局放宽两岸图书流通的限制之后，专营大陆简体字图书的交流中心和物流中心纷纷建立，大陆出版的简化字图书在台湾的占有率迅速上升。图书是承载简化字的主要载体，越来越多的台湾读者喜欢买简化字版书籍，简化字已经打破隔阂，进入台湾市场，而且大受欢迎。台湾培训机构的热门课程之一是简体字培训，学习简体字已成潮流，培训机构认识到简体字是汉语未来发展趋势。台湾大学生认为"不懂简体字，就落伍了"。有的大学举行简体字辨识比赛，课上使用大陆出版的简体字书籍。学生通过网络等各种途径自学简体字，台湾高中以上程度的学生阅读简体字比较容易。台湾有位大学教师说，中文系的教科书和参考书几乎都来自大陆，因为现在"中文领域最好的学术研究都在大陆"，[①] 所以简体字书非看不可，简体字一定要学。台湾社会对简化字热烈欢迎，学习热情很高，促进了两岸的文化交流。

近些年来，两岸合作编写辞书，如《两岸常用词典》《两岸现代汉语常用词典》等。[②] 还有繁简对照的字表，以便于两岸同胞学习。两岸学界多次召开各种类型的学术讨论会或大学之间交流，这些合作和交流有利于两岸之间的互相交流和理解。

总之，在海峡两岸的文字应用中，大陆一直是简中有繁，台湾已经打破坚冰，表现出繁中有简。现在我们高兴地看到，两岸呈现出繁简字逐渐融合的蓬勃景象。

三、两岸民众对繁简字的认识取得长足进步

近些年来，两岸之间经过频繁的文化交流，对繁简字的归属问题有了共同认识。两岸学者讨论繁简字问题，由过去的针锋相对到今天的心平气和，共同认为繁简字是中华民族的文字。我们为前贤时俊为消除繁简字之间的隔阂而作出的努力，表示由衷地钦佩。

现在台湾社会对繁简字有了较为客观的认识，台湾文化总会副会长林谷芳著文《两岸对繁简字有高度的一致》说："繁简之间有多大的区别？其实简化本来

[①] 吴亚明《简体字风行台湾》，《人民日报》2005 年 6 月 29 日。

[②] 李行健主编《两岸常用词典》，高等教育出版社，2012。（台湾）张文彬总编辑《两岸常用词典》，（台北）"中国文化总会"，2012。

北京语言大学与台湾合编《两岸现代汉语常用词典》，北京语言大学出版社，2003。（台北）中华语文研习所，（北京）北京语言大学《两岸现代汉语常用词典》，（台北）中华语文出版社，2006。

就是生活的需要，就像出现行书、草书一样，这是一个比较自然的趋势。"[①] 过去误将繁简字与政治和意识形态相联系，现在认为简繁字都是中华民族的文字，认识有了长足的进步。

繁简字有血缘关系，本是同根生，经历了汉字历史发展多种形体的演变。不过简化字比繁体字走得快了一步，我们是从系统上说的，而非只是单个汉字。回顾汉字简化的历史，两岸的汉字简化皆是二十世纪前半叶汉字简化运动的延续。虽然之后两岸相隔，但是简化工作并没有停止。据此我们可以推测，即使大陆没有公布《汉字简化方案》，台湾也要做成这件事。因为汉字简化反映了彼时中华民族的共同心声，大势所趋。两岸由于政治敌对而水火不相容，因而波及到汉字，繁简字成了敌对两方的标识。现在对繁简字的认识发生转变，回归到繁简字事实的本真，这是很大的进步。它的意义在于繁简字得到整个中华民族的认同。

四、"繁简字并存"将长期存在

抛开繁简字使用的地域差别，就大陆来说，"繁简并存"的状况对于学习没有坏处，而且有利于阅读各种古今异地的读物。由于古书和简化字发布之前出版的读物都使用繁体字，我们在阅读这些书的时候，以字典为师，通过自学基本可以解决阅读繁体字的问题。因此，我们之中有相当一部分人在"繁简并存"的阅读环境中学习成长起来，现在的年青人仍然如此。我们体会到，学习和使用简化字并不影响认识繁体字，毕竟简化字只有500多字，简化偏旁只有几十个，相对应的繁体字数量有限，有规律可循。

从汉字学习特点来看，一般启蒙教育所学习的汉字会影响终生，往往影响个人对繁简字优劣的判断。一般从习惯出发，认为自己最初在启蒙教育阶段学习的汉字最好。特别在书写上，如果启蒙学习的是繁体字，就很难全部改用简化字。因此大陆出现老人写繁体字，其余人写简化字的情况，在汉字书写方面也是"繁简并存"。

从繁简字应用来看，"繁简并存"是历史的必然，它们的未来可能永远都是这样，既使用简体字，也要同繁体字打交道。因为我们的古籍浩如烟海，繁体字是我们与古人认识的主要通道。

---

① 马子雷《汉字可连接传统和时尚》，《中国文化报》9 月 28 日。

两岸地域的繁简并存是历史形成的。就台湾来说，民间兴起的简化字学习高潮也使台湾出现了繁简并存现象。但是现在两岸繁简并存的天平，其倾斜度各有不同：大陆方面以简化字为规范字体，用于通用场合，其他场合不限制繁体字；而台湾方面以繁体字为正体，简化字有限度使用。以上都不能改变"繁简并存"将长期存在的事实。

五、繁简并存的未来及建议

汉字发展的历史证明，汉字从字形到结构的主要变化是由繁趋简，简化是不以人的意志为转移的大趋势，因此"简化"代表汉字发展的方向。大陆现行的简化字系统不但符合汉字发展的大方向，而且在世界范围内具有很好的应用基础。

大陆现在使用简化字的有 13 亿人，加上原本使用繁体字的东南亚国家，如马来西亚改用了简化字，新加坡推行"识繁写简"等，世界上使用简化字的人数已经超过 13 亿。计算世界各种文字使用者的数量，使用简化汉字的人数居世界之首。

有媒体报道，在台湾报名学习简体字的人非常之多。报名者说，学习简体字已成潮流，掌握简体字有利于在大陆发展事业。全球每年有 3000 万人学习中文，他们学的都是简体字，这已经是中文的未来发展趋势。[①]

现在世界上使用繁体字的有 5000 万人，对此马英九先生原来说，台湾不会使用简体字，会用繁简对照……未来希望中国人都使用繁体字。[②] 但是后来有所改变。他积极推广"识正书简"的概念，强调印刷体尽量采用正体，一般书写可用简体字，希望两岸就此达成协议。[③] 我们注意到马英九先生对繁简字观念的变化，以及与上述观念相匹配的积极措施。马英九先生"识正书简"的概念，反映台湾社会越来越多的民众理解并接受了简化字，代表了广大台湾民众的意愿。

"识正书简"是一种有限度的折中办法，用于应用层面是可行的，而用于教学领域的启蒙教育却难以实行，既要学习简化字，又要学习繁体字，徒增教师的工作量和学生的学习难度，使汉字学习复杂化。

---

① 《交流频繁——汉字繁简之争无碍台湾岛内兴学简体字》，《华声报》2006 年 4 月 18 日。

② 连田《马英九：台湾不会因大陆客来台而用简体字》，《环球时报》2008 年 7 月 6 日。

③ 《汉字识正书简——绿痛批卖国贼》，台湾《联合报》2009 年 6 月 10 日。

　　我们认为，繁简并存的未来，不会以消灭其中某一种字体的方式而告终，而是长期并存。因为繁简字是中华民族的共有文字，对中国文化的传承和创新具有积极的作用。与此同时，两岸学者一致认为繁体字和简化字都有缺陷，需要完善，学者们应当为此而努力。

　　基于上述认识，我们从完善繁简字系统出发，提出以下 6 点建议：

　　1. 关于偏旁类推简化问题。如果《通用规范汉字表》的表外汉字不能类推简化，那么在辞书编排联绵字时，就会出现下面的问题，以《辞源》收词为例：[①]

　　韫鞨　颅颌　砐矕　辒轳　馈馏　骒骀

　　在上述例字中，没划横线的是简化字，划横线的字是不能类推简化的字。它们虽然偏旁相同，但是由于繁简不一，很不连贯和美观。特别是"骀"字，在《通用规范汉字表》第三表，它成为新增加的简化字之后，反而与前字偏旁龃龉。从汉字优化考虑，对于偏旁类推简化应当深入研究，制定具体可行的规则。

　　2. 关于同音替代中的一字对多字问题。大陆学者有过专门讨论，我曾经写过文章提出了同音替代的四个原则，主张尽量避免以同音字替代过多的汉字。[②] 对于有学者提到的"发""干""后""面"等字不便使用的问题，应当调查研究和论证，注意不要破坏简化字的系统性。

　　3. 关于汉字的理据性和应用性问题。汉字到了现代楷书阶段，有一部分字已经丧失了理据，如一些独体字，因此不是每个汉字都有理据。一些字为寻找造字理据，需要进行溯源研究，如"更""春"等字，就要从小篆等古文字中寻找构字的理据。汉字构字理据性一般是学者们研究的重要任务。在汉字的应用领域，不能忽视约定俗成和用字的社会基础，这涉及到研究和整理现行汉字的主导思想问题。当然，汉字的理据性和应用性皆不可偏废。

　　4. 加强简化字系统的研究。简化字呈系统性，偏旁类推简化和同音替代等是这个系统的重要组成部分。从理论的高度对此进行深入研究，建立科学的简化字系统，将有利于汉字的应用。

　　5. 繁体字应当统一字体。两岸四地的繁体字中，有的字写法不一致。本来历

---

① 《辞源》，商务印书馆，1979。

② 参见陈燕《谈"蒙""儿"等字的同音替代问题》，载史定国主编《简化字研究》，商务印书馆，2004，第 177 页。

史上各朝代已经积淀了一定数量的不同写法的繁体字，有人统计《康熙字典》中异体字占三分之一左右，异体字形数量多成为汉字历史悠久的标记。但是现代信息化社会要求汉字标准规范化，中华民族应当共享一个统一的繁体字系统，否则将不可思议。有了统一的繁体字，各地原来不同写法的可以作为繁体异体列在统一的繁体字之后，作为历史的遗存。

6.两岸继续加强与汉字学习和研究相关的多领域的交流合作。

两岸对繁简字已经取得共识，在使用各自的汉字系统时，会不断地加以完善。将来中华民族不但有成熟的简化字系统，还有完善的繁体字系统，它们共同承担起为中华民族文化服务的重任，这岂不是一件幸事！至于哪个系统最终能够统一中华民族的文字，根据历史的经验，其决定权在于彼此的政治经济等综合实力，在于大多数人的选择。

参考文献

1. 张书岩、王铁昆等人《简化字溯源》，语文出版社，1997。

2. 傅永和《规范汉字》，语文出版社，1994。

3. 高更生《现行汉字规范问题》，商务印书馆，2002。

汉字问题四议*

陆俭明

北京大学中国语言学研究中心/中文系

一、汉字与汉语

文字是记录语言的工具。汉字是记录汉语的工具。汉字是世界上古老文字中唯一流传至今而且一直充满青春活力的一种文字。我们的祖先怎么选择了这种形、音、义融为一体的方块汉字来记录汉语，其原因无历史记载，无从查考。可以想见的原因是，这跟我们汉语自身的特点有关。汉语有两个很重要的特点：第一个特点是汉语属于"非形态语言"，没有形态标记和形态变化。另一个特点是，从宏观上来看，汉语的每个音节都能表示意义。上述两个特点决定，汉语显然不适合用音素文字来记录，而使用形、音、义融于一体这样的书写符号，即汉字来记录就再合适不过了。再说，使用汉字还有一个好处，那就是字的设计可以充分考虑词的意义，使字形显示字的意义。最早的汉字多为象形字、指事字、会意字就说明了这一点。这就使汉字能在一定程度上蕴含当时的社会精神、社会文化、社会理念。当然，同音词的增加，会影响解码的速度，有鉴于此，我们的祖先设计出了有表音的声旁、有表意的形旁的形声字以示区别。很明显，汉字和汉语二者的关系极为和谐。过去有人提出"汉语要走世界拼音化的道路"，这无疑是对汉语、汉字缺乏认识的一种不实际的想法。而近来社会上常有一种"汉字危机论"——媒体用了字母字，就有人嚷嚷"汉语危机"了；使用电脑，出现了提

＊本文是提交"两岸汉字使用情况学术研讨会"（2013 年 10 月 31 日至 11 月 3 日）的论文，现在发表时有所修改。

笔忘字的现象，又有人嚷嚷"汉语危机"了。其实这种担忧是大可不必的。汉字与汉语之间的和谐关系决定了汉字不会因使用字母字、因使用电脑而就面临"危机"了。这也是对汉语、汉字缺乏认识的一种不实际的想法。

国内外还有不少人说，汉字有个很大的缺憾，那就是见字读不出声音。这是事实。但是，汉字的这种所谓"缺憾"从另一个角度看，又成了汉字的某一方面的优点。大家知道，像英语、俄语属于"形态语言"，这类语言与文字的接口处是在音素，一个字母代表一个音素，由这些字母拼写出来的是一个个词。而汉语与文字的接口之处是在音节，由于汉语的每个音节都有意义，而且在古汉语里一个音节可以表示多种意义，这就决定了汉字又不是纯音节文字。汉字实质上是"音节语素"文字。汉字的这一特性，对汉语来说，提供了两方面的便利。一个方面，汉字可以不受语音变化的影响，可以超历史，贯通古今；可以超方言，为"十里不同音"的汉民族的书面交际提供方便。汉字成了一种超历史、超方言的文字，因此它对维护汉语的一致性，防止汉语分化为不同的语言，增强中华民族的凝聚力，维护中国的统一，立下了丰功伟绩。另一个方面，正如朱德熙先生所指出的，"汉字替我们做了分析语素的工作"，[1]为我们分化汉语同音语素提供了一定的方便。

汉语、汉字的特点，汉字和汉语的和谐关系，汉字的功劳，这决定了汉字和汉语会永远和谐相处，决定了汉字永存！

二、全面理解汉字规范问题

新近国家公布了《通用规范汉字表》，这是语言学界的又一件大事，一方面表明了坚持走汉字简化的汉字改革之路，另一方面坚持规范化的原则，以维护汉字系统的基本稳定。这就标志着汉字进一步朝着规范化、标准化的方向发展。

对于汉字规范，我们应有一个全面的科学的理解。汉字规范实际包括两方面内容，一是字形的规范，二是汉字使用范围的规范。我们过去在实施汉字规范这一总方针上，我觉得存在一定偏颇。

在字形规范上，只重视简化字和虽非简化字但属于通用字这两部分汉字字形的规范，而对于非简化字又非通用字的那些汉字的字形，未加必要的规范；另

---

① 参看朱德熙《语法讲义》1.1.4，商务印书馆，1982 年。

外，对于与简化字相对的繁体字的字形的规范，也没有太多的考虑。就新发布的《通用规范汉字表》来说，所用字形基本以 1965 年由当时的文化部和中国文字改革委员会联合公布的《印刷通用汉字字形表》和 1988 年由当时的国家语委和新闻出版署联合发布的《现代汉语通用字表》所用的字形为汉字字形标准；两表之外的汉字，其字形则据两表内部的汉字字形规则推断确定。正如王宁先生在《〈通用规范汉字表〉解读》（商务印书馆，2013）一书中所指出的，过去由于条件的局限，两表"存在一些与内部规则不一致的地方"。王宁先生举以下汉字为例："瞥、鳖、憋、弊、蹩"，它们都以"敝"为声旁，但"瞥、憋、弊"的第四笔带钩，而"鳖、蹩"的第四笔则不带钩，而此不同并无理据可言。这显然需要由国家有关单位这方面的专家学者来研究。这里还需要进一步指出的是，与简化字相对的繁体字，就目前实际使用情况看，大陆、香港、澳门、台湾所用汉字形体各异。如何研制统一的汉字字形规范，这已是不容忽视的问题。在目前的政治氛围下，不要再走各搞一套的路子，而应两岸四地有关学者协同攻关，以便早日研制出统一的规范的汉字字形表。

三、汉字标准化问题

当今，加速制定和实施语言文字标准化的问题，已成为大家高度重视的一个议题。这是由当今时代的特点和当今世界的现实决定的。换句话说，对于这一议题，我们必须从当代国际大环境上来认识。

关于当今时代的特点，大家早已认识了，那就是当今是一个高科技迅速发展的信息时代，是知识经济时代，是全球经济逐步走向一体化的时代。问题是我们还得进一步认识到这样一点，那就是，在这样一个时代，语言对一个国家，对一个群体，对个人，越来越重要，语言已经成为一种重要的社会资源，一种无形的非物质资源，它与物质资源一样可以进一步开发利用，创造财富，成为国家软实力的一个组成部分。

当今再一个现实是，三流国家出产品，二流国家出技术，一流国家出知识，超级国家出标准（也还有一个说法：三流国家卖资源，二流国家卖产品，一流国家卖技术，超级国家卖标准）。这个标准，也包括语言文字方面的标准。在世界经济一体化的大趋势下，标准已经"具有第三海关的意义"（李宇明，2009）。[①]

说到语言文字方面的标准，我觉得应分为硬标准和软标准两类。

所谓硬标准，是指跟中文信息处理相关的标准。这方面的标准，我们现在好像只有各种字体的生成点阵标准。为什么要把这标准称为硬标准呢？因为这标准一旦制定，并获得国际认可和专利，全世界就都得遵守，这些标准也就将转化为财富。

中文信息方面的有关标准的研制，十分重要。这是实现社会信息化的基础。那么谁能成为这方面的大拿？现在还不敢说中文信息处理方面的标准，大拿一定是我们中国，就目前的形势看，我们只能说"中文信息处理中的句处理"的优势有可能在我们手里，因为我们现在面临着严峻的国际挑战。[②]随着中国加入世贸组织，研究和制定中文信息处理的规范和标准，已成为越来越多的国家、地区和跨国公司的重要的进军目标，目的是试图控制中文信息处理研究领域，以其规范和标准的优势占领中文信息处理软件及其产品市场，从而制约我国在该领域的研究和发展。因此，如果我们不觉醒，如果我们还是上面不重视、不积极支持，下面不团结、不合作，那么这中文信息处理的"制高点"不要几年就会被外国公司或外国研究机构所占领。这决不是危言耸听，是严酷的现实。

但是，我们必须成为大拿！这不只是为了不使我们蒙受耻辱，更是为了我们国家的利益和安全。

所谓软标准，是指跟我们语言文字规范化以及语言教学（包括母语教学和汉语作为第二语言/外语的教学）相关的标准。社会生活需要这方面的标准。不过这方面的标准是属于软标准。所谓软标准，就是执行上可以允许有弹性，而且必须有弹性。关于语言文字规范化、标准化的问题，教育部、国家语委一直很强调，发布了不少规范性、标准化文件。这里只就汉语作为第二语言/外语教学（下面简称"汉语教学"）方面所需要的标准说些看法，而这也关系到汉语教学中的汉字教学问题。

---

① 参看李宇明《信息时代的语言文字标准化工作》一（二）"国家的'标准战略'"，载《语言文字应用》2009 年第 2 期。

② 参看陆俭明为詹卫东《面向中文信息处理的现代汉语短语结构规则研究》（清华大学出版社、广西科学技术出版社，2000 年）一书所写的序文。

四、汉语教学中的汉字教学问题

汉语教学中要重视汉字教学问题。赵金铭（2004）曾指出，"不能掌握汉字的学生，至多是个会说汉语的文盲"。[1] 李宇明（2012）更深刻地指出，"在汉语教学中不能掌握汉字的学生，最终可能会放弃汉语"。[2]

现在不妨大致了解一下汉语教学中的汉字教学情况。

国外的汉语学习者，有属于汉字文化圈的，有属于非汉字文化圈的。对属于汉字文化圈的学生来说，汉字教学不是一个难点，但在教学过程中也会遇到一些问题；而对属于非汉字文化圈的学生来说，汉字教学可以说是要跨越很艰难的一个坎儿。非汉字文化圈的学生，由于受母语拼音文字的根深蒂固的影响，视一个个汉字为一幅幅神奇的图画，普遍对汉字怀有神奇感和畏惧感。

先了解一下非汉字圈外国学生汉字学习的情况。目前在非汉字文化圈国家开展汉语教学，一般都"先语后文"，所以先教汉语拼音，在学生熟练掌握汉语拼音方案后，转入汉字教学。结果往往是出现"低谷"现象——最后几乎70%—80%的人不再继续学习。

据我对海内外一些汉语老师的咨询所得，在对非汉字文化圈国家学生的汉字教学过程中，具体会出现这样一些情况：

1.他们对汉字根本没有认识，以为就是一个个形状各异的符号，没有形音义意识，没有笔画意识，没有汉字整体架构的意识。如果我们的汉语教师不善于或不怎么善于教授汉字，学生就依样画葫芦，结果，"国""回""园"等字的外形会画成一个圈儿。还有的将"弓"和"己"字一笔连书成了来来回回的曲线。有人写汉字没有结构意识，加之笔画有误，结果竖着写将自己起的名字"楚中天"写得让汉语老师都认不得。让人认作：

林
蛋
大

---

[1] 参看赵金铭（2004）"'说的汉语'与'看的汉语'"，赵金铭主编《汉语口语与书面语教学——2002 年国际汉语教学学术研讨会论文集》，北京大学出版社。

[2] 参看李宇明《重视汉字教学》，在"汉语应用语言学学科建设与发展高峰论坛"（2012 年 8 月 20 日，北京语言大学）上的书面报告。

2.他们对先学的字印象深，后学的字常常受先前学过的字的影响而写错。例如：先学了"我"字、"找"字、"或"字等，于是对这些字的右偏旁"戈"印象比较深。到了后面学"式"字、"试"字、"武"字的时候，常常就会在这些字的右边多写一撇，把右边的"弋"错写成"戈"。又如：先学了"写、家、字"等字，受这些字上面"冖、宀"的影响，就容易把后学的"买、卖、读"等字的"乛"错写成"冖"。

3.使用频率高的部件和笔画影响形体相似的、使用频率低的部件和笔画。例如："那""哪"和"月"以及"月"字部首的"有、期、朋、能"等都是常用字，都是比较早学的字，但是因为"月"使用频率高，学生印象深，所以在写"那"字的时候，就会把左偏旁的"月"错写成"月"。

4.形体近似的汉字常常分不清楚。例如：分不开"厂""广"，"已""己""巳""乙"，"千""于""干""工""土"，"太""大""夫""天""无"，"田""由""甲""申""中"，"巾""市""币""布"等。

5.不注意笔形的变化规则、汉字部件位置和整体架构。例如将"地"写成"土也"，将"从"写成"人人"，将"粉"写成"米分"；将"可"字的"口"写得太靠外，写成了"叮"；将"多"字上下结构的两个"夕"写成并列结构"夕夕"；将"里"字的"田"和"土"、"果"字的"田"和"木"分开写，造成上下部件错位等。

现在看看汉字文化圈国家的学生在学习中国汉字时的情况。

一般以为汉字文化圈国家的学生学习中文汉字不会有太多问题，其实不然。我们知道，日本文部省规定，中学毕业生要学习掌握 1,945 个汉字，其中有 768 个汉字与中国汉字字形不同。譬如最普通的"天"字，我们是上短下长，而日本是上长下短；再如"对"，日本也简化了，但不一样，他们左边是"文"，写出来看上去是"又"上有一点。韩国，1972 年 8 月 12 日韩国教育部公布《教育用基础汉字表》1,800 个，其中与中国汉字异形的有 1,094 个（包括非简化汉字 461 个）。2002 年 10 月韩中文字交流协会将 606 个与中国汉字异形的汉字简化为与中国简化字相同。这样，在韩国教育部公布的 1,800 个教育用基础汉字中有 1,312 个跟中国规范字相同，还有 488 个字跟我们的汉字不一样。更值得注意的是，我们的汉字，每一个都有形、音、义，三者互相有一定关系且又融为一体，但他们虽然也用汉字，但每个汉字纯粹是作为一个表示某个特定意义的符号，笔画的起止、顺序也不完全一样。因此，汉字圈的外国学生在学习书写中国汉字时往往不注意笔画顺序和形状，不注意笔形变化规则，不注意字形中偏旁或者部件的位置，常常会写出一些似对非对、似错非错的错字。例如：

1. 学生习惯使用本国汉字代替中文汉字，即既不同于中文繁体字，也不同于中文简体字的字体。

2. 不注意笔画的形状，将"犭"字旁的弯竖钩"丿"写成竖钩"亅"，"犭"写得像"扌"，"狗"写得像"拘"；将"见"字里最后一笔竖弯钩"乚"写成捺"㇏"，"见"字写得像"贝"字；将"奶"的偏旁"乃"折弯折得不到位，"乃"写得近似于"刀"；将"女"字写成两个相交的弧线，等等。

3. 也存在不注意笔形的变化规则和汉字部件位置以及整体架构的。例如将"房"字上面的"户"写得短小，下面的"方"写得过大，结果不是上面的"户"罩着"方"，而是下面的"方"托着"户"。

4. 有些汉字文化圈的学生，常使用一半本国汉字、另一半中文汉字，从而出现别字现象。

造成外国学生汉字学习上的问题，除了客观因素外，也有我们汉语老师的主观因素，那就是我们老师自己对汉字规范不太重视，自己在教学中写字时，写得很随便，在笔画、笔顺或部件结构安排上不是很规范，甚至很不规范。

了解了上面的情况，我们不难想见《通用规范汉字表》对于汉语教学，对于汉语国际传播的重要意义。它的意义在于：

1. 首先，这个《通用规范汉字表》的本质是简化字系统的汉字表，国家正式发布这样一个规范汉字表，这等于明确宣布，在汉字繁简之争中，国家明确地选择了简化字，其意义不言而喻。

2.《通用规范汉字表》不仅为在国内进行的对外汉语教学，也为在国外进行的汉语国际教学的汉字教学确立了统一的标准，提供了与汉字有关的规范依据。具体说：

（1）《通用规范汉字表》给汉语教材和相关的教辅教材的编写提供了用字的标准，也直接提供了选字选词的依据。特别值得注意的是，《通用规范汉字表》与上个世纪 80 年代末的《现代汉语常用字表》（1988 年 1 月 26 日）相对照，增加了数百字新字，这在一定程度上反映了社会常用字的变化。这对汉语教学，特别是汉语教材编写和汉语水平考试选字选词的及时调整提供了依据。

（2）《通用规范汉字表》给汉语教师提供了教学汉字的标准，提供了批改作业时判断学生写字正误的标准。

（3）《通用规范汉字表》给学生用汉字做作业、进行写作提供了一个书写的标准。

（4）《通用规范汉字表》也给汉语教员和汉语学习者随时了解、翻阅、查询汉字所属常用字等级、汉字字形的规范提供了依据。

3. 对汉字文化圈的学生来说，《通用规范汉字表》使学生了解和明白本国汉字与中文汉字的区别与联系，有助于减少母语汉字负迁移的影响，减少出错率。

《通用规范汉字表》与汉语国际传播关系密切，对汉语教学有指导意义。但是我们也要看到，真要让《通用规范汉字表》在汉语教学中发挥作用，还得靠人，还得靠我们做一些扎扎实实的基础性研究工作。上面已经指出，目前的汉语教材"缺乏科研引航，缺乏编前的深入研究，缺乏教材编写的必要的科学数据"，其中就包括汉字的选取——多少？哪些？孰先孰后？

当然，《通用规范汉字表》也并非尽善尽美，有些问题还需进一步解决。[1]

---

[1] 在《通用规范汉字表》发布后，已听到了一些不同的意见——语文界有学者对《字表》外的字，在类推简化上提出遵循"表外字不再类推"的"有限类推"原则持有不同意见，认为"这不是国家的政策"，而且有限类推会影响汉字的规范和统一；信息学界也有学者认为，《字表》的"三级字表"中有100多个字，GB18030（收字70244）中没有，无法在信息处理中应用。这些意见我们到底该怎么看待，怎么处理，需进一步研究。

論漢字形體的本質不在象形而在別異

馮勝利

香港中文大學

1 引 言

本文根據許慎、段玉裁的"字意(≠字義)"和陸宗達、王寧的"構意"理論，討論漢字的表意問題，提出漢字的表意機制不在"象形"而在"別異"；換言之，"以形別異"才是漢字構形機制的基本原則。據此，哪些成分是漢字"字形"系統中相當於音系系統中的"distinctive feature 區別性特徵"，就成爲當代漢字研究的一個重要課題。

別異的方法可以有很多，但是其最根本的就是發掘該事物所以如此的本質屬性。因此，從漢字學的歷史上看，許、段對漢字構形之"意"的揭示(見《説文》和《段注》)，可以説就是對文字"別異"屬性研究的一大貢獻。

文字構形中"構意"的設立和選擇，是不同時代、地區和人群文化的結晶。如果構意是漢字字理之本(本陸、王之説)，那麼其中的一個自然結果就是：漢字的延續和生存必然要以當時社會約定俗成的"意"爲基準。換言之，古代的"意"不同於今天的"意"。因此，古不必今，今不可古 —— 古代的"字意"不是根據後人的意念而設(如"手"只三指)，後代的"字意"(如"滅")也不可能爲古人理念而設。明於此，不僅不會"以古責今"(用古代的構意來批評後代的構意)，也不會"以今代古"(用自己理解來解釋古人的造意)。正確的做法是從機制和性質的不同上，考證前代的文字構形上的"創意"(如甲文、金文)，尊重後代對文字"構意"的重新賦值(如"一""示"等《説文》的解説)。我們認爲，系統性構意的不同不是"對錯"的問題。甲骨文反映的字形"創意"固然原始，而《説文》對構意的"重解"則更爲珍貴。長期以來,人們習慣於用甲骨文的構意來批評《説文》的構意,認爲《説文》不同於甲骨因此是《説文》之誤。如果以甲骨系統爲標準,自然《説文》爲誤;如果以《説文》系統爲標準,不存在與甲骨不同之"誤"。我們知道,我們不能用甲骨文的語法來批評漢代語法與甲骨文不同因而漢代語法爲誤,倘若如此,則是對機制不同、系統演變缺乏認識的結果。宋代以至清代都有一些學者要求恢復古音(如把"天明"説成"dian-mang"),今天看來,這是不瞭解古今音系不同的表現。古今音系雖不同,但是不能因此而説哪個對、哪個錯——它們都自成系統,因此都是規律控制和派生的産物。

無可否認,系統不同,功能亦異。上古的音系可以生産二言詩,漢以後的音系可以創造四六文。從丢失的角度而言,今不如古(今天的音系不能再作二言詩 —— 每個音節一個節拍);從創新的角度而言,古不如今(古代的詩歌無法平仄相間 —— 上古漢語没有聲調)。[1]科學的研究,不是評價結果的好壞和是非(right or wrong),它的宗旨在於揭示古之所以爲古、今之所以爲今的機制與規律——所謂真理(truth),及其"萬變不離其宗"的"變"和"宗"的具體指數是什麽。顯然,古音系、古句法在這方面已經取得了很大的成績,而古文字學仍需努力才能既滿足自己的學術體系,又能爲世界文字的研究提供理論和經驗。

2　造字方法不等於字體的功能

《説文·序》裏提出過兩個重要概念,值得當代學術的關注和深思。第一是文字基本功能:

> 黄帝之史倉頡,見鳥獸蹄迒之迹,知分理之可相别異也,初造書契。

這里"分理别異"説的是"造書契"的目的和原則 —— 文字的功能在於"區别不同"。《説文·序》的第二個重要概念是文字的製造方法。文字的功能和文字的製造方法在許慎那裏區分得很清楚:

> 倉頡之初作書,蓋依類象形,故謂之文;其後形聲相益,即謂之字。文者,物象之本;字者,言孳乳而浸多也。

---

[1] 合段玉裁"古無去聲説"及黄季剛先生"古無上聲説",則可得"古無聲調"的結論,因爲入聲不是調。

“書契”可以按照兩種辦法來造：（1）依類象形；（2）形聲相益。前者叫“文”，後者叫“字”。但它們都是在“分理別異”的大原則下操作的。

嚴格地遵循和推演許慎的概念，我們發現今人所理解的“漢字是一種象形（或象意、表意）文字”的説法，是對許慎理論的一個誤解。因爲“象形／象意／表意”是造字之法，而不是造字原則。請看：

周禮：八歲入小學，保氏教國子，先以六書。一曰指事。指事者，視而可識，察而見意，上下是也。二曰象形。象形者，畫成其物，隨體詰詘，日月是也。

用六書中的一種“象形”法來代替漢字系統的創造的原理，顯然是誤解。更重要的，這樣的做法抛棄了古人早就認識到的、早就明確了的漢字形體的基本功能和原理，亦即“分理別異”。

根據漢字的基本功能，以及漢字學和它鄰接學科的系統關係，我們認爲：漢字的本質屬性是“以形別異”，而不是表面的“以形表意”。因此更接近漢字本質的定義是：漢字是一種“以形別異”的文字系統。漢字的字形不是爲了“象形”，也不是爲了“象意”，而是爲了“別異”，原因很簡單，如下文所示，漢字的字體並不象形。

3　漢字字體並不“象形”

説漢字是“象形”文字的證據是漢字如“日”“月”等字像其所代表的對象。我們認爲，在很大程度上，這是一種誤解。因爲漢字字形的本質是“別異”，所以漢字的字形，從嚴格意義上説，並不‘象形’。譬如“日”，中間的一“點”已經讓古今學者費盡唇舌説它到底“像什麼”了，而“月”的甲骨文如果不告訴你它是“月”字，誰也不會不把它想象爲“香蕉”樣子的東西。有人會説這些符號是“象徵”性的。事實上，離開了它的體系，任何一個象形字都很難説它“象徵”什麼（包括月—肉、衣—卒、牛—羊、天—夨……）—— 漢字所象的“形”，都是在和彼此區別的“同伴”的比較和鑒別中體現和獲得的。離開體系的孤立形體，很難説它“象”什麼。

如果我們從最基本的象形字來考察，那麼可以看出：漢字不是“素描”，更不是“圖畫”。因此，以往所謂的“象形”性的漢字，第一，都不是嚴格意義上的"象形";第二,都是在"別異"的注脚下才能理解爲"象形"的符號體系。故曰:漢字的形體不在象形而在別異。

4 漢字字形的本質是"意",是許、段發明的"構意"

上面"漢字形體旨在別異"理論不僅見之於《説文·序》,更可清楚地從許慎《説文》解釋字形組構之"意"解釋中看出來。這裏有必要區分清楚:字體構形的基本原則是一回事(別異),用什麼方式來實現這一原則(如象形、指事、會意、形聲)則又是一回事。在用不同的"象形、指事、會意"等方式來完成或實現"分理別異"的過程中,造字者的"意圖"何在,則是漢字構形不可或缺的重要環節,即所謂"一點一畫皆有意焉"的構形理據。這正是許慎和段玉裁漢字理論的精華所在,即:漢字構形"重意而不重形"。

4.1 許慎

許慎解字最善指出造字之由。譬如,《説文》:"師,二千五百人爲師。從帀從𠂤。𠂤,四帀,眾意也。"爲什麼"師"字從"𠂤"呢?《段注》云:"𠂤下曰:小𠂤也。小𠂤而四圍有之,是眾意也。説會意之恉。"可見,許慎所用的"意",是一個解釋字形"會意之恉"的重要術語。又如,《説文》:"臺,觀;四方而高者。從至從之,從高省。與室、屋同意。"爲什麼"臺"要"與室、屋同意"呢?《段注》:"云與室、屋同意者,室、屋篆下皆云'從至者,所止也'。是其意也。"原來,它們造形上所用"至"的意圖,是一樣的,都是"所止"的意思。可見,説解字形的首要任務就是解釋"造字之意"。再如:

虓 xiāo:虎聲也。從虎口,虎亦聲也。從口虎。與吠意同。

物:萬物也。牛爲大物。牛爲物之大者,故物從牛,與半同意。

牟:牛鳴也。從牛。厶象其聲氣從口出。此合體象形。與半同意。

4.2 段玉裁

段玉裁爲許慎的"同意"建立起漢字構形學的基礎概念,請看:

《説文》:半 mǐ,羊鳴也。從羊,象聲氣上出。與牟同意。

《段注》:凡言某與某同意者,皆謂其製字之意同也。(製字之意)

《説文》：工，巧飾也。與巫同意。

《段注》：巫有規榘，而彡象其善飾。巫事無形，亦有規榘。而从象其兩褏，故曰同意。凡言某與某同意者，皆謂字形之意有相似者。（字形之意）

《説文》：䐑，乾肉也。䐑與俎同意。

《段注》：俎從半肉，且薦之。䐑從殘肉，日晞之，其作字之恉同也，故曰同意。（作字之旨）

段玉裁善於“以意逆志”，先得許慎之“意”，繼得造字之意。如《説文》：“圖，畫計難也。從囗，規畫之意。從啚。啚，難意也。”《段注》説：“説從啚之意。啚者，嗇也。嗇者，愛濇也。慎難之意。”

即使《説文》沒有明言“同意”者，段氏亦能繫而聯之，兼而通之。如，《説文》：“宷，悉也；知宷諦也，從宀從釆。”《段注》云：“鍇曰：宀，覆也。釆，別也。能包覆而深別之也。按，此與覈字從襾敫同意。”爲什麼“覈字從襾”“宷字從宀”？據段玉裁，二字不同，但取意一樣，都是“能包覆而深別之”的意思，換言之，“襾、宀”的構字功能是一樣的。

用“造意”原則來考證原委，更顯示段氏對“構意”的認識和運用。在“裘，皮衣也。從衣，象形”下，段氏注曰：“各本作從衣求聲，一曰象形。淺人妄增之也。裘之制毛在外，故象毛文。與衰同意。”顯然這是用“同意”原則來考證許慎“裘”字的原文。對否是一回事，把“同意”作爲原則，才是這裏的實質。

段氏善明許慎解字之“意”者，還在許慎未言“意”處。譬如，《説文》：“奭，目衺也。從䀠讀若拘。從大。大人也。”《段注》：“‘大人也’三字疑非是。奭與爽、奭同意。爽之明大。奭之盛大。奭之目衺淫視者大。故皆從大會意。”

段氏發明許慎構“意”之旨最善者，更在補出“意”字之脱落。如《説文》：“鼠，毛鼠也。象髮在囟上及毛髮鼠鼠之形也。此與籀文‘子’字同意。”《段注》曰：“意字舊奪，今補。”《説文》：“子，十一月，陽氣動，萬物滋。人目爲偁。象形。凡子之屬皆從子。𤕟，古文子，從巛，象髮也。（段注：象髮與𤔔同意）𡝂，籀文子，囟有髮，臂脛在几上也。”由此可見，“鼠象髮在囟上及毛髮鼠鼠之形”和籀文“子”字“囟有髮”的造字意圖是一樣的。因此段氏斷定“鼠”下“此與籀文‘子’字同”的“同”必然是“同意”，才符合《説文》解字系統，才符合漢字構形的基本原理。

4.3 所會之"意"可以是句子

"天"字下，段氏注曰："凡會意，合二字以成語"，這不啻於説"會意"字所"會"之"意"，相當於一個句子。爲什麼這麼説呢？請看什麼是"成語"：

> 《説文》：詁，訓故言也。《段注》：故言者，舊言也。十口所識前言也。訓者，説教也。訓故言者，説釋故言以教，人是之謂詁。分之則如《爾雅》析故、訓、言爲三。三而實一也。漢人"傳注"多偁故者，故即詁也。毛《詩》云"故訓傳"者，故訓猶故言也，謂取故言爲傳也。取故言爲傳，是亦詁也。賈誼爲《左氏傳訓故》。訓故者，順釋其故言也。從言古聲。《詩》曰詁訓。《段注》：此句或謂即大雅古訓是式，或謂即毛公詁訓傳，皆非是。按釋文於《抑》《告之話言》下云：戶快反。《説文》作詁。則此四字當爲"詩曰：告之詁言"六字無疑。《毛傳》曰：詁言古之善言也。以古釋詁，正同。許以故釋詁，陸氏所見《説文》未誤也。自有淺人見詩無"告之詁言"，因改爲"詩曰詁訓"，不成語耳。

這裏的"不成語"不能理解爲"不成字"或"不成詞"，而非"短語"或"句子"則莫屬。根據這一結論，我們認爲"天"字下"凡會意，合二字以成語"中的"成語"指的就是"短語"或"句子"。因此，在段玉裁看來，會意字之"意"相當於一個句子。如果是這樣，那麼我們就看到一種從來沒有注意的"字中詞"——造字時用詞作爲構形的部件。譬如"冠"中的"元"和"寸"都是以"詞"的身份充當構意（＝句子）的成分的。

段氏這種理論的一個意外收穫就是給當今的"字本位"找出了一個無可抵抗的天敵：字本位之所以不能成立是因爲字中有詞：合字成語。

4.4 字形之"意"反映文化

"準"反映的是"水"的平準功能，"差"反映的是"左"的"不正"觀念，而"法"則反映了原始法律的風俗。這裏值得深入思考的是：如果社會變遷，文化斷層，我們根據什麼構擬"水"在構字中表示的是"平準"意念、"廌"在構字中表示的是"判決"認識呢？語音系統的構擬有"音理"爲標準，漢字構形系統有相應的"字理"爲標準嗎？如果有，是什麼呢？如果沒有，怎麼進行古字的"字意構擬"呢？這些都是有待回答而沒有答案的重要課題。

4.5 推證"字意"的基本原則 —— 書證

"意"，人皆有之，故字形之"意"凡人皆可據己之見而臆測之（此人腦生理屬性之一）。然而，以今天文化之"臆"推求上古字形之"意"，不足以爲典要。所以唯有"引書以證明會意之旨"者，方爲可信。此許慎發凡起例而段氏申明最詳者也。譬如:《説文》買字"從網從貝"，許慎引書云:"《孟子》曰:'登壟斷而網市利'",《段注》解釋説:"見《公孫丑》篇。此引以證從網貝之意也。"可見，字形從某從某之"意圖"，需有"引證"以爲信。再如，《説文》:"鬩 xì，怒戰也。《春秋傳》曰:'諸侯敵王所鬩。'"《段注》:"《春秋傳》者，文公四年《左傳》文。此引以證會意之恉，與引'草木麗乎地'説麗，引'豐其屋'説寷，引'莫可觀於木'説相，引'在同之野'説駉，同意。"這些都是段玉裁發明許慎引述文獻經典來證明"造字之意"者。造字之意，雖可臆測，然無書證則不可確信。下面是《説文》引書以證明會意之旨的具體例證:

麗:　艸木生箸土。从艸麗聲。《易》曰:"百穀艸木麗於地。"
寷:　大屋也。從宀豐聲。《易》曰:"豐其屋。"
相:　省視也，從目木。《易》曰:"地可觀者，莫可觀於木。"
駉:　牧馬苑也。《詩》曰:"在同之野。"
庸:　用也。從用庚。《易》曰:"先庚三日。"引以證用庚爲庸，與麗寷引易同意。
鬯:　吕秬釀鬱艸，芬芳攸服，吕降神也。從凵，凵，器也。中象米，匕所吕扱之。《易》曰:"不喪匕鬯。"經言鬯者多矣，獨偁此文者，説鬯從匕之意也。

4.6　古"意"久遠，難以臆復

字意所以必書證而不可確信者，因爲古意渺茫，後代或失而難以復原的緣故。段玉裁談到"古意"丟失時説:

偶，桐人也。偶者，寓也。寓於木之人也。字亦作寓，亦作禺，同音假借耳。按木偶之偶與二枱並耕之耦義迥別。凡言人耦，射耦、嘉耦、怨耦皆取耦耕之意，而無取桐人之意也。今皆作偶則失古意矣。

按，此處段氏先以"意"定"義":寄寓≠並偶，然後發明所失之"古意"。禮失尚可求諸野，但"意"失則唯考而不得。凡後人擬構之解（一切沒有當時語感的語言學論證和推擬）無非是某種"理解(＝理論上的解釋)"而不是"真實"。更何況"望文生訓"之不可靠，還因爲有"造字用假借"的現象。譬如，《説文》:"覷 zù:且往也。"《段注》云:"且往，言姑且往也，匆遽之意。從且，此不用且之本義，如‘登、卷’不用豆之本義。”如若造字有假借，何以知古人之造字所用者，其爲本字耶，抑假借字也？不能考知古人造字用字之底蘊，何以得知古人造字之“意”呢？古代造字之“意”確有丟失而難復者，所以段玉裁説：“凡造字之本意有不可得者，如禿之從禾。用字之本義亦有不可知者，如家之從豕，哭之從犬。”(哭下注)

4.7 筆勢之變，淆亂筆意

黃季剛先生創造文字筆勢與筆意之説，據此，若某字因筆勢而丟失筆意，何由而知其古遠之“字意”邪？若筆意變爲筆勢爲不可抗拒之發展，那麼，筆意丟失也是歷史的必然。區分文字的筆勢與筆意不僅要洞悉若無筆意則“不知一點一畫爲何意焉”的原理，而且還要承認雖據古形，筆意也有不可復原者。更要知道的是：堅持“非古不是”的想法和做法，不僅不可能，而且要提防對系統演變認識不足而帶來的負面的心理狀態 —— 只相信甲骨文的原始構形而無視後代改變的字形系統。

5　有理據就有重新分析

明代學者陳第首倡“時有古今，地有南北；字有更革，音有轉移，亦勢所必至”的系統演變論。據此，語音、語法與字形的體系變化，均勢不可免。體系若變，“重新組合與分析”也勢所必然。王寧先生説：

> 《説文》字義講解的是字理，字理是發展的，每個時代的字理都有重構現象，不是與資源全然相同的。(《説文新證・序》)

這就是説，“重構”式的“重新分析”是文字發展的必然。譬如王國維所説的“天”字，甲骨文系統的象形可以被重新分析爲“指事”，而在小篆裏它又被重新分析爲“會意字”。“元”字亦然，它重新分析的不同階段和軌迹是：象形 → 指事→ 形聲。一個時代有一個時代的系統和分析，這是漢字構形學的本質屬性之一。正因如此，段玉裁才能借此發覆小篆系統中的千古之秘：

> 段先生注《説文解字》改正古文之“⊥、⊤”字爲“二、二”。段君未嘗肆力於古金文而冥與古合，其精思至可驚矣。(羅振玉《增考中》P13)

事實上，正因段氏如此驚人的發現，才反襯出後人對系統不解的局限：

段氏擅改《説文》字形，雖然有相當的説服力，但百年之後，看來仍然是改錯了。(《説文新證》P42)

顯然，不是段氏改錯了，而是百年後仍有加强對系統重新分析中"字理發展"的理解的必要，否則就像把"天明"念成"dian-mang"一樣，犯"是古而非今"的錯誤。這裏，令人最爲欽佩的是段玉裁"鑷"下注解的這段話：

凡此校正，私謂必符許意。知我罪我，所不計也。

顯然，這不是武斷，也不是自負，而是真正"乾嘉理必"科學精神的體現——堅持自己認爲"必然"的東西，即使或有偏失，也是學理的正道。

最後，如果説本文"漢字形體不在象形而在別異"的理論可取的話，那麽它的現實意義就是：

1. 漢字的本質屬性是語言學的；

2. 漢字的語言學功能是"以'意'别'異'"；

3. 繁、簡不是漢字的本質；

4. 不能片面地"求易而簡"也不能片面地"求古而繁"；

5. 從漢字的"別異"功能上衡量其"簡繁度"；

6. 從漢字的"字理重構"時代和它的系統上，發掘漢字的語言、文化和歷史的精蘊。

是耶？非耶？尚祈方家是正。

从汉字和汉文化关系谈汉字前景规划[①]

曹德和

安徽大学中文系

论及汉字前景规划学人通常都会提到汉字和汉文化关系问题。这主要因为文字以语言为依托，而语言和文化关系极为密切。从共时角度看，语言在文化中只占一隅之地，但对于整个文化来说却起着支架作用。从历时角度看，语言和文化水乳交融，同生共进，唇齿相依，互为因果。虽然语言不等于文字，语言和文化关系密切不等于文字和文化关系密切，但汉字作为典型的表意文字，它和汉文化的关系在密切程度上并不逊色于汉语和汉文化的关系。正因为如此，一度主张以拼音文字取代汉字的钱玄同，始终支持汉字简化并认为拼音文字必将成为汉语主要记录形式的周有光，赞同汉字简化但不赞同汉字拼音化的饶宗颐，以及对汉字简化和汉字拼音化均持否定态度的季羡林，阐述理由时都把汉字和文化关系问题作为主要根据。[②]前面说到文字和文化关系时对表意文字与非表意文字有所区别，这其实是认为就文字和文化关系密切程度看，文字类型不同则表现不同。本文论析由此开始。全文顺序为：首先说明文字类型与文化信息关系；然后由一般到个别，转向汉字特征与汉字文化功能分析；最后在此基础上，就汉字前景规划的三大问题展开讨论阐述看法。

[①] 拙稿为《中国文字学报》刊用，收入文集的拙稿有所增补。修订过程中吸纳了白兆麟教授、沙宗元博士以及马春华、张正、朱琳等学友的重要建议，谨表谢忱。

[②] 对汉字持否定态度者主要强调其文化基础的落后性，对汉字持肯定态度者则主要强调其文化功能的正面意义。

一、文字类型与文化信息含量

文字属于符号 (symbol) 范畴。符号由能指 (signifier) 和所指 (signified) 结合构成，是一种人为约定单位。在符号设计上人们既可以以不同能指表示同一所指，[①]亦可以以相同能指表示不同所指。[②] 所以考察文字类型既不能仅仅依托于能指亦不能仅仅凭据于所指，而必须将二者同时纳入视野，通过双方基本特征以及对应关系或联系方式的考察形成实证性结论。

文字类型研究以字符 (character) 为基础。赵元任说：目前"世界上通行的能写全部语言的文字当中，所用的单位最大的文字，不是写句、写短语的，是拿文字一个单位，写一个词素"，[③] 这结论便是来自对现有字符的考察。字符作为学术用语始源于计算机行业。[④] 该行业字符术语的使用范围大于文字学，[⑤] 后者只是指进入文字系统的字符。文字学所谓字符与语言相联系并被作为交际工具使用，因而与生俱来地具有两大特征：其一，具有约定俗成的称说形式；其二，具有明确稳定的指示对象。图画文字以及汉字部件不宜作为文字类型划分基础，因为它们缺乏上述特征，不是字符。从语用功能看，字符存在可独用和不非独用的区别。从事有关研究只要求被考察字符为文字系统基本成员，[⑥] 而不考虑能否独用。无论汉字字符还是日文、英文字符，都存在有时可以独用有时不可独用的情况，将能否独用作为取舍标准会使研究复杂化，以致无法操作。

文字类型划分可以以能指和所指对应关系为根据，亦即看文字系统中的字符通常表示语言系统中的哪类单位。据此目前世界上的文字可以大别为四种类型：语素文字（如汉字），语素－音节文字（如日文），音节文字（如阿拉伯文），音素文字（如英文）。划分还可以以能指和所指联系方式为根据。据此现有的各种

---

① 例如"龟"这个汉字，其原始形式与现代面貌相去甚远，但并不影响约定的形义关系。

② 例如中古时期，作为中文汉字的"阿"与作为日文万叶假名的"阿"，就能指形式看没有区别，但前者用于指称汉语中的一个音义兼备的语素，后者用于指称日语中的一个没有意义的音节，表现出迥然不同的符号关系。

③ 赵元任：《语言问题》，商务印书馆，1980 年，第 142 页。

④ 彼得·诺尔等：《关于算法语言 ALGOL60 的报告》（耿立大译），《计算机研究与发展》1960 年 9 月号。

⑤ 维基百科："字符"，http://zh.wikipedia.org/wiki/%E5%AD%97%E7%AC%A6.

⑥ 字符是指最小的语言记录单位，就汉字来说其文字系统基本成员不包括笔画、部件等构形要素，而仅仅与构形成品相对应。

文字可以大别为三种类型：表意文字（如汉字），意音文字（如日文），表音文字（如英文以及阿拉伯文）。

所谓联系方式是指文字系统中的字符通过何种途径与语言系统中的语言单位构成符号关系。不同文字系统的字符可能对应于不同语言单位。表音文字字符对应于音节或音素。前述单位属于纯语音单位，能指和所指的结合自然总是从语音切入，通过约定的能指形式，提示所指对象的语音特征，完成字符系统的建构。表意文字字符通常对应于语素。这类单位既有音又有义，就汉语来说无论哪方面都很复杂，故而能指和所指的结合无法音义兼顾。西学东渐前，汉人唯有音节意识而无音素意识，且上古迄至中古汉语音节数量庞大，读法有别的音节多达数千，因此既无法像当时唯有音节意识但所操语言音节总量有限的阿拉伯人那样采用表音文字，亦无法像当时唯有音节意识但所操语言音节个数极少的日本人那样采用意音文字。概言之，在此情况下，从语义切入，将表意作为联系能指和所指的基本方式乃古代汉人不二之选。

以下事实显示汉字始终将表意作为字符建构基本途径：一是各类字符的字形设计都是围绕表意转，象形字、指事字、会意字如此，形声字亦如此。无论通过"声旁"加"形旁"构成的主型形声字（如"背""燃"等），[①]还是通过"形旁"加"声旁"（如"雞""鳳"等）或"声旁"与"形旁"共现（如"锗""硒"等）构成的次型形声字，普遍只具有字义的排他性而不具有字音的排他性，即此可知形声字的建构同样是以表意为旨归。[②]汉字中为数不多的假借字，如"自""其""而""然"等，从符号学角度看属于新造字（同形异义字属于不同符号单位），这类字的产生同样是为表意服务。二是在整个汉字系统中，找不到一个专用表音字符。对于较为成熟的文字体系来说，同音关系利用乃是不可或缺的构字手段。汉字中假借字和次型形声字的建构或多或少或隐或显地借助了前述手段，但它并未由此演化出专用表音字符。三是汉字中某些字符由于形体近似导致语义认知上的困难，或者某个字符由于引申或假借使得内部语义关系发生明显社会变化，它一般都会采取添加偏旁或者说分化字形的手段，使字符在语义上保持

[①] 这里所谓"主型""次型"是就所占比重而言，根据孙雍长的考察，"占汉字总数百分之九十以上的形声字……主要是由'加注意符'所创制"。（《转注论》，语文出版社，2010 年，第 199 页）

[②] 曹先擢：《汉字的表意性和汉字简化》，载《汉字问题学术讨论会论文集》，语文出版社，1987 年，第 18—19 页。

必要的区别度；① 而某个字符内部语音关系发生变化，即便变化结果已趋稳定，它大多置若罔闻，几乎从不考虑是否要对字形作出相应调整。总之，它通常只关心"表意"而不关心"表音"。②

不少学者认为汉字不属表意文字而属意音文字，理由是形声字在汉字中占绝大多数，这些字兼有表意和表音双重功能。其实只有像日文，因为系统内部同时存在汉字和假名两种字符，且两种字符分别通过"表意"和"表音"方式建构，才可定性为意音文字。视汉字为意音文字至少存在四方面问题：其一，将性质判然有别的两种表音单位混为一谈，未能保持学术概念的统一性；其二，把表面性"意音文字"和实质性"意音文字"搅和到一块，导致不同文字类型界线模糊；其三，时而从"历时造字法"立场出发，时而从"共时析字法"立场出发，观察角度游移不定；③ 其四，违反文字类型划分不以部件为基础的方法论原则。④

还有些学人高度评价前一种分类法而竭力贬低后一种分类法，甚至认为所谓"表意文字"乃理论推导的产物而事实上并不存在。我们不否认前一种分类法的学术价值。汉字何以将"表意"作为创制字符的基本途径？ 原因在于：汉字对应于语素，作为语素物质外壳的音节数量庞大，从当时主客观条件看，走"表意"之路乃唯一选项。综上所述，通过前一种分类法，明确汉字属于语素文字，可以使我们了解汉字何以选择"表意"之路。但符号建构得满足同一性（identity）和示差性（difference）两方面要求。前者是指所建构的符号在能指和所指结合上须保持相对稳定，后者是指所建构的符号与其他符号得保持适当区别度。就文字符号来说，其示差性主要体现在能够显示系统内部不同字种的区别。根据对应关系

---

① 陈双新：《形声起源初探》，《河北大学学报》1995 年第 3 期。

② 有人因为汉字字符以语素为表现对象且语素既有义又有音而认为汉字既表意又表音，甚至因为英文字母"I""a"和"s"有时对应于人称代词、不定冠词以及复数标记而认为前述字母也是既表音又表意，这显然不妥。问题在于他们将能指形式的内在特征与所指对象逆向影响赋予的表面特征混为一谈。

③ 从"历时造字法"立场出发，是指从构形角度考察特定字符的生成，据此人们会看到汉字中各类字符的建构都是将"表意"作为切入点和落脚点；从"共时析字法"立场出发，是指从识解角度说明特定字符目前音义的根据，据此人们会误以为汉字在向表音方向演变。"析字法"也可以作历时运用，这属于"据形溯源"性研究。虽然同属历时范畴，但与"历时造字法"研究表现出相反的时间走向。这两种方法事实上经常被结合为用。

④ 通过前面的讨论可以看出，文字学所谓字符是指为适应书面交际需要而创制的用于记录语音单位或音义结合单位的书写符号。字符由各种字样直接构成，乃文字类型划分基础，将部件作为文字类型划分根据实属越俎代庖。

划分出的文字类型，只能反映不同系统之间字符特征的差异，而无法反映系统内部不同字种的区别；根据联系方式划分出的文字类型，则二者都能反映。可见两种分类法各有优长，为互补关系。非要"决一雌雄"，乃至根本否定汉字的"表意"性，无论对于汉字研究实践还是对于文字学理论建设都只会增加"负能量"。

下面讨论文字类型与文化信息含量的关系，文字类型方面抓两头带中间，亦即主要考察表意文字与表音文字，至于意音文字只是需要时顺带提及。

正式讨论前还需明确什么是"文化"。有人认为文化概念很难界定，其实困难不在如何界定而在如何统一。关于什么是文化，之所以会有林林总总的定义，乃因为不同定义能够满足不同需要。既然各有各的用途，何必非要追求统一呢？在我看来"文化"就是"人化"，是人类揖别猿类后留下的各种有形或无形的人文印迹。

西欧和东欧同样使用表音文字，何以前者选择拉丁字母，后者选择斯拉夫字母，究其原委乃与宗教信仰不同有关。[①]如果进而追问拉丁字母和斯拉夫字母的来历，则会发现这两种字母乃希腊字母分化演变的产物，希腊字母来自西亚的腓尼基字母，腓尼基字母的最初源头为北非的埃及圣书字。拥有文字意味着拥抱文明。[②]通过追问，除了可以探明欧洲文字的分合关系和分合原因，还可以了解欧洲文明的最初源起和历史进路。

不过从表音文字那里可以发掘的文化信息极其有限，而表意文字蕴含的文化信息在含量上则要多出许多倍。根据符号学理论，字符既是功能单位又是实体单位。作为前者它必须具有排他性 (exclusivity)，作为后者它必须具有包容性（compatibility）。排他性是指与系统其他成员在功能上保持必要的区别度，这是字符得以自我实现的前提；包容性是指允许一定的时空变异，这是字符具有使用弹性和发展可能性的保证。排他性由系统关系所决定。因为任何字符都需要在功能上保持自我，就排他程度看，表意文字、意音文字、表音文字没有什么区别。包容性主要由字符内部联系方式所决定。通过"表音"渠道建构的字符，因为所指性质单纯且为数不多，其能指总量有限，形式简单，时空变异余地很小。通过

---

① 周有光：《字母跟着宗教走》，《群言》2001 年第 7 期。

② 美国原始社会历史学家摩尔根（Lewis Henry Morgan，1818—1881）指出："文字的使用是文明伊始的一个最准确的标志……认真地说来，没有文字记载，就没有历史，也没有文明。"以上观点得到学界普遍认同。

"表意"途径构建的字符，因为所指数量庞大，加之涉及语义和语音两个层面且二者都很复杂，故能指数量众多，形式多样，时空变异余地较大。[①]兼用"表音"和"表意"方式营造的字符，其字符数量、字形复杂程度以及时空变异可能性介于表音文字和表意文字之间。个中原因不难推导，略而不叙。文化信息含量与字符多少、字形复杂程度以及时空变异可能性呈正比。即此可知，表意文字蕴含的文化信息明显高于表音文字以及意音文字，主要因为它是通过"表意"方式建构的文字系统。[②]

肯定汉字属于表意文字不等于说汉字只有语义内涵没有语音外壳。汉字都有自己的语音形式，否则不能称之为文字。只不过其语音形式与书写形式的联系方式迥别于表音文字而已。过去对于汉字文化信息的科学发掘事实上是从语音开始。晚清学人张惠言、张成荪父子运用"丝联绳引法"，对《诗经》以及同期韵文加以考察，通过同韵字的归拢和合并，整理出上古汉语的韵部系统。清末学人陈澧借助"反切系联法"，通过对《切韵》时期反切上下字声韵的系联和归纳，整理出中古汉语的声类系统和韵类系统。罗常培、王力、李荣、周祖谟、周大璞、唐作藩、邵荣芬、丁邦新、于安澜、鲍明炜、鲁国尧等当代学人，在完善以上方法的基础上，通过对汉字文化圈内中外文献所反映汉字字音的共时和历时研究，使汉语语音断代史和通史"重见天日"。汉字研究必须建立在准确把握汉语语音特点的基础上。前述研究具有重要意义，它不仅有助于深刻认识作为文化核心的语言文化，同时有助于推动汉字学研究，包括前景规划的研究。

学界对于汉字文化信息的发掘，用力最勤的还是在字义方面。介绍之前有必要说明字义和语义的关系。庄子认为万物毕同毕异，"自其异者视之，肝胆楚越也；自其同者视之，万物皆一也"（《庄子·德充符》）。字义与语义关系亦如此。以同观之字义就是语义，以异观之字义迥异于语义。同的方面后文谈，这里只说不同的方面。字义与语义的不同之处在于：前者除了具有指称义，还具有理据义；而后者只具有与指称义相对应的语言义，亦即通过单音节语素表现出来的功能

[①]例如独体字的构形既可以建立在整体象形的基础上（如"鸟"）也可以建立在局部象形的基础上（如"羊"）；而合体字的构形，在保持表意功能同一性的前提下，可以通过偏旁的不同选择和配置来完成。如"麈"与"尘"、"砲"与"炮"、"巌"与"岩"、"峯"和"峰"，等等。

[②]通过以上分析可知，根据联系方式划分文字类型不可错位，否则无法解释表意文字、意音文字、表音文字在包容性上何以存在梯度。

义。基于汉字属于表意文字，其能指通过"据义构形"（王宁语）原则生成，[①] 汉字字形或多或少带有一定的理据义，以及与理据义相联系的作为其背景而存在的文化义。有关汉字字义的文化信息发掘总是从字形入手，通过对理据义的表层剖析以及对文化义的深层揭示循序渐进。

我国老一辈现代学者，率先投身有关实践的是张世禄。他于 1923 年发表的《文字上之古代社会观》，通过字形剖析，不仅有力证明了华夏先民"由渔猎而畜牧，由畜牧而耕稼"的历史过程，而且深刻揭示了华夏民族的文化传统，如尊天思想丰富，宗法社会与大家庭制度发达，重民政治显著，崇爱而不失尚武，等等。[②] 此后在有关研究上能人辈出，佼佼者包括唐兰和夏渌。《说文解字》云："家，居也，从宀，豭省声。"又云："妇，服也，从女持帚，洒扫也。"前者每每被视为谬见误释，后者通常被誉为不刊之论。而唐先生和夏先生的考证说明：真正属于不刊之论的是前者，实际属于谬见误释是后者。唐夏二人的研究除了重视字形的理据剖析，同时还注意有关字符的创制时间，以及不忘联系影响以上字符形成的社会背景。通过多重证法的结合为用，使"家""妇"二字蕴含的文化信息得以实证性澄清。[③] 近年来不少学者以《说文解字》为基础，通过考察"竹部""玉部""示部"等部首所反映的汉字聚合关系，深入探究华夏文化的重要类型，即"竹文化""玉文化""祭祀文化"等等。民族志学（Ethnography）发现，在民族语言中成员众多且分类细腻的词语聚合，总是与该民族最为关注的文化范畴相联系。毫无疑问，以上规律同样适用于文字与文化关系。

综上所述，汉字作为典型的表意文字蕴含着丰富的文化信息，且含量远远高于表音文字。就文化信息含量看，表意文字处于最高层次，表音文字处于最低层次，意音文字处于中间层次，而所处层次的不同直接影响到文字制度改革的可能性。

---

① 王宁:《汉字的优化与简化》,《中国社会科学》1991 年第 1 期。

② 张世禄:《语言上之古代社会观》(1923),载周庆生主编《中国语言人类学百年文选》,知识产权出版社,2009 年,第 165—170 页。

③ 唐兰:《中国有六千多年的文明史》,载《大公报在港复刊三十周年纪念文集》,香港大公报出版社,1978 年,第 44—45 页;夏渌:《原始农艺与妇女》,《农业考古》1987 年第 1 期。

二、汉字特征与汉字文化功能

通过剖析汉字发掘文化信息的做法得到学界前辈的肯定。如于省吾表示："中国古文字中的某些象形字和会意字，往往形象地反映了古代社会活动的实际情况，可见文字本身也是很珍贵的史料。"[1]陈寅恪认为："依照今日训诂学之标准，凡解释一字即是作一部文化史。"[2]沈兼士评论说："史贵征实，但是古及今有意做的史书，那一个不犯着主观的、偏见的、文饰的毛病呢？独有文字里无意表现的事实，可算得有客观的、直写的、裸体的价值，可以算得没有参过水的古史材料。"[3]这些平实而中肯的话语对于有关研究起到激励和指导作用。但近年来有些人的表态变了味。例如某位"著名汉字研究专家"说："汉字不仅是记录汉语的文字符号，而且是负载着古代科学知识和文化观念的全息标志……不论社会怎么变，汉字的模块没有变，它本身的信息内涵没有变。"[4]以上说法似有过实之嫌。本文开头说："汉字作为典型的表意文字，它和汉文化的关系，在密切程度上未必逊色于汉语和汉文化的关系。"这也就是认为在文化信息的发掘上汉字比汉语具有更高利用价值。所以这样看，首先因为：汉语依托于语音，无影无形，稍纵即逝，只有由动转静才能成为分析对象，这样做不仅操作复杂，而且难免主观干扰；汉字或铸刻在铜器甲骨上，或书写在简牍绢帛上，或记印在纸张书报上，或显现在电子屏幕上，总是以静态形式呈现，作为考察对象便于利用且客观可靠。其次因为：从汉语中发掘传统文化信息，通常都是借助方言，尽管方言极具利用价值，但所反映的传统文化信息在历史纵深度上远远不及汉字。例如目前学界普遍认为早期汉语存在复辅音，而前述结论主要根据汉字分析而非根据方言调查。也正是基于上述原因，人们将汉字誉为华夏文化的"索引""镜像"和"活化石"。不过即便如此，仍不宜认为仅靠汉字就能包打天下。因为对于华夏文化研究来说，汉字存在以下不足：其一，文化需要思维支撑，思维需要语言扶助，而依托语言的文化思维并没有为文字全部反映。因为文字主要反映依托于共同语的文

---

[1] 于省吾：《甲骨文字释林》，中华书局，1979年，第5页。

[2] 沈兼士：《"鬼"之原始意义之初探》（1935），载《沈兼士学术论文集》，中华书局，1986年，第202页。

[3] 沈兼士：《研究文字学"形"和"义"的几个方法》（1921），载《沈兼士学术论文集》，中华书局，1986年，第7页。

[4] 萧启宏：《关于〈汉字启示录〉》，《博览群书》1999年第6期。

化思维，很少反映依托于方言的文化思维。其二，与共同语同时期的通用汉字，并不反映共同语负载的全部文化信息。因为通用文字在发展速度上落后于共同语，在外延上小于共同语。其三，以甲骨文为起点，汉字已有三四千年历史。甲骨文属于较为成熟的文字，此前应当有过不那么成熟的雏形，而有关史料所见甚少。易言之，对于全面认识华夏文化来说目前存在资料缺口。其四，殷商古文是研究华夏民族早期文化的重要资源，但因为汉字字形构造采取"写意"方式，比起类似中国工笔画的埃及圣书字具有更大的释读难度，[①] 以致留下许多"未定点"（indeterminacy）和难解之谜。例如"至"，有人说是"象矢远来降至地之形"（罗振玉《雪堂金石文字跋尾》），还有人说是"鸟飞从高下至地也"（许慎《说文解字》）。黄德宽、常森指出：前一种解释固然很有道理，而后一种解释未必没有相关的经验背景，很难评判谁对谁错，因为"古文字的构形功能就其表象而言，具有阐释或说解的多种可能性"。[②] 目前学界利用 15 万片甲骨，提取出 5000 多单字，虽然释读成绩颇丰，但仍有一半以上不得其解。已经释读的有许多也只是弄清指称义，至于理据义，不少或各执一词，或仍处推测阶段。可见将汉字称作华夏文化"全息标志"乃属夸张说法。另一重要事实是：汉字中的传统文化信息，除了在不断变化，同时在不断走低。亦即今文简化字低于今文繁体字，今文繁体字低于古文字，而在古文字内部，又是秦末小篆低于秦初大篆古隶，秦初大篆古隶低于商周金文甲骨文。所谓"不论社会怎么变，汉字……本身的信息内涵没有变"，经不起检验。[③]

汉字中传统文化信息随着字形变化不断滑坡，而汉字发展史告诉我们，这乃自然之势无可阻挡。英国语言学家帕默尔（L. R. Palmer）曾表示："汉字是中国文化的脊梁"。[④] 中国国学大师饶宗颐亦曾指出："汉字已是中国文化的肌里骨干"。[⑤]

---

① 李晓东：《"六书"与古埃及象形文字构字法》，《内蒙古民族师范学院学报》1992 年第 1 期。

② 黄德宽、常森：《关于汉字构形功能的确定》，《安徽教育学院学报》1995 年第 2 期。

③ 前面指出，字义包括指称义和理据义两部分。前者通常由语言义所决定，后者通常由语言义基础上的构形所决定。但也有例外，如指称用字"他""她""它"，以及化学用字"烷""烯""氯""氮"等（参见曹德和、王卫兵《域外文化对我国汉字和汉语书面表现手段的影响》，待刊）。传统文化信息多半直接联系于理据义，在字形不断变化且理据义日趋模糊的情况下，传统文化信息日益弱化也就成为很自然的事情。

④ 帕默尔：《语言学概论》（李荣译），商务印书馆，1983 年版，第 99 页。

⑤ 饶宗颐：《符号·初文与字母——汉字树》，上海书店出版社，2000 年，第 i 页。

按照前述趋势发展下去华夏文化岂不终将灰飞烟灭？我们的看法是：上述趋势确实存在并可能继续发展，但华夏文化不会随之消亡。因为尽管华夏文化与汉字生死攸关，但前者命运主要依托于汉字文化功能，而非依托于其中的传统文化信息。

汉字文化功能由汉字字符和字用特征所决定。"示意性""方块造型""形音义三位一体""同音字数量庞大且被充分利用""除非必需一般挨字书写"，这五大特征直接而有力地影响到华夏民族的思维方式、审美心理、语用习惯、行事风格，乃文化功能生成基础。

"示意性"是指熟悉汉字者看到字形便能大体了解它所表示的字义类型，或者说便能大体了解它所联系的语义范畴。作家诗人以及文艺理论家普遍认为，我国文学创作和欣赏乃是建立在"字思维"基础上。何九盈曾有以下论析：

> 雞聲茅店月，人跡板橋霜。

十个字中有八个是形声字，而整首诗仍然是一幅形象化的早行图。"雞"从佳取意，也可从鸟取意，属家禽；"聲"从耳取意；"茅"从草取意；"店"从广(yǎn)取意；"跡"从足或从辵(chuò)，表示脚印；"板""橋"均从木取意，"橋"用木板架成；"霜"字从雨，又不等于雨，而雨、霜都跟水蒸气、冷空气有关。诗中有动物、植物、住房、天文、气象、木桥和活动于其间的"人"，字的形体结构提供了模糊的意象，使语言的表现力强化、形象化。[①]

这番论析可以帮助人们大体了解"字思维"的含义。简要地说，所谓"字思维"就是将"据义构形"的表意字符作为表现和认识意象的桥梁。表音字符无力承担前述功能。例如人们无法通过 ménglóng 看出它表现何种意象，但可以通过"矇眬""朦胧""矇眬"（简化"蒙眬"的原形）悟出其所指。应当承认"字思维"的存在，否则无以解释为什么先人要给兼职使用的"蒙龙"分别添加不同形旁。"字思维"主要依托于汉字中的形声字，借助其"示意性"展开。"汉字的表意性是汉字命脉"（曹先擢语），[②]基于它直接影响到国人的写作和阅读习惯，可以认为它是决定汉字文化功能的重要因子。

---

① 何九盈：《汉字文化学》，辽宁人民出版社，2000年，第194页。

② 曹先擢：《汉字的表意性和汉字简化》，载《汉字问题学术讨论会论文集》，语文出版社，1988年，第27页。

　　"方块造型"是指汉字通常表现为上下左右跨度相等的几何图形。以上特征英文、俄文、阿拉伯文等拼音文字均不具备。"方块造型"为汉语书面形式的艺术化提供了得天独厚的条件，从而催生了国人讲求"建筑美"（闻一多语）的审美心理。我国最早诗篇《弹歌》——断竹，续竹；飞土，逐肉。——这首由四句八字构成的二言诗充分显示了国人对于"建筑美"的早期追求。继之出现的三言、四言古体诗，以及五言、七言近体诗，更是将前述追求表现得淋漓尽致。再后来出现的宋词元曲以及现当代诗歌，虽然有所调整，但那不过是将整整齐齐变为整散结合，并非不再讲求"建筑美"。前述追求不止体现在诗歌上，魏晋以后的骈文，明清时代的八股文，也都在不同程度上表现出前述倾向。这一追求还表现在蒙书编写、谚语表达、对联构思以及广告设计上，几近无处不在。同时"方块造型"给汉字植入了"韵律之美"（黄德宽语）的基因，[①]为书艺铺垫了孕育生长的沃土。书法在我国一直被视为读书人必修课，在"棋琴书画"四艺中它获得最为充分的发展，并拥有最为广泛的社会基础。此外"方块造型"还影响到阅读习惯。国人浏览书刊每每"一目十行"，赵元任认为这得益于方块字"容许较多的花样"，从而可以"加快阅读速度……在一页印有好多个不同的方块汉字的书里找字，比在不断重复二十来个字母的书里寻找，来得容易"。[②]鉴于"方块造型"直接影响到国人的审美心理、艺术情趣、阅读习惯，可以认为它也是决定汉字文化功能的一个重要因子。

　　"形音义三位一体"是指每个汉字都有一定的形体、读音和意义。这里所说的"形"不是字母而是方块字，所说的"音"不是音素而是音节，所说的"义"不是其他义而是概念义，"概念·音节·方块字"三结合，使汉字成为影响表达方式乃至思维方式的重要动因。吾敬东指出，中国人习惯将对立面结成对子加以表述，例如在《易传》中，"阴阳、刚柔、盈虚、往来、长消、离合、屈伸、损益、常变、泰否"之类并列组合多达39对；在《孙子》中，"远近、险易、广狭、胜败、劳佚、奇正、虚实、勇怯、强弱、进退、攻守"之类并列组合多达40对；在《内经》中，"天地、男女、上下、左右、顺逆、坚脆、清浊、动静、燥湿、生死、盛衰、缓急"之类并列组合多达41对。他认为这类组合不仅强化了国人

---

① 黄德宽：《汉字与汉字之美》，《美术教学研究》2010年第1期。

② 赵元任：《汉语词的概念及其结构和节奏》（1975），载吴宗济、赵新那编《赵元任语言学论文集》，商务印书馆，2002年，第882页。

对于辩证关系的认识，同时也培养了国人的辩证思维习惯。[①] 赵元任早就注意到上述现象，明确指出：以工整对称形式表达辩证关系，罕见于英语等其他语言；此类现象之所以在汉语中大量存在，得益于汉字特征，即概念、音节、方块字三位一体。并认为，由汉字特征所孕生的表达方式"已经影响到了中国人的思维方式"。[②] 褚孝泉亦表达过类似看法。他说："要懂得中国文化和中国哲学的特性，我们不能不注意到汉语文字上的这种齐整对仗的要求所产生的思想模具作用。"[③] 基于"形音义三位一体"不仅影响到国人的表达习惯，同时进而影响到国人的思维方式，可以认为它亦属于决定汉字文化功能的重要因子。

　　相较于其他文字，汉字中同音字群显得尤为庞大。马显彬曾以1994年版《普通话水平测试大纲》所收23951个词语为基础，析取出其中用到的3979个单字，然后就同音情况进行调查，据统计"单字同音率为72.00%"，他还对其中单音词同音情况作了考察，据统计"同音率为48.36%"。[④] 二者同音率均居高位原因有四：一是英语不同音节总数多达数万，[⑤] 汉语不同音节总数只不过1200出头，[⑥] 汉字同音现象显著与其语音变化形式有限不无关系。二是汉字同音单位大多可以转变为同音词关系，而英文同音单位大多难以成为同音词基础，从而在同音词数量上前者远远高于后者。三是很多汉字乃是多义汉字异形分化的产物，字形分化而字音没有分化，多义关系成了同音关系，结果使得同音现象日显突出。四是作为表意文字的汉字不是从字音上区分字符，对于同音现象从未加以控制，结果导致字词同音率不断上升。同音汉字的大量存在为谐音修辞提供了发展契机。多年前赵金铭发表过论述谐音与文化关系的文章，指出：谐音乃世界普遍现象，而在我国表现尤为明显；这不仅是由汉语汉字特点所决定，更是由汉文化所决定，因为对于中国人来说，谐音早就成为重要的民族文化形式。[⑦] 数年前潘文国指出：从民间歇后语、俏皮话、双关语到庙堂的避讳，从人名、地名、商标名

---

① 吾敬东：《古代中国思维对对立现象的关注与思考》，《中国哲学史》1997年第2期。

② 赵元任：《汉语词的概念及其结构和节奏》，载吴宗济、赵新那编《赵元任语言学论文集》，商务印书馆，2002年，第906页。

③ 褚孝泉：《语言哲学》，上海三联书店，1991年，第152—153页。

④ 马显彬：《汉语同音现象分析》，《语文研究》2005年第2期。

⑤ 赫钟祥：《汉语、英语、日语音节比较》，《大连海事大学学报》2003年第1期。

⑥ 张言军：《对普通话音节数量及其相关问题的思考》，《长春师范学院学报》2011年第1期。

⑦ 赵金铭：《谐音与文化》，《语言教学与研究》1987年第1期。

的巧妙构思到音译字的巧用慎用，从数字谐音到各种口彩，从文人雅士的语言游戏到江湖术士的相面算命，几乎"有中国人处就有谐音"。对于汉语来说同音字多不是弊病而是特色，因为国人的语言生活始终与同音利用相联系。[①] 鉴于"同音字数量庞大且被充分利用"在中国业已蔚成文化景观，可以认为它也是决定汉字文化功能的重要因子之一。

　　全面考察书写形式发展历程，可知以留空方式标明词界的做法几乎同表音文字继踵出现，而作为表意文字代表的汉字则始终只注意句界、段界、章界，[②] 至于词界则从未给予过关注。前述现象就是前面所说的"除非必需一般挨字书写"。要了解汉字何以如此，首先需要了解汉语语流的"断连"特点。语流内部语言单位之间的顿断分割与连延组合学界称之为"断连"。与西方语言不同的是，汉语多数"断连"主要不是由词汇、语法所决定而是由语音所决定。语音的决定作用集中表现在它要求语流内部的"断连"必须服从节律，具体地说必须服从"自然音步"（natural foot）制约下的节奏规律。汉语共有三种音步：单音节音步、双音节音步、三音节音步。双音节音步为自然音步，其他为非自然音步。[③] 自然音步具有"划界""塑形""定性"作用，且反映在语音、词汇、语法各个层面上。在语音层面，"划界"主要表现为，在适当兼顾其他要求的情况下，它将音流切分为一个个"两字组"或"类两字组"。"塑形"主要表现在它使各种"两字组"以等长形式出现，如果出现的是"类两字组"，它会通过拉长读音（对单音节音步）或缩短读音（对三音节音步），从而保证语流中音步大体等长。"定性"主要表现在，如果出现的是偶数音步（双音节音步），它总是赋予其静态特质；如果出现的是奇数音步（单音节音步或三音节音步），它总是赋予其动态禀性。四言诗显得稳重，五言诗和七言诗显得活泼，即因前者以偶数音步收尾，后者以奇数音步殿后。[④] 在词汇层面，"划界"主要表现在它每每将完整的语词切分为若干片断甚至对其作跨层分割，如：中华|人民|共和国、一衣|带水，曾几|何时、不以|为耻、

① 潘文国：《字本位与汉语研究》，华东师范大学出版社，2002 年，第 241 页。

② 以上做法主要表现在阅读评点中，但有时也表现在写作时，详见袁晖等《汉语标点符号流变史》，湖北教育出版社，2002 年。

③ 曹德和：《也说汉语的纯韵律音步》，东方语言学网站，2006 年 9 月 23 日。http://www.eastling.org/discuz/showtopic—2644.aspx.

④ 曹德和：《偶数音步和奇数音步在诗歌中的功能表现及其原因探析》，东方语言学网站，2006 年 10 月 2日。http://www.eastling.org/discuz/showtopic—2644.aspx.

大型 | 车道、语言 | 学家、脑袋 | 瓜子。"塑形"主要表现在它常常将三音词压缩为双音词，如：外国语→外语、机关枪→机枪、落花生→花生；或者将单音词扩展为双音词，如：虎→老虎、父→父亲、昨→昨天；甚至把跨层结构塑造为词，如：岂可、哪怕、旨在、早已。"定性"主要表现在它能够区分词体色彩，亦即可以使人推知双音动词大多带有白话色彩，单音名词大多带有文言色彩。在语法层面，"划界"主要表现在它往往不是在直接成分之间而是在直接成分内部进行跨层切分，如：看在 | 眼里，善于 | 表演，永不 | 反悔，走向 | 光明。"塑形"主要表现在它使表示复数、时体等的语法形态成为可显可隐的非强制要素，如：同学们都不知道＝同学中无人知道；笑着说＝笑曰。[①]"定性"主要表现在它影响到语词的语法属性，汉语单音动词多为动态性较强动作动词，双音动词多为动态性较弱的名动词；单音形容词多为动态性较强的性质形容词，双音形容词多为动态性较弱的状态形容词，原因即在这里。[②] 从《弹歌》的内部组织以及《关雎》的"断连"表现，可以看出汉语语流双音分割倾向早已形成。而之所以会形成这样的节律，主要因为汉语音节具有内部混成（fusion）和外部等长的特点，加之前述音节通常负载语义，这就使汉语自然形成了建立在双音组合基础上的自然音步，通过自然音步对语流中各种音步的局部调控以及对整个语流的全面制导，从而不仅形成了较为稳定的节奏形态，同时亦孕生了极具制约力的节奏规律。当然，对于汉语节律的形成来说，语音特点只是提供了物质条件，而生理律动的影响才是根本原因。多年前我曾对此试作阐释，有兴趣者可以参看。[③] 通过以上讨论可知：汉字之所以坚守挨字书写方式，乃因为按词书写将会严重破坏汉语节奏。例如："我 想让她忘了这件事""关关雎鸠，在河之洲"倘若写作："我 想 让 她 忘 了 这 件 事""关关 雎鸠，在 河 之 洲"，自然和谐的语流便被弄得支离破碎，不仅佶屈聱牙难以上口，而且疙疙瘩瘩不堪入耳。郭绍虞认为，以自然音步为调控中枢的汉语节律已经深刻影响到华夏民族的语用习惯和审美心理。[④] 鉴于正确看待"除非必需一般挨字书写"这字用特征，不仅关系到对汉语节律的尊重和维护，同时关系到对华夏民族语用习惯和审美心理的呵护和传承，可以认为它也是决定

---

① 刘丹青：《汉语形态的节律制约》，《南京师范大学学报》1996 年第 2 期。

② 曹德和：《汉语音步形式与汉语语法修辞》，中国修辞学会国际学术研讨会论文，2006 年 11 月。

③ 曹德和：《一部学术含量很高的文学和诗律史著作》，《语文月刊》2007 年第 1—2 期。

④ 郭绍虞：《汉语语法修辞新探》（上册），商务印书馆，1979 年，第 260 页。

汉字文化功能的重要因子。

综上所述，"示意性""方块造型""形音义三位一体""同音字数量庞大且被充分利用""除非必需一般挨字书写"这五大特征，乃汉字文化功能生成基础。可以肯定，只要它们安然无恙，汉字的文化功能就不会厄运降临，就会继续卓有成效地发挥文化塑造和文化传承功能。

三、汉字前景规划

通过以上讨论已经明了：文字和文化尤其是汉字和汉文化有着极其密切的关系；汉字中传统文化信息在字符演进过程中不断走低，但汉字文化功能并未遭到破坏，正是靠其支持，华夏文化始终保持勃勃生机。因为汉字和汉文化有着怎么说也不为过分的紧密联系，接下来的汉字前景规划讨论，将始终与华夏文化相结合。

周有光认为，拥有"双文化"乃当前世界各民族的基本现实。"双文化"由民族传统文化和人类共同文化组成，其中前者为辅，后者为主。如果二者发生冲突，前者向后者靠拢，以适应全球化的时代步伐。[①] 以上观点不无可商之处。在"普遍真理""普遍科学""普遍知识"提法已被否弃的情况下，[②] "人类共同文化"从何说起？[③] 如果真像周先生所言，随着全球化步伐的推进，岂不所有民族传统文化终将为人类共同文化所取代？我们以为当前世界各民族拥有的文化乃是"多元一体"（费孝通语）文化，正常健康的文化系统应当始终是以民族文化为主轴，外来文化为辅翼。下面的讨论以"多元一体"文化为基础。

"长规划，短安排"乃人类理性行为基本特征，重大理性行为更是如此。"规划"与"安排"乃战略与战术关系，前者对于后者具有指导作用。汉字的前景规划主要涉及以下三大问题：

其一，是将目前的文字政策——即规定汉字为法定文字，汉语拼音为注音符号——坚持到底，还是朝着拼音化方向迈进，最终将汉字降格为历史遗迹，将汉

①周有光：《全球化三论》，《社会科学论坛》2007 年第 11 期。

②盛晓明：《地方性知识的构造》，《哲学研究》2000 年第 12 期。

③"共同文化"概念事实上早已为学界所批判所摒弃，参见 [英] 费瑟斯通《消费文化与后现代主义》第九章，译林出版社，2000 年，第 186—207 页。

语拼音字母升格为法定通用文字？

其二，是坚守汉字字用传统，继续挨字书写体式，还是向拼音文字字用通则靠拢，朝按词书写方向迈进？

其三，是将"书同文"诉求作为化解两岸繁简矛盾的思想基础，还是将"语文生态和同观"作为解决问题的行动指南？

论及第一个问题，有人说：没有不变的东西，文字总是要变的。未来怎么变当下谁也无法预料，拼音化目标是否可以实现目前谁也说不清。以上观点难以令人苟同，因为这等于认为学界根本无法为汉字制定前景规划。我们的看法是：科学的一个基本禀性是能够预测未来，汉字前景规划属于科学研究范畴，对于前述问题应当可以给予较为明确的回答。

在第一个问题上，相对于那些"口中所无，心中所有"（容庚语）的人来说，周有光表现得相当坦率。他明确表示：尽管汉语拼音目前不是法定文字，但终将扶正。只不过转变过程缓慢，须到五百年之后。[1]周先生对于前述预测极为自信。原因在于他发现世界文字乃是按照以下三个阶段往前走：原始文字→古典文字→字母文字，"从历史发展的阶段看，汉字就属于古典文字阶段"。[2]他认为以上阶段论反映了文字发展的普遍规律，任何文字都得受其制约，概莫能外。对于周先生上述规律，学界质疑者甚众，且都是立足事实，具有充分证伪力量，故而这里不再费辞。下面拟从其他几个方面，就周先生所谓汉语拼音终将成为主导文字谈点商榷意见。

首先我们以为，汉语拼音成为主导文字意味汉字边缘化，这将导致可怕的后果，即：随着汉字失去发挥文化功能的充分机会，华夏文化也就成了断根之木、截源之水。对此周先生自然无法认同，他曾批评说："把汉字说成是中国文化的根儿，那就错了。《诗经》里面很多诗歌是创作于文字尚未出现的时代，《诗经》里很多重要的篇章都是没有文化不认识文字的人创作的口头文学嘛，那么《诗经》就没有根儿了？"[3]我们以为这批评不能成立。讨论问题应尊重对方表达语境。说汉字是中国文化的根，自然是指汉字出现以后。关于汉字文化功能与华夏文化的支撑与被支撑关系，前面已作深入考察。事实充分说明，华夏文化的生存和绵

---

[1]周有光：《百岁学人周有光先生谈话录》（之七、之八），《社会科学论坛》2011年第7期。

[2]周有光：《百岁学人周有光先生谈话录》（之七、之八），《社会科学论坛》2011年第7期。

[3]周有光：《百岁学人周有光先生谈话录》（之七、之八），《社会科学论坛》2011年第7期。

延离不开汉字，离不开它的扶持。

其次我们以为，汉语拼音扶正意味着汉字靠边，这将带来出人意料的连锁反应，即：不仅汉语研究失去重要根据，同时汉语生存和发展也失去有力保障。王力曾指出："在西洋，语言学与文字学可以截然分科，在中国古代，语言学离开了文字学就好象无所附丽。"[①] 他还说："汉语基本上是以字为单位的，不是以词为单位的。"[②] 王先生何以如此表述？这不仅因为学人有关汉语语素、语词的认识主要通过汉字分析，同时亦因为汉语语素、语词的发展很大程度上得益于汉字——如果不是汉字及时记录下它的不同派生意义，将意义的分化转变为语言单位的分化，继而将转变结果反映在文献中，也就不会有今天看到的汉语发展过程，不会有今天看到的汉语语素系统和词汇系统。吕叔湘亦曾指出："语言和文字是两样东西，又是一样东西，是一样东西，又是两样东西"，"语文单位的演变，也就是字音、字义、字形的演变"。[③] 吕先生所以这样看，主要原因在于：汉语和汉字的决定和被决定关系只是表现于书面语形成之前，而在书面语——包括文言文、古代白话文、现代白话文——形成之后，二者的决定和被决定关系也就转化为互动关系了。以普通话为例，事实上它是"字在言先"（金克木语），具体地说是书面普通话形成在前，口头普通话形成在后，[④] 倘若断言即便普通话也是口语决定书面语，显然就有失教条有失偏颇了。正因为注意到二者的互动性，我们前面说"以同观之字义就是语义"。今天的汉字与汉语相互依存，从维护汉语生机需要看，汉字怎么说也不能靠边站。

再次我们以为，同音现象突出的语言不宜选择表音文字。日语属于粘着语，表意文字难以反映其结构助词和形态变化，而它未能实现向表音文字的彻底转型，也就因为同音现象过于严重。[⑤] 汉语同音问题亦很显著。吕叔湘指出："汉语拼音在同音词问题解决以前是不如汉字的……汉语拼音遇到的困难不在速度上，

---

① 王力：《中国语言学史》，山西人民出版社，1981年，第211页。

② 王力：《实用解字组词词典》序（1986），《王力文集》第二十卷，山东教育出版社，1991年，第407页。

③ 吕叔湘：《汉语文的特点和当前的语文问题》，《吕叔湘文集》第四卷，商务印书馆，1992年，第125、128页。

④ 曹德和：《如何界定普通话的内涵和外延》，《安徽大学学报》2011年第1期。

⑤ 日语只有110来个音节，仅就语音特点看，具备向音节文字转型的条件。

速度超过汉字是不成问题的。困难在于区别同音词。"① 为了克服前述困难，拼音化倡导者一方面竭力压缩汉语中的同音词，另一方面刻意淡化汉语同音现象面广量大的问题。他们压缩同音词的方法主要有二：一是通过对同义同音词的大量淘汰降低同音几率；二是通过给非同义同音词的拼音形式添加别义标记，在书面上分化同音词。前者其实是为了拼音化而不惜牺牲语言资源，后者其实是为了用字母取代汉字而把拼音法部分地偷换为拼音拼形法，或者说是将汉语的字母标示法部分地偷换为汉字的字母标示法。对此，傅斯年曾评论道："这不简直是变形的汉字吗？"② 周有光亦曾表示："加上不读音的字母来区别"非同义同音词，"这种所谓拼音形声字不符合汉语拼音方案的制定原则"。③ 但为了达到预期目的，拼音化倡导者又不得不这样做。用傅斯年的话说：在拼音字母后面添加意义区别标记，"就性质上论来，差不多可以说是汉字的遗迹（survival），我们原不愿意有他的。但是照现在汉语的情形而论，这层缺憾实在免不了；就是有人说他三分不像拼音文字，也无可奈何了"。④ 通过添加别义标记的做法，确实可以使汉语中全部同音词得以区别。但汉语中同音词太多了。例如姓氏中与"袁"同音的多达七个（元、原、源、沅、垣、爰、辕），与"于"同音的多达十个（余、虞、俞、鱼、予、禺、余（餘）、瑜、榆、愚）。虽然可以借助别义标记避免字面混淆，但这会把文字系统弄得极其复杂。上个世纪二十年代的国语罗马字之所以"推行的成绩等于零"（赵元任语），主要就因为形式过于复杂。⑤ 拼音文字倡导者只区分同音词而不区分同音字，他们认为"把同音的汉字都当作同音词，这是一大误会"。⑥ "同音词对汉语拼音的妨碍，长期以来是被夸大了。"⑦ 而实际情况是，汉

---

① 吕叔湘：《汉语文的特点和当前的语文问题》，《吕叔湘文集》第四卷，商务印书馆，1992 年，第 151 页。

② 傅斯年：《汉字改用拼音文字的初步谈》（1919），载赵家璧主编《中国新文学大系·建设理论集》，上海良友图书印刷公司，1935 年，第 162 页。

③ 周有光：《几个有不同理解的语文问题》，《群言》2002 年第 4 期。

④ 傅斯年：《汉字改用拼音文字的初步谈》（1919），载赵家璧主编《中国新文学大系·建设理论集》，上海良友图书印刷公司，1935 年，第 162—163 页。

⑤ 王理嘉：《纪念〈汉语拼音方案〉颁布 50 周年》，《汉语学习》2008 年第 1 期。

⑥ 周有光：《汉语拼音正词法问题》，载北京市语言学会编《语言学和语言教学》，安徽教育出版社，1984 年，第 33 页。

⑦ 周有光：《中文罗马字母拼写法的国际标准化》，载《中国语文的现代化》，上海教育出版社，1986 年，第 193 页。

语同音现象的开放性和生长性被拼音文字倡导者低估了。例如在他们看来"义"与"谊"不是同音词关系，但是当鲁迅创造出"谊不容辞"说法，谁能否定此时的"义"与"谊"在拼音形式上需要加以区别？现代汉语的非词语素大多由文言词演变而来，一般都具有独立表义和自由组合的潜能，从而可以随时构成未曾有过的言语同音。这现象难以预料且防不胜防。周先生当然知道这情况。但因为他始终认定文字制度的选择取决于文化影响而同语言基础无关，[①]加之因为他始终认定广泛使用拼音文字的人类共同文化必将改变中国传统文化，对于面临的困难也就不那么重视了。

不重视不等于困难随之消失，以上困难事实上是拼音文字倡导者永远跨不过的坎。鉴于以拼音文字取代表意汉字不仅伤及华夏文化而且伤及汉语研究乃至伤及汉语本体，加之它不具备成为现实的可能性，我们以为，坚持汉字为法定文字、汉语拼音为注音符号这文字政策，乃是汉字前景规划的重要组成部分。

接下来讨论第二个问题。前面对"挨字连写"已作说明，这里再略加限定，亦即它是指在须用标点提示（包括须提示而未提示）的前后停顿之间，以紧挨方式写出用到的字符，它是汉字一直以来的书写体式。而"按词书写"系指：对于出现在须用标点提示的前后停顿之间的字符，一般均以语词为单位标示彼此关系，具体做法为语词内部的字符挨个写出，语词两端的字符彼此留下空当。按词书写亦被称之为"词类连书""分词连写""按词连写""词儿连写""词儿连排""词式书写"等，它是表音文字普遍采取的书写体式。在我国是胡愈之率先提倡将按词书写体式引入汉语，他在 1934 年发表的《怎样打倒方块字——提倡写别字和词儿连写》一文中明确提出前述观点。上世纪五十年代，对此持肯定态度的倪海曙、郑之东、曹伯韩等人曾在小范围内开展实验，但因学界反响冷淡且无人跟进只好暂时搁置。上世纪八十年代，旧话重提，有关讨论甚为热烈且迄今不止。对于引入按词书写，周有光、王均、冯志伟、刘涌泉、吴文超、张小衡、彭泽润、孟华、仉玉烛等人持肯定态度；郭绍虞、林廉、杨锡彭、王开扬、陈永舜、李彦苓、刘禀臣等人持否定态度；苏培成、曹德和等人持怀疑态度。笔者 2004 年起参与有关讨论，下面拟将近 10 年的研究结论阐述如下：

1. 为方便计算机中文信息处理而改变汉字字用习惯乃为挖肉补疮。新一轮讨论由计算机专家所引发。计算机进行自然语言信息处理，须弄清文本由哪些词组

[①]周有光:《谈谈语言和文字的类型关系》,《书屋》2001 年 Z1 期。

成。汉语书写不分词，进行信息处理首先得完成分词工作。由于汉语文本成形于挨字书写，加之汉语在新词构造上具有自由灵活的特点，这就使得汉语文本内部存在不少计算机无法识别的歧义结构以及临时新造词，从而影响了分词准确率。鉴于解决前述问题已经成为中文信息处理的瓶颈，上世纪八十年代，陈力为、周锡令、米阿伦等计算机专家强烈呼吁，为支持我国信息产业发展，汉语文本应摒弃挨字书写而实行按词书写。对于为谋求经济利益、科技进步而不惜将人置于"异化"（alienation）境地，亦即不惜扭曲人性，马克思和萨特（J. P. Sartre，1905—1980）先后提出过尖锐批评，近年来"以人为本"观念已成社会共识，在此情势下怎可知不宜为而为之？七年前我曾建议，服务于信息处理的中文分词工作，应当通过设计高性能软件来解决，无法解决的难点可让编辑人员校稿时提供帮助。经过分词处理的文本，分词信息以隐性形式出现，亦即为照顾字用传统而让汉语文本保持原貌。[1] 后来在计算机行业亦有学者提出类似设想。[2] 可见不惜牺牲人的利益以扶持信息产业发展的想法，即便在计算机行业内部亦未得到普遍认同。

2. 为强化中文使用者词意识而改变汉语文本体式乃为沙上建塔。有学者认为汉语使用者虽然书面上不分词，但在意识中是分词的，因为"我们的语言是用词作为表达意思的单位的"。[3] 按词书写可以"在书面上利用人们在口语中客观存在的词意识，再现这种词意识"。[4] 以上说法似欠周严。在语言表达过程中，事实上除了词以外短语乃至语素亦可充当概念载体。汉语存在词汇词、语法词、语音词、拼写词、工程词等区别，"客观存在的词意识"是哪一种呢？按词书写的话需要再现的"词意识"又是哪一种呢？为什么是这种而非那种呢？刘泽先认为："凡是希望从词的定义或界说出发来解决词儿连写问题的，都解决不了问题。"[5] 王开扬认为："就是语言学家也没有把'语素—词—短语'的界限彻底弄清楚。在这种情况下，要求非语言学专业的人员做到正确地分写、连写，是强人所

---

① 曹德和：《中文分词连写的问题与对策》，《北华大学学报》2006 年第 1 期。

② 焦慧等：《基于词平台汉字编码的自动标引研究》，《计算机工程与应用》2007 年 15 期。

③ 周有光、王均、冯志伟：《关于"中文分词书写"的通信》，《语文现代化》2001 年第 3 期。

④ 彭泽润等：《词式书写是进行中的接力赛》，《北华大学学报》2008 年第 2 期。

⑤ 刘泽先：《用连写来规定词儿》，《中国语文》，1953 年 5 月号。

难。"①对于汉语研究来说，词与非词的鉴别始终是个复杂而头疼的问题。在此情况下推行按词书写，岂不"以其昏昏，使人昭昭"？

3. 为消除汉语书面歧义而改变汉语书写体式乃为杯水车薪。与挨字书写相比按词书写确实可以降低歧义结构的发生率。但分词不是万灵丹，许多歧义结构实际上无法通过分词化解。例如陈永舜提到的以下用例："梵蒂冈不赞成堕胎受到谴责"（1994年9月13日《参考消息》新闻标题）。就事论事该句属于歧义结构，而采取词际间空方式，写作"梵蒂冈 不 赞成 堕胎 受 到 谴责"，并未使之变为单义结构。②表音文字都是按词书写，但并未杜绝歧义结构的出现。例如英文的以下语片："deep blue sea"（深蓝色的海洋／深邃的蓝色海洋）、"Tell me if you love me."（你若爱我就告诉我／告诉我你是否爱我）、"Flying planes can be dangerous."（驾驶飞机有危险／飞行中的飞机可能遇险）、"Some of the children are walking to the lake in the park."（在公园里，一些孩子正走向湖边／一些孩子正朝着公园中的湖边走去）。自然语言不同于人工语言，存在歧义结构乃正常现象。逻辑实证主义者因为觉得自然语言充满歧义，曾打算以人工语言取代自然语言，结果以失败告终。以上教训说明，企图通过按词书写人为消除书面歧义，不仅难以奏效，连想法本身都有问题。

4. 为了跟"人类共同文化"接轨而改变汉字书写传统乃为东施效颦。当年胡愈之带头倡导按词书写，主要理由是："实行词儿的连写，却又是准备拉丁化的实现。方块字是早晚要消灭的，但是拉丁化要什么时候实现，先要看我们有没有准备。"③值得注意的是，大凡认为汉语拼音终将转正的学者都支持按词书写，而他们为汉语拼音文字不遗余力创造条件，以及为汉语按词书写殚精竭虑架桥铺路，就是不仅要让拼音文本，同时要让汉语文本，尽快实现与人类共同文化的接轨。因为目前世界上有文字的语言，90%以上都是采用表音文字，而且都是按词书写。通过前文讨论已经明了，拼音化道路在中国走不通。对于表音文字来说，按词书写乃是必须采取的书写体式，而对于表意文字来说则未必然。罔顾不同文字类型的区别，以一律多，以他绳我，亦步亦趋，唯洋是从，显然不适合。

以上讨论充分说明，将按词书写方式引入汉语，既无必要性亦无可行性。对

①王开扬：《汉字现代化研究》，齐鲁书社，2004年，第173页。

②陈永舜：《吕叔湘先生的分词连写思想》，《语文现代化》2013年第3期。

③胡愈之：《怎样打倒方块字》，《太白》，1934年9月20日。

于以上"两无"，主张按词书写者未必毫无觉察。多年来他们始终存在一个困惑：为什么不仅中文正词法的设计步履维艰，同时汉语拼音正词法的制订也是磕磕绊绊。他们显然不知道：对于汉语语篇的组织形式，起决定作用的不是语词而是节律。为了便于语音调节，汉语意义近同的语素、语词以及短语在功能上一般可以相互打通。没有明确的功能界限自然也就没有明确的形式界限，汉语中词与非词的鉴别困难重重，根子也就在这里。对此，赵元任早有明确论述，他说："汉语是不计词的，至少直到最近还是如此。在中国人的观念中，'字'是中心主题，'词'则在许多不同的意义上都是辅助性的副题，节奏给汉语裁定了这一样式。"[1] 遗憾的是，这振聋发聩的深刻洞见，按词书写提倡者不仅未予重视，而且视为违背语言学原理的错误言论。

陆丙甫多年来一直就汉语书面语的优化进行不懈探索，并表现出敢为人先的风格，但对于将按词书写方式引入汉语则相当谨慎。他将自己的态度概括为六个字：不提倡，不禁止。"不提倡"是指："由于汉字改革牵涉面太广，不能草率决策"，[2] 亦即不应轻率地将它确定为汉字前景规划的组成部分。"不禁止"是指：学术无禁区，应允许学者自由表达意见，不仅不应阻碍他们的探索，而且应当为其实验提供园地。陆先生的上述态度对于汉字前景规划的制定不无启发意义。

最后讨论第三个问题。上个世纪八九十年代，随着改革开放后大陆与外界的中文互动日趋频繁，如何化解两岸四地尤其是两岸之间繁简矛盾被提上议事日程。在其后的二十多年里，多数大陆学者都是将"书同文"诉求作为解决问题的思想基础。因为差异产生于台湾始终以"繁体字"为正体而大陆后来改以"简化字"为正体，对于以"书同文"为目标的学者来说，在繁简之间作出选择，并对选择加以论证，乃是需要完成的首要工作。

许多学者选择简化字。率先明确表示这观点的是颜逸明。他说："海峡两岸统一用字不能以推翻《汉字简化方案》作为条件，而只能以简化字作为基础。"理由是："统一用字的原则方法只能以汉字发展的历史规律和时代要求来决定……汉字字形的发展过程有简化也有繁化，总趋势还是简化。"[3] 另有不少学者选择繁

---

[1] 赵元任：《汉语词的概念及其结构和节奏》(1975)，载吴宗济、赵新那编《赵元任语言学论文选》，商务印书馆，2002年，第908页。

[2] 陆丙甫：《增加汉字书写系统的语法信息》，《南昌大学学报》2003年第4期。

[3] 颜逸明：《海峡两岸统一用字的思考》，《语文建设》1991年第2期。

体字。率先对此加以全面论证的是詹鄞鑫。他说："每一个时代，总是有正体和俗体两种文字"，"就共时文字而言，不论哪个时代，作为规范的文字一定是正体，而不是俗体"。"书同文根本上是学术层面和技术层面的事情。如果学术层面认识清楚了，技术层面难题解决了，其他的问题也就比较好办了。"[①] "用手写体形成的简体或俗体字来改造正体，其结果是，繁体字不能取消，从而汉字的数量又增添了一批简化字。""如果认识到汉字形体规范只是针对正体的，允许手写体的合理差异，把行草书楷化写法恢复其字体地位，按照这样的思路来进行汉字规范工作，就可以很方便地统一偏旁和部首，解决一切困扰和难题。"[②] "评判汉字改革的过去和放眼汉字整理的未来，都必须以计算机汉字信息处理的效率作为最重要的标准。""假如没有推行或者废除简化字，字符总量就会少得多，并避免计算机不胜造字的难堪。""汉字改革措施给现代化建设带来的沉重包袱……纠正越晚，代价就越大。为了子孙后代，还是让我们这一代人来支付昂贵的学费吧。"[③]

颜先生和詹先生的观点截然相左。从纯学术角度看，两位先生的论述都有道理，但也都有可商之处。颜先生的论述可能存在以下两点不足：其一，在说明汉字发展趋势时没有注意区分不同阶段。事实是现代白话文登场之前，"汉字字形的发展过程有简化也有繁化"——"繁化"主要表现为汉字系统中合体字（主要是形声字）比重不断上升；"简化"主要表现为汉字构件越来越简单。现代白话文登场之后，汉字发展总趋势"是简化"，因为到了这个阶段，汉字系统中独体字与合体字的配比关系已趋稳定，合体字比重上升势头基本停滞，又因为《汉字简化方案》将过去出现过的且使用频率较高的手写体大量"转正"，汉字字形演化主要表现为趋简——至少说在大陆是这样。其二，"简化"趋势属于现象范畴，将直观性、浅表性、受制性现象作为主要立论根据，似有隔靴搔痒之嫌。其实，那些较早且较常出现的手写体过去未能转正而后来得以转正，与不同文体用词特点有着直接关系。过去我国书面语是文言文一家独大，后来现代白话文开始唱主角。文言文以单音词为主，现代白话文以双音词为主，就字面区别特征看单音词远远不及双音词。文言文独大时手写体转正几率很低，白话文走红后转

① 詹鄞鑫：《"书同文"的历史回顾与现实问题的解决思路》，《中国文字研究》2007 年第 1 期。

② 詹鄞鑫：《正体与俗体三题》，《中国海洋大学学报》2010 年第 3 期。

③ 詹鄞鑫：《汉字改革的反思》，《南阳师范学院学报》2002 年第 3 期。

正几率大幅上升，原因即在这里。[①]对此颜先生当然知道，可惜他没有抓住由表入里、更上层楼的机会，只是以现象说事，结果影响了论证的力度。詹先生的论述可能存在以下四点缺憾：其一，所谓"不论哪个时代，作为规范的文字一定是正体"说法有违史实。文学史上某个时代的当红"雅文体"往往是前一个时代的"俗文体"，宋词、元曲、现代白话小说即为其例。文字史上亦有类似现象，比如作为汉代正字的隶书，乃是由周秦的俗字即大篆的行草写法演变而来，作为唐代正字的楷书，乃是由魏晋的俗字即汉隶的行书写法演变而来，概言之，通过整理俗体字以确立正体字在汉字史上并不罕见。其二，汉字简化工作是为一般老百姓着想，具体地说是为了使汉字的三难（难认、难记、难写）程度显著降低，从而有助教育普及。在前述工作施行过程中，"用手写体形成的简体或俗体字来改造正体"被作为基本方法，这样做使得汉字总量大幅上升，但不宜因此否定汉字简化工作。检讨汉字简化工作效果，主要看是否实现初衷。其三，将是否有利于计算机信息处理作为汉字改革和汉字整理评判根据和认识基础，存在片面性。一切社会行为都应以人为本，对于汉字的人为干预亦应如此，把机器需求置于首位不合情理。基于社会已经步入计算机时代，当前和未来的汉字整理（如四定，如繁简转换）需兼顾计算机，但在难以两全时不可舍本求末。其四，研读詹先生对汉字简化工作的低调评价，让人不由联想到李泽厚、刘再复对辛亥革命的否定性评说，从而感到多少有点非历史主义的味道。我们注意到，颜先生和詹先生的看法并非仅仅代表个人，在其背后各有一批支持者，且数量相当可观，所以这里引介他们的观点并加以讨论，相信不无普遍意义。

其实颜先生和詹先生的主要症结不在论述之中而在论述之外。将地道的社会语言学问题当作纯粹的语言学问题看待乃主要症结之一。例如詹先生说，只要明了汉字形体规范的真正对象，循此而行，汉字规范化的一切困扰和难题均可迎刃而解，这显然是把复杂的社会问题书斋化了。只考虑必要性而不考虑可行性乃主要症结之二。颜先生认为用大陆《汉字简化方案》统一台湾汉字乃解决两岸字形字用分歧唯一选项。这行得通吗？担任过国民党国大代表且有多位台湾亲属的袁晓园明确表示："不管什么人以什么'理由'都否定不了这一客观存在的事实，让台湾方面现在立即废除繁体字使用简化字——不现实。"[②]对于恢复繁体字的正

---

① 王卫兵：《建立宽和灵活且极富人情味的语文规范观》，《澳门语言学刊》2012年第1期。

② 袁晓园：《论"识繁写简"与"文字改革"》，《汉字文化》1992年第2期。

体地位，数年前搜狐网作过一次调查，结果是："支持的网民仅五成一，而反对的网民有五成四。"新华网同类调查结果是："共有 592 人投票，起止时间：2009年 3 月 4 日到 2009 年 3 月 10 日。支持 15%，90 票，反对 81%，481 票，无所谓 3%，21 票。"事实充分说明詹先生的方案同样行不通，因为绝大多数大陆老百姓不愿"支付昂贵的学费"。[①]

在如何化解两岸繁简矛盾的问题上，我国学界同时存在另一思路，亦即建立在"语文生态和同观"基础上的思路。"语文生态和同观"是我给起的名称。从远讲它是受启于中国传统哲学思想，即："和实生物，同则不继。以它平它谓之和，故能丰长而物归之。若以同裨同，尽乃弃矣。"（《国语·郑语》）就近看它是对我国部分学者——如程祥徽和黄德宽——独特语文观的提炼。程先生的"和同观"主要反映在他不赞成将理据性作为汉字规范的评判标准，[②]不赞成对"识繁写简"提法采取一棍子打死的态度，[③]不赞成"以简统繁"或"以繁统简"以及"繁则都繁，简则都简"等极端而僵化的主张。[④]黄先生的"和同观"主要体现在他不赞成消极看待文字发展过程中的非理据现象，[⑤]不赞成将理想状态作为汉字整理目标，[⑥]不赞成给简化字贴上"规范"标签而将繁体字置于"非规范"境地。[⑦]也正是因为他们认为"以同裨同"不可取，在处理两岸汉字分歧上不约而同地形成相近思路。程先生的想法是："繁简二体在不同地区分别都是标准文字。不同地区行用不同形体的汉字已成为历史事实，不可能因个人的主观意志而改变。"[⑧]黄先生的认识是："当前汉字规范工作对'繁、简二元并存'的现实必须给予高度重视……如果我们确立了汉字规范的整体观和大视野，就会认识到汉字规范的研制虽然是面向'现代通用于我国大陆一般交际场合的用字'，但是这项工作也直接关系到港、澳、台和全球华人的汉字使用……我们必须明确当前背景下汉字规

① 一清：《汉字最近有点烦》，商务印书馆，2009 年，第 110 页。

② 程祥徽：《澳门语言生活三题》，第五届海峡两岸现代汉语问题学术研讨会（广州），2010 年 12 月。

③ 程祥徽：《维护共同语 包容繁简字》，两岸统一论坛会议（澳门），2011 年 6 月。

④ 程祥徽：《"繁简由之"与港澳用字》，《中文回归集》，海峰出版社，2000 年，第 231—235 页。

⑤ 黄德宽：《对汉字规范化问题的几点看法》，载李宇明、费锦昌主编《汉字规范百家谈》，商务印书馆，2004 年。

⑥ 黄德宽：《论汉字规范的现实基础及路径选择》，《语言文字应用》2007 年第 4 期。

⑦ 黄德宽：《汉字规范的现实回归》，《安徽大学学报》2012 年第 3 期。

⑧ 程祥徽、田小琳：《现代汉语》，香港三联书店，1989 年，第 156 页。

范的指导思想，稳妥处理汉字规范中出现的各种问题。"①以上观点在某些人士看来乃是离经叛道或者说大逆不道，而我认为，它与中共中央离任总书记江泽民1992年所作指示——"海峡两岸的汉字，当前可各自维持现状，一些不同的看法，可以留待将来去讨论。"——精神一致，乃是化解两岸繁简矛盾的务实思路和可行渠道。

四、结束语

及早完成汉字远景规划制定意义重大，它可以使我们少钻牛角尖，少走冤枉路，少花无用功，把宝贵精力集中在亟待解决且可以解决的问题上。在规划制定过程中须克服"工具论"的干扰。过去语言学界都是把文字作为工具看待，工具是为人服务的，不方便自然可以抛弃，选择新的方便的。正是基于上述想法，傅斯年说：文字作为工具"都要求个方便，都不要因陋就简，安于不方便"。他断言汉字极不方便，于是强烈呼吁同胞及早抛弃汉字。②也正是基于同样思考，鲁迅尖锐提出——要汉字？还是要我们？（原话为："为汉字而牺牲我们，还是为我们而牺牲汉字呢？"）③——这只能给予非此即彼回答的问题。近年来不断有人为汉字辩护，说它如何如何方便。其实与拼音文字的学得（learning）过程相比，汉字的确属于较难掌握的文字类型。不过诚如吕叔湘所言："无论是汉字还是拼音字，它的优点和缺点分不开，有这么个优点，就不免有那么个缺点。""汉字的优点恰好是拼音字的缺点，汉字的缺点也就是拼音字的优点。"④辩证地看，拼音文字的优点是学得容易，缺点是文化内涵贫乏；汉字的缺点是学得困难，优点是文化内涵丰富。文化内涵贫乏的拼音文字可以随时更换字符，如维文先后使用过突厥字母、回鹘字母、阿拉伯字母、斯拉夫字母、拉丁字母等多种字符，载体不断变换，而并未根本伤及民族文化。汉字则不然。因为对于华夏民族来说它不仅是表达手段同时也是文化之根，抛弃了汉字的华夏民族将面目全非，也就是说没

① 黄德宽：《论汉字规范的现实基础及路径选择》，《语言文字应用》2007年第4期。

② 傅斯年：《汉字改用拼音文字的初步谈》（1919），载赵家璧主编《中国新文学大系·建设理论集》，上海良友图书印刷公司，1935年，第148页。

③ 鲁迅：《汉字和拉丁化》，《花边文学》，人民出版社，2006年，第151页。

④ 吕叔湘：《汉字和拼音字的比较》，《吕叔湘文集》第四卷，商务印书馆，1992年，第86页。

有了"汉字"也就没有了"我们"，对于鲁迅的问题，唯一回答只能是："要汉字也要我们，汉字、我们，都要！"在规划制定过程中还须摆脱"国统观"（见后）的束缚。有些学者面对两岸繁简矛盾首先确立如下观念："书同文历来是一个国家、民族团结统一的象征"。这就将有助问题解决的选项排除在外，把自己引入了死胡同。在"一国"框架内政治尚可"两制"，为什么汉字不可"两制"？ [①] 其实明智做法是以退为进，须知不能退一步也就不能进两步，也就不能使国家统一、民族团结得以真正维护。繁体字和简化字虽然字体不同，但在文化功能上没有什么差别。鉴于二者都是华夏文化擎天柱，加之彼此因差异的存在而可互补共进，面对两岸"繁简之争"，明智回答自然是："要简体也要繁体，简体繁体都要！"当然在使用上一般说应要求它们各安其位，各守其职。在规划制定过程中还须提防"主观性"的误导。从上世纪二十年代"数人会"的成立和命名，可知我国语言学家前辈不仅具有"国家兴亡，匹夫有责"的万丈豪情，而且具有"唯我独醒，吾定则定"的无比自信，前述特点在我国语言学后辈身上表现亦很明显，从否定汉字、贬抑繁体、抨击挨字书写等偏激言论不难看出这一点。其实我们关于汉语以及汉语与华夏文化关系的研究仍然处于盲人摸象阶段，在此情况下理当谨慎。中国传统文化主张"无为而治""顺其自然"，我们似应作为座右铭。实践证明，对于防止盲动，避免瞎折腾，该主张具有重要劝诫意义。可以肯定，如果能够对"工具论""国统观""主观性"保持警惕，不为其左右，那么，我们不仅有望顺利完成合理科学的汉字远景规划制定，而且有望使风格鲜明的华夏文化永远保持旺盛生命力。

---

① 该观点受启于程祥徽先生，详见《澳门中文官方地位的提出与实现》（香港《行政》1992 年总 16 期）。

基於系統論的漢字形體演化規律探討[①]

董月凱

天津師範大學國際教育交流學院　澳門大學人文學院中文系

基於系統論的漢字形體演化規律的探討，與王寧先生倡導的基於系統論的漢字構形學研究密不可分。試以王寧先生《漢字的優化與簡化》[②]一文的發表爲標誌，將基於系統論的漢字構形學研究分爲探索與發展兩個階段，前一階段爲探索期，後一階段爲發展期。

一、基於系統論的漢字構形學探索期

早在王寧先生從陸宗達先生研習《説文》的時候，就已逐步意識到漢字的本體是字形，而字形的構形是系統的，只有在相互聯繫中認識每一個漢字，才能弄清漢字符號的實質。"產生這些想法，得益於陸宗達先生文字學的教學方法：他在講授傳統文字學時，遵循章太炎、黃季剛先生的師承，是以《説文解字》爲中心的；在引導學生入門時，又採用了繫聯的方法。"[③]漢字作爲一種信息載體，一種被社會創建又被社會共同使用的符號，在構形上必然以系統的形式存在。系統論和結構主義語言學的内在精神使王先生對漢字構形系統的實質有了明確的認識，即不論是經過整理的、體制單一的《説文解字》小篆共時漢字字符集，還是處於實際使用過程、可加以整理的共時共域的古文字和今文字，都應當能夠歸納

---

① 本文得到天津市社科規劃項目（TJZW07）及天津師大教學改革項目資助，承蒙鄧景濱先生提出寶貴意見，謹致謝忱。

② 王寧，《漢字的優化與簡化》，《中國社會科學》，1991 年第 1 期。

③ 王寧，《〈漢字構形史叢書〉總序》，載鄭振峰《甲骨文字構形系統研究》，上海教育出版社，2006 年，第 1 頁。

出幾類組合模式。漢字的個體字符以這些有限的元素爲基礎而組合，組合被幾類組合模式所覆蓋，它們之間既不孤立也不散亂，而是互相關聯、内部有序的符號系統。從 1984 年至 1988 年，王寧先生在協助陸宗達先生培養碩士、博士的過程中，把《説文》小篆構形系統分成若干碩士、博士論文題目，逐一進行描寫和理論驗證，直到 1990 年完全證實了漢字構形系統的客觀存在。

探索階段在王寧先生的指導下，石定果、李國英、宋金蘭等先生的研究爲漢字構形學的創建鋪平了道路。石定果先生從 1984 年起研究《説文》會意字，"她不是只停留在對每個會意字進行單個考證的微觀工作上，而是採用系統論的方法，從會意字的總體著眼，又把總體會意字作爲漢字構形全局的一個部分，去觀察這種構形模式與其他構形模式之間的關係，因此，她的研究便成爲描寫漢字的構形系統的一個重要部分，推動了關於漢字的理論研究"。[①]石定果先生在《説文會意字研究》中説："我們分析會意字的結構——功能是爲了從這一側面來研究《説文》的形義體系。《説文》形義體系的基礎單位是部首。許慎的形訓義以部首爲起點，也以部首爲終點。部首是對表義符號的整理，而不是對表音符號的整理，這是一個帶有根本性的問題，部首是漢字表義功能的集中體現。建立部首繫聯漢字是《説文》的重大貢獻。"[②]在談到形義的辯證關係時石先生就提到，從原始漢字到篆文，主流是正變，形義的遞續關係大致上有條不紊，即體系的沿革。但是也存在某些訛變，訛變則往往歪曲或湮没了本來的形義關係，但是有的訛變也會形成"後起本義"現象。這種"後起本義"不是造字時賦予的，而是考字、識字時賦予的，是一種誤解，然而因此種誤解基本上符合形義體系現狀，遂習非成是。[③]

在談到從會意字看漢字體系的演化趨勢時，石先生認爲會意是一種二度造字方式，是將已有的字符形義相拼，再生新的表意合體字。會意的方式，是最複雜然而最理智的造字方式，它竭盡可能，利用現成的形義統一單位——成字構件，通過邏輯程序的有機結合，來推動一個新的形義單位——會意字。它在二度造字的過程中動態反映出漢字形義的對應關係與結構規律，體現了漢字體系的表義功能性。在談到漢字體系的有序化時，石先生又説形聲系統有序化程度高於會意系

---

①王寧，《説文會意字研究》序，載石定果《説文會意字研究》，北京語言學院出版社，1996 年。

②石定果，《説文會意字研究》，北京語言學院出版社，1996 年，第 200 頁。

③新近關於"後起本義"的研究，參見齊元濤《重新分析與漢字的發展》，《中國語文》，2008 年第 1 期。

統。形聲造字不再是拼形，而是形音相拼，其意符又代表義類範疇，音符可以任意選擇，因此形聲造字是一種模糊化的語言手段。形聲造字捕捉到語言的有聲本質，立足于以音表義，這是它超越會意造字法的根本優勢，無論語詞的意義多麼豐富多樣，語音總是有限的，義符所給定的義類範疇配合音符區別意義。漢字選擇了形聲化的道路，因爲一定層次的物質結構與該物質運動狀態相適應，會意造字無法適應後世語言交際的需要。形聲化是漢字體系進步的標誌。[①]

　　有必要不得不談的是李國英先生的《小篆形聲字研究》。[②]李先生認爲系統方法是描寫和分析漢字構形系統行之有效的方法，運用系統方法研究漢字構形體系，是迅速提高漢字研究水平的必由之路。就個體字符的構形而言，形聲字採用了雙重區別的二合直拼結構，是漢字個體構形求區別與求簡易的完美結合。凡字形結構，不體現區別的繁複是冗繁，破壞了區別的簡易是苟簡。形聲字用義符與聲符直接拼合，音同者以義別，義同者以音別，源同者以類別，類同者以源別，具有很高的區別度。同時在以雙重區別的方式保證有效區別的基礎上採取了最爲簡明的二合結構，結構方式又有很高的簡易度。就形聲系統的生成結構而言，形聲字採用了層次組合的方式，整個形聲系統是由少量形位通過不同層次的組合構成的一個生成系統，從而實現了有限手段的無限運用，在不增新形位的條件下，可以通過不同層次的組合產生大量新形聲字，達到了以簡馭繁、系統簡化的目的。就構件功能而言，形聲字聲符具有示源功能和示音功能，義符有示意功能和類化功能，構件功能更多，種類互補，信息容量大，便於學習和記憶，就整個形聲系統而言，由於義符的不斷類化，導致了漢字構形的系統化，形聲字義符系統的形成和完善，是漢字系統形成的根本條件。

　　李先生認爲小篆字系的形聲字已經形成了比較完備的義符系統。完備的標誌在於：首先，義符系統滿足了表達漢語詞義系統的需要。其次，義符系統內部義近義符的示意功能呈互補分工，具有內部分工嚴密化的趨勢。最後，義符系統具有較高的類化程度，在總計《説文》8233個形聲字中，共使用了378個義符，平均構字量21.78個，特別是72個高頻義符，平均構字量已高達99.32個。運用系統方法對斷代的漢字構形系統進行全面描寫，不僅適用於小篆字系，也適用於

---

① 石定果，《説文會意字研究》，北京語言學院出版社，1996年，第209頁。

② 李國英，《小篆形聲字研究》，北京師範大學博士論文，1989年。李先生這裏用的小篆專指《説文》小篆，不涉及秦小篆的問題。

其他斷代的文字系統，不僅適用於歷史上的文字系統，也適用於現代漢字構形系統的描寫。只有在對漢字斷代的系統描寫的基礎上進行系統的歷史比較，才有可能真正認清漢字系統歷史演變的真面目，揭示漢字系統發展的客觀規律。例如從甲骨文、金文到小篆的系統比較中認識到，漢字形聲化的過程不是音化過程，而是爲了滿足語詞分化需要和強化表義功能需要而產生的意化過程，是由形義脱節到在新的基礎上實現形義關係再度統一的表意回歸過程。

而對從小篆系統到隸書系統歷史演變過程的研究，就缺乏系統描寫基礎上的系統比較，因此往往強調了一個方面，而忽略了另一個方面，認不清總體的演變趨勢。很多人研究隸書都只著眼於變化的一面，説是隸變徹底打破了小篆的構形系統，而同時又不得不承認隸變后，漢字的構形系統仍然是以形聲字爲主體的文字體系，而小篆構形系統本質上就是一個形聲系統，怎麼能説隸變徹底打破了小篆的構形系統呢？因此，要科學的解釋隸變，就應該在對小篆字系和隸書字系分別進行系統描寫的基礎上，進行全面系統的歷史比較研究，測查一下隸變后多大程度上繼承了小篆系統，哪些方面打破了小篆系統，只有這樣才能得出合乎實際的科學結論。李先生在文末講，整個漢字系統的發展史，就是漢字通過社會流通中的社會選擇和權威規範不斷向著系統優化的方向發展的歷史，漢字的系統優化也必然是今後漢字系統發展的基本方向。在表意漢字的基本性質不變的前提下，形聲系統的進一步優化是系統整理現代漢字的根本任務。

宋金蘭先生《論小篆字系中的形位》是一篇重要的文章。[1] 形位是漢字中具有構字功能的、獨立有音和義的、最小的形體單位。例如"看""眉""相""盲"中的"目"就是形位。確立和歸納小篆字系的形位，是以形位的定義爲標準，以《説文》部首爲基礎，以全部獨體字爲對象。對獨體字進行了窮盡性的普查，除了部首中的獨體字之外，還包括正文和重文，以及證明是《説文》中漏收的獨體字。經過整理和歸納得出了小篆字系的全部形位，共414個。其中見於部首的共318個，佔形位總數的77%；見於正文的共69個，佔17%；見於重文的共22個，佔0.5%；《説文》未收，但作爲合體字的義符或音符出現的共5個，佔0.1%。形

---

[1] 宋金蘭，《論小篆字系中的形位》，《北京師範大學學報》，1991年第6期。另見宋金蘭《論〈説文解字〉的形位》，《北京師範大學研究生論文選集》（社會科學分冊），1988年。隨著研究深入，"形素""形位"的概念在陳淑梅先生《東漢碑隸構形系統研究》（附錄二《術語表》）中有更爲精當的表述。參見陳淑梅《東漢碑隸構形系統研究》，上海教育出版社，2005年，第146頁。

位在構字時所起的作用不盡相同，有的表義，有的表音；同一個形位有時表義，有時又表音。表義的可稱爲表義形位，表音的可稱爲表音形位。表義形位必須依靠表音形位才能準確地表示該字的意義。表義形位顯示字義的外部特徵，表音形位揭示字義的内部形式，它們是通過一種"合力"來構字的，所構成的形聲字的字形信息是二維的。漢語中許多抽象、細膩的詞義僅靠表義形位是無法表示的，必須借助於表音形位。在小篆字系中，表音形位已成爲漢字表義的一種舉足輕重的補償手段。表音形位出現在表義形位之後，但其發展速度卻遠遠超過了表義形位，它的出現和發展大大緩解了漢字與漢語發展不相適應的矛盾。表義形位和表音形位在構字時相輔相成，由此奠定了漢字千百年來構形的基本格局。①

　　形位中專職的表義形位共 70 個，佔形位總數的 17%；專職的表音形位共 94 個，佔總數的 23%。這兩類形位共 164 個，佔全部形位的 40%。多數形位既是表義形位，又是表音形位，但其中絶大部分又是以一種職能爲主的，尤其是一些高頻形位，像水、木、手、心、人、系等，充當表義形位高達數百次，而作爲表音形位出現僅有一次。少數形位有時是兼職的，即兼有表義和表音兩種作用，如"耳"在"珥"字中便是如此。就形位的構字頻度看，詳見表 1。

表 1　《説文》小篆形位構字頻度

形位數（佔形位總數百分比）	構字數（佔《説文》總字數百分比）
20（4.8%）	3868（41%）
16（3.9%）	1140（12%）
58（14%）	1609（17.2%）
87（20%）	1159（12.3%）

　　累計以上不完全統計可以看出，用 181 個形位，僅佔形位總數的 43%，就可以參構 7776 個漢字，佔《説文》所收小篆的 83%。王寧先生據此評價説："漢字的這種'形位生成'的構形系統，以少數的符號拼合而成大量的字形，以簡馭繁，減少記憶負荷，又能增强字與字之間的區别度，同時又保持了造字的理據。應當説，這是一個優化了的構形系統。漢字的簡化，首先是構形系統的簡化。個體字

---

① 談到"表義形位"和"表音形位"發展速度問題，必定會牽涉到會意與形聲造字方式究竟孰先孰後的問題。美國結構主義語言學家布龍菲爾德 (Leonard Bloomfield，1887—1949) 曾經指出："語言演變的速度不能用絶對的術語加以描繪。"（布龍菲爾德，《語言論》，商務印書館 1980 年，第 355 頁。）

符的簡化，應當納入這一系統。所以個體字符優化的條件，還要把較好地適應漢字的整體系統，列爲首要。"[1]

二、基於系統論的漢字構形學發展期

在前人研究的基礎上，20世紀90年代，王寧先生逐步建構了"漢字構形學"，這一理論不僅一改"六書"對漢字整體結構類型的歸納而變爲對漢字構件功能的分析，而且適應於對從甲骨到現代楷書的所有漢字進行結構模式分析，該理論不僅系統性強，而且極具操作性。[2]漢字構形學認爲系統是同類事物按一定關係組成的整體，系統內諸要素相互依賴、相互制約，其中每一要素的價值是由於另外要素的同時存在而獲得的，任何要素本身也都有存在價值。同一歷史層面上體制相同的漢字是成系統的，系統內的要素在結構、功能等方面都呈現出一種相互關係的網絡狀態。漢字構形學認爲，在共時歷史層面的漢字總體，有自己的構形元素。這些構形元素是通過漢字部件拆分得到的，把拆分後的部件正體與變體進行歸納，得到一定數量的形位。已經進入構字、能體現自身功能的形位與形位組合被稱爲構件。構件按照其功能可以分爲表形構件、示音構件、表義構件與標示構件，它們組合成的漢字有11種模式：成字部件零合成、標形合成、標義合成、標音合成、形音合成、義音合成、有音綜合合成、會形合成、形義合成、會義合成、無音綜合合成。[3]

漢字構形學理論創建以來，漢字內部結構的研究取得了長足發展，北京師範大學的研究生們根據不同時期的文字材料對漢字構形系統進行了斷代描寫。他們利用計算機技術，對甲骨文到楷書的各個階段的漢字構形情況從基礎構件、構形模式、結構層次、構件功能等方面進行統計，作了從定量到定性的研究，獲得了豐碩的成果。如博士論文：鄭振峰《甲骨文構形系統研究》、曹永花《西周金文構形系統研究》、羅衛東《春秋金文構形系統研究》、李運富《楚國簡帛文字構形

---

① 王寧，《漢字的優化與簡化》，《中國社會科學》，1991年第1期。

② 趙學清先生認爲漢字構形理論的出現標誌著漢字"六書"理論研究在20世紀末有了重大進展，使漢字學理論研究向前邁進了一大步。參見趙學清《"六書"理論的歷史回顧及其在當代的發展》，《聊城師範學院學報》，1998年第3期。

③ 王寧，《漢字構形學講座》，上海教育出版社，2002年，第66頁。

系統研究》、趙學清《戰國東方吴國文字構形系統研究》、王貴元《馬王堆帛書構形系統研究》、洪映熙《居延漢簡構形系統研究》、陳淑梅《東漢碑隸構形系統研究》、劉延玲《魏晉行書構形研究》、楊宏《北魏石刻楷書構形系統研究》、王立軍《宋代雕版楷書構形系統研究》、易敏《雲居寺銘刻石經文字構形研究》。碩士論文如：潘杰《甲骨文非形聲字構形研究》、齊元濤《小篆構形屬性的計算機測查》等。這些論文都是以共時平面上同一形制的漢字爲字料，對漢字構形系統進行描寫。他們對漢字構形的斷代描述，已經初步形成了一部漢字構形史。

例如將甲骨文與後代的春秋金文、戰國楚文字和小篆的構形系統予以歷時比較，通過不同歷史層面構形系統各項構形屬性的比較，使我們可以窺見古文字階段漢字構形系統的特點及其演變趨勢（詳見表 2、表 3、表 4）。[1] 從四個構形系統的比較中，表 2 甲骨文構形系統的基礎構件數量最多，每個構件構字頻率最弱，小篆每個構件構字頻率最高，説明基礎構件的構字能力得到了加強。説明漢字符號系統可以用儘量少的基礎構件組構數以萬計的漢字個體字符，這正是漢字構形系統發展成熟的重要標誌。

表 2　古文字階段漢字基礎構件

	甲骨文	春秋金文	戰國楚文字	《説文》小篆
基礎構件數	412	324	370	416
單字總數	1380	1158	1887	10422
比例	1：3.4	1：3.6	1：5.1	1：25

不同構形模式的漢字分佈情況的消長變化，直接反映漢字構形系統的發展演進程度。表 3 資料説明漢字系統從甲骨文到小篆，構形模式的顯著變化是，會形合成模式組構的漢字所占比例從 38.1% 降至 9.28%，與此同時義音合成模式組構漢字所占比重從 17.3% 激增至 87.39%，成爲占主導的構形模式。義音合成模式組構的漢字比例激增，即形聲字大量出現，它既能顯示意義信息，又能顯示語音信息，同漢語建立了音義雙重聯繫，有效地緩解了漢字與漢語之間的矛盾。

---

[1] 有關甲骨文、春秋金文、戰國楚文字、小篆的各項資料分別取自《甲骨文字構形系統研究》（鄭振峰，2006）、《春秋金文構形系統研究》（羅衛東，2005）、《楚國簡帛文字構形系統研究》（李運富，1997）、《〈説文〉小篆構形系統相關資料的電腦測查》（齊元濤，1996）。

表 3　古文字階段漢字主要構形模式

	甲骨文	春秋金文	戰國楚文字	《説文》小篆
零合成	19.6%	13%	7.8%	2.98%
會形合成	38.1%	5.5%	3%	9.28%
會義合成	9.3%	16.5%	7.6%	9.44%
形音合成	3.8%	0.9%	0.6%	0.12%
義音合成	17.3%	50.9%	74%	87.39%
標形合成	2.8%	4.7%	0.8%	0.08%
形義合成	7.3%	3.6%	1.6%	1.12%

　　但要實現漢字構形系統的完善，還有一個必不可少的因素，那就是漢字層次結構的升級。漢字的層次結構的升級有兩種方式，一是平面結構，平面結構的漢字是由各構件一次性集合而成，它的構意由各個構件集中來反映；二是層次結構，層次結構的漢字由基礎構件分作若干層次逐步累加上去而構成。層次組合的漢字，其構意是通過直接構件來體現的，其他的構件不直接對全字的構意起作用，只是在自己加入的層次起作用。層次結構漢字的分佈情況也是體現漢字構形系統完備程度的重要參數。如表 4，春秋金文階段，漢字基礎構件的音義符號化雖然得到了加強，但是整個漢字構形系統由表形構件參構的漢字仍然佔據相當的比例，漢字個體字符也沒有發生顯著的變化，象形意味依然非常濃厚，漢字的主要書寫單位仍然是"隨體詰詘"的綫條。到了小篆層次結構的總數佔到 83.85%，此時漢字構形系統已經成熟完備，漢字的符號性從此佔據了絕對主導地位。

表 4　古文字階段漢字組合層次

	甲骨文	春秋金文	戰國楚文字	《説文》小篆
平面組合	87.54%	50.2%	32%	16.15%
層次組合	12.46%	49.8%	68%	83.85%

　　在漢字的構形系統中，最優化的構形模式無疑是音義合成和會義合成，因爲這兩種構形模式是通過已有的構形元素的功能進行組合來構成新的字符，是一種既經濟又能產的構形模式。所謂"經濟"，是指不必增加構形元素的數量即可構成新字，以滿足記錄語言的需要；所謂"能產"，是由於構形元素的數量雖然是有限的，但是經過不同功能的排列組合所構成的組合形式卻是很可觀的。同時，兩種構形模式也是優化的，因爲它們是在不需要增加新的構形元素的前提下進行的，這就可以限制漢字基礎構形元素的無限制膨脹，避免構形系統過於繁化，有利於構形系統的優化。特別是音義合成，使漢字構形走向類別化和系統化，使漢字的構形更具歸納性，從而既有利於漢字的發展，又有利於漢字的習得，更有利於發揮其社會功能。音義合成模式的有無，其所擁有的字量在共時平面上所佔的比重，決定了這一時期漢字的符號化程度，同時也是本時期漢字系統是否優化的標誌。

　　進入 21 世紀，李運富先生對王寧先生的漢字構形學理論又有所闡發。他將王先生在《漢字構形學講座》中提出的四種基本的構件功能和演變後喪失理據所形成的記號，並列爲五種構件功能，即象形功能（或稱表形功能）、表義功能、示音功能、標誌功能和記號功能。並且認爲漢字構件之間，主要是兩種功能的相互組合，三種以上的極少。他把三種功能以上的組合統歸爲"多功能合成字"，把利用已有字形通過變異手段產生的無法界定構成功能的字統歸爲"變異獨體字"，剩下的就全都是雙功能組合的字（包括零組合）。他用推算加變通的方法將各種功能的組合模式總結，如表 5。[①]

　　王寧先生和李運富先生所歸納的漢字結構模式，可以用來分析古今一切漢字，而且標準簡單，系統明確，容易識記，便於操作。在漢字構形學理論指導下，近年來北京師範大學的博士研究生在漢字構形研究方面又有新的進展，他們將研究角度從某一階段某一字體的斷代共時研究，轉向對不同階段漢字結構模式的歷時比較研究。主要成果有周曉文《漢字構形屬性歷時演變的量化研究》、張素鳳《古漢字結構變化研究》。

　　周曉文《漢字構形屬性歷時演變的量化研究》以斷代漢字構形屬性庫爲基礎，從構件、結構和關聯等幾個不同側面對漢字構形系統進行了歷時的描寫、分析，不僅展示了漢字構形系統性的整體面貌，也通過數學分析加深了對漢字構形屬性

---

① 張素鳳，《古漢字結構變化研究》，中華書局，2008 年，第 6—7 頁。

發展狀況的瞭解和認識，證明了漢字形體的發展演變軌跡是可以描述的，是有規律可循的。文章總結出來的主要規律有：① 漢字構件有限增長規律。[①] ② 結構層級變化規律。[②] ③ 形體關聯度變化規律。[③] 通過以上幾個方面的規律，進一步證明了小篆的構形系統是一個優化了的構形系統。從構件的屬性上看，後代系統同小篆保持一致，説明小篆爲後續構件系統的確定奠定了基礎；從層級數的分佈上看，小篆明顯向高層級數端偏移，説明小篆系統具有高度的組織性，成熟水平較高；從形體關聯角度看，小篆系統的形體關聯遠高於其他系統，説明小篆字形最規整，字形間的聯繫最緊密。

表5 構件功能組合

	象 形	表 義	示 音	標 誌	代 號[④]
象 形	形零合成字	形形合成字	形義合成字	形音合成字	形標合成字	形代合成字
表 義	義零合成字	義形合成字	義義合成字	義音合成字	義標合成字	義代合成字

---

① 周曉文，《漢字構件系統數學模型的創建與分析》，《北京師範大學學報》，2007 年第 3 期。

② 周曉文，《漢字構形層級變化之量化研究》，《陝西師範大學學報》，2008 年第 6 期。

③ 周曉文，《漢字形體關聯度模型及計算》，《北京師範大學學報》，2008 年第 5 期。該文的結論認爲："通過對漢字形體關聯度的計算可以看到：雖然簡化字系統對造字理據有所削弱，但從整體上看，簡化字系統並沒有降低漢字系統的形體關聯度。"周曉文先生的樣本分別來自于春秋金文、《説文》小篆、東漢碑隸、宋代雕版楷書和現代漢語 3500 常用漢字，隨機抽取相同樣本容量計算出系統關聯度。爲了減少抽樣誤差作了 10 次隨機抽樣，每次抽取 500 字，從 10 次隨機抽樣中計算出關聯度均值。隨機抽樣 500 字的平均關聯度爲：金文 0.934、《説文》小篆 0.9762、東漢碑隸 0.9554、宋代雕版楷書 0.9664、現代漢語常用字 3500 字 0.9662。從統計數據看，現代漢語常用字 3500 字的關聯程度相對宋代雕版楷書只降低了 0.02%。據此周先生認爲漢字簡化方案基本上是順應約定俗成的符號化趨勢。不過該結論是有待商榷的，因爲《現代漢語常用字表》是以漢字在現代的使用頻度爲主要依據來制定的。1988 年 1 月 26 日，國家語言文字工作委員會和國家教委聯合發佈《現代漢語常用字表》，共收常用字 3500 個，其中一級常用字 2500 個，二級次常用字 1000 個。一級常用字的覆蓋率是 97.97%，二級次常用字的覆蓋率是 1.51%，合計爲 99.48%。（參見蘇培成《現代漢字學綱要》，北京大學出版社，2001 年，第 51—52 頁。）顯然《現代漢語常用字表》3500 常用字與周文統計用到的春秋金文、《説文》小篆、東漢碑隸、宋代雕版楷書的用字具有本質上的差異，因此周文得出的"從整體上看，簡化字系統並沒有降低漢字系統的形體關聯度"的結論有待斟酌。

④ 李運富先生認爲"代號"也可以叫做"記號"。參見李運富《漢字學新論》，北京師範大學出版社，2012 年，第 144 頁。

續前

		象　形	表　義	示　音	標　誌	代　號
示　音	音零 合成字	音形 合成字	音義 合成字	音音 合成字	音標 合成字	音代 合成字
標　誌	標零合成 合成字	標形 合成字	標義 合成字	標音 合成字	標標 合成字	標代 合成字
代　號	代零 合成字	代形 合成字	代義 合成字	代音 合成字	代標 合成字	代代 合成字
	變異獨體字					
	多功能合成字					

　　張素鳳《古漢字結構變化研究》在"漢字構形學"理論指導下,[①] 對古文字階段漢字結構變化的規律進行了較爲全面的分析探討。在《古漢字結構變化研究》基礎上,張素鳳又完成了《漢字結構演變史》的寫作。[②] 採用構形學的方法,研究了商周文字再到現代楷書的結構變化規律。據張素鳳的統計,殷商文字和秦篆具有對應關係的 1028 個字中,[③] 有 66 個字没有對應的楷書字形,這樣具備殷商文字、秦篆字形和現代楷書三種字體的字共有 962 個。而這 962 個字中,還有 321 個字所對應的楷書字形不屬於 3500 個一級漢字範圍。具備甲骨文、秦篆和現代楷書三種字形,並且目前仍然比較常用的字共有 641 個。西周金文和秦篆具有對應關係的 524 個字中,有 55 個字没有對應的楷書字形,這樣具備西周金文字形、秦篆字形和楷書字形三種字體的字共有 469 個,而這 469 個字中,還有 197 個字的現代楷書字形不屬於 3500 個一級漢字範圍。具備西周金文、秦篆和現代楷書三種字形,並且屬於現代一級漢字範圍的共有 272 個。這樣具有商周文字、秦篆、現代楷書(一級漢字)三階段可供比較字形的共有 913 個字。爲了便於比較,用包含某種功能構件字的數目與總字數 913 的比值作爲比較項,分析漢字結構屬性在商周文字、秦篆字形和現代楷書三個階段的變化情況。具體情況如表 6。

---

①張素鳳,《古漢字結構變化研究》,中華書局,2008 年。

②張素鳳,《漢字結構演變史》,上海古籍出版社,2012 年。

③張素鳳《漢字結構演變史》中的"秦篆"實際上是"《説文》小篆"。

表6　913 個字在不同時期的結構分佈情況[①]

	商周文字	比例 %	秦 篆	比例 %	楷 書	比例 %
含象形構件字數	443	48.52	238	26.07	17	1.86
含標誌構件字數	48	5.26	41	4.49	17	1.86
含表義構件字數	264	28.92	695	76.12	567	62.10
含示音構件字數	348	38.11	418	45.48	283	31.00
含記號構件字數	6	0.66	86	9.42	494	54.11

從上表可以看出含各種構件字的變化特點：① 含象形構件字的比例明顯減少。② 含記號構件字的比例明顯增加。這説明漢字形體的理據性逐漸減弱，漢字在商周時期絕大部分字形是有理據的，發展到秦篆字形，理據性有所減弱，到了現代楷書，則有一半以上的常用字完全或全部地喪失了理據。③表義構件和示音構件的比例變化情況則呈折綫形。④ 含標誌構件的字比較少。各種構件字比例變化情況可以用折綫圖（圖1）直觀表現如下。

如圖1，五種不同功能的構件所參構字與總字數的比值變化情況是：象形構件所參構字的比例大幅度降低；記號構件所參構字的比例連續大幅提高；表義構件和示音構件所參構字的比例由商周文字到秦篆的古文字階段呈大幅上升趨勢，由《説文》小篆到現代楷書的今文字階段又有所下降；標誌構件所參構字的比例連續降低，但變化幅度不大。

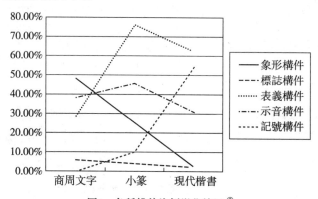

圖1　各種構件比例變化情況[②]

---

①表中的比例數是含某種構件字的總數與 913 的比例，因爲含有兩種不同功能構件的字要分別計入兩種字中，也就是説，有的字要被兩次計數，因此，包含各種功能構件字的數目之和不是 913，而是大於 913，各種功能構件字的比例之和也大於 100%。

②張素鳳，《漢字結構演變史》，上海古籍出版社，2012 年，第 180 頁。

　　如果把大汶口新石器時代遺址中發現的陶器刻符看作漢字最初的萌芽，那麼，漢字至今已有六千多年的歷史。從基於系統論的漢字形體演化的歷史中，我們可以得出三個主要的演化趨勢：①漢字在表意與表音的相互促進中，一直頑強地堅持自身的表意特點，不斷地採用新的方式，增強個體符形和整個符號系統的表意功能。②"增繁爲別，化簡爲用"——漢字在易寫與易識的矛盾中，不斷對個體符形進行調整，以實現簡繁適度的優化造型。③漢字於演化中不斷完善和優化自身的構形系統。[1]

三、堅持系統論的觀點使漢字形體演化研究
進一步邁向科學化

　　"中國語言學的第一次轉型始於 19 世紀末，從古代小學專注文獻語言轉向社會口語，開始關注語言規劃和語文政策，開創了語法、語音史研究和方言調查。第二次轉型從 1978 年至今，傳統小學正經歷現代科學化轉變；注意語言系統各方面的關聯，開創了詞源學，歷史和比較研究打通了南北方言、少數民族語言與共同語，推動了理論發展；從内部語言學拓展到外部語言學研究，形成了一系列相關學科。兩次轉型都得益于古典語文學傳統和現代西方語言學的影響，而第二次轉型時間短，規模更大，成果更多。"[2] 李如龍先生著重指出中國大陸語言學的第二次轉型始於改革開放，對中國傳統語言文字學用現代系統論觀點進行了科學化的改造。[3]

　　傳統文字學未能完成創建漢字構形學的任務，也許是因爲中國古代哲學思想與科技的發展，未能給它提供今日科學理念上分析總體字形内部結構的理論與方法。不過，傳統文字學並非完全沒有認識到研究漢字總體的重要性，字書對字的類聚本身就表現出"小學"家認識漢字的願望，任何單字的考證都必須借助大量相關字的參照，考據家不可能沒有總體與個體關係的意識。《説文》就體現了許慎樸素的系統觀念。而"六書"是傳統漢字學分析漢字構形模式的凡例與法則，

---

①此處參照王寧先生思路，略有調整。詳見王寧《漢字發展的歷史趨勢與前景》，《現代中國》，1991 年第 2 期。

②李如龍，《百年中國語言學的兩度轉型》，《學術研究》，2005 年第 1 期。

③參考超星視頻講座：李如龍《百年中國語言學的兩度轉型》。

"六書"的前四書雖勉強可以涵蓋《説文》小篆的構形類型，後二書卻與構形没有直接關係。只有兼從"釋字之法"而不是單從"造字之法"的角度，也就是漢字形義學的角度，才能準確理解"六書"。①

系統論（General System Theory）作爲哲學思維的理論被視爲20世紀新興的科學方法論之一。②在講到系統論與漢字構形學的關係時，王寧先生有一段精彩的論述，她説："系統論的提出與發展，給漢字構形學的創建提供了理論與方法。它首先啓發我們，漢字作爲一種信息載體，一種被社會創建又被社會共同使用的符號，在構形上必然是以系統的形式存在的。在共時歷史層面上的漢字總體，應當有自己的構形元素，這些元素應當有自己的組合層次與組合模式，因而漢字的個體字符既不是孤立的，也不是散亂的，而是互相關聯的、内部呈有序性的符號系統。個體字符的考據只有在整個系統中找到它的應有的位置，才能被認爲是可信的和合理的。僅僅探討漢字個體字符的形體變化不能稱作漢字史。只有在弄清個體字符形體變化的基礎上，才能稱爲漢字史。漢字構形學爲各個歷史層面上漢字構形系統的描寫和歷時層面上漢字構形不同系統的比較服務，爲之建立基礎的理論與可操作的方法。描寫是解釋的前提，比較又是探討演變規律的必要條件。毫無疑問，這種漢字構形學的建立，會使漢字學與漢字史進一步邁向科學化。"③我們完全有理由相信，堅持系統論的漢字形體演化規律的探討，閃耀著科學主義的光芒，定能爲漢字演化回歸至既符合歷史又符合社會發展的契合點上貢獻力量。

---

① 李運富先生認爲"六書"是教學概念，不是學術概念，它反映了古代小學識字教育的基本内容。參見李運富《〈説文解字〉的析字方法和結構類型非六書説》，《中國文字研究》第14輯，2011年。

② 系統思想源遠流長，但作爲一門科學的系統論，人們公認是美籍奧地利人、理論生物學家貝塔朗菲（L.Von.Bertalanffy）創立的。他在1932年發表"抗體系統論"，提出了系統論的思想。1937年提出了一般系統論原理，奠定了這門科學的理論基礎。但是他的論文《關於一般系統論》，到1945年才公開發表，他的理論到1948年在美國再次講授"一般系統論"時才得到學術界的重視。確立這門科學學術地位的是1968年貝塔朗菲發表的專著《一般系統理論基礎、發展和應用》(General System Theory: Foundations,Development,Applications)，該書被公認爲是這門學科的代表作。

系統論、控制論和信息理論是20世紀40年代先後創立並獲得迅猛發展的三門系統理論的分支學科。雖然它們僅有半個多世紀，但在系統科學領域中已是資深望重的元老，合稱"老三論"。人們摘取了這三論的英文名字的第一個字母，把它們稱之爲"SCI"論。耗散結構論、協同論、突變論是20世紀70年代以來陸續確立並獲得極快進展的三門系統理論的分支學科。它們雖然時間不長，卻已是系統科學領域中年少有爲的成員，故合稱"新三論"，也稱爲"DSC"論。

③ 王寧，《系統論與漢字構形學的創建》，《暨南學報》，2000年第2期。

主要參考文獻

1. 陳夢家:《中國文字學》,北京:中華書局,2011。

2. 黄德寬、陳秉新:《漢語文字學史》,合肥:安徽教育出版社,2006。

3. 李家樹、吴長和:《漢字的演變和發展趨向》,香港:香港大學出版社,2005。

4. 李孝定:《漢字的起源與演變論叢》,臺北:聯經出版事業公司,1986。

5. 李向玉:《澳門語言文化研究(2011)》,澳門:澳門理工學院,2012。

6. 李運富:《漢字學新論》,北京:北京師範大學出版社,2012。

7. 王立軍、宋繼華、陳淑梅:《漢字應用通則》,瀋陽:春風文藝出版社,1999。

8. 王寧:《漢字學概要》,北京:北京師範大學出版社,2001。

9. 王寧:《漢字構形學講座》,上海:上海教育出版社,2002。

10. 王寧、鄒曉麗:《漢字》,香港:和平圖書有限公司,2005。

11. 萬業馨:《應用漢字學概要》,合肥:安徽大學出版社,2005。

12. 張素鳳:《漢字結構演變史》,上海:上海古籍出版社,2012。

简繁汉字稳态构式理据研究

盛玉麒

山东大学中文信息研究所

一、解　题

1. 正名

简繁汉字是"简体字"和"繁体字"的合称，对举称谓表示汉字不同的"字体"。单说时，简体字又称"简化字"，专指 1956 年《汉字简化方案》和 1986 年发表的《简化字总表》中规定的简化字。包括：

①不作简化偏旁用的简化字 350 个（《总表》"第一表"）

②可作简化偏旁用的简化字 132 个（《总表》"第二表"）

规定明确说明："无论单独用或者作别的字的偏旁用，同样简化。"

③不能单独使用的简化偏旁 14 个（《总表》"第二表"）

规定提示："简化偏旁，不论在一个字的任何部位，都可以使用，其中'讠、饣、纟、钅'一般只能用于左偏旁。这些简化偏旁一般都不能单独使用。"

④视同简化字的选用异体字 39 个（《总表》"附录"）

简化字总表中一共公布了 2,235 个。但是在 1964 年《〈简化字总表〉说明》中指出："为了适应一般的需要，第三表所列的简化字的范围，基本上以《新华字典》(1962 年第三版，只收汉字八千个左右) 为标准。未收入第三表的字，凡用第二表的简化字或简化偏旁作为偏旁的，一般应该同样简化。"

明确规定"除本表所列的 146 个简化字和简化偏旁外，不得任意将某一简化字的部分结构当作简化偏旁使用"。

2. 古今汉字总数

《康熙字典》是第一部最具权威的古代通用汉字的汇集，历时 6 年，成书于康熙五十五年（1716 年），共收历代典籍所见汉字字头 47,035 个。

最具权威的《汉语大字典》1990 初版收 56,000 字，2010 再版字头增至 60,370 个。

《中华字海》（1994 年版）收字 85,568 个。其中比《汉语大字典》多出来的 2 万多字多为类推简化字。

《字海网》号称 105,000 多字，增收了 unicode CJK 扩展库以外的图片字。

台湾版《异体字字典》收字 106,230 字，其中正体字 29,892 字，异体字 76,338 字（含待考之附录字）。

3. 汉字的构式理据

① 汉字的构式

拓扑结构的汉字来源于图画，在有限平面中因地制宜地安排布局，根据书写工具和方式，调整间架结构。不同时代不同地域使用者长期约定俗成的结果，形成了布局合理、比例适当、疏密有致、匀称美观的图形字符。

汉字"构式"指的是汉字形体的"结构方式"，或叫"结体构形"的方式，指不同部件在相对均匀的方格内布局的位置关系，如左右、上下、包围、半包围等。

② 汉字的理据

理据是道理和根据，汉字的构式理据来自汉字认知与使用者对汉字形体结构的分析和概括，是认知、习得和理解汉字的重要知识点。

③ 对理据解读的差异

不同时代不同人对汉字的构式理据会有不同的解读。

许慎《说文解字》就曾批评当时社会上"诸生竞逐说字，解经谊……'马头人为长，人持十为斗，虫者，屈中也。'廷尉说律至以字断法：'苛人受钱，苛之字止句也。'若此者甚众，皆不合孔氏古文，谬于史籀"（《说文》序），许慎运用"六书"理论按照篆体结构解析汉字的字形，起到了匡谬正俗的作用，也为后世说解字形开创先例。

宋代王安石《字说》从楷体字形入手解析汉字形义，常常误将形声字当作会意字强为之说解，难免望文生义、牵强附会。如：

波:《说文》:"水涌流也。从水皮声。"王安石《字说》:"波为水之皮"。

霸:《说文》:"月始生,霸然也。承大月,二日;承小月,三日。从月霛聲。"有人问王安石,霸为什么从西,王回答"西方主杀伐",人接着问为什么又从雨,回答"如时雨之化"。

他如:"羊大则充实而美。美成矣,则羊有死之道焉。《老子》曰'天下皆知美之为美,斯恶矣'";"獐见章而惑者也。乐以和道而获焉"。

今人更有甚者,将"道"分析为"阴爻(两点)+阳爻(一)+上半身(自)=大脑",比附道家思想和智力高超之意;将"孰"分析为"男性器(⊥)+女性器(口)+十月(丸)+子+羊水(灬)",解释为"男女之合十月怀胎而生子"。

我们应当坚守语言文字学的学理,对汉字的构式理据给出科学的定义、实证的描写和客观的分析。

④稳态构式理据的价值

数千年来,汉语经历了上古、中古、近代、现代等语音、词汇、句法的变化。作为记录汉语的书面符号系统,汉字同样经历了甲、金、篆、隶、楷、草、行、简等形体演变。在漫长的历史变化过程中,汉字记录汉语的功能具有相适应的稳态特性。因此,挖掘和发现汉字在形体演变的动态系统中的稳态构式理据,特别是对解读和解决现代汉字简繁体并存的局面,提高汉字的认知和使用效率,促进对外汉语教学和中文智能化处理都具有重要的理论意义和应用参考价值。

二、简体字的理据性

1. 简体字、繁体字、传承字

简体字与繁体字对称并存。例如《中华人民共和国国家通用语言文字法》中"本法所称的国家通用语言文字是普通话和规范汉字",一句话共有 22 个汉字,把它转换为对应的繁体文本为"本法所稱的國家通用語言文字是普通話和規範漢字",其中只有 7 个繁体字:"称—稱、国—國、语—語、话—話、规—規、范—範、汉—漢",其余的 15 个汉字没有简化,也就不存在繁体,而是属于历史"传承字"。因此,这句话 22 个字中简体字占比为 31.82%,传承字占比为 69.18%。

根据《简化字总表》的规定,严格意义的简化字只有 2,235 个。按《新华字典》收字种数 8,000 计算,简体字的占比约为 27.94%。

如果把类推简化的字数都算上，按《中华字海》收字量计算，将其增量（相比初版的《汉语大字典》）的 29,568 字全作为类推简化，在 85,568 个总字数中的占比为 34.55%。

就是说，即使按照最大可能性计算，简化字与传承字的比例仍为 34.55%：65.45%。

讨论简繁汉字的构式理据，对于全部汉字构式理据的影响的占比也相当于34.55%。

2.　类推简化字的理据

从构式理据来说，偏旁类推所产生的简化字与繁体字相比，除了偏旁部首的简化之外，构式理据仍保留严格的对应关系。

132 个可做简化偏旁使用的简化字中含有很多"高产"部首，如"贝、车、虫、见、马、门、鸟、鱼"等。"贝"做部首在《汉语大字典》中查到 72 个字头，通过简繁字体的比较发现，简繁汉字的构式布局没有发生任何改变。因此可以断言，类推简化的汉字，没有改变构式理据。

繁：貝負貞負財貢販貧貫敗貶貪購貨賬賢責質貯貼貸貳費貴賀賤

简：贝负贞负财贡贩贫贯败贬贪购货账贤责质贮贴贷贰费贵贺贱

繁：貿賣貫覎貽賄賈賃賂賍賊資贅貲賅贐賒賑賚賕賞賠賡賜賭賦

简：贸卖贯觃贻贿贾赁赂赃贼资赘赀赅赆赊赈赉赇赏赔赓赐赌赋

繁：贖齎賧贔賙賴睸賽賺贄簀賻賾贊贈屓贇贍贏贛（72）

简：赎赍赕赑赒赖睸赛赚贽赞赙赜赞赠屃赟赡赢赣（72）

繁：車軋軌軒軔軟轟軛輪軟轉軲軻轤軹軼軫軒輕軸轢軺轎較載軾琿輊

简：车轧轨轩轫软轰轭轮软转轱轲轳轵轶轸轩轻轴轹轺轿较载轼珲轾

繁：輇輅輈輔輛輌輋輥輝輋輞輟輜輬輯輻輸轡轅轀琿轄轅輾轆轍鏻（55）

简：轱轳轳辅辆辄辇辊辉辈辋辍辎辌辑辐输辔辕辒珲辖辕辗辘辙鏻（55）

有的只是单字简化，当作为偏旁使用的时候，与繁体并没有区别，例如"氣—气"，但是所有从"气"的字，都没有"米"：

简：气氕气氘氝氙氚氛氜氝氞氧氟氢氢氣氤氥氦氧氩氪氢氢氥氥氪氦氦氧氮氯氰氯氲氳

繁：氣氕气氝氙氚氛氜氝氞氧氟氢氢氣氤氥氦氧氩氪氢氢氥氥氪氦氦氧氮氯氰氯氲氳

从构字量的抽样统计看,"虫"构字 468 个,"鱼"构字 289 个,"鸟"构字 85 个,"马"构字 59 个,"门"构字 51 个,"气"构字 31 个,"风"构字 12 个。这些高频的类推简化字为稳态构式理据提供了维持和加强的"正能量"。

这样算下来,所有类推简化的字,都没有改变其构式理据。

已经公布的简化字中,类推简化的字数大约在 1,200—1,500 之间。没有类推简化的字估计在 800 字左右。

3. 保留原字理据的简化方法

根据构式理据的存废,可以把简化方法分为两大类:一类是保留原有的构式理据的,一类是改变原有构式理据的。保留原字理据的简化方法有以下三类:

(1) 简化偏旁

具体地说分为以下三类:

①简化声旁:浆—漿、疖—癤、疟—瘧、拣—揀、检—檢、摆—擺

②简化形旁:说—説、骑—騎、鸣—鳴、辆—輛、闭—閉、闹—鬧

③改换声旁:达—達、宾—賓、邻—鄰、担—擔、犹—猶、补—補

简化偏旁的方法只是减少了声旁或形旁的笔画数,并没有改变声旁或形旁的存在,因此,没有影响原字的构式理据。

(2) 同音代替

在意义不混淆的条件下,用形体简单的同音字代替繁体字。通常采用笔画较少的古字或笔画较少的异体字。如:

历(日曆、經歷)、面(裏面、白麵)、须(必須、鬍鬚)、发(出發、頭髮)别(別去、彆扭)、表(表現、鐘錶)、斗(北斗、爭鬥)、谷(山谷、稻穀)

这种简化方法使用已有的汉字,可能会增加原字的义项和用法,但是并没有改变汉字的构式理据。

(3) 另造新字

①新造会意字:

灶—竈、岩—巖、尘—塵、籴—糴、灭—滅、粜—糶、众—眾

②新造形声字:

担—擔、护—護、惊—驚、肤—膚、舰—艦、艺—藝、响—響

另造新字的简化方法,无论新造形声字还是新造会意字,都是采用了传统汉

字的构式理据，若说关系大小，只能是从新造字的理据类型得出"会意"和"形声"是汉字构式理据稳态系统的主要类型，没有改变汉字的构式理据。

4. 改变原字理据的简化方法

改变原字理据的简化方法有以下四类：

(1) 草书楷化

①偏旁的草书楷化

讠—言、饣—食、纟—糸、钅—金、贝—貝、页—頁、齿—齒、鸟—鳥
鱼—魚、车—車、门—門、见—見、仓—倉、尔—爾、夹—夾、戋—戔

②单字的草书楷化

为—為、专—專、书—書、车—車、门—門、来—來、风—風、湿—濕
丧—喪、伤—傷、觉—覺、学—學、举—舉、郑—鄭、陆—陸、牵—牽
盖—蓋、顾—顧、垒—壘、历—曆、称—稱、实—實、报—報、图—圖

历来受到诟病最多的就是"草书楷化"，因为这种方法不但改变了原字的构式理据，而且会产生新的部件，破坏了汉字部件系统的历史连续性。至于为何大行其道，值得深究。

(2) 删省部件

删除字形的一部分部件：

气—氣、显—顯、稳—穩、应—應、虏—虜、协—協、宝—寶、标—標
产—產、与—與、业—業、质—質、寻—尋、乡—鄉、孙—孫、时—時

部件删除后，原字的构式理据遭到一定程度的破坏，无法按照原来的理据进行分析解读。

(3) 保持轮廓

师—師、属—屬、写—寫、齐—齊、桥—橋、麦—麥、黾—黽、虏—虜
卤—鹵、龟—龜、带—帶、断—斷、虑—慮、亚—亞、严—嚴、尧—堯

用这种方法简化的字，同样在一定程度上失去了原字的构式理据。

(4) 符号代替

用简单符号取代比较复杂的偏旁，如：

"又"在下列各字中分别代表 10 个不同的部件：

①邓—鄧、②凤—鳳、③鸡—雞、④轰—轟

⑤观—觀、欢—歡、权—權、劝—勸

⑥艰—艱、汉—漢、难—難、叹—歎

⑦仅—僅、⑧树—樹、⑨戏—戲、⑩对—對

"不"在"环、还、怀、坏"中代表2个不同的部件：

①环—環、还—還

②怀—懷、坏—壞

"乂"在"区、赵、风、冈"中分别代替4个不同的部件：

①区—區、②赵—趙、③风—風、④冈—岡

"云"在"层、动、会、尝"中分别代替4个不同的部件：

①层—層、②动—動、③会—會、④尝—嘗

符号替换也是受到诟病的一种简化方法。因为所使用的"通假"符号，在理据上无法自圆其说，几乎颠覆了完美的"六书"理据。

实际上，"删省部件""保持轮廓"和"符号代替"都可以归为"草书楷化"一类中。因为草书楷化来自于草书的基本原理。《草诀百韵歌》开头四句就是："草圣最为难，龙蛇竞笔端。毫厘虽欲辩，体式更需完。"这四句话恰如其分地阐明了草书的基本原理，就是"模糊识别""特征抽取"，这一原理符合人类的认知特点和认知规律，这也是汉字书写过程中追求"简、明、快"的内在驱动和客观基础。

众所周知，在王羲之之前，章草就很成熟。王羲之变汉魏质朴的书风创立今草范式，立足实用，便捷流畅，"删难省繁，损复为单"，大大提高了书写速度。

几乎所有书法教科书和研究者都公认草书的特点是"缩减笔画""削繁就简，笔省意存"（陈康）"更加注重笔画和部件的减省""大量使用草书符号"（陈志成）等。这些总结和概括，为我们解读简化字的构式理据提供了重要的启发和有益的参考。

三、汉字简化前的构式理据

广义的汉字简化实际上是与汉字的产生、发展同步伴生的现象，可以说，从汉字创造之初就存在着简化的追求和表现。因为汉字是书写符号，书写是一个手工劳动操作过程，与所有的劳动遵循同样的经济学规律，追求"简、明、快"，古今同理。

汉字从篆到隶的演变是简繁汉字共同的源头。讨论简繁汉字的稳态理据，不能割断历史。汉字的发展演变是一个漫长的连续系统，其稳态的构式理据不应只是某个断代的现象，而应在古今汉字不同阶段都有表现变中的不变，所以有必要提及"隶变"。

1. 隶变前的构式理据

历史上最早的比较成熟的文字——甲骨文始见于 3263 年前的殷商武丁时期（前 1250 年）。

历史上对汉字构式理据的主流认识"六书"始见于《周礼》。在《周礼·地官·保氏》中有"保氏掌谏王恶，而养国子以道，乃教六艺"的话。"六艺"是六门功课，"一曰五礼、二曰六乐、三曰五射、四曰五驭、五曰六书、六曰九数"。"六书"指汉字的六种造字方法，即象形、指事、形声、会意、转注、假借。

《周礼》的作者和成书年代至今存在不同观点：有西周说、春秋说、战国说、秦汉之际说、汉初说、王莽伪作说等六种。时间跨度从西周（前 1046—前 771）到王莽（前 45 年—公元 23 年）1000 多年。

《说文解字》的作者许慎（约 58—约 147）在《说文解字·序》中系统阐述"六书"："周礼：八岁入小学，保氏教国子，先以六书。一曰指事。指事者，视而可识，察而见意，'上、下'是也。二曰象形。象形者，画成其物，随体诘诎，'日、月'是也。三曰形声。形声者，以事为名，取譬相成，'江、河'是也。四曰会意。会意者，比类合谊，以见指㧑，'武、信'是也。五曰转注。转注者，建类一首，同意相受，'考、老'是也。六曰假借。假借者，本无其事，依声托事，'令、长'是也。"

许慎作《说文解字》是以篆书为本纠正隶变后引起的混乱，达到正本清源的目的："今叙篆文，合以古籀。博采通人，至于小大。信而有证，稽撰其说……其于所不知，盖阙如也。"（《说文解字·序》）

以上说明，汉字在隶变之前的构式理据公认是"六书"。

2. 隶变后的构式理据

"隶变"是"隶分""隶合"的总称。

　　春秋战国"言语异声，文字异形"。秦始皇统一之初施行"书同文字"政策，以秦篆为主，"罢其不与秦文合者"，制定字样标准的"三篇"——《仓颉篇》《爰历篇》《博学篇》，"皆取史籀大篆，或颇省改，所谓小篆也"（《说文解字·序》）。

　　秦时就有"隶书"，为当时的"八体"之一。"一曰大篆，二曰小篆，三曰刻符，四曰虫书，五曰摹印，六曰署书，七曰殳书，八曰隶书。"（《说文解字·序》）

　　汉字从篆到隶的形体演变，完全突破了篆字的"形—义"关系的理据，而是根据字形结构的书写和布局的需要，进行分化或合并。

　　①隶分举例

　　"任、企、从、卧、孕、包、及、急、监、身、介"在篆书中，可以清楚地看到"人"旁都是同样的形体，隶变后，根据不同的位置分化为不同的形体。能明显看出"人"的只有**"任、企、从、介"**四个字，其余**"卧、孕、包、及、急、监、身"**等字须经过解释后才知道"人"的变体，从而理解构式理据。

　　又如**"炮、煎、尉、光、赤"**在篆体中都含有"火"字旁，隶变后，"火"分化为不同的形状：只有**"炮"**字明显，**"煎"**字次之，**"尉、光、赤"**则需特别说明才能知道。

　　②隶合举例

　　"春、秦、奉、奏、泰"五个字是一组典型的"隶合"的例子。

　　比较发现，隶合前的构式理据十分明显，结构上都是由三个相互离散的部件组成；隶变后，都成为上下分布的二合结构。五组区别明显的部件组合，"变成"同一个新部件。这有些类似简化字中的"符号代替"了：

　　隶变在独体字中也有很明显的表现。例如**"文、市、方、言、交、永、主、亦、玄、帝"**各字的篆体字形分别是：

上述例子中有 5 个象形字、3 个指事字、2 个形声字。

象形字:"文、方、交、永、玄"

文:"错画也。象交文。"

方:"并船也。象两舟省、緫头形。"

交:"交胫也。从大,象交形。"

永:"长也。象水巠理之長。"

玄:"幽远也。黑而有赤色者为玄。象幽而入覆之也。"

指事字:"主、亦、帝"

主:"灯中火主也。从坓,象形。从丶,丶亦声。"麒按:中央一点指灯中火柱,应为指事。

亦:"人之臂亦也。从大,象两亦之形。"麒按,左右两点指腋下,本腋下之"腋",假借为虚词"之乎者也亦然哉"之"亦",应为指事。

帝:"谛也。王天下之号也。从丄朿声。"麒按:本花蒂之"蒂",假借为帝王之"帝",应为指事。

形声字:"市、言"

市:"买卖所之也。市有垣,从冂从丂。丂,古文及,象物相及也。之省声。"

言:"从口辛声。"

古体字的隶变主要与笔画笔形的类化有关,反应了汉字从"篆"到"隶"形体变化的本质特征,就是笔画为基础的符号化。

③符号化的"六书"

由上面的例子可知,隶变使汉字的构式理据发生了巨大改变。对于已经发生了隶变的字,只有追根溯源才能用原来的理据来分析和解释,否则就说不通了。

隶变后,有些字只是形体特征变了,部件数量和结构方式没变,构式理据还保留着,如"任、企、从、介、炮、文、方、交、永、玄"等;有些字的形体变化很大,原有的理据淹没不清,需要特别提示说明;还有的在《说文》中就解释得语焉不详或者有误,如"市、亦、帝"等字,隶变后更莫名其妙了。

隶变是古文字发展过程中出现的最重要的一次形体演变。隶变后的汉字构式理据中增加了"符号"化的构形成分，这些符号改变了该字原有的"六书"理据，成为新的"形位"，进一步促进了汉字系统的符号化。

但是，这些新的"形位"无论从数量上还是功能上，都不足以改变整个汉字系统的构式理据，因此，隶变后的汉字构式理据至多可以说是"六书＋符号"。"六书"作为稳态的构式系统仍然发挥作用。

3. 隶变与简化的共性

汉字是记录汉语的书面符号系统。书写是汉字生成的方式，认读是汉字实用功能的体现。书写和认读的双重要素制衡着汉字的形体演变。从隶变和简化的种种实例分析不难发现，书写工具和书写方式是汉字形体演化的基本动因。

从书写的一方看，必然求"简"求"快"，所以就有减省笔画、部件，追求笔势流畅、笔画连贯等；从认读的一方看，自然希望容易辨识，不致混淆。

我们发现，隶变中已经出现了部件合并的现象，这与简化的符号替换具有异曲同工之处。

我们已无法也无权问责古人为什么不严守"六书"章法，为什么只看形状近似就随意"通假"，破坏原字的理据。因为这些正是古人留给我们的汉字遗产，构式理据隐含其间，见仁见智，任人评点。

在我们承认和接受这些历史遗产的前提下，再来认识简繁汉字的稳态构式理据，就容易达成共识了。

四、余　论

我们说简繁汉字稳态的构式理据是"六书＋符号"，而草书楷化恰恰是"符号"产生和发展的基础。

由此联想到日本的简化字，很容易发现"草书楷化"的痕迹。谨按"日本简化字—大陆简化字—繁体字"的顺序举例如下：

蛍—萤—螢、労—劳—勞、桜—樱—櫻、覚—觉—覺、悩—恼—惱
駅—驿—驛、楽—乐—樂、陥—陷—陷、勧—劝—勸、歓—欢—歡
観—观—觀、拡—扩—擴、厳—严—嚴、広—广—廣、賛—赞—贊
従—从—從、摂—摄—攝、塁—垒—壘、獣—兽—獸、戦—战—戰
縦—纵—縱、譲—让—讓、醸—酿—釀、殻—壳—殼、辺—边—邊

变—变—變、猎—猎—獵、灵—灵—靈、转—转—轉、伝—传—傳

既然"草书楷化"具有如此跨文化的共识，则进一步启发我们如何正视和利用这一潜规则，把汉字的功能发挥好。

由此联想本师殷焕先先生曾经提出的"楷草二体制"的主张，为了让书写更便捷，应该提倡汉字的规范"草体"，使之与"楷体"相辅相成，类似其他文字体系都有的"印刷体"与"手写体"并存互补，满足不同场合和方式的需要。

如果我们用发展的观点看待简繁汉字的构式理据，把"符号化六书"作为汉字稳态构式理据来认识，庶几可以在信息网络时代现代汉字的应用中，例如在对外汉语教学、中文信息智能化处理等领域，突破固有"六书"的局限和简繁的误区，让汉字发挥更大的作用。

仅以此文对澳门"两岸汉字使用情况学术研讨会"的胜利召开表示祝贺，并就教于大方之家。写作过程中参考了多位专家学者的论著，恕不具列大名，谨此一并致谢。

主要参考文献

1.《简化字总表》（语文出版社 1993 年 6 月）

2.《明确订定手头草体的规范和确立楷草二体制》（殷焕先、姜宝昌《文史哲》1984 年第 1 期）

3.《说文解字》（许慎 上海古籍出版社 2011 年 7 月）

4.《书法大字典》（新时代出版社 1994）

5.《简化字繁体字对照字典》（江蓝生、陆尊梧 上海辞书出版社 2007 年 6 月）

6.《汉语大字典》在线 http://ch.eywedu.com/xhzd/search.asp

7.（台湾）《异体字字典》http://dict.variants.moe.edu.tw/

8.《现代汉语网络课程》http://www.yyxx.sdu.edu.cn/chinese/default.htm

當代漢字的應用考察

黃坤堯

香港中文大學聯合書院

漢字合爲時而用。古文字以象形、象意、形聲三書爲主，還包括一些記號、變體之類；到了許慎 (58—148?) 的《説文解字》，就秦漢以來大量及見的日用文字，建立六書條例，後代有所謂四體二用之説，兼賅了造字及用字之法。至於殷周古文及戰國文字等，在漢代已失去了應用價值，許慎只能重點提示而已。現代古文字出土漸多，包括大量的帛書、竹簡等，其中的文字大抵也只有考古價值及文化意義，除了專家學者之外，一般人用不著。

南北朝時期，國家分裂，隨著語言的變化及生活所需，文字書寫尤爲紊亂，顏之推 (531—595?)《顏氏家訓》既有"音辭第十八"討論語音的變異，復有"雜藝第十九"探討書寫文字中的俗字、僞字及專輒造字，不合規範。論云：

> 晉宋以來，多能書者。故其時俗，遞相染尚，所有部帙，楷正可觀，不無俗字，非爲大損。至梁天監之間，斯風未變；大同之末，訛替滋生。蕭子雲改易字體，邵陵王頗行僞字；朝野翕然，以爲楷式，畫虎不成，多所傷敗。至爲一字，唯見數點，或妄斟酌，逐便轉移。爾後墳籍，略不可看。北朝喪亂之餘，書籍鄙陋，加以專輒造字，猥拙甚於江南。[①]

同時陸德明 (555—627)《經典釋文》亦稱"五經字體，乖替者多"，又稱"改便驚俗，止不可不知耳"，對於一些積非成是的現象，感到有些無奈。因而書中也記錄了很多的別體字。論云：

[①] 王利器 (1911—1998) 撰《顏氏家訓集解》(北京：中華書局，1993 年 12 月)，頁 574。宋本在"僞字"下注云："前上爲草，能旁作長之類是也。"

《尚書》之字，本爲隸古，既是隸寫古文，則不全爲古字。今宋齊舊本及徐、李等音，所有古字，蓋亦無幾。穿鑿之徒，務欲立異，依傍字部，改變經文，疑惑後生，不可承用，今皆依舊爲音。其字有別體，則見之音內，然亦兼采《説文》《字詁》，以示同異也。①

後代《玉篇》《廣韻》，俗字及新字漸多，而敦煌卷子俗字盈篇，更有大量的異體字、簡體字、假借字、錯別字等，寫法不一。唐初顏師古 (581—645) 考定《五經定本》，其從孫顏元孫 (?—714) 編《干祿字書》，張參撰《五經文字》，唐元度著《九經字樣》等，對考定俗字、訂出標準的楷書，也做了很多重要的工作。徐鉉校定的《説文解字》，增加了新附字，將“經典相承及時俗要用之字而本書不載者，皆補錄於每部之末”，其後檢字表中除部首、正文外，尚有別體字 147 字。②《康熙字典》《漢語大字典》等，在不同的年代中廣泛收集，自然數量大增了。但漢字的數量會有極限嗎？從歷史發展的軌跡來看，大概國家分裂的時候，就是漢字滋生的溫床；而相對統一的日子，自然講求規範，趨於穩定了。清代科舉對字體的書寫要求十分嚴格，寫不好楷體就甭想中舉了，所以《四庫全書》成於眾手，跟印刷字體相比，寫得還很規矩，不遑多讓了。現代《新華字典》對漢字的規範會管用嗎？面對兩岸四地的格局，社區語言背景複雜，而生活文化又發展各異，幾乎也就分爲“四制”了，要統一漢字，真的談何容易呢！至於現代人還有沒有新造的漢字呢？看來也是免不了的，例如化學元素表就有很多新字，而當代社會新科技、新事物層出不窮，全球化不斷發展，網絡書寫的交流模式日益多元化，我手寫我口同時更兼顧視象、聲響的直接表達效果，很多書寫習慣都在悄悄地改變當中，更是值得大家注意的文化現象。此外傳統粵語書寫的方言字，以及港式中文，例如“氹仔”“靚仔”“靚女”“烏掹”（骯髒醜陋）“唎啡”（不修邊幅）“唎 hae”（粗疏）“hae 吓”（舒服一下）等，可能都有機會進入現代漢語之中，以至避無可避了。

在國際層面來說，漢字影響周邊的國家，本來也很合用的，但漢字圈中的國家卻先後廢除或減少漢字。越南早於 1945 年即以拼音文字爲法定文字，而朝鮮則於 1948 年以純粹的諺文作爲法定文字。韓國用漢字諺文混合體，約有

---

① 鄧仕樑、黃坤堯編：《新校索引經典釋文》（臺北：學海出版社，1988 年），頁 2—3。

② 許慎撰，徐鉉 (917—992) 校定：《説文解字》（香港：中華書局，1979 年 2 月），前言頁 3；檢字頁 60—62。

1900 個漢字，可是現在韓國的小學完全不教漢字，而報刊也不用漢字了。日本採用漢字假名的混合體，"常用漢字表"列有 1945 個漢字。新加坡、馬來西亞等跟大陸看齊，專用簡化漢字。至於其他華埠地區，在媒體印刷方面，漢字仍在使用當中，繁簡互見。隨著近年中國經濟的發展，很多歐美人士也開始重視漢字了。平心而論，日語、韓語是沒有聲調的語言，跟漢語所屬的漢藏語系不同，很想擺脫漢字，保留若干漢字則是慣性使用和易於辨認的權宜做法。朝鮮和韓國取徑不同，就算完全不用漢字，也不影響溝通和表達，可以説是各有好處的。而越南語則屬南亞語系，使用漢字無法準確記錄他們的語言，最後只得完全以拼音文字來取代了。而香港的粵語書寫很多時亦以漢字作記音符號，跟文字的本義無關。

目前漢字的應用約有四種模式，即簡體字、繁體字、繁簡兼用、漢語拼音書寫。漢語拼音書寫以詞語爲單位，在對外漢語教學中，使用較多。這是一種多元並存的格局，看來還要維持一段日子的。

在臺、港、澳等地，除了繁簡不同及區域性的漢字書寫之外，其實還受日常生活語言的影響，漢字仍在不斷的創制之中，有時還沿用外文直接書寫當代的潮流產品，花樣百出，甚至夾雜英語、日語，十分普遍。

港澳乃粵語地區，粵語詞彙層出不窮，日新又新，在電影、電視、話劇、流行歌曲，以至報刊、雜誌、記錄報告 (例如警察報案記錄、社工記錄)、網絡書寫中等，粵語書寫十分流行，立法會上"拉布"(拖延戰術) "剪布"(反拖延戰術) 之説，加上"high 爆雲霄"(興奮到天上) "亂噏成真"(胡説的對了)之類，都可以豐富漢字組合的表現能力，可見漢字依然表現出強勁的生命力，推陳出新。不過有時也把很多人搞糊塗了，變成不是人人所能看懂的中文。至於特定行業術語，更屬專門範疇使用之列。文化隔膜所構成的人爲差異，往往出人意表。

近年香港報刊往往都揚棄了傳統的規範模式，愛寫港式中文，濫用潮語、俗語、外語，總是想一鳴驚人，吸引讀者的注意，本地人看會心微笑，但對外省人來説，不懂的地方多了，也就沒有甚麼意義，笑不出來了。

1."移乜鬼民啫"(葉一堅,《爽報》"新聞"第 4 版, 2013 年 9 月 9 日)

2."茂波又搶地，吼實郊野公園"(《都市日報》02 版, 2013 年 9 月 9 日)

3."連夜整容，重砌 200 塊料，北京鴨豐唇靚番"(《明報》Emily A16 版,

2013 年 9 月 9 日）

4. "大龍鳳停不了"（王師奶 "論盡教育"，《明報》教得樂第 620 期，11 版，2013 年 9 月 10 日）

王師奶剛出了一本書《香港教育大龍鳳》，慨嘆香港教育趨向浮誇，鑼鼓喧天，唱到街知巷聞。老師們扮什麼？全港都大龍鳳，只有做埋一份（參與），扮過河卒，梅香蔓（配角），一齊唱，一齊扮野。一般家長又真的很容易給喧鬧的鑼鼓聲迷惑，以爲大龍鳳做得勁的是好學校。家長在鑼鼓聲中迷失方向，學生在身教言教的薰陶下，耳濡目染，他日也可能是大龍鳳專家。看！香港教育淪落到這絕境。

"教師扮機師迎開學"——報載有某小學趁 TVB《衝上雲霄Ⅱ》熱播之際，由男老師扮機師，女老師扮空姐，在學校入口處迎接學生回校開學，然後個個拖住篋（旅行拉的箱子）慢步入禮堂，齊齊學林子祥唱 "衝上雲霄" 主題曲。呢（這）場大龍鳳學到十足十（一模一樣），學生自然 high 曝，旁觀的家長拍爛手掌，以爲自己去咗（了）TVB 錄影廠。這不是該校第一次以電視片集玩野，不過無這次咁 "賓虛"（盛況）。

其實學生被逼到苦過 Dee Dee，家長敢怒不敢言。所謂 "愉快學習"，口號而已，做幾多（多少）齣大龍鳳都難掩悠悠眾口。

5. "同學不安三輔導，'唔知佢依家點'"（《明報》"港聞" A3 版，2013 年 9 月 9 日）

疑跳崖輕生少女伍珍儀（Janet）曾以 WhatsApp 將輕生念頭告訴同學。

6. "女人的熊市"（葉朗程 "情陷夜中環"，《蘋果日報》金融中心 B12 版，2013 年 9 月 4 日）

I totally disagree，女人越老越牛才是啊！近期的熱話是姊弟戀，我十萬個興奮，因爲開正我嗰瓣（配合我的口味）。

以上各例中的 "移乜鬼民啫"（移甚麼民呢）"吼實"（盯住）"重砌"（重整）"料"（材料）"靚番"（再次漂亮起來）"大龍鳳"（做一場大戲或表演）等都直接以粵語口語入文，王師奶在內文裏摹寫香港小學開學日的盛況，有些誇張，簡直就是一場 "大騷"（show）表現了。除了粵語書寫外，還有一些 "TVB"（電視廣播有限公司）"high 曝"（十分興奮）"苦過 Dee Dee"（比小鴨子還要痛苦），"Dee Dee" 即 "小鴨子"，有音無字，只好借用拼音了。又專欄的名字"論盡"語帶雙關，既是書面語的"詳細討論"，也是粵語"做事不夠靈活"的意思。"唔知佢依家點"（不知道她現在怎麼了）乃記者原句記錄的口語。至於例6"熊市"則是財經術語，表示股市價值持續下滑。

7."多啦A夢吐氣揚眉"（李兆富，《爽報》"副刊"第23版，2013年9月10日）

多啦A夢（Doraemon，ドラえもん），又稱機器貓，小叮噹等。由日本藤本不二雄所創，即藤本弘和安孫子素雄兩位漫畫家合作的著名動漫。二人從1952年開始合作。多啦A夢的故事把人帶進一個奇妙、充滿想象力的世界，深受大家愛戴。

8."曼徹斯特懷舊Style"（《晴報》"旅遊Travel"，34版，2013年9月9日）

9."靚女揸fit人"（王奇雲，《am730》"遊樂"A36版，2013年9月10日）

揾chok爆型男林峰做對手。

10."3G大災難續集"（方保僑，《am730》"體育"A39版，2013年9月10日）

11."搭什麼lumber嘅bus呢？"（李登，《蘋果日報》"名采副刊"E9版，2012年12月17日）

有香港遊客在北京街頭用普通話問路："去天安門，請問搭什麼lumber嘅bus呢？"

12."斟新抱茶收$70利是，兒媳fb唱衰兩老"（《蘋果日報》A4版，2013年9月4日）參看附件圖一。

13."從'閨蜜'到'歸me'"（《晴報》"娛樂Entertainment"，59版，2013年9月13日）

吳君如回應老公陳可辛被疑與第三者田樸珺關係非比尋常，幽默地利用微博回應："不用理會甚麼閨蜜或龜蜜，反正我知道他的心（和財產）到歸me！哈哈哈！"最後"哈哈哈"三個字尤其能表現出她那自信豪邁和爽朗的特色，彷彿讓人看到她指著報道在哈哈大笑的模樣。

14."江澤民'too simple'牌匾，北大撤下"（《明報》"中國"A20版，2013年9月7日）參看附件圖二。

《北京晚報》報道，寫有網絡用語"萌""親""喜大普奔""圖樣圖森破"的4塊版區於8月底被掛在北京大學第二教學樓，字體有草書，也有小篆。據網民解釋，"喜大普奔"即是"喜聞樂見、大快人心、普天同慶、奔走相告"的縮寫，表示一件讓大家歡樂的事情，大家要分享出去，相互告知。

"圖樣圖森破"是"too young too simple"的中文譯寫，其實是江澤民的名言。"你們畢竟還是 too young，但是問來問去的問題啊，都 too simple 啊，sometimes naive！"江的名句也成爲網絡熱詞，帶有調侃意味。

15."WhatsApp 的中文點叫"（林超榮"蒼蠅一聲笑"，《明報》"時代副刊"D5 版，2013 年 8 月 30 日）

Twitter 好似還未有中文，給他一個中文名詞也沒有意思。説"推特"，那就太娘（很土氣）。

中文寫作出現太多英文單字，是"不純正中文"嗎？

上世紀的科技名詞，錄影帶有 NTSC 同 PAL 之分，音響又有 digital 同埋 analog，收音機的 FM 同 AM，硬用中文，就詰屈聱牙。

北京電視臺曾經提倡，新聞報道用純正普通話，不許用英文單字。例如 NBA、WTO、DNA、GDP……如不用英文，單是一個 DNA 和 NBA 的中文，就累到新聞報道 overrun（超過）……

既然，英文專有名詞可照讀，如外國明星或英超球隊和世界名牌及足球名將的稱謂，索性照讀叫 Johnny Depp，或者 Prada、Chelsea 和 Arsenal 一聽就明，勝過普通話翻譯。

16."科技字詞 phablet 及 selfie 上榜，牛津字典增千潮字"（《am730》"新聞"A12 版，2013 年 8 月 29 日）

"用 phablet 來 selfie。"——看得明這句子嗎？牛津英語字典網上版今年增錄約 1000 個年度新字，不少與科技產品及互聯網有關，如 phablet 其實是指屏幕面積介乎手機 (phone) 及平板電腦 (tablet) 之間的"大芒"手機，selfie 則是指用手機自拍。使用手機發訊息，當然愈簡明愈好，故 srsly、aplos 及 BYOD 等縮寫字便應運而生，三字分別由 seriously（認真地）、apologies（道歉）及 bring your own device（自備電子器材）引申而來。

此外，digtal detox（數碼解毒、即放假時不用電子產品）、bitcoin（數碼虛擬貨幣）等，亦爲新增詞彙。有關新字經進一步挑選，才會正式收錄在牛津字典印刷版內。

以上各條混雜很多英語詞彙，除了新科技、新事物的專門術語外，還有一些日常生活用語，例如"Style"（品味）"揸 fit 人"（主事人、有決定權的人）"chok 爆""歸 me""搭什麼 lumber 嘅 bus"（幾號巴士；有些人粵語 n、l 不分，lumber

當爲 number)，fb 即 facebook，作者寧願選用英文，或中西夾雜，一方面慣於上口，另方面也顯出風趣，都是潮流新興的語言風格，見怪不怪了。至於"圖樣圖森破""拿衣服"則是由北京傳回來的潮語，大家都感到新鮮，爭相仿效了。例14 內文還提到其他網絡用語"萌"（可愛怪趣）"親"（親愛的您）"喜大普奔"，亦有一新耳目之感，亦可見潮語感染力之強大，禁也禁不住，更遑論規範了。例15、例 16 都用實例說明目前使用漢字的局限。不要説牛津字典要增收新的字詞，其實《現代漢語詞典》也要不斷修訂，增收新詞語，而漢字則相對穩定，幾乎不用增加新字，也可應付自如了。

17. 寧得罪ＣＹ（梁振英），莫得罪師奶（婦女）。

18. 我唔（不）要雞汁，要亞視執笠（結業）！唔要雞汁ＭＡＹ（馮美基"May姐有請"節目）我要王維基！（潘大浪"ＣＹ血戰師奶"，《都市日報》2013 年10 月 20 日，港聞 18 版）

2013 年 10 月 20 日爲發電視牌照反黑箱作業大遊行，其中有兩條標語直接反映市民的不滿，富有創意。甚至"Ｙ""奶"、"汁""笠"、"ＭＡＹ""基"都相互押韻，易於上口，將漢字跟粵語、英語混合使用，簡單明白，香港市民自然一看就懂，甚至有所會心了。

19. "七大衰梗（一定失敗的）CV 求職信"(Good Job Daily，《晴報》"職場CAREER" 30 版，2013 年 9 月 11 日，原文刊於 CTgoodjobs.hk)

衰梗 1：懶醒。（好像很聰明）

衰梗 2："拿西"。（粗枝大葉）

衰梗 3：假手於人。

衰梗 4：抄得蠢。（愚笨）

衰梗 5：衰到七彩：有求職者的 CV 竟然五顏六色，甚至加了 bling bling 特別效果，內容閃到盲！

衰梗 6：潮得滯（過分）：見過有 CV 和求職信，出現"^_^"（高興)"T_T"（哭泣）"LOL"（大聲地笑）和"omg"之類的潮語。如果 HR 一定要回覆所有求職申請的話，除了"ttyl"，還有甚麼可以講？

衰梗 7：怪相。

20. "911 隨想"（魏綺姍，《晴報》"專欄 Columns" 36 版，2013 年 9 月 11 日）

有些數字總令人不安，也令人難忘，918 如是。而每逢 9 月 11 日，都會想起那些震撼的畫面。12 年過去了，世界變得和平嗎？戰火仍是不斷燃燒。

以上例句多用符號或數字來表達，常用的自然看得懂，例如 "omg" 是 oh my God，"HR" 即 human resource(人力資源)，"ttyl" 即 talk to you later。

現在這些語句都成了標準的港式中文，除了使用漢字書寫之外，還增加了英語、日語、潮語、符號、數字等組合成分，合起來即有異化或陌生化的效果，是好是壞，倒是一時難以判斷了。這得看以後漢語的發展才行。平心而論，要是沒有香港人天馬行空、離經叛道的想法，漢語還是相對會比較淨化的，也就是規範化了。聽說廣州現已限制新聞媒體使用粵式中文，過去《羊城晚報》的頭條標題 "美國股市跌到阿媽都唔識" ("阿媽都唔識" 即面目全非)，可能再難以出現了。① 不過，現在普通話世界的網絡潮語不遑多讓，漢語自然亦在不斷的改變當中。

現在漢字除了繁簡問題之外，其實是處於相對穩定的局面。1986 年官方明令宣佈廢除二簡之後，除了錯字、別字、俗字之外，表示再也沒有新增的簡體字了，而繁體字更是保持原狀，原地踏步。兩岸四地交流頻密，程祥徽教授 "繁簡由之" 的主張亦已深入民心，各取所需了。大抵簡化字已是一條不歸路，改來改去的折騰不起。臺港澳及海外人士有些固然會接受簡體字，但也有人依然喜歡繁體字，文化感情亦改變不了，繁簡共存當是最客觀的存在模式。戴昭銘論云：

> 為了實現和平統一大業而實行 "識繁寫簡"，等於是緣木求魚。用所謂 "書同文字" 去換取虛構的 "和平統一" 的功效，付出的卻是否定三十餘年推行簡化字的歷史功績的重大代價，智者似不宜取此下策。②

CK（筆名）"放棄廣東話" 云：

> 香港人，連讓孩子講句廣東話都覺得會影響競爭力，那香港還能剩低

① 原刊《羊城晚報》，廣州，2011 年 8 月 9 日。《明報》"《羊城晚報》頭條夠香港 feel" 彭志銘論云："以前唔少人都覺得口語無咁高級，書寫就要寫白話文，但網絡世界講求直接，所以會用未經修飾嘅文字表達自己，依家口語同白話文嘅界線已經愈嚟愈模糊喇。"《明報》EmilyA15 版，2001 年 8 月 16 日，陳嘉文編輯。

② 戴昭銘 (1943—) 著：《規範語言學探索》(哈爾濱：《北方論叢》編輯部，1994 年 12 月)，頁 166。

甚麼？是不是要連繁體字都不准孩子去學，讓他們只懂得簡體字才算順應潮流？[①]

現在簡化字的推行將近六十年了，基礎穩固，根本就没有回頭路，更停不下來；而 CK 所説的對廣東話和繁體字的感情，自然也反映香港家長最後的一點堅持了。

現在電腦使用十分方便，漢字繁簡互換也是常見的事。從簡化繁固然有很多問題，有時會錯得一塌糊塗，做過編輯的都很清楚。至於從繁化簡也會出現一些狀況，不見得就是一帆風順，完全正確的。近日我要將一篇小文轉換成簡體字，結果出現了一些奇景，例如下列各句：

其實這是記憶體歸位／其实这是内存归位
這有點像電腦裏的記憶體／这有点像计算机里的内存
關閘道上／关网关上
著有／着有

文中"記憶體"變成"内存"、"電腦"變成"计算机"、"著有"變成"着有"，總算事出有因，可以解釋的，但"關閘道上"突然變成"关网关上"，"閘道"變爲"网关"，可就真使人百思不得其解了。看來用者亦得小心校對，不能疏忽大意。近日新加坡文物局就鬧出笑話，利用網上翻譯，錯漏百出。例如"lion dance 舞獅"譯爲"獅子舞蹈"、地名"Bras Basah 勿拉士巴沙"譯爲"胸罩 Basah"等，[②]貽笑大方，只好停用了。

附　件

附件一

　　好多年無收過青蟹 !!!!! 大家都知我既 6299 黎左，而佢地同老公既關係又麻麻…當年我地係加拿大結婚無斟茶俾佢地，咁今日家庭聚會，5 姨 (99 個妹) 提議補斟返，仲準備埋利是…但係 99 話佢都有準備～點知返到屋企拆開（利是）係呢 7 張青蟹 @#$%^%（粗口？），10 蚊加幣都無……相信可以入健力士

①CK "放棄廣東話"，《am730》"新聞" A20 版 "人在中環"，2013 年 9 月 4 日。

②" 用 Google 英譯中，星洲文物局鬧笑話"，《明報》"國際" A22 版，2013 年 9 月 9 日。

最 cheap 嘅斟茶利是，@@ 定係 99（奶奶）
预知呢 7 張青蟹 N 年之後會升值 ?!?!?!?!

好嬲囉…第一次見咁既父母，就算同個
仔關係幾差，都無可能俾得出，過年俾看更
都唔會封 $10 啦…仲有一次家庭聚會要見，
之後我真係唔想再見到佢地…〔呔〕，我唔
會俾亞因叫爺爺麻麻，佢地亦都無資格，送
禮物俾 5 姨個孫，但亞因咩都無 @#$%$…
呀唔係，有 2 張青蟹係亞因既…好，申完

希望大家幫我傳開去，等人知道有咁騎
呢既父母。

THX

Like= 支持我地

附圖一

留言中的"青蟹"即舊式十元港幣；
62，老爺；99，奶奶；麻麻，表現一般；係，
在；俾佢地，給他們；準備埋，準備好；利
是，紅封包；屋企，家裏；好嬲囉，十分憤怒了；咁既，這樣的；幾差，很壞；俾
得出，出手的；看更，大廈保安員；麻麻，奶奶；呀唔係，啊不是；騎呢既，不懂
事的；THX，thanks。

附件二

附圖二

親：網絡用語。最早是“超女”周筆暢用來指稱她的歌迷。周筆暢説：“我們不僅是她的歌迷，我們和她之間就像親人一樣，稱我們這些歌迷爲‘親們’。”其他例句如：

“親，你在網上訂的貨已經到了，請明天下午三點準時到學校 16 樓來取。”

“親們，有寒假不回家想去旅行的嗎？來這裏報個名！”

“昨天我在九教丢了一個紅色的 MP3，不知哪位親撿到了，請聯繫我哦。”

关于汉字使用及其对策的几点思考

邵敬敏

暨南大学文学院

语言文字的规范是为它的应用服务的，这个问题是 1955 年提出来的，当时的情况是语言文字使用比较杂乱，问题很多，标准不一，公说公有理，婆说婆有理。所以就召开一个专门会议，集中加以讨论。无可否认，这一会议的召开以及随后的规范措施，是起到积极作用的。但是现在的形势跟 60 年前是很不一样的，我们认为起码有三大变化，或者说有三大特色：

1. 全球化。1978 年改革开放以来，中国进入高速发展阶段，现在已经相当开放，而且随着国力的大步提升，汉语正在走向世界。汉语面临三大接触：第一，作为民族共同语言的普通话跟各地方言，尤其是粤语、吴语、闽南话等强势方言的接触、互动，还有跟少数民族语言的接触、互动，都可能对普通话产生巨大的影响。没有人敢说，这一影响只是单向的，不是双向、甚至于多向的。第二，大陆的普通话跟境外华语，包括港式中文、澳门华语、台湾国语，乃至美式汉语、欧式汉语、日韩汉语、澳洲汉语等不同社区的汉语变体共存，它们必然发生碰撞，互相影响、渗透、交融。这种影响日趋加强，而不是削弱。第三，汉语跟不同语言，尤其是强势的英语，还包括我们周边国家的日语、韩语、俄语的接触、影响。这些都促使汉语发生巨大的变化，而且这些变化与日俱进，不是减少而是增大。我们必须正视这一发展态势。

2. 信息化。随着电脑和网络的普及，现代汉语受到了巨大的冲击。现在手机走向智能化，功能日趋丰富、精细，微信、微博在青少年中不是可有可无，而是无法替代的必备品，日益成为人际交流仅次于电脑的强大工具。这给语言文字带来的变化也是巨大的，绝对无法忽视。快餐式短文、电报式短信、标题式对话，大量流行。

3. 多元化。人类社会的发展，促使社会分工精细化，不同的人群有不同的需求。语言文字同样也是如此，不同社区、不同群体、不同专业、不同民族、不同地域、不同层次、不同角度、不同需求，就构成了对语言文字的多元态势。我们的商品在按照不同对象的不同需求进行细化，语言文字及其应用也在追求细化、个性化。

如果我们能够正视这三大新的态势，我们在思考汉字规范时，就可能比较准确地定位、把握方向。

一、汉字的陌生感及其对策

电脑的普及以及广泛使用，导致我们对原本非常非常熟悉的汉字的笔画产生"陌生感""距离感"和"摇摆感"。看到一个字，我们尽管认得，但是要你写出来，常常犹豫不决，摇摆不停，好像变得不会写字了，而且据说学位越高，这种陌生感越厉害。博士生不如硕士生，硕士生不如大学生，大学生不如中学生，结果是：小学生对汉字最熟悉。这就成了一个真实的大笑话。据国内某调查机构对北京、上海和广州等 12 城市进行的"中国人书法"系列调查显示，94.1% 的人都曾有过提笔忘字，其中 26.8% 的人经常会提笔忘字。

今夏各大电视台推出的汉字书写节目火爆，央视的《中国汉字听写大会》上，参加现场体验团的成人，一个个"提笔忘字"，比如"间歇""熨帖""黏稠"这些生活中的常用词，不时让人犯难。另外，"癞蛤蟆"一词，三个普普通通的汉字，只有 30% 的人写对，70% 的人居然写不出来。有记者采访香港理工大学的石定栩教授，他有个解释："这个词不常用，当然另外一个问题是难写。"

那么是什么原因造成了目前的困局呢？又有什么办法去消除这一尴尬的局面呢？我们认为由于电脑的普及，促使我们不再主要依赖笔来进行书写了，换言之是书写工具发生了革命，这是把双刃剑，有利必有弊。目前电脑的汉字输入法主要是采取汉语拼音。优点是我们的汉语拼音水平、普通话的拼读水平有所提高，但另一方面，汉字的书写能力则大幅度的下降。怎么解决？我认为，需要大力推广"汉字手写输入法"，其实现在这一系统已经相当高级了，灵敏、准确，可选择，可联想，识别率很高，但是还是有改善的空间，特别是目前还只能够单字输入，不能单词输入，不能短语输入，当然更不能整句输入。比如在智能手机上，我们现在主要应用的是"手写汉字整体识别系统"。如果能够为每部电脑安装这一汉字手写识别软件，"汉字拼音输入"与"汉字手写输入"交叉使用，这将有效地提高我们的汉字书写能力。

二、"识正书简"与"用正识繁"

现在繁简字并存是一种客观存在。香港、澳门、台湾，包括海外的部分华人社区里，通行的还是繁体字。有部分人对简体一直不愿意接纳，找出各种各样的理由来贬低、否定简体字，这里有认识上的差异，也有政治上的偏执。被别人一批评简体字，我们自己似乎也有点理不直气不壮的样子，这很可笑。因为，我们不能忘记一个最基本的事实：简化，给千千万万的普罗大众带来了福音。随着中国学校在官方课程中采纳简化字，识字率从 1950 年的 20% 猛增到今天的 90% 以上。说一千，道一万，社会的需求是我们汉字改革最强劲的动力。

台湾的马英九先生提出了一个口号，叫做"识正书简"，似乎得到不少人的欣赏、认同。其实这个提法是有问题的，而且问题很大。显然马先生在玩字眼儿，什么叫做"正"？那个潜台词就是"繁体"是正统的，"简体"是非正统的，是异体，是另类。这一点，大家都看出来了，所以我们坚持说：繁简都是正体。据大陆媒体综合报道，许多大陆语言学家都积极主张"识繁写简"。坦率地说，"识繁写简"这一提法，看上去是把"正"改为"繁"，是纠正了对方一个错误，但是这一提法显然是被"小马哥"牵着鼻子走，还是有问题的。

关键是"识正书简"背后是否还有深层次的潜台词？据有关报道："小马哥"对此有一个解释，他认为，"识正"就是认识正体字，但要书写的话可以允许写简体字，印刷体则尽量用正体字，这样才能跟中华文化的古籍接轨（2009 年 6 月 9 日中国新闻网）。表面上所谓的"正体字"（繁体字）与"简体字"各有各用，地位平等，其实完全不是这么回事！什么叫做"识正"？表面上似乎是"认识正体字"，其实意思是，我们阅读的应该都是繁体字。所有的书面读物，尤其是在电脑普及的当代，所有的软件都应该是繁体字。那可是"暗度陈仓"啊！什么叫做"书简"？那就是说你手头写的时候可以用简体字。请问，我们现在还有多少时候需要用笔去书写的呢？表面上看来，"小马哥"给你面子，我们是"识正"，你们是"书简"，大家一半对一半。本质上是繁体为正统，简体给你一个台阶，一个另类使用。

坦率地说，决定采取哪一种字形、字体，主要有四大因素决定：

1. 字理。汉字自身的内在道理、规律，包括蕴含的文化、历史等。

2. 好用。这是从使用角度出发的，包括容易书写（笔画简单），容易识别（区别性强），容易认读（标音准确）。

3. 高频。就是使用的人特别多。语言的使用，说到底还是个约定俗成，大部分是有道理的，但是也确实有一小部分道理不足，然而大家就这么使用了，你要讲学理，反而会造成混乱。

4. 经济。这是更为重要的原则。即使退一万步说，简体字有一些问题，有这样或那样的缺点，如果全部全面恢复繁体字，那么，所有的电脑软件都需要全部改动，所有的词典、教科书、全部身份证等等都要改动，这一变动所造成的损失，没有一个国家能够承受得起。

什么叫作正体字？即由专家审核政府法令规定的规范性字体，在大陆包括大量的传承字以及法令规范的简体字。现在大陆与台湾对此的理解当然有分歧，那没问题，最主要的是我们需要相互理解，要站在如何让老百姓更快更好地学习汉字的立场上去看分歧。

作为台湾地区的过渡性对策，"识正书简"比起抵制简化字，应该说是个进步，可以接受；但是这显然不适合大陆，我们应该提倡"用正识繁"，我们理解的正体字，包括传承字以及规范的简化字。我们的印刷品、软件当然要采用包括简化字在内的正体字，但是也要求大家认识繁体字，允许繁体字在一定范围内使用。大陆是"用正识繁"，台湾是"识正书简"，其实大部分的汉字是一致的，区别仅仅是繁简字的区别。双方都认识简繁字了，然后就过渡到"简繁通用"，这样双方退一步，就有了协商的余地，为今后汉字的一致化打下基础。最后我相信，社会实践的需求大于政治的面子，经济利益的衡量大于专家的主观愿望。汉字的合理简化趋势必定是历史的选择。

三、常用字的分级及其功能开发

最近国家语委公布的《通用规范汉字表》（2013 年 6 月 5 日）8,105 个，它分为三级："一级字表"为常用字集，收字 3,500 个；"二级字表" 3,000 个；"三级字表" 1,605 个，呈现递减趋势。这自然是一件大好事，但是我觉得，我们更为重要的是依据这个字表，能够衍生出什么样的功能来。

　　老外学汉字觉得特别难，这是世界闻名的。我们的小学生学汉字同样也难。但是在难的背后必定有便利的一面，那就是汉字的构词能力特别强。掌握词汇量是一个世界级的难题，可是，以前我们往往把"学汉字"与"记词语"这两个难题分开来解决，那么我们能不能合起来一起解决，达到事半功倍的效果呢？

　　汉语的词汇是个复杂的系统，从形、音、义不同角度可以建立起不同的子系统：同义词、同音词、同形词、多义词、类义词、同源词等。我们是不是可以建立另外一个"同族词"，或者叫做"同素词"的子系统呢？假设语素（汉字）为 A：起码可以构成 AB、BA 两个词语，如果 A 的构词能力特别强，就可以构成：

　　AB/AC/AD/AE/AF……

　　BA/CA/DA/EA/FA……

　　比如以常用汉字"电"为例，《现代汉语词典》（第六版）收录了 167 个词语，换言之，它可以派生出那么多的词语，参照 HSK 对"常用词"的规定，"电"开头的就有 27 个词语：

　　电报、电表、电冰箱、电车、电池、电灯、电动机、电风扇、电话、电力、电铃、电流、电炉、电路、电脑、电钮、电器、电气、电视、电视台、电台、电梯、电线、电压、电影、电影院、电源、电子。

　　然后再看"电"作为后一语素构词的情况，有 6 个：

　　手电、水电、外电、闪电、发电、邮电。

　　换言之，学会了一个常用字"电"，同时也就学会了常用词 31 个。可见，用常用汉字推衍常用同族词，是一条学习词语的捷径。然后再通过"交叉反复的习得"，必将大大提高学习汉字与词语的质量。

　　关键就是利用"一级字集"，编写"同族词群"。先排除构词能力低下的汉字（主要是虚字），用构词能力超强和比较强的汉字来构建"常用词群"，并且以此为依据，编写教科书和词典。比如：《常用字与常用词互动词典》揭示出字与词在语义上的联系与变化，还可以包括语音上的联系与区别。

　　现在的常用规范字表是按照笔画来排序的，我们最好是按照出现频率来排序。比如：人、水、电、上、下都是高频字，我们就可以以高频字组成常用词，即建立起"常用字／常用词"网络系统。这样，不仅我们的小学生，包括外国人，都可以根据这一方法，在短时间内掌握许许多多的词语。我们当年曾经编写过这样一本词典：《HSK 汉语水平考试词典》（华东师范大学出版社 2000），其中的原理基本上就是这个。

四、建议设立"汉语汉字水平综合考试"

坦率地说，目前我们国家整体语文水平是在急剧下降，尤其是中小学的语文水平实在让人心惊肉跳。九十年代有人大放厥词，说要"淡化语法"，结果，不仅淡化了语法，也把语音、汉字、词汇、修辞都淡化了，不仅仅是淡化，简直就是取消了。带来的恶果，现在是越来越清晰了，我们正在并还将继续吞下这一恶果。语文课几乎人人都可以为我所用，变成文学欣赏课，变成政治教育课，变成道德修养课，变成中国文化课，什么都行，就是少讲汉语汉字，甚至于不讲汉语汉字。

现在是到拨乱反正的时候了，但是光呼吁光宣传没用，人家不听你的！我认为，我们必须"以其人之道还治其人之身"，可以借助于"考试"这一指挥棒。人家有专门为英语水平设立的"托福"考试，有 GRE 考试，我们国家也有专为外国人设计的 HSK 考试，美国有专门的 AP 考试，我们也应该为母语是汉语的中国人设立"汉语汉字水平综合考试"，简称"HSZK"。

这一专门的综合考试必须是国家级的，对全体以汉语为母语的中国公民开放。考试内容涉及：汉字、语音、组词、词义、组句、对话、作文、文言文、虚词、标点。凡是从事跟汉语汉字有关的工作，必须获得这一类证书，根据工作种类的不同，分别要求达到优秀（90 分以上）、良好（80 分以上）、中等（70 分以上）、及格（60 分以上）。在目前的情况下，考试以及以分数划定的等级还是有一定作用的。这一考试制度的推行，将促进全体社会、全体公民的汉语汉字水平的提升。这是国家级的考试，是对全体公民的，这就有了权威性。

汉字水平、网络汉字、国际汉字
——当代社会与汉字关系的几个问题

胡范铸　陈佳璇

华东师范大学　韩山师范学院中文系

汉字近来已经成为一个重要的社会文化热点，其中比较突出的意见是：1.当前社会出现了汉字危机，汉字能力明显下降；2."提笔忘字"意味着汉字水平下降；3.电脑手机导致汉字能力的下降；4.要建立"规范汉字"概念；5.网络汉字不能收入通用汉字表；6.大陆应"用简识繁"，台湾则应"用繁识简"。可以说，这些意见已经成为我国语言学界乃至整个大众传媒中的主流意见。我们以为，这些意见固然有其一定的合理性，但是，却也不是不可加以讨论和辨析的。

问题一：当前社会出现了汉字危机？

"当前社会出现汉字危机"是近来很多媒体发出的惊呼，尤其是在 CCTV 等推出各种汉字能力秀节目后，随着节目推广机构对节目的宣传炒作，这似乎更日益成为一个"共识"。如潮州电视台近期做了一期关于汉字书写的专题，记者就"黏稠、喷嚏、赝品、分道扬镳"这四个词用读或拼音的方法，请从小学到大学或普通公众写出这几个词的汉字，测试结果最好的也只能写出两个。

应该说诸如此类的调查是有趣的，但是，却并不一定科学。

讨论社会问题，需要的是科学采样基础上社会调查的数据，而不仅仅是个案。

我们以为，如果说"今天某校中文系本科学生汉字能力较之二三十年前中文系学生明显下降"，这也许可以说是事实，但是，就"社会识字总量"而言，今天的中国，汉字水平一定是比过去大幅上升的。

我们不妨来看一组数据：

50 年前，1964 年的全国第二次人口普查，据对 28 个省市自治区的调查统计，694,581,749 人，其中大学程度是 2,875,401 人，高中以上 9,116,831 人，初中以上 32,346,788 人，不识字（13 岁以上）有 233,267,947 人。初中以上只占人口的 4.7%，文盲率为 33.6%

1982 年第三次全国人口普查，大陆 29 个省市自治区共 1,008,175,288 人，具有大学程度 6,016,969 人，具有高中文化程度的 66,478,028 人，具有初中文化程度的 178,277,140 人。文盲和半文盲人口（12 周岁以上）不识字和识字很少的人为 235,820,002 人。初中以上占人口的 17.7%，文盲率为 22.81%。

1990 年第四次全国人口普查，大陆 30 个省市自治区共 1133,682,501 人，大学文化程度的 16,124,678 人，高中文化 91,131,539 人，初中 264,648,676 人，具有小学文化程度的 420,106,604 人。不识字或识字很少的人（15 岁及 15 岁以上）为 180,030,060 人。初中以上占人口的 23.3%，文盲率为 15.88%。

2000 年第五次人口普查，大陆 31 个省市自治区 126,583 万人。大学文化 4,571 万人，高中以上 14,109 万人，初中以上 42,989 万人，接受小学教育的 45,191 万人。文盲人口（15 岁及 15 岁以上不识字或识字很少的人）为 8,507 万人。初中以上占 34.0%，文盲率为 6.72%。

2010 年第六次人口普查数据显示，大陆 31 个省市自治区人口共 1,339,724,852 人，大学文化为 119,636,790 人，高中为 187,985,979 人，初中为 519,656,445 人，小学为 358,764,003 人。文盲人口（15 岁及以上不识字的人）为 54,656,573 人。初中以上占人口的 38.8%，文盲率降为 4.08%。这里，具有大学（指大专以上）文化程度的人口近 1.2 亿。其中，北京市大学程度以上人数占到了总数的 31.5%，达到 617.8 万人。

年份	总人口	大学率	初中率	全国文盲率
1964	694,581,749	0.4%	4.7%	33.6%
1982	1,008,175,288	0.6%	17.7%	22.81%
1990	1,133,682,501	1.4%	23.3%	15.88%
2000	126,583 万	3.6%	34.0%	6.72%
2010	1,339,724,852	9.9%	38.8%	4.08%

今天人们受教育的平均水平远远高于过去——过去女孩子很多都不读书，同样，语言文字的平均水平也不会低于过去。用二三十年前大学生的水平与今天大学生的水平比较是不合适的，今天城市大学的录取率几乎超过 50%，当年也许只有 1%，用精英教育的大学生水平与大众教育的大学生水平比较并不科学。同样的 10 个大学生，今天的语言文字水平也许不如以前，但是，如果是科学抽样，同样是随机 10 位市民，今天社会的语言文字水平一定比过去高。也就是说，整个社会的语言文字水平其实并没有下降。

问题二："提笔忘字"意味着汉字水平下降？

那么，如果只就受过中等教育而言，认为现在的学生的汉字水平明显下降是否准确？因为比较过去的中学生，今天的也许更容易"提笔忘字"。

我们认为，第一，过去我们并没有进行过"提笔忘字"的社会调查，所以很难就同样的文化程度，今天的人是否比过去更容易"提笔忘字"给出确切的数据。第二，更为重要的是，我们需要辨析：提笔忘字是否就等于汉字能力下降？

语言学的基本常识告诉我们，汉字能力不仅仅意味着书写，应该包括听、说、读、写。

就听、说、读的能力来说，今天人们的汉字能力未必是弱化的，甚至也许可以说是提高了的。因为，电脑与手机带来了极大的交际便利，也带来了语言交际量的极大增加。每天聊 QQ、上微信、刷微博，都是在对语言文字的使用，而一种语言文字使用得越是频繁，则其生命力就越是旺盛。

那么，如果只就"写"的能力而言，是否就可以说汉字能力危机了呢？我们以为，这也需要具体分析。

在这里，就同一个人而言，由于过度依赖电脑和手机等电子产品，我们用电脑书写的能力增加了，但是用手写汉字的能力在相对意义上也许是有所弱化。

不过，我们更需要看到：用笔能力的弱化不等于书写能力的弱化，用电子输入方式（其中拼音也好，笔画也好，甚至就是直接的手写）也是一种书写。书写的工具从古至今经历过刻刀、毛笔，直到钢笔、圆珠笔、铅笔，并非一成不变。正如不能说只用毛笔写字不会用刀刻字就是汉字能力下降，倾向于电子书写而疏于用笔手写，也不一定意味着汉字水平下降。书写工具的变化，不等于书写能力的变化。只是同时某一部分哪里更容易凸显，而另外一部分容易弱化。事实上，以往人们写作一旦写不出某个字，就必须去翻阅字典或者求人，今天的电子书写则极大地改变了这一习惯，键盘联想出一连串字符有效地降低了书写的困难。有学者指出："汉字简化后提高了书写效率，《现代汉语词典》收录的 2200 多个简化字平均笔画数为 10.3 画，比相对应的繁体字平均减少 5.8 画，顺应了群众的需求，汉字简化的成绩是巨大的。"可是，我们更应该看到，电子书写诞生以后，笔画已经越来越不成为问题，即使是一些未曾简化的字，人们今天也能够比较轻松地加以书写。

问题三：电脑手机导致汉字能力的下降？

曾经有统计认为，电视的发明导致了人们家庭内部讨论、言语交际时间和频次的降低，那么电脑和手机的普及是否导致汉字水平下降呢？

工具越是便利，交际就越是方便，则能力就越是容易提高。我们拿笔写字的能力弱化了，电子书写的能力提高了，结果应该是随着书写的便利性的提高，人们使用语言文字的其他能力也会提高。也就是沟通效率的提高，带来沟通频率的提高，而沟通频率的提高，又势必带来沟通能力和表达能力的提高。

一部现代文学史，创作过小说的大体就几百人，而如今网络小说的作者则是数百万计。"烽火连三月，家书抵万金"，不仅说明战争带来的邮路困难，同时也证明写信曾经是一件比较隆重的事情，可是如今中国每年发短信数以千亿条，几乎平均每人每天都有一条以上。网络给每个人都提供了书写文字表达思想的空间，使用语言文字进行交际的量极大增加。假设如果有语言文字 GDP 的调查和统计，则现在的产值是过去的多少倍，是过去根本不可想象的。

过去曾经认为信息就是知识，现在信息如此海量，以至于今天的最重要的能力也许不是如何得到信息，而是如何选择信息。这是信息时代的一个新问题，却未尝不是语言文字能力的新成就。

只要 13 亿华人都在频繁使用汉字，读写同时使用，那么，汉字整体水平就不可能是下降的，最多只是一部分汉字的使用能力弱化，而另外一部分汉字的使用能力强化，所以我们无需过分紧张。

问题四：通用汉字还是规范汉字？

最近，教育部语言文字信息管理司发布了《通用规范汉字表》编制情况:《通用规范汉字表》收字 8,105 个，分为三级，一级字表为常用字集，收字 3,500 个，主要满足基础教育和文化普及的基本用字需要，也可以作为义务教育阶段的识字标准；二级字表收字 3,000 个，常用度仅次于一级字，主要满足出版印刷、辞书编纂和信息处理等方面的一般用字需要；三级字表收字 1,605 个，是姓氏、人名、地名、科技术语和中小学语文教材文言文用字中未进入一、二级字表的较通用字，主要满足信息化时代和大众生活密切相关的专门领域的用字需要。此外，还有两个附表，《规范字与繁体字、异体字对照表》和《〈通用规范汉字表〉笔画检字表》。

有学者表示:《通用规范汉字表》的发布使"规范汉字"这一法律概念落到实处。明确告知表内列举的 8,105 个汉字就是国家规定的通用规范汉字，这对于《中华人民共和国国家通用语言文字法》的进一步贯彻实施具有重要意义。

这里，就产生了一个问题:《通用规范汉字表》到底是通用字表还是规范字表，为什么原有的几个汉字规范表（如《简化字总表》《现代汉语常用字表》《现代汉语通用字表》《第一批异体字整理表》等）都没有提到"规范汉字"这一概念，而现在需要采用"规范汉字"的概念了？

把《通用规范汉字表》中收录的汉字理解为"通用汉字"，此外的汉字是不通用的，或者是"通用"度不够高的，这无疑是信息时代提高语言教学效率和语言交际效率的基础性工作之一。但是，能否同样把《通用规范汉字表》中收录的汉字理解为"规范汉字"，此外的汉字是不"规范"的，或者是"规范"度不够的？如果这是一个"规范汉字表"，则我们的字典，首先是《新华字典》《现代汉语词典》《现代汉语规范词典》是否就不能够收录表外汉字？繁体字都不是规范汉字？

显然，文字作为一个制度，其字形字音字义的确需要规范统一，但是，这并不意味着对于文字的使用数量也必须给予"规范"。

问题五：网络汉字不能收入通用汉字表？

中国现有网民数亿，网络的兴起不但带来网络语体的兴起，也带来一些新的文字现象，字母词以至于"火星文"大量涌现，如用"亻壬亻可"表示"任何"，用注音符号"ㄉ"表示"的"（如"我爱我ㄉ家人"）。

对此，文字学者的确需要表示谨慎，但是，是否这就意味着凡是网络出现的新文字现象就一概不能够收入通用汉字呢？我觉得未必。

所谓网络汉字就字形而言有两种情况，一种是纯粹的新造，一类则是非常用字的翻新；就语言功能而言，也有两种，一种主要是戏谑，一类则是表达了新的语义。对于"纯粹的新造字"和"功能戏谑字"，我们赞成特别谨慎地处理；而对"非常用字的翻新"，尤其是表达了其他文字表达的含义，则不妨持开放一些的态度。如"囧"，这一字的字形字义字音都已经被大众所接受，在大众媒介中也已经成为高频字，继续加以拒绝的理由并不充分。

语言学家在面对社会对于简化字的质疑的时候，几乎都能够秉持一种文字是自然发展的观念，可是，一旦遇到希望文字进一步发展的力量，则又都几乎一片反对。

文字是社会制度的一种，而一个社会制度需要处理的核心问题是公平与效率，其中本质就是"权利"。汉字作为一种社会制度，其创造权、使用权、修改权并不属于一部分专家，而是属于整个汉字社群，这时需要我们语言学者的自觉。

问题六：大陆应"用简识繁"，台湾则应"用繁识简"？

汉字有繁有简，大陆实行简化字方案以后，一度，简化字和繁体字仿佛成为大陆和台湾各自的政治身份标记。随着两岸交流的日益密切，有人提出了大陆应"用简识繁"，台湾则应"用繁识简"，如今，这一口号已经日益获得从学界到政府的认同。

那么，如何看待这一问题。我们认为，大陆"用简识繁"，台湾"用繁识简"，这是一个有见地的想法，却不是一个科学的方案。

首先，"识"也是一种"用"，不"用"的"识"是难以想象的。

其次，"大陆用简识繁"，则大陆的古籍出版是算"用"还仅仅是"识"；"台湾用繁识简"，则台湾的一些店招、广告越来越多地采用简体字，这算"用"还是"识"。

　　进而言之，汉字不仅仅属于大陆和台湾，澳门、香港用汉字，新加坡也要用汉字，汉字文化圈都会使用汉字，除此以外，在欧洲的华人社区，在美国的唐人聚集地，都有一个汉字使用问题，澳大利亚墨尔本机场的所有标志，更是基本都采用英文和汉字两种，连地毯上都是"欢迎来到墨尔本"。

　　也就是说，在全球化的今天，我们应该确立"国际汉字"的概念，每一个汉字社区都需要使用汉字。这就意味着，第一，汉字简繁的选择应该是一个汉字社区的自主选择，而不应该成为一种强势规定。第二，简繁在本质上应该成为一种功能的区划而不是身份的标记。第三，除非在法律和正式公文中，不应该过多限制繁简的选择。

　　由此，我们的结论一：随着教育的前所未有的发展，随着高等教育由精英化转向大众化，中国的"社会识字总量"是在大幅度提高，"汉字平均水平"也是在大幅度提高而不是下降。结论二：笔写能力不等于书写能力，提笔忘字并不等于汉字书写能力下降。结论三：手机和电脑的书写便利性极大地促进了人们使用语言文字进行交际的可能性。结论四：文字的字形字音字义的确需要规范统一，但是，这并不意味着对于文字的使用数量也必须给予"规范"。结论五：汉字权利包括创造权、使用权、修改权并不仅属于一部分专家，而是属于整个汉字社群。结论六：全球化时代应该确立"国际汉字"的概念，汉字简繁的选择应该是一个汉字社区的自主选择，而不应该成为一种强势规定，汉字的简繁在本质上应该成为一种功能区划而不是身份标记。

中西之"文"探析

祝克懿　刘　斐

上海复旦大学　上海外国语大学

一、"文"义源起

在许慎的《说文解字·叙》中,"文""字"分别被界定为:"独体为文,合体为字。"而独体"文"的形与义许慎进一步解释道:"文,错画也。象交文。"段玉裁《说文解字注》也同释为:"错画者,交错之画也……象两纹交互也。"我们认为此类解释抓住了"文"作为一种文字符号形、义生成发展进程的主要脉象:符号"文"之形、义取于事物之"图纹",交错而成的"图纹"因象形和符号指意作用建构起"文"作为象形文字最重要的交错特征。循此交错特征生成的"文",许慎在《说文解字·叙》中推测其源头为:"黄帝之史仓颉见鸟兽蹄远之迹,知分理之可相别异也,初造书契。"推测其发展路径为:"仓颉之初作书也,盖依类象形,故谓之文。其后形声相益,即谓之字。文者,物象之本;字者,言孳乳而寖多也。"这种推论力图说明仓颉创制文字是受鸟兽留在地上的印迹——图纹的启发,其创制原则是按照事物的形状临摹,形成一种符号体系。独体符号为"文",形与形或形与声滋生繁衍而成的合体符号为"字"。"文"作为独体字,只可"说",而"字"为合体字,却可以"解"。可引作例证的是章太炎所著《文始》一书的命名也取"文"作为独体字之义。且章太炎在书中提出"初文"(纯象形字、纯指事字,多为独体象形、独体指事)和"准初文"的概念,认为初文与准初文通过"变易"和"孳乳"两大原则可衍生出所有汉字。其立论还是基于对独体的"文"和合体的"字"的对待分析。梳理这种"文""字"的脉象走向,其发展似乎可以描述为三个阶段:图纹符号→文→字。即图纹符号是认知的初始阶段,"文"和"字"同源自图纹这种印迹符号却因具备了语言交际功能区别于普通图纹，可以推测这是因为有仓颉等前人在文字创建、认知过程中附属、灌注了"文"和"字"以语言文字功能意义。可为反证的是至今未被解读出意义的器物上的符号、岩画、壁画、族谱、族徽等，就是因为没被转化、抽象出语言符号功能，至今还不是文字，只是图纹。因此，一方面，图纹符号是文字的"源"，是"文"和"字"生成不可或缺的现实基础，因文字作为一种象形文字，其语言符号的意义与外部事物及其形态之间的对应存在着一种必然的联系。从更广泛的意义上说，符号学创始人皮尔士认为，就一般文字符号而言，是人们的生活经验构成其符号意义的来源。（丁尔苏，2000：24）人们在解释意指现象时不可能不参照语言外部的事物，语言符号在进入系统之前就已经具有相对独立的意义。（丁尔苏，2000：36）换言之，图纹符号之所以能演变成语言文字符号，成为语言系统之一员，是因为它们在人们的交际认知过程中被赋予了语言功能意义。而另一方面，图纹符号"源"系统发展有许多向度，不是所有符号都会发展为文字这个"流"，有的符号根据社会生活发展之需求，至今仍然是"图纹"。文字"流"的形成必须以图纹符号已经转化、抽象出语言功能意义作为重要前提。

二、"文"的内涵义

许慎对"文"义的解释为："文，错画也。象交文"。而杨琳的《汉字形义与文化》（2012：399）则另有一种评论，他认为："许慎对本义的解释是对的，但对字形的分析是错误的。甲骨文和金文中的'文'字像一个伸开双臂站立的人，身上有花纹，这是一个根据古代的文身习俗而造的字。有的'文'字把身上的花纹省略了，可以说是当时的简体字。许慎没见过'文'的繁体写法，仅仅根据简体字形揣测造字取象，所以把字形理解错了。"为了证实"文"字起源于"文身"，杨琳还进一步论证到：因为文身是古代社会广泛流行的习俗。埃及金字塔中发现的木乃伊身上就有文身的痕迹。1948 年，俄罗斯一位考古学家在西伯利亚的帕兹里克发现一座公元前 500 年的古墓，墓中男墓主身上布满了文身。中国古代文献中对文身的记载也很多，《史记·周本纪》《墨子·公孟》《战国策·赵策二》等中均有文身的记载。（2012：399—400）

我们认为杨琳的"文身"说是把独体象形符号和合体象形符号的文字创制原则混为一谈，将"文"的形意取之于图案花纹，"文身"由交错的"文"或"文"与"声"的衍生过程合而为一了。从认知过程看，独体象形符号的生成先于合体象形符号，而且摹状具体事物的象形符号从图画中分离出来，即从交错的图纹到表意符号的"文"，应该经历了一个对客观事物的摹写从简单具体到复杂抽象的认知推理过程，经历了一个从图画到图文并存再演化到文字的过程。裘锡圭先生在《文字学概说》中指出："在原始文字阶段，文字和图画大概是长期混在一起使用的。"（裘锡圭，2012：117）图画发挥文字的作用，转变成文字，只有在有了较普通、较广泛的语言之后才有可能。这是由于表示"具体事物的象形符号，大概是在'大'这类跟图画有明确界线的文字产生之后，才在它们的影响之下逐渐跟图画区分开来，成为真正的文字符号的"。（裘锡圭，2012：118）据此推理："人"＋"身上的图纹"能转变为"文身"意义的文字"文"，应该是在"人"的图画代表"人"是能思维、会制造使用工具的高等动物的意义已经成为一种常识，附加到"人"身上去的图纹已经成为一种文身象征时的意义演进。

虽然杨琳所言甲骨文、金文的"文"字像一个伸开双臂站立的人，身上有花纹，而实质上"人"形已经是一象形独体，"人"身上再附加意指的纹身"花纹"，"文"已经是一个合成体。再者，人身上的"纹"也只是图纹符号中的一种"纹"，很难断定文字符号"文"的创制就一定取之于若干图纹中的"文身"。更重要的是我们认同许慎关于"文，错画也。象交文"的形义界定，认为学界关于文字起源结绳说、契刻说、鸟兽痕迹说实质上都归结到"错画""交文"摹写的一种情景之中，且都表图纹交错意，而不仅是杨琳所说的文身的形体。"错画""交文"应该是"文"的内涵义，也应该是符号的"文"向文字的"文"转化的交集处、关键、核心。其实，即如杨琳也承认"甲骨文中的'文'字虽然画的是文身的形象，但这个词的本义却不宜直接照图理解为文身，因为造字只能选取具体的事物，而词义则具有概括性。根据文献中实际使用的情况来看，'文'的本义应该概括为花纹或图案"（杨琳，2012：402）。

交错为"文"之所以可以认定为"文"的内涵意义，是因为现实生活本身呈现出丰富的例证。如许慎所言任何事物交错皆能成"文"："上则天文，下则地理，中则人伦，小之鸟兽草木莫不有文焉。"当然，不可否认，人身上所绘花纹也是一种"文"。文献所证，线条交错可成"文"，任何事物交错能成"文"。《易·系辞》所谓："物相杂故曰文。"清代俞樾《春在堂杂文三编》（清光绪二十五年刻春在堂全书本）卷三《王子安集注·序》也指出：

物相杂谓之文，说文曰，文，错画也，象交文，盖必相交相错而后成文。

《易·系辞》所说的"物相杂故曰文"与俞樾所谓"盖必相交相错而后成文"，实际上属于方法论意义上的理论总结，体现出古人的思维方式。元代戴侗《六书故》（清文渊阁四库全书本）卷一有：

> 文：文理也，象文理错乂。传曰：宋仲子生而有文在其手曰"为鲁夫人"，此文之本义也。

即《左传》记载宋仲子出生的时候手掌上的掌纹组成的文字为"为鲁夫人"，戴侗认为这是"文"的本义。掌纹相交也是指线条交错，于许慎所谓"文，错画也。象交文"表义是一致的。

《考工记》中有"青与赤谓之文，赤与白谓之章"，可见，色彩交错也可为文。清代桂馥《说文解字义证》（清同治刻本）卷二七"文二"则指出织物相交也可为"文"：

> 《易·系辞》："物相杂故曰文。"……桓二年《左传》："火龙黼黻昭其文也。"

南朝刘勰《文心雕龙·三十一情采》指出：

> 立文之道，其理有三：一曰形文，五色是也；二曰声文，五音是也；三曰情文，五性是也。五色杂而成黼黻，五音比而成《韶》《夏》，五情发而为辞章，神理之数也。

刘勰提出"形文""声文""情文"，认为不仅色彩、织物相交为文（"五色杂而成黼黻"），声音相交成文（"五音比而成《韶》《夏》"），情感交错也可成文（"五情发而为辞章"）。

综上，以交错为核心，图案花纹交错为文，线条交错为文，色彩交错为文，织物交错为文，声音交错为文，情感交错为文，其"文"的观念，蕴含着鲜明的交错观。

三、交错为"文"是中西共同的思维规律

不管是《易·系辞》中"物相杂，谓之文"，《国语·郑语》中"物一无文"，还是《说文》中"文，错画也，象交文"，古往今来，交错成文的观念是普遍

的，也是根深蒂固的。无独有偶，交错成文的观念在西方也是同比程度很高的心理机制。互文性理论的创始人朱莉娅·克里斯蒂娃1989年撰写《中国：作为科学的书写》（China:Writing as Science）一文，从非母语者的角度旁证了无论文字的产生还是更早的结绳记事相当程度上都源于事物的交错变化形态。她指出语言书写因素类似于所指称的真实因素，中国书写的创造归功于第一代国王——黄帝的大臣 Li Ssu。[①] 显然，Li Ssu 是因从泥地上的鸟迹而获得灵感。据推测在记事文字产生以前，古人有结绳的符号系统。（罗婷，2004：267）显然，克里斯蒂娃对中国文字创制起源的认识就是接受交错图纹为文字基础的典型例证。克里斯蒂娃还通过转述法国汉学家葛兰言在《中国人的思维》（1934）一书中的观点来表达她的认证：汉字"与用来表示概念的符号是不相同的，与我们以尽可能确定的方式来固定一个抽象的概念是不相吻合的。它首先使那些不能被界定的复杂的特殊意象呈现出最生动的形象"。"汉字不是纯粹的符号"，而是"在语法和句法机制作用下被赋予生命的"符号。（罗婷，2004：264）当然，克里斯蒂娃也从西文的角度谈"文"，只不过所言之"文"是包蕴在"互文"之中的"文"，是指有交互功能作用之文本（Text）。其"文"的交错变化义源于本义为"编织"的拉丁语 texte，关联着西文"波动""联结""交织""编织""编织物"等词的本意，也是与中国汉字的"文"发生互涉关系的要素成分，而"编织"是文本理论的核心概念和中心术语。她的老师罗兰·巴特更是直接视"文、织品及编物，是同一件物品"（罗兰·巴特，2000：263），视文本是文学作品的现象表层，是进入作品并经安排后确立了某种稳定的且尽量单一意义的语词的编织网。在巴特眼中文本是一张巨大的网，他在《文本的愉悦》（The Pleasure of the Text）中将文本比作编织物，在他看来：文 (Texte) 的意思是织物 (Tissu)，不过迄今为止我们总是将此织物视作产品，视作已然织就的面纱，在其背后，忽隐忽露地闪现着意义 (真理)。如今我们以这织物来强调生成观念，也就是说，在不停地编织之中，文被制就，被加工出来。（史忠义，2009）我国学者也接受了篇章与"编织物"机理类同的比喻，也将篇章理解并摹状为交错编织之貌。"篇章是语言符号交错混杂的复杂构成物，而不是简单的符号序列；篇章的构成应该具有横向和纵向两个轴向，只有这样，才能保

[①] "Li Ssu" 疑为"仓颉"之误，文献记载如《吕氏春秋·君守》"奚仲作车，仓颉作书，后稷作稼……"《韩非子·五蠹》"仓颉之作书也，自环者谓之私，背私谓之公"等都确定了仓颉创制文字之功。

证'编织之物'的牢固性，不至于一点破碎则使整个织物全部分解无遗；篇章的整体性源于一针一线的穿插和缀合，源于碎片或断片的连接和整合。"（陈勇，2010：84）

无论是中国古代认知的独体的"文"，合体的"字"，连句成篇的"篇章"成品，还是西方认知的由"编织"方式成就的文本，都是以交错作为核心理念和中心术语。上述对传统文献中"文"的脉象的梳理和西方"互文"之"文"的讨论，都以交错为出发点，从"文"的生成衍变、从微观个体的角度充分展示了中外古人创造文字、今人发展语义共同之思维规律。

参考文献

1. 克里斯蒂娃. 中国：作为科学的书写 [M]// 罗婷. 克里斯特瓦的诗学研究. 北京：中国社会科学出版社，2004.

2. 罗兰·巴特. S/Z[M]. 屠友祥译. 上海：上海人民出版社，2000.

3. 史忠义. 风格研究 文本理论 [M]. 开封：河南大学出版社，2009.

4. 裘锡圭. 裘锡圭学术文集：语言文字与古文献卷 [M]. 上海：复旦大学出版社，2012.

5. 陈勇. 篇章符号学：理论和方法 [M]. 哈尔滨：黑龙江大学出版社，2010.

6. 杨琳. 汉字形义与文化 [M]. 天津：南开大学出版社，2012.

7. 王显春. 汉字的起源 [M]. 上海：学术出版社，2003.

8. 丁尔苏. 语言的符号性 [M]. 北京：外语教学与研究出版社，2000.

一個文化人對漢字的看法

周志文

臺灣大學

一、文化人

首先聲明，我不是一個專門研究漢字的學者專家，按理來説，是没有資格在一個專門討論漢字學術問題的專業討論會上發言的。但我是個以漢字依存的文化人，没有漢字，就没有辦法展開我的文化生活，所以，漢字對我十分重要。中國有句俗話説："開門七件事：柴、米、油、鹽、醬、醋、茶"，指的是日常生活必備的七件物品。在我看來，這七件物品，也有輕重之分，其中米最重要，没飯吃是會死人的，柴也重要，可以把飯燒熟了，油鹽醬醋是調味品，比較起來可有可無，就没那麽重要了，其中的茶，當然更没那麽重要，有些人一輩子没喝過茶，也可以活得好好的，所以將調味品與茶視爲同樣重要，要從另一套價值體系上來看。但漢字對我而言，是我認知與表述的最重要工具，文化人要處理知識，要表達看法，都要靠文字，假如没有文字，就好像没有飯吃的人一樣，文化人只有斷絶生路。

因此漢字對我而言，有米飯一樣的重要，有時比米飯更爲重要，醫學研究説，一個人不進任何固體的食物，只喝清水，也可以活十天半月，但連清水都不喝，就只能活一週了，所以清水比米飯對維持生命而言更爲重要。但還有更重要的，就是空氣，人如搗住鼻孔，不讓呼吸，幾分鐘就死了。漢字對一個文化人而言，是決定他存在與否的最重要機會。一個人死了，表示他還活過，一個没有文字可用的文化人，根本就没活過，所以空氣與水決定人的生死，而文字決定文化人的存在與否。

　　各位一定聽出來了，我一會兒説"文字"，一會兒説"漢字"，有點語意不清，因爲這世上，除了漢字之外，還有許多的語言文字。是的，對於很多人確實是，不用漢字，可以用英文、法文乃至俄文、日文，但，我認爲同時精熟幾種文字的人，畢竟佔少數（依我的標準，精熟一種文字的也不多），我"略懂"外文，然而我以前以教書爲業，現在退休了，還每天看書，偶爾也發表點文章，朝思暮想（不管想的是好是壞），用以形成自己觀念與作品的還是靠中文（由漢字組合而成），而且我周圍有十幾億人口，都是用中文在思想、在説話，我們對自己已用慣的工具，表達一些使用者的意見，評一評它的優劣，也不算不應該，所以也趁上臺的機會，説一説自己的看法，當然不夠成熟，又夾雜著許多"外行"的語言，請大家原諒。

二、歷　史

　　這次各地的學者專家聚集澳門來談漢字的問題，規定的討論範圍很大，但最關心的一定放在漢字未來如何"整合"的問題。自秦始皇統一文字之後，過了兩千多年，漢字原没有什麼太大的整合問題存在的，整合的問題出現在 1949 年之後大陸進行的簡化活動之後，這是一項由政治力強烈干預文化事務的結果。目前的"現狀"不得不顧慮，簡化字已推行五十年，有十三億人在使用它，想要改回頭用傳統的"正字"，已確實不可能了。但我們還須要談它，因爲不論文字本身，還有涉及的文化問題都既大且深，不容忽略。

　　任何人都知道，漢字的歷史很長，現在人喜歡談世界性人類遺產的問題，有文化遺產，有自然遺產，聯合國都出面來干涉維護。漢字無疑是人類世界最重要的文化遺產，這是大家都肯定的。但我不喜歡叫漢字爲文化的遺產，埃及的象形文字，兩河流域的楔形文字，算是"遺產"，因爲它們除了炫耀歷史之外，不再使用了，而且連埃及人與伊拉克人都不認得它了，換句話説，這兩種文字是已死亡的文字。漢字不但歷史久，且仍被許多許多人使用，它仍然是活的，而且活得十分"生猛"，説它是遺產也許不錯，但絕對不足，該説它是人類文化的"資產"才對。

　　然而漢字有它的特殊性，由它所構築的中華文化，也有特殊性。漢字有別於一般的拼音文字，易於認知卻難以書寫，使得後人對它產生誤解，認爲它學習、使用困難，甚至於應該由更爲"進步"的拼音文字所取代。卻不曉得，漢字自創造之始，就與語言平衡存在，漢字有自己獨立的生命，並不附屬於語言，不像一般的拼音文字，只算是語言"書寫"的一部分。由於漢字自始有自己的生命，字與字的間隔相同，大小也同，所以形成的中國藝術，特別強調對稱與調和的美，而漢字以形體爲主，即使讀音相同也有別義的功能。在中國，各地言語也許隔閡，但只要寫出文章出來，無不溝通順暢，清末康、梁趁到北京會試的機會糾合各地舉子"公車上書"，以圖變法，康、梁是廣東人，粵語是很難讓一般人聽懂的，但那群舉子不論來自全國各處，很少受到語言上的障礙，主要靠著有效與統一的文字。

所以從這一方面說，統一的文字與相同的語法（文言文）對中國的影響，假如中國採用其他民族的拼音文字，早像歐洲一樣分裂成許多國家了，哪能構成目前還算統一的局面呢？主張用拼音取代漢字的人，一定沒見到這個。還有前面說過，漢字因獨立發展得太久，已形成一種與拼音文字完全不同的文字形態，其中之一是，漢字後來因大量採用形聲的方式來造字，這種文字，因爲都是單音，很容易在聲音上重複，由於字形不同，聲音相同也不致混淆，但如用拼音取代，就亂相百出了，最有名的例子，是趙元任創造的笑話，他以國語"ㄕ"（普通話 shi）發音的字寫了個有趣的故事。①

我想，那些想用拼音文字取代所有漢字的學者，假如早一點知道這個趙元任的玩笑，就會覺得他們的主張跟"施氏食獅"一般的荒唐，就不會再大搞拼音化的運動了。然而悲劇是，六十年前在大陸推行漢字簡化的工程，確是標舉著"國際化"的大旗，以消滅所有漢字爲目標，期望在"一簡""二簡"乃至三、四簡之後，漢字不再存在，而全面由拼音（漢語拼音）取代。

幸好大陸用了全國的資源好好的"實驗"了這場鬧劇，"二簡"推出後不久就由國務院正式發布命令廢除了，而且也應許，漢字應保持穩定。至於漢語拼音的地位，雖然周恩來 1958 年 1 月在"全國政協"會上曾說過："首先應該說清楚，漢語拼音方案是用來爲漢字注音和推廣普通話的，它並不是用來代替漢字的拼音

---

① 這個故事是《施氏食獅史》，全文是：石室詩士施氏，嗜獅，誓食十獅。施氏時時適市視獅。十時，適十獅適市。是時，適施氏適市。施氏視十獅，恃矢勢，使是十獅逝世。氏拾是十獅，適石室。石室濕，氏使侍拭石室。石室拭，氏始試食是十獅。食時，始識是十獅，實十石獅。試釋是事。

文字。"^①但趨勢的發展，好像不照著周的話而進行，否則後來爲何又公布了漢語拼音的"正詞法"的種種原則呢？因爲如果只是拼音的工具，是完全無須正什麼"詞法"的，只有文字才有此需要，可見大陸當局還是打算把傳統漢字逐次"簡滅"之後，由他們認爲更"進步"的拼音文字全面取代。但經過二簡失敗後，這個想法也不得不回歸原點，很簡單，"施氏食獅"，既是漢語的歷史，也是漢字的現實，已深埋在中國語言文字與生活之中，不容人迴避。

三、所謂趨勢

我在大陸以前常聽到一句話，就是"由繁而簡，是漢字發展的趨勢"，我深不以爲然。以人類文明發展的程序而言，由簡而繁的要比由繁而簡的例子多得多，文字是文化不可或缺的"載體"，自然也是一樣的。簡單一點説，人類從不會用文字到會用文字，就是由簡而入繁，文字由獨體的"文"而增益爲合體的"字"也是由簡而入繁，《説文》序説："倉頡之初作書，蓋依類象形，故謂之文。其後形聲相益，即謂之字。字者，言孳乳而浸多也。"所説就是。"六書"中的形聲與會意，都是"孳乳"出來的字。有的爲了別意，便新造一字，譬如《論語》"莫春者，春服既成"，依後來的寫法，就得寫成"暮春者，春服既成"了，在《論語》的時代還沒有暮字。"莫"在那時候指的就是晚上（字形是太陽落到叢草之間之後，天變黑了之意），後來這字意引申開來了，因黑暗看不見而有了"無"意（閩南語中的"無"讀成"莫"的陽平，看不懂説成"看莫"），再因黑暗會產生危險，又變成"勿""不要""不可"的意思，本意"晚"漸漸被遺忘，要用"晚"這意思的時候便創造了一個新字"暮"，其實"暮"這字是不通的，要知道有句成語是"天無二日"呀。

再舉一例。"益"字的原意是水從器皿中流出來，是"溢"的本字。但水滿出來表示"多"，一般有"多多益善"的想法，也就有了"善"意，當益這字多用在多與善的含義上面時，水滿出來的意思反而不見了，只得另創造"溢"字以應所須，文字就"孳乳而浸多"了，這不是繁化嗎？這樣的例子太多了，當文化變得繁複，文字也得變得繁複，是很自然的，也是很必要的。"它"原意是蛇，但當它"假借"做第三人稱的代名詞之後，便再創造了一"蛇"字，字增加了，

---

①見 1958 年 1 月 13 日《人民日報》。

筆畫也加多了，卻是必要的，所以我們不能以繁化爲敵，以簡化爲尚，要知道簡與繁是自然發展的結果，而在文化歷史上，由簡變繁，反而例證較多。

人在窮極的狀況下，是只想求簡便，有點東西吃，用手抓過來就可以，最多折斷樹枝插來吃，等到有錢了，生活過好了後，才注意起烹調技術來了，鍋碗瓢勺才講求精美，眾人聚食，還得講究飲食的禮儀。要知道文化的目的不完全在應付生存，而在增進生活。從生存的角度言，認不認識字沒大關係，人到只剩一口氣的時候，稍許食物，“得之則生，弗得則死”，在這時候，文字不但可以簡化，也許可以盡數廢除不要，因爲世界上其他生存的動植物都沒有文字。但人類與世上的動植物究竟不同，孟子曾説“人之異於禽獸者幾希”，看起來不多，但關係遠大，當人類生存下來了，生活逐漸過得優渥，便想到應用語言文字來表達各種狀況，用語言文字發抒胸中極爲精細幽獨的感情，語言文字變得更加繁雜多元，是再自然不過的事了。

過於繁瑣而不利使用，當然得簡化，但不能説簡化才是漢字發展的趨勢。

四、很小的“小事”

漢字簡化在大陸已進行了一長段時候，所有的讚揚與批評恐怕都已説盡，此處我不想再説。我只想討論，以大陸的標準而言，這費盡力氣的政治文化運動，到底爲漢字的簡便產生了哪些作用。

從個別而言，確是簡化了一些，很多筆畫多的字都變得筆畫少了，但用這樣的方式，是真正達到“簡化”了或“繁化”的目的了呢？舉例而言，我們爲簡化而“創造”了一些新字，像“华”“农”“毕”等字，我們只能鼓勵甚至命令人民使用，但“華”“農”“畢”這類早已固定形式的傳統字並沒有消失，任何認識“中华”的人都得認識“中華”，認識“农业”“毕业”的人都也得認識“農業”“畢業”，認字的人與用字的人須同時記住兩套字，從教育學的認識論上，請問是簡化了或繁化了呢？

當然人腦的容量幾乎無限，增加一點記憶不會造成什麼影響，但當時怎麼説傳統文字的，不是説它們筆畫太多太難，不好學習的嗎？人腦無限又雙手萬能，還嫌一個字多幾筆少幾筆嗎？

而且我們平常使用文字，大多在閱讀，不論報紙書籍，還有電視上的字幕，每天在眼前經過的字數不下數十萬字，但真正要拿筆來寫的，機會少之又少，大部分的人一天不見得會寫一個字的。再加上現在電腦流行，文字工作者已很少用筆書寫字了，因此文字的多一筆少一筆，對現代人而言完全不是重要的問題，對文字工作者而言，最重要的事，是文字是否能充分的形成我們思想的結構，傳達我們的心意。

有些心意是很"幽微"的（精緻的文化往往缺少不了），簡化運動把一些很幽微的感情變得不是那麼幽微，我認爲是文化上的損失。譬如簡化字把"鬱"這字取消了，由"郁"這字取代。很容易知道簡化這字的理由，就是"鬱"這字筆畫太多了，印在書上，字如小的話，黑糊糊的一點，讓人很難辨識，但如從"達意"的標準看這個簡化字，是完全不能做到的。鬱，積也，也就是很多很多事累積在心中，要人說也無從說、說也說不清的那種感覺。而"郁"這字，是厚的意思，用這字取代鬱字，"憂鬱"中的夾纏、理不清的那種感覺沒了，"憂郁"是憂愁很重的意思，與"鬱"的原意相差很遠。這個字是不是能充分達意，比起有沒飯吃的事，當然不很重要，然而我們已跳過吃不飽的時代，文化已興起，該要注意到文化上或文學上一些以往只圖生存時所不注意的"小事"了。

一次我到大陸開會，一位大陸學者論文中談到干寶的《搜神記》這本書，印象最深的是這位學者老把干寶唸成"幹寶"，令人聽了有點不舒服。中場休息的時候，我正好在會場外遇到這位學者，便跟他說"干寶"的干字好像要讀成平聲，不該讀成去聲的，他不大以爲然的說，我的朋友以及我以前的老師都也唸成"幹"呀。我後來想，原來大陸簡化字，是把"幹"字簡化成"干"字的，以至他們弄錯了，在大陸，很多機關學校有個掛著"老干辦"牌子的房間，原來是"老幹部辦公室"之意。把干念成幹，同樣無關民生日用，但一個文化大國的氣度涵養，往往在小地方看出來。

有些文字上的稍許變革，會讓一些傳統的倫理價值不見了，以"傑"這個字爲例，在大陸簡化字中已沒有這個字了，是用"杰"這字來取代它的。以前一位前清的"遺老"叫愛新覺羅·溥傑的，漢字改革之後被改成溥杰了。要知道溥傑與清朝最後一個皇帝宣統是堂兄弟關係，宣統叫溥儀，他們還有個堂兄名叫溥儒，跑到臺灣去了，就是國畫界有名的"南張北溥"的溥心畬。中國人爲孩子命名，往往標出孩子在族中的"輩分"，雙名有一字相同，單名則同一偏旁，溥傑從名上看就知道與溥儀、溥儒同輩，家族之中的禮儀，往往與當事人的輩分有關，改成溥杰，就看不出這層關係了，用俗語說就是亂了套了，那些與輩分關係密切的禮儀也因而蕩然。當然這也是關係幾個人的小事，無關緊要，但國家要管這事，説那些是落伍與封建的事，不值得去理它，"文字"也無力可施，但看到這類的"小事"在文化生活中都消失了，文化的形式與内容，都悄悄的變了質，也不禁有些遺憾。

還有，一些簡化字已破壞了漢字方整的傳統字形，譬如"厂""广""产""飞""习"等，不但與原本造字時所賦予的意義脱鉤，也讓漢字獨有的對稱、平穩、方整之美受到損害。要知道漢字的特性與獨特的形式美感，是中華傳統文化中極不可缺的素材（試想建築上的對聯如改英文書寫會有什麼現象），不能説漢字簡化了，這些素材就蕩然無存，但確實有影響，這就是爲什麼有涵養的書法家還是選擇用傳統的文字形式創作，不願用上述的那些文字。

這類的事永遠説不完。漢字發展了至少三千多年，在這段綿長的時間裡，累積了、涵泳了所有中華文化的資源。使用一大段時候，有時發現不敷需要，必須造新字以應需求，譬如創造代表化學元素的字與翻譯字，有時發現有些字意含混、字形錯亂的，須要重新整理。想讓漢字使用範圍更大、更方便很有道理，但如果要讓它缺腿斷腰，與傳統脱節，又不再能承載大量的文化資產就錯了。以後的文字工作者，該隨時想到這些事，並且對以前所犯的錯，多思彌補之道。

澳門語用中的繁簡字

程祥徽

澳門語言學會

上個世紀 50 年代，大陸從全部漢字中找出 2,234 個漢字加以簡化。王力先生在賜給我的《繁簡由之·序》中指出，漢字簡化方法包括六項，即：草書楷化（为专书）、起用古字（云从弃）、合併通用字（游遊合併爲游、佑祐合併爲佑、并併並合併爲并）、同音代替（里代里裏、余代余餘，征代征徵）、省略一部分或大部分（业电医）、沿用俗字（灵罢阳）。在 2,234 個簡化字中，運用簡化偏旁部首構成的簡化字佔大多數，計有 1,754 個，如"貝"字作偏旁簡化成"贝"，所有"貝"字旁的字都跟著簡化（负贵贡贞责员货贷贾贫贪费损烦锁琐喷赜帧则贩侦贱贬赊圆……）。除去這 1,754 個運用偏旁部首構成的簡化字，簡化字的數量爲 480 個；人們要掌握簡化字，主要是學這 480 個簡化字，不要把簡化字看成是鋪天蓋地而來的另一種文字！本來，一個新生政權確立後對文字進行整理並不奇怪，秦始皇統一中國後就曾經大張旗鼓地進行過一場影響後世兩千多年的"書同文"。1949 年中華人民共和國成立僅十天，中央人民政府成立負責語言文字工作的機構，也就是今天"國家語委"的前身。20 世紀 30 年代國民政府教育部也曾對漢字進行過整理。國民黨退居臺灣也曾搞過"手寫體方案"，只是因爲大陸發表了"簡化字方案"才放棄手寫字方案轉而攻擊簡化字，擺出保護漢字傳統的姿態。因此，漢字簡化問題摻入太多政治成分，使問題複雜化。不必否認，簡化字中至少有那麼一二十個字簡化得不夠合理，有的容易混淆，然而這些弊端都成爲否定簡化字的口實，例如"發髮"都簡成"发"，"里"既保持原來的"里程"的"里"，又表示"裏裏外外"的"裏"，還有簡化後字形不夠美觀的問題，這些問題應當通過實踐和專家論證加以改進，然而唯恐天下不亂者故意擴大視聽，上綱上線到破壞文化傳統的高度。近年來更有人編些順口溜之類的東西嘲笑諷刺簡化字，例如"爱無心，产不生，回乡不見郎"等等，甚至有位大牌歌星以人民代表身份提方案：十年内逐步收回所有簡化字。但簡化字已經成爲歷史事實，現在全部收回簡化漢字就像兒子都生出來了再談該不該生他出來。如果心平氣和地看簡化字，大多數簡化字是由來有自的，例如"台"字，連臺灣人也把"臺灣"寫作"台灣"，例如"体"字，"人之本爲体"不也可以歸爲會意法造字！還有"尘"字，"小土爲塵"多有意思，其實古時候的"塵"字不是一隻"鹿"，而是三隻"鹿"，三隻鹿跑起來才有塵土揚起，《説文》稱"鹿行揚土也"。三個鹿的"麤"字原意"行超遠也，從三鹿"，"麤"字筆畫太多，於是以"粗"字取代，即借"粗"代替"麤"，"粗"字應歸爲"同音假借"的簡化字。還有"星"，起初是"生"字頭上五個"日"或三個"日"，現在只剩下一個了，這不也是簡化？"秋"字簡得更多，原先籀文"秋"字由"禾""龜""火"三個部件組成，後來省掉"火"，留下"禾"和"龜"，成爲"穐"；到了小篆時代，省去"龜"，留下"禾"和"火"，成爲"烁"；隸書調整部件位置而成"秋"。要是從造字理據上説，"禾""火""龜"三個部件組成的"秋"字最完備：秋天是稻禾如火的季節，因此有禾有火，而"龜"字古音讀作"秋"，直到現在"龜茲"（古代西域的一個小國）的讀音仍然是"秋磁"。這樣分析起來，"禾""火""龜"三個部件組成的"秋"字既合會意造字的原理，又符合形聲造字的規則，豈不最完美不過！但今天人們用的不是三部件組成的秋，而是經簡化而成的"秋"字。還有一個"漁"字，現在是一尾魚、一道水，古時可是兩至三道水、兩至四尾魚，古時候的"漁"字才真有打漁的氣勢！漢字發展，有繁有簡，不過以簡居多，所以叫"簡化"（而不叫繁化）。今天用字，面對繁簡，都要講究規範，簡體有簡體的規範，繁體有繁體的規範，不能亂來。彭海鈴博士在《港澳地區日式餐飲漢字與飲食潮流》（載本書）中説"繁簡兩溝"乃無奈之舉，極有可能是新時期漢字統一的必經之路。現實狀況是：中國大陸、新加坡等地實行簡體，臺灣奉行繁體，港澳處於繁簡包圍圈中，要想"左右逢源"，看來"繁簡由之"不可避免。彭文所舉數例都不是"繁簡由之"，而是彭文所説"自作聰明，胡亂搭配"，是繁體不遵繁體規範、簡體不遵簡體規範所致。比如繁體只有"松柏"，沒有"鬆柏"，簡體的"松柏"也不是"鬆柏"的簡化，無中生有來一個"鬆柏"，也就是説，"鬆柏"既不是繁體，也不是簡體，是什麼體？是自作聰明的人想當然杜撰出來的怪體！然而，出了這等不光彩的怪體卻把責任賴在簡化字上！現在很多人盲目以爲筆畫多就是繁體，筆畫少就是簡體，在以繁體爲尚的今時今日，筆畫多的字就分外吃香，除了"松柏"成了"鬆柏"，"皇天后土"成了"皇天後土"，方位詞"下面"成了動詞

"下麵"，天上的"斗牛"竟然成了西班牙的"鬥牛"。北京原來只有一個"海淀"，鍾愛繁體字的人現在把它改成爲"海澱"了，河北"白洋淀"也改了，改成"白洋澱"。有位范經理遞過來一張名片，上面赫然改了姓氏：範。改姓的還有"岳飛"成了"嶽飛"，姓"余"的改爲姓"餘"，不一而足。更可笑的是印製非常精美的紅地兒燙金的春聯竟然出現"萬裏江山一片紅"的字樣，懸掛在大都會的街頭巷尾。這些問題的性質可用八個字形容：不依規範，矯枉過正！

　　簡化字行用將近六十年，是該重新檢點、整理一下得失的時候了。近聞北京正在提出新方案，改進使用中出現的問題。希望改進的新方案早日面世。還聽到一則更加振奮人心的消息，有人倡議篩選一批兩岸都能接受的簡化字，作爲相互溝通的語文工具，倘若真如此，則是語文界的大幸，兩岸中國人的大幸，全球華人的大幸。

（摘錄自 2012 年 5 月 14 日《澳門語用中的漢語文》，略有補充）

繁體漢字難學之迷思
——兼談漢字在澳門之使用和教學

老志鈞

澳門大學教育學院

一、前 言

漢字，這種具有數千年悠久歷史、優美形體結構、眾多使用者的古老文字，以往只有正俗之分，而無繁簡之別，及至近世，始分繁簡。漢字之所以分繁簡，在於近代以來，不少國人認爲漢字難學，其後經由政府施以行政手段將部分漢字加以簡化，以便學習。簡化後的漢字叫做簡化字（或叫簡體字），而以簡化字代替的原本漢字稱爲繁體字（或稱正體字），漢字遂分爲繁簡二體。不過，"漢字難學"這種説法，在往昔漫長的歲月中，似乎較少聽聞，何以到了近世才頻頻出於國人之口？這原因可遠遡至十九世紀中葉的鴉片戰爭，清政府敗於英人船堅炮利後，神州大地即遭遇歐風美雨侵襲，固有的一切視爲陳舊落後，遠遠不如外人。晚清以降，國勢愈益衰弱，經濟愈加疲敗，社會愈顯凋敝，文化水平低落，科技發展停滯不前。許多人都將發生上述種種現象歸咎於教育落後，教育落後在於文盲眾多，文盲眾多在於最基本的學習工具——漢字——難學。傅斯年説：

> 中國字的難學，實在在世界上獨一無二……青年兒童必須一字一字的牢記字音和字形，必須消耗十年工夫用在求得這器具上。[1]

認爲漢字難學的人指出，漢字有所謂"三多三難"，即字數繁多、字形繁複、字音繁雜。字多，就難記；形多，就難寫（還包括難認）；音多，就難讀。三多

---

[1] 胡適主編《中國新文藝大系·文學論戰一集》，臺北：大漢出版社，1977年二版，頁212—213。

三難中，尤以字形繁複爲甚。因此，"改革漢字"——簡化漢字（簡化字數、簡化筆畫）的呼聲、建議、方案等早在清末民初湧現。1922 年，錢玄同提出"減省現行漢字筆畫方案"，以利學習。1935 年，國民政府公佈 324 個簡體字，並計劃逐步推廣，但只持續了半年便撤銷。又在提出"簡化漢字"的同時，更有人以爲根治之道，就是廢除漢字，以簡化爲手段，以拉丁化（即拼音化）爲目標，實行漢字拉丁化，以拼音文字替代漢字。[①]潘懋元説：

> 改革的方法如何？只有用拼音文字，尤其是拉丁文字，因爲拉丁化新文字的易學易懂易寫易記憶，正與漢字的難學難懂難寫難記憶成明顯的對比。[②]

漢字拉丁化曾經積極推動了好一段時日，但因漢字大部分都是單音節文字，單音節文字特點之一是同音字（即單詞）多，同音複詞也不少，以致漢字拉丁化始終難以實現。於是本爲實現"漢字拉丁化"的手段——漢字簡化——就成爲"改革漢字"的目標。1956 年，中國政府正式公佈《漢字簡化方案》，簡化了 515 個漢字。1964 年，編印《簡化字總表》，共收簡體字 2,236 個。1977 年，發表《第二次漢字簡化方案（草案）》，但因簡化過度，而遭不少人反對。1986 年，重新公佈《簡化字總表》，内有 2,235 個簡體字，14 個簡化偏旁。至此，漢字簡化暫時告一段落。目前，漢字繁簡二體，分別流通於兩岸四地，中國大陆使用簡體字，臺灣、澳門、香港依舊採用繁體字。

二、漢字難學之迷思

"中國字的難學，實在在世界上獨一無二。"傅斯年這句話不見得人人認同，但"拼音文字比漢字易學易懂"這樣的論調，自清末民初以來就一直見於不少

[①]漢字簡化主要有五種方式:（1）草書楷化:興(兴)、長(长)。（2）恢復古體:禮(礼)、從(从)。（3）省略部分:廣(广)、飛(飞)。（4）簡化偏旁:漢、鄧、戲、歡等字的偏旁，簡化爲"又"，而寫爲汉、邓、戏、欢。（5）同音代替:將兩個或多個讀音相同、相近的字，簡化爲一個字。如:發、髮簡爲"发"，歷、曆簡爲"历"。五種方式中，以同音代替使用最多，正爲漢字拉丁化作好準備。

[②]潘懋元《準備識字運動幾個條件》,《潘懋元文集》卷七，廣東高等教育出版社,2010 年 9 月，頁 458（原載於《江聲日報》1951 年）。

學者專家筆下，[①] 或掛在社會大眾口中。"拼音文字比漢字易學易懂"是真的嗎？那倒不一定。事實上，單音節孤立語有聲調的漢字，没有形態變化，比屈折語有形態變化的英文，就有易學易用的一面。英文因"數、格、時"的關係而有形態變化，如 "go" "family" "beauty" 分別衍生 "go、went、gone" "family、families" "beauty、beautiful、beautifuly" 等字。但漢字在任何情況只須單用"去""家""美"各一字，就足以表達，這不是簡單易學嗎？漢字構詞簡易，表達力強，"一月、二月、三月、四月、五月……"就比英文的"January、February、March、April、May……"個個不同來得好認好記。"三角形、四角形、五角形、六角形、七角形、八角形、九角形、十角形"，就比英文的"triangle、quadrilateral、pentagon、hexagon、heptagon、octagon、nonagon、decagon"個個有異顯得易學易懂。

曾性初對漢字和拼音文字的學習孰難孰易，有以下的意見：

> 方塊的漢字比英文等拼音文字、日語假名容易學，漢字比漢語拼音易解好懂；漢字字數不算多，筆畫多不一定難認，漢字比拉丁文字篇幅少；字冗餘訊息多等方面的文獻，認為漢字"易學易用"。自從電腦普及後，利用鍵盤、手寫板以及聲控等方法都可以輸入漢字，人們從事文書處理以及排版編輯等程序也簡化了，有很多學者已經不再堅持漢字一定要走"拼音化的道路"。總之，學習漢字已經不再像以前那麼艱辛了。[②]

曾氏之説雖然是在 30 年前，但至今依然具有參考價值。

漢字 —— 繁體字——難學，筆畫繁、字數多，給學習和使用漢字的人帶來了極大的困難。[③]這説法一直是贊同改革漢字者肯定的。事實是否如此？那倒未必。首先談談"字數多"這個問題。漢字歷經數千年的發展，目前的字數大約六萬。

---

① 吕叔湘説："漢字難學（難認、難寫、容易寫錯），拼音字好學（好認、好寫、比較不容易寫錯），這是大家都承認的。"吕叔湘《語文常談》，北京：三聯書店，1980 年，頁 107。張志公也説："最大的缺點就是，初學 500 字的階段認識、理解、記憶、書寫都很困難。漢字的筆畫太複雜，不像拉丁字母那樣簡單。"張志公《談漢字》，《中學語文教與學》（出版處不詳），2000 年 4 月，頁 70。原載於《中學語文》（武漢），1999 年 1 月。

② 曾性初《漢字好學好用證》，《教育研究》一期，1983 年，頁 73—79。筆者未見曾氏原文，上述一段文字乃轉引於謝錫金、戴汝潛等編《高效漢字教與學》，香港：青田教育中心，2001 年，頁 44—45。

③ 程祥徽《繁簡由之》，三聯書店香港分店，1985 年，頁 14。

普通人認識五六千字，就能閱讀一般中文書刊雜誌，足夠日常應用；掌握七八千字，即使是從事和文字有關的專業工作（如寫作），也就綽綽有餘，根本無須要把六萬字全都學習。但英文的字彙 vocabulary，要使用的真不少。日常應用薄薄的一本英文字典，就收錄字彙幾萬個。漢英兩者相比，孰多孰少不言而喻。曾性初"漢字字數不算多"之言，確實不假。既然使用的漢字不多，就無所謂"字多，就難記"的困擾。

其次談到"筆畫繁"這個問題。是否筆畫多，就難以辨認，難以書寫？是否漢字簡化，筆畫減少，就易認易寫？這實在有待商榷。漢字發展至今，依然保留象形圖樣，對學習者而言，每一個漢字就如同一幅圖畫，認字時，不會一筆一畫數過才去認讀，而是把整個漢字視爲一個整體加以辨認，故縱使筆畫繁多，結構複雜，也不見得難認。難認與否，實在無關於筆畫繁寡。像"龍、灣、邊、權、體、蘇、廳、寶、繼、麼"這類筆畫繁雜的字，相信能辨識的人不少。因爲這些字，一方面常用，另一方面筆畫多，提供的訊息也多，辨認就較容易。葉德明說：

> 漢字本身筆畫的多少，並不能代表該字真正的在記憶上的負擔。"鑫"字有 24 畫，"鑿"有 27 畫，一般國人很少認爲"鑫"難認，因他是由三個金字合成的。而"鑿"左上部的字素，僅出現在該字而已，不用在其他的漢字裡。[1]

可見曾性初"筆畫多不一定難認"之說，也是恰當的。繁體字不難認，也就不難記。再說書寫這個問題，筆畫減少，無疑是便於書寫，但結構複雜的字，也不一定難寫。本來剛認字的幼兒就不宜寫字，勉強爲之，定感困難。待至手指靈活而有力，才執筆書寫，寫的還是筆畫簡少的字。熟練後，再寫筆畫繁多的，自能得心應手。筆畫繁多，也不見得書寫會特別緩慢費時。書寫漢字，要一筆一畫清清楚楚的，一般有兩種情況：一是教師向小學生教授漢字，一是小學生的書寫練習。除此以外，大多數人都是以近乎行草的方式寫字，書寫速度不比簡體字的書寫爲低。呂叔湘說：

> 簡化漢字的主要目的是讓寫字能夠快些。寫字要快，本來有兩條路：可以

---

① 葉德明《漢字認讀與書寫之心理優勢》，李振清等編《中文教學理論與實踐的回顧與展望》，臺北：師大書苑有限公司，2005 年，頁 71—72。

減少筆畫，也可以運用連筆，就是寫行書。光是減少筆畫，如果還是每一筆都一起一落，也還是快不了多少。事實上我們寫字總是帶點行書味道的。[1]

足見"形多，就難寫"，只是偏頗之言。

"音多，就難讀"，也是不少人的看法。無疑，漢字有一字多音、一音多字的現象，但不見得一定難讀。以往識字教學，教師揭示生字，讀其字音，兒童隨之而讀。如是者，兒童經過多次反覆練習，最後無須教師教導也自能見字形即讀字音，將字音牢記。"見字形，即讀字音"這種認字方法，看似強塞硬灌，但其實符合教學原理 —— "古典制約"學習。兒童記憶力強，見字形，即讀字音，也就是將字形（刺激）與字音（反應）多次作機械式反覆聯結，很快就把字形字音合而爲一牢牢記下，歷久不忘。採用上述教法，所謂"音多，就難讀"的論調，便不成立。

學生經常寫錯別字，那是事實，但錯的不一定是筆畫繁多的字。常見的錯別字是因形似如"叨、叼""揖、楫""己、已、巳"，音同如"以、已""色、式""須、需"，或音近形似如"響、嚮"而導致。即使是内地學生，自小就學習和使用簡體字，但筆下的錯別字還是常見，錯的還是以形似而錯爲最多，音近音同而錯爲次。[2]

可見漢字 —— 包括繁簡二體——難學之處，不在於筆畫繁複，而在於形似、音近、音同之字多，常讓人混淆不清而誤寫誤用。漢字以線條爲形體結構，構形表意的線條有限，形似的字自然繁冗；漢字爲單音節文字，音近音同的字也就繁多。若只就筆畫繁複施以簡化，而不對症下藥，錯別字總是免不了，所謂漢字難學，始終改變不了。

既然繁體字並不比拼音文字難學難用，也不比簡體字難認、難記、難寫，而繁簡二體難學之處同是一樣，何以到了現在還流行漢字 —— 只是繁體字——難學的説法。呂必松揭示其因，他説：

---

①同前註所引書《語文常談》，頁 114。

②有關資料顯示：内地三、四年級小學生的錯別字，因形似而寫錯的佔 60.97%，因音近音同而寫錯的佔 23.38%，因誤解字義而寫錯的佔 15.65%；五、六年級小學生的錯別字，因形似而寫錯的佔 61.24%，因音近音同而寫錯的佔 29.62%，因誤解字義而寫錯的佔 9.14%。見申紀雲《小學語文教學心理學》，雲南：西南師範大學出版社，1989 年。筆者未見原來資料，乃轉引於謝錫金、戴汝潛等編《高效漢字教與學》，香港：青田教育中心，2001 年，頁 79。

　　現在仍然到處流傳著"漢字難學"的神話。實際上，所謂"漢字難學"並不是漢字本身的性質所決定的，而是漢字教學不得法所造成的。[①]

　　的確，漢字本身無所謂難學易學，任何文字也如是。難學與否，主要關鍵還在於教師的教學方法。只要方法適當，學生就易於學習。

三、識字教學之方法

　　長久以來，澳門各級學校除英文科、葡文科外，各學科都採用繁體字爲教學媒介。小學的識字教學，教的也是繁體字。澳門回歸後，有個別學校教授簡體字，但多屬輔助性質，主要教的還是繁體字。之所以如此，在於現今澳門這個小城，上至政府，下至平民，各行各業日常使用的，都是繁體字，大街小巷觸目所及，也都是繁體字。預料這種現象還會維持好一段日子。

　　漢字難學既然不在於筆畫繁複，而在於形似、音近、音同之字多，究竟採用哪些識字教學方法才能化解這些困難，減少以至去除寫錯別字之弊，讓學生確實認識和恰當應用漢字？目前，"隨課文識字"是澳門學校普遍採用的識字教學方法。這種教學法或叫"分散識字"，是清末民初受西方科學、心理學、印歐語文教學的影響，突破傳統識字教學窠臼的方法。以識字和閱讀相互結合、齊頭並進的方式學習，秉持"字不離詞，詞不離句，句不離文"的教學原則，將識字教學置於具體的語境中進行。既向學生教讀字音、講解字義，分析筆畫筆順、字形結構，又向學生講解整句、整段或整課的意義。隨後要求學生抄書、默書和造句，以鞏固識字的學習。無疑，"隨課文識字"有其優點，讓學生學習全面，理解力會提高。但也有缺點：一是採用香港的幼兒識字課本和小學語文教材，沒有按照兒童識字的心理和識字的規律而編寫；[②]一是識字量少，小學一年級語文教材的生字約400多個，加上施以默書方式診斷學生的識字能力，妨礙識字教學的進度。[③]識字量少，有礙閱讀能力的培養。以下兩種識字教學方法，對學生學習漢字 —— 繁體字，實有裨益。

[①] 同前註所引書《中文教學理論與實踐的回顧與展望》，頁83。

[②] 澳門不少學校都採用香港編寫的教科書，因澳門市場細小，自行編制教科書是不合符經濟原則的。

[③] 同前註所引書《高效漢字教與學》，頁258。

（一）蒙學識字

"蒙學識字"又叫"集中識字"。所謂"蒙學識字"，是以《三字經》《百家姓》《千字文》《千家詩》等蒙書爲教材，卻暫時不教蒙書的語句、段落、文義，而只教生字，即單爲識字而教識字的傳統教學方法。[1]這種教學方法，少説也有千年以上的悠久歷史，適用於理解力弱、記憶力强的幼兒。所謂"集中"，是指時間集中，一年内；字數集中，認識生字約 2,000 個；目標集中，先要求兒童見字形能讀其音。至於字義、形義的聯結關係，形體的結構特點，兒童能理解就講解，否則無須强求。張志公説：

> 在這個集中識字的階段，以教會兒童認字爲主，至於每個字怎樣講，要求很低，怎樣用，可以説完全不要求。[2]

及至兒童能辨認約 2,000 字，才解説蒙書内容。這 2,000 字的教導之法是："見字形即讀字音"。教師揭示生字，讀其字音，再要求兒童隨之而讀。如是者，兒童經過多次反覆練習，最後無須教師引導也自能見字形而讀字音。此外，還就漢字的特點而教導兒童辨認形似字、近音字、同音字。清人唐彪説：

> 凡相似而難辨者，宜拆開分別教之……如戍戌、臣巨、微徵之類。凡見易混淆之字，即當引其相似者證之，曰此宜分別熟記者也，如此始能記憶，無訛誤遺忘之患矣。此教認字之法也。[3]

清人崔學古也説：

> 有辨字一法，如"形"之與"刑"，"揚"之與"楊"，聲同而筆畫邊旁不同；如"巳"之與"已"，"行"之與"行（杭）"……諸如此類，必細辨之。[4]

兒童經由教師如此指導辨認生字，正可化解漢字多形似、音近、音同以致誤寫誤用之弊。由於單爲識字而教識字，而不涉及字義、語句、段落等的講解，兒童有更多時間學習生字，識字量就會大大增加。至於以《三字經》《百家姓》等蒙書爲識字教學的教材，這是適合不過的。因爲這些蒙書既具備天文、地理、文

---

[1] 清人王筠"教童子法"説："識字時，專心致志於識字，不要打算讀經。"

[2] 張志公《傳統語文教育初探》，三聯書店（香港）有限公司，1999年，頁32。

[3] 唐彪《父師善誘法》。

[4] 崔學古《幼訓》。

化、歷史、教育、道德等元素，又通篇韻語，聲律諧暢，對偶排比觸目皆是，既爲識字教學提供易教、易學、易生成效的條件，又爲培養閱讀能力、儲藏優質養料奠下基礎。

當然，今日的教育狀況、課程編制不同於昔日，要求兒童在一年内以《三字經》《百家姓》等蒙書認識生字約 2,000 個，是否可行，還須視乎實況而定；或減少識字量，如認識 1,500、1,200 不等。另有一法，是將兒童現時學習的語文教材施以"集中識字"。具體言之，在一二年級，每册課本都採用先集中識一批字，然後讀一批課文，再集中識一批字，然後讀另一批課文。也就是先集中課文的生字教學，然後讀課文。[①] 不管怎樣，兒童大量識字，有助於培養閱讀能力，提升語文水平。

（二）分析比較識字

"分析比較識字"是指依漢字的特點 —— 結構富邏輯性、形義聯繫密切——而加以分析比較的教學方法。這種教學方法，適用於理解力較強，高小以上年級的學生。

甲、分析法：是依據漢字形義相聯繫的特點，分析字形結構、説明字義的方法。[②]

1. 教獨體字時，引導學生按筆畫分析，著重形義之間的關係解説，如：

"鬥"字，像兩人用手互相格鬥的情狀，因而含有"打鬥"或"爭鬥"的意義。

2. 教合體字時，引導學生按組成字體的部件分析，揭示整個文字的意義如何由各部件組成而產生，如：

"國"字中，"戈"指武器，"口"是人口，"一"象徵土地，"囗"表示疆界，這幾個元素就構成了"國家"。

3. 以形聲字的形符爲字根作分析：

以"火"爲形符的字，大都和火、熱、光亮有關。學生了解"火"之義，對"灰""炎""烘""爍""燈""爆"等字義，就易於學習。

4. 以形聲字的聲符爲字根作分析：

① 張田若《集中識字教學法是教學漢字的好方法》，《語文教學》第 35 期，香港：培生教育出版亞洲有限公司，2006 年 6 月，頁 7 — 8。

② 老志鈞《掌握漢字特點的識字教學方法 —— 分析比較》，《中國語文通訊》第 53 期，吳多泰中國語文研究中心，香港中文大學中國文化研究所，2000 年 3 月，頁 3。

"交"字形似"人叉兩腿"，義爲"交脛"，引申爲"相涉關係"。學生理解"交"之義，對"郊""咬""絞""餃""姣"等字義的學習，就容易掌握。

乙、比較法：教學時，遇有生字與學生學習過的字，在字形、字音上相似或相同，即先將新字舊字各自分析，再作比較，以明其間異同；或以常寫的錯別字與其正字比較，讓學生辨認差異所在的方法。[①] 如：

1. 學生常將"舟楫"誤寫爲"舟揖"，或將"打恭作揖"誤寫爲"打恭作楫"。

"楫"——木槳，用以划船，故字从木。

"揖"——拱手爲禮，故字从手。

兩字形構的分歧，在於"木與扌"，經比較其差異之處，學生誤寫，當會減少。

2. 學生常把"莫名其妙"錯寫爲"莫明其妙"。

"名"——指稱也，引申爲解説、説明。

"明"——照亮、光亮，引申爲明白，無説明之義。

兩字同音，而意義有別，經比較其差異所在，學生錯寫，自會減少。

"分析比較識字"既依據學生理解力較强的特點，又掌握漢字形義相聯繫這個特性，將漢字的形體結構施以分析比較教授，這對學生學習結構繁複、同音字多、形似字眾的漢字，深具效用，又有助於學生將機械記憶轉爲意義記憶，而且容易產生興趣。

四、結語

"漢字——繁體字——難學"這樣的論調，始生於清末民初民族自信心的喪失。若以漢字本身的特質而言，漢字縱使不比拼音文字易學易懂，也不會比拼音文字難學難懂。其實兩者各有難易，不分深淺。至於把漢字的字數減少、筆畫減省，簡體字也不見得能化解漢字之難——因形似、音近、音同之字多，容易讓人混淆而誤寫誤用。既然簡體字和繁體字難學之處如一，繁體字"三多三難"比簡體字難學難用之説，就無從成立。漢字難學與否，主要關鍵還在於採用的教學方法是否適當。方法適當，就能化解字多形似、音近、音同之弊，讓學生易於學習。"蒙學識字""分析比較識字"正是分別依據學生認知發展而能解決漢字難學的適當

---

①同前註所引書《中國語文通訊》第 53 期，頁 6。

方法。

　　繁體字通行於澳門已有一段漫長歲月，深植於澳人心中，又非難學難用，那就無須遭簡體字替代，自有繼續使用的價值和需要。當然，繼續使用繁體字，並不意味著拒絕認識簡體字。畢竟，多掌握一種字體，總是有利而無害的。

澳門中學生漢字使用研究[*]

——以繁簡字使用為例

陳仁聰

澳門培正中學

1 引 言

1.1 研究動機與目的

澳門教育當局長期以來對中學生漢字使用採取放任自由態度，這對中學生使用漢字的影響有利有弊。利者，繁簡通識，對擴闊閱讀各類漢字書籍的視野，效果不言而喻；弊者，繁簡錯寫、半繁不簡的情況時有發生，而簡繁轉換混淆亦不罕見。繁簡錯寫例子如：寫，簡化作写，但學生往往在頂頭多加一點；學，簡化作学，頂頭是草書化的點點撇，學生卻普遍寫成點豎撇。半繁不簡例子有：顯、戰，簡化應作显、战，但學生寫作"颕""戰"。簡繁轉換混淆例子如：钟，對應的是鐘還是鍾？冲，對應的是沖還是衝？卷，對應的是卷還是捲？回，對應的是回還是迴？复，對應的是復還是複？系，對應的是系還是繫？吓，對應的是嚇還是嚇？如此例子比比皆是，不勝枚舉。研究者於澳門從事中學中文教育工作，以上問題皆發現於學生作業，絕非研究者憑空臆測。每每見此，深感難過。

澳門中學生漢字使用長期缺乏規劃，產生的問題已不容忽視。澳門語文教育政策如何規劃，是教育工作者值得深思的。在繁簡並用、放任自由的環境下，教育機構應該制定漢字使用方針，因勢利導，力求完善。

---

[*]本文摘錄自筆者的碩士論文《澳門中學生漢字使用研究》(2008)。爲篇幅考慮，內容有大幅刪減。包括把文獻綜述、問卷調查研究及數據處理等章節略去。

根據本研究的動機與目的，研究者提出下列待答問題：

（1）澳門中學生漢字使用態度如何？

（2）相關因素，如教育程度、性別、教學環境對澳門中學生漢字使用是否存在影響？

（3）澳門政府應該怎樣進行語文規劃？

本論文針對澳門中學生漢字使用態度的有關問題，利用問卷調查、歷時考察所得資料，進行深入細緻的統計分析，力求以詳實的資料爲基礎，多角度的分析，得出較爲科學的分析結果，以檢示現今澳門中學生的漢字使用情況，這對制定正確的、務實中肯的語文教育規劃具有一定的參考價值。

1.2　漢字使用概況

文字是語言交際的重要工具。漢字因社會交往的需要而由先民們創造出來，又在漫長的歷史和廣闊的空間中不斷豐富完善，形成數量多、形體雜的龐大體系。爲了使用的便捷，古人對漢字的書寫制度與字形筆畫不斷地作出規範。這種規範無論是基於約定俗成還是政治推動，總趨勢皆是由繁到簡。

20 世紀，中國内地廣泛推行簡化字。繼有：1922 年和 1935 年，錢玄同先後發表《減省現行漢字的筆畫案》《簡體字譜》；1935 年 8 月，國民政府教育部公佈《第一批簡體字表》；1937 年 5 月北平研究院字體研究會發表《簡體字表・第一表》；1956 年 1 月中國國務院公佈《漢字簡化方案》（簡稱《一簡》）；1964 年中國文字改革委員會編印《簡化字總表》；1977 年 12 月 20 日發表《第二次漢字簡化方案（草案）》（簡稱《二簡》，於 1986 年 6 月 24 日正式廢止）。20 世紀後半葉以來，簡化字於中國内地普遍使用。

在地域角度而言，漢字使用大致可分三種情況：

第一，簡化字大行其道的中國大陸、新加坡、馬來西亞；

第二，繁體字維持原狀的中國臺灣地區；

第三，繁體爲主，簡化字逐漸滲透的香港和澳門。[①]

語言學家程祥徽教授對各地漢字使用態度作出以下概括：

"港澳地區的用字一向跟著臺灣走，這大概是與政治上的趨同心理有關。香港回歸中國之前，社會瀰漫著一種空氣：誰罵大陸和社會主義誰是英雄，誰捧臺

---

① 《中文變遷在澳門》，程祥徽著，三聯書店，2005，頁 143。

灣和資本主義誰是好漢。這種風氣直至一九九七年香港回歸之後，還有遺留。在七十年代，甚至八十年代初，繁體字與簡化字、注音符號與拼音字母竟成爲區分政治上左與右的標誌。凡提倡簡化字和漢語拼音字母者均被劃歸大陸一邊。"[①]

"表面看來，語言問題祇不過是個技能問題而已；實際上語言問題與社會的安定繁榮和發展息息相關。"[②]

綜合而言，對繁簡字的使用，存在三種立場，可歸納爲：

第一，棄繁就簡；

第二，棄簡復繁；

第三，繁簡由之。

抱持第一種立場人士如齊瀘揚、左思民。他們在《迎接新的世紀，作出新的貢獻：上海師範大學語言研究所"世紀之交漢語語言文字應用研究"座談會記要》中說："二十世紀，漢字規範化取得輝煌的成就，其中最突出的是簡化漢字。簡化漢字，從僅僅是群眾的喜好，變成文化人對漢字簡化必然性的認識和社會推行的呼籲，最後成爲政府行爲……這是一大突破、一大飛躍。"[③]

抱持第二種立場人士的主要理據是：簡化字本身並非一科學且有美感之文字體系，對漢字之規律又頗有違背，則以彼爲規範，自然不妥。規範的結果，恐將造成更多問題，貽誤更大。

從現實觀察可知，抱持第一、二種相對極端觀點的人屬於少數。事實上，絕大多數漢字使用者都有意無意地在實際使用中貫徹了第三個觀點。提出"繁簡由之"觀點的程祥徽教授在《繁簡由之》一書中表示："對待文字現象，不可以硬性規定不同地區必須使用字形相同的文字，但也不應放棄統一文字的努力。語言、文字是全民的財富，具有工具性質。語言文字的統一將便利於意見的表達與思想的交流……統一的語言文字是社會發展的需要，也將是社會發展的必然……對待簡化字不應再取抗拒或抵制的態度，但在行動上則要防止激進的作法，逐步適應，逐步掌握，簡化字的推行將是可能實現的。港澳地區推行簡化字的過程中，'繁簡由之'將是一個必經的歷史階段。"[④]

[①]《中文變遷在澳門》，程祥徽著，三聯書店，2005，頁145。

[②]《語言與傳意》，程祥徽主編，和平圖書，2000，頁305。

[③]《語言文字應用》，第一期，1996。

[④]《繁簡由之》，程祥徽著，三聯書店，1997。

"繁簡由之"的具體實踐，程祥徽教授指出："'繁簡由之'的形式不拘一格，通篇繁體偶爾冒出幾個簡化字亦可；簡化字寫成的文章滲入一些繁體亦可；來稿以繁體書寫可原件照登；簡化字的稿件亦原件刊載。"[①] 這幾句筆調輕鬆的文字，蘊含對漢字使用的宏見卓識，既回應了語用訴求，也照顧到使用者的態度情感。他以香港回歸活動爲例，印證繁簡由之的可行性："在香港政權交接儀式中（六月三十日晚上十一時三十分舉行），中方發出的中文請帖用的是簡化字；七月一日上午十時的香港特別行政區成立典禮和下午四時的酒會兩張請帖由特區首長發出，用的是繁體字。"[②]

1.3　澳門中學生漢字使用背景

澳門具有獨特的歷史文化背景。澳葡政府以葡語爲正式的官方語言。回歸後，漢字亦成爲正式的官方語言文字。傳統上，澳門漢字使用以繁體爲主。過去，由於種種原因，爲數不少的澳門居民對内地簡化字存有不同程度的抗拒心態，少閱讀，少書寫。近年，隨著改革開放的成果逐步呈現，文化交流的情況日趨融和，澳門居民對簡化字亦逐步改觀。無論在閱讀或書寫上，都有意無意地繁簡並用。現今，繁簡並用的情況在澳門普遍存在。

漢字使用，宏觀上涉及到中華文化傳承，微觀上關係到交際溝通，茲事體大，不容忽視。中學生是未來社會的棟樑，他們接受怎樣的教育，決定未來社會怎樣發展。臺灣學者竺家寧先生曾經針對簡化字的問題寫過文章，他談到："在一生時間當中，學認字和學寫字只佔較小一部分時間。學習階段過去以後，就是經常的書寫和閱讀，書寫所佔時間在一生中間也並不多。跟文字接觸的時間，任何人都是以閱讀最長。如果筆畫差別太小，形體近似增多，辨別上容易產生錯誤，視力容易疲勞，從而降低閱讀效率。簡化漢字，實際增加了現行漢字的數量，大陸青少年學的是簡化字，繁體字不認識，當他們閱讀簡化以前出版的書籍時，遇到繁體字，就得花時間去學習，這樣，變成要學習兩套漢字，不僅加重了學習負擔，也影響了閱讀效果。在大型工具書中，也免不了夾有繁體字，從而造成社會用字的混亂。"[③]

---

① 《中文變遷在澳門》，程祥徽著，三聯書店，2005，頁146。

② 《中文變遷在澳門》，程祥徽著，三聯書店，2005，頁146。

③ 《中國的語言和文字》，竺家寧著，臺灣書店，1998，第五節。

長期以來，澳門語文教育採取自由放任政策，漢字使用沒有劃一規範，也沒有出現過推行簡化字的浪潮。澳門表面上沒有明文規定"繁體字是法定的規範字"，但實際上是以繁體爲標準的。翻查澳門教育暨青年局文獻，研究者未有發現規劃澳門中學漢字使用的相關論述。至於澳門統計暨普查局有關教育的統計數據中，研究者亦未見有關中學生漢字使用的資料。種種情況顯示，澳門政府未有正面關注中學生漢字使用情況，而教育部門亦未有爲中學生漢字使用制定規劃。香港考試局指出，根據香港考試局規則，學生可於公開試使用繁體字和簡化字或兩種夾雜作答，但必須用內地頒佈的通用簡化字，不可自行減省筆畫作自創簡化字。由於澳門沒有由政府統籌的統一考試，所以澳門政府連這個務必表態的場合都迴避過去了。

以下，研究者試從澳門中學的組成結構，審視澳門中學生漢字使用的背景，同時說明本論文鎖定研究對象爲教會與非教會學校學生的原因。

基於澳門特殊的歷史文化背景，澳門中學的意識形態也呈現多元化圖景。主流學校可根據教育環境分爲兩大類：教會和非教會學校，分別從屬於澳門天主教學校聯會和中華教育會。根據澳門統計暨普查局資料顯示，近 10 年間，澳門中學數目維持在約 59 間，與上述兩個組織所屬的學校總數共和相約，可見這兩個組織在澳門教育界具代表性。

澳門天主教學校聯會 (Union of Catholic Schools of Macau) 由高秉常主教建立，目的在於協調所有天主教學校。現任會長爲粵華中學校長孔智剛神父。2007—2008 年度，澳門天主教學校聯會共有 27 所學校。大部分學校採取單性別收生政策，只招男生或女生，俗稱男校或女校。男校代表有粵華中學、慈幼中學；女校代表有嘉諾撒聖心女子中學 (中文部)、聖羅撒女子中學等。這類學校在教材選擇上長期受香港影響，以使用繁體字版本爲主，但回歸後，使用國內版本教材的比例逐漸增加。以嘉諾撒聖心女子中學 (中文部) 爲例，中學中文科由 2002 年起，自初一開始逐年以人民教育出版社出版的《語文》(簡化字編印) 取締香港出版的教材。教學人員組成方面，以澳門本土成長的教師爲骨幹，這批教師主要接受以繁體字爲主的基礎教育，在實際教學中使用繁體字的比例較高。

中華教育會成立於 1920 年，是澳門歷史最悠久的文化教育團體。中華教育會一向以愛祖國，愛澳門，團結教育界，服務社會，促進當地教育事業爲宗旨。中華人民共和國成立後，中華教育會是澳門第一批掛五星紅旗的團體。中華教育會現有團體會員學校 31 所，個人會員約 3000 人。個人會員人數佔澳門教師總數近三分之二。這類學校的教材普遍由內地直接引入，以簡化字編印。教學人員組成方面，由內地聘請的教師比例較大，這批教師習慣使用簡化字，有部分甚至不認識繁體字。總體而言，學生接觸簡化字的機會較高。

2　繁簡字與澳門中學語文教育的規劃

2.1　繁簡字使用的歷時考察——以教會學校學生爲考察點

本部分研究將從歷時層面考察澳門中學生簡化字使用的趨勢。歷時研究能反映出事物的變化趨勢。本論文一共追蹤了五個個案，考察他們三年或以上的書寫紀錄，包括週記、筆記等。統計這些年來簡化字使用的比例，觀察當中的變化，從而了解近年澳門中學生漢字使用的變化趨勢。不得不指出的是，由於種種客觀條件限制，歷時研究的個案不多，因此，研究者選擇把研究對象面向教會學校。研究對象雖然背景較爲相似，但選擇普遍被認爲抗拒簡化字情緒較高的對象進行觀察，更能切合本論文探討簡化字滲入情況的宗旨。雖然觀察存在一定局限性，唯研究者相信結果仍具參考價值。

社會語言學提出了語言變體概念，意指由具備相同的社會特徵的人在相同的社會環境中所普遍使用的某種語言表現形式。[①]人們不難發現，學生在不同環境下，語言存在變異。一般相信，公開嚴謹與私下輕鬆的場合，學生的漢字使用態度有所不同。根據訪談得知，學生在試場上較多傾向使用繁體字，這反映學生潛意識中抱持繁體字爲"正體"的態度。本論文選擇以週記、筆記等作爲考察對象，是基於這類材料屬個人化文字紀錄，將影響書寫的外在因素儘量排除，達到"去偽存真"的目的。

基於時間限制與技術考慮，在具體操作上，研究者先統計受調查者提供材料的用字總數，再統計受調查者使用簡化字的數，然後計算簡化字佔用字總數的百分比。由於簡化字實際上數量並不多，《簡化字總表》共收 2235 個 (含類推)，顯然易見，客觀上看，一些簡化字使用比率數值不可能太高。唯以個案自身進行比較，和觀察個案自身簡化字使用的變化趨勢角度來考慮，研究者相信統計數據仍然具有參考價值。

---

① 《社會語言學概論》，祝畹瑾著，湖南教育出版社，1992，第二章。

以下，用表列的方式展示五個個案的簡化字使用比率。

個案一：07 年度教會學校高三女生

年級（年度）	材料	總字數	簡化字數	簡化字百分比
初二 (03)	筆記	5864	1142	19.5%
初三 (04)	週記	3367	518	15.4%
高一 (05)	筆記	3790	602	15.9%
高二 (06)	筆記	2234	412	18.4%
高三 (07)	筆記	2572	423	16.4%

從個案一的簡化字百分比看，可知受調查者使用簡化字的比率在 15.4% 至 19.5% 浮動，差異不顯著，且不見有明顯上升或下降的趨勢。由此分析，可知：（1）以澳門的特殊環境看，受調查者的簡化字使用比率普遍接近五分之一，屬於偏高；（2）受調查者的簡化字使用比率相當穩定，外在因素並沒有影響受調查者的書寫態度。

個案二：07 年度教會學校高三女生

年級（年度）	材料	總字數	簡化字數	簡化字百分比
初三 (04)	週記	1677	130	7.75%
高一 (05)	週記	2068	144	6.96%
高二 (06)	週記	3245	235	7.24%
高三 (07)	週記	3630	196	5.39%

從個案二的簡化字百分比看，受調查者使用簡化字的比率在 5.39% 至 7.75% 之間，初三、高一和高二相對比率較高，高三則有輕微下降情況。由此分析，可知：（1）受調查者一定程度上慣用簡化字；（2）受調查者使用簡化字情況穩定，未受外界因素明顯影響。

個案三：07 年度教會學校高三女生

年級（年度）	材料	總字數	簡化字數	簡化字百分比
初二 (03)	週記	1821	39	0.21%
初三 (04)	週記	2139	20	0.93%
高一 (05)	週記	2479	18	0.72%
高三 (07)	週記	5614	0	0%

從個案三的簡化字百分比看，受調查者使用簡化字的比率在 0% 至 0.93% 之間徘徊，數值差異不大，不見明顯變化趨勢，且普遍數值接近於 0%。由此得知：（1）受調查者很少使用簡化字；（2）受調查者高三完全不使用簡化字。

個案四：07 年度教會學校高三女生

年級（年度）	材料	總字數	簡化字數	簡化字百分比
初一 (02)	週記	1764	5	0.28%
初二 (03)	週記	2108	11	0.52%
初三 (04)	週記	2513	9	0.36%
高一 (05)	週記	3240	29	0.895%
高二 (06)	週記	2676	35	1.308%
高三 (07)	週記	2890	40	1.384%

從個案四的簡化字使用百分比看，受調查者使用簡化字的比率在 0.28% 至 1.384% 之間，數值雖然偏低，但值得注意的是有輕微逐漸上升的趨勢。由此分析，可知：（1）受調查者很少使用簡化字；（2）受調查者使用簡化字的比率正逐漸輕微上升。

個案五：07 年度教會學校高二男生

年級（年度）	材料	總字數	簡化字數	簡化字百分比
初二 (04)	筆記	1328	0	0%
初三 (05)	筆記	1692	0	0%
高一 (06)	筆記	4377	0	0%
高二 (07)	筆記	5679	0	0%

從個案五的使用簡化字百分比看，可知受調查者沒有使用過簡化字。經過訪談了解，得知受影響因素爲：（1）學校不推廣；（2）自己少接觸；（3）覺得簡化字不美觀。

綜合以上觀察，研究者有以下結論：

（1）教會學校學生使用簡化字的比率普遍偏低。

（2）教會學校學生使用簡化字沒有明顯的變化趨勢。

2.2 繁簡字使用態度的訪談——以教會學校學生爲考察點

研究者認爲與澳門中學生直接訪談，有助了解他們對待繁簡字的態度。研究者訪談了四位澳門中學生，讓他們就繁簡字使用問題直抒胸臆，務求在最大的作答自由度下，聆聽最深層次的聲音。

訪談在課餘進行，隨機抽樣，時間不限。不得不指出的是，如本章第一節所言，由於種種客觀條件限制，訪談人數不能多。研究者選擇把訪談對象面向教會學校，更能切合本論文探討簡化字滲入情況的宗旨。

以下將羅列四位被訪者的訪談內容。研究者原希望把內容歸納，以點列的形式表述，但在整理的過程中，發現被訪者的用詞遣句都飽含意思，能充分反映被訪者真實的態度，如果只將訪談作語言"過濾"，很可能失去很多有價值的聲音，妨礙了解被訪者的真意，與本節原意相違背，所以研究者選擇先原話照錄，容後再作歸納處理。

個案一：07—08 年度教會學校高三女生

特點 1：經常使用簡體字書寫

原因：有些中文字，如點、體、對、響、擔、發、辦等，繁體字與簡體字的筆畫相差甚遠，因此當我接觸到書寫簡單了許多的簡體字以後，便開始選擇以簡體字書寫。

特點 2：有小部分的例外

原因：有些可簡化的中文字，繁簡體筆畫相差不大，如"言"字部的字 (討、談、語等)、"金"字部的字 (鍊、針、鋁等)、"糸"部的字 (給、組、絕等)，因爲這些字在簡化時，通常只有部首可以簡化，其餘部分則保留與繁體相同的寫法，因此我通常都不會刻意地爲了省時而將這些字簡化 (但有時也可能會因一時順手而寫成簡化字)。不過，例外中也有例外，部分"言"字部、"金"字部或"糸"部的字簡化後的筆畫會與繁體字相差頗遠的，如讓、講、鑽、鑼、纖、織等，因此這些例外中的例外我通常會將它們歸納成特點 1，即以簡體書寫。

特點 3：選擇書本時，繁體書籍優先

原因：我書寫簡體字，純粹是爲了節省時間，而非由衷地喜歡這類字體，而閱讀書籍時，無論是繁簡體都不會對閱讀速度造成影響，因此在選擇書本時，我一般會優先考慮繁體書 (一定程度上受出產地影響，港臺出版的書籍紙質較佳、

廣告較少)。

特點 4 : 電腦輸入方面，只會使用繁體字

原因：一般文件通常只會要求繁體字的輸入，而我本身也只會倉頡這一種輸入法，即使在使用內地網頁搜尋資料時常因我輸入繁體字而沒有結果，我也情願利用較笨的方法 (利用 word 的繁簡轉換功能再複製貼上)，也從未想過去學習簡體字輸入法，因爲重新學習一種我不常用到的輸入法真的頗浪費時間的。

對簡體字的看法：

跟大多數人一樣，我認爲大多數簡體字的美感都比不上繁體字，但在平日的書寫上使用簡體字卻是無傷大雅的，中學六年我都一直使用簡體字書寫，但至今仍未出現會忘記繁體字怎麼寫的情況，因此對我而言，兩種書寫方法是可以共存，而沒有甚麼大的影響的。另外，我認爲現在的簡體字數量頗不足的，有不少有簡化必要的繁體字都未被簡化，"蔡""影""繁""蟹"等就是最佳的例子。

個案二 : 07—08 年度教會學校高一男生

特點 1 : 絕不使用簡體字

原因：一來大部分的簡體字都不會寫，二來學校平日的功課也不建議使用簡體字書寫，三來自己本身很抗拒使用簡體字 (美感問題)。

特點 2 : 閱讀方面 "大小通吃" (不論繁簡)

原因：認爲繁簡都是中文字，無礙對文章的理解，而且買一本繁體書有時可能是簡體版的三至四倍價錢，不划算，寧願用這些差價多買幾本書。

特點 3 : 不會簡體字輸入法

個案三 : 07—08 年度教會學校高三女生

我自從高中開始，就比較喜歡用繁體字作爲平時書寫的常用字體，甚至會杜絕一切出現簡體字的機會。簡體字只會出現在時間不足以書寫繁體字的情況，例如測驗、考試。

我個人認爲在書寫的時候，要不是全是繁體，要不是全是簡體，否則便會導致不規範、不美觀的情況。但我對於書寫簡體並不熟悉，時有寫錯字的情況出現，例如我經常把 "写" 寫成 "寫"，促使我後來完全不寫這個字的簡體。後來更因爲上了高中，學校有了自己一套的自編教材，而擺脫了初中用內地簡體課本

的束縛，所以接觸繁體字的機會越來越多，而且自己在參考課外書、閱讀書籍的時候，也喜歡選讀繁體課本，令閱讀更爲方便、舒適。

雖然繁體字較爲複雜，書寫速度慢，但卻散發著一種傳統中國的氣味，每個字都蘊藏著特別的意思，構成一句句美麗的詞組；但簡體字卻不能，因爲簡體的緣故，導致繁體字與簡體字經常出現混淆，例如，"游"和"遊"，明明在繁體的世界裡，兩個字各自就代表著不同的意思，湊合而成的詞語更有著很大的差異，"游水"與"遊樂場"是兩個截然不同的東西，但在簡體字的世界裡，"遊"會寫成"游"，那麼，我覺得"游乐场"會失去了那繽紛、夢幻的情境，也缺乏了歡樂的情境。

個案四：07—08 年度教會學校高三女生

我個人不太喜歡簡體字，當然，因爲它的筆畫太簡了，而且書寫時好像不及繁體字般美觀。雖然在我讀小學時已接觸簡體字，但是由於很多的個人因素，直至完成高三的學業時，我對簡體字的認識仍像一張白紙一樣，看回自己的週記統計，也不禁傻笑。"怎麼在幾千字的文章中只寫得一個簡體字而已，又或是連一個簡體字也未能寫到？"不過有時我是刻意，又或是故意的。有時在寫作、默書、測驗中是很想寫簡體字的，因爲在時間緊迫之際，簡體的確比繁體方便得多，但是我的中樞神經卻強烈地告訴我："寧願加快雙手的速度，亦不要胡亂寫簡體喔。"因此我唯有遵循行事罷了。當然，我抗拒簡體字亦是因爲曾經有過不愉快的經歷。記得在初中三年級的一次默書中，我把在紙上要寫的"默書X"寫成"(犬字加四點)書X"，結果，當時的中文老師說我寫錯字。我當時極爲疑惑，因爲在初二時，一位中文兼地埋老師是把"默"字寫成這樣的，那麼，老師應該不會錯了吧。然後我把這件事告訴了中文老師，他便說要先詢問一下才可定奪。結果，原來那位老師一直以來都是把"默"字的簡體寫錯了，其實"默"字是沒有簡體的。雖然如此，中文老師仍是扣了我五分，因爲他說我身爲學生，就應該在發現問題時多加思考，不恥下問，不能只怪老師有錯，因爲老師亦可能有錯誤的時候。自那次起，我便告訴自己："默書的默字是沒有簡體的，別再錯羅！"升上高一以後，同樣在一次中文默書中，老師又說我寫錯了簡體字，同樣扣了我的分數。今次我肯定自己沒有把美麗中的"麗"字寫錯，因爲它既有簡體，同時我亦確定是這樣書寫的。那我便鼓起勇氣詢問老師，結果得出的答案是，我把那個簡體字寫得太劣了，她認爲那個簡體字未及標準。我頓時呆了，怎麼會得出這個答案呢？因爲我在默書中是不會把字體寫得草草的，然而就是因爲老師的那一句"你的簡體字寫得不美"，自此，簡體字給予我的印象又差了。到了高一下學期時，因爲地理堂是要做課前練習的，我很記得那一次，亦永遠不會忘記那一次，因爲，這次是同學指出我的簡體字有問題了！我把土壤中的"壤"字寫成了"坏"，批改的同學告訴我寫錯字了，但我仍是堅持我是沒有錯的。她看到我這麼堅持，便説："你把'壞'字和'壤'字混爲一談了，'壤'字是沒有簡體的。"又再一次證明了，我對簡體字是十分陌生的，而且因爲它的存在，使我錯了一次又一次，故我寧願花多點時間在我熟悉的繁體字上，亦很少把時間花在簡體字上，畢竟自己不喜歡的東西，爲什麼還要花時間、花精力呢？這是我在幾次經歷後得出的結論。其實我在錯過一次以後，亦有給自己機會重新認識簡體字，但奈何接受不來就不能接受了。我曾聽一種説法，若果不看簡體字的書，那便會看少了很多書了。我不否認這種説法，因爲無論是什麼字體的書，都有它值得閲讀的價值，我相信亦深信不只是簡體而已。倘若那本真是一本好書，我會嘗試先找找它的有沒有繁體的版本，若果真的真的沒有，當然最終我亦會買下那本簡體字的書。除非是一些消閒書籍，或是在繁體字時的價錢是不合理的，否則我是很少購買簡體字的書，因爲我是繁體書的頭號粉絲！故你問我支持繁體還是簡體，我可以義無反顧地説一句："'繁體字'，我今生選定了你。"

綜合以上四個訪談，研究者把他們的態度歸納爲三類。

首先，由個案一可知，受訪者書寫上喜歡繁簡並用，而明顯受到繁簡字筆畫差異度影響，傾向使用繁簡筆畫差異度大(筆畫少)的簡化字，若差異度不大，則傾向選擇書寫繁體字。閱讀上，受訪者更喜歡繁體字，這是基於受訪者認爲繁簡字對閲讀速度"不會造成影響"。而書籍印刷質量亦爲影響受訪者選擇的因素之一，而印刷質量與是否繁簡在一定程度上掛鈎。一般而言，港臺書籍到目前爲止，印刷質量仍普遍比內地書籍要高(這差異近年正在迅速收窄中)。因此，受訪者表示仍以選擇繁體字排印的書籍爲先。顯然，這一因素與繁簡字沒有直接關係，且內地書籍的印刷質量正火速提升，故有理由相信，印刷質量的因素正在逐漸消失。換句話説，就是閱讀簡化字的機會正在不斷增加。受訪者亦認爲"繁簡由之""無傷大雅"，且根據事實指出使用簡化字不會導致遺忘繁體字，認爲"兩種書體可以共存"。值得注意的是，受訪者認爲簡化字量不足，並舉例説明"有不少有簡化必要的繁體字都未被簡化"。這説明，受訪者不單接受簡化字，而且認爲簡化字運動應該繼續。這一點表述不難讓人推論，簡化字在澳門中學生並不如一般人猜想中象徵貧窮、落後而加以排斥，甚至剛好相反，有人樂意多用。

其次，個案二顯示受訪者在書寫上“絕不使用簡體字”。主要影響因素來自學校，其次是個人覺得簡化字不夠美觀。至於閱讀方面，受訪者認爲“繁簡都是中文字，無礙對文章的理解”，而書籍價格亦爲影響購買意欲的主要因素。由於簡化字書比較便宜，故多有選購。這顯示即使受訪者拒絕書寫簡化字的態度相當明顯，但仍然會由於種種非直接因素影響而閱讀簡化字。可見，簡化字在這類受訪者中亦逐漸滲入。

第三，個案三及四受訪者的態度相近，研究者把他們歸爲一類一併論述。[1]兩位受訪者皆會使用簡化字，唯對繁體字的鍾愛程度明顯比簡化字要高。受訪者提出的理由，除了在於認爲繁體字比簡化字更傳統、更具美感外，更重要的原因在於過往的不愉快經歷：錯寫簡化字而導致失分，繼而“遷怒”於簡化字，並加以排斥。值得注意的是，表面看來，這是簡化字的責任，但細究其因，人們不難發現責任不在簡化字本身，而在人，尤其是老師。首先，若無明確的語文規劃指出“學生不得書寫簡化字”，老師就不應該強制要求學生只跟從自身喜好而完全使用繁體字；其次，在學生錯寫簡化字後，除了扣分，更應該教導正確的簡化字書寫方法，至於學生將來用不用，那是學生的自由。總之，在沒有明確的語文規劃前提下，老師不應該左右學生選擇使用繁簡字。由這一點看，影響學生產生對簡化字負面情緒的“元兇”，並不在簡化字本身。研究者估計，隨著簡化字的繼續滲入，這類“非簡因素”將會逐步減弱，繁簡並存的空間將會日漸增大。在閱讀方面，個案四受訪者亦表示：“無論是什麼字體的書，都有它值得閱讀的價值，我相信亦深信不只是簡體而已。倘若那本真是一本好書，我會嘗試先找找它的有沒有繁體的版本，若果真的真的沒有，當然最終我亦會買下那本簡體字的書。”可見即使相對傾向抗拒簡化字的受訪者，亦不致於“逢簡必反”，而能理性地考慮其他因素，諸如書籍的內容等再行選擇。

2.3　繁簡字的語文規劃建議

由於中國地方大、人口多，又是一個多民族國家，所以中國歷代政府都十分重視語言文字問題，語文規範的工作不斷在進行。他們的目標很單純，也很宏

---

[1]兩位受訪者並非一併受訪，故相互干擾的機會並不存在。一併論述只爲行文上的便捷。

偉：爲了國家統一、民族團結。反觀今時今日的澳門，仍然缺乏一個現代化城市必須具備的“語文規劃”。語文規劃是政府根據社會需要對現有語文進行有計劃的管理與改進的活動，具體包括語言選擇、語言協調、語言規範，甚至“語言立法”等等。

概括而言，語文規劃有下列意義：[1]

第一，提高社會交流效率，適應社會生活的需要。

第二，表達民族感情，強化統一國家的意識。

第三，影響語言本身的變化。

語文規劃應該以政府主導效果最爲顯著，可惜的是，到目前爲止，澳門政府未見對語文規劃有適當的關注，因此，學者專家不斷發出語文規劃的呼聲，討論熱烈。而澳門中學的行政領導根據各自的認識，在校內進行語文規劃，各自爲政，欠缺統一規範，衍生出更多的問題。

以繁簡字而論，部分教會學校雖不至於明令禁止學生使用簡化字，[2]但卻往往因此而扣分，打擊學生書寫簡化字的意欲，甚至遷怒於簡化字。這一方面是由於部分老師對簡化字的認識不足，一方面是由於這些老師對簡化字的看法不客觀。無論如何，讓簡化字在他們的學生中成爲“階下囚”，無疑是可悲的。另外有些教會學校，[3]在近年逐漸使用内地教材，並實施“繁簡由之”的書寫策略，學生逐漸接受閱讀簡化字，而書寫的比例亦有所提升。這種政策值得澳門政府借鑑。第三種情況，以非教會學校爲典型，[4]他們長期繁簡並用，學生一般能因應實際情況選擇使用繁簡字。

即使如此，繁簡字缺乏由政府主導的統一規劃，則學校各自爲政的情況將會繼續，紛亂仍然存在。學校之間的文字運用未能統一，那似乎與國家統一、民族團結的理念有所悖逆。研究者認爲，由澳門政府主導的繁簡字語文規劃勢在必行。研究者贊同“繁簡由之”主張，認爲應該在澳門貫徹“繁簡由之”，書寫上繁簡選擇自由，但務必規範，錯字是不能接受的。因此，需要注意：繁體字在澳門具法定地位，簡化字在澳門也在不斷滋生，繁簡兩體都應規範，分別確立繁體

---

①《社會語言學概論》，祝畹瑾著，湖南教育出版社，1992，第二章。

②如慈幼中學。

③如嘉諾撒聖心女子中學（中文部）。

④如濠江中學。

字與簡化字的標準，以便與其他地區的用字進行轉換。[①]

在提出語文規劃的建議前，研究者希望指出：首先，語文規劃工作應充分尊重科學規律，在語言科學理論指導下進行，不應該滲入主觀情感；其次，語文規劃應該爲長遠設想，不爲一時喜好，不宜朝令夕改。

研究者對澳門中學繁簡字規劃的建議是：

第一，選擇規範：繁體字是固有的存在，而簡化字亦不斷滋生。即使文字使用上相對封閉的教會學校，學生亦逐漸對簡化字消除抗拒意識，認識程度增加，並提高使用比例。在交際角度看，繁簡字沒有好壞之分，面對學生對待繁簡字的現實，研究者建議澳門政府在中學實現"繁簡由之"。

第二，規範法典法：規劃一經選定，就須通過一系列工作使其標準化、穩定化。對於繁簡字，要規劃標準並不困難，繁體字不必論述，簡化字方面，以《簡化字總表》所公佈的作爲標準即可。

第三，推廣使用：政府規劃後，就由政府機構(如教育暨青年局)、社會團體(如中華教育會、天主教學校聯會)和作家們採納與推廣，再經學校教育加以普及。值得指出的是，師資培訓是一個重要環節。觀察澳門的師資來源，在澳門本土成長的佔絕大多數。以 2006—2007 學年看，澳門註冊教師中，港澳出生的教師佔總體教師比例的 60.5%，[②] 内地出生教師則佔 28.2%。研究者相信，港澳出生教師普遍受繁體字爲主的教育，即使是内地出生的教師，亦有相當部分自小移居澳門，接受澳門基礎教育。這一批約佔九成(90%)比例的教師，受過去的繁體字主導的教育政策影響較深，相信他們對簡化字的認識需要在日後習得。由此可見，在澳門中學貫徹"繁簡由之"理念，師資培訓成爲值得注意的一環。否則，很可能重蹈如本章第二節個案四中，教師使學生產生對簡化字抗拒心態的覆轍。

第四，完善功能：語文規劃工作的最後一環是擴展規範語言的適用範圍，增加可供選擇的形式以滿足現代社會對語言功能的複雜要求。具體來説，是指把"繁簡由之"實踐到學校以外。以傳媒爲例，報章諸如《澳門日報》《華僑報》等，可根據需要繁簡混用；澳門電視臺亦可大量引進内地節目(已在實施)。如此，人們在繁簡並存的氛圍中，對簡化的抗拒將逐漸消除，達致"繁簡由之"、使用規範的境界，有利交際，促進社會交流。

---

① 《港澳用字》，程祥徽著，《澳門語言學刊》第 26 期，2004。

② 資料來源：澳門統計暨普查局，下同。

　　研究者希望説明的是，"繁簡由之"的理念不僅在港澳地區有意義，以致内地亦可按實際情況酌量接受。有些人對繁體字的使用過於敏感，視之如洪水猛獸，並把寫錯、寫已廢棄的異體字等與寫繁體字混爲一談。研究者認爲，這都不是追求真理的學者專家所應該抱有的態度。

3 結　語

　　基於澳門獨特的歷史背景，長期以來政府以葡語作爲官方語文，中文地位受到忽略。直至上世紀末，中文地位才得以逐步提升。即使如此，澳門教育當局對中學生漢字使用仍然採取放任自由態度，没有制定一套完善、長遠的語文規劃，致使澳門中學各自爲政，在選用教材、採課用字、校園環境，以至學生書寫要求等方面，都没有明確統一的規範。這雖然高度維護了學校的自主性，讓其隨意使用繁體字與簡化字，但與此同時，衍生的問題亦不容忽視。例如：由於對簡化字的不了解，致使半繁不簡、自創簡體現象產生，或對簡化字帶有抗拒情緒等等。以上種種，爲中國文化傳承帶來負面影響。

　　對於繁體字與簡化字的使用，歷來有不少學者提出各自的看法，普遍可歸類爲：（1）支持繁體字；（2）支持簡化字；（3）主張繁簡由之。就研究者的觀察，繁簡混用是澳門社會已經存在的客觀現實，完全消滅某一種書寫形式，並不實際，相較而言，"繁簡由之"更爲切合客觀現實。

　　有見及此，本研究利用社會語言學的研究框架，[①]通過問卷調查、個案分析等共時與歷時相輔相成的方法，以教會學校、非教會學校，男校、女校，初一、高三學生爲研究對象，考察澳門中學生對繁簡字的喜好態度和認識程度，從而探討在澳門基礎教育實現"繁簡由之"的可能性。

　　透過共時和歷時研究，有以下主要發現：澳門中學生對繁體字的喜好程度稍高於簡化字。雖然如此，澳門中學生普遍對簡化字持正面、接受的態度，排斥情緒隨著簡化字的不斷滋生而消減。

　　另一方面，本研究發現教育程度、性別以至教育環境差異對澳門中學生繁簡字喜好的影響不大，辨識能力亦相近。這是由於澳門中學生受到教學環境以外

---

① 爲行文簡潔，本論文未有收入原研究中的問卷調查、數據處理等章節，但爲了結論陳述完整，本節没有作相應刪減。

的漢字使用情況影響。比如：日常生活中接觸到的書店、報攤、商戶、食肆、娛樂場所等，使用簡化字的比例日漸增加。在潛移默化的情況下，澳門中學生對簡化字的認識亦逐步加深。並且，基於上述印刷品或場合中出現的簡化字，皆"附著"於澳門中學生的喜好環境中，簡化字隨著這種途徑的滲入，從一個側面強化了澳門中學生對簡化字的正面態度。

歷時研究針對被普遍認爲比較偏執於繁體字的教會學校學生進行訪談和個案追蹤。一方面直接探問對繁簡字的態度，另一方面觀察他們不少於三年的繁簡字書寫比例。結果發現，雖然他們對簡化字仍抱有相對保守的態度，但這種態度亦漸見轉變趨向。本論文亦發現教師態度是導致學生抗拒簡化字的主因。澳門政府進行適當的語文規劃，正可解決這一問題。總體而言，澳門中學生繁簡並用已是客觀存在，"繁簡由之"的貫徹將不會因爲個人意志而逆轉。

根據以上發現，本研究對澳門政府的語文規劃提出建議：確定繁簡字的規範，以現行的繁體字和《簡化字總表》分別作爲繁體字和簡化的規範。首先在學校推行，使用上"繁簡由之"，唯要求各方面皆嚴格遵從規範。及後進一步在社區加以推廣，徹底落實。如此，漢字使用便能順應社會趨勢，使"繁簡由之"在澳門得到貫徹，並有效杜絕誤寫、自創簡化字之風，亦減少因個人情感而引起的對繁簡字的主觀情緒，讓澳門的漢字使用趨於純淨、準確、規範，以利文化交流、民族團結。

主要參考文獻

1. 王力，《王力語言學論文集》，商務印書館，2003 年 4 月

2. 程祥徽，《繁簡由之》，三聯書店 (香港) 有限公司，1997 年 8 月

3. 程祥徽，《語言與傳意》，和平圖書·海峰出版社，2000 年 7 月

4. 程祥徽，《中文變遷在澳門》，三聯書店 (香港) 有限公司，2005 年 12 月

5. 祝琬瑾，《社會語言學概論》，湖南教育出版社，2001 年 2 月

6. 蘇培成，《現代漢字學綱要》(增訂本)，北京大學出版社，2004 年 6 月

7. 戴昭銘，《規範語言學探索》(增訂本)，上海三聯書店，2003 年 12 月

8. 葉蜚聲、徐通鏘，《語言學綱要》，北京大學出版社，2003 年 10 月

9. 高名凱、石安石，《語言學綱要》，中華書局，2005 年 7 月

10. 申小龍，《語言學綱要》，復旦大學出版社，2003 年 7 月

11. 姜望琪,《當代語用學》, 北京大學出版社, 2003 年 10 月

12. 胡壯麟,《語言學教程》, 北京大學出版社, 2004 年 4 月

13. 裴文,《普通語言學》, 廣東教育出版社, 2006 年 3 月

14. 何九盈,《中國現代語言學史》, 廣東教育出版社, 1995 年 9 月

15. 何九盈,《語言叢稿》, 商務印書館, 2006 年 4 月

16. 劉羨冰,《澳門教育史》, 人民教育出版社, 2002 年 11 月

17. 林發欽,《澳門教育省思》, 澳門歷史教育學會, 2007 年 11 月

18. 王寧、鄒曉麗,《漢字》, 和平國書有限公司, 2005 年 11 月

19. 王元鹿等,《中國文字家族》, 大象出版社, 2007 年 12 月

20. 左民安,《細說漢字》, 聯經出版社, 2007 年 12 月

21. 葉籟士,《簡化漢字一夕談》, 三聯書店(香港)有限公司, 1997 年 7 月

22. 余毅,《識繁認簡》, 萬里機構 · 萬里書店, 2007 年 4 月

23. 莊澤義,《簡繁互轉易錯字辨析》, 三聯書店(香港)有限公司, 1998 年 1 月

24. 劉板盛,《簡化字速成》, 商務印書館, 2000 年 5 月

海峽兩岸語言對比的人文趣味

楊　渡

中華文化總會（臺灣）

1　"錢櫃"的故事

十一年前，以《古船》和《九月寓言》知名的山東作家協會主席張煒，來臺北擔任駐市作家。有一日我們相約，去新竹找報導文學作家祖慰——他從法國來臺灣擔任交通大學藝術講座教授。

上車後，張煒有點不好意思的説："等一下我們有機會經過什麼地方可以換錢，你停一下，我去換個臺幣。臺北市政府給的零用金用完了，我手上没臺幣用。"

我答："没問題。"

他以詢問的口吻説："昨天晚上本來想去換錢的，我從臺北國際藝術村出來，走呀走的，看到了一家'錢櫃'，我以爲可以換錢，進去一問，才知道不能換。現在才知道，臺北的錢櫃不能換錢。那我可以去那裡換錢？"

張煒的臉色很正經，語調平和，如同他的小説一樣嚴謹。但我一想到他一臉純真的走到錢櫃大廳的櫃臺要換錢，就已經忍不住了，最後終於大爆笑起來。哈哈大笑完後，我才説："那是一家 KTV 的店，專門唱歌用的啦。換錢還是去銀行吧！"

他也笑起來説："臺灣真怪，錢櫃不能換錢，卻是用來唱歌，那銀行還是銀行麼？"

後來我們去買水果，準備帶去新竹請祖慰吃。他東看看，西看看，發現一個很怪異的東西，淡綠色，表皮上有佛陀似的顆粒，摸起來有些軟，聞起來有濃郁果香。他説，未曾見過，不知此爲何物？我説，這叫"釋迦"，取其形狀如釋迦摩尼的頭，果香特別濃，只是子多，如佛法哩！

那一年我們在新竹交通大學校園吃的釋迦，特別濃郁。張煒的錢櫃故事，也讓我難以忘懷。十一年前可能錢櫃在大陸的店還不多，作家也不上娛樂場所，才有這個"美麗的誤會"。

這個故事說明兩岸交流過程中，有許多趣味的誤解與笑話。尤其最近四五年來，臺灣開放大陸人士觀光、自由行，許多臺灣的風土人情，就成爲大陸人士口中的謎語與驚喜。

例如："青蛙下蛋"，在臺灣居然可以吃？"棺材板"真是用棺材做的？"燒仙草"是燒什麼仙人的草？"便當"便的是什麼"當"？"卡到陰"，是不是真的卡到什麼部位？"跳蚤"也有"市場"嗎？……

2　語言與社會生活

語言是社會生活的產物。兩岸的分隔，始於 1895 年臺灣割讓給日本成爲殖民地，雖然 1945 年至 1949 年曾短暫統一，但內戰隨即興起，隨後的兩岸分裂迄今六十餘年。這一百多年的分隔，讓兩岸從歷史經驗、教育內容、文化傳承、民間信仰、人文習俗等各方面，都顯示出相當明顯的差異。而語言，更是兩岸差距的烙印。

這便是爲什麼中華文化總會與大陸的教育部語言運用司一起合編《兩岸中華語文大辭典》的時候，發生許多趣事的所在。

我不擬由論文的方式來探討，而是以經驗之談，與諸君分享這種對比的趣味。

●風土民情

首先，最明顯的差異來自風土民情。由於大陸經歷文革，民間信仰與民俗活動逐漸消失，傳統文化的根基相對薄弱，但臺灣卻保持了諸多儒、釋、道的信仰與習俗。臺灣的廟宇，大大小小有兩萬多家，這還不包括個人私設的神壇。再加上臺灣特有的移民社會特質，結合了海洋文化與民間信仰，它就變成了臺灣文化的特色。例如電音三太子、東港燒王船、媽祖遶境、放天燈、龍舟賽、行天宮收驚等，都是大陸朋友少見的文化現象。更且，這些年來，臺灣重視在地文化的耕耘，這些傳統民俗活動被賦予新時代的意涵。媽祖遶境幾十公里，成爲最多民眾參與的文化創意嘉年華；電音三太子跳起了街舞，彷彿神明在街道與年輕人狂歡；天燈成爲情人節的祝福；至於鹽水蜂炮，早已成爲觀光的亮點。

這些充滿民俗風情的語詞，正是了解臺灣文化的必要關鍵詞。

同時，臺灣有相當多的佛教信徒，法鼓山、慈濟功德會、佛光山、中臺禪寺等，各有信眾幾十萬上百萬，每年活動驚人。其佛教語言的使用也往往普及一般生活中。例如前一段時間馬王政治衝突中，王金平就曾引用佛經説："他們都是我心目中的菩薩，那麼他們給我逆增上緣"。

宗教對臺灣語言文字的影響，明顯可見。

●歷史因緣

其次，臺灣以閩南族群爲主，它保留了許多閩南文化的特色。這些原本無字或有字的語言，由於廣受歡迎，且更能表達某一種真實的生活，於是常常被拿出來使用。諸如：龜毛（形容一個人小心眼、小氣、難搞），番仔火（火柴），槓龜（落空），嗆聲（直接對立對罵之意）等等。它既保留了閩南語的特性，也反映臺灣文化的特質。而且一如澳門之名緣自"媽閣"的説法，臺灣也有一些有趣的地名，是緣自歷史的遺留。

例如：臺灣北海岸有一個名叫"三貂角"的地方，人們總是感到奇怪，此地有"貂"這種動物嗎？但真實的故事更特別。它來自十七世紀，西班牙人佔領北臺灣的時候，爲了想紀念當時西班牙首都，故取名聖地牙哥（San Diego），當時來臺的閩南人依照閩南語發音，成爲"三貂仔角"，再轉成中文字，以國語發音，原意就不可解了。

還應該特別留意的是 1949 年之後，隨著國民政府遷臺，帶來二百多萬大陸各地（尤其是江浙一帶）的人口，江浙口音與南腔北調，逐漸混合成一種融合的語言。舉例言，"窩心"在臺灣是指内心温暖、舒服，但在大陸，是指内心很不舒服不痛快，近乎"鬧心"，意思完全相反。我求證於前輩，有一個老前輩説得中肯，他説，本來臺語無此詞，這是江浙人的習慣説法，臺灣受其影響。這就是文化大融合對臺灣的影響。

而這些不同地方的口音，後來逐漸與臺灣在地的語言生活融合（不知道是不是受到某一種日本式的軟性腔調的影響），最後就成了現在臺灣電視臺所常常見的各種"國語口音"。大陸文化界的朋友笑稱是臺灣口音，已有別於大陸各地的方言口音。至於它有什麼特色，一説是有點"軟"，有點"綿綿柔柔的"。總之，歲月推移，它已與一開始提倡的北京話不同了。

●社會制度

最值得注意的是：不同的社會制度與生活，也造成兩岸語詞的差距。政治、經濟、學術名詞、生活習慣等，都有很大的不同。據我們的初步調查，在學術名詞的使用上，雖然都是援引歐美學術的專業用語，但兩岸的名詞差異量，要詳細比對起來，會達到三十萬詞條以上。目前兩岸仍只先處理學術名詞的對照（即中英文及兩岸對照），而未及做名詞的解說。

而政治制度與社會生活差異，也會帶來各種對比。

臺灣年年有選舉，就不免有許多選舉的語言，是大陸人所不熟悉，卻是了解臺灣所必須的。諸如：樁腳、買票、拜票、亮票、監票、掃街、走路工、大聲公等等。這些選舉的特殊文化，如果不是在臺灣生活一陣子，還真不好理解。最有趣的是"背書"，曾有大陸朋友問：爲什麼馬英九要幫某某人"背書"，他是"總統"耶，怎麼去幫人"背書"？

我說，就是幫那人的忙，像在支票後面簽名，endorse 的意思吧！

"但，'總統'耶，去幫一個後輩'背書'？"他仍不解的問。

後來我才弄明白，大陸的"背書"，只是純粹把一本書背起來；臺灣的"背書"是一種票據才有的用語，本來意指把名字簽在他人的支票後面，以示信用保證，後來延伸爲替某一個人的信用做保證。

其他如"掃街"。大選時候選人爲了拜票，沿街放鞭炮，高喊"凍選凍選！"（當選之意），一路走過去，和民眾握手，這叫"掃街"。2008 年大選時，我跟隨著候選人全臺灣跑，就看見沿街群聚的民眾伸長了手，等著和心中的偶像候選人握手。爲了趕時間，候選人已經無法慢慢握，只能把手伸出去，掃過一整排的手。幾條街掃下來，他的手常常有快扭到的感覺，而且白襯衫的袖子不到三十分鐘就又髒又黑了。

如是"掃街"，以二十幾天時間，掃了全臺灣，你可以想見這選舉有多累！

●外來文化的影響

當然，更爲深層的來看，兩岸同受外來文化影響，外來語的差異更多。

四百年來，臺灣經過荷蘭人、西班牙人、日本人的統治，保留了許多外來文化的影響。日本五十年的殖民統治，影響尤深，它遺留在臺灣的常民語言之中。諸如：便當（北京叫盒飯），阿沙力（爲人很豪爽的意思），紅不讓（本意是棒球全壘打，後來引申爲大獲成功的意思），運匠（司機），卡拉 OK，都是日本語融入臺灣在地生活的例證。

另一種是來自風土人情的差異。例如臺灣人習慣在年終，即農曆十二月十五日吃"尾牙"，在大陸就無此習俗。此外如原住民的豐年祭，拜拜要"跋杯"，講一個人"口條好"，是指一個人口齒清晰，言詞流利，而不只是指他的舌頭長得好。而九把刀的電影《那些年，我們一起追的女孩》裡，有一句臺詞說"我們老師很機車耶"，也讓大陸的網友很迷惑，在微博上問"機車"是什麼意思。這些對比，也顯示了某種人文與風情，極富趣味性。

3 小結：同中有異，異中趨同

當然，兩岸也有諸多互相學習的所在。

如"山寨"（以前叫仿冒）"小三"（以前叫情婦，第三者）"嗆聲""打拼"交互的影響。最近，大陸的小米機在臺灣開始流行，以後必然也會成爲專有名詞的。

去年二月，中華文化總會在臺北出版了《兩岸每日一詞》，將一般兩岸的生活用語做了對比呈現，得到好評。2012 年的兩岸漢字藝術節，則特別由曾經駐臺的大陸媒體記者與文化人，針對大陸人士所不了解的臺灣用語、別具意味的風土民情加以編輯，加上有趣的註解例句，而成爲最新版本的《兩岸生活小詞典》。坦白說，如果不是這些北京的記者編輯多次開會討論，努力回憶臺灣種種，得出這些動名詞，我實在很難想象，原來大陸朋友所不解的臺灣語言，竟是這些。畢竟，臺灣人太習以爲常了。

此書名字"臺北道地地道北京"也特別有對比的意味。因爲臺北稱讚一個人很夠意思、夠義氣，叫"很道地"（臺灣話也可用"達底"來形容），但北京話叫"這人很地道"，而這"道"字，還必須是輕音。一樣的字，微微的不同，卻顯示出微妙的差異。語言多美妙，輕輕一聲，意味完全不同。

要了解臺灣，要到臺灣旅遊，由深具民間性的風土人情著手，是最有趣的。

最後歡迎您來臺灣玩。可以看風景，可以看人文，可以看最古老的故宮文物，更可以了解語文的差異，享受不同文化的樂趣。

民主化後臺灣原住民族語言政策推動之研究

李酉潭　殷瑞宏

臺灣政治大學國家發展研究所

壹　前　言

臺灣雖然是個多族群與多元文化的地區，然而卻尚稱不上有多元語言政策的制定與實行。"語言"是一種社會行動(social action)，也是社會、文化的實踐行爲，其與族群文化、族群認同有著密切的關係（Schieffelin，1990：16）；語言不但與認同問題息息相關，也與大社會的政治經濟環境密切關聯，誠如 Pierre Bourdieu 所言，不平等的權力關係會迫使説話者選擇某種他們認爲比較優勢的語言使用方式（Bourdieu，1991：170）。

對於原住民來説，語言的存在不僅代表著"集體生存"的指標，語言的地位更是象徵著族群之間的"權力關係"是否平等。可惜的是，歷來政權迫使原住民學習所謂的"國語"，導致原住民族語言使用的環境與場域不斷地遭受排擠與破壞，傳承與保存日益困難。原住民族的語言發展和復興問題，可説是當今原住民族最爲迫切的社會議題之一（參考施正鋒，2002）。

而在臺灣，由於受到早期"獨尊國語"的語言政策之影響，少數族群（ethnic minority）之語言因而嚴重流失，甚至面臨消失之困境。這樣的情況一直要到1987年宣布解嚴，社會力求開放及多元化之際，這些弱勢族群語言流失的問題方才受到重視，政府相關部門及民間有心團體方才得以著手進行保存的工作。不過，由於社會上長期欠缺使用非國語語言之舞臺，再加上這些語言大多沒有自己的書寫文字，僅靠口耳相傳，同時在不同族群彼此通婚的情況下，這些語言終究難逃流失之厄運，其中尤以原住民語言之流失情形最爲嚴重，大多數原住民青少年都不會説父母親之語言，幾乎已罹患了所謂的"母語失語症"（黄美金，2007：143）。新生一代愈來愈少使用其族群的母語，對母語逐漸生疏，甚而產生排斥感，各族群的母語都正在快速消逝中（張學謙，2008：19）。進行語言復振（language revitalization），也就是恢復語言存續的生機並透過代際相傳延續語言的生命，挽救語言的流失並使之得以繼續傳承，已成爲當前臺灣社會的重要工作之一。

當前的政治世界，民主與人權已成爲普遍追求的理想與價值，民主與人權之間的相互依存關係，常被視爲理所當然。民主體制相較於其他政治體制，最能保障個人的基本權利，而若沒有保障人民的基本權利，民主也不可能運作。依據過去學者的經驗調查研究顯示，愈民主的國家，其社會的人權狀況愈受肯定；具有人權的社會，通常也是最有能力實行民主的國家（參考彭堅汶，2006）。因此，在臺灣民主化後，如何應對這個情況，注重少數族群的權益，使其覺得制度公平，感到獲得尊重，不但是一個重要的課題，也將成爲臺灣未來能否成功達到民主鞏固（democratic consolidation）的關鍵。

貳　人權的概念與保障的重要性

人權（human rights）本身的内涵可以説是一套隨著人類文明與社會的時代變遷演化出來的產物，因此其概念、意義與性質會隨著時空、環境與社會因素而有所改變，所以研究人權議題時，應考量時空背景而聚焦點在不同的面向上。在當前學界有關人權的討論中，多是以"世代"（generation）的方式來理解，這就必須提到法國學者 Karel Vasak 所描述的，他對於近代人權的觀念所提出的三個發展階段，也就是"三代人權"（Three generations of human rights）的説法（Vasak，1982：715—716）。然而，必須要強調的是，雖然三代人權的論述涉及與涵蓋的範圍相當廣泛且種類繁多，但並不意味著相互排斥，既然以"世代"作爲區隔，因此本身蘊含的是一種動態（dynamic）與演化（evolutionary）的概念，表示人權的意涵隨著時間的演進而逐漸擴充。

一般而言，第一代人權觀是屬於所謂的消極權利觀（negative rights），主要目的是防止政府不當地干涉個人的自由與權利，但過度重視個人，相對地就很少涉及群體，因此這普遍被認爲是第一代人權的侷限之處；不同於第一代人權是限制了國家的權力，要求國家的"不作爲"並保障人民的自由，第二代人權則進一步規範了國家的義務，積極要求國家"作爲"並保障人民享有經濟和社會方面的福利，因此第二代人權觀也被視爲是積極權利觀（positive rights）。兩者相較，第一代人權限制政府，第二代人權則將政府的角色定位在基於公平與正義的因素，可以做出某種程度的干涉與安排，提供人民享有經濟與社會方面的各項權利。

比較特別的是第三代人權，其發展背景來自於二次世界大戰結束後第三世界國家興起的反殖民主義與壓迫運動，因爲過去殖民主義所造成的不公不義與隔離、對立，進而孕育出人民與族群要求自我決定的權利。簡言之，人權的關注焦點開始從過去的"個人"轉向"整體"，除了個人權利受到保障外，族群也應享有同等的權利。

而對於人權保障的重要性是無庸置疑的，特別是對少數族群權利的保障。由於現代國家的組成基本上很難見到純粹的單一民族國家，因此，在多數國家都存在多元族群的情況下，少數族群權利的保障被視爲實現民主、促進和平的象徵。例如在歐洲對於少數族群的保護，即被當作是歐洲穩定、民主安全以及和平的前提，從 1995 年歐洲的《保障少數族群架構條約》中可見端倪，其中有兩段話提到：

> 一個真正的多元民主社會，除了應該尊重個人所屬的少數族群、文化、語言和宗教認同外，也應該盡可能地創造使其能夠表達、保存與發展這項認同的條件。

> 創造寬容與對話的環境是必要的，這將使得文化充滿多樣性，並不會導致社會的分裂，反而會是促使其豐富的因素與要件。[1]

尊重與保障每個少數族群的文化、語言、宗教等，是一個真正的多元民主社會所必須做的，其中近年愈來愈受到重視的即是對少數族群文化權的保障。透過文化權的保障與享有，少數族群便可以基於他們自身的文化脈絡對其未來的發展做出選擇；而一旦被剝奪文化權，該族群很有可能因此喪失自我存續的能力而漸漸消失。再加上多樣的文化透過交流可以更豐富彼此的内涵，"多元文化"本身即是一項重要的價值觀，因此對少數族群行使其文化權的保障是相當有必要的（參考李酉潭、殷瑞宏，2012：49—71）。

而對少數族群權利的保障當中，筆者要特別談到語言權的部分。語言與民族

---

[1] 詳參《Framework Convention for the Protection of National Minorities》，http://conventions.coe.int/Treaty/en/Treaties/html/157.htm。查考日期：2013-10-02。

的關係是密不可分的，語言不僅是保存民族文化的媒介，更是族群認同的重要依據（胡藹若，2002：155）。作爲少數族群的基本權利之一，語言權不但是個人的也是集體的，並具有個人與他人溝通與獲得政治權利、經濟資源、社會地位和文化認同的工具性質；同時，被視爲認同的標記（marker）、文化的載體（carrier）、傳統的寶藏（repository），乃是一種生活的脈絡（context），其被少數族群成員肯定自我所用（Reaume，2000：248—252）。

綜合言之，語言權不但是基本人權，同時是文化權的一部分，更是個人權利與集體權利，不論是個人或群體都可以在任何公、私場域説自己的語言。在一個國家中的任何族群，特別是少數族群，政府必須設置專屬機構並透過法律及政策保障少數族群的語言不受強勢語言的威脅及迫害（何光明，2011：6）。

過去曾有學者提出，幾乎在世界的每一個地方都能見到剝奪基本人權（語言權）的現象，大多數少數民族語言遭受歧視，有些少數族群不能夠認同他們的母語（如生活在土耳其的庫德族人），超過6000種的語言無權作爲相關民族教育法律與公共事務的用語（參考Skutnabb-Kangas and Phillipson，1995）。而通常來説，一個真正的民主政府，由於其統治基礎來自人民的支持，其制度設計上理當會尊重人民。綜上所述，特別是少數族群權利當中的語言權部分，更應受到政府的重視，以維護少數族群的存續。身爲自由民主之地的臺灣，應重視與保障少數族群的語言。

叁　臺灣原住民族語言政策推動的重要性

就西方國家的傳統來説，語言權（linguistic rights）是少數族群權利（minority rights）的一種，除了必須加以保障，國家更要想辦法去發展，因此，絕對不能加以限制。他們的基本假設是這樣子的：國家採用的國家語言，或是官方語言，雖然出發點可能是善意的，也就是想要透過一個共同的語言來進行整合，然而，這種對差異不寬容的作法，往往是社會衝突的來源，爲了避免族群間的衝突，對於少數族群的語言作起碼的保障是必要的（參考施正鋒，2002）。

換言之，國家應當有責任維護良好的語言生態，而非對某些族群的語言做限制，卻放任特定語言的任意使用，進而產生威脅，導致弱勢語言被強勢語言所消滅。就臺灣的經驗來看，例如過去日據末期的"皇民化運動"，以及國民政府遷臺後 1950 年代的 "國語運動" 等，都是相當不好的作法。臺灣政策過去長期對少數族群的語言權進行壓迫，使得少數族群的語言以較快的速度滅亡，當中尤以原住民族母語爲最。過去學者就曾透過相關的實證研究指出，臺灣語言可能最快消失的族群是原住民，若以原住民大專生的族語能力來看，儘管是族內結婚，他們下一代的族語能力只有 47.6%，遠低於維持一個語言生命最低限度的 "臨界人口" 的 75%，再經過五個世代，原住民母語人口將只有 0.6%；如果是跨族通婚，則母語可能在二三代間衰亡（黄宣範，1993：424）。

　　再者，2005 年臺灣 "憲法" 增修條文第十條當中亦規定："國家應依民族意願，保障原住民族之地位及政治參與，並對其教育文化……予以保障扶助並促其發展，其辦法另以法律定之……"，可見承認臺灣爲多民族地區，重視民族主義及教育的文化功能。換句話説，主張多元文化教育，因此強調少數民族有受特殊照顧和扶助的權利，政府也有義務保護、發展少數民族的教育文化。因此，規劃與制訂一套完善、周延的臺灣原住民母語教育政策，以有效地傳承臺灣原住民之語言、文化，不但乃是合乎 "憲法" 基本精神的，而且是必須的（胡薷若，2002：158—159）。

　　可惜的是，臺灣在 1987 年解嚴以前，政府的語言政策的核心宗旨有三項：滅絶日文、獨尊國語與禁止母語。但在 "除了國語，所有語言都必須消滅，包括日語和母語" 的前提下，當時政府甚至以學會説國語做爲留任和升遷的要件，雖然推行國語的成績斐然，卻犧牲了臺灣人民的語言人權。這導致了在臺灣少數族群語言的快速消亡，特別是原住民族。但這些原住民族群所保有的固有文化與語言，乃是原住民幾千年來爲了適應臺灣特有的生態環境所發展出來的，彌足珍貴（胡薷若，2002：153），若是消失實爲可惜。因此臺灣政府應重視少數族群文化的保障，特別是族語，讓其得以存續。

　　今日臺灣政策的制訂走向應是多元的，以尊重各種不同語言爲宗旨，不宜出現把某種強勢或特定語言加在其他弱勢語言上（如過去的獨尊國語）的情況，營造健全的族語使用環境，讓各有獨特色彩的族語有發揮運用的空間，臺灣也才能成爲一個真正的多元文化社會。

肆　臺灣原住民族語言政策推動的回顧與現況

有關臺灣原住民族語言政策的推動過程，大概可分爲三個階段來探討（見下表），包括光復後至政府遷臺(1945—1949年)、政府遷臺至戒嚴(1949—1987年)與解嚴後至今（1987年—）。[①]

據此可以看出，臺灣政府在過去的威權時期，貫徹國語化語文教育政策的態度，無形中阻絕了臺灣少數族群（特別是原住民）母語教育政策的形成與發展，此種強制政策直至解嚴後才獲得改善。該時期（1946—1986年）的政府爲了統治的需要，成立"國語推行委員會"全面推行國語，後來更下令學校禁止講"方言"，迫使學生不得不放棄説自己族語的習慣，可謂原住民族語的壓抑期，政府這樣全面壓抑原住民的語言政策，使得原住民的語言走

時期	時間	相關法案與政策	相關內容	目的
光復後至政府遷臺	1945—1949年	山地推行國語辦法	原住民教育以國語爲依歸，在此期間臺灣原住民母語教育政策尚未形成。	推行國語
政府遷臺至戒嚴	1949—1987年	山地施政要點	積極獎勵國語、國文，以各項有效辦法啟發山胞學習國語國文的興趣，嚴格考核山地國語國文的推行進度，以實現"山地平地化"的目標。	統一國語
		山地行政改進方案	確實加強山地社會教育，配合舉辦各項社教活動，灌輸國家民族觀念，加強辦理補習教育，傳授生產技能及生活常識，積極推行國語，加強國語推行員的工作，並嚴格考核其執行成果。	

[①]臺灣歷史有文字記載的相關資料至今大約有四百餘年，歷經五個外來政權，包括荷據、明鄭、清領、日據、民國等五個時期，每個政權的統治者所使用的語言都不相同，也採取了不同的語言政策。本文所討論的範疇爲民國時期（即臺灣光復後至今）。

續前

時期	時間	相關法案與政策	相關內容	目的
解嚴後至今	1987 年—	臺灣省山胞社會發展方案	由嚴格要求平地化，轉爲尊重原住民之民意，維護原住民之文化傳統；由專斷變爲民主開放，孕育了臺灣原住民母語教育政策發展的契機。	語言多元化及復振少數族群族語
		發展與改進山胞教育五年計畫	原住民語言列爲計畫對象，"教育部"委請李壬癸教授編定原住民各族語言符號系統。	
		"全國原住民教育會議"	將山胞更名爲原住民外，並對其教育文化、社會福利及經濟事業予以扶助並促其發展。這是透過"憲法"的高層次，對臺灣原住民名位及權益所做的維護	
		原住民族教育法	維護原住民傳統文化語言	
		"行政院"原住民族委員會	推動原住民族語發展	
		"教育部"鄉土教學活動	將原住民語言列入學校教育	
		原住民語言振興六年計畫	健全原住民族語言法規，成立推動原住民族語言組織，編纂各族語言字詞典及發展原住民族語言教材，推動原住民族語言研究與發展，培育原住民族語言振興人員，推動原住民族語言家庭化、部落化及社區化，利用傳播媒體及數位科技實施原住民族語言之教學，辦理原住民族語言能力之認證，原住民族傳統及現代歌謠創作收集及編纂，重要政策、法令之翻譯及族語翻譯人才之培育	

資料來源：胡藹若（2002），《臺灣原住民母語教育政策之研究》，《三民主義學報》，24 期，頁 160；何光明（2011），《臺灣原住民族語政策發展研究——從語言權觀點探析》，"2011 全國原住民研究論文發表會"，頁 9；"行政院"原住民族委員會。

向滅亡之路（參考黃宣範，1993）。這樣的情況一直維持到解嚴後才有所好轉，配合原住民族社會運動的極力爭取與臺灣社會的本質走向多元化，方使得政府對語言政策的態度轉向多元，開始重視原住民語言發展，且逐年有新的相關原住民政策。

而對原住民族群母語所推動的教育政策，則從 1991 年開始，但直到 1996 年 "教育部" 才將之納入正式教學，成爲正式學校教育的一部分。不過，在執行過程當中碰到許多問題，包括設課經費缺乏、教材整體規劃的欠缺、師資來源不足等，使得學習環境不甚理想。此外，從語言教學的角度來看，更多的是將原住民族語的教授作爲一種教學的科目，而非將原住民族語作爲教學的語言，也使得教學制度並不完善。再者，初期在原住民地區實施的母語教學，並非完全是依賴著潛意識的族群意識作用的結果，換言之，並不全然是依據原住民族群本身主觀的願望，而很大部分是拜政黨所賜，政黨將推動母語教學作爲本土不本土的政治標示，且甚至會因爲地區長官前後任所屬黨派之不同，讓投入原住民族語教學的程度有別，令人有泛政治化的聯想（參考瓦歷斯·尤幹，1994：8）。但無論如何，臺灣民主化後，透過 "教育部" 推動使得各族群母語得以正式進入國民教育課程，仍可被視爲國語言教育政策方針的最大改革（陳美如，2009：150—151），值得肯定。

爲了改善原住民族語教學在臺灣的狀況，政府也陸續推動幾項相關措施，近年最重要的應當是由 "行政院" 原住民族委員會（原民會）所推動的 "原住民語言振興六年計畫"（相關內容見上表），其被評爲深具原住民主體性及保障原住民語言權等，特別注重將語文與文化做結合（參考何光明，2011）。特別的是，決定將原住民族語文字化，成爲臺灣史上的首例，儘管需要耗費大量人力物力，但對於原住民語言的傳承與保留非常有價值與意義。

綜觀臺灣近年原住民語言政策的演進，仍有尚待改善之處。一個國家的任何政策必須滿足兩個條件：必須反映一般人對族群文化上的認同感，即各族群對之有情感上的依附作用；必須滿足一般人的需要和利益，即族群對之有工具上的依附作用（黃宣範，1993：73）。而這必須仰賴政府的完善規劃與積極作爲方能實現。不過，事實上政府對於語言權的保障所採取的態度是 "消極包容" 與 "避免打壓" 策略，對於積極的語言復育或是推動少數族群語言在公共領域能見度的相關規定仍非常少（吳孟珊、李炳南，2006）。截至目前爲止，以原住民族語來説，在媒體上的曝光率仍相當低，除了公共電視原民臺外基本没有見到；在公眾場合亦然，像是大眾交通運輸的高鐵、臺鐵與機場等，也幾乎未見有關原住民族語的出現。[1]

　　雖然當前已有學校給予每週一定時數的語言教學，但若要提升各族群對族群文化的認同感與情感上的依附作用，光靠教育體系的介入是不足夠的。家庭、家族、鄰里與社區同時也是語言復振的重要場域（Fishman，1991：396—401），[2]故應當配合家庭的積極教導，將家中建置成一個良好的學習族語環境，從小給孩子心理建設，教導他們會說本族語言不但是一種責任，更是值得驕傲的觀念。若是表現優良者，原民會或相關單位可酌予表揚和實質獎勵，不但增加家庭培養孩子學習族語的動機，也能賦予“學習族語”這件事情工具上的依附作用。

伍　結　語

　　臺灣身爲一個維護人權的自由民主地區，面對原住民族語言的傳承危機，理應積極進行、推動原住民族語言的復振工作。觀察臺灣自 1987 年解嚴以來針對少數族群的諸多政策，可知臺灣這方面已經付出相當的努力，也有一定的成效。例如在語言復振主要方針的學校教育方面，自 2001 年起將原住民族語言納入鄉土語言，成爲國小生必修、國中生選修的專業科目之一；再者，爲了改善原住民族語言教育師資缺乏的現象，也開始舉辦原住民族語言能力的認證考試。此外，另有一個族語發展的重要利基，即是族語的書面化，可以提供族語教學相當豐富且重要的參考資料。近年透過語言學者與本族人士的合作，目前臺灣的族語書面化，已從過去的個人獨力耕耘發展爲集體合作的民族整合模式，集體的書寫與翻譯，不但拓展了族語書面化的場域，也讓族語的生命力得以展現（參考李臺元，2013）。不過，臺灣原住民母語由於族群林立，語系複雜，困難度高，目前實施族語教學僅及於原住民較多的國民小學以及少數的國民中學，這也使族語教學的

---

[1] 雖然於 2000 年公布的 “大眾運輸工具播音語言平等保障法” 當中的第六條提到：“大眾運輸工具除國語外，另應以閩南語、客家語播音。其他原住民語之播音，由主管機關視當地原住民族群背景及地方特性酌予增加。”但在大眾運輸工具播音當中出現原住民族語者仍相當少見。

[2] 依據 Fishman, J. 所言，其認爲瀕臨消逝危機的語言，仍有可能恢復生機，故提出挽救語言流失理論（reversing langue shift，RLS），並將之分爲八個階段的架構（詳參附錄一）。他指出儘管學校教育對語言的傳遞有重要影響，但若是光靠學校教育，仍無法使母語產生所謂代際傳遞的效果，仍必須結合家庭以及鄰里社區，塑造使用語言的近身環境，才能有效復振語言。亦即家庭、家族、鄰里與社區所扮演的乃是語言復振過程中的關鍵角色。

專業師資缺乏且培育不易的情況依舊存在。[1]

筆者以爲，未來臺灣仍應持續努力的方向，包括有關單位應廣爲宣傳臺灣原住民母語教育的必要性與正當性，使社會大眾能夠理解臺灣原住民母語教育是非常重要與必須的，是文化傳承，是凝聚種族非常重要的原動力，而非可有可無的東西，如此才會吸引更多的人才投身於臺灣原住民母語教育中（楊孝，1998：53）。再者，誠如筆者前述提及其家庭教育的重要性，過去許多學者都呼籲，雖然學校乃是原住民族語言教育與復振的重要行爲者，但這仍是不足的，尚需推動族語的家庭化與部落化，廣設部落教室及部落大學，使族語學習的管道更爲多元，族語教育的環境更爲活潑（林修澈，2003：40）。這也就是，強化教育領域的延續性與一貫性之外，更應將其生活化，使學生對本土語言的印象不是一門課程，而是一種溝通工具。結合學校、家庭以及社區，共同推動本土語言的使用，使本土語言與所生活的環境充分結合，真正成爲實用的生活溝通工具，亦即透過"語言的生活化"作爲延續語言的方法（黃建銘，2011：99），讓家庭、社區、學校成爲三位一體的環構，讓族群母語得到"世代傳承"的"母語防護圈"（參考張學謙，2011）。

整體而言，臺灣目前已經可以在族語的復振與教學方面看到政府的努力一定的成效。不過，在臺灣仍有部分族語已經被評定爲瀕危而需要搶救，[2] 面對這個情況，近年原民會也啟動"搶救原住民族瀕危語言"的計畫，依據"語言靠環境養成"的原理，透過四個執行方向，即師徒制、族語家庭、各族耆老語言與歷史的收集與部落學校等來搶救。[3] 再加上自 2001 年開始規劃與推行的族語能力認證

---

[1] 目前臺灣的原住民共有 14 大族，分別是賽夏族、賽德克族、邵族、布農族、鄒族、魯凱族、排灣族、泰雅族、太魯閣族、撒奇萊雅族、噶瑪蘭族、阿美族、卑南族與雅美族。其中有些族語又各有不同的語系，例如在卑南語中即分知本卑南、南王卑南、初鹿卑南與建和卑南語等，鄒語也分阿里山鄒語、卡那卡那富鄒語與沙阿魯阿鄒語等（詳參附錄二）。

[2] 聯合國教科文組織（UNESCO）即歸類臺灣有 1 種 "嚴重瀕危"（severely endangered）等級的語言（賽夏語）與 6 種 "極度瀕危"（critically endangered）等級的語言（撒奇萊雅語、沙阿魯阿語、邵語、卡那卡那富語、噶瑪蘭語以及巴宰語）。詳參 UNESCO 網站（http://en.unesco.org/）。

[3] 原民會擬成立推動小組，共分爲四個執行方向，第一種採取 "師徒制"，運用面對面的教學方式，達到基本的會話基礎；第二種爲建立 "族語家庭"，今年的目標將建立五十戶的族語家庭，利用自然的生活互動與對話，來達到學習族語的成效；第三種將會 "收集各族群耆老的語言與歷史"，彙集並使之文字化，讓族語能夠保存與傳承並有依據；第四種將舉辦 "部落學校"，與一般學校體制大同小異，唯有上課時間不同，爲了不影響一般學生學習的時間，目前暫擬在寒暑假期間舉辦，部落學校主要強調課程內容、師生間的互動以及課程的不同，而學習到族語。更多相關的計畫內容請參考 "行政院" 原住民族委員會。

制度，其對於帶動族語學習的風氣，以及族語地位的提升和語言態度的改變等，也頗具正面效益。相信以目前臺灣政府對原住民族語言復振的重視與投入而言，未來臺灣原住民族語言的保存與傳承，應可抱持樂觀的態度。

附　錄

附錄一　挽救語言流失之八階段理論

階段 1	某一語言在教育、工作場所、大眾傳播媒體以及高層與全國性位階的政府機關運作中使用。
階段 2	某一語言在地方／區域性的大眾傳播媒體以及地方政府的服務過程中使用。
階段 3	某一語言與其他族群語言在地方／區域性的工作場域中使用。
階段 4a	在某一語言的課程設計及人事安排下，進行義務教育。
階段 4b	公立學校透過某一語言教導該語言族群的孩童，但實質上仍有其他族群語言的課程設計與人事安排。
階段 5	學校針對年長者與青年人進行讀寫能力的培育，但並非在義務教育的場域中進行。
階段 6	某一語言藉由代際相傳及集中於家庭—家族—鄰里中使用：此為母語傳承的基礎。
階段 7	某一語言的文化交流主要依賴社區中老一輩的語言使用能力作為基礎。
階段 8	重建某一語言，培育成年人再學習此一語言。

資料來源：Fishman, J.(1991). Reversing language shift: Theoretical and empirical foundations of assistance to threatened languages, p.395. Clevedon: Multilingual Matters Ltd.

附錄二　臺灣 14 族 42 方言別列表

族　語	方言別	族　語	方言別
太魯閣語	太魯閣語	雅美語	雅美語
布農語	丹群布農語　卡群布農語 卓群布農語　郡群布農語 巒群布農語	鄒語	卡那卡那富鄒語　沙阿魯阿鄒語 阿里山鄒語
卑南語	初鹿卑南語　知本卑南語 南王卑南語　建和卑南語	撒奇萊雅語	撒奇萊雅語
邵語	邵語	魯凱語	太武魯凱語　多納魯凱語 東魯凱語　茂林魯凱語 萬山魯凱語　霧臺魯凱語

續前

族　語	方言別	族　語	方言別
阿美語	中部阿美語　北部阿美語 恆春阿美語　海岸阿美語 馬蘭阿美語	噶瑪蘭語	噶瑪蘭語
泰雅語	四季泰雅語　汶水泰雅語 宜蘭澤敖利泰雅語 萬大泰雅語　澤敖利泰雅語 賽考利克泰雅語	賽夏語	賽夏語
排灣語	中排灣語　北排灣語 東排灣語　南排灣語	賽德克語	都達語　　德固達雅語 德路固語

參考文獻

1. 瓦歷斯·尤幹（1994），《語言，族群與未來——臺灣原住民族母語教育的幾點思考》，《山海文化雙月刊》，4 期，頁 7—21。

2. 李臺元（2013），《臺灣原住民族語言的書面化歷程》，臺北：政治大學民族研究所博士論文。

3. 李酉潭、殷瑞宏（2012），《少數族群與文化權》，《孫學研究》，13 期，頁 49—71。

4. 何光明（2011），《臺灣原住民族語政策發展研究——從語言權觀點探析》，"2011 全國原住民研究論文發表會"，頁 1—24。嘉義："行政院"原住民族委員會。

5. 吳孟珊、李炳南（2006），《我國現行法規範中少數族群語言權之初探》，收錄於劉阿榮《多元文化與族群關係》，頁 61—82。臺北：楊智。

6. 林修澈（2003），《原住民族的族語教育概況》，《研習資訊》20 卷 1 期，頁 35—40。

7. 胡藹若（2002），《臺灣原住民母語教育政策之研究》，《三民主義學報》24 期，頁 153—173。

8. 施正鋒（2002），《客家族群與國家——多元文化主義的觀點》，收錄於張維安編《客家公共政策研討會論文集》。臺北："行政院"客家委員會。

9. 陳美如（2009），《臺灣語言教育政策之回顧與展望》，高雄：復文。

10. 彭堅汶（2006），《民主社會的人權理念與經驗》，臺北：五南。

11. 張學謙（2008），《融入語言人權的弱勢語言教育》，《教育資料與研究雙月刊》，82 期，頁 17—44。

12. 張學謙（2011），《語言復振的理念與實務：家庭、社區與學校的協作》，臺北：翰蘆。

13. 黄宣範（1993），《語言、社會與族群意識——臺灣語言社會學的研究》，臺北：文鶴。

14. 黄美金（2007），《臺灣原住民族語教學之回顧與展望》，《97 年度原住民族語言振興人員基礎研習講義》，頁 142—163。臺北：師範大學進修推廣學院。

15. 黄建銘（2011），《本土語言政策發展與復振的網絡分析》，《公共行政學報》，39 期，頁 71—104。

16. 楊孝（1998），《原住民教育與母語教學》，《原住民教育季刊》，11 期，頁 50—59。

17. Bourdieu, Pierre(1991). *Language and Symbolic Power*. Harvard: University Press.

18. Fishman, J.(1991). *Reversing Language Shift: Theoretical and Empirical Foundations of Assistance to Threatened Languages*. Clevedon: Multilingual Matters Ltd.

19. Reaume, Denise G.(2000). Official Language Rights: Intrinsic Value and the Protection of Difference. In Will Kymlicka and Wayne Norman(eds.). *Citizenship in Divided Societies* (pp.245−272). Oxford: Oxford University.

20. Schieffelin (1990). *The Give and Take of Everyday Life: Language Socialization of Kaluli Children*. Cambridge, UK: Cambridge University Press.

21. Skutnabb−Kangas, T. and Phillipson, R. (1995). Linguistic Human Rights, Past and Present. In T. Skutnabb−Kangas and R. Phillipson (eds.). *Linguistic Human Rights: Overcoming Linguistic Discrimination* (pp. 71−110). Berlin: Mouton de Gruyter

22. Vasak, Karel (1982). *The International Dimension of Human Rights*. Greenwood Press.

青海少数民族学生汉字习得偏误刍议

马雪艳

青海民族大学文学与新闻传播学院

汉字历史悠久，笔画复杂，是典型的表意体系文字。汉字的习得，历来都是汉语教学中的一个薄弱环节。刘珣曾指出："汉字教学问题如果不能很好解决，会成为汉语学习的瓶颈。"[1] 从中可见汉字学习的重要性。少数民族学生在学习汉语时，汉字习得也是一大难题。

青海省是我国西北地区少数民族聚居的地方，藏族、撒拉族、土族、蒙古族等少数民族世代栖息于此。青海省的少数民族交际时，一般会使用他们的本族语言（藏语、撒拉语、蒙古语等）。国家在保护当地丰富的原生态文字语言的基础上，同时也要求当地的少数民族从小要学习汉语，在公共场合说普通话。因此，少数民族的学生在学好本民族语言文字的基础上，还需要进一步学习汉字。由于深受其母语等因素的影响，在汉语作为第二语言的学习过程中，还存在着许多不合乎普通话语音、词汇、语法和书写规范的现象。

尤其是近些年来，在全国范围内不重视汉字学习这样一个大环境影响下，少数民族学生的汉字习得能力逐步下降。正基于此，本文通过对青海省少数民族学生的作业、考卷、作文等语料进行调查分析，细述了青海省少数民族学生在汉字习得过程中出现的认读、书写、使用汉字的偏误及原因，并在此基础上提出相应的解决策略，来规范并推动青海省少数民族地区学生汉字习得问题。

一、少数民族学生汉字习得中的偏误表现

在青海省少数民族学生的汉字习得过程中，出现的错误较为复杂，主要表现在以下几方面：

（一）汉字认读的偏误表现

汉字的认读包括"认"和"读"两方面，两者关系密切。汉字是形音义的结合，"认"不仅是辨认意义，同时还要辨认字形和字音。而"读"是建立在"认"的基础上，是"认"的语音表现。汉字难认、难读是少数民族学生在汉字习得过程中普遍感到头疼的问题。汉字是表意体系的文字，而青海少数民族学生的母语一般为表音文字，他们习惯于以拼音文字的思维方式来感知汉字，习惯于声、义的对应，因此经常出现因字音的干扰而导致错别字的频率高的问题。汉语是有声调的语言，少数民族语言多为没有声调的语言，所以汉语声调的发音偏误也是一个普遍性问题。此外，青海少数民族学生在汉字字形和字音的联系方面比较弱，不像表音文字那样能拼读出来，这也是汉字难读的一个原因。

在课堂教学中，认读生词、朗读课文是重要的一个环节。青海省少数民族学生常出现的认读错误主要有以下几种情况。

1.读半边字导致的认读偏误。

众所周知，形声字占常用汉字的 80% 左右，声符是表示形声字的读音，义符是表示形声字的意义。多数情况下，声符与整个汉字的读音相同或相近，有提示语音的作用，如"理、绘、消、亿、放"等。

但是由于语言的发展和汉字的演变，形声字的声符有的已经不易确定或失去表音功能。因此，青海少数民族学生在学习汉语中过分依赖形声字声符的表音特点进行汉字认读，就难免产生负迁移，容易产生偏误。例如："庶"（shù）为声旁的字有"遮（zhē）、摭（zhí）"等，这两个字的读音没有一个与声旁"庶"的读音相同，在声母、韵母、声调三个方面都不相同。

2.字形相近部件相同的认读偏误。

（1）误读同声旁其他汉字，例如：

跌 / 铁、转 / 传、硬 / 便、汲 / 吸、崤 / 悄、陪 / 赔 / 倍、徽 / 微、编 / 遍、堤 / 提

（2）误读形近字，例如：

股 / 肢、洒 / 酒、拔 / 拨、预 / 顶、乖 / 乘、援 / 缓 / 爱、咖 / 加

（3）误读多音字，例如：

成长 / 长短、教师 / 教书、音乐 / 快乐、强大 / 倔强、投降 / 下降、暖和 / 和平

3.字义相同或相近的认读偏误。

传统意义上的汉字教学以词为中心，学生养成了以词为单位的整体认知习惯，在读某个汉字时，大脑不能立刻进行该字音的识别，而是先把相关的整个词的读音提取出来，再进行取舍。由于是瞬间反应，很容易造成判断上的偏误。这种偏误常是因一些意义相同或相近而导致的读音上的混淆现象，表现在双音节联合式的合成词上。如把"练习"中的"习"读成"学习"中的"学"，把"遇见"中的"见"读成"看见"中的"看"，把"应酬"读成"该酬"。

（二）汉字书写的偏误表现

青海少数民族学生汉字书写的错误主要表现在：

1.笔画偏误。主要是对确切笔画把握不准，没有注意到细小差异，出现多种错误。

（1）形近部首混用。常见如大／犬、口／日、目／月、户／尸、见／贝、士／土／工等。如将"睛"的"目"写成"日"，"房"的"户"写成"尸"。

（2）笔画增减。如将"含""曳""步""尧"多写一点，将"拜""德""美""蒙""微"中少写一横。

（3）笔画方向错误。如把"变"中朝外的两点写成朝内的两点，将"冰""况""冶"的两点写成同一个方向。

（4）笔画连写。如用一竖直线代替"直"中的三横，把"热""黑"的四点连写成一个波浪。

2.结构偏误。汉字是有结构规律的，少数民族的学生对此不了解，常出现的错误有：

（1）结构松散。将横向结构的"枯"左右分离，纵向结构的"昊"上下分家，使一个字看上来像两个字，十分别扭。

（2）结构混乱。将左右结构的"瞧""默"写成上下结构，将上下结构的"范""落""荡"写成左右结构。

（3）结构比例失调。将"日"写成"曰"，把"冒"写成"昌"。

（4）结构错位。将"炎"上下排列的"火"左右排列。

（三）汉字使用的偏误表现

在汉字使用过程中，青海少数民族学生常出现一些别字的情况，主要表现在：

1. 从字形上看，字形的相似性是造成别字的主要原因。通过大量语料分析发现，成系统的别字大多与部件相关，因部件引起的错别字远远多于其他原因。主要分为部件改换、部件增加、部件减少、其他情况4种。具体如下例。

（1）部件改换

预科—顶科　　故人—敌人　　壮观—状观　　挺拔—挺拨　　浙江—淅江
分钟—分种　　赡养—瞻养　　陪同—倍同　　模拟—模似　　仇恨—仇狠
困难—因难　　休息—体息　　鸟类—乌类　　考试—老试　　明天—朋天

（2）部件增加

童年—撞年　　征婚—惩婚　　鱼骨—鱼滑　　侄女—倒女　　介词—价词
尊重—遵重　　天平—天秤　　列举—例举　　向导—响导　　水龙头—水笼头

（3）部件减少

逛街—狂街　　挤奶—齐奶　　摊位—推位　　显著—显者　　成绩—成责
回避—回辟　　濒临—频临　　傣族—泰族　　造型—造刑　　懂事—董事

（4）其他情况

未来—末来　　早已—早己　　天空—夭空　　日光—曰光　　由于—田于

2. 从字音上看，对汉语拼音掌握情况的不佳是别字出现的重要原因。音近、音同容易引起别字，因近音相混造成的别字偏误占的比例最大。在声调上，学生把阴平、阳平、去声调的字书写成上声调的别字很少，却往往把上声调的字书写成其他3个声调的字。

（1）声韵母相同，声调不同

赞成—赞称　　抬头—太头　　成为—成位　　尤其—又其　　欢迎—欢应
不仅—不尽　　描画—描花　　战胜—战生　　免费—面费　　改正—该正

（2）声母或韵母不同，声调相同

治疗—技疗　　招呼—交呼　　操心—糟心　　钞票—漂票　　房顶—旁顶
朋友—逢友　　环境—怀境　　影响—引响　　经济—今济　　多来—都来

（3）同音替代

街道—街到　　神秘—神密　　未来—为来　　全部—全布　　解释—解试
行为—形为　　事实—世实　　忘记—望记　　作业—做业　　摇篮—摇拦

二、少数民族学生汉字习得中的偏误原因分析

偏误是指目的语掌握不好而产生的一种规律性错误，它偏离目的语的轨道，反应说话者的语言能力和水平。偏误分析（Error Analysis）是对学习者在第二语言习得过程中所产生的偏误进行系统地分析，研究其来源，揭示学习者的中介语体系，从而了解第二语言习得的过程和规律。[2]

从心理语言学角度推测，母语依然是第二语言习得中最重要的影响因素。中介语是一个体系，母语迁移不是个别的、局部的，而是成体系的。造成偏误的原因往往是多层次、多方面的。关于青海省少数民族学生汉字习得偏误的分析，要从收集到的语料中所发现的问题和实际情况出发，对与之有关的语言文化情况，学习汉语的心理特征、习得过程、习得结果等进行分析研究，探讨在汉字学习方面所存在的主要问题，帮助我们预测和避免错误。

（一）文字体系及特点不同

黎天睦先生曾说："辨认汉字的形体对母语为拼音文字的外国人来说是相当困难的事。"[3] 对于少数民族学生来说也是这样。"汉字难学的原因很多，其中最根本的原因就在于笔画表意文字与字母拼音文字的巨大差异。"[4] 汉语是属于汉藏语系，汉字是记录汉语的符号系统，是一种表意文字。而在青海少数民族使用的语言如撒拉语、蒙古语都是阿尔泰语系突厥语族，属于拼音文字，这是与汉语完全不同的文字体系。拼音文字是用"形"来记音的，字母与字音是相对应的，如读出音即可写出相应的文字，其音、形基本上是合一的，认知拼音文字只要音与义结合就可以了，这一点与汉语完全不同。"汉字是一种表意表音文字，所以它的形体结构比较复杂，一个字一个字形，看了形不一定读出音，读出音不一定能写出形。"[5] 汉字的同音字、多音字、形近字很多，容易混淆。即便是母语为汉语的学生也有很多认为汉字难学、难认、难记的。

此外，汉字是多向进行的，由上下、左右、内外三种基本位置排列组合而成，呈三维结构，而拼音文字是表音文字，文字与语音的关系紧密，拼音文字字形构造简单，是单向性排列的线性文字，以先左后右的一维结构的形式呈现在眼前。拼音文字在书写单位、书写方向和结构关系上与汉字有很大的不同，少数民族的学生容易受母语视觉习惯和书写习惯的影响，对汉字"以形别义"的区别方式不敏感，而忽视一些汉字在形体上的区别，他们在识记汉字时只是追求形体上

的大体相似，而在汉语中形似字又有很多，这便容易导致错别字的出现。

（二）缺乏对汉字文化的了解

语言和文化相互影响，相互作用，语言的理解和文化的了解密不可分。汉字的字形和笔画是在长期使用中逐步形成的，使用汉字的人在长期使用中大脑存储了丰富的汉字文化信息，建立了对汉字的检索网络，因此大脑对字形字义的识别几乎是自动到位的。少数民族学生没有汉字体系背景的学习，他们缺乏对汉字文化的积淀，虽然他们已有多年学习汉语的经历，但他们头脑中关于目的语的心理词典是不够完善的，在汉字认知、识别过程中无法达到自动激活的程度，他们对汉字的感知能力不强，无法较好地捕捉到汉字字形所携带的大量信息。

部件在汉字的构造中起到提纲挈领的作用。"偏旁是汉字体系中最重要的结构单位，是汉字形音义系统形成的主要因素，是整个汉字体系的纲。"[6]少数民族学生不能够较好地理解偏旁部首的含义，也就不能够根据字形提示的意义信息辨认并区分字义与词义。例如，他们把"篮球"写成"蓝球"，"单挑"写成"单桃"，"火把"写成"火吧"，这反映出少数民族学生对偏旁部首意义的区分不够，学生未能明了汉字据义构形的造字意图以及形符的意义类属，形义不能建立有效的连接。

再看：

芥末—芥茉　黄连—黄莲　纯洁—沌洁　倡议—倡仪

俭朴—检朴　担忧—担扰　违反—违返　措施—措拖

批评—批抨　纽扣—扭扣　宣泄—渲泄　摆脱—摆托

上述例子可以看出少数民族学生把某一汉字的意符改写成另一个字的意符，这是在汉语书写时出现的字与字之间的形体感染，是一种下意识的类推作用，但也表明少数民族学生对汉字本身的构造功能还是理解不到位。

（三）学习环境及学生自身的因素

青海少数民族聚居地区位于中国西北部，相对于沿海及内陆其他地区，经济文化发展近些年来尽管有了长足的进步，但还是落后。少数民族学生在学习汉语时，各方面的条件也不尽如人意。

"由于教材或教学过程中的解释不够严密，或该讲的没讲，或训练的方法不当而使学生发生偏误。"[7]青海省各州县中小学98%的学校采用全国普通中小学通用教材，此教材不管是文章选择、练习设计、汉语知识讲解、语言技能训练，都是针对母语为汉语的学生编写的，没有真正地从第二语言教学的特殊性出发，体现汉语作为第二语言教学的特点。在初高中阶段，学生还要学习一些文言文，语言不通俗、晦涩难懂，没有考虑到授课对象是民族生这一特殊性。而在大学阶段，青海民族高校所用汉语教材为《现代汉语》《大学语文》等，皆为全国普通高校通用教材，没有一个是针对少数民族学生的。在汉语教学方面，青海偏远地区的汉语师资建设力度不够，汉语教师数量不足，没有良好的语言环境，以致学生的汉语水平达不到教学大纲的要求程度，少数民族教师的汉语教学水平也在母语环境的影响下退步，影响了汉语教学。部分汉语老师授课时还在照本宣科，沿袭传统的老方法，无法引起学生对汉语学习的兴趣。

从学生自身因素来说，经常听到少数民族学生抱怨汉字的难记、难写、难说，这种学习过程中的消极情绪会产生隐形的排斥作用，影响学习效果。少数民族学生在学好本族语和汉语的同时，还要学习多门功课，这也导致了学习汉语的时间不足，精力不足，效果不佳。

（四）网络文化对汉字造成的强烈冲击

电脑与互联网的应用普及给人们的生活、学习带来了极大的便利，对人类文明进步起到了极大的作用。电脑汉字信息技术的诞生，在汉字史上是一次变革，其带来的积极意义毋庸赘言。然而它带来的消极意义虽不必杞人忧天，但也不是危言耸听。当代青少年对汉民族传统文化的阅读能力日益弱化，汉字的语言环境逐步恶化。网络上出现了各种各样不规范的汉语使用方式，这在一定程度上干扰了学生的汉字使用，这其中也包括了少数民族学生。

人们用电脑打字代替了手写文字，手机短信代替了书信，博客、微博代替了写作等等，网络上那种特殊的语言模式已经渗透到现实社会文化生活的各个角落。在网络中，人们用大量的同音字、音近字、特殊符号来表情达意，臆造文字、混乱组词、乱码组句等现象比比皆是。例如网络上流行的"火星文"，人们在打字时为缩短时间，采用"符号＋错别字＋方言"的方式，这其中势必会有大量的错别字，但慢慢地人们都能明白其中的含义，久而久之，就默认使用了，学生在接触网络的过程中不可避免地会受到这些错别字的影响。

三、对少数民族学生汉字习得的几点建议

汉字习得是少数民族汉语学习中公认的难点，也是汉语作为第二语言教学最显著的特点。"汉字教学的任务是以汉字形、音、义的构成特点和规律，帮助学生获得认读和书写汉字的技能。"[8] 为了更好地解决汉字习得中的偏误问题，提高青海少数民族地区的汉语教学水平，现提出以下几点建议仅供参考：

1. 增强民族地区使用规范汉字的意识，及时纠正民族学生语言不规范行为。近年来，国家大力推广普通话，号召全民上下"说普通话，写规范汉字"，这种要求在青海少数民族聚居地区也逐渐变得深入人心。青海少数民族学生深感汉语学习的重要性，但由于汉语声调和形体的复杂性带来极大的学习障碍，在学习汉字的过程中，"说和写"有时就会显得力不从心，错别字现象就会很多。这时，在汉语习得过程中，我们一定要强调错别字的危害，及时纠正学生的错别字现象，使规范使用汉字成为一种习惯。同时，工具书是解决日常阅读、书写困难最大的帮手，要教会学生正确使用工具书，这不仅可以提供正确的字音、字形、字义，还能提供与之相关的阅读信息，帮助学生更好地理解字义、词义。

2. 落实汉字的文化功能。在少数民族地区，汉语作为第二语言教学，其中汉字教学仍强调"读写工具"功能，而文化意识缺失。"实际上，汉字不仅是形音义的统一体，还饱含了汉字在造字时的文化事实、先人认识世界的思维方式与智慧。"[9] 在教学过程中，教师教授的只是对汉字的字形认识，很少引导少数民族学生认识汉字的文化底蕴。教师在授课过程中，可以增加一些汉字的文化知识，提高汉语课的文化趣味性。我们知道成语典故是汉语中最精炼、最具修辞色彩和丰富表现力的语言形式，我们在汉字的教学中，可以借助成语中汉字所蕴含的故事，引导少数民族学生对汉字文化底蕴的了解。例如"一鼓作气"，学生们很容易将"鼓"写成"股"，但如果向学生讲清楚长勺之战的历史故事：鲁国军队按兵不动，齐军三次击鼓发动进攻，均未见效，最终士气低落，鲁国以弱胜强，学生们一定会记住这个成语，避免写错字。

3. 重视少数民族学生汉字习得的偏误分析。在语言习得与中介语理论的指导下，归纳出少数民族学生在汉字的音、形、义方面的偏误规律。如少数民族学生对汉字学习意识发展迟疑的原因之一，是由于汉字部件的表征不够精准，他们难以区分真实的部件和与它相似的错误部件。针对此，宜采用对比的方式加以归纳区分，并建立同一部件的一组字之间的联系，有意识地培养学生利用部件学习汉

字的能力。同时，汉字的字数多，音节少，多音字、同义词较多，学生很容易发生偏误，教师应以此为重点进行归纳训练。此外，民族学生由于受母语影响读不准四声，常将阳平和上声读成去声，由于声调读不准，他们就会写成别的声调的字，因此也要加强少数民族学生普通话的训练，以阳平和上声为突破口，先读准单字，循序渐进，后进行语流音变的训练。此外，词义的理解在汉字的学习中至关重要，教师在授课时应讲清楚词的本义和引申义，对一些互相关联或含义接近的词语加以辨析，加强不同语境下字义的解释。

4. 教育主管部门应提高对偏远地区汉语教学的重视程度，引进师资，强化教师业务培训，改变汉字教学的方法，在此基础上编写适合青海本地少数民族学生的专用汉字教材。教师要重视汉字教学，加强对学生的引导作用，转变学生的学习态度，激发学生学习汉字的积极性。

参考文献

1. 刘珣. 对外汉语教育学引论 [M]. 北京：北京语言大学出版社，2000.

2. 王建勤. 汉语作为第二语言的习得研究 [M]. 北京：北京语言大学出版社，1997.

3. 黎天睦. 现代外语教学法——理论与实践 [M]. 北京：北京语言学院出版社，1987.

4. 刘居红. 对外国学生汉字书写偏误的分析 [J]. 喀什师范学院学报，2008（2）.

5. 骈宇骞. 中华字源 [M]. 沈阳：万卷出版社，2007：237.

6. 李泉. 汉字研究与汉字教学研究综观 [M]// 中国人民大学对外语言文化学院. 汉语研究与应用（第四辑）. 北京：中国社会科学出版社，2006.

7. 鲁健骥. 外国人汉语语音偏误分析 [M]// 王建勤. 汉语作为第二语言的习得研究. 北京：北京语言大学出版社，1997.

8. 肖奚强. 外国学生汉字偏误分析 [J]. 世界汉语教学，2001(2).

9. 邵彩霞. 汉字教育中的文化意蕴 [J]. 语文论坛，2010(12).

河湟地区民族院校师生
汉字使用情况调查与分析
——以青海民族大学为例

孔祥馥

青海民族大学文学与新闻传播学院

河湟地区地处三江源头，曾生活着羌族、吐谷浑、吐蕃、唃厮啰等古老民族以及如今的汉、藏、回、土、撒拉、蒙古、哈萨克、保安族等民族，数千年来，他们劳动生息，繁衍发展，互相团结，共同创造了灿烂文明的高原文化。各民族是大分散、小集中的居住格局，正因为如此，各个民族在语言、文化方面有了多层次、多元化的交融和影响，形成了青海高原独特的语言面貌。

此次的调查就是以黄河流域与湟水河流域的民族院校师生为研究对象，重点了解多元文化地区的教师和学生汉字使用的具体情况，由于研究力量有限等客观原因，我们只对青海民族大学部分师生汉字使用的情况进行了一定程度的调查。

此次调查的对象涉及青海民族大学 300 位师生，其中包括 60 位教师，120 位汉语言教育专业学生，110 位藏语言专业藏汉翻译方向的藏族学生以及 10 位国教中心留学生。其中汉语言教育专业的学生都是来自河湟本土的，民族主要有汉、藏、回、土、撒拉、蒙古族等，藏汉翻译专业的学生来自青海、西藏、云南、四川、甘肃五省及自治区，大部分是青海地区的藏族，本次参与调查的女性有 126 人，男性有 174 人，藏族有 113 人，汉族及其他民族有 187 人。本次调查虽然涉及多个民族，但是调查手段有限，调查的力度还远远不够。此次调查是在民族、年龄、性别这些最基本信息调查基础上，考察青海民族大学师生使用汉字的具体情况，包括师生使用汉字的日常习惯，汉字使用中的偏误，汉字使用中的主观认同等。此次调查的手段主要是问卷调查。

下面就调查的结果做一下叙述，并对结果进行具体分析。

一、教师的使用情况

根据调查我们认为教师在汉字使用方面存在着两种情况，一种是主观的，另一种是客观的。

教师们主观上的确是对规范汉字的书写缺乏一定的认识。第一，虽然学习书写汉字的字体是楷书，但是人们长时间更喜欢使用介于楷书和草书之间的行书，而这种连笔书写的方式已使人们忘记了汉字的具体笔画和笔顺；第二，由于认识的汉字数量的确有限，不会写汉字以及写错字、别字的情况时有发生。

另外，随着新兴时代的到来，计算机的普及、多媒体手段的运用以及智能手机的影响，人们在工作、学习、生活中越来越多地依赖语音、拼音输入等方法与人交流交际，客观上打破了很长时间建立的一笔一画的汉字书写模式，提笔忘字，写错字、别字成为很多人甚至是语言工作者的常态。然而，拼音之父周有光先生关于我们是否把提笔忘字、写错字别字这种情况仅仅归结于现代的高科技手段的言论，也的确给我们语言工作者一个警示——是否我们忽略的主观态度恰恰决定了这样的一个结果，我们在生活、学习、工作中是不是应该更加主动积极地使用汉字、书写汉字，而不应该把懒惰行为导致的书写不规范的后果归结于现代的科学技术。

不过在调查中我们发现好多教师已认识到汉字的规范书写是对一名教师基本专业素养的要求，所以开始有意识纠正汉字的使用习惯，这也是央视汉字听写大会能够契合时机深入人心的原因，在调查中85%的教师会准时收看这个节目，人们利用这个机会主动学习书写规范汉字，而且虽然是现代人要用现代工具，但是人们也已经感到不能忘记、忽略传统书写手段在我们工作、学习生活中的重要性，有些教师也会利用课堂和业余时间练习书写汉字。

二、学生的使用情况

通过对不同专业、不同民族的学生的问卷调查，我们发现在汉字使用过程中民族学生存在着共同之处和不同之处。

（一）共同之处

在调查中，学生认为对汉语言专业各民族学生来说，作为基本书写工具的简化汉字的书写，是最基础的一项技能，需要不断学习。专业学生在相应的学习中了解了一定的通用汉字，并且准确地把握了相应的笔形、笔画和笔顺，值得称赞的是"90后"的学生在学习和使用过程中已不再使用一简以后出现的不规范的异体字（反而在对教师调查中，我们发现年龄在四五十左右的教师偶尔会使用异体字）。另外，虽然汉语言专业学生学习简化汉字过程中也能做到认识一些繁体字，做到"简繁并认"，但是因为认识有限，不太容易了解汉字的源流及其文化内涵，而作为专业学生的确是应该在教学和学习双向结合的形式下多去了解一些繁体字，多去传承优秀的传统文化的。

在藏汉翻译专业学生的调查中我们得出这样的结论：因为专业需求，学生同时使用着藏文字和简化汉字，正如藏族学生认为藏语是母语，是根，汉语是国语，英语是世界语，在对汉字的主观认同中，藏族同学认为藏文字是母语文字，汉字是国字，他们完全可以根据自己的学习需要书写相应的文字。

另外，这两个专业的个别学生自小学习书法，所以平时坚持写书法，并且能达到一定的水平，尤其是藏汉翻译的学生自小既学习藏文书法又学习汉字书法，而正是因为这些同学熟练掌握了藏文书法的很多笔画，所以写起汉字书法来游刃有余，水平很好。

（二）不同之处

第一，程度不同。在这要强调的是所有学生的汉字使用水平都可以以高、中、低的水平来界定，正因为现在多元文化环境下双语学习的影响，以及《中华人民共和国国家通用语言文字法》的贯彻执行，统一文字的使用已是普遍现象，除了汉族之外的少数民族，尤其是藏族学生在汉字使用的量方面因为专业需求实际上和汉族同学相比并没有多大的区别，而所有学生程度的差异主要表现在两个方面，第一，民族学生在辨析形近字、同音字、多义字的水平方面不太相同；第二，民族学生在辨析常用字、次常用字以及生僻字的水平方面不太相同。这两点需要用测量的方法用《通用规范汉字表》中的汉字进行下一步的调查。

第二，主观认同稍有不同。回、撒拉、土族学生因为没有母语文字和汉族一样自小学习汉字，所以主观上已完全认同使用汉字进行交流交际，汉语专业藏族学生因为长期双语环境的影响也完全认同汉字的使用，汉语专业藏族学生有些只会讲藏语，并不会书写藏文字，而藏汉翻译方向的学生主观上则以母语的藏文字使用为主，只是在特定的交流交际需要时才使用汉字。

第三，使用频率不同。藏语言翻译学生在双语运用过程中有选择地使用着藏文字和汉字，然而一些客观原因使得人们只能使用汉字，出现了不同的频率。比如现在计算机输入中虽然开发了藏文字的输入，但是人们日常生活中常用的手机却没有这种功能，所以藏族学生不得不运用汉字输入法输入各种信息，当然，这在一定程度上也提高了汉语拼音和汉字字形的学习水平。

除了对专业民族生的调查之外，本人对在青海民族大学学习的留学生也做了一些调查。

调查对象主要是以美国人为代表的西方人以及以韩国人为代表的东方人，他们在使用汉字方面形成了鲜明对比。美国人因为汉字难认、难写，所以不太愿意书写汉字，韩国人恰恰相反，非常喜欢书写汉字。美国人觉得汉字和自己熟悉的拉丁字母有很大区别，所以在学习中感觉汉字非常陌生，他们在学习汉语时经常会遇到形近字、同音字、多义字使用的困难，而当他们发现只要愿意写汉字、记忆汉字了，汉语水平提高得也快；而韩国人因为韩语中汉字的影响，对汉字也有很多的认同感，学习起来也非常容易。

汉字是汉民族语言中进行交流交际的最重要的辅助工具，人们在语言交际的基础上，为了打破时间和空间上的局限，不同程度地使用着汉字，我们作为语言的教学者和学习者应该高度重视汉字在日常交流交际中的重要性，作为一名调查者最后想提出自己的几点看法：

第一，在基础学习活动中认、读简化汉字时能否加强繁体字的学习，达到识繁用简以传承传统；

第二，在学习和工作中加大汉字书写的力度，提高人们在日常工作与学习中汉字使用的熟练程度以及汉字书写的正确率。

总之，藏语和汉语都属于汉藏语系，可以说是一个妈妈的女儿，汉字和藏文字的社会功用也都是一样的，是为了让人们更好地进行交流交际。在多元文化背景下，为了便于人们的交流和交际，我们在使用汉字的同时，一定要做到尊重民族语言、尊重民族文字，我们不应该脱离语言的本质属性——社会属性，应该遵循语言文字发展的社会规律，从语言文字经济的原则出发，合理地使用不同的文字。

港澳地區日式餐飲漢字與飲食潮流

彭海鈴

澳門大學人文學院中文系

一、前　言

自20世紀70年代開始，日式飲食隨著日本經濟發展而逐漸影響東南亞地區，時至今日，港澳兩地民眾，對日式飲食頗爲接受，甚或視爲潮流時尚。大大小小的日本食店，街頭巷尾也見蹤影，壽司、刺身、懷石料理、天麩羅、拉麵等，已是不少民眾日常普遍能吃上的食物；而在超級市場中，也有不少日本食材、食物、酒類、蔬果等出售，而日式甜品，如年輪蛋糕、抹茶雪糕等，則大受年輕人的歡迎。

日本飲食文化與中國飲食文化有深遠淵源，但基於歷史文化背景和社會發展因素，以及本土物產的多樣化，日本飲食亦自有其獨特之處。日本過往使用的文字基本是漢字，自明治維新後，方才逐漸以假名文字代替，但依然保留不少漢字，於生活上仍見使用，但讀音及意義自是大不相同。

日式飲食在港澳地區越見流行，當中使用的漢字名稱，亦越爲人所熟悉，逐漸進入兩地區民眾的生活中。日本的食材、食物、烹調方法等，不少名稱是漢字，港澳地區對這些日式餐飲中的漢字，多直接採用其寫法，不另翻譯其意，而讀音則不按日語發音而以粵語發音，此因港澳地區多粵籍人士（例："料理"爲"餐""菜餚"之意，日文讀音爲 ryouri，港澳地區則直接呼爲"料理"而不依日語發音）。此外，也有將日文發音音譯成漢字，而以這音譯漢字作爲名稱的（例："餛飩"，意爲"麵條"，日語發音是"udon"，音譯爲"烏冬"，港澳地區因此稱之爲"烏冬（麵）"）。

日式餐飲漢字的出現，顯示了日本飲食文化在港澳地區的影響。這類“漢字”並不純粹是中國的漢字，而是另一種文化的展示。它體現了日式餐飲的傳統特徵，但亦反映了它在向外發展時的適應性，也顯示港澳地區民眾對日式餐飲的接受和喜愛，並且能靈活地採用最清晰易懂的方式吸納日式餐飲名稱（包括食材、器皿、烹調方法以及行業用語等），並將之融於生活中，形成一股潮流文化。

本論文對港澳地區日式餐飲中的“漢字”作研究，這些其實都不是中國人慣常使用的漢字（詞彙），或可視爲“異化”的漢字詞，但卻的確在港澳兩地極爲流行。藉著對這類“漢字”的分析和探討，亦可反映日式飲食潮流在港澳地區的發展和影響。

二、日本飲食文化的源流和特點

日本的地理位置、氣候、物產，以及歷史發展等諸因素，使得“稻米加魚類”成爲日本飲食文化在食材使用上的一個最明顯特徵。自然，日式飲食並非只有米和魚。我們現在所能接觸到的日本飲食，一般可稱爲“和食”，那是完成於江戶幕府時期（17—19世紀中葉）的飲食文化。那時期的日本飲食文化，大別已發展了幾種食派源流：一是繁榮於平安時代的宮廷貴族的飲食時尚，稱爲“有職料理”，其特色是繁瑣而精細；二是鐮倉幕府後期逐漸興起的佛門靜修飲食，就是“禪院料理”，其特色是雅致而講究禮儀；三是鐮倉、室町幕府時期的“武家料理”，特點是儉素質樸；四是長期存在於民間、並在江戶幕府時期蓬勃發展起來的“庶民料理”，其特色是形態多樣。

這四類飲食源流中，以“有職料理”及“禪院料理”對日本飲食文化的影響最大，據之亦可歸納出日本飲食文化的幾項主要特點：

（一）對食材原始滋味的要求

日本人身處四季分明的地理環境，因而對季節變化有很敏銳的感受，這使得他們對大自然生產的食材有細膩的分辨能力，尋求最新鮮的食材原味。日語中有“初物”一詞，指的就是穀物、蔬果、水產等在收成（穫）季節第一批採捕的物品，認爲這是最時鮮的食材。

（二）追求時令性食物

在日語中，跟“初物”意思相近，亦是對食材鮮味講究的一個詞，叫“旬物"，所指是收穫季節當令的食物，也就是當季、時令的食物。日本烹調強調保存真味，即其美味不能超過材料原有的滋味。"初物"和"旬物"都有其自身内蘊的真味，這種真味只要能有卓越的刀工，不必借用太多的火功和調味便能開發出來。

（三）講究食物的美學擺設

對食物外觀的高度講究，表現在餐食的盛裝上，也就是對餐飲美學的要求。在日本菜餚的烹調中，廚師不會將鍋中的東西一股腦兒全倒在盤子上，然後端給顧客。甚麽樣的食物選用甚麽樣的食器盛載，在盤子或是碗碟中該如何擺放，各種食物的色彩如何配搭，這在日本料理中往往是嚴格要求的。

（四）對飲食器具的高度要求

日本人在飲食上非常注重器具，在質材上，他們多選取細膩雅致的瓷器或是古樸的陶器，也有選用紋理清晰的漆器，色彩多是土黑、土黃、黃綠、石青等，間或以亮黃、赭紅作點綴。食器的形狀，除圓形及橢圓形之外，也有其他形狀，如葉片狀、蓮座狀、瓦片狀、舟船狀、瓜果狀，形形色色，對稱或不對稱的都有，可以説，日本料理器具式樣之多是世界之最。

（五）餐飲環境一絲不苟

一般日本人的居所，本就比較潔淨，從而對進餐的環境要求亦是傾向整潔清雅。日本料理店不會是屋宇宏大、裝修華麗的大餐館，而多是以小巧雅致見稱的小店子，即使是開設在大都市高樓大廈内的日式食店，也會掛上兩片布簾、一對透著古樸味道的燈籠，營造出傳統雅致的日本飲食文化。

三、日本餐飲往外發展

日本餐飲在二次世界大戰後逐漸登陸國外，最早而且最大的市場是美國，但當時，在美國的日本食店，前往光顧的，多是在當地的日本人。估計在1950年代中期，紐約市大約有10家日本餐飲店。基於兩地語言文字的差異，"在美國的日本餐飲店的店名，大多用日語假名標出，較少用漢字，當然另外也用羅馬字注明"。[1]

---

[1] 徐靜波著:《日本飲食文化:歷史與現實》，第290頁，上海人民出版社2009年版。

真正讓日本飲食在國外發揮強大影響力的，則要到 20 世紀 70 年代以後。日本經濟發展騰飛，隨著經濟的硬實力影響世界，軟實力的日本文化——包括飲食文化也漸多爲外國人接受。在時間上稍晚於美國，日本餐飲的另一市場是亞洲——尤其是東亞地區。

日本對東亞地區的大規模經濟投資始於 1970 年代後期，日本在這些地區的企業數量和派駐當地的工作人員數量大幅增加。此外，還有大批旅客和留學生的往來，各類文化活動的展開，這些都是日本餐飲食物在東亞地區迅速展開的重要背景原因。

日本餐飲在東亞地區的影響，最早可見於臺灣，此與臺灣曾受日本殖民管治五十年有關。至 1970 年代，日本企業開始大規模進入臺灣，工作人員及留學生亦紛紛到來，日式餐飲店的出現自是順理成章。差不多同一時間，隨著日本經濟活動的展開，日本餐飲也登陸了香港。

日本百貨業早於 1960 年代已立足香港。最早的日資百貨是“大丸”，1970 年代再有“伊勢丹”及“松坂屋”加入戰圈，到了 1980 年代，日資百貨公司更是聲勢浩大：三越、東急、崇光、西武、八佰伴等陸續開業，而這些日資百貨店內多設有專門出售日本食品的部門或超級市場，日本食品以新鮮、質優打入香港市場，開始爲香港人熟悉和接受。

澳門人對日式餐飲的接受則緊接於香港之後，最早的日式食店開設於 1970 年開業的葡京酒店之內。而在東亞地區，日式餐飲最晚登陸的，相信是中國大陸，那已是 1990 年代的事了。

日式餐飲在臺灣、港澳以至中國大陸等地區的開展，在店舖命名、食物、烹調方法以及餐飲用語上，都有文字使用上的“方便”，又或可視之爲“優勢”，那就是“漢字”的使用，當然要強調的是，這些都是日式漢字，但在港澳地區，將之看作“漢字”（尤其在讀音上），而且成爲潮流文化，這在社會學上是值得探討的現象。

四、港澳地區日式餐飲漢字

（一）日式餐飲漢字的使用和特點

日本飲食在亞洲地區的發展，比起在美國來說，是多了一份文字上的方便。

就以店舖名稱來説，在美國的日本食店多以假名文字表達，並以羅馬文字注音。但在大中華地區，從店名到食物，可直接使用漢字標示，增加了親切感，也提升了競爭力，較易開拓市場。

日式餐飲上使用的漢字，大體而言，約有以下幾類形態：

一是這名稱本身在日語中就是以漢字表示的，而這些漢字，其筆畫寫法與今天中國的漢字相同，但意義與讀音卻不一樣，港澳地區則直接借用其文字而以粵語讀其音。這類日式漢字數量是最多的。

二是有些名稱雖然亦是以漢字表示，但這些漢字並不見於今天中國漢字詞之中，它們或是古代漢字，但因今已不常用或不用者，港澳地區則借其日語發音，而以漢字記其音，以這注音漢字詞作其名稱。

三則是有些日式餐飲名稱是日本人創制的漢字，在文字上可見其筆畫寫法，但無中文讀音，這類漢字的讀音則按日語發音或省略發音。

日式餐飲有著文字使用上的有利條件，因此，縱是不諳日語，也可對日式飲食略知一二。大量直接可看懂的日式漢字，讓日本飲食文化漸爲港澳地區民眾接受，即如“料理”（日語讀音 ryouri）一詞，相信人們對日本飲食的認識，或是從這個日式漢字詞開始。“料理”是“烹調、烹飪”或“菜餚、菜式”之意，“日本料理”就是“日式烹調”“日本菜”之意，而“中華料理”是“中式烹調”“中國菜”，而“懷石料理”本是簡單菜餚，但最後成爲“日本料理史上的一大變革，也是最上乘的料理式樣的誕生”。①

這類日式餐飲漢字詞，對港澳地區民眾來説，没有文字上的隔閡，且以粵語讀音，所以從數十年前的麵食“出前一丁”（“出前”是“飯館的外賣”之意，“一丁”則指一份）開始，這類日式漢字詞已對港澳地區的漢字使用產生影響。時至今日，這類日式詞彙在社會上的使用亦越來越多，例子不勝枚舉。與飲食場所及用語有關的，例如“和食”（日本餐）、“居酒屋”（小酒館、酒舖）、“酒場”（酒館）、“板前”（香港有日式食店以之命名，其意是“廚師”）、“放題”（“自由、任意”之意，港澳食肆有借此詞作招徠顧客的，通常會設定某價格，顧客可任意點菜，不限多少，最終只付該價格即可）、“定食”（一份的飯餐）、“一人前”（一人份的飯菜）、“十八番”（“拿手、擅長”，澳門有食肆以此爲名）等等；在食物及烹調方法上的

---

①原田信男著，劉洋譯：《和食與日本文化——日本料理的社會史》，第 104 頁，三聯書店（香港）有限公司 2011 年版。

例子則有"天麩羅"（油炸蝦或魚）、"菓子"（點心、糕點）、"味噌"（醬料）、"便當"（日語本字爲"弁当"，即盒飯，港澳稱爲飯盒）、"甘納豆"（甜味發酵大豆）、"竹輪"（烤或蒸成的筒狀魚卷）、"羊羹"（以豆沙和粟粉製成的長方形狀的甜糕點）、"玄米"（糙米）等等。這類日式漢字詞，在港澳地區常見於報刊的飲食廣告中，很多食店也常借用這些字詞作廣告用語，吸引顧客。

若數港澳地區人們最熟悉又常吃的日式食物，必然是"壽司"了。但日語中，這種在小圓飯糰上舖上魚、蝦或其他配料的食物，其實是寫作"鮨"或"鮓"的，其意思都是"酸"。"最早的壽司不加'飯'，而是將魚、肉等用鹽醃過之後，再施加壓力，經過發酵熟成後會產生自然的酸味，主要的目的在於長久保存魚肉。"[1] 而"鮨""鮓"的日語發音都是"sushi"，港澳地區將之音譯爲"壽司"。今天的壽司已跟日本早期的壽司分別很大，而且種類非常多。有在飯糰上加油炸豆腐的"稻荷壽司"、不捏作一定形狀的"散壽司"、配料多樣的"五目壽司"（意爲"雜錦壽司"），而人們最感新奇的壽司店經營模式，莫過於以旋轉帶盛載一碟碟不同的壽司、由客人自己取食的"迴轉壽司店"了。

日式麵食中，有一種粗身色白、廣受歡迎的麵條，港澳地區稱爲"烏冬"的，其實日文叫做"餛飩"（這日文詞最早是寫作"混沌"的，後改水字旁爲食字旁，即"餛飩"，可見與我國的麵點發展有一定關係），意爲"麵條"，日語發音是"udon"，最先是臺灣民眾以此翻譯爲"烏冬"，漸次亦通行於港澳地區。

有些日式食物是以日本人創制的漢字表示，在中國文字中並無此字，但對港澳地區的食客來説，在認知上完全沒有問題。

在日式飯類中，有很著名的"丼"（日語讀音 donburi）。"'丼'是日本人創制的漢字，基本的意思是深口的陶製大碗"，[2] 而日本人用這大碗盛米飯，再在米飯上澆上配搭的菜餚，稱爲"丼物"。這有點像港澳地區的"碟頭飯"，不同處是以碗盛飯餸而不是用碟子。後來日本人將"丼物"省稱爲"丼"，而不同的配飯料可以烹煮出不同的"丼"，像"親子丼"（配料是雞肉加雞蛋）、"鰻丼"（鰻魚飯）、"天丼"（天麩羅飯）、"牛丼"等等。"丼"在國內有將之翻譯爲"蓋澆飯"的，這是翻譯其意：把配料及醬汁像舖上蓋那樣澆在米飯上。港澳地區的人可能覺得贅氣了點，所以就將donburi的讀音，只取首節 don，近似"當"，作爲"丼"

---

[1] 宮崎正勝著、陳心慧譯：《你不可不知的日本飲食史》，第 25 頁，遠足文化事業股份有限公司 2012 年版。

[2] 徐靜波著：《日本飲食文化：歷史與現實》，第 282 頁，上海人民出版社 2009 年版。

字的讀音。在港澳，有些非日式食店也有借此字作爲出售飯類的代稱，粵人稱爲
"搞噱頭"的，可見一般人已將這些"類漢字"當作正式漢字使用了，還煞有介
事般替它找來一個漢字讀音。

（二）日式餐飲漢字與飲食潮流

日本餐飲在 20 世紀 70 年代開始陸續在大中華地區大規模登陸，以其味鮮、
質優、簡約、美觀，整潔等特點，在市場上佔得席位，日式餐飲中使用的漢字，
也就隨著日本飲食文化對港澳社會產生影響。

日本飲食有其獨特的歷史和文化，當它隨著日本強勁的經濟而進入港澳社會
時，人們對它所表現出來的別樹一幟的底蘊，有著好奇和嘗新的追求。日本以其
經濟商貿進軍亞洲地區，其文化——尤其語言文字、飲食、電視劇、電影、流行
歌曲、漫畫、服飾化妝、電腦遊戲等等，隨之亦遍及亞洲，往往發展成一股潮流
時尚，深受歡迎。有趣的是，這各類"軟實力"的文化，又交互發揮作用，從而
將影響力拓展到最大。

日本著名漫畫家安倍夜郎於 2006 年開始發表作品《深夜食堂》，通過食店中
各式食物帶出客人背後的故事。一出即大受歡迎，系列銷量超過一百萬冊。已有
中譯本，出版至第十集，風靡臺港澳。在日本，《深夜食堂》兩度改編爲電視劇，
亦曾於香港電視臺播放。無論是漫畫還是電視劇，當中曾出現的食物或菜餚，瞬
間成爲社會話題，人們追捧熱議，像切成六爪章魚形狀的"紅香腸"、白飯上澆
醬油和柴魚片的"貓飯"，以及用不同醬汁和配料可弄出不同風味的"奴豆腐"
等等。這漫畫作品成功地將漫畫、電視劇以及飲食文化交互作用，把日式飲食變
爲一股潮流時尚。儘管"硬實力"的日本經濟已大不如前，但這種"軟實力"的
飲食文化卻未見減卻，反有越見蓬勃的姿態，一波又一波的飲食潮流爲港澳飲食
文化增添不同風貌，豐富了人們的生活享受。

五、結　語

日式漢字出現於港澳社會，其實並不限於在飲食文化層面上，從上世紀
六七十年代開始，日本的家用電器、百貨公司、餐飲、電視劇、電影、漫畫、電
腦遊戲等傳入港澳，由於日語中仍有使用漢字，所以伴隨著以上經濟活動及文化
事業的傳入，因而產生了不少日式漢字，從人們的生活到大小媒體均見採用。這

種"日詞中用"的現象，周遭可見。娛樂報章上的"××最近人氣急升"，是說某位演員最近走紅了，"人氣"（日文寫法是"人気"hitoke，"聲譽、人緣、受人歡迎"之意）就是日式漢字，媒體捨"走紅"不用，寧採"人氣"，可見這種"日詞中用"真的很有"人氣"，是當今港澳社會的一種潮流時尚。

正正因爲這股潮流時尚，讓大家都將日式漢字用得很"流暢"，一提到"暴走族"，就了解那是"駕車狂奔亂撞的人"，"達人"是高手、精通學問或技藝的人（"達人"其實是中國古代詞彙，屢見於唐宋文學作品中），"古著"是舊衣服，"水著"則是游泳衣……這些詞彙，常出現於媒體中，可見已爲社會普遍接受。

日式漢字在港澳社會上幾乎隨處可見，這除了是受日本文化影響之外，也顯示了漢語在使用上的變化。自然，一般權威性的漢語詞典，暫時仍不會收錄這類詞彙，但從社會語言使用的層面上看，在港澳地區，這些日式漢字（詞）具有一定的影響力，因此也是值得探討研究的。

新傳媒對漢字使用的影響

尹德剛

澳門大學社會科學學院傳播系

一、傳播載體變遷對漢字的影響與貢獻

人們對世界的認知，很大程度上是由語言文字建構而成的，一代又一代人文化與智慧的傳承，全靠語言文字的溝通，我們與孔子、老子、荀子、莊子等先哲暌違上千年，依舊可以通過文字和書籍知道他們的思想，汲取他們的經驗和智慧。語言文字可以說是人類最偉大的發明。語言文字不僅記錄了人類流逝的歲月，保留了人類的智慧，它也是人類情感、思想的與信息交流的最重要工具，如果沒有語言文字，那我們人類很難組成社會化的群體，團結一致，戰勝蠻力比我們大得多的毒蟲猛獸，也很難克服各種自然災害，達至今日的文明。

在人類的語言文字中，漢字的歷史最爲悠久。現在有据可查的漢字可以追溯到大汶口文化時期，至今可見那個時期刻在陶器上的漢字，它產生於西元前三千八百年，比兩河流域蘇美爾人（也譯塞姆人，Semites) 的楔形文字、埃及人的象形文字的歷史都要古老；而它的壽命，到目前爲止，已經有將近六千年的歷史，比世界上任何一種文字的壽命，都要久遠得多了。[①]

蘇美爾人的楔形文字是用尖蘆葦筆在泥板上刻印而成的，產生於西元前三千五百年，到西元前四世紀停止使用，壽命二千一百多年。埃及人的象形文字，產生於西元前兩千一百年，到西元前五世紀停止使用，壽命一千六百多年。當蘇美爾人的楔形文字、埃及人的象形文字以及印度的梵文，一一退出歷史舞臺的時候，中國的漢字，從原始文字開始，就不斷地演變、改進、規範和普及，綿

---

① 鄭慧生：《中國文字的發展》，第 2 頁，河南人民出版社 1996 年 7 月出版。

延數千年，流傳、使用，直至今天。可以説，漢字是世界上唯一使用至今的古老文字。

漢字很奇妙，在不同的時期它借助龜甲獸骨、石頭、陶器、竹木、紙張等不同媒介來展示和交流，這類載體每一次變革的時候都會對漢字的使用和中華文化的傳承帶來挑戰和新的發展機遇。

甲骨文時期，漢字的撰寫是很不方便的，但是它比兩河流域的蘇美爾人的楔形文字(也叫釘頭文字)更易于保存，這種撰寫方式也促成了中文字斟句酌、簡潔敍事的優良傳統。

龜甲獸骨尋找不易，書寫更難，所以人們把文字寫在更爲常見的狹長的竹片或木片上。竹片稱"簡"，木片稱"牘"或"牘"。這也促成了書寫工具的改良，刻刀逐漸由毛筆取代，相應地文字的書寫方式也變了，筆鋒起落有序，一般爲落筆重，起筆輕，筆多帶彎鉤，與甲骨文、金文大不相同了。

竹簡是我國歷史上使用時間最長的書籍形式，是造紙術發明之前以及紙普及之前主要的書寫工具，是我們的祖先經過反復的比較和艱難的選擇之後，確定的文化保存和傳播媒體，這在傳播媒介史上是一次重要的革命。竹簡第一次把文字從社會最上層的小圈子裏解放出來，以浩大的聲勢，向更寬廣的社會大步前進。所以，竹簡對中國文化的傳播起到了至關重要的作用，也正是它的出現，才得以形成百家爭鳴的文化盛況，同時也使孔子、老子等名家名流的思想和文化能流傳至今。

春秋、戰國之際，出現了寫在絲織品上的帛書。帛書比竹木簡輕便，而且易於書寫，但價格昂貴，所以帛書不及竹木簡書普遍，但它帶動了後來的紙的發明。

漢朝初年，中國人又發明了紙，造紙術使得人類交流傳播的成本大幅度降低，後來中國人又發明了印刷術，給文化普及帶來極大的便利，爲促進世界文明和資訊傳播作出了極大貢獻。長期以來運用紙和印刷術的報刊成爲文化傳承的主要傳播媒介。

不同時期的文字載體對於漢字的書寫形態和書寫方式都有顯著的影響，秦朝時期李斯創造出一種形體勻圓齊整、筆畫簡略的新文字，稱爲"秦篆"，又稱"小篆"，作爲官方規範文字。一位叫程邈的衙吏又在此基礎上制定出"隸書"。隸書基本是由篆書演化來的，主要將篆書圓轉的筆畫改爲方折，因爲在木簡上用漆寫字很難畫出圓轉的筆畫。如此就使得書寫速度更快了，既爲其後的楷書奠定了基礎，也提高了書寫效率。

二、新傳媒給漢字與中華文化傳承帶來的新機遇與挑戰

所謂新傳媒（New media）是傳播界自上個世紀八十年代開始流行的一個新概念。新傳媒是相對於傳統的報紙、廣播、電視等大家都熟悉的"舊傳媒"而言的，主要指近年來興起的基於國際互聯網路的電子報紙、網上廣播、網路電視、互動電視、推送網路、手機報等新型傳播媒介。

電腦和新傳媒的出現曾引起對於漢字的使用和中華文化傳承的擔憂。因爲早期的電腦和新傳媒首先在國外推出，操作系統和使用內容全部是英文的，面對英文獨霸的局面，當時有一些中國人就悲觀地預言漢字將隨著電腦和新傳媒的日益普及而滅亡。

可是隨著電腦性能的改善和漢字輸入方法的發明，人們發現，不僅可以如英文一樣自由地輸入漢字，操縱電腦，而且漢字還展現出比英語更勝一籌的優勢，因爲漢字是"以象形爲基礎、表意爲主導而又兼有表音因素的表意體系文字"，中國各地的人方言不同，都可以用漢字來表達統一的意思，甚至韓國與日本等國使用的語言雖然與中國人不同，也照樣可以借漢字來更準確地表情達意。語言就像流水，會隨著歲月而不斷變遷，如果使用的文字如英文、葡文之類是拼音化的，那文字就會隨著歲月的推移、人們口音和口型以及人們表達習慣的變遷而不斷發生變化，這樣就會不斷增加子孫後代的學習與閱讀負擔，尤其是給跨越時空的溝通和理解帶來障礙，以至現在的學生閱讀莎士比亞的原著，或者閱讀一百年前的葡文文獻都會感覺非常吃力。中文使用漢字就甚少這樣的問題，因爲漢字的基本特徵之一，就是凝結概念，有本義、引申義的界定，詞義可以類推，這樣可以適用于新事物層出不窮的局面，而又不失本意，讓人不經教導就可望文知義，這樣富有邏輯性的基礎，是一種很大的傳播優勢。過去人們的生活地域空間有限，或許甚少感覺這個問題的嚴重性，現在整個世界變成了一個地球村，時時處處面臨跨地域、跨文化交流的問題，也經常面臨文化傳承問題，中文、漢字的優勢就日益顯示出來了。

漢字的美觀和排列整齊、有利於排版印刷是另外一種傳播優勢。

在一種新傳媒剛出現的時候，人們會有一個熟悉適應的過程，在這個過程中也會出現一些難以逆料的障礙。比如電腦與網絡出現不久，大量的網絡文學作

品吸引了青少年。可是這些青少年由於對利用中文漢字來快速地表情達意還不熟練，經常會出現打錯字、或者是爲了減少輸入負擔而故意生搬硬造新詞彙的狀況，這就形成了所謂"火星文"。剛開始人們對於這類"火星文"覺得蠻新鮮，有人甚至認爲它是"新人類"的象徵，不懂"火星文"是落伍的表現，有一個地方甚至在學生的升學考試試卷中列出了"火星文"以此考驗學生。然而隨後的實踐證明，這類"火星文"不過是曇花一現的產物，很快就被人們遺忘，沒有對漢字傳承造成太大負面影響。

三、簡繁之爭的解決之道

新傳媒對中國語言文字影響最大的可能是所謂"一國兩字"問題。

1956 年內地實行漢字改革，推行簡化漢字，在一定程度上減輕了人們學習、書寫漢字的負擔，普及了文化，迅速提高了十多億中國人的文化水平。可是臺灣和港澳仍舊使用繁體字，這就在海峽兩岸以及海外華人社區中逐漸形成了"一國兩字"現象。這個"一國兩字"的局面給海峽兩岸人民在政治、經濟、文化方面的交流帶來了種種的不便，也給中國兒童和有心學習中文、瞭解中國文化的外國人造成了額外的負擔，甚至嚴重威脅到中國人內部的團結。這個問題曾經被認爲是一個很難解決的世紀難題。有人認爲繁體好，有人認爲簡體好，著名語言學家程祥徽教授主張"簡繁由之"。[①]實際上無論漢字的字形統一到簡體字上還是統一到繁體字上，都會有一部分中國人一時感到不便，而若是維持字形歧異的現狀則會有更多的中國人長久感到不便。這在過去看是沒有辦法的事情。現在新傳媒正在悄悄地、不露聲色地解決這方面的問題：現在我們寫的簡體字在電腦上可以很容易地轉成繁體字，也可以方便地把繁體字轉成簡體字。當然目前在轉換過程中有時還會有一些小麻煩。主要原因是當初簡化漢字時合併了不少意義相近的字，使一些簡體字與繁體字成爲一對多的關係，當把繁體轉成簡體時，效果比較好，但是如果想把簡體轉成繁體，就會出現一些問題，給不同地區的溝通帶來一定的困難。比如上海《新民晚報》在美國出版海外版，起初也是想用電腦軟體把在上海排好的簡體版轉換成繁體版，以方便在美國和加拿大的華人閱讀，沒想到很多華人抱怨《新民晚報》怎麼有那麼多"錯別字"，使得《新民晚報》不得不放棄

---

① 程祥徽：《"繁簡由之"與港澳用字》，載《中文變遷在澳門》第 143 頁，三聯書店 2005 年第 1 版。

了這種轉換工作。這個問題其實屬於技術問題，只要軟件工程師多向語言學家們討教，是完全可以解決的。

有一段時間，電腦的系統問題也很困擾海峽兩岸的中國人。因爲當時大陸流行國標碼，臺灣與港澳流行大五碼，用大五碼寫的文章，不能直接用國標碼閱讀，用國標碼寫的文章也不能直接用大五碼閱讀，給溝通帶來比較大的困難。當時大家日夜盼望的一個最理想的方案，就是創造一個新的、大家都樂於遵守的世界統一的中文標準，前幾年海峽兩岸的科技工作者經過協商，形成了“大字符本”，先在電腦軟體上“統一中國文字”，這樣隨著使用電腦與網絡的人越來越多，電腦無形中就成爲再次統一中國文字的“秦始皇”了。

四、如何幫助漢字舒困

中國的方塊字形象生動、内涵豐富，然而難學。新傳媒、多媒體的出現可以形象生動地幫助漢字教學。繁體字書寫不便的問題，在電腦時代已經不成問題。電腦現在不僅可以單詞輸入，而且可以詞組、成語或者句子的方式輸入，這就可以很方便地規範中國語言文字，解決了多少語言學家多年憂心的大事。原來所謂的中文難學、難寫、難記也已經越來越不成問題了。傳播手段的進步的確使我們遍享科技的恩惠。

在中國語言文字改革上歷來存在著是推廣漢語方塊字還是拼音文字的爭論，由於電腦的普及，這個爭論現在可以各得其所：那就是用拼音輸入，用方塊字顯示。

要在普通電腦鍵盤上輸入中文，海峽兩岸開始流行的辦法都是拆字，臺灣流行倉頡碼，大陸流行五筆字型，兩者採用的原理可以説大同小異。但是這些字形輸入方法在確定拆字原則和筆畫、筆順原則方面往往會因人而異，只要稍加注意你會發現大家寫的筆順竟如此不同！由於過去我們在學習漢語的時候通常對於筆畫、筆順的順序不太重視，缺乏統一標準，這就給今天學習、推廣電腦字形輸入法帶來意外困難。另外字形輸入法的特殊規定比較多，需要死記硬背，如果不經常使用，日子一長就會忘記，再説拆字的過程對於專職的電腦錄入員也許問題不大，對於我們這些需要邊思考邊寫作的人來説，經常干擾思路，不是很理想。

使用拼音輸入法，特別是簡拼，就沒有這個問題。在電腦輸入方法中以注音法或拼音法比較容易掌握，而這兩種方法相比較，又以拼音法因使用英文字母而更爲直接。在電腦上，用中文拼音輸入詞和詞組、成語，要比拆散方塊字的字形輸入方法快捷方便得多。

那能否乾脆用拼音文字取代漢字呢？不行。因爲拼音化文字有其劣勢。這一點朝鮮人和韓國人可能體會更深，他們開始是借鑑中國的漢字，後來改走拼音文字的道路，但是他們的語言也像中文一樣，同音而異義者不少，這就難以把握字義。金正日去世、金正恩接班的時候，這一位新人究竟是"金正恩"還是"金正銀"乃至於"金正雲"，新聞界各説各話，弄得雲山霧罩，曾經使得全世界困惑了好長時間。中國地方大，方言多，發音差異大，用拼音化取代漢字，會導致眾多歧意，給溝通帶來巨大障礙。老祖宗傳下來漢字作爲我們統一的溝通媒介，這是身爲中國人的幸福基礎之一，這是中華文化能夠源遠流長地傳承至今的原因之一，千萬不能隨便丟棄它。

中國人普遍不習慣快速地閱讀、理解大量的拼音文字。閱讀漢字有一目十行之説，但是用中文拼音就無法做到這一點。有些學者認爲，拼音文字的閱讀要經過符號、發音和意義這三個階段，而方塊字閱讀則往往可以省略中間那個環節，這些可能就是爲什麼讀漢字要比讀中文拼音和英文快的部分原因。語言及文字的目的是交流，衡量這個目的的尺度則是實用、高效率。在新傳媒出現之前，漢字的難學、難寫、難記使得許多中國知識分子在一百多年前就鬧著要改革文字，有許多人贊成走拼音化的道路。然而拼音化了的中文的確比漢字效率高嗎？從近年來中外許多專家所作的實證研究的結果來看，答案十有八九會是否定的。除了閱讀速度，漢字拼音化還有許多眾所周知的技術上的難題，如詞的分割和聲調標注，而最難辦的恐怕是同音詞的區分。中文的同音詞特多，有時光看拼音真不知道某一句話是什麼意思。我剛到澳門大學教書時，家人尚在上海工作，不得不依賴電子郵件與家中聯繫，由於當時兩地的電腦軟體不相容，最初我只好用英語或者中文拼音與家裏通信，可是当时家人的英語程度和中文拼音水平都不太好，閱讀起來比看漢字困難多了，有時我不小心打錯了一個字母，或者把前鼻音寫成後鼻音，把卷舌音寫成翹舌音，都會給對方在閱讀理解上帶來很大的困擾。後來學校裏給我安裝了新的中文電腦軟件，我們可以直接用方塊字通信聯繫了，那感覺就是"解放了！"我的體會是：使用中文拼音輸入法的簡拼方式輸入漢字，特別是輸入詞組，然後由電腦自動地把你輸入的拼音轉換成方塊字，這樣速度非常快，效果很好。但是這樣做也會有一個不良後果，就是天長日久地用拼音輸入，會使得我們忘記一些漢字的筆畫寫法，一離開電腦，我們經常記不得某些字的寫法啦。這個問題很普遍。針對這個問題澳門的電腦工程師梁先生創新了一種"我手打我想：說文輸入系統"，採用了比倉頡碼更簡便易學的高效快速的漢字輸入方法，既便於學生利用漢字偏旁輸入漢字和詞組，也有利於學生在寫作輸入時擴大知識面，系統全面地掌握中華文化。[①]

　　凡此種種説明，新傳媒的出現不僅導致了漢字的變遷，也使語言學中原來爭議不休的一些問題不成其爲問題。舊的矛盾由於新傳媒的普及和新傳播手段的應用迎刃而解了；與此同時，也正是由於新傳媒的出現，又導致大量新的課題又在等待著各位語言學家去探索、解決，例如怎樣把各位語言學家的研究成果運用到新傳媒中去，怎樣提高目前電腦軟件中的不同語種的翻譯和轉換效率。這些光靠電腦專家不行，需要語言學家和傳播學者一起來獻計獻策！大家齊心協力，攜手合作，一定會爲中華文化的未來開闢出新的天地。

[①] 梁崇烈、尹國泰合著《我手打我想：說文輸入系統簡介及入門指導》，澳門圖書館暨資訊管理協會澳門出版協會出版，2013 年 6 月初版。

兩岸同形異義詞探索

竺家寧

臺灣政治大學中文系

一、前　言

　　一個語言在經歷了長久的分隔之後，會由於社會狀況的不同而循著不同的方式發展，於是相當時日之後，會呈現相當的落差。這些差異在兩岸開放之後，由於接觸的頻繁，會很容易地被觀察到。有些詞語我們雖然不這樣用，但是仍然可以從字面上了解它的涵義，但是也有一些詞，在詞形組合上我們會覺得十分陌生，可能分開來兩個字都認識，合起來卻很難理解它的真正意義；還有一些詞，兩岸都出現，卻是詞形相同而詞義有別。這些都會造成兩岸交流的障礙與誤解。

　　臺灣的社會，具有多元化的特色，對外的接觸也比較頻繁，因而新詞的滋生與演化就呈現了多彩多姿的面貌。小學生用的口語詞彙和初中生未必相同，初中生和高中生也未必相同，同樣的道理，有許多新詞，大學生經常使用，博碩士生也未必能夠了解，一個人離開臺灣幾年後再回來，可能報紙上的一些用詞，已經無法全部了解，這種新詞的演化速度，是十分驚人的。

　　因此，在兩岸開放來往之後，也同時興起了兩岸詞彙的比較研究。這些比較研究提供了詞彙學很好的一個樣本，讓我們了解語言中的詞彙是如何在不同的環境之下產生怎樣的變遷，這些變遷又如何在相互的交往中互動與融合。由於詞彙是語言中最活潑的成分，它既容易分途發展，也很容易在接觸中相互吸收，在語言接觸當中相互激盪，而使我們的詞彙系統、詞彙內涵更加豐富起來。

　　有關兩岸詞彙的比較研究，越來越受到注意，也累積了許多可觀的成果。例如鄭啟五《海峽兩岸用語初探》(1981《臺灣研究集刊》) 提出了臺灣和大陸的四項主要差異，包含新詞的差異、舊詞的差異、譯語的差異和方言的差異四個方面。① 朱景松、周維網《臺灣國語詞彙與普通話的主要差異》(1990《安徽師大學報》) 把兩岸詞彙差異分爲以下幾項：一是臺灣國語新詞；二是義同形異詞；三是形同義異詞；四是臺灣國語中保留的舊詞、舊義；五是從語法角度觀察到的詞彙差異。這樣的分類系統已經能夠比較全面的描述兩岸詞彙的差異類型。嚴奉強《臺灣國語詞彙與大陸普通話詞彙的比較》(1992)，探討了國語詞彙中的縮略詞、比喻詞、文言詞和外來詞的特點，並列舉了大量實例，也提供了我們作進一步觀察和研究的基礎。蘇金智《臺港和大陸詞語差異的原因、模式及其對策》(1994)，利用語言與社會共變理論，討論了四十多年來三地詞語差異的原因、模式及其將來的發展方向。其中，差異的原因能從社會發展的角度來觀察，提供了我們新的思考方向。蔣有經《海峽兩岸漢語詞彙的差異及其原因》(2006)，探討了兩岸詞彙差異的模式：(1) 一般詞語，主要分爲同形異義詞和異形同義詞兩類。(2) 稱謂語，包括親屬稱謂和身份職業稱謂。(3) 外來詞，包括兩岸音譯詞的差異。其中的稱謂用法又是一般相關著作中較少提的領域，具有很好的啟發性。還有蘇金智《海峽兩岸同形異義詞研究》，李文斌《淺談港臺和大陸詞語的差異模式》，楊豔麗《海峽兩岸詞語比較》及李慧《從〈兩岸現代漢語常用詞典〉看兩岸的同實異名詞語》等等。這些文章，有一個共同的特點，就是把兩岸詞語分成同義異形、同形異義、同中有異三種基本模式，列舉例證加以說明，爲後人的繼續研究打下了很好的基礎。

二、兩岸詞語差異原因研究

兩岸詞語差異的原因，是歷來學者關注較多的課題。胡士雲《略論大陸與港臺的詞語差異》(1989)，探討了大陸和港臺詞語差異產生的客觀原因和主觀因素，包含以下幾點：政治的原因；方言和外語的影響；普通話和“國語”的不平衡發展；詞彙規範問題；生活節奏的不同；大陸與港臺的社會背景和文化背景的不同等等。作者強調，這些原因都不是孤立地起作用，而是互有交叉，甚至互爲因果的。刁晏斌在《大陸臺灣詞語的差別及造成原因》中，將兩岸詞語差異的原因歸爲兩類：一是語言自身的原因，另一個是語言以外的深層原因。語言原因就造詞或構詞來

---

① 兩岸詞語差異模式研究　中國論文網 http://www.xzbu.com/1/view-1666927.htm

説，主要包含：古今差別；新舊差別；譯音差別；音譯與否之別；方言之別；簡縮之別；事物命名方式或角度不同。語言以外的原因包括：社會制度、觀念意識等，與外國接觸及開放程度的差別，除此之外，諸如不同的方言區，人民生活條件、方式、習慣等的差異等等。蘇金智在《臺港和大陸詞語差異的原因、模式及其對策》（1994）提出了地域文化對兩岸詞語差異造成的影響。他認爲地域文化的獨特性是決定差異的主要因素，另外就是兩地受方言影響比較明顯，這也是一個很重要的原因。於賢德、顧向欣在《海峽兩岸詞語差異的政治文化因素》（2000）中討論了臺灣和大陸詞語不同的政治和地域文化因素，也提到了地域方言的影響。

蔣有經《海峽兩岸漢語詞彙的差異及其原因》（2006），認爲兩地詞語的差異，得從社會原因著手，主要包括：不同政治制度下的語言政策；社會生活的差異；區域文化的作用；外來詞語的影響。還有湯志祥《當代漢語詞語的共時狀況及其嬗變——90年代中國大陸、香港、臺灣漢語詞語研究現狀》，專注於上世紀九十年代三地詞彙的共時現狀和歷時變化，探求華人社會漢語詞彙方面的"共同底層"及其"各自表層"在不同層面上的變異，從而探討漢語詞彙今後發展變化的趨向和走勢。這份研究，開展了一條寬廣的道路，對於研究思路的開拓，頗具參考價值。

三、兩岸詞語融合狀況研究

兩岸詞彙的比較研究，應該包含兩個方向。一是同一個語言在人爲因素的隔絕下，產生了哪些差異；二是兩岸開放交流後，彼此密切往來，網路和大眾傳播工具發達，語言上又如何產生交融，如何相互吸收。例如"研討會""電腦""提昇""女生"（指女性）等等，原本都是臺灣用詞。"淡定""立馬""山寨""給力"等等，原本都是大陸用詞。因此，我們認爲，兩岸詞彙的比較可以分爲幾個主要的核心層面：第一，兩岸詞形不同，例如："原子筆/圓珠筆"；第二，兩岸同形異義，例如："愛人"；第三，兩岸基本詞義相同，色彩意義有別，包含詞義的廣狹、輕重、雅俗、褒貶……例如："海鮮"。茲舉例説明如下：

第一，兩岸詞形不同，例如：原子筆/圓珠筆。

臺灣用語	大陸用語
點心	茶點

優酪乳	酸奶
仿冒品	假牌
省親假	探親假
便當	盒飯
鋁箔包	軟包裝
免洗筷	衛生筷
轉捩點	轉折點
保溫杯	保暖杯
代班	頂班
請病假	病休
零件	散件
薯條	土豆條
生啤酒	扎啤
屋齡	房齡
盲點	盲區

　　第二，兩岸形同義異，例如："牛"這個單音節詞，在臺灣指的是脾氣固執，例如："你很牛耶！都不聽別人的意見！"因此，多半屬於負面批評的意義。又如"火"這個單音節詞，在臺灣指的是很生氣。例如："他的行爲很機車！超火的！""小呆的辦事效率讓人很火大！""土豆"這個詞在臺灣指的是"花生"，這是由閩南語轉入的借詞。"高考"這個詞在臺灣指的是"政府選擇公務員的高等考試"，而在大陸卻是"高等學校新生入學考試"，兩者意義大不相同。在臺灣"高考"是大學畢業之後才能參加的考試，大陸的"高考"是高中生要進入大學的考試。臺灣的大專院校大陸上稱爲"高校"或"高等學校"，可是在臺灣提到"高校"，會認爲是高中。

　　第三，兩岸基本詞義相同，色彩意義有別，包含詞義的廣狹、輕重、雅俗、褒貶等等。這部分下文我們再來詳細討論。

　　過去有關兩岸詞彙比較研究的著作，多半只專注第一個項目，列出比較表供讀者了解，第二個項目目前尚缺乏成系統的研究，第三個項目的研究幾乎完全沒有開始。這是有賴兩岸學者共同努力的地方。

　　以上屬於兩岸詞彙中發生差異的部分，另外一個類型是兩岸詞彙的融合現象，這一方面，也有許多學者開始注意到了。湯志祥在《當代漢語詞語的共時狀況及其嬗變——90年代中國大陸、香港、臺灣漢語詞語研究現狀》中，統計了港臺流向大陸的詞語約七百個左右，把這些詞語分爲“原來並沒有的詞語、同義近義詞語、恢復使用的詞語和增義變性變色詞語”四類，並分別從詞性的角度進行分類統計。刁晏斌《差異與融合——海峽兩岸語言應用對比》，也談到了兩岸詞語融合的情況，把大陸採用臺灣詞語分爲幾種情況：（1）大陸已經或基本上採用臺灣詞語；（2）大陸原有詞語與臺灣詞語並存；（3）臺灣詞語在大陸偶然使用。把由於引進大量臺灣詞語大陸發生的變化，也分爲幾點：（1）增加了新詞語；（2）增加義項；（3）詞義範圍擴大；（4）非常用義變爲常用義；（5）提高了使用頻率；（6）古舊詞語復活；（7）產生仿造詞語；（8）出現新的詞語搭配形式。徐莉《論海峽兩岸詞彙差異及融合》，從兩方面探討了兩岸詞彙的融合，一是臺灣地區詞語進入大陸，一是大陸詞語進入臺灣。指出兩岸詞語融合的原因：一是修辭上的需要；二是出於詞彙功能的互補；三是出於對外來詞的認同。可見學者們對於兩岸詞彙演化的後一個階段，也就是從分歧走向融合，已經做出了很好的思考，也取得了可觀的學術成果。

四、兩岸語言發展的特點

詞彙的演化，具有很大的靈活性，往往隨著時間、空間、社會環境、文化因素等等不斷的自我調整。因此，兩岸的詞彙也具有各自的發展特點。刁晏斌《臺灣話的特點及其與内地的差異》認爲，與大陸相比，臺灣古舊色彩較爲濃厚，語言形式不夠統一，日語形式大量存留，大量吸收方言成分。趙一凡《半個世紀中兩岸三地語法的發展與變異及其規範化對策》則論述兩岸的語法差異。運用語法學與社會語言學的理論，從外語、方言和文言三個可能影響語言變異的原因入手，探討三地書面語語法在語言接觸、語言競爭和語言繼承的過程中發生的變異或呈現的迥異特徵，並加以簡要分析。最後，針對語法變異提出若干建議，以期人們能夠更客觀地對待新語法現象。從詞彙的關注到語法的變遷，這又是兩岸語言比較研究的進一步發展，不過，比起詞彙的比較研究，這一方面還只是起步的階段。將來學者們應當對兩岸語法的變遷賦予更大的關注，並進行全面而細緻的描寫。這樣的研究，無論在語言學上或華語教學上，都有其一定的意義與價值。

從事兩岸詞彙整理，有幾個基本方向當先考慮，否則不是掛一漏萬，就是事倍功半。曾榮汾《兩岸語言詞彙整理之我見》(兩岸漢語語彙文字學術研討會論文，1994)對此提出了他的看法：他認爲從詞彙體系方面觀察，也就是指在某一時空中語詞所呈現的結構系統，如以目前臺灣地區的國語爲例，大概可分析爲如下的體系：1. 一般單詞；2. 一般複詞；3. 慣用語；4. 成語；5. 諺語（含格言、諺語、俗語等）；6. 歇後語；7. 外來語（含譯爲中文與直引原文等）；8. 專門語（各專業領域所用語詞）；9. 縮語；10. 略語；11. 簡稱；12. 中英略語（如：卡拉 OK、5A 辦公室、三 F 等）。曾氏認爲體系中每個獨立項目都當成爲專題，確定範圍，加以收錄。因此今日作兩岸詞彙整理時，若能依詞彙體系逐項的進行，既可作總體的觀察，也可作單項的比較。兩岸詞彙的比較分類，可以作“此有彼無”的觀察。曾氏認爲兩岸經長時間相隔後，環境的差異會造成用語的參差，這種參差不僅是用語的不同，某些概念更是此有彼無，或彼有此無。例如下列用法皆爲大陸地區所特有的：

【個體户】從事個別生產或經營的家庭或個人。

【三門幹部】指從家門到校門，又從校門直接分配到服務機關的幹部。

【四個現代化】指工業現代化、農業現代化、國防現代化和科學技術現代化的合稱。

【四二一綜合症】指兒童受溺所產生的症候群。“四二一”指一個獨生小孩有父母二人和祖父、祖母、外公、外婆四人來疼愛。

而下列諸例則爲臺灣地區所特有的：

【交通黑暗期】指臺北市因捷運工程的連續施工，所造成交通不便的期間。

【街頭運動】指群眾爲某種訴求所舉行的集會遊行。

【八點檔】指三家電視臺於晚間八點所播映的連續劇節目。

【掃黑專案】指警方掃除流氓的專案行動。

由此可窺知兩岸在不同環境影響下，各有不同的生活概念，從這些詞彙當中，可以了解數十年兩岸社會脈動的情形，所以此類詞彙的全面整理具有其社會文化的意義。曾氏又指出，另一項研究，就是同義異詞的觀察。不同的社會環境也會影響構詞心理與語言習慣，以致同一概念在兩岸所造出來的詞語未必全然相同。例如：大陸“半邊家庭”，臺灣“單親家庭”；大陸“方便麵”，臺灣“速食麵”；大陸“老視眼”，臺灣“老花眼”；大陸“錄像帶”，臺灣“錄影帶”；大陸“超智”，臺灣“資優”；大陸“激光”，臺灣“雷射”；大陸“盒式錄音帶”，臺灣“卡式錄音帶”；大陸“軟件”，臺灣“軟體”；大陸“雙畫面電視”，臺灣“子母畫面電視”；大陸“熒屏”，臺灣“螢幕”；大陸“宇宙站”，臺灣“太空站”。

這類“同義異詞”的資料值得從社會學及心理學的角度加以觀察。另一項研究，是同詞異義的觀察。某些詞語表面看來一樣，意義實有不同，此類詞語最易被誤解。下文將作專節討論。

五、方言、俗語、新詞與共同語的互動

國語（普通話）的發展本須方言養分的挹注，因此難免會受到各地方言的影響。因此研究國語（普通話）與方言雜揉的情形，也是整理兩岸詞彙重要的課題。以臺灣地區爲例，因爲特殊的多元環境因素，加上閩、客語強勢地位，因此通行的國語，縱有普及的教育，也會受到相當程度的雜揉，例如像“頭路”“打拼”“透天厝”“槓龜”“跑路”等方言詞都在國語中使用。兩岸詞彙整理若僅注意“傳統”，很可能會忽略掉這部分。當然收錄這類詞語必定得有標準，不能過於浮濫。

國語（普通話）固是標準語，但社會各階層的用語中往往具有各自的特色，例如職業身份、社會地位、年齡高低等。使用語存在著雅俗有異的區別，年輕人的流行語、孩兒語及比較低俗的黑話等充斥在共同語中。例如：

酷——瀟灑中帶點冷漠。如：“這身打扮——酷！”

掛——死。如：“對方只開一槍，老三當場就掛了。”

葛屁——斷氣。如：“你把我丟給條子，老子我不準葛屁？”

正點——形容女孩子長得標致。如：“這妞兒長得正點。”

阿達——指人的腦筋有問題。如：“你真是阿達！把事情搞成這樣！”

秀逗——指人行事反常。如：“你是不是秀逗了？價錢這麼高也買？”

遜斃——指人差勁透了。如：“這傢伙遜斃了！別理他！”

耍帥——賣弄本事。如：“他這那叫耍帥，簡直是不要命！”

愛現——諷刺人愛表現。如：“你不是愛現嗎？叫你唱，你就唱！”

條子——警察。如：“條子來了，快閃！”

凱子——戲稱有錢而出手大方的男人。如：“釣個凱子，日子就好過了。”

馬子——小姐、姑娘、女朋友。如：“泡馬子”。

痞子——責稱看不順眼的對象。如：“這痞子被我海扁一頓。”

車車——兒語。就是車。如：“小寶乖，爸爸帶你去坐車車。”

　　k 書——唸書。如："這一陣子他都在家 k 書。"

　　小雞雞——兒語。小男孩的生殖器。如："尿尿時要把小雞雞對準馬桶。"

　　帥呆了——漂亮極了。如："你這一手帥呆了！"

　　壓馬路——逛街。如："没事壓馬路殺時間。"

　　這類詞彙是現實語言的一部分。屬於新詞或是舊詞詞義的新引申，也是兩岸詞彙差異較大的部分。

　　社會環境的改變，語言也隨之而產生脈動，於是新的詞語會隨之而生。例如電腦普遍後，於是 "電腦" "硬體" "軟體" "作業系統" "磁碟機" "硬碟" "軟碟" "網路" 等詞，幾成爲日常的生活用語。反觀一些舊事物的詞彙也漸爲人所淡忘，如："油燈" "洗衣板" "煤球" "竹蜻蜓" "草紙" 等。這些新陳代謝的方式和速度，都可以作爲兩岸詞彙比較的重要課題。有些部分，臺灣用語的傳統性更強一些。例如早期的 "封建" 用詞就大量的保留在臺灣的用語當中，像太太、小姐、女傭、郵差等等。至於新生的事物，諸如電腦用語，兩岸幾乎全然不同。

六、兩岸同形異義的現象

　　過去有關兩岸詞彙比較研究的著作，多半只專注於列出比較表，供讀者了解臺灣怎麼説，大陸怎麼説。至於兩岸同形異義現象的研究，幾乎完全没有開始，這是我們有待努力的地方。其實，兩岸同形異義詞最容易造成兩岸交流中的誤解與困擾，也就是表面看起來是同用一個詞，實際上那個詞的意義兩岸用法並不完全相同。我們就目前收集的資料，分析如下：

　　1. 基本詞義不同

　　"綠茵" 臺灣指的是 "綠草地"，可是在大陸還另外含有 "足球場" 的意義。

　　"輪帶" 在臺灣指的是 "帶動齒輪的帶子"，而在大陸某些地區則另含 "輪胎" 的意思。

　　"教師節" 在臺灣是 "九月二十八日"，而在大陸卻是 "九月十日"。

　　"撞車" 這個詞在臺灣僅指 "車輛碰撞"，而在大陸經常用於 "兩個時間的衝突，或者某事件的對立"。

　　Angel 否認自己是蓄意與 ESWC 檔期撞車，並表示那樣做對雙方都很不利。

　　美贊臣相關負責人稱，其公司早在一週前就舉行了該新品的發布會，當時三鹿問題奶粉事件還沒有被定性。與三鹿事件撞車，絕不是有意爲之。

"**公車**"這個詞在臺灣指的是"公共汽車"，大陸人士聽了會認爲是"公務交通車"，大陸"公交車"一詞，依照臺灣的語感，反而會被誤認爲"公務交通車"，形成了有趣的兩岸交叉對應的誤解現象。至於"公共汽車"則是兩岸共用的詞語。如果一位臺灣人士在大陸，聽說他是坐"公交車"來的，心裡一定會想："他可能是一位官員，因爲處理公務而出差的"；而大陸人士在臺灣聽說他是坐"公車"來的，也會有相同的狀況跟想法，認爲是官員出差。

"**高考**"在臺灣指的是"政府選擇公務員的高等考試"，而在大陸卻是"高等學校新生入學考試"，兩者意義大不相同。在臺灣"高考"是大學畢業之後才能參加的考試，大陸的"高考"是高中生要進入大學的考試。臺灣的大專院校大陸稱爲"高校"或"高等學校"，可是在臺灣提到"高校"，會認爲是高中。

"**水**"在臺灣，"水"則代表漂亮的意思，來自閩南話的用法。在大陸則用以形容"輕鬆過、沒有學到什麼的課"，用法例如："這堂課很水。""一堂水課。""水一水。""這堂課可以水過。"關於輕鬆的課，臺灣則稱爲"涼課"。另外，網路拍賣的頁面當中由賣家稱呼女性買家的用語上，臺灣稱"水水"，用法例如："各位水水。""親愛的水水們。"大陸則可以稱對方爲"MM""親"，用法例如："各位MM。""親們。"同樣的意義。

"**倒車**"臺灣則有車子向後移動、倒著移動的意思，常見的使用方式，例如"倒車入庫"。在大陸代表途中換乘另外的車輛。至於"途中換乘另外的車輛"，臺灣的用語爲"轉車""換車"。

"**下海**"在臺灣則有下海游泳，或是在煙花酒綠之地陪酒或賣身的意思，又以後者的意思較爲常見。大陸則代表離開原本的工作，轉行從事商業活動、做風險較高的生意。至於從事商業活動，臺灣則以"經商"爲慣用語。

"**面包车**"大陸所說的"面包车"，指的是外形像麵包的廂型車，臺灣通常叫作"九人座"。在臺灣，"麵包車"指的是賣麵包的車子，是一種流動攤販，早期的臺北十分流行，近年來在鄉間仍然十分普遍。

"**冷面**"大陸所說的"冷面"，相當於臺灣所說的"涼麵"。在臺灣通常食用的麵類不會叫做"冷麵"，由於大陸使用簡化字的緣故，使"麵、面"二字寫成了一個"面"，可是在臺灣，這兩個字是有嚴格區分的，因此，如果說"冷面"，會理解爲某人面無表情、一副冰冷的樣子，常常用到的如電影情節中的"冷面殺手"。臺灣遊客在大陸上看到餐廳門口寫著大大的"冷面"二字，都會有悚然心驚的感覺。大陸"麵、面"二字通用的情況,又如大陸餐廳門口寫的"刀削面",也一樣讓臺灣遊客看了悚然心驚,因爲在臺灣的報紙上或電視上,有時會報導男女分手的情殺新聞,其中一方就是用"刀削面"的方式進行報復,造成對方的毀容。

"**口胶**"在臺灣"口胶"一詞寫成繁體字的"口膠",一般會被認爲是"口紅膠",是一種類似口紅(唇膏)形狀的黏著劑,如果用簡化字的"口胶",就有可能被認爲是不雅的"口交",屬於一種低俗的性行爲。

"**笔记本**"在臺灣,"筆記本"只能指紙張裝訂的筆記本,通常不會用來指"筆電"。大陸把筆記型電腦簡稱爲"笔记本",臺灣則簡稱爲"筆電"或直接用英文NOTEBOOK。

"**没下巴**"臺灣的許多醫美中心廣告,也會用到"没下巴",指的卻是下巴外形短而後縮,需要進行醫學美容,用微晶瓷來墊高下巴。在大陸的某些地區,把口無遮攔稱爲"没下巴"。臺灣沒有這樣的用法。

"**機車**"在今天的臺灣新詞當中,"機車"兩個字又發展出新的意義,作形容詞用,意思是"很討人厭,看不順眼",例如:"他那個人很機車耶!""阿華真的很機車耶!每次做什麼都只想到自己。"在校園用語當中,形容詞的"機車"又可以簡化成"機"一個字,或用英文字母G表示。例如:"你很機耶!考試作弊還拿100分。""竟然不告訴我那個秘密,你很G耶!"而大陸稱"摩托車",不稱爲"機車"。依據大陸的百度百科,"機車"是牽引或推送鐵路車輛運行,而本身不裝載營業載荷的自推進車輛,俗稱"火車頭"。

"**熱線**"這個詞在臺灣指的是"講電話",而且用爲動詞,例如:"她和男朋友每天晚上都熱線耶!"有一條流行歌曲叫做"熱線你和我",都是這樣的用法。臺北市政府開設了"市民熱線",則是名詞的用法。在大陸,往往指"旅遊熱門路線",例如:

山西旅遊熱線是山西首家專業網上旅遊問答服務平臺。

旅遊者在選擇旅遊線路時,應該熱線、冷線同時考慮,以便找到最適合自己出遊的線路。

南京旅遊熱線網提供南京旅遊線路、團隊旅遊會議、散客南京旅遊。

大陸上"熱線"兩個字也可以指"網路上一個地區或城市的狀況介紹",例如"上海熱線""蘇州熱線",有"online"或"入口網站"的涵義,這是臺灣所沒有的用法。

　　"客座教授" 這個詞在臺灣指的是："在國外學有專長後，被聘請回臺，在大專院校任課的人，聘期通常爲一至二年。"在大陸指："某校的教授同時受聘爲另一學校的教授，不定期地去講學，該教授便是另一學校的客座教授，通常是一種榮譽頭銜。"當臺灣人士在大陸聽到説某某人是北京大學的客座教授，可是卻發現他經常住在美國，很少出現在北京大學，一定會覺得很奇怪，認爲他不太盡職。因爲在臺灣被聘爲客座教授必須長年留住在學校，並且每週有固定的課程任務。

　　"工讀生" 這個詞在臺灣指的是"邊學習邊工作，靠自己的收入供自己讀書的人"。通常有"勤勉自立"的涵義，傾向於正面的意義。然而，在大陸上指的是"在工讀學校裡學習的學生"。大陸所謂的"工讀學校"，是一種專門對有違法犯罪行爲又没有達到法律處分的青少年進行再教育的學校，通常有貶義。因此，我們在使用上提到"他是一位工讀生"這句話，在兩岸引起的感覺大不相同。

　　"影集" 這個詞在臺灣指的是：可以分集放映的影片，通常是指西洋的單元影片，放映時間通常爲一個小時左右。意思和"電視連續劇"又不全然相同，後者通常指的是臺灣的偶像劇或鄉土劇，每次劇情有連貫性，往往在緊要關頭時停止，留待下集繼續。"影集"則每次自成單元，不同集之間没有承接性。臺灣常用的類似詞語還有"港劇""日劇""韓劇"。大陸上的"影集"一詞，指的是"存放相片的本子"，例如：

　　中國最大的個人電子相册 / 影集，提供照片的上傳、存儲，可以和朋友分享。

　　可以點擊製作動感影集，然後裡面就可以免費添加相框啊，漂浮物啊，很多的，根據自己的喜歡製作。

　　大陸"體育影集"指的是有關體育方面的照片本。如果在臺灣聽到"體育影集"，會誤解爲"以體育爲主題的單元電影片"。

　　"質量" 這個詞在臺灣指的是"品質與數量的縮略"，在大陸指的卻是"產品與工作的優劣程度，通常偏重於品質而略去數量"，因此，在臺灣如果聽到大陸人士説："這本書的質量不錯！"其實就是指："這本書的内容品質不錯！"可是，很可能你的回答是："這本書的發行量不大耶！"讓這位大陸人士覺得答非所問。

　　"牛" 這個單音節詞，在臺灣指的是脾氣固執，例如："你很牛耶！都不聽別人的意見！"因此，多半屬於負面批評的意義。在大陸，指的是很厲害、很有辦法、能力很強。例如："《中國很牛》""有什麽很牛的很經典的話或語錄？推薦一些吧！謝了！"其他又如我們常在網路上看到的："很牛的網名""很牛的話""很牛的簽名”“很牛的名字”“很牛的論壇”“很牛的句子”。

“**火**”這個單音節詞，在臺灣指的是很生氣。例如：“他的行爲很機車！超火的！”“小呆的辦事效率讓人很火大！”大陸指的是“很時髦、很出名、很有人氣”。例如：賣的很火、日本很火的偶像劇、最近很火的小說、最近很火的歌、很火的論壇、很火的博客、最近很火的電視劇。

“**地道**”這個詞在臺灣給人的立即語感是“地下隧道”，例如：“報紙上說，赤崁樓發現了古代荷蘭人的地道！”“這個地道裡有老鼠耶！”在大陸，“地道”指的是“真實、不虛僞、很純正，謂技能、工作或材料的質量夠標准”的意思，例如：“地道英語”“地道臺灣味”“怎麼做地道的川菜？”“尋一杯地道的澳門咖啡！”這個詞等於臺灣說的“道地”的意思。在臺灣“道地”的用法，例如：“這道菜的口味很道地！”“他的發音很道地！”在大陸，“地道”一詞除了相當於臺灣的“道地”之外，也可以用作“地下通道”的涵義。這個意象來説，跟臺灣就一樣了。

“**土豆**”這個詞在臺灣指的是“花生”，這是由閩南語轉入的借詞。大陸的“土豆”則指“馬鈴薯、洋芋”。因此，如果大陸觀光客在臺灣的菜市場説要買“土豆”，這時老闆給他的會是花生！

“**師傅**”這個詞在臺灣指的是“有專門技藝的人”，例如“工匠、鐵匠、水電工”等，在大陸一般也会把司機叫做“師傅”。

2. 色彩詞義不同

“**坦白**”臺灣指的是“坦然、率直”，大陸則含有“老實説出自己罪狀”之義。在指涉的方向上略有不同，臺灣的用法比較趨於正面，指一個人的德行美好，大陸則用於對犯有罪行或行爲錯誤的人。

“**領導**”這個詞在臺灣作動詞用，一般不用作名詞，更不會用來稱呼自己的上司、長官。例如：“本公司在張總經理的領導下，業務不斷地發展。”大陸的“領導”一詞，往往用作名詞，指的是“上司”的意思。例如：“本公司的領導今天宣布加薪！”

“**情報**”臺灣通常用於指涉軍事機密或國家機密，大陸指資料訊息，較爲廣義，相當於臺灣的“資訊”一詞。

“**傻屄**（音逼）”一詞在臺灣則僅爲稍微帶負面意義而已，表示一個人傻傻笨笨的意思。在大陸爲帶有極度貶義的髒話。

"**小姐**"在臺灣，稱呼一般女性爲小姐，是比較禮貌而高雅的用詞，其來源應是中國傳統的"小姐""丫鬟 (小婢、婢女)"的對稱，是顯赫家族、書香門第中有教養的女子，地位也比較崇高。大陸的有些地區，"小姐"的用法正好相反，一般都會避免用"小姐"來稱呼女性，其原因在於大陸的語感來自於民初的上海灘，把淪落煙花或在酒廊陪客的女子稱爲"小姐"，至於在大城市，例如上海、北京，則受到臺灣用法的影響較多，因此"小姐"一詞也逐漸不帶貶義了。

"**酒店**"在臺灣的語感中，"酒店"一詞比較帶有貶義，應該是受到"酒家"一詞的影響，是賣酒作樂的地方，不登大雅。大陸則把 HOTEL 名爲"酒店"，十分普遍，其來源爲香港的用法，很多香港投資的大旅館多半名爲"酒店"，顯示比較氣派、高檔。可是在臺灣，比較高級的五星級飯店，都會叫做"飯店"。

"**賓館**"在臺灣，"賓館"一詞通常用於比較普通的旅社，一般規模較小、價格低廉，而且也常用在男女間幽會之所，因此不是一種高雅的用語。但是大陸也常把 HOTEL 名爲"賓館"，不帶貶義。

"**服务员**"在臺灣，"服務員"一詞只能出現在書面用詞當中，不能用於當面的直接召喚。一般會認爲稱呼工作人員爲"服務員"是極不禮貌的行爲，帶有歧視的意味，把對方當成爲你服務的下人，所以一般都會使用比較尊敬的"小姐"或者"先生"。而在大陸，"服务员"一詞可以作爲餐廳、旅館等服務行業的工作人員的稱呼，通常用於當面的召喚，並無不禮貌的意涵。

動詞"搞"在臺灣，用到"搞"字，通常是負面意義，例如"搞壞了""搞丟了""搞砸了""搞不好""搞甚麼鬼"等等。大陸動詞"搞"字用途十分廣泛，後面可以接很多不同的賓語，如"搞文化""搞學術""搞教育""搞群眾運動""搞衛生""搞經濟"等等，多半會用在正面的場合，不帶負面的貶義。但是這種兩岸的差異，一般臺灣民眾會誤以爲大陸用詞很粗俗不雅，實際上是兩岸語感的不同。在臺灣如果說"你昨天晚上怎麼'搞'到這麼晚？"一般人決不會想到是寫論文或做研究做到這麼晚，一定是做一些不正經的事情。

"**導師**"這個詞在臺灣指的是指導一個班級的學生進修課業，並擔任訓育責任的老師，側重於擔任中小學生活輔導工作的老師。可是在大陸指的則是"大學、研究所裡，有資格指導博士生論文或碩士生論文的教授"，通常學術地位崇高。所以，在臺灣聽到某位大陸教授自我介紹說他是一位導師，一定會覺得非常奇怪：像這樣資深的學者，怎麼願意在中小學作小朋友的生活輔導工作呢？

"**商場**"這個詞，在臺灣的主要義項是"商業場合"。例如：他經常在商場活動，賺了很多錢，指涉的範圍比較大。在大陸通常指的是大中型的商店。例如：

針對上海部分商場堅持爲消費者退貨的行爲，公司對外關係部經理曾稱，如果商場堅持爲消費者退貨，公司將不會對此負責。

上海寶山炳興綜合商場、洪文百貨商場有限公司

這樣的概念在臺灣稱爲"賣場"。

"公寓"這個詞在臺灣指的是："可供多户人家居住的寓所，通常是四層或五層的舊式住宅建築物，没有電梯。"一般會和"大廈"形成對比，後者是價位較高、比較豪華的樓房，樓層高，有電梯設備。例如："他年紀還輕，只買得起公寓，住不起大廈。"而在大陸，"公寓"指的是"較高價的電梯大廈，設備較好"。

"海鮮"大陸用詞的"海鮮"，僅指海中的水產，意義比較狹窄，臺灣卻指所有的水產。大陸上把海鮮、湖鮮、河鮮加以區分，實際上跟地理環境有密切的關係，大陸地方廣大，河流縱横，湖泊遍布，在這樣的自然地理環境當中，有大量的河產、湖產，如果離海較遠的地區，反而海產不是那麽重要了。在市場上的價格，河產、湖產、海產都會有區别，因此在這樣的條件之下，語言就會有相應的變化。臺灣四面環海，河流短急，湖泊稀少，當然所有水產都會統攝在一個"海鮮"的概念裡面。所以，詞彙的應用與變遷，與這個詞彙所屬的社會、環境、地理狀況，都有密切的關係，詞彙就是現實生活最忠實的反映。下面是大陸對海鮮、湖鮮、河鮮使用的實例：

魚也肥，蝦也美，7月是最適宜食"河鮮"的月份之一。

2008中國國際美食旅游節新津會場暨第九届新津河鮮美食節

東錢湖是全省最大的天然淡水湖，有青魚、草魚、花鰱、白鰱、鯉魚、鯽魚、河蝦等80餘種淡水產品。據了解，東錢湖湖鮮目前已經佔全市淡水產供應總量的20%左右。

如果説粤菜館是吃海鮮的"老大"，那論起河鮮，當然要從江南菜館説起了。

無論是淮揚菜館，還是海派餐廳，對於河鮮的料理都是一流的。

湖鮮的鮮味自然比不上海鮮，然而千島湖的湖鮮卻能做得全國聞名，尤其是一種淡水魚頭在國内非常有名氣。

由於同行的一位同事不能再享受海鮮的美味（後門堵不住），於是我們一行FB分子轉道趕往無錫繼續湖鮮之旅。

"愛人"在臺灣指的是要好的男女朋友，在大陸指的是"配偶"。在臺灣一般

介紹自己的另一伴不會使用"愛人"一詞，只能介紹説："這是我太太"。然而，過去"太太"這個詞在大陸被認爲是早期的封建詞語，有一段時間已經不再使用，近年來，由於兩岸的交流日益頻繁，"太太"一詞也變成一般通行的用語了。

七、結　論

隨著兩岸交流的快速進展，人民的溝通往來益加頻繁，共同語在海峽兩岸得以互相融合吸收。特別是網路與手機的發達，也促成了詞彙的相互模仿，成爲臺灣近年來詞彙演化的重要原動力。

未來這個課題的深化研究，必須要兩岸學者的共同努力，才能夠有效的捕捉語感。此外，研究資料的取得不能只侷限在書面文獻當中，更應該彼此進入對方的語感環境當中去，體會這些詞彙的脈動，以及詞彙的活生生的發展細節，這樣才能夠做出客觀而有深度的語言描寫工作。

以上這些同形異義的現象，在兩岸的接觸交往中，比較容易產生誤會，形成不同程度的交流的阻礙。因此，同形異義的現象，值得詞彙學者的注意與研究，其重要性超過兩岸詞彙意義相同而用詞不同的狀況。

人名地名用字的文字学定位及其调研和规范[①]

王卫兵

安徽大学文学院

近年来，随着我国户口、身份证等证件管理的电脑化和联网化，随着民众人权意识以及语言权意识的日益增强，以及随着人们对于语言文字功能认识的不断进步，我国人名地名管理业已超越单纯的语文视界而升格为涉及社会治安、人权保护、文化建设等诸多因素的系统工程。不过尽管如此，语文规范仍属其中不可或缺的重要方面。作为语言文字研究者，充分发挥自身专长，积极支持前述工程，乃是义不容辞的责任。有鉴于此，本文拟从文字学角度，围绕人名地名用字的文字学定位，以及前述用字的调研和规范等问题，谈点个人想法。

一、人名地名用字的文字学定位

1982 年 4 月，长期负责我国语文学界政策导向的中央领导胡乔木先生，在有关文字工作的一次重要谈话中明确指示："要搞人名、地名专用字表"。[②]1993年，教育部语言文字应用研究所张书岩先生撰文表示：制订《人名用字表》已经是势在必行。[③] 2002 年，国家语委决定将人名用字规范研究列入"十五"规划，同时决定将有关成果所涉汉字纳入《规范汉字表》（该表后被更名为《通用规范汉字表》），作为其组成部分。[④]

---

① 本文修订过程中吸纳了白兆麟教授和沙宗元博士以及本校学报外审专家的宝贵意 见，特此鸣谢。

② 胡乔木《胡乔木谈语言文字》，见《胡乔木传》，人民出版社，1999 年，第 303 页。

③ 张书岩《人名用字调查和规范化设想》，见陈原主编《现代汉语用字信息分析》，上海教育出版社，1993年，第 188 页。

④ 陈双新《汉语人名规范问题研讨会在京召开》，《语言文字应用》2003 年第 2 期。

在 1997 年发表的一篇有关文章中，张书岩先生指出，是否以单独制表方式规范人名地名用字，我国学界存在不同意见。[①]从后来情势发展看，上级主管部门最终采纳了另一种意见，即不同于胡、张二人的意见。不过即便如此，怎样处理人名地名用字规范更为妥当，有关讨论并未停止。

例如 2004 年中国文字学会会长黄德宽先生明确表示，我国汉字规范需要制定三种表，即通用字表、繁体字总表以及专用字表。[②]2005 年，张书岩先生基于多年专题研究，再次明确重申，需要有份《人名用字表》。[③]黄德宽先生之所以主张通过制订专表途径解决人名地名用字规范问题，乃是注意到目前我国汉字应用已经形成"繁、简二元并存"格局，这状况短期内难以改变，[④]为此我们除了要有一份通用汉字表，还要有一份繁体字整理表。我国人名地名用字特殊，许多人名选字偏僻，一些地名历史悠久，其用字可能超出通用字范围。鉴于前述二表不能解决人名地名用字规范问题，我们当从实际出发，制定人名地名等专用字表。他认为汉字规范应分层进行，制定三种表，既可满足各方用字需要，又能保持现行汉字稳定，乃是面向现实、着眼长远的恰当选择。[⑤]张书岩先生之所以始终认为规范人名用字需要单独制表，主要原因有三。首先，她认为"人名是专用词汇的一类，反映在书面上，就是专用字的一类"，[⑥]专用汉字与通用汉字的规范问题应当分别处理。其次，她觉得《现代汉语通用字表》收了 7000 个汉字，数量已不算少，能够全部掌握的人并不多。再在其中加入一大批生僻的人名用字，虽然可以方便公安机关和邮电部门的计算机利用，但对广大群众来说却是增加了不小的负担。[⑦]再次，她注意到，人名用字规范工作极其复杂，有其特殊性，根据同属汉字文化圈的东邻日本在人名用字规范上的多年经验，让《人名用字表》以单

---

① 张书岩《关于制订〈人名用字表〉的一些设想》，《语文建设》1997 年第 2 期。

② 黄德宽《对汉字规范化问题的几点看法》，见李宇明、费锦昌主编《汉字规范百家谈》，商务印书馆，2004 年，第 31—32 页。

③ 张书岩《信息化社会的到来与姓名工作的滞后》，《修辞学习》2005 年第 4 期。

④ 黄德宽《论汉字规范的现实基础及路径选择》，《语言文字应用》2007 年第 4 期。

⑤ 黄德宽《对汉字规范化问题的几点看法》，见李宇明、费锦昌主编《汉字规范百家谈》，商务印书馆，2004 年，第 31—32 页。

⑥ 张书岩《信息化社会的到来与姓名工作的滞后》，《修辞学习》2005 年第 4 期。

⑦ 张书岩《人名用字调查和规范化设想》，见陈原主编《现代汉语用字信息分析》，上海教育出版社，1993 年，第 197 页。

列形式出现乃是明智抉择。[①]

　　作为学术研究，对于上述主张理应给予高度重视。黄德宽、张书岩等先生均认为人名地名用字无法为通用字表所涵括，是这样吗？人名地名用字属于专用汉字，学界看法一致，无需讨论。在此需要弄清的是，何谓通用汉字，它与人名地名用字在外延上是否存在冲突。

　　胡裕树先生说："在当代使用的汉字中，除去专用汉字（包括人名、地名以及科技等专用字）之外的字，我们把它叫做通用汉字。"[②]以此为据，可知黄德宽、张书岩等人的意见并非凿空之论。费锦昌先生认为，所谓通用汉字就是在现代汉语用字中，排除生僻字以后留下的部分。[③]苏培成先生认为，通用字是和罕用字相对来说的，全部现代汉字除去罕用字就是通用字。[④]在一般人印象中，生僻字与熟稔字相对，罕用字与常用字相对，但在汉字学界，生僻字、罕用字有时被组入新的配对关系。从学术研究惯例看，只要定义明确，重新配置关系未尝不可，故而对此不必较真。生僻字与罕用字并非一回事，生僻与否同经验感知相联系，罕用与否同使用频率相联系，但二者关系密切，因为罕用的总是让人感到生僻，让人感到生僻的总是由于罕用。所以，苏先生认为其看法与费先生小异大同，没有实质区别。[⑤]以此为据，可知黄德宽、张书岩等人的意见绝非无稽之谈，因为人名地名用字中有不少是罕用而生僻的。[⑥]不过还有学者，如廖才高先生，他认为所谓通用汉字"就是记录现代汉语所必需的全部汉字"，现代汉语通用字表也就是现代汉语用字全表。[⑦]如果以此为据，就不能认为黄德宽、张书岩等人的意见无懈可击了。因为现代人名地名用字，即便再专门、再罕用、再生僻，总是处于记录现代汉语所需文字范围内，跳不出前述定义手掌心。

　　照理说学术问题存在意见分歧，必定有一种意见是较为稳妥的，另一种意见是不那么适当的，但通过前面的讨论，我们却无法从理论上弄清楚黄、张等人

①张书岩《关于制订〈人名用字表〉的一些设想》，《语文建设》1997年第2期。

②胡裕树主编《现代汉语》（增订本），上海教育出版社，1987年，第166页。

③费锦昌《常用字的性质、特点及其选取标准》，《语文学习》1988年第9期。

④苏培成《现代汉字学纲要》，北京大学出版社，1994年，第39页。

⑤苏培成《二十世纪的现代汉字研究》，书海出版社，2001年，第128—129页。

⑥周有光先生曾指出："地名中有许多'专用字'，一个字只用于一个地名，大都是生僻字、方言字，有的是少数民族创造的汉字。"（周有光《中国地名的规范化》，《中国方域》1997年第1期，第5页）

⑦廖才高《汉字的过去与未来》，湖南大学出版社，2005年，第229页。

的意见与相反意见何者更为合理。所以出现这情况，原因在于：通用汉字表并不是客观的、事先存在的东西，它实际上是在社会需要推动下，基于学者的主观思考人为创造出来的事物。明乎此，也就不难理解，为什么面对前述问题我们无法从理论上说明哪种意见更为可取，同时也就不难理解，为什么同样冠名通用汉字表，在收字范围以及收字总量上不尽相同，甚至相去甚远。

这是否意味着，对于黄、张等人的意见无法给予当或不当的评判？我们的看法是：具有较强主观色彩的学术见解，确实难以通过理论辨析给予是非评判。但无论主观性多强的人为设计都不会没有正误考量，否则人们全无约束，为所欲为，就乱套了。那么根据什么来评判呢？实践！具体地说就是看在人名地名用字规范上，是单独制表有利工作开展，还是反之有利目标实现。继续讨论之前，先让我们阅读一段文字：

> 上边一个"彡"，下边一个"且"，这个念shǎn的字，正是菏泽市牡丹区高庄镇高庄村村民冼长友原本的姓氏。13日，在他家的小院里，他说："老祖宗留下的这个姓太生僻，我们村200多个人都改了姓了。"冼长友告诉记者，高庄村共有3500人，其中姓亘的大约有200人。这些村民在办理二代身份证时，陆续都将姓氏更改，大部分选择"冼"姓，也有少数村民选择"显"字。
>
> 村民亘海建的驾驶证上只有"海建"两个字，原因是电脑上的各种输入法都打不出这个姓。这个驾驶证多次被交警认定为"假证"。
>
> 孩子上学填写学籍、出门打工办保险、办理银行存折、到邮局汇款……所有这些都让他们挠头。"电脑这玩意，你说到底是添方便还是添麻烦？"一位村民说，以前这个字可以手写，而现在却只能在电脑上用各种同音字代替，然后再到村里、派出所开具证明。
>
> 冼长友让记者看了他们家原来的户口本，在这个"奇怪"的户口本上，一家人被分成了两个姓氏：冼和亘。
>
> 他告诉记者，早在2003年的时候，村里新出生的小孩都开始将姓氏更改，为的是孩子今后免去不必要的麻烦。到了2006年开始办理二代身份证时，当地派出所就建议所有亘姓村民统一改为冼姓。
>
> 村民们改了姓，内心里却还是有些疙瘩，"我们不希望老祖宗给我们的姓氏在这一辈失传"。一位村民说："我们这辈人还知道自己原本姓什么，但

孩子们从小就改姓，过些年就忘了姓了。"

以上文字引自 2010 年 8 月 14 日青岛新闻网，原文标题为《姓氏罕见 输入法难找 菏泽二百村民改姓》。[①] 所谓罕见姓氏，中文写作"亘"，读作 shǎn，为姓氏专用字，该字在《康熙字典》《汉语大字典》等字书中均设有条目。根据前述新闻可知，山东菏泽 200 多名村民，因为公安部门管理软件没有收入该字无法办理证件而被迫改姓，为此他们感到很郁闷也很无奈。

我国著名学者申荷永先生认为："生僻姓氏，不仅是一个家族的声誉和血脉联系，需要维护，而且也是文化的基因，文化的重要元素，需要一种宽容和接纳的态度……因姓氏生僻而被迫改姓，不仅是被迫改姓者的悲哀，也是我们社会的悲哀，其中，也是要求别人改姓的政府部门的悲哀……从技术上来说电脑造字或字库中增加生僻字并非是不能解决的困难。而使人被迫改姓，无知中已是罪过。"[②]

我国新近研制的《通用规范汉字表》已于 2013 年 8 月正式公布，该表没有收入"亘"字，事实上没有收入的人名地名用字并非仅此一例（详见后文）。由此可见：黄、张等学者所谓人名地名用字"可能超出通用字范围"的看法后来为实践所证实。未被收入的人名地名用字不应成为被遗忘的角落。应由谁管？不言而喻，应由人名地名专用字表管。中国地名研究所所长、联合国地名专家组中国分部主席刘保全先生曾经谈到，他和同事们起初以《现代汉语通用字表》为基础，就如何规范我国地名用字拟定了稳妥而理想的工作计划，但推行过程"显得举步维艰"，通过反思终于意识到："对待各具特定含义的古今地名用字不能简单化……实际存在的地名专用字，要比当前《现代汉语通用字表》和现有字典收录的多出不少，应该在语言文字领域给它一个特殊的、固定的位置。"[③] 讨论至此不难看出，实践最终公允地给出如下结论：黄德宽、张书岩等先生提出的需要单独制定人名地名专用字表的主张乃是值得重视的合理化建议。

---

① 黄体军、张继业《姓氏罕见 输入法难找 菏泽二百村民改姓》，2010 年 8 月 14 日青岛新闻网，http://www.qingdaonews.com/gb/content/2010—08/14/content_8457850.htm.

② 申荷永《生僻，意在如何》，2010 年 8 月 19 日，http://xixindao.blog.163.com/blog/static/1631801-8620107272336437/

③ 刘保全《慎重处理地名用字，保护地名文化资源》，中华文史网，http://www.historychina.net/wszl/xlxh/2006—05—09/30019.shtml.

二、人名地名用字的调研和规范

近年来我国语言学界逐步形成以下共识，即学术研究必须坚持"三个充分"的原则。其中"观察充分"被置于首要位置。不言而喻，搞好人名地名用字规范，首先需要通过充分观察，将我国人名地名用字现状搞清楚。过去不具备开展全面调查的条件，有关工作起步较晚，真正启动是在改革开放以后。就人名用字来说，1983 年中国文字改革委员会和山西大学合作，以第三次全国人口普查资料为基础，利用计算机对 174,900 个人名用字进行了抽样统计。统计材料从北京、上海、辽宁、陕西、四川、广东、福建等七省市提取，每处各抽 25,000人左右。统计内容包括姓氏用字、名字用字、单双名以及重名等等。[①] 本世纪初，教育部语言文字应用研究所开展了生僻人名用字调查，具体做法是：以第三次全国人口普查 74 万人名抽样所得 4,663 字为基础，通过与《GB2312 字符集》《GB13000.1 字符集》《GB18030 字符集》以及方正字库的比对，了解其中的生僻字以及生僻层级。[②] 与此同时，我国公安机关以所获 3 万多人名、地名中的罕用字为基础，通过与方正字库的比对，找出未被收入的 4,600 个生僻字，并于2003 年由公安部委托方正集团，为此造字和确定输入法，最终研制出汉字容量高达 32,252 个的新字库，并于 2006 年交付使用。[③] 就地名来说，刘保全先生曾指出，依据 1∶50000 国家基本比例尺地形图，估计地名专用字在 4,000 个左右，如果是在更大比例尺地图上，则可能超过以上数字。[④] 二十多年来，有关专家和部门做了大量工作，但迄今为止，无论语言学界、地名学界还是公安部门对于我国人名地名用字现状，在信息掌握上仍然存在缺口。且看以下三段新闻摘录：

> 铅山县鹅湖镇有个名叫"𬒀石"的行政村……该村村主任董连旺告诉记者，他们的村名从元代建村以来，一直沿用"𬒀石"这个名称……到了上个

---

① 张书岩《现代人名用字面面观——介绍七省市姓氏、人名用字的抽样分析统计》，《语文建设》1985 年第 4 期。

② 张书岩《信息化社会的到来与姓名工作的滞后》，《修辞学习》2005 年第 4 期。

③ 刘妍《公安部将安装新字库程序解决姓名冷僻字问题》，2006 年 7 月 13 日《信息时报》，http∶//news.qq.com/a/20060713/000034.htm.

④ 刘保全《慎重处理地名用字，保护地名文化资源》，中华文史网，http∶//www.historychina.net/wszl/xlxh/2006—05—09/30019.shtml.

世纪九十年代以后，各种证件都是用电脑打印的，村民因村名而遇到的麻烦就越来越多了……因村名惹事太多，村民要求把"门"字里的"丨"去掉，改为"门石"村。村里已于今年4月向公安等部门递呈了更改申请报告，希望尽快得到批准。①

近日，花都市民王先生遇到一件尴尬事。他遗失了身份证，因不能再补办第一代身份证，就申办二代证。办证人员说，他的名字中有一字（金字边加"俞"）是繁体字，电脑打不出来，"不如你换成'瑜'字吧"，王先生当时听了心里很别扭，那是用了26年的名字啊，所有证件都用这名字。"但我急用啊"，王先生苦笑着说，只能改名了。②

（广东）民政厅、省公安厅近期发出通知，要求我省19个含生僻字的地名应予改名。理由是这些生僻字地名不在公安部的GB13000字库中，如不更名，将会造成部分群众长期无法办理第二代居民身份证……这一决定引发了不少争议。赞同的人认为，废除部分生僻字，能起到规范汉字、提高管理效率的作用，反对的人担心，废除这部分汉字，可能会造成文化上的断层。③

事实说明，对于人名地名用字，有关方面还需下更大力气，把调查工作做得更广、更深、更细。在未来的调查过程中，有必要弄清以下数据：（1）我国目前的人名专用字有哪些？有多少？地名专用字有哪些？有多少？（2）目前使用的人名专用字和地名专用字，未被《现代汉语词典》收入的有哪些？有多少？（3）目前使用的人名专用字和地名专用字，涉及繁简关系、异体关系的有哪些？有多少？（4）地名专用字中属于方言字的有哪些？有多少？未被任何通用辞书收入的有哪些？有多少？（5）因为电脑字库限制而被迫废弃或更改的人名专用

---

① 郑大中《门字多一竖　村民直叫苦》，2007年6月13日大江网《江南都市报》，http：//jiangxi.jxnews.com. cn/system/2007/06/13/002499342.shtml.

② 晓航《生僻字起名难办二代身份证　建议最好申请改名》，2005年10月19日金羊网，http：//www.ycwb. com/gb/content/2005—10/19/content_1002473.htm.

③ 栾春晖《粤19生僻字地名要改名引发争论　专家建议对拟废除生僻字应予公示》，2006年8月30日《南方日报》网络版，http://www.southcn.com/news/gdnews/sd/200608030010.htm.

字和地名专用字有哪些？有多少？我们认为，人名专用字和地名专用字属于封闭集，相对非专用的人名地名用字，具有更高的学术价值和实用价值，应作为调查重点。

人名专用字和地名专用字调查主要依靠人口普查和户籍、身份证办理过程中获得的信息，以及主要依靠地图、地方志等文献资料。但仅此还不够。遇到极为生僻且难以把握的人名地名专用字，直接与事主接触，听取说明，征求意见，乃是较为稳妥的做法。此时如果能够注意倾听事主所在地有关专家的建议，那就更为稳妥了。也就是说，不应把调查局限为获取"死材料"的过程，而应把它同时拓展为听取"活意见"的机会。要想搞好语言文字的规范化，首先得搞好学者观念的规范化，我国语文学界，尤其是直接或间接参与人名地名用字规范工作的语言文字研究者，有必要就以下四个问题开展研究并统一认识：（1）语文交际功能与语文其他功能是否存在主次之分，发生冲突如何处理？（2）国家通用语言文字与方言用语用字是否存在主次之分，发生冲突如何处理？（3）大众利益与小众利益是否存在主次之分，发生冲突如何处理？（4）国家语言文字管理权与普通百姓语言权是否存在主次之分，发生冲突如何处理？对此的个人思考另文阐述，这里暂付阙如。

下面拟就人名地名用字规范的具体操作，说说个人认为需要注意的五点。

其一，化整为零，分进合击。前面谈到在人名地名用字规范上我国学界存在"分治"和"合治"两种意见。我们倾向"分治"，即化整为零，将人名地名用字规范作为个案专项治理。这不仅因为人名地名用字属于专用字范畴，更因为在我国目前语文规范工作中人名地名用字乃是最难治理的一块。前面提到的需要加以研究的四个问题，可以说集中反映了我们对其复杂性的认识。经验证明，复杂问题最好单独处理，而不要将它与其他问题搅和在一起，因为那会分散精力以致影响解决效果。"分治"并非一分到底，而是先分后合，这是科学研究的惯例。人名地名用字规范涉及多学科知识，包括文字学、音韵学、方言学、文化学、地理学、历史学等学科的知识。如前文谈到江西"闩石"村被迫改名的事，用于村名的"闩"字电脑字库没收，一般辞书里也找不到，它从哪里冒出来的呢？在《汉语方言大词典》里，我们查到这个字。解释是：闩【閂】chéng〈名〉拴门的柱；竖闩。吴语。江苏太仓。1919《太仓州志》："门之关横曰闩，竖曰～。"浙江丽水 [ty⁵³]。[1]

---

[1] 许宝华、宫田一郎主编《汉语方言大词典》第一卷，中华书局，1999 年，第 906 页。

即此可知，"门"是个方言字，主要流行于吴语区。出现在江西的"门"字无疑来自吴语。以上事例说明，人名地名用字规范必须分进合击，许多问题的处理和解决，需要相关学科提供支持。

　　其二，总结教训，免蹈覆辙。上个世纪五六十年代，为配合汉字简化工作，我国发起更改生僻地名的运动，当时共计更改了 35 个生僻地名。更改后虽然便于认读了，但使得许多地名变得面目全非乃至不可理喻。例如陕西盩厔县，因境内"秦岭逶迤、渭河迂回"，西汉置县时命名的"盩厔"——古时称山曲为"盩"，水曲为"厔"——更名为"周至"，原义尽失。又如陕西醴泉县——因拥有甘甜泉水而得名，"醴"含义之一为甘泉——更名"礼泉"，是说此处为礼节发源地？还是说当地礼节多如泉涌？江西鄱阳县，因设县鄱江北岸而得名——山南水北汉语称之以"阳"，山北水南称之以"阴"——更名为波阳县令人啼笑皆非，因为在其南面并不存在叫做"波江"的水道。而黑龙江的"瑷珲"县被更名为"爱辉"，从历史学角度讲则近乎荒唐。众所周知，1858 年沙俄趁火打劫，乘大清国被攻占广州的英法联军搞得焦头烂额之际，软硬兼施，强迫黑龙江将军奕山与之签订了丧权辱国的不平等条约，即所谓"中俄瑷珲条约"。该条约使中国丢掉黑龙江以北、外兴安岭以南（即外东北）约 60 多万平方公里疆土，具有爱国之心的中国人至今为之痛惜为之扼腕。"瑷珲"这地名因与前述惨痛历史紧密联系，早已深深镌刻在广大国人心田中。即便有人不了解也应当让他们知道，无论怎么说都不应让"瑷珲"二字从今人视野和意识中消失。这不仅因为"瑷珲"二字具有警钟意义，更因为忘记民族落后挨打史即意味着浅薄，意味着麻木，意味着背叛！刘保全先生痛心地认为：这次更名"留下难以挽回的遗憾"。[①]有位当事人后来声称，此次更名"不是从上而下更改的，而是从下而上更改的。群众早已这样做了，然后政府加以认可"。这说法有违事实，实际上前述更名运动是由政府部门发起的。1958 年 10 月 17 日，当时的文改会向我国部分省、市、县发文，建议对生僻地名加以更改。文中提及的需要更改的生僻地名多达 81 处，包括将"邯郸"改为"含丹"，"蓟县"改为"季县"，"临沂"改为"临仪"，"歙县"改为"社县"，"亳县"改为"博县"，"上虞"改为"上于"，"建瓯"改为"建欧"，"渑池"改为"敏池"，"秭归"改为"姊归"，"婺源"改为"务源"，"深圳"改为"深镇"，"东莞"改为"东

---

① 刘保全《慎重处理地名用字，保护地名文化资源》，中华文史网，http：//www.historychina.net/wszl/
　　xlxh/2006—05—09/30019.shtml.

馆"，"涪陵"改为"浮陵"，等等。① 如果不是文革突然爆发使得更名运动被迫中止，我国诸多重要历史名址将遭遇空前文化劫难。令人费解的是，不久前竟有文字学家为此喝彩。究其原委乃因为当年更名运动发起者是将"文字更容易学习，更便于使用"作为更名宗旨，而喝彩者认为此乃汉字前进方向。这不能不让人忧虑，我们是否会重蹈覆辙。当然，二次翻车不会翻在对"门石"之类生僻地名的更改上，因为文革灾难唤醒了民众，使他们对前述更名运动有所反思。1982年，文改会再次向部分地方政府提出更名建议，遭到一致拒绝。② 那么，再次翻车可能翻在哪里呢？我们担心将翻在对"门石"之类生僻地名的更动上，易言之，翻在对方言字构成的生僻地名的改造上。所以有此担心，主要因为我们注意到，有的文字研究者把"生僻的方言字"视为"赘疣"，主张"作一次性精简"，以完成"未来的理想汉字"的建设。③ 如果有此想法的学者不是一个而是一批，可以肯定二次翻车将势在必然。我们应避免悲剧的再次发生。

其三，统筹兼顾，力戒片面。在过去相当长的一段时间里，我们有些学者对普通话与方言关系的认识存在误区，他们总是把后者视为前者的破坏因素。在通用汉字与方言汉字关系的认识上，他们亦存在类似误区，总是把方言汉字的存在视为推广通用汉字的绊脚石。在从事地名规范工作时，因为抱有上述成见，对于地名中的方言字耿耿于怀，必欲除之而后快。他们似乎从来没有从正面思考过，地方老百姓何以要用方言字记录地名，用方言字记录的地名是否值得珍惜。关于前者通常都是认为，过去地方老百姓只会说方言，自然总是用方言去表现地名，继而用方言字去记录方言地名。其实并非全然如此。李如龙先生指出，各方言区都有自己独特的地理特征，共同语缺乏反映前述特征的语词，为准确表现家乡的地形地貌，人们创造了别有特色的方言地名以及相应的方言字。④ 根据前人以及笔者研究，地名方言字具有多方面价值：a. 文化学价值（通过"门"字的结构方式可以看出江浙民居的关门方式）；b. 地理学价值（流行于粤语区的地名方言字"氹""氹"反映了当地命名时的地貌）；c. 经济学价值（"埕"指饲养蛏类的养殖

① 中国文字改革委员会《文改会向部分省、市、县发出"更改一部分生僻地名字的建议"》，《文字改革》1958 年第 15 期。

② 王均主编《当代中国的文字改革》，当代中国出版社，1995 年，第 84—85 页。

③ 廖才高《未来的理想汉字》，《中南林业科技大学学报》2007 年第 1 期。

④ 李如龙《汉语地名学论稿》，上海教育出版社，1998 年，第 68 页。

场，在福建和广东沿海早已用开，由此可知人工培育蛏类乃是当地传统谋生方式）；d. 人口学价值（江浙的"门"字出现在江西，很可能源于人口迁徙）；e. 民族学价值（大量出现于粤东闽语区的地名方言字"寮"与瑶族有关。瑶人把竹木茅草搭成房屋，称"打寮"）；[1]f. 社会学价值（"很多早年出国的老华侨只知道这些生僻字"，它是维系海外华人与大陆同胞深厚乡情的重要纽带）；[2]g. 文字学价值（东南沿海以"步"或"埗"表示码头，上述二字乃"埠"的初文和异体）；h. 音韵学价值（闽语区不少地名方言字反映了汉语语音发展的不同历史层次甚至反映了语音上的民族融合关系）；i. 方言学价值（某些地名方言字可以作为方言分区的标志）；j. 生态语言学价值（"塝""厍""埕""氹""堖""垵""墩""畚""碇""畈""垱""寮""滘"等地名方言字，已获得多部规范辞书颁发的绿卡或居住证，成为生态语言学考察和论证不同语文变体互补关系的重要根据）。[3]中山大学谭步云先生强烈反对广东省废止 19 个地名方言字。他说："一个汉字即一部文化史，从文化层面上考虑，禁用部分生僻字，必定造成汉文化某些方面的断层。某些字人为地让它消失，实际上就是删除掉若干部文化史。"[4]民政部副部长罗平飞明确指示："对不属于规范汉字范围，但数量较多、带有一定区域性或含义特殊的方言地名"，不要轻易废止，而应"上报国家有关部门，经审音定字后作为标准地名使用"。[5]在地名方言字的规范上，我们要纠正"只见树木，不见树林"的偏向，既重视地名用字的交际功能，又重视地名用字的其他功能，统筹兼顾，把彼此关系协调好。

　　其四，尊重规律，顺其自然。上个世纪五十年代，我国语言学界曾对语言革命论组织过批判，其间大家认识到，语言运行受制于自身惯性，我们无法通过人为干预改变语言运行常态。或许因为时隔多年有些学者忘记了早已明白的道理，在语文规范化过程中，习惯当交警，左右语言运行。这现象同样表现在人名地

---

[1] 林伦伦《粤东闽语区地名的文化内涵》，《汕头大学学报》2002 年第 1 期。

[2] 徐林《广东专家积极建言〈通用规范汉字表〉：汉字"整形"务必慎重 生僻地名应设"字表"》，《南方日报》2009 年 8 月 22 日第 2 版。

[3] 对于规范辞书收入地名方言字学界一直存在批评之声。令人高兴的是，新近颁布的《通用规范汉字表》对前述做法持基本肯定态度，规范辞书收入的地名方言字绝大多数被其纳入规范汉字范畴。

[4] 栾春晖《粤 19 生僻字地名要改名引发争论 专家建议对拟废除生僻字应予公示》，2006 年 8 月 30 日《南方日报》网络版，http://www.southcn.com/news/gdnews/sd/200608030010.htm.

[5] 罗平飞《加强地名理论研究推进地名事业创新发展》，《中国民政》2007 年第 1 期。

名用字规范上。他们似乎没有想到，强行改变人名地名用字，就是强行改变人名地名，就是强行改变语言，这将在一定程度上造成语言混乱。比如，地名大多以"地名群"形式出现，[1] 强迫其核心成分改名，必将导致地名群内部关系紊乱，甚至导致相关地名群彼此关系紊乱。虽然某些人可以凭借证件发放权较为顺利地实现对语言的强行干预，但由此产生的负面效果终将显现，无视规律终将受到规律的惩罚。对于强迫事主改名的做法，境外学者深感诧异，评论时严加指责，乃至出言不逊。[2] 也难怪人家说话太难听，平心而论我们有些做法确实不近情理。《中华人民共和国国家通用语言文字法》规定我国姓名不得使用繁体字，该法 2001 年 1 月正式生效，而花都市王先生起名用到所谓繁体字在此之前，"法律不溯及既往"乃是早为罗马法确立并为当今世界包括我国普遍认同的原则，[3] 怎可根据新颁布的法律绳治既往行为呢？繁体字乃是相对于简化字而言的概念，"鍮"这个字并无简化形式，怎可视为繁体字？如果非要说它属于什么字，也只能称之为传承字。《现代汉语词典》中查不到"鍮"，但《康熙字典》《汉语大字典》等工具书收了（根据注释，该字读 tōu，表示黄铜）。台湾地区出台的《姓名条例》规定：台湾人注册姓名以"'教育部'编订之国语辞典或辞源、辞海、康熙等通用字典中所列有之文字"为根据。[4] 符合前述要求即予办理。显然人家比我们更为务实更多包容性。另外似乎有必要想一想，为什么不少人起名倾向使用生僻字？其实主要还是为了避免出现姓名重合现象。中国人口众多而可以使用的人名用字数量有限，结果导致同姓同名现象极为突出，以致给事主带来不小困扰。他们这样做多为不得已。我们现在已经知道，经济行为调节应当主要依靠商品市场，其实语言行为亦如此，其调节应当主要依靠交际市场。我们不少语言文字研究者往往过高地估计自己的能量，其实真正有能量的乃是各种"市场"。我国"无为而治"主张的形成正是体现了对于"市场"作用的敬畏和尊重。在人名地名用字规范上最好还是顺其自然，如果想要有所作为，那也只是做些辅助工作，例如，可以像

---

① 金祖孟《地名通论》，《新中华》复刊第三卷第四期，1945 年，第 40—41 页。

② 有兴趣者可点击 http://club.kdnet.net/dispbbs.asp; boardid=1&id=1692824。

③ 刘风景《法不溯及既往原则的法治意义》，《新疆师范大学学报》2013 年第 2 期。

④ 找法网，http://china.findlaw.cn/fagui/p_1/154020.html.

日本那样制定人名用字表，引导群众在特定范围内选择名字用字；^①可以设立姓名重合比率查询网，为群众避免姓名撞车提供信息服务；可以在地名用字异形调查整理基础上，帮助地方政府明确地名方言字规范书写形式，等等。用武之地其实很多，不过都是辅助性的，因为无论怎么做都应坚持顺其自然这前提。

其五，上下共治，加强宣传。我国大陆地区的语文规范工作有两大特点，一是所有权力都集中到中央机关，地方政府（自治区除外）几乎没有任何话语权，这是不同于美国的地方；二是重规章轻解释，这是不同于台湾地区的地方。蔡永良先生曾指出："无论是美国建国以后还是 20 世纪以来的语言政策，以美国联邦政府出面制定的十分罕见，而大多数的政策和法规是州政府或政府部门制定的。"^②许长安先生亦曾指出："台湾凡是出台什么规范标准，都配有详细的规则条例和注释说明，使人对该规范标准有个透明的了解。这个做法是值得大陆借鉴的。"^③美国和台湾地区的具体做法可参看有关文章，这里就不多说了。在我看来，美国做法的好处是：它有利发扬民主，调动地方积极性，防止简单化一刀切，同时可以避免把中央机关推到舆论的风口浪尖上。台湾地区做法的优点是：它注意到语文规范不是单纯的学术行为，有关举措涉及千家万户，它更多地属于社会问题；它让民众感到有关专家尊重自己，在推心置腹地与自己商量办事，从而乐于合作，共同把语文规范工作做好。我赞同许先生的意见，应虚心学习别人的好做法。在语文规范化上我们似乎应当改变权力过度集中的现象，适当放权分权。对于生僻地名的利弊得失，基层老百姓感受最为真切，因而其意见最值得重视。在生僻地名处理上，不妨采取三权分立制，即：基层管决策，专家管建议，上级管审批。前面谈到，实践证明对于人名地名用字规范来说"分治"乃是合理选择。但在"合治"意见已为政府采纳且兼为人名地名规范服务的字表业已颁布的情况下，人名地名专用字表估计短时期内难以出台，因而目前阶段，《通用规范汉字表》将是人名地名用字规范的主要国标参考。对于该表在有关方面似应给予必要解释。比如，它所说的"通用汉字表"是否就是廖才高先生所说的现代汉语全字表？如果是的话何以所收汉字大大少于现代汉语实际用字？如果它仍然是

---

① 新近颁布的《通用规范汉字表》收入的生僻字太多，其中有些不宜作为起名基础，制定人名专用字表可以避免人名用字范围的无节制扩大。

② 蔡永良《论美国的语言政策》，《江苏社会科学》2002 年第 5 期。

③ 许长安《台湾的汉字标准化》，见《中国文字研究》第 6 辑，广西教育出版社，2005 年，第 228 页。

在原来意义上使用"通用汉字",亦即所说的"通用汉字"与 1988 年颁布的《现代汉语通用字表》中所谓"通用汉字"并无区别,那么何以在收字范围和收字总量上又大大超越过去?随着客观情况的变化以及学术观念的调整,学界有时会对旧术语作出新解释,像目前的"语法"概念便与过去全然不同,如果今天的"通用汉字"也是这样,它已被赋予新的内涵,那么给出的新定义是什么?我们这些大学教师,讲授现代汉语知识时必须给学生说清楚什么是"通用汉字",可以肯定,以后出版的新教材必定会提及《通用规范汉字表》,届时我们得给学生说清楚,《通用规范汉字表》所谓"通用汉字"指什么,其内涵和外延为什么不同于过去,如果我们这些站讲台的对此一头雾水,始终处于"猜谜"状态,那么碰上学生询问乃至追问也就只好不懂装懂,或者顾左右而言它。有关解释的必要性同样体现在人名地名用字规范过程中。解释也就是宣传,属于不仅让人知其然而且让人知其所以然的宣传。这样的宣传既是为别人也是为自己,因为它有利于自己服务社会的科研成果能够更好地为社会所理解所认同。综上所述,为了搞好人名地名用字规范,我们不仅需要注意发挥中央和地方两个积极性,同时需要不惜口舌把该说的都说到位。

三、结束语

前面论及生僻字与罕用字关系时,我们说"罕用的总是让人感到生僻,让人感到生僻的总是由于罕用"。为什么会罕用呢?因为这部分字跟自己关系不大,以致很少接触乃至从不接触。多数人感到生僻的那些字在有些人看来并不陌生,比如"歙县"的"歙","亳州"("亳县"今称"亳州")的"亳",当地人对它很熟悉,连文盲都知道它是家乡的文字标记,都知道它的准确读音。多数人感到生僻而有些人并不陌生,这正是专用字的特点。在语文规范化过程中,试图让专用字由专变通,消除固有禀性生出他者特征,似乎既不近情理又不近学理。凡事皆有两重性,这道理同样适用于生僻字尤其是地名生僻字。从交际价值角度看,地名生僻字不利于社会交往,甚至成为社交障碍;但从其他价值,如文化学价值、地理学价值等的角度看,文化学家以及其他学家所要发掘的重要信息往往正是蕴含在地名生僻字之中。随着时空条件对于社会交往的限制日益缩小,在交际需要的推动下,不少地名生僻字面临生存危机。从有利社交的立场看,这是令人高兴的事情;从不利文化信息以及其他信息的保存看,这又是令人忧虑的现象。地名生僻字日趋萎缩乃自然之势。在顺其自然的同时，我们似乎有必要像生物学家保护濒危物种，像方言学家保存各地音档那样，适当做些保护或保存工作，如果语文规范研究者心里想的不仅仅是怎样提高语言文字的交际功能，还想着怎样让语言文字的各种价值都得以保护或保存，可以肯定，在兄弟学科同仁眼里，语文规范研究者将不再是"陌路人"和"刑警"，而是"旅伴"和"园丁"。但愿我国的语文规范化，包括人名地名的规范化，在同仁乃至国人意识中，早日成为深得人心深受欢迎的事业。

新時代理想的輸入法
——要快、要易、要優

梁崇烈

澳門説文工作室有限公司

現年 107 歲的語言文字學大師周有光老先生提出使用中文電腦有三種方式：

① 看打：看著已經寫好的文稿來打字；

② 聽打：聽著別人講話打成文字；

③ 想打：一面想，一面打，没有預先寫好的文稿。

除了看打之外，周老先生認爲"拆字編碼"是不方便的，因爲聽的是語言，想的也是語言，不是漢字。他認爲使用"拼音輸入"，可以把想到的語言立即變成拼音，不必考慮漢字如何寫。(見周有光《從"萬碼奔騰"中解放出來》)

周老先生上大學時就開始參加拉丁化新文字運動，這種敢爲天下先的進取精神是值得敬佩的，但正如我中六時也曾幻想過利用康熙部首加注音符號創作新形聲字，及後想來，自然是少年人的異想天開。時間證明，漢字拉丁化表面上和世界接軌，卻違反了中國傳統文化，也忽略了漢語的音素比較簡單這一事實。我一直主張："清晰，是遣詞用字的第一要義。"我的"新形聲字"已經考慮形符和聲符，尚且未能清晰表達思想，是不切實際的胡思亂想，那麼漢字拉丁化，更只靠一千三百多個音節，試圖表達千變萬化的思想感情，就比胡思亂想更胡思亂想了。

或者説，既然口語能表情達意，那麼將語言用拼音文字記錄下來，不是可以發揮"文字是語言的記錄"的作用而同樣表情達意嗎？

首先，文字 (或稱"書面語") 本來就不是語言 (或稱"口頭語") 的記錄。文字和語言的發展，是又分又合糾纏不清的。的確，原始人只有語言而没有文字，有的只是結繩和刻線等簡單記號，到後來才逐漸發展出文字來記錄人的思想，但請注意：是記錄"人的思想"，而不是記錄"人的語言"。由於書寫工具不

發達，例如早期的甲骨文，根本不可能將口語完整地記錄下來。就算後來發明了
紙筆，語和文也一直是分道揚鑣的。有人誤以爲古代的詞是單音節詞，例如只説
"美"，到近現代才演變出雙音節或多音節詞，例如説"美麗"。其實只要稍動腦
筋，設身處地，就知道如果古代只用單音節來表達思想，例如老子如果不是"著
於竹帛"，而搖頭晃腦只用口頭説出"天下皆知美之爲美，斯惡已"，相信連莊子
也未必聽得明白。

實則單音節的只是書面語的文言文，而不可能是口頭語，可見語言和文字從
來就不一致。由於"五四"諸公提倡"國語的文學，文學的國語"，提倡"我手
寫我口"，才令人誤以爲手口一致。遠的不説，就以廣東話爲例，講的話就和寫
的字不一致。

口語可以只憑聲音來表情達意，爲什麼文字就不可用聲音的拼寫來表達？這
還因爲説話有表情和動作輔助，即所謂"身體語言"，但換成白紙黑字，就完全
只靠聲音的記錄。就算拼音系統完美無瑕，能夠百分之百還原説話時的聲音，但
只憑聲音，仍然不可能完全明白原説話人的意思。

那麼爲什麼歐西國家又能夠用拼音字母做文字呢？其實他們不是用純粹的
拼音文字。譬如"顏色"這個意念，英國寫成"colour"，美國寫成"color"，如
果只是用"文字記錄語言"，爲什麼不拼寫成 kula，或採用其他更直接的拼音方
案呢？可見就算是英美也受兩者不同的文化影響，文字也要憑視覺去識別，不能
籠統地用"拼音文字"概括。況且上面提到漢語的音素較簡單，例如"早餐"是
zǎo cān，頂多是聲母、元音、韻尾、聲調等，但 breakfast 是 b 之後有 r，s 之後
有 t，這種複雜的語音結構，就和"以簡馭繁"的漢語不同，所以英文可以是拼
音文字，而中文則不適合用拼音來做文字。

語、文不一致，還可以舉出一些例證。像"一丘之貉"，很多人錯讀成"一
丘之洛"，口語錯了，但不影響"貉"這個概念在人腦海中的形象。如果說雖然
音讀錯了，但這個字的形和音，在説話人，以及有些同樣讀錯或明白其中有錯的
人的心目中，仍然有一一對應的關係，那麼請看另一個例子：我相信在初中這一
個年齡層，認識"挑釁"這個詞的意義的，大概超過一半，但會正確讀出這個詞
的，可能不足一半——不但不能正確讀出，連不正確讀出也不能，因爲根本想象
不出應該讀成什麼！由此可見，口語和文字可以缺一門，而不一定影響意義的了
解。語、文不一致，可爲明證。

我研究中文輸入法，以上説那麼多，只想指出有些人以爲用拼音符號可以不

用學就輸入，將心裏想的"直接"打出來，是"最好"的輸入法，這種觀念是完全錯誤的。

周老先生用拼音的方法，將他的思想記錄下來，他之所以成功，實因他是《漢語拼音方案》的發軔者，拼音自然滾瓜爛熟，但有些地區，像港澳的多數人，一不會普通話，二不會拼音方案，就算懂普通話也不能用字母打出來。可能終有一日，全國人人都掌握此兩種技術，但由於上述語、文不一致，打字仍然不是將聽到的或想到的直接轉化成拼音字母就成。更由於漢語同音字太多，説的話既然不一定能讓人單憑語音就明白，那麼打出來的拼音，通常不標聲調，比讀出來更不如，就算開發"人工智能"，也不要期望電腦能命中你心中所想的意思。

港澳多年前有一個賣手錶的廣告，其中最精彩的兩句是："梅係梅花個梅，花係梅花個花。"雖然廣告只是要"嘩眾取寵"，但亦足以發人深省：中文的同音字太多，要讓人確切明白，有時要特別加以解釋。可是，當我們用拼音輸入時，怎可能每字都注明"mei 是 meili 的 mei，li 是 meili 的 li"呢？結果就是，當我們打完一行、一段，或一篇後，電腦雖然開足馬力，很多字詞仍然"猜想"不透作者想説什麼，文章錯誤太多，不可卒讀！作者在打完字後，要回過頭來逐個捉，無論是"看打""聽打""想打"，效率都一定高不到哪裏去。

輸入法要輸入的既然是文字，不是語音，那麼用形來編碼的輸入法，才是最直接的輸入法，和周老先生提到的剛剛相反。

怎樣才是新時代理想的輸入法呢？要快：在資訊爆炸的時代，電腦要快，人要快，輸入也要快，要快到每分鐘100個字，才能與英文輸入相頡頏。要易：要很容易學，但如果要求輸入效率高，不能只打拼音，就不同時要求"不用學就會"或"三分鐘學識"，大概一兩個小時或多至五六個小時可以學識，已很了不起，因爲幾個鐘頭的學習，比起幾十個年頭的應用，真是微不足道！易，還表現在打起來很輕易，輕描淡寫，好像不須用力一樣，輕輕點幾下就輸出很長一大段字，不會弄到手指勞損，眼花繚亂。易，更要進一步幫助你很容易思想，"我想驅我手，我手打我想"，打字和思想同步，想什麼打什麼，打什麼有什麼，不用將精神抽離到逐個字分析筆畫上面去旁生枝節，而是讓思想像水一樣奔流暢達，像雲一樣輕舒漫捲。要優：最低要求是不打錯別字，要確切表情達意，最好還有助提高文藝水平，讓人讚羨！

一般來説，要同時滿足三個要求是不可能的任務，因爲互相矛盾：要快就要設定特殊規則，增加學習困難；要易就像拼音輸入法般，要回頭執漏，快極有限；

又快又易了，但亂搞一通，又怎可能優？我的解決方法是用詞組輸入，而且要準備數十萬個詞組，才能無所不包——萬一有所不包，就要加入人工智能，使用户心想輸入的詞組而詞組庫付之闕如的，可以自動加入。

上面提到“一丘之貉”，如果你讀錯音，用拼音所謂“較直接”的輸入法，你就打不出來，但説文以形爲基準，四字詞只打四碼 1fzd ，又快又易，又不會打錯別字，三者兼顧。相反，如果你知道“貉”的讀音，但是不會寫，不能從字形想到它的編碼，你也可以打出 he2-（國語）或 hok=（粵語），從中找到“貉”字。又如“挑釁”，不識讀也可以憑字形打出 jyfu 四碼，如果既不識讀又不能確切地寫出，也没問題，可以打 {jy}? ，表明“挑”的編碼，就可以在列出的兩字詞中找到“挑釁”。同樣，“一丘之貉”也可用 1fz? 找到。

我經過十多年的努力，成功造出兼顧快、易、優的中文輸入系統，自問是我所認識的最好的中文輸入系統。爲了向國内同胞作出微末貢獻，除繁體中文版之外，亦增加簡體中文版，萬望各位前輩學者評價指教！

（修訂自《我手打我想：説文輸入系統簡介及入門指導》自序）

中文鸟名审定中的汉字应用问题

侯笑如

中华书局

中文鸟名的审定涉及包括生物学、鸟类学、汉字学基础理论、汉语言文字应用理论等综合学科，跨学科相关概念和理论的应用在中文鸟名审定中需要综合衡量，既要考虑自然科学、生物学、物种学理论的国际化交流问题，同时也要遵循汉字应用与发展规律。目前，环境保护工作的广泛开展、中小学环境教育及大众环境教育的普及工作中，常常涉及鸟类保护与鸟种中文名的字形、字音问题，中文鸟名的科学审定对于科学普及工作意义重大，它同时面对的是学术研究和大众传播两个方面的受众。

大陆具有权威性的科技名词审定委员会的审定工作并未将物种名称列入审定范围之内，包括植物、动物、微生物等物种的名称在学术交流和大众科普工作中存在一种多名、字形不一、读音不同的问题，两岸的物种名称也存在不少差异，以大陆和台湾中文鸟名的差异来看，有 60% 至 70% 的鸟种名称是不同的，有的只是字形不同，有的是读音不同，差异最大的是科名归类不同，种名的差异直接带来的问题是两岸自然科学交流的障碍，随着两岸观鸟活动的普及与开展，在两岸民间交流活动中也出现了障碍。中文鸟名的审定、两岸四地名称对照表的制定工作亟待开展。

中文鸟名应用中面临的问题

在世界截止 2002 年发现的 9755 种鸟类（中国境内鸟种 1420 种）名称中，有按林奈"二名法"命名的拉丁文科学名、中文名、英文名等。鸟类中文名最初定名是依据二名法原则，同时延用了中国历史典籍中出现的鸟名用字，凡是可以考证相关特征，能与现代鸟类分类学中所指鸟种对应的，都延用了相关鸟类的历史名称，如鸲、鸤、鹡鸰、鹝、鹍、鹏鹏、膡、鹬、鸽等。北京师范大学鸟类学家郑作新教授的《世界鸟类名称》（2002）、郑光美教授主编的《世界鸟类分类与分布名录》（2002）《中国鸟类分类与分布名录》（第2版，2011）、英国鸟类学者约翰·马敬能等编著的《中国鸟类野外手册》（2000）中对这近一万个鸟种的中文名予以了较为清晰的确定和梳理，代表了目前中国鸟类学界鸟种定名的学术成果。但在这几种专著中从名词审定的角度来看，存在以下问题：

一、个别鸟名的中文名用字字形存在不统一的地方；

二、生僻字读音的问题在这几部专著中基本没有涉及到，《中国鸟类野外手册》的正文部分虽然标注了中文名的读音，但是存在汉语拼音标注不规范的问题，如全部中文名均未标声调、大小写标注不规范、连写规则不统一等问题；

三、几种专著所指鸟种因各自所遵循的命名系统稍有差异，所以个别鸟种名称存在需要统一所指的问题；

四、由于中文名还涉及到中国大陆、台湾、香港、澳门等地的地域差异，需要做地区鸟种名称对照，以便统一所指。

以上问题需要从鸟类学专业角度、语言学角度、汉语音韵学角度、汉字基础理论角度统合考察，方能完成相对统一的有关鸟种中文名的科学审定工作。

以"鹝""鹡""鹍"几个字在中文鸟名用字中的审定为例，我们可以大致确定一个有关中文鸟名用字的审定原则。

与"鹝"字有关的鸟种名包括"大麻鹝""黄（斑）苇鹝""紫背苇鹝""栗苇鹝""栗（头）鹝""小苇鹝""海南鹝""黑冠鹝""黑（苇）鹝"，世界其他国家和地区目前发现的"鹝"还有"林鹝""纹背苇鹝""姬苇鹝""蓝苇鹝""大嘴麻鹝""美洲麻鹝""褐麻鹝"等7种，分别分布在非洲、美洲、大洋洲及太平洋诸岛等地。这16种属于鹭科的"鹝"之所以中文名使用这样一个非常见常用字，是延用了中国古代典籍中对同类鸟种的命名用字，同时也反映了中国人对该类鸟种的认识历史和文化积淀。在中国的字书和类书中对这个字的解释涉及到鸟的，所指是两种：鵁鶄和雝渠（鹡鸰）。《说文解字》说："鹝，鵁鶄也。从鸟开声。古贤切。"《尔雅·释鸟》郭璞注："鹝，鵁鶄。似凫，高足，毛冠。"这两部典籍的描述清楚地说明了"鹝"字所指为鹭科鸟，说明这个字古今释义在这一点上没有太大出入，所指都是腿长长、脖子挺挺的涉禽，繁殖季节到来时，这种鸟会有长长的冠羽（所谓"毛冠"），非常漂亮。产生歧义的地方在指鹭科鸟时的读音，有

jiān（经天切，《集韵》）和 yán（倪坚切或五坚切，《广韵》和《集韵》）两读，究竟读哪个音是对的呢？

"鳽"的反切与 jiān 和 yán 两音有关的是 3 组：五坚切、古贤切、经天切。作为一个"从鸟开声"的形声字，鳽应从"开"字取声。之所以出现两读的情况，问题也就出现在这个"开"字的读音上。"开"古音读 gān（古贤切）。由"开"取声的字，读音多有转移、变化。清代经学家段玉裁在《说文解字注》中有一段话说得非常清楚，也正是在这段话里，"鳽"字在鸟名义项下定音为 yán，今读 yán 和 jiān 两音的音韵学依据。

> 用开为声之字音读多岐。如汧、麉、鳽、研、妍、雅，在先韵。音之近是者也。如幵、刑、形、邢、鈃，入清青韵。此转移之远者也。如鈃、枅，入齐韵。此转移更远者也。开从二干。古音仍读如干。何以证之。籀文桨读若刊。小篆作栞。然则干开同音可知。荆罚字本从井。刑剄字从开。画然异字异音。今则绝，不知有从井之字。以刑代荆。音义两失。而凡刑声幵声之字尽失古音。得吾说存之。而后大略可证。

在段玉裁这段论述中，首先用"异文"的方法读"鳽"为 yán，在引文中，将"汧、麉、鳽、研、妍、雅"6 个字放在一起，表示同一种读音情况，说明这6 个字是同音字，读音相同；其次阐述了以"开"取声的字读音相异的情况较多，较为复杂，读 yán 音属于与"开"字读音相近的情况，读 xíng 音属于读音与"开"相去甚远的情况，读 jī 音则属于相去更远的情况了；后面讲的则是从"开"取声的字因为"开"字本身古音与今音不同，音、义在转移过程中的变化较大，古音、原义在转变过程中销损严重，甚至看不到原本的模样了，这也造成从"开"取声的字在今读中变化多端，产生歧音、歧义的现象。

jiān 音来自《汉语大字典》等工具书或在线字典，《汉语大字典》"鳽"条指鹭科鸟义项时未收 yán 音，而只收了 jiān 音，通行的《新华字典》和《现代汉语词典》又查不到这个字，加上目前中文输入法中，多数字的读音依从《汉语大字典》，输 y-a-n 打不出"鳽"字来，而在全拼输入时，输 j-i-a-n 则可以打得出来，所以就确定这个字不应读 yán，而读 jiān。读音失收，还有义项失收、字形失收的问题是历代字书、现代字典编撰中一个常见的情况，不同的工具书在编撰过程中会依据自身设定的编撰理念、编写规则，将一部分不常见、不常用、不属于自己工具书收录范围的字形、字义、字音排除在外，同时还有的工具书因编辑者个人的好恶，看问题或使用语料的方法、态度的不同，也会产生失收、歧音、歧义等情况。

在专业名词审音中有一条重要原则，就是对日常语言现象的尊重，对一些特殊字，定音时应尊重专业使用者或大多数使用者的习惯，也就是约定俗成的原则。笔者曾征求过国家科学技术名词审定委员会的意见，他们的意见是，对于这样一个在鸟类学研究和应用领域的专有用字，在国家标准没有出台前，"鹇"的读音应多听取鸟类学界专业人士的意见，既然鸟类学界现在多读此字为 yán，定音从 yán 也是有审音依据的。

综合以上内容，"鹇"无论从汉字音韵学角度，还是从现代审音依据的原则来说，读 yán 并不为错。应该说这个字在指鹇科鸟时，读 yán 或 jiān 都是可以的，审音时当定为可以两读的音。尊重鸟类学界专业人士的意见并依从长期以来约定俗成的读音，读 yán 更为恰当。故在修订《北京常见野鸟图鉴》（北京出版集团，2013）时，将"鹇"定音为 yán。

关于"鹇"字左边取声的字形"开"，有必要再多说几句。"开"旧字形应该是两个干字并构而成，起笔应是 丿，中间断开，是一个左右结构的字，在《通用规范汉字表》《新华字典》《现代汉语词典》《现代汉语通用字型》里，这个字的新字形变成了"开"。所以在正式出版物中，这个字左半部可以写成"开"。这个字在 2013 年公布的《通用规范汉字表》里没有收入，属于表外字，可以不做类推简化，右半部的"鸟"可以写做繁体的"鳥"，写成"鹇"是符合相关规范要求的，在排印时没有必要再去重新造字。

另一个字是"鹡"。鹡鸰，中国境内常见白鹡鸰、灰鹡鸰、黄鹡鸰、黄头鹡鸰、山鹡鸰等。《通用规范汉字表》《现代汉语词典》定音为 jílíng。

从汉字发展的角度来说，这两个字形属于后起字，中国最早的字书《说文解字》（成书于东汉和帝永元十二年到安帝建光元年，公元 100 年至 121 年）并未收这两个字，两个字连用，义表鸟名，与之相关的，最早字形用的是"脊令"，再早些的，是约成书于战国时代的《尔雅》，记"脊令"为"鶺鸰"。

关于"鹡"的读音，我们现在有时习惯读为三声，但规范读音应为二声，这和另一个鸟名"黑喉石鹡"的"鹡"字有些关系。最早的类书（类似于今天的百科全书）《尔雅》记为"鶺鸰"："鶺鸰，雝渠。"宋代郑樵注：雀属也，长尾，背上青灰色，腹白，颈下黑，飞则鸣，行则摇。从《尔雅》及其郑注的描述来看，"鶺鸰"也就是现代鸟类学中说的"白鹡鸰（*Motacilla alba*）"。宋代的《集韵》

收鹛字，有"或作鹡"一说，说明在唐代人见到的典籍中，这两个字可以互相借用，读音应相同，据这些字书、韵书的记载，现代音韵学定音时则将其规范读音定为jī。但在现代鸟类学中"鹛"和"鹡"代指的鸟种则分属不同科，鹛、石鹛、林鹛等属鸫科，鹡鸰则单成一科。

"鹛（jī）"常误作"鹍"，后者是另一个鸟种的古名用字。1936年中华书局版《辞海》："鹍鹎，鸟名，戴胜也。"《尔雅》中也有相同记载。戴胜单为一科，中国典籍中古名称鹍鹎（bīfú），"鹍"还有一个字形，左边或作"皀"，现代印刷作"鹍"。所以在做名词审定时，"黑喉石鹛"不应用"鹍"字，并且按照《通用规范汉字表》的规定，表外字"鹛"不再类推。

陆玑注《尔雅》中的"鹛鸰"一词："大如鸒雀，长脚长尾尖喙，背上青赤色，腹下白，颈下黑如连钱。故杜阳人谓之连钱是也。""连钱"指两个相连在一起，铸造后未凿开的铜钱钱币，用它形容白鹡鸰的那片黑色兜肚，还是有几分神似的。1936年中华书局版《辞海》："鹡鸰，动物名，亦作鹛鸰，脊鸰，脊令，属鸟类鸣禽类，体长五寸余，头黑，前额纯白，背黑色，腹下白，翼尾均长，飞行为波状，静止时常低昂其尾，巢营水滨石隙间，食昆虫，有雝渠、精列、鹳等异名。"这应该是前人对鹡鸰这个鸟种比较全面的描述了。

《诗经·小雅·常棣》："脊令在原，兄弟急难。"到了约四百年后的南朝梁，萧统（501—531）编《文选》，集先秦至南朝梁间130位作者的514篇各类作品于一书，那时编辑的诗文集中，则有了带鸟旁的"鹡鸰"二字。《文选》中东方朔的《答客难》有"譬若鹡鸰，飞且鸣矣"，晋袁宏《三国名臣序赞》有"岂无鹡鸰，固慎名器"，南朝梁刘孝绰《校书秘书省对雪咏怀》有"鹡鸰摇羽至，鹣鹩拂翅归"。不过，在历代典籍里，"脊令"和"鹡鸰"仍有同时并用的情况，所以，在集大成的《康熙字典》里，这两个词形都有立目，并标明了互见关系。近代出版的《中华大字典》《辞海》也作了同样的处理，直到现代鸟类学以"鹡鸰"定名 *Motacilla alba*，《现代汉语词典》、上海辞书出版社《辞海》等则仅收"鹡鸰"，这说明在现代语言生境中，"脊令"已经退出语用，不再使用了。

故而在名词审定中，拉丁学名为 *Motacilla alba* 的同属鸟种的中文名都用"鹡鸰"二字，定音参照《通用规范汉字字典》《现代汉语词典》读音，定音为 jílíng。

中文鸟名出版物中定形、定音的原则

就以上相关字形、字音的审定来看，笔者以为，有关鸟种中文名称中汉字应用的问题，应遵循以下原则，提请学界讨论。

1. 各鸟种中文名读音应参照国家语委颁布施行的《汉语拼音方案》《汉语拼音正词法基本规则》《通用规范汉字表》中的相关规定标注；

2. 各鸟种中文名字形应依据《通用规范汉字表》《通用规范汉字字典》（2013年第1版）、《新华字典》（2011年第11版）、《现代汉语词典》（2012年第6版）确定；

3.《通用规范汉字表》《通用规范汉字字典》（2013年第1版）、《新华字典》（2011年第11版）、《现代汉语词典》（2012年第6版）中未收字的字形确定，应依次参考《世界鸟类分类与分布》（郑光美，2002）、《中国鸟类分类与分布》（郑光美，2011，第2版）、《中国鸟类野外手册》（马敬能，2011年，第1版第3次印刷）、《汉语大字典》（四川辞书出版社，2010，第2版）、《辞海》（2009，上海辞书出版社）、《辞源》（1979，修订本）、《中华字海》（1994）、《辞海》（1987，第2版，中华书局）、《中华大字典》（1981，第1版第3次印刷）中的字形、读音；

4. 上述国家规范、工具书中均未有收录或专业领域应用中有特殊读音的字，应尊重专业领域相关字读音及俗音的语用实践，专业领域约定俗成的读音，并有历史典籍，如字书、韵书等的佐证，证明历史上曾有的读音，应作为首先参照的依据；

5. 个别鸟名用字读音或用字有歧义的，在尊重汉字基本理论的前提下，参考实际应用情况，可酌情提出另读音，另读音以括号标注，如大麻鳽 DàMáyán（jiān），则 jiān 为另读，此为可两读字。

有关中文鸟名的汉字应用主要在鸟类学研究、环境保护、野生动植物保护、出版印刷、海内外交流、中小学教育、大众科普等领域，涉及专业和非专业的广大范围。随着经济活动的不断延展和国际交流的不断深入，使鸟类名称的应用领域不断扩大，中文鸟名用字的字形及读音审定工作的实际意义颇为重大，需要引起学界和管理部门的高度重视，而审定工作确定必要的原则是首要的，笔者仅提出以上五项原则，愿就教于大方。

两岸四地中文鸟名的差异及对照表的制定

中文鸟名由于历史及地域原因，在两岸四地的鸟名汉字应用中存在差异。其中大陆和台湾的差异较大，与香港的差异不大，主要表现在种名用字上的不同。澳门的鸟名用字与香港基本一致。以部分台湾鸟名和大陆鸟名的差异对照为例，除了繁体字、简体字的应用外，不少鸟名的科名都有差异，示例如下：

《台湾鸟类志》	《中国鸟类分类与分布名录》	学名
大麻鷺	大麻鳽	*Botaurus stellaris*
黄小鷺	黄苇鳽	*Ixobrychus sinensis*
秋小鷺	紫背苇鳽	*Ixobrychus eurhythmus*
栗小鷺	栗苇鳽	*Ixobrychus cinnamomeus*
黄頸黑鷺	黑鳽	*Ixobrychus flavicollis*
黑背白腹穴鳥	钩嘴圆尾鹱	*Pterodroma rostrata*
白腹穴鳥	点嘴圆尾鹱	*Pterodroma hypoleuca*
穴鳥	纯褐鹱	*Bulweria bulwerii*
小辮鴴	凤头麦鸡	*Vanellus vanellus*
跳鴴	灰头麦鸡	*Vanellus cinereus*
五色鳥	黑眉拟啄木鸟	*Megalaima nuchalis*
地啄木	蚁䴕	*Jynx torquilla*
小啄木	星头啄木鸟	*Dendrocopos canicapillus*
粉紅鸚嘴	棕头鸦雀	*Paradoxornis webbianus*

从以上示例可以看出，其中的用字差异，不核对拉丁学名就无法确定是哪一种，甚至归类都难以一时确定。在交流中这种差异给传播者和研究者造成了障碍，尤其一些生僻字的出现也使受众容易产生疑惑，读音和字形都会产生一定的识别障碍，在相关出版物中，有类似情况出现时，需要设计方便而有针对性的对照图表，以便查核和确定。

参考文献

1.《通用规范汉字表》，中华人民共和国国务院，2013.6

2.《〈通用规范汉字表〉解读》，教育部语言文字信息管理司组编，商务印书馆

3.《现代汉语词典》第 6 版，2012.6，商务印书馆

4.《新华字典》第 11 版，2011.6，商务印书馆

5.《汉语大字典》第 2 版，2011.4，四川辞书出版社

6.《中国鸟类野外手册》约翰·马敬能等，2011 年第 1 版第 3 次印刷，湖南教育出版社

7.《辞海》，2009，上海辞书出版社

8.《中国鸟类分类与分布名录》郑光美，第 2 版，2011，科学出版社

9.《世界鸟类名称》郑作新，2002，科学出版社

10.《世界鸟类分类与分布名录》郑光美，2002，科学出版社

11.《中华字海》，1994，中华书局、中国友谊出版公司

12.《辞海》，1987，中华书局

13.《中华大字典》，1981，中华书局

14.《台湾鸟类志》，刘小如等

15.《香港及华南鸟类图鉴》，香港观鸟会

16.《澳门鸟类》，澳门民政总署

繁简并用 相映成辉 **研讨会总结发言**

把相互尊重、和諧共處的精神發揚開去

程祥徽

澳門語言學會

我們這個會開得非常成功，原因是大師們來到這兒，給小城帶來了光榮。澳門語言學會非常感謝各位的大力支持。這個會原來籌劃只有三十來人參加，因爲對會議主題反應太熱烈，最後參會的有六十多位，就是説增加了一倍。這是件好事。

但是這樣也帶來了不足，最嚴重的不足是我們人手有限、條件有限，服務不夠；第二個不足是影響了各位代表的發言時間。昨天一整天各位學者都是搶著發言的，好多是被"命令"停止的。對這一點，我感到非常不安。還有一點是，我們是一個民間社團，説句現醜的話，民間社團最重要的特點就是"没錢"，各位住房、吃飯、交通甚至租借會場都是要用錢的。今天這個會場原來是酒樓用來擺餐桌的，隔開了給我們用，也是要收費的。但是這些都没影響我們會議的質量，這是各位對會議的支持，我們非常感激。説個笑話，如果我們的會員有一位李嘉誠先生，那就解決問題了，可惜没有。

我們這個會好在什麼地方呢？好在我們討論的是"兩岸漢字使用情况"，這個命題完全中立，完全没有偏向。會議横幅上面寫的是繁體，下面用的是簡體，繁簡並用。我們真的希望做到如王寧老師説的那樣："澳門是個和事佬，兩岸之間的和事佬。"王寧教授後來又補了一句："你在開幕詞中説澳門是繁簡漢字的展覽廳，'和事佬'加'展覽廳'，這就是澳門。"

有教授學者提出這個會繼續開下去，因爲要説的話還很多，需要不斷交流。比如我們一直説"簡化"，爲什麼没人説"繁化"？因爲"化"是個動詞，是把繁"化"成了簡，没人把簡化爲繁。繁簡只是筆畫多少的問題，没有其他方面的含義。繁體有多個説法：正體字、規範字、標準字、傳承字，還有國字、法定字，太多了，這些叫法都很難取得和諧的效果。爲什麼只叫"繁體"呢？因爲你説你是正字，那我就是邪字；你説你標準，那我就不合標準；你説你傳承，那我就背離；你説你是法定的，那我就違法了？所以現在大多數人用"繁體字""簡化字"這兩個名稱。

會上很多朋友提到我那本小書《繁簡由之》，我非常激動。《繁簡由之》是我三十年前在香港的時候寫的。當時香港三聯書店的總經理蕭滋先生説，三聯賣大陸簡化字寫的書，你寫個介紹簡化字的書讓我們多推銷一些吧。《繁簡由之》就這樣寫出來了。没想到書剛寫出來就受到攻擊，有一位報紙專欄作家説"共產黨没來，這簡體字倒來了"；有本刊物的社論説"簡化字是共產字，共產黨哪天垮臺，這共產字就完了"。經過了這麽些年，可以説是經歷了"風風雨雨"，現在情況改變了。我非常高興。

本次研討會提供給大家的論文集扉頁説了兩句話：繁簡並用，相映成輝。我覺得這就是這次研討會的主題。若要把這兩句話化爲現實，就必須承認繁簡兩體都是中國人民的創造，都是我們民族的寶貴財富，都應當得到尊重和珍惜。希望這樣的研討會繼續開下去，把繁簡問題上的相互尊重、和諧共處的精神發揚開去。

汉字为缘聚濠江 "四美"俱全情难忘

江蓝生

中国社会科学院

我觉得这个会开得非常好，正如王老师说的，这个会实际是有设计的。它有组织，组织了两岸汉字使用的调查，这个调查有统一的问卷，这样就保证了这个会能够获得一个阶段性成果。

另外一个就是到会的先生都很好地准备了自己的论文，都各有自己的观点。我们在这一天半的时间里能够获得这么丰富的信息是非常不容易的。香港的情况，澳门的情况，台湾的情况，特别是大陆，连西北的情况我们都听到了，海南的情况也听到了，这一天半多够本儿呀。我们回去还拿到了论文集，如果你对哪篇感兴趣还可以继续地研究，所以我觉得这个会开得非常好。

在讨论的时候，我觉得相当和谐，相反火药味还不够。因为实际上我们的认识还是有差距的，既然有差距就应该充分表达出来，都不是针对某个人或某个地区，我们是就汉字说汉字，所以我认为交锋还不够。刚才我说了，不应该有"如果"，其实我的论文核心就是"如果"，我原来的题目叫做《如果可以重来，关于简化字的一些构想》，因为发言时间很短，不能详细地讲，我的论文里讲了。

我觉得简化字是有很大的改进余地的。首先，就是需不需要这么多的简化字的问题，我认为把它控制在300多一点就差不多了。再一个就是我们对系统性考虑得不够，片面追求减少笔画减少字数，这就造成了区别性不够，这些都是可以改进的。我把2235个简化字逐一审视了一遍，最后我说，如果可以重来，要修订哪些，但是这不过是学者之言，谁听你的"如果"呀？我想，真的有这么个机会的话就好了，但是历史就是这样，它过去了就是过去了，我们今天只能面对这个现实。

我们不是说要讲民主化吗，如果在大陆一人一票投票，繁体字是不可能恢复的，就是在文字学家当中投票，繁体字也是不可能恢复的。王宁先生他们制定

《通用规范汉字表》，当初我就是积极主张要多恢复一些繁体字的人，但是和者寥寥，最后就是现在这个样子，所以说是不容易的，我们都要面对现实。

我尽管说了不应该说"如果"，但我就是个"如果派"，很不好意思。另外，大家总觉得好像这些年要求恢复繁体字的呼声非常强烈，其实我们仔细分析一下，全国政协提出有关这方面提案的没有一个是搞教育的，没有一个是语言文字学家。

还有 2013 年我和一位主张恢复繁体字的同志在《人民日报》强国论坛上当面对谈过，发现他根本不懂得文字学。所以不要以为那么多人呼吁，这只是一种感觉。还有个笑话：一个著名的男歌唱家，他也主张恢复繁体字。他讲了一个证据，就是前进的"进"，繁体字这边有个"隹"字，简体字是水井的"井"，他说这个简体字就是向前进，一下掉到井里去了，所以不好；而他又把"隹"字念成了才子佳人的"佳"了，说向前进，渐入佳境。你想想，我们根据这些意见来恢复繁体字那不是很荒唐吗？所以，我们不要看表面现象。

我对我们两岸用字的前景也是乐观的，只要我们加强文化的交流，思想感情的交流，用字不是问题。而且我认为对岸的人学简体字、我们这边的学繁体字小菜一碟，对于中学生来说，用一个学期时间一定会学得好好的，一点问题没有，我非常乐观。

我们算是个客人了，在这个闭幕式上我想代表来自内地的、香港的、台湾的学者们对于我们的东道主澳门语言学会会长程祥徽先生和全体会员表示衷心的感谢。我觉得我们的会是"四美聚"，一个是美文，好的文章好的论文；第二是有美友，有那么好的新朋老友；第三是美食，我们每餐吃得多么精致多么有味啊。最后，今天下午大家还要去参观美景。

黄翙老师的团队为了筹备这个会花费了大量的时间和精力，使我们得以享受；程祥徽先生说我们是伟大文明的主人，让我们这些伟大文明的主人向这次会议的东道主表示我们由衷的感谢！

求大同存小異

馮勝利

香港中文大學

我覺得這是一個非常非常難得的機會，而且收穫很大，有幾個方面。

第一方面談談自己的體會，在國外教了二十幾年的中文，跟大家談點教學的問題。在我發言的時候談過，臺灣的家長説你不教繁體字我不讓孩子學，大陸的家長説你教繁體字我也不讓孩子學，這反映的是什麼問題，這不是説簡繁的問題，書寫難易的問題，也不是孩子習得的問題，這是個什麼問題？我想這是個繁簡後面的不是我們今天會議的問題的一個問題。

我們今天會議得到共識的是漢字是我們民族的，你怎麼説都不過分。原因就是你要在歐洲找出幾個國家共同的語言文字是不可能的，所以秦始皇統一中國的一個巨大的功勞就是統一了漢字。有人説咱們講拼音吧，讓孩子們不學漢字可以不可以，我心裏在想，不一定對。咱們在這兒探討，假如我們都是拼音化，我想粵語拼出來的東西北京人是絶對聽不懂的，剛才那位先生講粵語我們已經聽不懂了，如果把它拿出拼一下更不懂了。這就是説漢語的兩個問題是得到大家共識的，一個是漢字契合我們的語言是單音節的、單義的，另外一個文字和國家的統一大文化圈也密不可分。

我們的文字在發展過程中有很多階段性的問題，到現在我們這個階段有個繁簡的問題，不管歷史是怎麼造成的，我今天有個特別特別強烈的感覺，非常興奮的感覺，是大家在談論繁簡問題的時候不是像孩子家長那樣，讓孩子選中文時你繁體字就不讓他去，或者你教簡體字就不讓他去，而是更多的集中在技術方面的因素了，我的想法是如果我們的繁簡討論越往前面發展越是技術性的問題，我們就越好解決。

什麼是技術性問題呢，"刀削麵"，你不加那個麥字的"面"，是削臉呢還是要削吃的東西？如果這個詞不存在，是不是這個"面"就不存在了，簡化字就不是問題了，是不是這樣？就是爲什麼這個簡體字錯了，這個簡體字不好，要認識這裏的問題，把它變成一個可談論的技術性問題，一二三，多大程度多大分量的東西，把它量化。問題來了，這就是第二個問題，讓孩子選課的時候我要看繁體字簡體字，“愛人”的“爱”沒心能愛嗎？這是不是“刀削面”的問題？我沒有心的愛和我愛你不會產生任何的歧義和歧解，但是那個沒有心的愛，這個簡體字就不讓我喜歡。這就是剛才蔡先生講的文化問題了，確實是我們得承認漢字是文化的載體，但是沒辦法量化，或者説我們想辦法把它量化和一致化。

我們的文化情景和文化背景都不一樣，咱不説臺灣和大陸的背景不一樣，就是離開中國三五十年在美國的家長跟臺灣和大陸的文化背景也不一樣。如果説漢字是文化的載體，我們要做的就是如何把載著他的那個文化和載著你的這個文化統一起來，在這個地方我們就要求大同存小異了。你不求大同存小異的話，我個人的文化跟你的文化都不一樣。爲什麼？因爲我跟陸先生學的是《説文解字》，你跟我的歲數一樣大，你又沒碰過古文。我對那個古文看小篆的親切感和你不一樣的，這也有文化的不同。然後在這裏面也變成技術性的問題，如果把它變成技術性的問題，就拋開了我們個人情緒和心態的問題，這樣問題就好解決了。

最後我想説的就是，這個會讓我感覺到我們大家越來越多的談的是技術性問題，談的是實在的事實問題，這樣問題就好解決了，所以我看到了光明看到了前途，非常受啟發，前景很好。

尊重既存現實　建構彼此瞭解的橋樑

楊　渡

中華文化總會（臺灣）

我剛剛聽到香港馮教授的發言，深有感觸。還好中國人沒有走上拼音文字這條路，歐洲走拼音文字這條路到最後拉丁語系的語言變成了西班牙、葡萄牙、義大利等的語言，如果中國這樣下去，就會分成好幾國語言，山東一國，廣東一國，上海一國……最後一定不只"七國論"。就像剛才那位先生講的香港話，如果沒有翻譯，我就根本聽不懂。所以我們幸好沒有走拼音文字道路，這是歷史的幸運，對我們民族來說也是幸運。

前段時間在整理甲骨文的時候，我們發現甲骨文不只是一種字體，不同的地方不同的年代，甲骨文有許多不同的字體，有的到了十幾種二十來種。也就是說殷商的歷史有六七百年左右，在這個長遠的歷史中，它的語言文字也在不斷地演進，也許每個地方使用的方式也都不同，跟今天的情況其實沒有太多差別。從過去的傳統文字，到民國時期有 300 多個簡體字，再到現在大陸的簡體字，這是個歷史發展的過程。在這個歷史的基礎上，我們必然要再往前走。這次會議，我們在"繁簡並用、共同繁榮"上取得共識，是非常好的。唯有尊重既存的現實，抱著共同來爲這個文明做奉獻的心，才會有更大的發展。因此，對於未來我是樂觀的。

剛發展簡體字時，國家正在救亡圖存，那時候使用簡體字有它的歷史使命。現在中國富裕了，不再是救亡時代，而是有更大的能力去推廣自己的文化，去享受文明的豐富內涵，更大的空間來拓展我們的文明。這是很正向的發展。

其次，我對未來的資訊和科技的發展也充滿樂觀。臺灣的很多小孩子都會看簡體字，他們怎麼會看簡體字？從網路來的。他們也都會使用大陸的詞語，尤其是娛樂節目。大陸現在有很多電影、電視的視頻，使用的字幕都是簡體字，臺灣年輕人很容易看懂。在大陸，則有很多我朋友的小孩他們也都會繁體字，因爲他們常唱 KTV，KTV 的影響，可能遠遠超過我們辛辛苦苦編的字典。周傑倫對於繁體字的推廣，或許遠超過我們。大陸一個歌手、一部電影的影響力必然超過學者。《讓子彈飛》一定比論文的影響力更大。

那些簡體字在民間流通之後，我覺得並不需要我們特別去做選擇。我們要做的就是建構彼此瞭解的橋樑，而最後的選擇，可以交給下一代。哪一個能讓文化更繁榮更美好，讓更多的人來接受，哪一個就會存留下去。而且我相信可能二十年後某些字會逐步演變，某些字會淘汰，就像商朝的時候，經過幾百年之後有那麼多字演變了，這是正常的。所以我很認同王寧老師和周老師講的，字是一個演進的過程，我們今天在這裏討論就是讓我們共同建立一個橋樑，讓孩子们溝通，讓文明留存。

非常感謝澳門語言學會能夠爲兩岸辦這樣的活動，特別感謝！

关于合作编写"两岸汉字使用对照字典"的建议

顾 青

中华书局

　　很荣幸，我们能够代表中华书局参加本次大会，向大会提交了"《繁简字对应查检手册》编写体例"，并进一步提出两岸合作编写汉字使用对照字典的建议。字典的书名我们还没有定，有朋友建议还可以叫《两岸四地繁简字对照手册》，提出来供大家参考。不管怎么样，我们的目标就是希望沟通繁简字，让认识简体字的朋友通过这个手册识别繁体字，习惯用繁体字的朋友用这个手册学习简体字，有误解有麻烦的时候，查一查就能够知道。请大家对这个体例提出意见。

　　作为中华书局的一个老编辑，我想跟大家交流一下我对繁简字的看法。

　　这两天大家都在讨论繁简字，有的意见还比较对立，甚至上升到适用不适用的层面。我一直觉得很奇怪。因为在中华书局这样一个出版社，从来没有繁简字的困扰。我们排印图书，繁简字都用。中华书局一年出版一千多种新书，大概一半是繁体字排印，一半是简体字排印。我们每年整理出版大量的古籍，这些新版古籍，大量是用繁体竖排的，同时我们还有很多新版古籍用简体横排来排版印制，甚至在特殊情况下，还有一些图书是繁简字形混用的。所以有的先生认为用简体字不能排中国的古籍，那是误解。大家可能都用过《汉语大词典》，《汉语大词典》里面就是繁简字混用的，引文用的就是繁体，用得很好。今人的著作我们也是繁简两用，甚至面向小孩的图书，比如儿童诵读的古代经典，我们也是繁简字并用的。中华书局的编辑们，在日常生活中，很多人习惯使用简体字，也有很多人喜欢使用繁体字。他们甚至在发微博微信，写信写日记时都愿意用繁体字。在中华书局，谁要讨论繁简字孰优孰劣，我们都会觉得很可笑。功能不同，用的字形就不同。所以我认为繁简字从整体上来说，没有矛盾，没有冲突，中华书局就是一个缩影，大家处于一种并行共存的状态，营造了一个和谐美好的汉字应用氛围。我想全社会也一样。可能过十年二十年后，我们再来讨论繁简字的优劣，大家也会觉得很可笑。

　　尽管繁简字是可以和谐共存的，但大家在使用的过程中也并非没有困扰。因为繁简字之间互相要转换，要对应，毕竟还是有差异的。但这个差异没那么可怕。说来说去，真正会造成困扰的、出现问题的，也就不到100个字。中华书局的编辑在上岗之初，我们会把这些容易出现错误的字跟他讲清楚。因为编辑们都有不错的文字基础，可能花两个小时就弄明白了，写在本儿上，也知道上哪儿查了，一般而言就没有问题了。这类繁简字对应的工作，实际上就可以通过这本《繁简字对应查检手册》来解决，让社会上对使用繁简字有些困扰的朋友，在短时间内可以迅速地查检。这是编这个书的一个目的。

　　我们已经跟台湾和香港的出版社做了沟通。香港三联书店侯明总编辑表示她愿意做这个工作。台湾联经出版有限公司林载爵发行人也表示，联经可以来做这个工作。我们可以四地的学者共同来编，出版社共同来出版，一块儿来做这件功德无量的事。

　　谈繁简字的问题，一些学者有一种心态，好像简体字天生就有很多问题，是坏文字，好像有原罪一样。我认为这是不正确的。在我看来，文字改革工作，促进了社会的进步，方便了文化的沟通。中国现在的经济、文化蓬勃发展，简体字是起了非常大的促进作用的，它绝非是个坏文字。简体字是非常好的文字，但是再好的文字一样会有些瑕疵，这个瑕疵就需要通过规范来解决。所以这个时候，我就特别希望印刷体的繁体字的规范字表能够尽快制订出来。

　　其实不管繁体字、简体字都存在一个规范的需要。因为在我们日常的汉字生活里面，一字多形的情况的确很多。这会造成很多困扰。汉字毕竟是用来给大家沟通与识别的。简体字我们有了国家标准，有了《通用规范汉字表》，我觉得非常好。尤其对于我们这些当编辑的，考查差错率，就是相对于规范字而言的。繁体字目前还没有规范，王宁、王立军两位先生正在做这个工作，我觉得也非常好。我迫切希望繁体字的规范字表能够制订出来，中华书局愿意做这个规范字表的试验基地。使用过程中出现什么问题，再随时沟通，研究调整。我们可以请所有的朋友一起来提意见，一起来修正中间的一些问题，让它适用性更强。我们认为，这个适用性不仅是指手写的或者书面纸质的文字，也包括印刷体，还要考虑网络用字。这是个非常重要的问题，因为数字出版正迅速发展，也许在不远的将来，读者使用移动终端的阅读和纸质的阅读可能是同样重要了，这个字表要把数字出版环境下的网络用字都涵盖进去。我们共同把这个字表制订好，维护好。

　　陆俭明老师的论文《汉字问题四议》里面，讲到汉字永存。我们共同拥有这么美好的汉字，享受这丰富多彩的汉字生活。甭管是火星文也好，方言字也好，各种各样的文字层出不穷，很多人觉得这叫乱象丛生，我倒不这么认为，我觉得这正体现了汉字的生生不息，活力无限。在日常生活中，汉语和汉字正处于一种非常活泼自由的发展形态，而且发展的速度越来越快。在这种情况下，汉字的规范也越来越重要，好的规范可以降低在快速发展过程中文字沟通的成本。正因为汉字应用充满活力，不断发展，同时，又有合理的规范使用，汉字才能够永存。

繁简并用　相映成辉　**附录**

附录一：媒体相关报道

简繁并存　共同繁荣
——两岸四地学者澳门研讨汉字使用
《人民政协报》2013年11月14日

纪娟丽　柯秉刚

半个多世纪以来，两岸及香港、澳门使用的汉字存在繁简之分，形成"繁简并存""一字两体"局面。随着交往的频繁，繁简字在两岸之间出现"你中有我、我中有你"的情景。近年来，大陆有人呼唤繁体字归来，台湾则出现简体字商标或招贴。澳门更有趣，"威尼斯人"娱乐城所有固定名称都用规范的简化字书写，临时举办的会展或其他活动节目却主要用繁体字说明。许多场合，你会发现，繁简体转换比比皆是。

11月初，澳门理工学院，由澳门语言学会主办的两岸汉字使用情况学术研讨会举行。

研讨会现场，繁简字体并列标注研讨会名称，论文集也有繁有简，充分尊重来稿的字体，可谓繁简两体，相映成辉。这一"另类"的做法让参加研讨会的60余位来自内地及港澳台的学者耳目一新。

探讨汉字繁简的轨迹

"来自不同地方的中国人见面谈话，如果听不懂对方的话，就用手指在空中比划，或者写在手掌上，划在沙土上。如果没有方块字作桥梁，他们只能是四川人、河南人、广东人；有了方块字，他们才都是中国人，不仅是同一个国家的公民，而且是同一个伟大文明的主人。"研讨会开幕式上，澳门语言学会会长程祥徽在致辞中引用一位匈牙利记者的话引起了嘉宾的广泛共鸣。

汉字是中华文化的根。而由繁化简，是汉字自古以来的发展轨迹。中国著名语言学家、中国社会科学院前副院长江蓝生说，五四时期的"汉字革命"，钱玄同、黎锦熙、杨树达、胡适等都是积极推动者。1922 年，钱玄同、黎锦熙等向民国政府提出了《减省汉字笔画案》，其后，蔡元培、邵力子等 200 名文化教育界知名人士发起手头字运动，公布了《手头字第一期字汇》收字 300 个。1935年 8 月，民国政府教育部正式颁布《第一批简体字表》(324 字)，因遭反对，推行半年后被废止。新中国成立后推广普通话、汉字简化、推行汉语拼音方案等是前一历史时期语言文字改革的继续和发展。

对于繁简体的沟通交流，语言学家、中国语文报刊协会会长、《中华语言词典》大陆主编李行健，台湾中央大学荣誉教授、《两岸常用词典》台湾主编蔡信发这两位曾经为中华语言的统一并肩而行的专家表示，两岸合编的《中华语言词典》，字头和词条采用繁简双呈对照的办法，即台湾版繁体在前，斜线后即大陆的简化字，大陆版正好反过来，这为繁简沟通搭建了一座桥梁，很受两岸同胞欢迎。1980 年，台湾出版了《标准行书范本》，这个范本所收 4000 个字当中，与大陆简化字相同的，比例高达 30.5%。"一文两体"，一体为主，二元并存，各得其宜。他们认为，时下两岸政治上虽然未统一，但在两岸和平发展、经济相互补充、人员自由往来的特定条件下，语言文字在沟通交流中向趋同发展。

调查民众共同的期待

为深入了解两岸四地民间的用字状况，研讨会组织四地学者分别进行繁简字问题的社会问卷调查。会上公布的调查结果显示，随着交流的快速发展，无论使用简体字的中国内地，还是使用繁体字的港澳台地区，民众对"第二字体"在认知、使用上都有明显提升。

香港岭南大学田小琳教授的调查显示，在回答将繁简字统一起来有无必要时，有 209 人认为没有必要，占六成左右，也就是说超过一半以上的香港居民，承认简体字存在的现实。由于历史地域的原因，受访者表现出对繁体字的喜爱，也反映他们对中华文化的尊重。

澳门理工学院黄翊教授的调查报告指出，使用繁体字者"据繁识简"，使用简体字者"据简识繁"，前者比较容易，后者比较困难。澳门的酒店、旅游场所等公众场合对简体字持开放态度，社会成了学习简体字的大课堂。大部分受访者认为学习简体字并不困难，受欢迎的简化字多数笔画简单而有理有据。

台湾辅仁大学助理教授刘雅芬的调查结果是：在台湾，过半的民众认识简体字，而大部分民众只略懂得写简体字，并且是通过网络和书籍来接触简体字。汉字文化圈中对于汉字标准化的议题，已有逾 20 年的讨论，已逐步形成共识。

山东大学中文信息研究所盛玉麒教授的团队调查显示，大陆接触繁体字的途径比较多样化，繁体字在大陆并未销声匿迹。繁体字最大优点是有利于传承中华文化，其次是能展现书法艺术之美。对繁体字的接受度，如果条件许可，77%的人愿意学习繁体字，超过半数的人认为学习繁体字并不困难。

繁简字共存共荣

汉动天地，字转乾坤。澳门特别行政区检察长何超明透露，检察院在澳门语言学会的支援下，举办了两期有近百人参加的中文培训班，通过培训，学员的中文水平及文化素养均有整体提升。他深情地表示，今后不仅要关注文字的工具作用，更要关心文字所反映出来的文化内涵，让中华民族的传统文化发扬光大。

与会学者普遍认为，繁简字体并存是现实，没有必要情绪化争论孰优孰劣，谁取代谁。两岸四地应共同致力于繁简字体的发展完善，共同处理两种字体交流中的对应转换问题。从社会层面来说，应提倡"简繁由之""互不勉强""顺其自然"，为使用繁简字体交流提供宽松空间。

台湾中华文化总会秘书长杨渡说，语言文字是不断演进的，甲骨文时代就存在不同字体。"繁简字体的出现是历史发展的过程，理应繁简并用，共同繁荣，以中华民族文化传承、推广的大视野看待汉字演进。"

江蓝生表示，为了加强两岸四地语言文字交流，最终实现书同文的远景，目前应在求同存异的基础上先规范两岸用字的对应关系，再在使用中取长补短整合"小异"，扩大"大同"，最终使双方渐行渐近。"只要双方都有交流的意愿，使用简体还是繁体根本不是个问题。"

两岸四地学者澳门研讨汉字使用
倡简繁共存共荣

中国新闻网　2013年11月2日

中新社澳门11月2日电（记者 毕永光）为期两天的"两岸汉字使用情况学

术研讨会"2 日在澳门落幕，60 多位内地及港澳台学者出席。会场讨论热烈，简繁并存、共同繁荣成为与会学者重要共识。

本次研讨会名称使用繁简字体并列标注，论文集也尊重来稿字体，有繁有简，显得"另类"。主办方代表、澳门语言学会会长程祥徽表示，半个多世纪以来，两岸及香港、澳门使用的汉字存在繁简之分，形成"繁简并存""一字两体"局面。近年两岸关系改善，澳门可提供讨论和交流汉字使用的平台。

为深入了解两岸四地民间的用字状况，该会组织四地学者分别进行繁简字问题的社会问卷调查。会上公布的调查结果显示，随着交流的快速发展，无论使用简体字的中国内地，还是使用繁体字的港澳台地区，民众对"第二字体"在认知、使用上都有明显提升。

与会学者普遍认为，繁简字体并存是现实，没有必要情绪化争论孰优孰劣，谁取代谁。两岸四地应共同致力于繁简字体的发展完善，共同处理两种字体交流中的对应转换问题。从社会层面来说，应提倡"简繁由之""互不勉强""顺其自然"，为人们使用繁简字体交流提供宽松空间。

台湾中华文化总会秘书长杨渡说，语言文字是不断演进的，甲骨文时代就存在不同字体。"繁简字体的出现是历史发展的过程，理应繁简并用，共同繁荣，以中华民族文化传承、推广的大视野看待汉字演进。"

不少与会者说，本次研讨会与以前的类似研讨会相比，少了"火药味"，多了理性探讨，与两岸关系和平发展的大背景密不可分。

中国著名语言学家、中国社会科学院前副院长江蓝生表示，大陆不可能重新使用繁体字，但少数简体字存在优化空间。进一步推进两岸交流是大势所趋，"只要双方都有交流的意愿，使用简体还是繁体根本不是个问题"。

學者研討兩岸漢字繁簡

《澳門日報》　2013年11月2日

【**本報消息**】澳門語言學會主辦的"兩岸漢字使用情況學術研討會"昨日開幕，四十多位內地及港澳臺學者出席，共同探討"漢字的使用情況""繁簡並存的現狀與未來"等議題，促進兩岸四地在漢字文化上的交流和合作，開創繁簡漢字研究的新局面。有專家建議應適時調整少數簡體字，讓簡體造字更合理。

研討會開幕式昨日上午九時半假理工學院禮堂舉行，檢察長何超明，中聯辦臺灣事務部部長李維一，科技發展基金行政委員會主席唐志堅，文化局副局長姚京明，北京語言大學校務委員會主任李宇明，教青局代表胡潔，中華文化總會（臺灣）秘書長楊渡，澳門大學代表楊秀玲，理工副院長殷磊，科技大學校董會主席周禮杲、副校長陳曦、國際學院院長孫建榮，中華文化交流協會副理事長李沛霖，銀河娛樂集團代表姚嘉茵，資深文字學家冼爲鏗，保安部隊高等學校師生，以及兩岸學者、出版界人士出席。

澳門語言學會會長程祥徽致辭稱，半個多世紀以來，兩岸使用的漢字存在繁簡之分，內地使用簡體，臺灣、香港及澳門一直以繁體爲規範，形成"繁簡並存""一字兩體"局面。近年兩岸關係改善，在漢字的繁簡問題上，本澳可提供討論和交流的平臺，開創繁簡漢字研究的新局面，在文化方面促進兩岸四地交流。爲深入了解兩岸四地民間的用字狀況與意見，該會組織四地學者分別進行繁簡字問題的社會問卷調查，調查報告歸納出的結果將供與會專家討論。

少數簡體須調整

社科院原副院長江藍生表示，按她估計，大概有三四十個簡體字需要改善，如"刀削麵"的"麵"會簡化成"面"，容易讓人誤解爲用刀削臉上的皮膚。認爲中央相關部門應聽取兩岸群衆的意見，適時調整少數簡體字，"長痛不如短痛"，不要把問題一直拖下去，讓年輕一輩盡早適應合理的簡體造字。

"兩岸漢字使用情況學術研討會"第一場以"兩岸用字問題縱觀"爲題，主講者江藍生、王初慶等分別爲"漫談簡繁漢字之爭""兩岸語言文字政策之回顧與前瞻"等發表意見。

兩岸學者研討漢字繁簡

《澳門日報》　2013年10月24日

　　【本報消息】澳門語言學會主辦"兩岸漢字使用情況學術研討會"將於十月卅一日至十一月三日舉行，歡迎本澳人士參與，同襄盛舉。

　　半個多世紀以來，兩岸使用的漢字存在繁簡之分：內地使用簡體，聯合國組織及新加坡、馬來西亞等國亦使用簡體，臺灣、香港及澳門一直以繁體爲規範，形成"繁簡並存""一字兩體"局面。近年來兩岸關係改善，討論漢字的交流亦有了需要和可能。在政治層面，澳門爲兩岸的正常交往曾經創造過著名的"澳門模式"；在漢字的繁簡問題上，澳門亦可提供討論的平臺，開創繁簡漢字研究的新局面，在文化方面促進兩岸之間的交流。

　　澳門政府社會文化司、檢察院、教青局、文化局、澳門基金會，中聯辦臺灣事務部及中華文化交流協會、銀河娛樂集團等單位給予是次學術活動極大支持；學術研討的主題也深得海峽兩岸及世界華人社區注視，反應十分熱烈，各地著名漢字學家紛紛主動要求赴會，參與討論。

　　澳門語言學會十分著力於此次研討會的組織工作，爲深入了解海峽兩岸四地用字狀況與民間意見，該會組織四地學者分別在本地區進行繁簡字問題的社會問卷調查，從四千餘份答案中歸納出民間的意見。

　　研討會於十一月一日上午九時半在理工學院禮堂揭開序幕，簡短的開幕式後，圍繞以下專題展開討論：當前漢字使用情況的評析、"繁簡並存"的現狀與未來、兩岸學者對漢字使用問題的交流與合作。

附录二：作者简介

开幕式致辞（按发言顺序排列）

何超明　澳门特别行政区检察院检察长
李维一　中央人民政府驻澳门联络办公室台湾事务部部长
程祥徽　澳门语言学会会长
陆俭明　北京大学中文系/中国语言学研究中心教授

汉字使用情况调查报告（按正文顺序排列）

高海洋　澳门语言学会会员
　　　　海南琼州学院国际文化交流学院院长、教授
　　　　中国语言战略研究中心研究员
吴　昊　海南琼州学院国际文化交流学院讲师，硕士
毛凌霄　海南琼州学院国际文化交流学院 2010 级学生
郭　琎　中山大学 2013 级汉语国际教育硕士
刘雅芬　台湾辅仁大学中文系助理教授
田小琳　香港岭南大学中国语文教学与测试中心前主任
　　　　香港文化教育出版社总编
马毛朋　香港岭南大学中国语文教学与测试中心
李　斐　香港岭南大学中国语文教学与测试中心
秦嘉丽　香港浸会大学二级讲师
黄　翊　澳门语言学会会员
　　　　澳门理工学院语言暨翻译学校副教授
盛玉麒　山东大学中文信息研究所所长、二级教授

提交研讨会论文（按音序排列）

曹德和　安徽大学中文系教授
蔡信发　《两岸常用词典》台湾总编

<blockquote>台湾中央大学荣誉教授</blockquote>

柴春华　海南语言学会会长
　　　　海南师范大学教授

陈佳璇　韩山师范学院中文系副教授 、博士
　　　　韩山师范学院对外汉语教研室主任

陈仁聪　澳门语言学会会员
　　　　澳门培正中学教师

陈　燕　天津师范大学文学院教授

崔明芬　澳门语言学会会员
　　　　澳门理工学院语言暨翻译学校教授

崔　彦　马来亚大学中文系讲师

董月凯　天津师范大学国际教育交流学院讲师
　　　　澳门大学人文学院中文系博士生

冯胜利　香港中文大学中文系教授

顾　青　中华书局总编辑

侯笑如　中华书局编审

胡范铸　上海华东师范大学对外汉语学院教授
　　　　华东师范大学学报（哲学社会科学版）编委会主编

黄坤尧　香港中文大学联合书院教授

江蓝生　中国社会科学院学部委员、文学哲学部主任、研究员

孔祥馥　青海民族大学文学与新闻传播学院副教授

老志钧　澳门语言学会会员
　　　　澳门大学教育学院副教授

李添富　台湾辅仁大学中国文学系副教授
　　　　"教育部本国语文教育咨询委员会"委员
　　　　"教育部国语辞典编审委员会"副总编辑
　　　　"教育部异体字字典编审委员会"召集人

李行健　《两岸常用词典》大陆主编

李酉潭　台湾政治大学国家发展研究所教授兼社会科学院副院长

李宇明　两岸语言文字工作协调小组组长
　　　　北京语言大学校务委员会主任

梁崇烈　澳门说文工作室有限公司

刘　斐　上海外国语大学国际文化交流学院讲师

马雪艳　青海民族大学文学与新闻传播学院教授

彭海铃　澳门语言学会会员

　　　　澳门大学人文学院中文系助理教授

邵敬敏　广州暨南大学文学院教授

　　　　广东省中国语言学会会长

王初庆　台湾辅仁大学中国文学系教授

　　　　前台湾中国文字学会理事长

　　　　中国训诂学会理事长

王立军　北京师范大学文学院副院长、教授

王　宁　北京师范大学汉字与中文信息处理研究所

　　　　北京师范大学文学院资深教授

王卫兵　安徽大学文学院讲师

冼为铿　澳门资深文字学家

杨　渡　中华文化总会 (台湾) 秘书长

姚德怀　香港中国语文学会理事会主席

殷瑞宏　台湾政治大学国家发展研究所博士生

尹德刚　澳门语言学会会员

　　　　澳门大学社会科学学院传播系教授

周志文　台湾大学教授

朱歧祥　台湾东海大学中文系教授

朱婉清　台湾中华语文研习所 TLI 总裁

竺家宁　台湾政治大学中文系教授

祝克懿　上海复旦大学中文系教授

　　　　《当代修辞学》副主编

後　　記

　　2013 年金秋季節，澳門語言學會受托於海峽兩岸語言文字學家，舉辦了一次"兩岸漢字使用情況學術研討會"。研討會的初衷無非是想溝通一下兩岸四地漢字使用的情況，探討一下使用不同字體（繁體與簡體）的兩岸之間有無改進目前狀況的可能。這是一個敏感度很高的課題，起初只邀請爲數不多的兩岸專家學者出席，没想到消息傳開，主動要求與會的人數成倍猛增。出席會議的朋友們在研討會上發表的意見都十分自我，但研討的氣氛卻十分熱烈、友善。以往在兩岸關係比較緊張的歲月，澳門曾經發揮過調和彼此之間關係的作用，創造了著名的"澳門模式"。在對待漢字繁簡的態度上澳門曾經有過"展覽廳"的美譽——既以繁體字爲不成文的法定字，又不排斥簡體字的流通。有代表稱讚，這次漢字問題研討，除了證明澳門是繁簡字的展覽廳，還又扮演了"和事佬"的角色。中國新聞社、《人民政協報》、國臺辦刊物《兩岸關係》以及《澳門日報》等報刊都有比較詳盡的報道；一些高水平的文化刊物（例如復旦大學編輯出版的《當代修辭學》，澳門文化局學術刊物《文化雜誌》等）刊載文章，報道了研討會的這些情況，給承辦方的澳門學者很大的鼓勵。

　　研討會是在"繁簡漢字和諧並存"的思想指導下進行的。懸掛在主席臺上的橫幅用繁簡兩體書寫會議名稱；代表們提交的論文用繁用簡，悉聽尊便。代表們的共識是：繁簡兩體都是中國人民的創造，都是中華民族的寶貴財富。運用繁體或簡體，就像方言與共同語的關係一樣，聽從漢字使用者的選擇。一個廣東籍人民代表登上人民大會堂講臺，不用提醒，他會用大家都聽得懂的普通話（或自以爲是的普通話）發言，一個平時用慣繁體字的人到了新加坡或聯合國會場，自然會學著用簡化字。只要放棄預設的偏見，實現繁簡漢字的和諧共處並不困難。（今年 5 月 9 日聯合國會議討論朝鮮核試問題，朝鮮、韓國代表均用英語發言，更是一個最新的例證。）研討會在全體代表努力和參與會務工作的老師同學們的艱辛勞作下取得了成功。澳門許多政府部門及其領導人對這次學術活動也給予指導與支持，他們是澳門特區政府檢察院檢察長何超明、澳門特區政府社會文化司司長張裕、中聯辦臺灣事務部部長李維一、澳門特區政府文化局副局長姚京明以及教青局、澳門基金會等等。

這部論文集之所以能順利出版，首先得感謝王寧、李行健、楊渡、田小琳、程祥徽等位教授的精心策劃，感謝兩岸四地學者的積極參與，感謝各位與會學者一再修訂提交給會議的論文。這次研討會改變以往在會場宣讀文字成品的做法，而將主要時間用在臨場發言、討論甚至爭辯上。本論文集特約編輯張斌華負責收集調整，張韻同學將每一份即興發言整理成文字稿，他們都付出了極大的精力。還要感謝澳門基金會、澳門政府社會文化司、文化局、教青局等部門的財政支持。全書定稿後更承中華書局侯笑如編審及其領導的編輯團隊採用繁簡兩體排版製作，使之便於海內外讀者接受，同時更貼切地宣揚了研討會的宗旨。

值此論文集正式印製之際，謹向上述各方人士表示由衷的感謝。

黃　翊

2014 年 5 月